The Apostolic See and the Jews

by

Shlomo Simonsohn

This collection relates the history of papal Jewry policy in the Middle Ages from the days of Gelasius I to those of Julius III. It traces the unfolding of Christian-Jewish relations as viewed by the papacy, depicted in the records of the Vatican Archives and supplementary documentation. Some 3,250 Bulls and Briefs, most of them hitherto unpublished, are presented in the several volumes of the first part of this study, the Documents.

This is to be followed by a second part, the History, a monograph based on the Documents. Papal views and pronouncements on Jews and Judaism, protective and repressive measures are set against the background of the life of medieval Jewry in Christian Europe, religious, social, economic, etc. As, by the end of the period under review, papal attitudes toward the Jews grew gradually more severe, the few remaining Jews in Western Europe were segregated in ghettoes and subjected to stringent restrictions.

Other topics examined in this study include the inquisition and its dealing with Jewish literature, especially the Talmud; the prosecution of Jewish converts reverting to Judaism particularly in the Iberian Peninsula; polemics and disputations between Jews and Christians; Jewish banking and other economic activities; and the history of the Jewish communities under direct papal rule, in Rome, the papal states in Italy, and those in Avignon and the Comtat Venaissin. An extensive bibliography and detailed indexes will conclude the last volume.

STUDIES AND TEXTS 99

THE APOSTOLIC SEE AND THE JEWS

DOCUMENTS: 1464-1521

BY

SHLOMO SIMONSOHN

PONTIFICAL INSTITUTE OF MEDIAEVAL STUDIES

Acknowledgment

The preparation and publication of this volume was made possible
by grants from the Gustav Wurzweiler Foundation, New York;
The Memorial Foundation for Jewish Culture;
The Sir Isaac Wolfson Chair of Jewish Studies, Tel Aviv University.

CANADIAN CATALOGUING IN PUBLICATION DATA

Catholic Church. Pope
  The Apostolic See and the Jews

(Studies and texts, ISSN 0082-5328 ; 99)
Documents in Latin. Prefatory material in English.
Partial contents: Vol. [1]. 492-1404 - v. [2]. 1394-1464 - v. [3]. 1464-1521.
Includes bibliographical references.
ISBN 0-88844-099-5 (v. 3)

1. Catholic Church - Relations - Judaism - Papal documents.   2. Judaism -
Relations - Catholic Church - Papal documents.   3. Catholic Church - History
- 16th century - Sources.   4. Church history - Middle Ages, 600-1500 - Sources.
5. Jews - History - 70-1789 - Sources.   6. Bulls, Papal.   I. Simonsohn,
Shlomo, 1923-   .   II. Pontifical Institute of Mediaeval Studies.   III. Title.
IV. Series: Studies and texts (Pontifical Institute of Mediaeval Studies) ; 99.

BM535.C3 1988   261.2'6'09024   C88-094903-1 rev

Pontifical Institute of Mediaeval Studies
59 Queen's Park Crescent East
Toronto, Ontario, Canada M5S 2C4

Set on W.P. at Diaspora Research Institue, Tel Aviv University
Typography by Graf-Chen, Jerusalem
Printed by Universa, Wetteren, Belgium

Contents

Paul II (Barbo)
30 Aug. 1464 – 26 Jul. 1471

913   Rome, 6 February 1465

Mandate to Petrus Ransano, a Dominican, papal nuncio and collector in the kingdom of Sicily, to collect the Turkish tax from Christians and Jews.

Paulus etc. dilecto filio Petro Ransano, ordinis Predicatorum et sacre theologie professori, in regno Sicilie ultra Farum nostro et apostolice sedis nunptio et collectori, salutem etc. Religionis zelus, litterarum scientia, vite munditia et rerum experientia, quibus personam tuam novimus insignitam, necnon fides et devotio quam ad nos et Romanam Ecclesiam gerere comprobaris, nobis indubie pollicentur, ut ea, que tibi duxerimus commictenda, ad honorem nostrum et comodum tuende fidei Christiane, prompta devotione diligenter exequeris. Cum itaque, dudum felicis recordationis Pius papa II predecessor noster, pro apparatu expeditionis maritime et terrestris exercitus adversus Turchos, Christiani nominis acerrimos hostes, a quibus populo Christiano innumerabiles clades et dampna quamplurima cotidie inferuntur, de consilio venerabilium fratrum nostrorum, tunc suorum, Sancte Romane Ecclesie cardinalium, de quorum numero tunc eramus, accedente etiam consensu plurimorum principum et dominorum, aliorumque prelatorum et oratorum diversorum dominorum et communitatum, tunc ipsis in hac nostra alma Urbe convocatorum et congregatorum, unam integram decimam secundum omnium fructuum, reddituum et proventuum quorumcunque ecclesiasticorum beneficiorum, triennio durante, ac tricesimam partem omnium fructuum et annuorum proventuum a laicalibus personis, et a Iudeis vicesimam portionem omnium bonorum suorum, fructuum, redituum et proventuum, ac pecuniarum quarumcunque, undecunque et quomodocunque, etiam per usurariam pravitatem, ad eorum manus provenientium, sub certis terminis, modis et formis tunc expressis, persolvendas, exigendas, levandas et colligendas, imposuerit, teque illarum collectorem, sub certis modo et forma ac cum quadam facultate constituerit, prout in ipsius predecessoris desuper confectis litteris, quarum tenores hic haberi volumus pro expressis, plenius continetur. Nos, qui eodem predecessore, sicut Domino placuit, rebus humanis exempto, sumus, divina favente clementia, ad apicem summi apostolatus assumpti, inter assiduas nobis imminentes curas, illas potissime amplectimur, ut per solicitudinem pastoralis officii gregem Dominicum nobis commissum sublevare, et quantum possumus, ab oppressionibus infidelium reddimere studeamus; ea propter, te, de cuius fie et integritate specialem in Domino fiduciam obtinemus, receptorem, collectorem et exactorem huiusmodi decime, vicesime et trigesime ac quarumcunque aliarum pecuniarum et bonorum ratione indulgentiarum cruciate conferendorum, in civitatibus et terris ac locis in regno Sicilie ultra Farum consistentibus, apostolica auctoritate, presentium tenore constituentes et deputantes, per apostolica tibi scripta commictimus et mandamus, ut, adiunctis tibi aliis collectoribus, iuxta formam licterarum Pii predecessoris huiusmodi deputatis seu deputandis, ad civitates, terras et loca predicta personaliter accedens, ipsam decimam integram, secundum verum valorem fructuum, ab omnibus et singulis ecclesiis, monasteriis, hospitalibus, cenobiis et aliis piis locis ecclesiasticis, secularibus et quorumcunque ordinum regularibus, virorum et mulierum, eorumque prelatis, capitulis, conventibus, colegiis, plebanis, rectoribus, canonicis, aliisque ecclesiasticis personis, cuiuscunque status, gradus, ordinis et preeminentie aut condicionis existant, etiam si patriarchali, archiepiscopali, episcopali, abbatiali, aut quavis alia prefulgeant dignitate, etiam sub quavis verborum forma, exemptis et non exemptis, ac etiam tricesimam a laycalibus personis utriusque sexus, necnon a Iudeis vicesimam, iuxta predictarum litterarum formam petere, exigere, levare et colligere cures. Nos enim ... dispensandi, plenam et liberam tibi dicta auctoritate concedimus facultatem... Alterius autem facultatis per ipsum Pium predecessorem tibi concesse usum deinceps sub pena anathematis interdicimus. Dat. Rome, apud Sanctum Petrum, anno etc. MCCCCLXIIII, octavo Idus Februarii, pontificatus nostri anno primo.

Source: ASV, Reg. Vat. 519, fols. 140r–141v.

Note: The latter part of the Bull is almost identical with that of Doc. **902**.

914   Rome, 26 May 1465

Mandate to Jacob Vannucci, bishop of Perugia and papal governor of Fano, to rephrase the charter of the Jews in Fano in accordance with the terms of the charter granted the Jews in the March of Ancona, since an earlier version of the charter for the Jews in Fano was found to be prejudicial to the interests of the papal chamber.

Venerabili Iacobo episcopo Perusino, gubernatori civitatis nostre Fani etc. Paulus papa secundus.

Venerabilis frater, salutem et appostolicam benedictionem. Credimus concessisse alias Ebreis Fanensibus certa capitula tunc pro eorum parte nobis porrecta, que, quamvis honestate niti videantur, tamen, ut postea fidedigno relatu informati fuimus, nimis ampla et preiudicialia, maxime chamere apostolice, existunt. Quapropter, ex his et aliis bonis respectibus animum nostrum moventibus, volumus et mandamus fraternitati tue, ut capitula predicta reducas ad eam formam et modum, quibus Ebrei provincie Marchie Anchonitane tenentur, et ita observari procures et facias, non obstantibus premissis ceterisque contrariis quibuscumque. Datum Rome, apud Sanctum Petrum, sub anulo Piscatoris, die XXVI Maii millesimo CCCCLXV°, pontificatus nostri anno primo.

Source: AS Fano, (Sez.) Arch. Stor. Com. II Registri, vol. III, fol. 17v.

Publication: Luzzatto, *Urbino*, pp. 70f.

915   Rome, 6 September 1465

Mandate, if the facts are established, to Andreas Tolomei, bishop of Syracuse, and his vicar to confirm the statutes and ordinances of that town, dealing with Syracusan merchants who do business with Arabs in the area of Barce in North Africa, trading food for slaves. In future such slaves, once baptized, must not be sold to Jews and other infidels, and if they are sold, vendor and purchaser are to forfeit the slaves and the purchase price. They may also absolve the merchants from excommunication and other punishment for having exported contraband to North Africa. All this is to be valid for five years.

Paulus etc. venerabili fratri episcopo Siracusano, et dilecto filio, eius in spiritualibus vicario generali, salutem etc. Sincere devocionis affectus, quem dilecti filii senator, iudices, iurati, consilium et universitas civitatis Siracusane ad nos et Romanam gerunt Ecclesiam, promeretur, ut votis eorum, illis presertim per que cum ipsorum commodo et utilitate, tam animarum eorum periculis obviari, quam etiam plurimorum infidelium, qui propterea, superna illustrati gratia, ad verum lumen, quod est Christus, dietim properant, salus lucrifieri valeat Creatori, quantum cum Deo possumus, favorabiliter annuamus. Cum itaque, sicut exhibita nobis nuper pro parte dictorum senatoris, iudicum, iuratorum, consilii et universitatis peticio continebat, olim ipsi considerantes, quod mercatores et naute dicte civitatis in illa commorantes, seu ad eam declinantes, a longis temporibus citra, naves seu navigia onustas seu onusta frumento et aliis victualibus annis singulis ad partes Montiumbarcarum, vulgariter Mont de Barques nuncupatas, pro permutando cum Arabibus frumentum et victualia huiusmodi pro Ethiopibus, et Nigrinis, et aliis servis infidelibus, ducere consueverunt et ducunt, quodque cum Arabes predicti, licet infideles sint, tamen non cum Christianis sed cum Saracenis, quibus permaxime sunt infesti, continue bella gerunt, sicque frumentum et victualia delata huiusmodi ad inpugnacionem potius infidelium quam Christianorum deferri videntur, et ex eo annis singulis communiter deportantur ad civitatem ipsam nonnulle utriusque sexus persone, que baptismi sacramentum recipientes, rusticanis presertim operibus apte et ydonee, plurimum in dicta civitate ac partibus illi circumvicinis, que rusticanis personis indigere noscuntur, utiles et quodammodo necessarie existunt, et ex quibus quamplures optimi fiebant Christiani, consuetudo huiusmodi, ex qua preter eorum commoditatem [et] utilitatem tot animarum salus provenire conspicitur, dummodo illa alias per sedem apostolicam approbaretur, satis honesta et tollerabilis existebat, quodque etiam consuetudo ipsa nullomodo, seu nisi cum maxima difficultate tolli posset, ex premissis et certis aliis rationabilibus causis ad id animum suum moventibus, et presertim, ut consuetudo ipsa absque alicuius consciencie scrupulo servari posset, ac exinde omnis malignandi occasio auferretur, sperantes illam per nos approbari et confirmari, seu desuper eis licentiam concedi, inter alia statuerint et ordinaverint, quod inantea, si confirmacionem seu licenciam huiusmodi per nos concedi contingeret, Sarraceni deferendi huiusmodi quamprimum ad terram applicuerint, nisi id efficaciter recusaverint, baptizentur; quodque, si quis publice vel occulte, directe vel indirecte, aliquem ex dictis servis Iudeis vel infidelibus venderet, tam servus venditus, quam pecunia seu precium exinde proveniens, sint confiscata, et quod nullus de cetero balistas, spatas, scuta, seu hastas lancearum, etiam iure ancoragii, prout eatenus consueverant, ad dictas partes Montiumbarcharum deferre presumant. Ac prefati senator, iudices, iurati, consilium et universitas, consuetudinem, necnon statuta, et ordinaciones predicta, cum suppletione defectuum, si qui forsan in eisdem statutis et ordinacionibus intervenerint, approbari et confirmari, ac mercatoribus, nautis et aliis supradictis desuper licenciam concedi, eisque de absolucionis ab excommunicacionis, aliisque sententiis, censuris et penis ecclesiasticis, a iure vel ab homine promulgatis, quibus forsan apostolica vel alia quavis auctoritate, premissorum occasione, ratione preteriti temporis innodati existunt, beneficio, ac alias ipsis et eorum statui in premissis oportune provideri summopere desiderent, pro parte senatoris, iudicum, iuratorum, concilii, universitatis et mercatorum predictorum nobis fuit humiliter supplicatum, ut super hiis oportune providere, de benignitate apostolica dignaremur. Nos igitur, de premissis certam noticiam non habentes, huiusmodi supplicacionibus inclinati, discretioni vestre per apostolica scripta mandamus, quatinus vos, vel alter vestrum, si et postquam vobis de premissis legitime constiterit, statuta et ordinaciones predicta approbare et confirmare, ac ipsa statuta et ordinaciones inviolabiliter observari debere, decernere, necnon mercatoribus et nautis dicte civitatis, ac commorantibus, seu declinantibus predictis, presentibus, et qui intervenerint, ac cuilibet eorum, prestito tamen per quemlibet ipsorum quotiens ad dictas partes Montiumbarcharum transfretare voluerint, quod preter frumentum et victualia, et non nisi ad dictos Arabes, ac etiam non nisi pro commutacione facienda de servis, sive Ethiopes, sive Arabes, aut alias quomodocunque infideles fuerint, traducent, in alicuius vestrum manibus corporaliter iuramento, naves et navigia quecunque ac quocunque nomine censeantur, frumento et victualibus onustas seu onusta, annis singulis, libere et licite deferendi, licentiam concedere; ac omnes et singulos, qui retroactis temporibus, absque sedis apostolice licencia speciali, frumentum, victualia et alia a iure prohibita forsan portaverint, seu portari fecerint, si id humiliter petierint, ab omnibus et singulis excommunicationis aliisque sententiis, censuris et penis predictis, hac vice dumtaxat, in forma Ecclesie consueta, iniunctis sibi pro modo culpe penitentia salutari et aliis, que de iure fuerint iniungenda, absolvere, dictumque excessum sibi penitus remittere, ac omnem inhabilitatis et infamie maculam, sive notam per eos premissorum occasione contractam, abolere, auctoritate nostra curetis. Non obstantibus... Presentibus post quinquennium minime valituris. Dat. Rome, apud Sanctum Petrum, anno Incarnacionis Dominice millesimo quadringentesimo sexagesimo quinto, octavo Idus Septembris, anno primo.

Source: ASV, Reg. Lat. 614, fols. 118v–119r.

916   Rome, 12 October 1465

Mandate to the provosts of Ansbach, Göppingen and Stuttgart to lift the excommunication imposed on the people of Heilbronn by Stephanus Molitoris, parish priest of (Ober)Riexingen, following the complaint of Fredericus of Sachsenheim, member of the Order of St. John in Jerusalem, that the people of Heilbronn were not observing the verdict given in his favour by Conradus Maiir, provost of Faurndau, in the diocese of Constance, delegated by Johannes, abbot of St. Burchard outside Würzburg, of the Benedictine Order. Fredericus had claimed some money from Moyses of Lauingen and Wulffus of Heilbronn, who, following the non-acceptance of the verdict, had been denied intercourse with Christians. The people of Heilbronn were excommunicated because they refused to comply with the interdict on the Jews.

Paulus etc. dilectis filiis, Onolspacensis et in Goppingen ac in Stugarten, Herbipolensis et Constanciensis diocesium, ecclesiarum prepositis, salutem etc. Humilibus supplicum votis libenter annuimus, eaque favoribus prosequimur oportunis. Exhibita siquidem nobis nuper pro parte dilectorum filiorum magistrorum civium, consulum, scabinorum, incolarum et habitatorum opidi [Heilprim], Herbipolensis diocesis, peticio continebat, quod olim dilectus filius Fredericus de Sachsenhaim, frater hospitalis Sancti Iohannis Ierosolimitani, falso asserens, quod Moyses de Lauwingen et Wulffo de Heilprim, Iudei in dicto opido commorantes, sibi quasdam pecuniarum summas tunc expressas, ex causis etiam tunc expressis, dare et solvere legitime tenerentur, eosdem Iudeos super hoc petendo eos condemnari et compelli ad dandum et solvendum sibi pecuniarum summas huiusmodi, coram dilecto filio Conrado Maiir, preposito ecclesie in Furnden, Constanciensis diocesis, Maguntine provincie, cui dilectus filius Iohannes, abbas monasterii Sancti Burchardi extra muros Herbipolenses, ordinis Sancti Benedicti, conservator, ut dicebat, dilectis filiis magistro et fratribus dicti hospitalis contra inferentes eis in rebus et bonis suis molestias vel iacturas per litteras apostolice sedis deputatus, et habens cognoscendi de hiis, que iudicialem requirunt indaginem specialem per easdem litteras potestatem, super hiis commisit totaliter vices suas, litterarum et commissionis huiusmodi pretextu, traxit in causam; pro parte vero Iudeorum eorundem sentientium exinde ab eodem preposito indebite se gravari, quod ipse post et contra quasdam exceptiones legitimas declinatorias, seu contra iurisdictionem suam, coram eo pro parte ipsorum Iudeorum loco et tempore congruis, exhibitas, et de quibus iidem Iudei fuerant antea legitime protestati, in huiusmodi causa ad ulteriora processit, fuit ad sedem predictam appellatum; et ipse prepositus appellatione huiusmodi, cuius non erat ignarus, et infra cuius prosecutionis tempus, de quo non modicum supererat, dicti Iudei tunc adhuc erant, contempta, reputans eosdem Iudeos, quamvis non essent, pro sue voluntatis libito, contumaces, eis propter contumaciam huiusmodi communionem fidelium subtrahi mandavit, unde ipsi Iudei denuo ad sedem appelarunt antedictam. Postmodum vero, predicte Friderico falso referente dilecto filio Stephano Molitoris, perpetuo vicario, plebano nuncupato, parrochialis ecclesie in Ruxingen, Spirensis diocesis, quod magistri civium, consules, scabini, incole et habitatores prefati dictis Iudeis de facto communicarent, et propterea eum, contra formam et tenorem privilegiorum apostolicorum dictis magistro et fratribus concessorum, molestarent et perturbarent, ac in suis iuribus impedirent, idem vicarius, qui dignitate preditus seu cathedralis ecclesie canonicus non existit, nec alias abilis est, ut iuxta canonicas sanxiones a sede predicta possit deputari iudex delegatus, pretendens se executorem privilegiorum eorundem fore, ad falsam relationem huiusmodi, nulla super relatis ipsis cognitione previa, et quamquam sibi alias de illis non constaret saltem legitime, cum ea non essent notoria neque vera, ex arrupto et de facto ipsos magistros civium, consules, scabinos, incolas et habitatores sub censuris et penis, quas in dictis privilegiis asseruit contineri, de facto monuit et mandavit eisdem, ut, infra certum tunc eciam expressum terminum, prefato Friderico de molestatione, perturbacione, et impedimento huiusmodi satisfacerent, alioquin comparerent coram eo in opido Oberenruxingen, dicte Spirensis diocesis, ad videndum se censuras et penas predictas incidisse declarari; a quibus quidem monitione et mandato ipsi magistri civium, consules, scabini, incole et habitatores, sencientes exinde indebite se gravari, ad sedem eandem appellarunt. Sed dictus vicarius, appellatione ipsa, cuius non erat ignarus, et infra cuius prosecucionis tempus, de quo non modicum supererat, iidem magistri civium, consules, scabini, incole et habitatores tunc adhuc erant, similiter contempta, in eos et eorum quemlibet excommunicationis sentenciam promulgavit temere attemptando; quare ipsi magistri civium, consules, scabini, incole et habitatores nobis humiliter supplicarunt, ut causam posterioris appellationis et attemptatorum huiusmodi liquibus probis viris in partibus illis commictere, et processum vicarii huiusmodi nullum decerni, ipsosque magistros civium, consules, scabinos, incolas et habitatores et eorum quemlibet, ab eadem excommunicacionis sentencia ad cautelam absolvi mandare, et alias ipsis in premissis oportune providere, de benignitate apostolica dignaremur. Nos itaque, huiusmodi supplicacionibus inclinati, discretioni vestre per apostolica scripta mandamus, quatinus vos, vel duo, aut unus vestrum, vocatis dicto Friderico et aliis qui fuerint evocandi, prefatis magistris civium, consulibus, scabinis, incolis et habitatoribus et eorum cuilibet, si hoc humiliter pecierint, recepta tamen prius ab eis cautione ydonea super eo quo excommunicati habentur, quod, si dictam excommunicacionis sentenciam in eos latam vobis constiterit fore iustam, nostris et Ecclesie mandatis parebunt, huiusmodi absolucionis beneficium ad cautelam, si et prout iustum fuerit, auctoritate nostra impendatis; super aliis vero, auditis hinc inde propositis, quod iustum fuerit, appellatione remota, decernatis, facientes quod decreveritis per censuram ecclesiasticam firmiter observari. Testes autem... Dat. Rome, apud Sanctum Petrum, anno Incarnationis Dominice millesimo quadringentesimo sexagesimo quinto, quarto Idus Octobris, anno secundo.

Source: ASV, Reg. Lat. 631, fols. 79v–81r.

Note: On the reasons for the prohibition on the intercourse of the Jews with Christians, see following doc. Furnden is Faurndau near Stuttgart. Scherg, *Franconia*, p. 71, identifies Johannes, abbot of St. Burchard, with Johannes of Alendorf. See below, Docs. **917, 919, 920**.

Bibliography: Kramer-Engel, *Quellen*, pp. 195f.; Scherg, *loc. cit.*

917   Rome, 12 October 1465

Mandate to the provosts of Ansbach, Göppingen and Stuttgart to lift the denial of intercourse with Christians imposed on Moyses of Lauingen, Moises of Augusta and Wulffus of Heilbronn, and to hear the case pending between them and Fredericus of Sachsenheim, a member of the Order of St. John in Jerusalem, over a monetary claim, although the time limit for appealing had elapsed. They had contested the jurisdiction of Conradus Maiir, provost of Faurndau, in the diocese of Constance, delegated by Johannes, abbot of St. Burchard outside Würzburg, of the Benedictine Order, and had appealed to the Apostolic See, who had declared them contumacious and had ordered them to be denied intercourse with Christians.

Paulus etc. dilectis filiis Onolspacensis et in Goppingen ac in Stugarten, Herbipolensis et Constanciensis diocesium, ecclesiarum prepositis, salutem etc. Exhibita nobis nuper pro parte Moysi de Lauwingen, Moisi de Augusta et Wulfonis de Heilprim, Iudeorum in opido Heilprim, Herbipolensis diocesis, commorancium, peticio continebat, quod olim dilectus filius Fridericus de Sachsenhaim, frater hospitalis Sancti Iohannis Ierosolimitani, falso asserens, quod Iudei predicti sibi quasdam pecuniarum summas tunc expressas, ex causis eciam tunc expressis, dare et solvere legitime tenerentur, et dictos Iudeos super hoc petendo eos condemnari et compelli ad dandum et solvendum sibi peccuniarum summas huiusmodi, coram dilecto filio Conrado Maiir, preposito ecclesie in Furnden, Constanciensis diocesis, Maguntine provincie, cui dilectus filius Iohannes, abbas monasterii Sancti Burchardi extra muros Herbipolenses, ordinis Sancti Benedicti, conservator, ut dicebat, dilectis filiis magistro et fratribus dicti hospitalis contra inferentes eis in rebus et bonis suis molestias vel iacturas, per litteras apostolice sedis deputatus, ac habens cognoscendi de iis, que iudicialem requirunt indaginem specialem per easdem litteras potestatem, super hiis commisit totaliter vices suas, litterarum et commissionis huiusmodi pretextu, traxit in causam; pro parte vero Iudeorum eorundem sentiencium exinde ab eodem preposito indebite se gravari, quod ipse post et contra quasdam exceptiones legitimas declinatorias, seu contra iurisdictionem suam, coram eo pro parte ipsorum Iudeorum loco et tempore congruis, exhibitas, et de quibus iidem Iudei fuerant antea legitime protestati, in huiusmodi causa ad ulteriora processit, fuit ad sedem apostolicam appellatum; sed ipse prepositus, appellatione huiusmodi, cuius non erat ignarus, et infra cuius presentationis tempus, de quo non modicum supererat, dicti Iudei tunc adhuc existebant, contempta, reputans eosdem Iudeos, quamvis non essent, pro sue voluntatis libito, contumaces, eis propter contumaciam huiusmodi communionem fidelium subtrahi mandavit, unde ipsi Iudei denuo ad sedem eandem appellarunt, et legitimo, ut asserunt, impedimento detenti, dictas appellationes non fuerunt infra tempus debitum prosecuti; quare ipsi Iudei nobis humiliter supplicarunt, ut causas appellacionum earundem una cum negocio principali aliquibus probis viris in partibus illis committere, eosque communioni fidelium ad cautelam restitui mandare, et alias ipsis, lapsu temporis huiusmodi non obstante, in premissis oportune providere, de benignitate apostolica dignaremur. Nos itaque, huiusmodi supplicationibus inclinati, discretioni vestre per apostolica scripta mandamus, quatinus vos, vel duo, aut unus vestrum, si quod de impedimento huiusmodi proponitur, veritate fulcitur, lapsu dicti temporis non obstante, vocatis dicto Frederico et aliis qui fuerint evocandi, ipsis Iudeis communionem fidelium huiusmodi ad cautelam, prout iustum fuerit, restituatis. Super aliis vero, auditis hinc inde propositis, eciam de principali negocio huiusmodi cognoscentes legitime, quod iustum fuerit, appellatione remota, decernatis, facientes quod decreveritis per censuram ecclesiasticam firmiter observari. Testes autem... Dat. Rome, apud Sanctum Petrum, anno Incarnationis Dominice millesimo quadringentesimo sexagesimo quinto, quarto Idus Octobris, anno secundo.

Source: ASV, Reg. Lat. 631, fols. 295v–297r.

Note: See preceding doc. of the same date on this subject, containing the appeal of the town of Heilbronn. Cf. Kramer-Engel, *Quellen*, p. 197; Scherg, *Franconia*, p. 77. It is not possible to establish which Augusta (given as Moise's place of origin) is meant.

918   Rome, 21 January 1466

Concession of privileges to the community and people of Cesena on their return to direct papal dominion, including the revenue from the taxes of the Jews.

Paulus episcopus etc. dilectis filiis communitati et hominibus civitatis nostre Cesene, salutem etc. Cum vos nuper ad nostram et apostolice sedis devotionem reversi fueritis, nos sperantes, quod in ea de bono in melius perseverabitis et ea continue agetis, per que vos veros et devotos filios et subditos nostros et Sancte Romane Ecclesie ostendetis, merito inducimur, ut vos paternis gratiis et favoribus prosequamur. Volentes itaque satisfacere vestris petitionibus nobis factis, et ut in nostra et eiusdem Ecclesie devotione et fidelitate quietioribus animis continuare possitis, concedimus vobis et ex beneficentia apostolice sedis donamus omnes redditus dicte nostre civitatis Cesene eiusque comitatus et districtus, quos nunc possidetis, et qui de novo impresentiarum vobis per nos conceduntur, sint vestri et ipsius communitatis cum onere et solutione omnium salariorum et expensarum occurrentium, prout distinctius infra adnotabitur. Volumus tamen, ut pro annuo censu seu canone imperpetuum teneamini solvere camere apostolice mille ducentos florenos auri de camera in terminis inferius declarandis, reservatis eidem camere sale et omnibus proventibus, qui ex ipso sale quomodolibet provenire possent, et etiam, exceptis solutionibus Hebreorum, reservata quoque medietate omnium condemnationum eidem camere preterquam damnorum datorum quacumque causa provenientium... Nulli ergo etc.... Si quis etc. Dat. Rome, apud Sanctum Marcum, anno etc. MCCCCLXV, XII Kalendas Februarii, pontificatus nostri anno secundo.

Source: ASV, Reg. Vat. 525, fos. 121v–123r; AS Cesena, bolle e brevi, b. 9.

Publication: Theiner, *Codex Diplomaticus* III, pp. 443–445.

Note: See below, Docs. **928, 940**.

Bibliography: Muzzarelli, *Cesena*, p. 128.

919   Rome, 7 March 1466

Mandate, if the facts are established, to the provosts of Ansbach and Göppingen and the dean of St. Spiritus in Heidelberg to apply the verdict given by Johannes of Westernach, provost in Stuttgart, in favour of Moises of Lauingen, Moises of Augusta and Wulffus of Heilbronn, Jews in Heilbronn, against Fredericus of Sachsenheim, member of the Order of St. John in Jerusalem, and to deal with their demand for expenses.

Paulus etc. Onolspacensi et in Goppingen prepositis, ac decano Sancti Spiritus, Heidelbergensis, Herbipolensis, Constanciensis et Wormaciensis diocesium ecclesiarum, salutem. Exhibita nobis nuper pro parte Moisi de Lawingen, Moisi de Augusta et Wulfonis de Heilprim, Iudeorum, in opido Heilprim, Herbipolensis diocesis, commorancium, peticio continebat, quod olim dilectus filius Fridericus de Sachsenhaim, frater hospitalis Sancti Iohannis Ierosolimitani, falso asserens, quod Iudei predicti sibi quasdam pecuniarum summas tunc expressas, ex causis eciam tunc expressis, dare et solvere legitime tenerentur, dictos Iudeos super hoc petendo eos condemnari et compelli ad dandum et solvendum sibi pecuniarum summas huiusmodi, coram dilecto filio Conrado Maiir, preposito ecclesie in Furnden,

Constanciensis diocesis, Maguntine provincie, cui dilectus filius Iohannes, abbas monasterii Sancti Burchardi extra muros Herbipolenses, ordinis sancti Benedicti, conservator, ut dicebat, dilectis filiis magistro et fratribus dicti hospitalis contra inferentes eis in rebus et bonis suis molestias vel iacturas, per litteras apostolice sedis deputatus, ac habens cognoscendi de hiis, que iudicialem requirunt indaginem specialem per easdem litteras potestatem, super hiis commisit totaliter vices suas, litterarum et commissionis huiusmodi pretextu, traxit in causam; pro parte vero Iudeorum eorundem, sentiencium exinde ab eodem preposito indebite se gravari, quod ipse post et contra quasdam exceptiones legitimas declinatorias, seu contra iurisdictionem suam, coram eo pro parte ipsorum Iudeorum loco et tempore congruis, exhibitas, et de quibus iidem Iudei fuerant antea legitime protestati, in huiusmodi causa ad ulteriora processit, fuit ad sedem predictam appellatum; sed ipse prepositus, appellatione huiusmodi, cuius non erat ignarus, et infra cuius prosecucionis tempus, de quo non modicum supererat, dicti Iudei tunc adhuc existebant, contempta, reputans eosdem Iudeos, quamvis non essent, pro sue voluntatis libito, contumaces, eis propter contumaciam huiusmodi communionem fidelium subtrahi mandavit; unde ipsi Iudei denuo ad sedem eandem appellarunt, et legitimo, ut asserebant, impedimento detenti, dictas appellaciones non fuerunt infra tempus debitum prosecuti; et deinde super appellacionibus huiusmodi nostras ad prepositum ecclesie in Stugarten, dicte Constanciensis diocesis, eius proprio nomine non expresso, sub ea forma litteras impetrarunt, ut, si quod de impedimento huiusmodi proponebatur veritate fulciretur, lapsu dicti temporis non obstante, vocatis dicto Friderico et aliis qui forent evocandi, ipsis Iudeis communionem fidelium huiusmodi ad cautelam, prout iustum foret, restitueret; super aliis vero, auditis hinc inde propositis, quod iustum foret, appellatione remota, decerneret, faciens quod decerneret per censuram ecclesiasticam firmiter observari; dictumque Fridericum vigore litterarum earundem coram dilecto filio Iohanne de Westernach, preposito dicte ecclesie in Stugarten, fecerunt ad iudicium evocari, qui, rite in huiusmodi causa procedens, per prefatum Conradum prepositum male processum, et per ipsos Iudeos bene appellatum, necnon communionem fidelium huiusmodi ipsis Iudeis de facto subtractam fuisse et esse, et eosdem Iudeos subtractione eiusdem communionis non obstante, dictis fidelibus communicare posse, per suam sentenciam declaravit, dictum Fridericum in expensis in huiusmodi causa factis nichilominus condemnando, illarum taxacione sibi imposterum reservata; quequidem sentencia, nulla provocacione suspensa, in rem transivit iudicatam; quare pro parte dictorum Iudeorum nobis fuit humiliter supplicatum, ut dictam sentenciam robur faceremus firmitatis debitum obtinere, et expensas huiusmodi, que nondum taxate fuerant, taxari mandare, ac alias eis in premissis oportune providere, de benignitate apostolica dignaremur. Nos itaque, huiusmodi supplicationibus inclinati, discrecioni vestre per apostolica scripta mandamus, quatenus, si est ita, vos, vel duo, aut unus vestrum, sentenciam predictam, sicut iuste lata est, faciatis, auctoritate nostra, firmiter observari; et, si, vocatis dicto Friderico et aliis qui fuerint evocandi, vobis de condemnacione expensarum huiusmodi legitime constiterit, illas, provida moderacione previa, taxetis; et si taxacionem huiusmodi per vos fieri contigerit, faciatis eisdem Iudeis de expensis ipsis, per censuram similem, appellacione cessante, debitam satisfactionem impendi. Non obstantibus... Dat. Rome, apud Sanctum Marcum, anno Incarnacionis Dominice millesimo quadringentesimo sexagesimo quinto, Nonis Marcii, anno secundo.

Source: ASV, Reg. Lat. 628, fols. 297r–298r.

Note: See above, Docs. **916, 917**, and below, following doc.

Bibliography: Scherg, *Franconia*, pp. 77f.

920   Rome, 7 March 1466

Mandate, if the facts are established, to the provosts of Ansbach and Göppingen and the dean of St. Spiritus in Heidelberg to apply the verdict given by Johannes of Westernach in favour of the people of Heilbronn and against Fredericus of Sachsenheim, member of the Order of St. John in Jerusalem, and to deal with their demand for expenses.

Paulus etc. dilectis filiis, Onolspacensi et in Goppingen prepositis, ac decano Sancti Spiritus Heydelbergensis, Herbipolensis, Constantiensis et Wormaciensis diocesium ecclesiarum, salutem etc. Humilibus supplicum votis ... dictique magistri civium, consules, scabini, incole et habitatores super posteriori appelacione et attemptatis huiusmodi nostras ad prepositum ecclesie in Stugarten, dicte Constantiensis diocesis, eius proprio nomine non expresso, litteras impetrarunt et dictum Fridericum fecerunt in causa huiusmodi coram dilecto filio Iohanne de Westernach, preposito dicte ecclesie in Stugarten, ad iudicuim evocari; qui, rite in eadem causa procedens, per prefatum vicarium male processum, et per eosdem magistros civium, consules, scabinos, incolas et habitatores bene appellatum, necnon dictam excommunicationis sententiam nullam fuisse et esse, per suam sententiam declaravit, dictum Fridericum in expensis in huiusmodi causa factis, quas postmodum ad certam tue etiam expressam pecuniarum summam taxavit, nichilominus condemnando; quequidem sententia, nulla provocatione suspensa, in rem iudicatam; quare pro parte magistrorum civium, consulum, scabinorum, incolarum et habitatorum predictorum, nobis fuit humiliter supplicatum, ut dictam sentenciam robur faceremus debitum firmitatis obtinere, et ipsis de eisdem expensis satisfactionem impendi mandare et alias eis in premissis oportune providere, de benignitate apostolica dignaremur. Nos itaque, huiusmodi supplicationibus inclinati, discretioni vestre per apostolica scripta mandamus, quatenus si est ita, vos, vel duo, aut unus vestrum, sentenciam predictam, sicut iuste lata est, faciatis, auctoritate nostra, firmiter observari; et si, vocatis dicto Friderico et aliis qui fuerint evocandi, vobis de condemnacione et taxacione expensarum huiusmodi legitime constiterit, faciatis de illis eisdem magistris civium, consulibus, scabiniis, incoli et habitatoribus, per censuram ecclesiasticam, appellacione remota, debitam satisfactionem impendi. Non obstantibus... Dat. Rome, apud Sanctum Marcum, anno Incarnacionis Dominice millesimo quadringentesimo sexagesimo quinto, Nonis Marcii, anno secundo.

Source: ASV, Reg. Lat. 631, fols. 288v–289v.

Note: The first part of the Bull relates the story of the dispute between Fredericus and Moyses of Lauingen and Wulffus of Heilbronn, and is identical with Doc. **916**. See also Docs. **917, 919**.

921   Rome, 17 April 1467

Appointment of Angelo Maccafani, bishop of Marsi, as governor of Cesena and part of Romagna, and definition of his powers and obligations. Unlike his predecessors he must not grant privileges to Jews.

Paulus etc. venerabili fratri Angelo, episcopo Marsicano, civitatis nostre Cesene ac aliarum civitatum, terrarum, castrorum et locorum provincie nostre Romandiole usque ad flumen Folie, ad nos et Romanam Ecclesiam spectantium, pro nobis et dicta Ecclesia in spiritualibus et temporalibus generali gubernatori, salutem etc. Cunctorum Christifidelium ... te in prefatis nostris Cesene et reliquis dicte provincie civitatibus, terris, castris et locis, ad nos et dictam Ecclesiam usque ad flumen Folia nuncupatum, illorumque comunitatibus, territoriis et districtibus, pro nobis et eadem Ecclesia in spiritualibus et temporalibus, alias tamen sine preiudicio ordinariorum, generalem gubernatorem, cum facultate, arbitrio, auctoritate, honoribus, oneribus et emolumentis consuetis, usque ad nostrum et apostolice sedis beneplacitum, cum salario quinquaginta florenorum auri de camera singulis mensibus, auctoritate apostolica et ex certa scientia, tenore presentium facimus, constituimus et deputamus... Mandantes nichilominus, ne Iudeis aliquam gratiam, concessionem, aut promissionem quovismodo facias, prout per tuos in dicto gubernio predecessores fieri consuevit, et, si secus feceris, id totum irritum et inane ac nullius momenti fore decernimus... Dat. Rome, apud Sanctum Marcum, anno etc. MCCCCLXVII, quintodecimo Kalendas Maii, pontificatus nostri anno tertio.

Source: ASV, Reg. Vat. 542, fols. 172v–173v.

Note: On the return of Cesena to direct papal dominion, see above, Doc. **918**, and Muzzarelli, *Cesena*, p. 128. Cf. below, Doc. **931**.

922   Rome, 23 June 1467

Mandate, if the facts are established, to the abbots of St. Maria de Ferrera and St. Maria de Buxedo, in the diocese of Calahorra, and the official of Calahorra to apply the verdict given by the pretor of Miranda de Ebro, restricting the local Jews to a separate quarter (*Judería*), as petitioned by Petrus de Quarenos, a Franciscan and *custos* of Victoria, on behalf of the people of Miranda.

Paulus etc. dilectis filiis, beate Marie de Ferrera et eiusdem beate Marie de Buxedo, Calagurritane diocesis, monasteriorum abbatibus, ac officiali Calagurritano, salutem etc. Humilibus supplicum votis libenter annuimus, eaque favoribus prosequimur oportunis. Exhibita siquidem nobis nuper pro parte dilectorum filiorum, hominum et communitatis ville de Miranda de Ybero, Calagurritane diocesis, peticio continebat, quod, cum olim inter eos et Iudeos inibi moram trahentes, coram tunc pretore dicte ville, super eo, quod ipsi Iudei terminis suis non contenti, extra metas loci eis in dicta villa deputatas, commorari pretendebant, lis sive questio suscitata fuisset; tandem ipse pretor, visis et recensitis earundem parcium iuribus et munimentis, Iudeos prefatos ad habitandum intra locum callem dicte ville, communiter dictum Iuderia, qui ab habitacione fidelium in eadem villa commorantium seiunctus est et clausus foris et vectibus, per suam diffinitivam sentenciam, que, nulla provocacione suspensa, in rem transivit iudicatam, reduxit et limitavit. Cum autem, sicut eadem peticio subiungebat, ipsi homines et communitas dubitent super premissis successu temporis posse denuo per dictos Iudeos molestari, pro parte dilecti filii Petri de Quarenos, ordinis Minorum et theologie professoris, custodis Victoriensis, provincie Castelle, nobis fuit humiliter supplicatum, ut sentenciam ipsam robur faceremus firmitatis debitum obtinere. Nos itaque, de premissis certam noticiam non habentes, huiusmodi supplicacionibus inclinati, discretioni vestre per apostolica scripta mandamus, quatinus vos, vel duo, aut unus vestrum, si et postquam vobis de premissis legitime constiterit, sentenciam predictam, sicut iuste prolata est, faciatis auctoritate nostra, appellacione remota, firmiter observari; non obstantibus contrariis quibuscunque. Dat. Laterani, anno Incarnationis Dominice millesimo quadringentesimo sexagesimo septimo, nono Kalendas Iulii, anno tercio.

Source: ASV, Reg. Lat. 650, fols. 235v–236r.

Note: On the Jews in Miranda de Ebro, see Baer, *Spanien* 2, esp. p. 325.

923*   Rome, 1 June 1468

Mandate, if the facts are established, to Anthony Fattati, bishop of Ancona and papal treasurer of Bologna, to collect from Samuel, son of the late Manuel of Cremona in Imola, the fines he incurred for allegedly violating an agreement to arbitration and the implementation of the findings on pain of two fines. The arbitration was to settle Samuel's dispute with Salomon, son of the late Vitale of Vicenza in Bologna.

Marcus etc. reverendo in Christo patri domino A[ntonio] episcopo Anchonitano, civitatis Bononie etc. thesaurario, salutem etc. Cum, sicut accepimus, vertente alias inter Salomonem quondam Vitalis de Vincentia, habitatorem Bononie, ex una, et Samuelem quondam Manuelis de Cremona, habitatorem Ymole, Ebreos, ex alia partibus, super certis eorum differentiis, controversia et causa, Salomon et Samuel predicti super eiusmodi differentiis et causa compromiserunt certo modo in reverendissimum in Christo patrem et dominum Angelum, tituli Sancte Crucis in Ierusalem presbiterum cardinalem Reatinum, tunc Bononie etc. legatum, cum adictione pene quingentorum ducatorum, pro una apostolice camere et pro alia medietatibus parti, applicandorum, et postmodum, cumpromissum super eisdem differentiis et causa in prefatum reverendissimum dominum cardinalem Reatinum, certo etiam modo prorogaverint seu confirmaverint, adiecta pena mille ducatorum parti in promissis persistenti, applicandorum, sicut dicitur publicis instrumentis constare, fueritque super ipsis differentiis, vigore sic facti et prorogati compromissi, per dictum reverendissimum dominum cardinalem laudum seu arbitramentum latum et pronuntiatum, fueritque dictum laudum firmatum et omolugatum; et nichilominus, deinde Samuel prefatus, omolugatione eiusmodi non obstante, ab ipso laudo et arbitramento indebite et contra promissiones factas et iuramentum prestitum resiliverit, et ei contrafecerit, proptereaque tam predictas quingentorum primo, quam mille ducatorum ultimo, conventas penas incurrerit; et Salomon predictus, qui [!] alterius dictarum penarum medietas, alterius integra quantitas, vigore pacti dictorum instrumentorum debentur, nuper in apostolica camera assistens, omnia et singula iura et actiones sibi ad utramque earundem penarum competentes et competentia apostolice camere prefate certis modis dederit, cesserit, concesserit, prout constat publico instrumento in ipsa camera desuper confecto; nosque volumus super eiusmodi penarum prefate camere indemnitate providere, de mandato sanctissimi domini nostri pape nobis super hoc oraculo vive vocis facto, ac consilio reverendorum patrum, domini V[iannisii] prothonotarii Bononiensis et sanctissimi domini nostri pape vicecamerarii, et reliquorum dominorum de camera, paternitati vestre harum serie committimus et mandamus, ut super premissis vos summarie informetis, et, si vobis constiterit prefatas penas, sicut premissum est stipulatas et per Samuelem predictum contra laudum et dictas promissiones actum et ventum fuisse, ideoque esse de iure exigendas, penas a Samuele, etiam per censuras et alia oportuna remedia de quibus vobis videbitur, integraliter pro apostolica camera et eius nomine exigatis; volumus autem, quia sic inter Salomonem predictum et dominos de camera est conventum expresse, quod omnes quantitates harum litterarum et commissionis virtute exigende, seu quomodocumque sint per modum exactionis vel compositionis, aut aliter, predictis ex causis habende, in eum, qui sequitur modum distribuatis, videlicet: eius, quod ex pena V centum ducatorum exigetur, tres quartas partes pro apostolica camera antedicta reservatis, reliquam partem dicto Salomoni tradatis et consignatis cum effectu; eius autem, quod ex mille ducatorum pena proveniat, servata pro antedicta camera medietate, reliquam medietatem eidem Salomoni similiter traddatis et consignatis; et post factam eiusdem distributionem, id, quod erit reservatum pro camera apostolica, ad eam fideliter mittere curetis; concedentes vobis de eisdem mandato et consilio plenam et liberam facultatem et potestatem, tam contra eundem Samuelem, quam contra alios quoscumque vos in premissorum executione impedientes et perturbantes, per censuras et penarum pecuniarum impositionem procedendi, eosque mulctandi et puniendi, secundum quod eorum protervia exegerit; invocato, si opus fuerit, auxilio brachii secularis. Non obstantibus contrariis quibuscumque; in quorum etc. Dat. Rome etc., apud Sanctum Marcum, die prima mensis Iunii MCCCCLXVIII, pontificatus domini Pauli pape II anno quarto.

Source: ASV, Arm. XXIX, vol. 33, fols. 147v–148v.

924   Rome, 17 September 1468

Revocation of modification by Pius II, whereby the Jews of Carpentras were
allowed to buy up foodstuffs before the harvest, and confirmation of earlier
prohibition to do so. Jews may, however, do so for their own consumption.

Paulus etc. Ad futuram rei memoriam. Fidei constantis integritas eximieque
devotionis affectus, quibus dilecti filii cives et communitas civitatis nostre
Carpentoratensis in nostro et apostolice sedis conspectu clarere noscuntur,
non indigne merentur, ut eorum peticiones, rationi presertim et equitati
consonas, quantum cum Deo possumus, ad exauditionis gratiam admittamus.
Sane, pro parte communitatis et civium predictorum nobis nuper exhibita
peticio continebat, quod inter cetera capitula per felicis recordationis Pium
papam II, predecessorem nostrum, concernentia Iudeos infra eandem
civitatem Carpentoratensem et comitatum nostrum Venaysini commorantes,
facta, unum esse perhibetur, per quod idem Pius predecessor noster,
cumprestationes ante tempus per eosdem Iudeos habitatoribus vel aliis
pauperibus Christianis dictorum civitatis et comitatus super blado, vino, oleo
et aliis victualibus, quibus per anticipationem temporis ipsi nullo aut modico
precio privabantur, necnon quascumque alias obligaciones personales, directe
vel indirecte, ex tunc faciendas, irritas et inanes, et ad illorum observantiam
Christianos ipsos nullatenus teneri debere, sed eosdem Iudeos ex ipsorum
laboribus et exercitiis vivere debere, auctoritate apostolica decrevit; et quamvis
capitulum huiusmodi eisdem communitati et civibus ac aliis Christianis
saluberrimum foret, nichilominus idem Pius predecessor, ad importunam, ut
creditur, ipsorum Iudeorum instanciam, capitulum predictum modificando,
inter cetera voluit, quod iidem Iudei contractus et obligationes quoscunque,
ad interitum salutis eterne Christianis non vergentes, neque personaliter, sed
dumtaxat ad illorum bona mobilia, ac fructus, redditus et proventus
restringentes, cum ipsis Christianis insimul inhire, facere et celebrare possent,
etiam cum renuntiatione et cauthelis opportunis, necnon submissione
iurisdictioni et coertioni civitatis et comitatus predictorum, et quo ad ipsos
Iudeos, si vellent, aliarum quarumcunque curiarum illarumque iudicum et
officiariorum, prout in singulis capitulis predictis dicitur plenius contineri; et,
sicut eadem peticio subiungebat, licet primodictum capitulum utilitatem et
honorem eorundem communitatis et civium ac aliorum Christianorum
predictorum concernat, tamen ipsi Iudei, pretextu modificationis huiusmodi
vel alias, bladum, vinum, oleum, et alia victualia, etiam quandoque ante
tempus messium emunt, et illa postmodum cariori precio pauperibus
Christianis vendunt, vel cum eis tales contractus inheunt, quorum pretextu
maximam absorbent pecunie quantitatem, in dedecus et detrimentum
incolarum et habitatorum civitatis et aliorum Christianorum predictorum
non modicum preiudicium atque gravamen. Quare pro parte communitatis et

civium predictorum nobis fuit humiliter supplicatum, ut primodictum capitulum confirmare et approbare, et modificationem huiusmodi revocare, aliasque in premissis oportune providere, de benignitate apostolica dignaremur. Nos igitur, qui cunctorum commoda procuramus, huiusmodi supplicationibus inclinati, modificationem predictam, cum omnibus et singulis capitulis modificationis huiusmodi et inde secutis, revocantes, irritantes et penitus annullantes, primodictum aliaque quecunque capitula ipsos Iudeos concernentia per ipsum predecessorem facta, auctoritate apostolica approbamus et confirmamus, precipientes illa, cum hac tamen adiunctione, quod Iudei predicti, directe vel indirecte, bladum, vinum et oleum ac alia victualia quecunque, nisi dumtaxat pro eorum usu, emere, vel quibusvis Christianis vendere, seu alios quoscunque contractus cum ipsis Christianis, etiam super aliis quibuscunque, scripto inire non possint neque debeant quoquomodo perpetuis futuris temporibus, observanda fore et observari debere; districtius inhibentes omnibus et singulis notariis sive tabellionibus publicis, etiam alienigenis, sub excommunicationis pena late sententie, ac centum ducatorum camere apostolice applicandorum, quotiescunque contravenerint, ne super eisdem emptionibus, vel venditionibus, aut aliis quibuscunque contractibus predictis stipulari, aut scripturas publicas vel privatas conficere quoquomodo presumant; decernentes ex nunc huiusmodi contractus, necnon quicquid secus forsan haberi, fieri vel attemptari contigerit, irrita et inania, nulliusque fuisse aut esse roboris vel momenti. Non obstantibus premissis ac quibuscunque capitulis et tractatibus tempore bone memorie Petri, episcopi Albanensis, in civitate nostra Avinionensi et partibus circumiacentibus tunc apostolice sedis legati, inter communitatem et Iudeos predictos, contra capitula Pii predecessoris huiusmodi forsan factis, etiam si iuramento vallati existerent, et que, etiam si de illis eorumque totis tenoribus de verbo ad verbum specialis et expressa mentio presentibus habenda foret, ex certa sciencia nostra revocamus et anullamus, ceterisque contrariis quibuscunque. Nulli ergo etc. ... Si quis autem etc. Dat. Rome, apud Sanctum Marcum, anno Incarnacionis Dominice millesimo CCCCLXVIII°, quintodecimo Kalendas Octobris, pontificatus nostri anno quinto.

Source: ASV, Reg. Vat. 529, fols. 285v–286v.

Note: See above, Docs. **863**, **871**.

Bibliography: Calmann, *Carpentras*, p. 205; Maulde, *Juifs dans les états français du Saint-Siège*, p. 13.

925   Rome, 20 September 1468

Mandate to the archdeacon of Almazan, the cantor in Sigüenza and the scholar in Osma to lift the excommunication placed on Rodericus de Moralibus, a knight in the diocese of Osma, by the official of Osma, following his refusal to obey a verdict in a financial dispute given by the official against him and in favour of Iuçaf Levi, a Jew in that diocese, and to hear the case.

Paulus etc. Dilectis filiis archidiacono de Almacan et cantori Seguntine, ac scolastico Oxomensis ecclesiarum, salutem etc. Humilibus supplicum votis libenter annuimus, eaque favoribus prosequimur oportunis. Exhibita siquidem nobis nuper pro parte dilecti filii, nobilis viri, Roderici de Moralibus, militis, Oxomensis diocesis, petitio continebat quod, cum olim Iucaf Levi, Iudeus, in eadem diocesi commorans, falso asserens quod dictus miles quasdam pecuniarum summas tunc expressas, ex causis etiam tunc expressis, sibi dare et solvere legitime teneretur, ipsum militem, super hoc petendo eum condempnari et compelli ad dandum et solvendum sibi pecuniarum summas huiusmodi, coram officiali Oxomensi, cuius iurisdictioni dictus miles, ut idem Iudeus asserebat, propterea se submiserat, non ex delegatione apostolica, traxisset in causam; ipse officialis in ea perperam procedens, diffinitivam pro dicto Iudeo et contra militem prefatum sententiam promulgavit iniquam, necnon eundem militem, ut infra certum tunc expressum terminum, sub excommunicationis pena, ipsi Iudeo de pecuniarum summis huiusmodi satisfaceret, monuit et mandavit eidem; a quibusquidem sententia ac monitione et mandato, pro parte dicti militis sentientis ex hiis indebite se gravari, ad sedem apostolicam extitit appellatum, et deinde nobis humiliter supplicatum, ut causam appellationis huiusmodi aliquibus probis viris in partibus illis committere, necnon ipsum militem ab excommunicationis sententia, si qua post appellationem eandem in eum lata fuerit, ad cautelam absolvi mandare, ac alias sibi in premissis opportune providere, de benignitate apostolica dignaremur. Nos itaque, huiusmodi supplicationibus inclinati, discretioni vestre per apostolica scripta mandamus, quatenus vos, vel duo, aut unus vestrum, vocatis dicto Iudeo et aliis qui fuerint evocandi, eidem militi, si hoc humiliter petierit, recepta tamen prius ab ipso cautione ydonea, super eo quo forsan excommunicatus haberetur, quod si dictam excommunicationis sententiam vobis constiterit in eum fore iuste latam, vestris et Ecclesie mandatis parebit, ab excommunicationis sententia huiusmodi, absolutionis beneficium ad cautelam, si et prout iustum fuerit, auctoritate nostra, hac vice dumtaxat, impendatis; super aliis vero, auditis hinc inde propositis, quod iustum fuerit, appellatione remota, usuris cessantibus, decernatis, facientes quod decreveritis, a Iudeo per subtractionem communionis fidelium, ab aliis vero prefatis per censuram ecclesiasticam, firmiter observari; testes autem qui fuerint nominati, si se gratia, odio vel timore subtraxerint, censura simili, appellatione cessante, compellatis veritati testimonium perhibere. Non obstantibus ... Dat. Rome, apud Sanctum Marcum, anno Incarnationis Dominice millesimo quadringentesimo sexagesimo octavo, duodecimo Kalendas Octobris, anno quinto.

Source: ASV, Reg. Lat. 677, fols. 240r–241r.

926   Rome, 12 November 1468

Confirmation to the Jewish community in Rome of the privilege granted them by Martin V, whereby the Jews in the Papal States must share in the tax burden of the Jews in Rome in connection with the financing of the annual carnival festivities in Rome. However, the community in Rome remains solely responsible for the tax.

Paulus etc. Ad perpetuam rei memoriam. Cum Iudei ymaginem Salvatoris nostri habeant, et a Creatore omnium sint creati, non debet reprehensibile reputari si Romanus pontifex, quem celestis Pater rectorem universalis Ecclesie constituit, eis quandoque misereretur, et onera illis incombentia equo moderamine partitur, prout personarum et locorum qualitate pensata, id in Domino conspicit salubriter expedire. Olim siquidem, felicis recordationis Martinus papa V, predecessor noster, provide attendens, quod universitas Iudeorum in Urbe commorantium, anno quolibet, [in] Carnisprivio, pro festivitatibus publicis Agonis et Testatie mille centum et triginta, et vicario nostro in eadem Urbe pro tempore deputato centum florenos monete in Urbe currentis, ex veteri consuetudine solvere tenerentur, idem predecessor, considerata ipsorum Iudeorum paupertate, ac etiam suarum facultatum diminutione, volens eorum necessitatibus subvenire, inter alia ordinavit et statuit, quod dicta universitas Iudeorum, pro huiusmodi solutione facienda, posset arctare et constringere, tam in personis quam in bonis, omnes et singulos alios Iudeos commorantes in provinciis Maritime, Campanie, Tiburis, Ca[r]solii, in Romandiola, Abbatia Farfensi, ac in Sabina, et Collinea, Tuscia, Patrimonio Beati Petri, Ducatu Spoletano, Marchia, et in civitatibus, terris, castris et locis dictarum provinciarum, in quibus dicti Iudei habitarent, donec de dictis quantitatibus et summis eisdem Iudeis dictarum provinciarum impositis et taxatis, et in futurum imponendis et taxandis, universitati predicte esset satisfactum, prout in litteris eiusdem predecessoris, quarum tenorem presentibus haberi volumus pro expresso, plenius continetur. Verum, quia prefata Iudeorum universitas hactenus non potuit, neque potest a predictis aliis Iudeis quotas eis ex dicta summa contingentes exigere, quo fit ut universitas ipsa, propter huiusmodi solutionem, damna quamplurima hactenus pertulerit, et imposterum maiora sustinere formidet, nisi sedes apostolica super hoc eis oportune succurrat, pro parte universitatis ipsorum Iudeorum in Urbe commorantium nobis fuit humiliter supplicatum, ut eis super hoc oportune consulere, paterna diligentia dignaremur. Nos itaque, ipsius predecessoris vestigiis inherentes, ac volentes ipsorum Iudeorum inopie, aliisque eorum miseriis et calamitatibus, quibus, ut similiter accepimus, adeo opprimuntur, ut vix cum laboribus manuum suarum se possint sustentare, pro solita clementia nostra prospicere, huiusmodi supplicationibus inclinati, eiusdem Martini predecessoris litteras ipsas ratas habentes et gratas, illasque eadem auctoritate, tenore presentium approbantes, presentis constitutionis edicto, auctoritate prefata, et ex certa sciencia, statuimus et ordinamus, quod de cetero perpetuis futuris temporibus, universitas ipsa quingentos et quinquaginta quinque dumtaxat, universi et singuli alii Iudei in nostris civitate Bononiensi et Romandiole ducentos quinquaginta, in Marchie Anchonitane provinciis totidem, in civitate Perusina et Ducatu Spoletano centum, in Patrimonio Beati Petri in Tuscia nunc et pro tempore moram trahentes, florenos septuaginta quinque monete in dicta Urbe currentis, pro festivitatibus predictis, in pecunia numerata, Kalendis Ianuarii anno quolibet, deputatis pro tempore ad hoc per eandem universitatem, sub pena dupli prefate camere apostolice applicanda, solvere ac contribuere teneantur et debeant; mandantes omnibus et singulis gubernatoribus ac officialibus per Marchiam, Bononiensem, Romandiolam, et Perusinam civitates, Ducatum, Patrimonium, civitates, terras, castra, villas et loca huiusmodi, nunc et pro tempore constitutis, quatenus eidem universitati, et per illam ad hoc pro tempore deputatis, favorabiliter assistentes, reiectis et pro nullis habitis quibusvis appellationibus, dilationibus, exceptionibus, obstaculis, exemptionibus et impedimentis, prefatos alios Iudeos, presentes et futuros, ad simplicem requisitionem et proprio iuramento deputatorum per dictam universitatem, tam in personis quam rebus, etiam illos personaliter capiendo et incarcerando, ac incarceratos detinendo usque ad plenam satisfactionem pro rata eis, ut prefertur, contingente, et etiam pro damnis et expensis, si quas propterea universitas ipsa sustinuerit, gravent, cogant atque compellant, litteris dicti Martini predecessoris, quo ad Iudeos Maritime, Campanie, Presidatus Abbatie Farfensis, Tiburis, Carsolii, ac Sabine et Collinee huiusmodi in suo pleno robore permansuris. Non obstantibus privilegiis apostolicis, ac legibus imperialibus et statutis municipalibus, necnon exemptionibus et immunitatibus, etiam si de illis eorumque totis tenoribus specialis, specifica et expressa mentio presentibus habenda foret, et que quo ad premissa cuiquam nolumus aliquatenus suffragari, ceterisque contrariis quibuscunque. Volumus autem, quod dicta universitas Iudeorum in ipsa Urbe commorantium, quibus actionem ad exigendum pecuniarum summas predictas, auctoritate presentium concedimus ac etiam reservamus, in eventum quo illi statuto tempore a contributione predicta, temporum varietate, sive alio impedimento causantibus, quovis modo cessarent, ad totalem contributionem pro festis sive ludis huiusmodi faciendis sint prorsus astricti, ut prius iure experiendi adversus alios supradictos eis, ut premittitur, reservato. Nulli ergo etc. ... Si quis etc. Dat. Rome, apud Sanctum Petrum, anno etc. MCCCCLXVIII, pridie Idus Novembris, pontificatus nostri anno quinto.

Source: ASV, Reg. Vat. 529, fols. 319v–321r.

Note: See above, Doc. **601**.

Bibliography: Marini, *Archiatri Pontifici* 2, p. 72, n. 2; Stern, *Urkundliche Beiträge* 1, p. 30; Vernet, *Martin V*, p. 413; Vogelstein-Rieger, *Rom* 2, pp. 1–4, 17f.

927   Rome, 13 November 1468

Concession to Abraham Rubini, a Jew in Bologna, of permission to him and his offspring to inherit the estate of his late parents-in-law and brother-in-law, notwithstanding the provisions of the laws of Bologna and of Jewish law, restricting the ability of women to inherit. Mandate to the governor or legate in Bologna to ensure that this is done.

Paulus etc. Abrahe Rubini, Ebreo, in civitate nostra Bononiensi moram trahenti, viam veritatis agnoscere et agnitam retinere. Dum Iudei in suis necessitatibus apostolice sedis presidia et favores interpellant, non debet reprehensibile reputari si sedes ipsa eis, ex Christiana pietate, mansuetudinem et clementiam ostendit, ut, huiusmodi pietate allecti, suos cognoscant errores et tandem, superna gratia illustrati, ad verum lumen, quod Christus est, festinent pervenire. Cum itaque, sicut accepimus, inter cetera statuta nostre civitatis Bononiensis, auctoritate apostolica roborata, sit unum, quo expresse cavetur, quod femine non succedant parentibus ab intestato, existente masculo, salva unica eius tantum dote data, seu constituta, vel danda, seu ab heredibus petenda ex bonis cuiuscunque ipsorum parentum, videlicet patris, vel matris, avi, vel proavi, et alio similiter, quod eedem femine, et ab eis descendentes, non succedant ab intestato fratribus, existente masculo fratre, prout in eisdem statutis, quorum tenores, ac si de verbo ad verbum insererentur presentibus, haberi volumus pro expressis plenius continetur. Et, sicut exhibita nobis nuper pro parte tua peticio continebat, quamquam Ebrei in eadem civitate degentes sub lege Moisaica[!], que etiam feminas excludit a predictis successionibus, legibus civilibus, sicut ceteri in similibus locis ex lege pareant et intendant, nichilominus a nonnullis asseritur Iudeos ipsos sub eisdem statutis fore comprehensos, et ad illa observandum astrictos; unde, cum statuta ipsa legibus civilibus sint contraria, et tempore quo edita fuerunt, Iudei tunc Bononie residentes forsitan vocati, aut saltem legittime non extiterunt, neque in illorum editione saltem expresse consensum, de quo legittime constet, prestiterint, pro parte tua, nomine Rubini, Donne et Anne, filiorum tuorum legittimorum et naturalium, natorum ex Regina filia quondam Angeli Samuelis de Bononia, asserentium quod statuta ipsa verisimiliter facta fuerunt pro conservatione civium Christianorum, non autem Iudeorum, nobis fuit humiliter supplicatum, ut ad omne ambiguitatis tollendum dubium, statuta predicta pro filiis et filiabus tuis prefatis ad successionem prefatorum Angeli, Preciose et Leonis, eorundem [filii], duntaxat declarare, aliasque in premissis opportune pro iusticia providere, auctoritate apostolica dignaremur. Nos, igitur, attendentes peticionem predictam fore iustam et consonam rationi, huiusmodi supplicationibus merito iusticie inclinati, auctoritate apostolica, tenore presentium, ex certa sciencia, iuxta quasdam alias nostras litteras in forma brevis desuper emanatas, dilecto filio Iohanni Baptiste de Sabellis, notario nostro, et pro nobis et Romana Ecclesia civitatis eiusdem gubernatori, cum supplicatione interclusa directas, tibi, prefatis nominibus, concedimus, atque decernimus quod, premissis non obstantibus statutis et lege Mosaica, que tibi quo ad hoc nullatenus preiudicent, tuo ac filiorum et filiarum tuorum nominibus, pro rata prefatis nominibus et eos contingente, de iure civili, in hereditatibus prefatorum quondam Angeli Samuelis, et Preciose eius uxoris, ac Leonis eorum filii, Ebreorum, in civitate predicta olim commorantium, ubicunque existant, prefatos tuos filios ac filias successisse et succedere, illasque assequi, accipere, et in tuos ac ipsorum filiorum et filiarum usus utilitatemque convertere et retinere, necnon de illis tanquam de propriis aliis rebus et bonis vestris disponere, libere et licite valeas, in omnibus et per omnia, ac si statuta et lex huiusmodi non essent, aut nullo tempore fuissent; decernentes irritum et inane, si secus super hiis a quoquam, quavis auctoritate, scienter vel ignoranter, attemptatum forsan est hactenus, vel imposterum contigerit attemptari. Et nichilominus, ut presentes littere suum plenum sortiantur effectum, dilecto filio moderno et [pro] tempore existenti gubernatori, seu legato dicte civitatis, per apostolica scripta mandamus, quatenus statutis et lege Mosaica huiusmodi penitus, ac si non fuissent aut essent, quo ad hoc exclusis atque reiectis, te, tuo ac filiorum et filiarum tuarum nominibus, pro rata vobis contingente, in possessionem quorumcunque bonorum et iurium, que ex hereditatibus prefatorum Angeli Samuelis et Pretiose eius uxoris, ac Leonis eorum filii, Ebreorum, de iure civili debentur, ubicunque existentium, et quorum quantitates, qualitates, summas et valores haberi volumus pro expressis, apostolica auctoritate, amotis quibuslibet exinde detentoribus, et sublatis quibusvis obstaculis appellationis in actis et tempore quibuscunque alias de iure concessis, et impedimentis aliis quibuscunque, actualiter, de facto, manu regia, etiam in vim mere executionis, omnium contentiosa partium assertione sublata, inducat, et in corporalem et actualem possessionem, vel quasi eorundem immittat, et immissos et inductos deffendat; necnon contradictores quoslibet, etiam rebelles, cuiuscunque dignitatis, gradus, status, ordinis, vel condicionis fuerint, per excommunicationis, suspensionis et interdicti, si Christiani, si vero Ebrei extiterint, per substractionem communionis fidelium, ac etiam pecuniarias, camere apostolice aplicandas, et alias formidabiliores, de quibus, ut volet, penas et mulctas, sublato cuiusvis prefate appellationis obstaculo, cogat atque compellat; dantes et concedentes ipsi gubernatori, nunc et pro tempore existenti, plenam et liberam facultatem omnia et singula faciendi, disponendi et exequendi, que in premissis et circa ea necessaria noverit, seu quomodolibet opportuna, in omnibus et per omnia, ac si statuta huiusmodi non vigerent, et etiam quoad Iudeos dicte civitatis hactenus observata non fuissent. Non obstantibus statutis et lege Musaica[!] predictis, quibus, etiam si de illis eorumque totis tenoribus specialis, specifica et expressa mentio habenda foret, hac vice duntaxat, derogamus, contrariis quibuscunque ... Nulli ergo ... Dat. Rome, apud Sanctum Petrum, anno etc. millesimo quadringentesimo sexagesimo octavo, Idibus Novembris, pontificatus nostri anno quinto.

Source: ASV, Reg. Vat. 530, fols. 18r–20r.

928 Rome, 9 April 1469

Concession to the town of Cesena for another three years of the revenue from half the fines imposed there and from the tax of the Jews, and a quarter of the property confiscated from the rebels against the papal government.

Paulus papa II.
Dilecti filii, salutem et apostolicam benedictionem. Intellecta devotione vestra, quam erga nos et hoc sacrosanctum Romanum solium ferventer geritis, instituimus vos, tanquam peculiares filios et dilectos subditos nostros, gratiis ac favoribus amplioribus prosequi. Nuper siquidem, per aliud breve nostrum, ad triennium vobis concessimus medietatem condemnationum istius nostre civitatis Cesene ac subsidium taxarum per Hebreos solvi consuetarum, pro constructione palatii vestri, prout in ipso latius continetur; nunc vobis in eadem devotione nostra et Sancte Romane Ecclesie persistentibus, intelligentes menium vestrorum reparationem magis necessariam esse, eandem medietatem ac subsidium taxarum predictum, ad predictam reparationem murorum sive

menium, ad alios tres annos immediate post finitos tres annos predictos sequentes, per manus dilecti filii thesaurarii provincie nostre Romandiole, ad ordinationem dilecti filii Nicolai de Ginizano, notarii nostri ac predicte civitatis nostre gubernatoris, immediate convertendum, tenore presentium concedimus, ita ut pro labore magistrorum et operis duntaxat, et non alias, exponantur. Item concedimus vobis quartam partem bonorum confiscatorum, que erant illorum seditiosorum, qui in nostram et dicte Ecclesie status perturbationem nuperrime, non sine maximo periculo vestro conspiraverant, in predictum usum similiter immediate convertendam; mandante, dicto eiusdem nostre provincie Romandiole thesaurario pro tempore existenti, quatinus, revisa ratione, predictam medietatem, taxarum subsidium et quartam partem huiusmodi in vestris computis admittat, prout nos admittimus per presentes. Dat. Rome, apud Sanctum Petrum sub annulo Piscatoris, die VIIII Aprilis MCCCCLXVIIII, pontificatus nostri anno quinto.

Source: AS, Cesena, B. 12, XVII.

Note: See above, Doc. **918**, and below, Doc. **940**.

Bibliography: Muzzarelli, *Cesena*, p. 137.

929   Rome, 12 May 1469

Appointment for one year of Conrad Capece, archbishop of Benevento, as papal governor of that town and county, and definition of his duties and authority, excluding that of granting concessions to Jews, although his predecessors had done so.

Paulus episcopus, servus servorum Dei. Venerabili fratri Conrado, archiepiscopo Beneventano, in civitate nostra Beneventana eiusque comitatu, territorio et districtu, pro nobis et Sancta Romana Ecclesia gubernatori, salutem et apostolicam benedictionem. Dum onus universalis gregis Dominici, nobis superna dispositione iunctum, diligenter attendimus, ac nostrum perspicimus imperfectum, videntes quod nequimus circa singula per nos ipsos exolvere debitum apostolice servitutis, nonnumquam prelatos electos, litterarum scientia preditos, ac virtute conspicuos, in quibus Domini timor sanctus permanet, in nostre sollicitudinis partem assumimus, ut ipsis vices nostras supplentibus, nostri oneris gravitatem, ex ipsorum cooperatione laudabili alleviantes, ministerium nobis commissum, divina favente gratia, facilius et efficacius exequamur. Sane, licet ad cunctorum Christifidelium salubrem et pacificum statum intente mentis aciem extendere teneamur, civitatem tamen nostram Beneventanam, eiusque comitatum, territorium et districtum, cum eorum civibus, habitatoribus et incolis, eo cordialius ex apostolice servitutis officio intuemur, quo super ipsorum felici regimine, atque statu pacifico et tranquillo affectamus specialius providere. Attendentes itaque, quod tu eximia probitate ac fidelitate, necnon rerum gerendarum experientia plurimum comprobatus, sicut in affectibus tuis geritur, prout indubitantes credimus, fluctuantes turbines sedare, iusticie terminos colere, humiliare superbos rebelles et inobedientes compescere, ac errantes ad viam scies et poteris reducere veritatis, sperantes quoque quod illa que tibi duxerimus committenda, gratia tibi assistente divina, circumspecte, prudenter, fideliter ac cum omni diligentia commendabiliter exequeris, matura super hoc deliberatione prehabita, te in civitate, comitatu, territorio et districtu predictis, ad nos et Sanctam Romanam Ecclesiam spectantibus et pertinentibus, usque ad annum ab initio exercitii huius officii computandum, pro nobis et eadem Ecclesia, generalem gubernatorem in spiritualibus et temporalibus, cum facultate, arbitrio, auctoritate, honoribus, et oneribus, ac emolumentis et salario consueto, auctoritate apostolica et ex certa scientia, tenore presentium facimus, constituimus, ac etiam deputamus; quascumque alias commissiones super huiusmodi gubernatione, in civitate, comitatu, territorio et districtu supradictis, quibusvis aliis factas, harum serie, auctoritate et scientia similibus, penitus revocantes, fraternitati tue civitatem, comitatum, territorium et districtum huiusmodi, nec non cives, habitatores et incolas eorundem, nostro et prefate Ecclesie nomine, gubernandi, regendi, reformandi et administrandi, ac in eis iurisdictionem plenam et omnimodam, cum mero et mixto imperio, exercendi; civiles et criminales causas per simplicem etiam querelam, vel appellationem, coram te introductas, etiam diebus feriatis, cum tibi videbitur, per te, vel alium seu alios audiendi, examinandi et discutiendi, earum cognitionem, decisionem et discussionem alii, vel aliis, communiter vel divisim, generaliter vel specialiter, tam infra terminos tue gubernationis, quam extra illos, prout et sicut iustum tibi videbitur, committendi, ac ad te, cum placuerit, advocandi; decreta quelibet interponendi, et super statutis dispensandi, necnon homagia et iuramenta fidelitatis recipiendi, culpabiles, tam civiliter quam criminaliter, per te vel alium seu alios puniendi, querelas contra ipsos per quoscumque propositas, simpliciter et de plano, ac sine strepitu et figura iudicii, audiendi, emendas et satisfactiones debitas fieri faciendi, ac super quibuscumque delictis et rebellionibus, per quascumque universitates, vel singulares personas, cuiuscumque status, gradus, habitus, seu conditionis fuerint, commissis, vel in posterum tui tempore officii committendis, generaliter vel particulariter cognoscendi, ac ad ipsius Romane Ecclesie gratiam et obedientiam reducendi, faciendi quoque ac ordinandi, necnon statuendi et reali executioni demandandi, omnia alia et singula que ad huiusmodi gubernationis officium de iure vel consuetudine pertinent, et que necessaria ac utilia fuerint quoquomodo in premissis, et ea tangentibus ac quodlibet eorundem, necnon que statum, honorem ac commodum nostrum atque prefate Romane Ecclesie utilitatem quoque ac prosperum et tranquillum statum civitatis, comitatus, territorii et districtus predictorum, necnon civium, habitatorum et incolarum eorundem cedere videris et tibi expedire videbitur, etiam si illa mandatum exigerent magis speciale quam presentibus est expressum, plenam et liberam, auctoritate et scientia supradictis, tenore presentium concedimus facultatem, prohibentes nihilominus ne aliqua nova statuta, sine expressa licentia nostra vel predicte sedis, facere, admittere, vel confirmari possis, audeas vel presumas, nec Iudeis aliquam gratiam, concessionem, aut remissionem, prout per tuos in huiusmodi gubernio precessores factum fuit, deinceps quovis modo facias, quod si secus feceris, id totum irritum decernimus et inane, nulliusque existere firmitatis. Non obstantibus etc. Ut autem circa premissa omnia et singula te, inspirante Altissimo, plenius, melius et utilius exercere valeas, dilectis filiis, universis et singulis civibus, habitatoribus et incolis civitatis, comitatus, territorii et districtus eorundem, nec non vicariis, potestatibus, capitaneis, castellanis, officialibus, marescallis, stipendariis, tam equestribus quam pedestribus, ad nostra et ipsius Romane Ecclesie stipendia militantibus, in illis partibus existentibus, presentibus et futuris, ceterisque nostris ac eiusdem Ecclesie subditis, cuiuscumque ecclesiastice vel mundane dignitatis, status, gradus, ordinis vel conditionis extiterint, presentium tenore districtius iniungendo mandamus, ut tibi vel deputandis a te, dicto durante anno, plene pareant et efficaciter intendant. Nos enim, processus, sententias, et penas, quos et quas per te proferri et infligi contigerit, ratas habebimus et gratas, illasque faciemus, auctore Domino, usque ad satisfactionem condignam inviolabiliter observari. Volumus autem, quod antequam huiusmodi gubernationis officium incipias exercere, de ipso fideliter exercendo, ac bullam nostram de non recipiendo muneribus editam, cuius tenorem de verbo ad verbum presentibus inseri fecimus, inviolabiliter observando, in nostris, seu dilecti filii nostri Marci, tituli sancti Marci presbyteri cardinalis Vicentini, manibus prestes in forma solita iuramentum. Tenor autem bulle predicte sequitur, et est talis : Paulus episcopus, servus servorum Dei. Ad perpetuam rei memoriam. Munera excecare oculos sapientium, etc. Dat. Rome apud S. Marcum, anno Incarnationis Dominice millesimo quadringentesimo sexagesimo quinto, quinto decimo Kalendas Aprilis, pontificatus nostri anno II°. Et insuper tibi, sub indignationis nostre pena, districtius precipiendo mandamus, quatinus omnes actus, tam publicos quam privatos, quos durante officio gubernationis tue in eo quomodolibet gesseris aut feceris, nec non gratias quibuscunque per te concessas et de quanto et quibus personis singulatim et nominatim, fideliter et accurate registrari facias, eaque in forma autentica nobis vel saltem presidentibus camere nostre apostolice in fine dicti officii gubernationis tue, singulariter et distincte, omni exceptione remota, mittere tenearis. Datum

Rome, apud Sanctum Petrum, anno Incarnationis Dominice millesimo quadringentesimo sexagesimo nono, quarto Idus Maii, pontificatus nostri anno quinto.

Source: Benevento, Duomo, Biblioteca Beneventana, vol. 33, No. 57.

Publication: Borgia, *Benevento* 2, pp. 175f.

Bibliography: Erler, *Historisch-kritische Übersicht* 7, p. 15; Lonardo, *Benevento*, p. 290.

930   Rome, 20 May 1469

Mandate, if the facts are established, to the abbots of St. Spiritus outside the walls of Avila and St. Maria de Ortis outside the walls of Segovia to unite the church of Corpus Christi in Segovia, a converted synagogue, with the monastery of St. Maria de Parages, in the diocese of Segovia.

Paulus etc. Dilectis filiis Sancti Spiritus, extra muros Abulen. et Beate Marie de Ortis, extra muros Segobien., monasteriorum abbatibus, salutem etc. Pastoralis officii debitum nos excitat et inducit, ut votis illis gratum prestemus assensum, per que tam secularium quam religiosarum personarum, necnon monasteriorum et aliorum piorum locorum commoditatibus valeat salubriter provideri, et ut illa optatum sortiantur effectum, partes nostre solicitudinis liberaliter impartimur. Dudum siquidem, omnia cum cura et sine cura beneficia ecclesiastica, apud sedem apostolicam tunc vacantia et inantea vacatura, collationi et dispositioni nostre reservavimus, decernentes ex tunc irritum et inane, si secus super hiis a quoquam, quavis auctoritate, scienter vel ignoranter, contingeret attemptari. Cum itaque, postmodum parochialis ecclesia loci de Martimiguel, Segobiensis diocesis, per liberam resignationem dilecti filii Andree Alfonsi de Cocha, nuper ipsius ecclesie rectoris, de illa quam tunc detinebat, per dilectum filium Iohannem Fernandi, canonicum monasterii Beate Marie de Parages, ordinis Sancti Augustini, Segobiensis diocesis, procuratorem suum ad hoc ab eo specialiter constitutum, in manibus nostris sponte factam, et per nos admissam, apud sedem eandem vacaverit et vacet ad presens, nullusque de illa preter nos hac vice disponere potuerit, sive possit, reservatione et decreto obsistentibus supradictis, et, sicut exhibita nobis nuper pro parte dilectorum filiorum magistri Petri de Solis, notarii nostri, administratoris seu commendatarii per eandem sedem deputati, ac prioris et conventus dicti monasterii peticio continebat, fructus, redditus et

proventus ecclesie Corporis Christi, Segobiensis, que olim synagoga
Iudeorum, et ad ecclesiam Christianorum reducta, ipsique monasterio
ordinaria auctoritate perpetuo unita extitit, et cuius gubernationem ipsius
monasterii abbas prior et conventus tenent, et adeo tenues et exiles, ut pote
octo librarum Turonensium parvorum, secundum communem extimationem
valorem annuum non excedentes, quod ad reparationem, manutentionem et
conservationem edificiorum, structurarum et ornamentorum minime
sufficiunt, divinus cultus in eadem ecclesia semel tantum in ebdomoda[!]
propter tenuitatem et exilitatem fructuum celebratur, et nisi administrator
dicti monasterii ac illius abbas prior et conventus prefati spem haberent quod
eis super hoc aliquod suffragium impenderetur, de facili ecclesiam ipsam ab se
et dicto monasterio potius abdicare quam retinere mallent, cum unio ipsa
eidem monasterio potius oneri quam emolumento existat, et se dicta
parochialis ecclesia, que eidem monasterio adeo propinqua est quod illi per
unum ex ipsius monasterii canonicis vel capellanis commode deserviri potest,
mense conventuali eiusdem monasterii, cuius redditus a mensa abbatiali sunt
distincti et separati, cum eo onere quod prior et conventus monasterii
huiusmodi unum capellanum, qui in eadem ecclesia Corporis Christi missas et
alia divina officia diligenter celebret, retinere, necnon structuras, ornamenta
et tecta ipsius ecclesie, Corporis Christi reparare astricti forent, perpetuo
uniretur, annecteretur et incorporaretur, unio ipsius ecclesie Corporis Christi
dicto monasterio minus onerosa redderetur, devotio Christifidelium, que
ingens est, ad ipsam ecclesiam Corporis Christi peramplius augeretur,
divinusque cultus augmentaretur, et populus ad divina audiendum libentius
conflueret, et ex eo, quod, supportatis ambarum ecclesiarum predictarum
oneribus, inde superesset, prior et conventus prefati monasterii, in quo magnus
canonicorum numerus existit, et commodius sustentari et divinis interesse
valerent; quare, propter dictorum Petri administratoris, prioris et conventus,
asserentium quod parochialis ecclesie et annexorum suorum centum, mense
vero conventualis huiusmodi quadringentarum librarum Tur. par. similium,
fructus, redditus et proventus, secundum extimationem predictam, valorem
annuum non excedunt, nobis fuit humiliter supplicatum ut ipsam ecclesiam
parochialem cum eisdem annexis, ac omnibus iuribus et pertinentiis suis,
prefate mense conventuali perpetuo unire, annectere et incorporare, aliasque
in premissis oportune providere, de benignitate apostolica dignaremur. Nos
itaque, de premissis assertis et expositis certam noticiam non habentes,
huiusmodi supplicationibus inclinati, discretioni vestre per apostolica scripta
mandamus quatenus vos, vel alter vestrum, vocatis quorum interest, de
premissis omnibus et singulis ac eorum circumstantiis universis, auctoritate
nostra vos diligenter informetis, et, si per eandem informationem ita esse
reppereritis, parochialem ecclesiam predictam, sive premisso, sive alio quovis
modo, aut ex alterius cuiuscunque persona, seu per similem, alicuius alterius
de illa in Romana curia vel extra eam, etiam coram notario publico et testibus,

sponte factam ressignationem, aut constitutionem felicis recordationis Iohannis pape XXII predecessoris nostri, que incipit. Execrabilis, vel assecutionem alterius ecclesiastici beneficii, quavis auctoritate collati, vacet, etiam si tanto tempore vacaverit, quod eius collatio, iuxta Lateranensis statuta concilii, ad sedem predictam legitime devoluta, ipsaque parochialis ecclesia dispositioni apostolice specialiter, vel alias generaliter, reservata existat, et super ea inter aliquos lis, cuius statum presentibus haberi volumus pro expresso, pendeat indecisa, dummodo eius dispositio ad nos hac vice pertineat, cum eisdem annexis, ac omnibus iuribus et pertinentiis supradictis eidem mense conventuali, auctoritate nostra, perpetuo incorporatis, uniatis et annectatis; ita quod liceat ex tunc administratori, seu abbati priori et conventui prefatis, per se, vel alium seu alios, corporalem possessionem ecclesie et annexorum, iuriumque et pertinentiarum predictorum propria auctoritate apprehendere et perpetuo retinere, ac illius animarum curam per unum ex canonicis dicti monasterii, vel alium presbyterum secularem, ad eorum nutum amovibilem, excerceri facere, illiusque et annexorum huiusmodi fructus, redditus et proventus in capellani in eadem ecclesia Corporis Christi per eos retinendi, et ad nutum similiter amovibilis, sustentationem, edificiorumque et structurarum reparationem, et quicquid inde supererit, in ipsius mense conventualis usus et utilitatem convertere, diocesani loci et cuiuscunque alterius super hoc licentia minime requisita; et nichilominus, prefato Andree, ne propter ressignationem huiusmodi nimium dispendium patiatur, omnes et singulos fructus, redditus et proventus dicte parochialis ecclesie per eum quoad vicerit levandos et recipiendos, eadem auctoritate nostra reservetis, constituatis et assignetis, facientes ipsi Andree, iuxta reservationis, constitutionis et assignationis predictarum, si illas vigore presentium feceritis, tenorem, de huiusmodi fructibus, reddittibus et proventibus integre responderi; contradictores per censuram ecclesiasticam etc.; non obstantibus ... et quibuslibet aliis privilegiis, indulgentiis et litteris apostolicis, generalibus vel specialibus, quorumcunque tenorum existant, per que presentibus non expressa vel totaliter non inserta, effectus earum impediri valeat quomodolibet vel differri, et de quibus quorumque totis tenoribus de verbo ad verbum in nostris litteris habenda sit mentio specialis. Volumus autem quod propter unionem, annexionem et incorporationem predictas, si ille vigore presentium fiant, et effectum sortiantur, dicta parochialis ecclesia debitis non fraudetur obsequiis, et animarum cura in ea nullatenus negligatur, sed illius congrue supportentur onera consueta, quodque prior et conventus predicti bona immobilia, aut pretiosa mobilia, eiusdem parochialis ecclesie alienare nullatenus presumant, alioquin penas, in quadam nostra super hoc edita constitutione contentas, incurrant eo ipso; et insuper irritum decernimus, ex nunc, prout est, et inane, si secus super hiis a quoquam, quavis auctoritate, scienter vel ignoranter attemptatum forsan est hactenus, vel imposterum contigerit attemptari. Dat. Rome, apud Sanctum Petrum, anno etc. millesimo quadringentesimo sexagesimonono, terciodecimo Kalendas Iunii, pontificatus nostri anno quinto.

Source: ASV, Reg. Vat. 533, fols. 200r–200v.

Note: On a synagogue converted into a church in Segovia in 1412, see Baer, *Spanien* 2, p. 274.

931   Rome, 20 May 1469

Appointment of Fortunato Pellicani, bishop of Sarsina, as papal governor of Todi and its territory. He must not introduce new statutes without papal permission, and must not grant concessions to the Jews, although his predecessors had that authority.

Paulus etc. Venerabili fratri Fortunato, episcopo Sarsenatensi, civitatis nostre Tuderti et eius comitatus, ad nos et Romanam Ecclesiam spectantium, pro nobis et dicta Ecclesia in spiritualibus et temporalibus generali gubernatori, salutem etc. Cunctorum Christifidelium ... Prohibentes nichilominus ne aliqua nova statuta sine expressa licentia nostra et predicte sedis facere, admittere, vel confirmare possis, audeas, vel presumas, nec Iudeis aliquam gratiam, concessionem, aut remissionem, prout per tuos in huiusmodi gubernio precessores factum fuit, deinceps quovis modo facias quod si secus feceris, id totum irritum et inane ac nullius momenti fore decernimus ... Dat. Rome, apud Sanctum Petrum, anno etc. millesimo quadringentesimo sexagesimo nono, tercio decimo Kalendas Iunii, pontificatus nostri anno quinto.

Source: ASV, Reg. Vat. 542, fols. 269v–271r.

Note: Identical, *mutatis mutandis*, with Doc. **921** above.

932   Rome, 31 May 1469

Decree, following petition presented by Emperor Frederick III, to confessors to absolve judges and other magistrates who find for Jews litigating with Christians, since they commit no sin in doing so.

Paulus episcopus, servus servorum Dei. Ad futuram rei memoriam. Sedis apostolice copiosa benignitas singulorum salutem desiderans, ad ea libenter intendit per que Christifidelium animarum periculis obviari, earumque salus procurari valeat. Sane, sicut exhibita nobis nuper pro parte carissimi in Christo filii nostri Friderici, Romanorum imperatoris semper augusti, petitio continebat, quod cum iudices, scabini et scribe, tam ecclesiastici quam seculares, qui in causis seu negotiis que in et super contractibus et conventionibus quibuscunque inter Christianos, ex una, et Iudeos, qui in terris, civitatibus hereditariis et dominiis prefati imperatoris, in memoriam Dominice passionis et orthodoxe fidei testimonium, ad immorandum tollerantur, partibus, ex altera, pro tempore moventur seu agitantur, zelo iustitie, que omnibus, etiam extra fidem positis, debetur, sententiam pro ipsis Iudeis et contra eosdem Christianos, aut e contra, dictant, ferunt seu scribunt, et ad sacerdotes suos pro peccatis suis confitendis, et penitentie ac aliis ecclesiasticis sacramentis recipiendis, accedunt, sacerdotes ipsi interdum ad absolutiones eis impendendum et sacramenta huiusmodi ministrandum, non parvam difficultatem faciunt; quicunque vero hec facere denegant, in grave fidelium animarum periculum et bonarum mentium turbationem ac scandalum plurimorum; quare pro parte ipsius imperatoris nobis fuit humiliter supplicatum, ut eorundem iudicum conscientie, paci et quieti consulere, ac alias in premissis oportune providere, de benignitate apostolica dignaremur. Nos igitur, attendentes quod si ad illuminationem Iudaice cecitatis allectiva media adhiberi permittuntur, non debet reprehensibile aut fidelium animabus dampnabile censeri, cum iusticia, que omnibus communis esse debet, ipsis Iudeis ministratur, ut illi, per equum eiusdem iusticie ministerium, suos cognoscant errores, et ad viam veritatis tanto facilius convertantur, ipsius imperatoris in hac parte supplicationibus inclinati, huius irrefragabilis constitucionis edicto statuimus, ut sacerdotes ydonei, quos iudices, scabini aut scribe prefati, statutis a iure temporibus, aut alias, pro suis peccatis confitendis adire teneantur, eorundem iudicum, scabinorum et scribarum confessiones audire, eosque, dummodo absque corruptela et aliquo sinistro favore iusticiam ministraverint, ab huiusmodi peccatis, alias iuxta facultatem eis a iure concessam vel permissam, absolvere, ac eis penitentie et alia ecclesiastica sacramenta ministrare, libere et absque conscientie scrupulo, possint et debeant; non obstantibus constitutionibus et ordinationibus apostolicis ceterisque contrariis quibuscunque. Nulli ergo ... Si quis ... Datum Rome, apud Sanctum Petrum, anno Incarnationis Dominice millesimo quadringentesimo sexagesimo nono, pridie Kalendas Iunii, pontificatus nostri anno quinto.

Source: [Wien, Geheimes Hofsarchiv].

Publication: Chmel, *Materialien* 2, pp. 306f.

Note: The document which Chmel used for his edition is no longer extant in the archives of Vienna.

933   Rome, 30 December 1469

Confirmation of the ruling arrived at by Constantine Eruli, bishop of Narni, papal lieutenant general, governor in Avignon, and rector of the Comtat Venaissin, in the dispute between Christians and Jews in Carpentras and the Comtat Venaissin over orders issued by Pius II in 1459 and 1460, the ruling of Peter de Foix, cardinal bishop of Albano and papal vicar general in Avignon and the Comtat Venaissin, and the ensuing litigation. The ruling established procedures which Jews are allowed to employ for enforcing contracts and business obligations with Christians.

Paulus etc. Ad futuram rei memoriam. Etsi apostolice sedis clementia cunctis debeat esse gratiosa fidelibus, nichilominus tamen Iudeos, quos humilioris legis armat conditio, ut inter Christifideles ipsos conversando pro tempore [in] pace quiescant, et in hiis, que eis ab eadem sede concessa sunt, nullum preiudicium sustineant, omnium[!] Salvatoris intuitu, humanitate complectitur singulari, necnon ea que propterea salubriter prodiisse comperit, ut illibata persistant, libenter apostolici confovet muniminis firmitate. Dudum siquidem, cum felicis recordationis Pio pape II, predecessori nostro, innotuisset quod propter certas que ab eo sub data, videlicet, octavo Kalendas Septembris, pontificatus sui anno primo, ad perpetuam rei memoriam emanarant, Iudeis nostrorum civitatis Carpentoratensis et comitatus Venaysini diversa gravamina inferebantur, idem Pius predecessor, quo ad hoc quod in civitate et comitatu prefatis vintena nuncupati, et alii redditus et proventus camere apostolice debiti, per illos ad quos pertinet, Iudeis, si cum illis dicte camere conditio pro tempore melior efficeretur, arrendari, ipsique Iudei illos in arrendam, et que pro illorum perceptione et recuperatione necessaria forent officia eis committenda, suscipere et exercere, necnon signis evidentibus, que in civitate nostra Avinionensi ac provintia Provintie alii Iudei, ut a Christianis cognoscerentur gestant, incedere, nec ad alia signa gestandum quavis auctoritate compelli, ac etiam, quod contractus et obligationes quoscunque Christianos ad interitum salutis eterne non mancipantes, neque personaliter, sed illorum bona mobilia, ac fructus, redditus et proventus astringentes, cum ipsis Christianis inire, facere et celebrare, etiam cum renuntiationibus et cautellis oportunis, ac submissione iurisdictionibus et cohertionibus civitatum et comitatus huiusmodi, et quo ad ipsos Iudeos, si vellent aliarum quarumcunque curiarum, illarum quoque iudicum et officiariorum, ac quod Christiani eorundem Iudeorum culturis et obsequiis, ex quibus interitus huiusmodi non evenire posset, pro diurna tantum mercede, non tamen cum ipsis Iudeis cohabitando, ex tunc intendere et vacare possent, prout eatenus inibi de consuetudine extiterat observatum, litteras prefatas, illis alias in singulis aliis illarum partibus valituris, auctoritate apostolica, et ex certa sua sciencia, per alias suas litteras, sub data, videlicet, quinto Nonas Martii, eiusdem pontificatus anno secundo, gratiose duxit modificandas; et quod ita in civitate Carpentoratensi ac comitatu predictis fieret et observaretur, per posteriores litteras huiusmodi concessit, prout in singulis litteris predictis, quarum tenores, ac si de verbo ad verbum presentibus insererentur, pro expressis haberi volumus, plenius continetur. Postmodum vero, bone memorie Petrus, episcopus Albanensis, in civitate Avinionensi predicta pro nobis et Sancta Romana Ecclesia in spiritualibus et temporalibus vicarius generalis, ac in Arelatensi, Aquensi et nonnullis aliis provintiis, civitatibus et diocesibus a latere dicte sedis legatus, videns controversiam subortam esse, occasione earundem litterarum, inter cives et incolas civitatis Carpentoratensis et Iudeos huiusmodi, nonnulla, pro sedanda huiusmodi controversia, statuta fecit. Subsequenter vero, cum tunc adhuc dissensiones inter cives et Iudeos predictos vigerent, tandem in presentia rectoris dicti comitatus, convocato ad hoc consilio civitatis Carpentoratensis predicte, sindici et consiliarii dicte civitatis consenserunt certis capitulis modificationum predictarum litterarum, super quibus antea disceptabant. Deinde, cum duobus statibus dicti comitatus, videlicet, nobilium et popularium, dictos Iudeos in causam in curia maiori rectoratus eiusdem comitatus trahentibus, et episcopi et alii prelati, ceterique ecclesiastici in dicto comitatu iurisdictionem habentes, cause ipsi, que sub nomine trium statuum patrie contra dictos Iudeos ducebatur, non consensissent, quinymo dum contra dictos Iudeos fuisset quedam sententia lata per locumtenentem rectoris dicti comitatus, ipsis Iudeis multum preiudicialis, etiam et ipsi appellassent pro eorum iurisdictione conservanda, et adversus ipsam sentenciam se opposuissent, et recursum habuissent ad venerabilem fratrem nostrum Constantinum, episcopum Narniensem, locumtenentem generalem et gubernatorem in dicta civitate Avinionensi ac rectorem dicti comitatus pro nobis et dicta Romana Ecclesia; ipse Constantinus episcopus, dissidium, differentias et dissensiones huiusmodi semovere cupiens, matura deliberatione previa, ac comunicato consilio cum peritis, nonnullas ordinationes fecit, quibus ipsi Iudei acquieverunt, videlicet, quod ex tunc dicti Iudei possent in licitis et honestis cum Christianis Comitatensibus quoscunque contractus et obligationes a iure permissos, ipsorum Christianorum mobilia et immobilia, ac fructus, redditus et proventus, non autem eorum personas astringentes, cum ipsis Christianis inire, facere et celebrare ad vires, compulsiones et cohertiones curiarum duntaxat civitatis Avinionensis et comitatus predictorum, ecclesiasticarum et secularium; fructus insuper, ac redditus, et proventus predicti, ad ipsorum

Iudeorum creditorum instantiam, tempore recollectionis arrestari valeant; quodque in bonorum, fructuum et reddituum predictorum defectum duntaxat, seu illis deficientibus, possent Christiani Comitatenses predicti per censuras ecclesiasticas et arresta personalia extra carceres, ad ipsorum Iudeorum instantiam, iuxta iuris dispositionem, compelli et coherceri, seu contra ipsos procedi, duntamen ad quosvis participantes per censuras ecclesiasticas huiusmodi nullatenus procederetur; et quod ipsi Iudei non possent in antea Christianos Comitatenses, nisi unica obligatione, habere vel tenere obligatos; et si, quando plures obligationes cum eodem Christiano, vel ipsius heredibus, per eundem Iudeum fieri contingeret, non posset dictus Iudeus nisi unica et ultima dictarum obligationum se iuvare, vel uti, quinymo quecunque alie precedentes essent, quoad debitorem Christianum Comitatensem et eius heredes, inefficaces, nulliusque roboris vel momenti; possentque Iudei prefati ipsas precedentes obligationes, quo ad temporis prioritatem, inter alios eiusdem Christiani obligati creditores, reservare, ac illis quo ad alios creditores predictos, quantum ad ipsam prioritatem, uti et se iuvare, non intendens propterea quod cogerentur seu tenerentur ipsi Iudei obligationes ante datam litterarum ipsius episcopi, locumtenentis, inter Christianos et Iudeos predictos initas, in aliis obligationibus, que in posterum cum eodem seu aliis obligatis fierent, includere seu comprehendere, nisi de utriusque partis voluntate procederent, in omnibus tamen nostro et dicte sedis beneplacito reservato, prout in ipsius Constantini episcopi litteris autenticis, suo sigillo munitis, plenius continetur. Quare pro parte Iudeorum predictorum nobis fuit humiliter supplicatum, ut ordinationibus et statutis, ac omnibus et singulis in litteris episcopi huiusmodi contentis, pro eorum subsistentia firmiori, robur apostolice confirmationis adiicere, ac alias eis in premissis oportune providere, de benignitate apostolica dignaremur. Nos itaque, huiusmodi supplicationibus inclinati, statuta et ordinationes huiusmodi et inde secuta quecunque, rata et grata habentes, illa, ac omnia in litteris episcopi huiusmodi contenta, auctoritate apostolica, et ex certa sciencia, confirmamus et approbamus, ac presentis scripti patrocinio communimus; supplentes omnes et singulos defectus, si qui forsan intervenerint in eisdem; non obstantibus premissis, ac constitutionibus et ordinationibus apostolicis, ceterisque contrariis quibuscunque. Nulli ergo etc. ... Si quis etc. Datum Rome, apud Sanctum Petrum, anno etc. millesimo quadringentesimo sexagesimo nono, tercio Kalendas Ianuarii, pontificatus nostri anno sexto.

Source: ASV, Reg. Vat. 533, fols. 296r–298r.

Note: See above, Docs. **863**, **871**.

Imposition of the *vigesima* on the Jews in the papal dominions; those who evade payment are to be fined.

Paulus episcopus, servus servorum Dei. Ad futuram rei memoriam. Quoniam excellens apostolice sedis clementia et continuata mansuetudo Christiana Iudeos protegit et tuetur, decens, quinimo debitum fore censemus, ut ipsi, pro nostris et Romane Ecclesie necessitatibus sublevandis, se obsequentes exhibeant ac etiam liberales. Cum itaque nos, pro defensione fidei Catholice et universorum fidelium, ac etiam ipsorum sub nostra ditione et protectione degentium Hebreorum tuitione, contra imanissimos Turchos et Christiani nominis inimicos, ipsorumque et quamplurium aliorum adversus Crucis vexillum et rem publicam Christianorum insurgentium hereticorum et scismaticorum conatibus et violentiis reprimendis, plurimisque, non parvis quidem, illatis iniuriis et dannis ac sinistris eventibus, cunctis pene fidelibus notissimis, reparandis propulsandisque, magnam et pene innumeram exposuerimus auri quantitatem, sitque etiam opportunum, pro instantis temporis qualitate et imminentibus oneribus sublevandis, taliter providere, quod, illo opitulante, qui Ecclesiam universalem et fideles ipsos protegit et gubernat, contrarie potestates non possint nocere Christicolis, et ob hoc singulis prelatis et personis ecclesiasticis integram decimam omnium reddituum et ecclesiasticorum proventuum unius anni nuper duxerimus imponendam, prout in nostris inde confectis litteris plenius continetur; ac propterea Iudei, quos sub nostra ditione protegimus, et Christiana mansuetudo tuetur, etiam cum aliis contribuere teneantur; nos eisdem Iudeis, omnibus et singulis, in quibuscumque provintiis, civitatibus, terris, castris et locis nostre et Romane Ecclesie ditioni mediate vel immediate subiectis, vigesimam partem omnium bonorum suorum, fructuum, reddituum et proventuum, ac pecuniarum quarumcumque, undecumque et quomodocumque ad eorum manus provenientium, per unum annum integrum imponimus per presentes; quam quidem vigesimam, pro una, per totum mensem Aprilis, pro alia vero medietatibus solutionis eiusdem, per totum mensem Octobris proxime futurum, thesaurariis vel nuntiis nostris ad hoc deputandis solvi volumus et mandamus. Et nihilominus statuimus et ordinamus quod, si qui ex ipsis Iudeis insolutione vigesime huiusmodi statutis terminis negligentes fuerint vel rebelles, seu in vera quota, eos secundum facultatum suarum vires contingente, fraudem committere presumpserint, decimam integram omnium bonorum suorum, alias iuxta formam litterarum felicis recordationis Pii pape secundi, predecessoris nostri, super hoc editam, absque remissione aliqua, inventori autem fraudis quattuor florenos auri pro quolibet centenario florenorum, solvere compellantur. Non obstantibus quibuscumque privilegiis, exemptionibus, immunitatibus, indultis, gratiis et litteris apostolicis Iudeis eisdem, sub quacumque forma vel expressione verborum, in specie vel in genere, etiam ab apostolica sede concessis, necnon provintiarum, civitatum, terrarum et locorum, in quibus degere dinoscuntur, statutis, reformationibus, capitulis concordatis et consuetudinibus quacumque firmitate vallatis, etiam si de eis eorumque totis tenoribus, atque provintiis, civitatibus, terris et personis, quibus concessa sunt, specialem et expressam vel individuam oporteat fieri mentionem, que, quo ad hoc, eis nolumus suffragari, ipsis alias in suo robore duraturis, ceterisque contrariis quibuscumque. Nulli ergo ... Si quis autem ... Dat. Rome, apud Sanctum Petrum, anno Incarnationis Dominice MCCCCLXX.^{mo}, octavo Kalendas Aprilis, pontificatus nostri anno sexto.

Source: AS, Bologna, Comune, Governo, bolle, brevi e diplomi, copie, B.2.

935   Rome, 31 March 1470

Mandate to Iohannes Baptista de Sabellis, papal notary and governor of Bologna, to collect the *decima* from Christians and the *vigesima* from Jews in Romandiola.

Dilecto filio Iohanni Baptiste de Sabellis, notario nostro, civitatis nostre Bononiensis gubernatori.
Paulus papa II.
Dilecte fili, salutem et apostolicam benedictionem. Imposuimus ex legitimis causis universo clero istius nostre provintie Romandiole decimam, et Hebreis vigesimam, prout plenius in litteris desuper a nobis emanatis, quas ad te pro earum executione mittimus, plenius intelliges. Quare mandamus tibi, ut eas cum prudentia, fide, humanitate, diligentia ac modestia exequaris, ita quod illi quibus decima, et alii quibus vigesima imposita est, non plus solvant quam eis impositum est, nec plus ab eis exigatur, neque etiam in exigendo fraus aliqua committatur; debiteque advertas etiam, quod bonos, idoneos, expertos et Deum timentes viros substituas, qui simili prudentia, fide, diligentia et humanitate utantur; ita, ut neque tibi, neque illis aliquid a nobis imputari valeat, et nobis veniatis uberius commendandi. Volumus etiam quod nos certiores facias quamprimum de nominibus et cognominibus eorum quos substitueris. Dat. Rome, apud Sanctum Petrum, sub annulo Piscatoris, die ultima Martii 1470, pontificatus nostri anno sexto.

Source: AS, Bologna, Comune, Governo, bolle, brevi e diplomi, copie, B.2.

Note: Attached is a brief, dated 3 April 1470, addressed to Raphael de Mantua, papal treasurer in Bologna, mentioning the imposition of the tax.

936   Rome, 26 April 1470

Concession of authority to Iohannes Baptista de Sabellis, papal notary and governor of Bologna, to postpone to the end of May the final date for the collection of the first instalment of the *decima* from Christians and the *vigesima* from Jews in Romandiola.

Dilecto filio Iohanni Baptiste de Sabellis, notario nostro, civitatis nostre Bononiensis gubernatori.
Paulus papa II.
Dilecte fili, salutem et apostolicam benedictionem. Misimus devotioni tue, his proximis elapsis diebus, litteras nostras super decimis et vigesimis clero et Hebreis in provintiis nostris et Sancte Romane Ecclesie existentibus, ex legitimis causis inibi expressis, per nos impositis, mandavimusque eidem devotioni tue per aliud breve nostrum, ut illas, secundum earum formam, executioni in provintia nostra Romandiole demandares et demandari faceres, prout in illo brevi latius continetur; verum, considerantes primum tempus solutionis huiusmodi decimarum et vigesimarum, in ipsis litteris designatum, breve esse, intra quod predicte decime et vigesime non bene exigi possunt, volentes huic rei providere, tenore presentium concedimus tibi facultatem, ut eundem primum terminum, qui per totum mensem presentem finitur, ad mensem Maii proxime futurum prorogare possis, intra quem dicte littere suum omnino effectum quo ad primum terminum sortiantur. Non obstantibus predicto primo termino in predictis litteris prefixo, ceterisque quibuscunque. Datum Rome, apud Sanctum Petrum, sub annulo Piscatoris, die XXVI Aprilis MCCCCLXX, pontificatus nostri anno VI°.

Source: AS, Bologna, Comune, Governo, bolle, brevi e diplomi, copie, B.2.

Note: See Docs. **934, 935, 936a**.

936a   Rome, 26 April 1470

Concession of authority to Iohannes Baptista de Sabellis, papal notary and
governor of Bologna, to extend, as he sees fit, the date for the collection of the
first instalment of the *decima* and *vigesima* from Christians and Jews
respectively.

Dilecto filio Iohanni Baptiste de Sabellis, notario nostro, civitatis nostre
Bononiensis gubernatori.
Paulus papa II.
Dilecte fili, salutem et apostolicam benedictionem. Per aliud breve nostrum
dedimus tibi facultatem primum terminum in litteris decimarum et
vigesimaram designatum per totum mensem Maii proxime futurum
prorogandi, prout in eo latius continetur. Nos profecto existimamus illum
terminum ad exigendum et solvendum sufficere, nihilominus, si cognosceres
omnino longiori termino opus esse, quod in tuo arbitrio, discretione ac
prudentia relinquimus, contenti sumus ut in aliud tempus, de quo tibi
videbitur, dictum terminum proroges, aut novum statuas, secundo inmobili
permanente, super quo tibi plenam concedimus facultatem. Dat. Rome, apud
Sanctum Petrum, sub annulo Piscatoris, die XXVI Aprilis 1470, pontificatus
nostri anno sexto.

Source: AS, Bologna, Comune, Governo, bolle, brevi e diplomi, copie,
B.2.

936b   Rome, 3 July 1470

Command and mandate to Conrad Capece, archbishop and governor of
Benevento, and to the priors and commune of Benevento to annul the
agreement made with the Jews of the town detrimental to the Jews' interests
and contrary to their privileges, following representations on their behalf by
Leo, a Jewish physician.

Venerabili fratri Corrado, archiepiscopo et gubernatori Beneventano, ac
dilectis filiis prioribus et comunitati civitatis nostre Beneventi.
Paulus papa secundus.
Venerabilis frater et dilecti filii, salutem. Fuit apud nos Leo, medicus Rodius,
Hebreus, [et] exposuit quod Hebreos istius civitatis nostre Beneventane metu
compulsos a vobis fuisse ad faciendum vobiscum certa pacta seu conventiones
contra formam et tenorem capitulorum, que vobiscum habent, et que per

apostolicos legatos seu gubernatores ad id facultatem habentes confirmata fuerunt. Supplicavit quod deinde, ut pro debito iustitie in qua cuncti debitores sumus, super hoc eorum indempnitati oportune providere dignaremur. Meminimus scripsisse ad te, archiepiscope et gubernator, ne permitteres Hebreos iniuriam effici et preter iustitiam molestari, miramurque vehementer quod talia postmodum fuerint subsequta; tolerat Sancta Romana Ecclesia Iudeos, et nobis non redit honori ut in nostris civitatibus vim aut iniuriam patiantur. Volumus itaque, et vobis per presentes expresse precipimus et mandamus, ut huiusmodi conventiones et pacta, que etiam proferunt contra formam capitulorum metu facere compulsi sunt, revocentur et annullentur, ipsis hebreis scripturas et alia bona et res quas eisdem ademistis restituantur, reponanturque ad pristinum statum ac ius in quibus ante huiusmodi pacta serventur et denique ab omni violentia contra ipsos cessetur, ne ullo pacto de nobis aut de vobis iusque queri possint, postquam hec omnia debite adimpleta, ut profertur, fuerint, tunc si communitas Beneventana aliquam de futuro gratiam a nobis petierint; nos erga se regirent[!] semper ubi cum Deo poterimus gratiore. Datum Rome, apud Sanctum Petrum, die tertio Iulii millesimo quatrincentesimo septuagesimo, anno sexto.

Source: Benevento, Duomo, Biblioteca Beneventana, vol. 34, No. 24.

Publication: Lonardo, *Benevento*, pp. 457f.

Note: See above, Doc. **929**.

937   [Rome, December 1470]

Approval of petition presented by a Jew in Recanati to have Petrus of Piacenza, papal chamberer and commissioner, absolve him from all obligations he had assumed to pay interest on a loan, and on his having paid the principal, have the creditor return the pawns. Signed in the pope's presence by Peter Ferriz, bishop of Tarazona.

Hebreus de Rachaneto, qui a creditore suo in centum ducatis ratione usurarum gravatum se sentit, et qui, dum in carceribus esset una cum suis fideiussoribus, iuramentum de renuntiando omni iuris auxilio prestitum[!], petit committi domino Petro de Placentia, ut absolvat eum et fideiussores ab huiusmodi iuramento, ac, restituta principali sorte, mandet reddi ipsi Hebreo pignora, que propter huiusmodi creditum dicto creditori dederat, Hebreumque ipsum ab obligationibus, quas desuper ex necessitate fecit, absolvat. Habet signaturam "Concessum, ut petitur, in presentia domini nostri pape. Pe[trus] Tirasonensis." Et per breve.

Source: ASV, Arm. XXXIX, vol. 12, fol. 213v.

Note: The brief is filed among others of December 1470. The Jew mentioned here is perhaps identical with Dactilus Gai of Recanati in Ancona, mentioned below, following doc.

938   Rome, 12 February 1471

Approval of petition presented by Dactilus Gai of Recanati in Ancona to have Petrus of Piacenza, papal chamberer and commissioner, administer justice to him, once the facts are established, in connection with the collection of his outstanding credits, and commission to the said Petrus to do so. Signed in the pope's presence by Peter Ferriz, bishop of Tarazona.

Dactilus Gai, Hebreus Rachanatensis, qui in civitate Anconitana eiusque districtu varios debitores habet, propter novas ordinationes dicte civitatis non potest consequi debitum, petit committi domino Petro de Placentia, ut, habita vera informatione de premissis, faciat eum summarie etc. Habet signaturam concessum ut petitur in presentia domini nostri pape, P[etrus] Tirasonensis, et per breve.
Petro de Placentia, cubiculario et commissario nostro.
Dilecte fili, salutem etc. Mittimus tibi supplicationem presentibus introclusam, manu venerabilis fratris Pe[tri], episcopi Tirasonensis, in presentia nostra signatam etc. Volumus. Dat. apud Sanctum Petrum, XII Februarii 1471, anno 7mo.

Source: ASV, Arm. XXXIX, vol. 12, fols. 235v–236r.

939   Rome, 6 April 1471

Confirmation and approval of full powers and concession of complete freedom of action to Constantine Eruli, bishop of Narni and papal governor of Avignon, to proceed against attackers of Jews in Avignon.

Venerabili fratri C[onstantino], episcopo Narniensi, gubernatori civitatis nostre Avinionensis.

Venerabilis frater, salutem etc. Intelleximus, non sine displicentia, quod plures ex diversis locis in civitate nostra Avinionensi commorantes sub studii pretextu et profixione[!] ac se clericos asserentes, varia per dies noctesque facinora et excessus committere non verentur, quodque diebus proximis, post manifestam, etiam in locis publicis, quorundam Hebreorum, in ipsa nostra civitate habitantium, spoliationem, ac graviorum quorundam criminum perpetrationem, sumptis armis, suspicionem popularis tumultus, ac discrimen magne turbationis eidem civitati inferre ausi sunt. Ob quam rem, cum tua fraternitas ad cohercendam illorum temeritatem processerit, ac ex eis nonnullos per officiales curie inibi nostre capi ac detineri fecerit, nichilominus presumptores ipsi minime ab iniquis inceptis desistere, sed peiora in dies minari ac temptare velle videntur, in dubium revocantes an fraternitati tue per nos sit concessa facultas eos cohercendi; qua[!], sane, res, nos, qui omnibus, presertim nostris ac Sancte Romane Ecclesie subditis, quietem et pacem querimus, non mediocriter movit. Quocirca fraternitatem tuam, pro eo quod ad comprimendos excessus tales, nostro ac apostolice sedis honori ac ipsius civitatis quieti consulens, providit salubriter, in Domino commendantes, ne quis imposterum ipsius fraternitatis tue acta in dubium vertere, ac obliqua interpretatione super facultate per nos tibi concessa scrupulum iniicere valeat, ex certa scientia moti, omnia et singula per te aut ex tuo mandato in premissis gesta contra prenominatos ausores et alios, ex tunc confirmamus et approbamus; declarantes fuisse nostre mentis et esse, potestatem et auctoritatem omnem in quascunque personas, etiam ecclesiasticas, in civitate ipsa et comitatu Venaysini, ac aliis nostris et Sancte Romane Ecclesie locis, in quibus noster et dicte sedis gubernator et rector existis, commorantes et quomodolibet permanentes, tibi concessisse, que aliis ante te vicariis et gubernatoribus civitatis, comitatus et locorum ipsorum per predecessores nostros Romanos pontifices dinoscitur fuisse concessa, teque potuisse ac posse omnia et singula facere, gerere et administrare pro bono regimine civitatis, comitatus et locorum predictorum, quam[!] iidem alii vicarii et gubernatores ante te, et presertim bone memorie quondam Franciscus, archiepiscopus Narbonensis, unus ex dictis quondam vicariis et gubernatoribus facere potuerunt, aut debuerunt; decernentes insuper ac concedentes fraternitati tue per presentes, ex dicta nostra scientia, plenam et liberam facultatem ordinandi, mandandi et faciendi omnia et singula ad bonum regimen civitatis ac predictorum comitatus et locorum, que pro dignitate et statu nostro ac eiusdem sedis tibi expedire videbuntur, cum potestate inhibendi universis et singulis nobis ac dicte sedi subditis, ceterisque personis, cuiusvis status, preheminentie, dignitatis ecclesiastice vel mundane, ordinis, vel conditionis existant, ne obvient premissis faciendi, quoquomodo quoque que decreveris in eisdem inviolabiliter observari, necnon contradictores quoslibet et rebelles per censuram ecclesiasticam, aut districtionem temporalem, et alia iuris oportuna remedia, appellatione postposita, compescendi. Non obstantibus constitutionibus, ordinationibus apostolicis ceterisque contrariis quibuscunque. Dat. Rome, apud Sanctum Petrum, anno Incarnationis etc. 1471, octavo Idus Aprilis etc. anno septimo.

Source: ASV, Arm. XXXIX, vol. 12, fols. 127v–128r.

940   Rome, 29 April 1471

Concession to the town of Cesena for another three years of the revenues from the tax of the Jews and half the fines imposed in the town.

Paulus papa II.
Dilecti filii, salutem et apostolicam benedictionem. Devotionis vestre sinceritas, ac fides, quam ad nos et Sanctam Romanam Ecclesiam geritis, promeretur, ut petitiones vestras, illas presertim, que ad tutelam et ornamentum istius nostre civitatis Cesene cedere dinoscuntur, ad exauditionis gratiam perducamus. Hinc itaque est, quod nos vestris in hac parte supplicationibus inclinati, taxam Hebreorum predictam civitatem nostram incolentium, necnon medietatem condemnationum, illam videlicet, que camere apostolice spectat, ad triennium incipiendum immediate post finitum triennium alias super his vobis facte concessionis, et ut sequitur finiendum, vobis tenore presentium concedimus, et auctoritate apostolica liberaliter condonamus, in reparationem murorum dicte civitatis, et non in alium usum, de consilio gubernatoris pro tempore existentis utiliter convertendas; volumus tamen quod singulis annis thesaurario nostro pro tempore existenti diligens computum reddere teneamini, alioquin huiusmodi nostra concessio nullius sit roboris vel momenti; quibuscumque in contrarium facientibus non obstantibus. Dat. Rome, apud Sanctum Petrum, sub annulo Piscatoris, die XXVIIII Aprilis MCCCCLXXI, pontificatus nostri anno septimo.

Source: AS, Cesena, B 13, I.

Note: See Docs. **918, 928**. AS, Cesena, Liber Privilegiorum 9, c. 14r, contains a letter from the papal chamberlain to John Venturelli, bishop and governor of Cesena, dated 11 December 1477, on the same topic. See Muzzarelli, *Cesena*, p. 167.

Bibliography: Muzzarelli, *op. cit.*, p. 138.

941 Rome, 11 June 1471

Approval of petition presented by Stella, a Jewess of Fano, to assist her in a dispute over her dowry, since she is unable to sue in court, owing to her poverty, and commission to the governor of Fano to see to it that this is done. Signed in the pope's presence by Peter Ferriz, bishop of Tarazona.

Commissio [cause] Stelle, Hebree de Fano, super differentia dotis sue materne, inter Dactilum Hebreum, avum suum, que propter eius paupertatem non potest litem prosequi etc. Habet signaturam "Concessum, ut petitur, in presentia domini nostri pape. Pe[trus] Tirasonensis." Et per breve.
Gubernatori Fani et eius pro tempore in gubernio successori. Venerabilis frater, salutem etc. Mittimus tibi supplicationem presentibus introclusam, manu venerabilis fratris Pe[tri], episcopi Tirasonensis, in presentia nostra signatam, volumusque etc. Dat. Rome, apud Sanctum Petrum etc. die XI Iunii 1471, anno 7mo.

Source: ASV, Arm. XXXIX, vol. 12, fol. 282r.

942 Rome, 5 July 1471

Appointment of Francis Gonzaga, cardinal deacon of Santa Maria Nova, as papal legate in Bologna, its county and district, the Exarchate of Ravenna, and Romandiola, excluding the territories directly subject to the pope and ruled by governors, with full powers except the granting of privileges to Jews.

Paulus etc. Dilecto filio nostro Francisco, Sancte Marie Nove diacono cardinali, in civitate nostra Bononiensi eiusque comitatu, districtu, exarcatu Ravenne, ac tota provincia Romandiole apostolice sedis legato, salutem etc. Dum onus universalis gregis Dominici... Sane, licet ad cunctorum Christifidelium provincias, civitates ... paternum studium et diligentiam adhibeamus, ad civitatem tamen nostram Bononiensem, eiusque comitatum, territorium, districtum, exarchatum Ravenne, ac provinciam Romandiole, aciem nostre considerationis paternis affectibus dirigentes, tanquam peculiares filios et devotos, diligentiori cura intuemur, et super eorum felici regimine, pacifico et tranquillo, desideramus specialiter providere, ut, felici ducti regimine, preserventur a noxiis, et optatis fruantur incrementis. Attendentes igitur, quod tu, qui opere quidem potens es ... teque in civitate, comitatu, districtu, exarchatu et provincia predictis, exceptis temporaliter dumtaxat civitatibus, terris et locis nobis et Romane Ecclesie immediate subiectis, in quibus per nos ac sedem apostolicam speciales forent gubernatores deputati, sedis apostolice legatum, cum omni libera et plena auctoritate et potestate legati de latere, usque ad nostrum et dicte sedis beneplacitum, cum prerogativis, privilegiis, gratiis, honoribus et oneribus aliorum legatorum de latere consuetis et debitis, creamus, facimus, constituimus ac etiam ordinamus ... Nullam quoque Iudeis gratiam facies ... Dat. Rome, apud Sanctum Petrum, anno etc. MCCCCLXXI°, tercio Nonas Iulii, pontificatus nostri anno septimo.

Source: ASV, Reg. Vat. 543, fols. 122r–125v.

943   Rome, 10 July 1471

Commission and mandate to the governor of the March of Ancona to see to it that the Jews in Ancona are asked to pay no more than their equitable share of the taxes of all the Jews in the March.

Gubernatori Marchie.

Dilecte fili, salutem etc. Hebrei Anconitani asserentes sese in confectione libre onerumque distributione, que singulis annis inter omnes Hebreos provinciam nostram Marchie incolentes fieri solet, plus debito, ab iis qui partiendorum huiusmodi onerum libreque conficiende curam habebant, oneratos atque gravatos, dubitantes quoque, ne in renovatione libre eiusdem, que de more singulo biennio renovari solet, similiter ultra debitum onerentur, fecerunt nobis nuper humiliter supplicari, ut, pro iustitie debito, oportunum remedium super hoc dignaremur impendere, ac providere, ut, pro facultatibus uniuscuiusque, equa divisio, distributio fiat, et ipsi supra debitum non graventur. Nos igitur, qui sponte nostra et ultro, ad ea que iustitiam et equitatem concernunt solemus intendere, huiusmodi supplicationibus inclinati, discretioni tue per presentes committimus ac mandamus, ut, vocatis iis qui curam conficiende huiusmodi libre pro futuro biennio habent, provideas, sub penis pecuniariis camere apostolice applicandis, et aliis quibus expedire videbitur, eis mandans, ut, pensatis facultatibus uniuscuiusque, equa inter omnes et iusta distributio fiat, ne hi Hebrei Anconitani rursum reclamandi iustam materiam habeant; si secus factum fuerit, quod non credimus, ad exactionem penarum contra eosdem irremissibiliter procedendo. Dat. Rome, apud Sanctum Petrum etc. die X Iulii 1471, anno septimo.

Source: ASV, Arm. XXXIX, vol. 12, fol. 180r–v.

Sixtus IV (della Rovere)
9 Aug. 1471–12 Aug. 1484

944*   Rome, 11 September 1471

Concession to Musetus Magistri Angeli in Todi, members of his family and
partners, and other Jews in Foligno and its county to exercise the trade of
clothing and dyeing, and annulment of a contract signed by the priors, people
and commune of Foligno with another group of Jews, granting the latter a
monopoly of that trade. Mandate to the priors, people and commune of
Foligno, and to the governors and officials in Foligno and its county, to
ensure that this is done.

Latinus etc. Universis et singulis dominis gubernatoribus, potestatibus,
capitaneis, barisellis, et aliis officialibus quibuscumque, per civitatem et
diocesim Fulginii, ad quos presentes nostre littere pervenerint, salutem in
Domino. Expositum nobis fuit cum querela, quod priores populi et commune
civitatis Fulginii, exercitium sive trafficum straciarie et tincte, que in civitate
et comitatu Fulginii tam per Hebreos quam Christianos exerceri solita sint,
quibusdam Daptilo Aliutii et Elie magistri Zucheri de Fulgineo, ac Symoeli
Angeli de Rheate, Hebreis, Fulginii commorantibus, pro certo pretio inter eos
et dictos Hebreos convento, prout in instrumento seu capitulis desuper
confectis et pena vallatis plenius continetur, vendiderunt et ad tempus
distraxerunt, non obstante quod dictis Hebreis per cameram apostolicam
inhibitum fuisset, quod nullatenus dictum trafficum seu gabellam emerent;
que venditio seu distractio cedit in maximum detrimentum aliorum
Hebreorum inibi dictum trafficum exercentium, ac incolarum et advenarum
confluentium, nec minus camere apostolice preiudicium et iacturam, cum
similes distractiones et contractus, sine sanctissimi domini nostri pape, aut
nostra seu camere apostolice speciali licentia, fieri minime debeant. Id circo
nos Latinus, cardinalis et camerarius prefatus, qui pro quiete et tranquillitate
omnium incolarum et habitatorum huiusmodi, inter cetera, pacem et quietem
semper vigere appetimus, de mandato sanctissimi domini nostri pape super
hoc vive vocis oraculo nobis facto, ac auctoritate camerariatus officii nostri,
Museto magistri Angeli, Tuderti commoranti, suisque famulis et factoribus,
necnon ceteris Hebreis, tam in civitate quam comitatu Fulginii predictis

1178

commorantibus, trafficum straciarie et tincte, seu aliis quibuscunque exercitiis se versantibus, quibus ante venditionem predictam utebantur, exercendi, trafficandi et exequendi tute, libere et impune, absque alicuius contradictione, licentiam, potestatem et auctoritatem concedimus per presentes; venditione, contractu, capitulis, sive instrumentis predictis, per priores, populum et commune prefatos cum dictis Dactilo, Helye et Symoele, Hebreis, seu aliis, de dicto traffico seu gabella factis et sub quacunque pena vallatis, non obstantibus, et quibus per presentes derogamus; mandantes insuper prioribus, populo et communi prefatis harum serie, sub excommunicationis et quingentorum florenorum camere apostolice applicandorum, ab eis, si secus egerint, irremissibiliter exigendorum, penis, quatenus prefato Museto, suisque famulis, factoribus et sociis, ac aliis Hebreis, prefatas nostras litteras inviolabiliter observent; et nihilominus dominis gubernatoribus et aliis officialibus supradictis, qui nunc sint et pro tempore erunt, de mandato et auctoritate predictis mandamus, quatenus hanc nostram licentiam prefato Museto et aliis Hebreis supradictis observari faciant, auxiliaque et favores prestent oportune; bannimentis, inhibitionibus, penarum addictionibus ac decretis per dictos priores et commune, occasione dicte venditionis super traffico huiusmodi factis et publicatis, ceterisque contrariis non obstantibus quibuscumque. In quorum etc. Datum Rome, anno etc. MCCCCLXXI°, die XIª Septembris, pontificatus sanctissimi domini nostri Sisti, pape IIII, anno primo.

Source: ASV, Arm. XXIX, vol. 36, fols. 53v–54r.

Note: See above, Doc. **887**, and below, Docs. **949, 950, 953**.

945   Rome, 14 December 1471

Ratification and approval of a statute of the college of physicians in Rome, whereby all physicians, Christians and Jews, must be licensed in medicine and must pass an examination by the *protomedico* of the college.

Sixtus etc. Ad perpetuam rei memoriam. Variis quanquam distracti curis, id summopere efficere cupimus, ut, repulsis quarundam personarum ignorantie temeritatibus, universorum populorum, et presertim peculiarium nostrorum sub Sancte Romane Ecclesie dominio et patrocinio degentium, indemnitatibus occurramus, eisque salutis rorem afferamus, et iis que propterea per litteratarum personarum providentiam olim consulte statuta fuere, ut illibata permaneant, apostolici muniminis robur libenter impartimur.

Sane, exhibita nobis nuper pro parte dilectorum filiorum moderni prioris et consiliariorum collegii artium et medicine magistrorum alme Urbis petitio continebat, quod olim eorum antecessores, dictarum artium et medicine collegii predicti magistri, videntes errores multos fieri a plerisque, qui nomen medici usurpabant, ex quo pericula multa consequi poterant et consequebantur, morsque corporum humanorum sepissime contingebat, provide statuerunt, quod nemo, sive masculus, aut femina, seu Christianus, vel Iudeus, nisi magister vel licentiatus in medicina foret, vel saltem a priore dicti collegii generali prothomedico eiusque consiliariis examinatus et approbatus existeret, auderet humano corpori mederi in phisica vel in cyrugia, in terris et dominiis eiusdem Sancte Romane Ecclesie. Et qui contra huiusmodi statutum et constitutionem faceret, plecteretur pro qualibet vice in ducatis auri viginti quinque, quorum tertia pars accusanti secreto, alia officiali, qui executionem faceret, tertia vero reliqua pars huiusmodi collegio applicaretur et etiam distribueretur. Quare pro parte prioris collegii et magistrorum predictorum, asserentium quod per inlitteratas personas in huiusmodi Patrimonio et dominio pro medicis se gerentes, quorum errores irreparabiles sepius sunt, et corporum egrorum, iam imperitia talium attenuatorum, necessitati provideri nequit, quamplures errores in dies committuntur, nobis fuit humiliter supplicatum, ut huiusmodi statuto, pro salute populi et reipublice nostre, robur apostolice confirmationis adiicere, ac alias in premissis oportune providere, de benignitate apostolica dignaremur. Nos igitur, qui subditorum nostrorum pacem et quietem, ac eorum, tam animarum quam corporum sinceritatem et salutem in Domino appetimus, cupientes talium temerarios ausus reprimere, huiusmodi supplicationibus inclinati, statutum et ordinationem huiusmodi, utpote in reipublice nostre utilitatem editum, prout consulte factum est, auctoritate apostolica, tenore presentium ratificamus et approbamus, ac presentis scripti patrocinio communimus, illudque perpetuo viribus subsisteret[!] inconcusse, decernimus per presentes precipue observandum. Non obstantibus ... Si quis autem etc. Dat. Rome, apud Sanctum Petrum, anno Incarnationis Dominice millesimo quadringentesimo septuagesimo primo, decimo nono Kalendas Ianuarii, pontificatus nostri anno primo.

Source: ASV, Reg. Vat. 660, fols. 93v–94v.

Bibliography: Vogelstein-Rieger, *Rom* 2, pp. 118f.

946   Rome, 14 December 1471

Mandate to Simon de Montano, archbishop of Antivari, resident in Rome, to confirm to the Jews of Rome the privilege granted them by Martin V and Paul II, whereby the Jews in the Papal States must share their burden of financing the carnival festivities in Rome.

Sixtus etc. Venerabili fratri Simoni, archiepiscopo Antibarensi, in Romana curia residenti, salutem etc. Romanum decet pontificem etc. Dudum siquidem, felicis recordationis Martinus papa V, predecessor noster, provide attendens, quod universitas Iudeorum in Urbe commorantium, anno quolibet in Carnisprivio, pro festivitatibus publicis Agonis et Testatie mille centum et triginta, et vicario nostro in eadem Urbe pro tempore deputato centum florenos monete in Urbe currentis, ex vetere consuetudine solvere tenebantur, idem predecessor, considerata ipsorum Iudeorum paupertate, ac etiam suarum facultatum diminutione, volens ipsorum necessitatibus subvenire, inter alia per quasdam suas litteras ordinavit et statuit, quod dicta universitas Iudeorum, pro huiusmodi solutione facienda, posset arctare et costringere, tam in personis quam in bonis, omnes et singulos alios Iudeos commorantes in provinciis Maritime, Campanie, Tiburis, Ca[r]solii, in Romandiola, Abbatia Farfensi, ac in Sabina, et Collinea, Tuscia, Patrimonio Beati Petri, Ducatu Spoletano, Marchia, et in civitatibus, terris, castris et locis dictarum provinciarum, in quibus dicti Iudei habitarent, donec de dictis quantitatibus et summis eisdem Iudeis dictarum provinciarum impositis et taxatis, et in futurum imponendis et taxandis, universitati predicte esset satisfactum. Et deinde, pie memorie Paulus papa II, etiam predecessor noster, volens ipsorum Iudeorum in Urbe commorantium aliisque eorum miseriis et calamitatibus, quibus, ut acceperat, adeo opprimebantur, ut vix cum laboribus manuum suarum se poterant sustentare, prospicere, ipsius Martini predecessoris litteras predictas ratas habens et gratas, illasque auctoritate apostolica approbans, dicta auctoritate, et ex certa sciencia, per quasdam suas litteras statuit et ordinavit quod de cetero perpetuis futuris temporibus universitas ipsa quingentos et quinquaginta quinque dumtaxat, universi alii Iudei in nostris civitatibus Bononiensi et Romandiola ducentos et quinquaginta, in Marchia Anconitana provinciis totidem, in civitate Perusina et ducatu Spoletano centum, in Patrimonio Beati Petri in Tuscia nunc et pro tempore moram trahentes, florenos septuaginta quinque monete in dicta Urbe currentis, pro festivitatibus predictis, in pecunia numerata, Kalendis Ianuarii anno quolibet, deputatis ad hoc per eandem universitatem, sub pena dupli camere apostolice applicanda, solvere et contribuere tenerentur et deberent; mandans omnibus et singulis gubernatoribus et officialibus per Marchiam, Bononiensem, Romandiolam, et Perusinam civitates. Ducatum, Patrimonium, civitates terras, castra, villas et loca huiusmodi, nunc et pro tempore constitutis, quatinus eidem universitati, et per illam ad hoc pro tempore deputatis, favorabiliter assistentes, reiectis et pro nullis habitis quibusvis appellationibus, dilationibus, exceptionibus, obstaculis, exemptionibus et impedimentis, prefatos alios Iudeos, presentes et futuros, ad simplicem requisitionem et proprio iuramento deputatorum per dictam universitatem, tam in personis quam rebus, etiam illos personaliter capiendo et incarcerando, ac incarceratos detinendo, usque ad plenam satisfactionem pro rata eis, ut prefertur, contingente, et etiam pro damnis et expensis, si quas propterea universitas ipsa sustineret, gravarent, cogerent atque compellerent, prout in singulis litteris predictis plenius continetur. Cum autem, sicut exhibita nobis nuper pro parte dicte universitatis petitio continebat, ipsa universitas cupiat litteras predictas eorundem Martini et Pauli predecessorum inviolabiliter observari debere, pro parte ipsius universitatis nobis fuit humiliter supplicatum, ut litteras predictas Martini et Pauli predecessorum huiusmodi, pro illarum subsistentia firmiori approbare, illisque robur apostolice confirmationis adiicere, ac alias in premissis opportune providere, de benignitate apostolica dignaremur. Nos igitur, huiusmodi supplicationibus inclinati, fraternitati tue per apostolica scripta committimus et mandamus, quatinus, exhibitis et ostensis prius coram te eorundem Martini et Pauli predecessorum litteras predictas, illas, ac omnia in eis contenta, auctoritate predicta, approbes, ac robur perpetue firmitatis obtinere debere decernas. Non obstantibus ... Dat. Rome apud Sanctum Petrum, anno Incarnationis Dominice millesimo quadringentesimo septuagesimo primo, decimo nono Kalendas Ianuarii, anno primo.

Source: ASV, Reg. Lat. 722, fols. 107r–108r.

Note: On the sharing of the carnival tax, see above, Docs. **601, 926**.

947   Rome, 11 January 1472

Approval of petition presented by Carabona, a Jewess in Tivoli, to have her lawsuit with Gentilesca, a woman of Rome, reopened and heard in Tivoli. Mandate to Gaspar Zachii, bishop of Osimo and papal castellan of Tivoli, to hear the case.

Carabona, Hebrea habitatrix Thyburis, condemnata per Laurentium de Iustinis, dudum Urbis senatorem, ad instantiam cuiusdam Gentilesce, mulieris Romane, asserens se iniuste condemnatam, et paratam stare iuri cum ipsa Gentelescha, et eidem in civitate Thyburis cavere, petit committi causam Thybure. Habet signaturam "Fiat quod committatur castellano Thyburtino. Et per breve. F[ranciscus]."

Venerabili fratri, episcopo Auximano, arcis nostre Thyburis castellano.
Venerabilis frater, salutem et apostolicam benedictionem. Videbis supplicationem, quam tibi mittimus presentibus introclusam, manu nostra signatam, volumus itaque, et committimus ac mandamus ut, vocatis vocandis, ad executionem contentorum in ea procedas, iuxta eius continentiam et signaturam nostram. Dat. Rome, apud Sanctum Petrum, die XI Ianuarii 1472, anno primo.

Source: ASV, Arm. XXXIX, vol. 14, fol. 102r.

948*   Rome, 24 January 1472

Mandate to all officials in the Papal States to compel the Jews under their jurisdiction, on being requested to do so by the representatives of the Jewish community in Rome, to pay their share of the expenses of the Roman community for the carnival games.

Latinus, miseratione divina episcopus Tusculanus etc. Universis etc. salutem etc. Cum universitas Hebreorum in alma Urbe commorantium, ex instituto vetere, singulis annis teneatur solvere certam pecuniarum summam pro impensa ludorum Agonis et Testacie qui etiam singulis annis in ipsa Urbe celebrantur, et iam dudum felicis recordationis dominus Martinus papa V, eorum paupertatem attendens, eis per litteras apostolicas concesserat, ut id onus per omnes Hebreos, qui ubilibet in civitatibus et provinciis Sancte Romane Ecclesie commorantur, dispertiri et distribuere possent, prout in ipsis litteris, quas postmodum felicis etiam recordationis dominus Paulus papa II confirmavit ac omologavit, nonnullis etiam factis additionibus, latius continetur, et, sicut nobis nuper pro parte eorum expositum fuit, universitas ipsa ad provintias, civitates et loca predicta missura sit suos nuntios, harum latores, qui a singulorum locorum universitatibus exigant et levent, tam distributas et assignatas ad solvendum earum singulis portiones pro presenti anno et ludis, qui paulo post celebrandi sunt, quam residua annorum preteritorum, ab illis que integras suas portiones annis ipsis non solverunt, nosque intelligamus universitatem ipsam Romanam, si cetere universitates predicte contribuere cessaverint, nullo pacto posse sufficere in predictam impensam, cum Romani populi damno, iustum etiam, equumque iudicemus, ut distributum, auctore principe, inter plures onus, ab hiis omnibus, inter quos distributum est, feratur, de sanctissimi domini nostri pape mandato, nobis oraculo vive vocis facto, et auctoritate nostri camerariatus officii, universis et singulis potestatibus, capitaneis, marescallis, vicariis, iudicibus et aliis officialibus ad ius dicendum per provincias, civitates et loca prefata ubilibet deputatis, seu aliam quamcumque iurisdictionem habentibus, tam secularibus quam ecclesiasticis, ad quos hec nostre littere perferentur, harum serie precipimus et mandamus ut, si et quotiens pro parte predicte universitatis Hebreorum in Urbe commorantium requisiti fuerint, cogant et compellant omnes et singulas Hebreorum universitates predictas, in genere et in specie, iuxta formam et tenorem predictarum domini Martini et domini Pauli litterarum ad dicto nuntio solvendum et contribuendum predictas sibi assignatas et distributas portiones anni presentis, et, residua preteritorum etiam persolvere cessantium, personalem detentionem et capturam ac carcerationem, et alia iuris remedia, prout de iure, predictarum litterarum apostolicarum tenore et forma in omnibus et per omnia plene servatis, viderint faciendo. Non obstantibus quibusvis capitulis, seu privilegiis, aut fidantiis et securitatibus eis, vel alicui eorum, in genere vel in specie, forsan concessis, et ceteris in contrarium facientibus quibuscunque. In quorum fidem presentes litteras, sigilli nostri camerariatus officii appensione munitas, fieri fecimus. Dat. Rome in palacio apostolico, apud Sanctum Petrum, in camera apostolica, anno Domini MCCCCLXXII°, die vero vicesima quarta mensis Ianuarii, pontificatus etc. domini Sixti, divina providentia pape quarti, anno primo.

Source: ASV, Arm. XXIX, vol. 36, fols. 94v–95r.

Note: On the instructions to that effect of Martin V and Paul II, see above, Docs. **601**, **926**, **946**.

949   Rome, 11 March 1472

Concession to Moysectus Angeli, a Jew in Todi, to freely transport clothes, silver and other valuable goods, even if pawned with him for usurious loans, to Foligno, Rome or other papal possessions, and sell them there, in order to raise funds to settle his debt with Lorenzo and Giuliano Medici, Florentine merchants, and their company serving the papal court.

Moysecto Angeli, Hebreo, in civitate nostra Tudertina commoranti, viam veritatis agnoscere et agnitam custodire. Cum, sicut pro parte tua nobis fuit humiliter supplicatum, nequeas dilectis filiis Laurentio et Iuliano de Medicis, mercatoribus Florentinis, et eorum societati Romanam curiam sequenti, de certis summis pecuniarum, in quibus eis obligatus esse dignosceris, debite satisfacere, nisi de bonis ad te legitime pertinentibus arbitrio tuo disponere queas, nos, exemplo divine bonitatis, que super bonos et malos solem facit oriri, honestis supplicationibus tuis circa hoc paterne inclinati, harum serie, ut vestes, argentum, et quecunque bona mobilia ad te legitime pertinentia, etiam si pretiosa et dudum tibi sub usuris oppignorata fuissent, ex civitate nostra Tuderti ad civitatem nostram Fulginei, sive ad almam Urbem nostram, et alio, quo volueris, in nostris et Sancte Romane Ecclesie locis, libere et impune transferre, et illa vendere in eisdem possis et valeas, concedimus facultatem. Capitulis per te cum communitate Tudertina initis, constitutionibus apostolicis et aliis quibuscunque in contrarium facientibus, non obstantibus. Dat. Rome, apud Sanctum Petrum etc. die XI Martii 1472, pontificatus nostri anno primo.

Source: ASV, Arm. XXXIX, vol. 14, fol. 186r-v.

Note: See above, Docs. **887**, **944**, and below, Docs. **950**, **953**.

950   Rome, 14 March 1472

Mandate to all papal officials to see to the observation of the privilege granted Moysectus Angeli, a Jew of Camerino in Todi, whereby the papal legate or governor in Todi has sole jurisdiction over him and the members of his family, unless otherwise stated by the pope himself. No Jew may sue Moysectus and the members of his family unless they first assume punishment of talion.

Moysecto Angeli, Hebreo Camerinensi, in nostra civitate Tuderti commoranti, viam salutis agnoscere et agnitam custodire. Quoniam informati sumus te ab officialibus nostris et Sancte Romane Ecclesie, plerunque variis et quesitis coloribus, iniuste et indebite gravari vexarique, propter quod non parva damna et oppressiones passus fuisti, et ne in futurum patiaris, ut nobis exposuisti, formidas, nos, qui omnibus sumus in iustitia debitores, et neminem volumus indebite gravari, inclinati supplicationibus tuis, volumus et harum serie decernimus et mandamus, ut omnes et singule cause, tam civiles quam criminales, seu mixte, per quoscunque et quacunque de causa contra te tuosque filios, familiam et ministros mote seu movende, per legatum sive gubernatorem civitatis nostre Tuderti, presentem et pro tempore existentem, audiantur, cognoscantur et fine debito, iustitia mediante, terminentur; decernentes, ut idem legatus vel gubernator in huiusmodi causis iudex tuus competens existat; tuque, et filii, et familia predicti coram nullo alio iudice, nisi de speciali commissione nostra, conveniri possitis vel debeatis. Insuper, quia nonnulli Iudei, odio et invidia, ut dicitur, accensi, te et tuos forsan molestare presumerent, volumus et per presentes mandamus, ut a nullo Iudeo in quacunque causa conveniri possitis aut accusari, nisi primo ipse ad penam talionis in forma iuris se submiserit; mandantes omnibus et singulis nostris et Sancte Romane Ecclesie officialibus, presentibus et futuris, ut huiusmodi indultum et gratiam nostram tibi, tuisque filiis et familie premissis, inviolabiliter observent et faciant observari, sub pena nostre indignationis, non obstantibus quibuscunque. Dat. Rome, apud Sanctum Petrum etc., die XIIII Martii 1472, pontificatus nostri anno primo.

Source: ASV, Arm. XXXIX, vol. 14, fols. 187v–188r.

Note: See above, Docs. **887, 944, 949**, and below, Doc. **953**.

951   Rome, 16 March 1472

Confirmation to Aleucius, a Jewish physician in Rome, of the privileges granted his ancestors by the authorities in Rome, confirmed by Boniface IX, John XXIII, Martin V and their successors. Aleucius and the members of his family are to enjoy the liberties granted them, including exemption from taxes, especially the carnival tax of the Jews in Rome, exemption from the wearing of the badge, and the permit to treat Christian patients.

Sixtus etc. Ad futuram rei memoriam. Exuberans apostolice sedis benignitas etiam ad eos qui de foris sunt, ut, eius muneribus invitati, ad recti tramitis semitam convertantur, sue liberalitatis dexteram extendit, illosque interdum favore prosequitur gratioso. Exhibita siquidem nobis nuper pro parte Aleucii, Ebrei, in alma Urbe commorantis, et in arte cyrugie periti, petitio continebat, quod olim presidentes regimine[!] dicte Urbis, attendentes quod Manuel et Angelus, Iudei, tunc in prefata Urbe commorantes et prefati Aleucii progenitores, tam in arte cyrugie quam alias populo Romano et singularibus personis eiusdem Urbis diversa obsequia impenderant et impendere non cessabant, eosdem et nonnullos alios eis attinentes, ab omnibus datiis, collectis, subsidiis, prestantiis, angariis et preangariis[!], que universitati Iudeorum in eadem Urbe commorantium imponerentur, seu alias ab eis per quasvis personas seu officiales quovismodo exigi possent, liberaverunt, ac liberos, exemptos et immunes esse voluerunt. Et, cum prefati universitas Iudeorum, pro ludo Agonis et Testacie faciendo, mille et centum ac triginta florenos monete Romane eisdem populo solvere tenerentur, nonnulli officiales dicte Urbis Manuelem et Angelum, eorumque filios et attinentes, solutionis huiusmodi nullatenus esse participes voluerunt, eisque concesserunt quod ipsorum Angeli et filiorum vita durante, ipsi ad huiusmodi solutionem minime tenerentur. Et nihilominus, contemplatione Manuelis et Angeli predictorum, quorum ipse Aleucius descendens existit, de huiusmodi summa mille centum et triginta florenorum, dictos triginta florenos defalcarunt, statueruntque quod de cetero, vita Angeli et predictotum filiorum durante, pro ludo huiusmodi mille et centum floreni duntaxat per dictam universitatem Iudeorum solverentur, et nonnullas alias libertates, immunitates, honores et exemptiones eis concesserant, que omnia Bonifacius VIIII primo, et deinde Baldasar, tunc Iohannes XXIII in suis obedientiis nuncupati, et subsequenter felicis recordationis Martinus papa V, ac alii Romani pontifices predecessores nostri, ea omnia rata, grata et firma habentes, approbarunt et confirmarunt, ac omnes et singulos defectus suppleverunt, prout in singulis eorum litteris plenius continetur. Cum autem idem Aleucius, dum nos in minoribus constituti essemus et cardinalatus fungeremur honore, in his que ad artem cyrugie pertinent, cum omni diligentia et solicitudine, plurimis familiaribus nostris opem et operam suam prestiterit, et erga nos et illos affectionem suam visus fuerit demonstrare, nos eidem Aleucio, premissorum intuitu, et ut diligentie ac opere sue a nobis remunerationem aliquam suscipere videatur, exemptionem, libertatem et immunitatem predictas ad ipsum Aleucium et eius posteros et descendentes, necnon eius et descendentium ab eo familias, imperpetuum, auctoritate apostolica, ex certa nostra scientia extendimus, ac eundem Aleucium, posteros et descendentes suos, ac eius et posterorum descendentiumque eorundem familias, ab omnibus datiis, collectis, subsidiis, prestantiis, angariis, preangariis[!], et quibusvis aliis impositionibus et gravaminibus, quocunque nomine illa nuncupentur, que universitati Iudeorum in dicta Urbe commorantium hactenus imposita sunt, et pro tempore, ex quavis causa seu ratione imponantur, liberamus, ac liberos, exemptos et totaliter immunes esse volumus. Et, cum singulis annis, pro ludo in Agone et Testacio faciendo, prefata universitas Iudeorum mille centum et triginta florenos monete Romane solvere teneantur, eosdem Aleucium, ac eius posteros et descendentes, necnon eius et descendentium ac posterorum predictorum familias, tam mares quam feminas, a solutione seu participatione oneris ac impositionis huiusmodi, eisdem auctoritate et sciencia, imperpetuum absolvimus ac liberamus, et immunes esse volumus. Et ne exemptio ac liberatio predicta universitati Iudeorum predictorum gravis videatur, eosdem universitatem Iudeorum a solutione quantitatis triginta florenorum predictorum, annis singulis pro dicto ludo persolvendorum, ipso Aleucio ac posteris et descendentibus suis in humanis agentibus, exoneramus et liberamus; ita ut deinceps ipso Aleucio, ac posteris et descendentibus predictis viventibus, universitas Iudeorum predicta pro ludo predicto mille et centum florenos duntaxat solvere teneantur. Et insuper, eidem Aleucio, posteris et descendentibus suis, et eorum uxoribus et nuribus, quod tabarrum, guarnellum, seu quodcumque aliud genus vestimenti, vel signum, quod alii Iudei ex forma statutorum Urbis, vel alias, deferre tenentur, illa deferre vel portare minime teneantur, nec ad id a quoquam inviti cogi possint, concedimus. Demum, eidem Aleutio, quod tam in Urbe quam alibi, in quibusvis civitatibus, castris, villis et locis quibuslibet, Romane Ecclesie mediate vel immediate subiectis, et etiam ubique locorum, Christianis quibuslibet mederi, et Christianis ipsis in rerum opportunitatibus, iuxta artis eorum peritiam, opportuna suffragia exhibere, libere et licite valeat, auctoritate et sciencia similibus, tenore presentium concedimus et etiam indulgemus. Non obstantibus... Nulli ergo etc. ... Si quis autem etc. Dat. Rome, apud Sanctum Petrum, anno Incarnationis Dominice millesimo quadringentesimo septuagesimo primo, decimo septimo Kalendas Aprilis, pontificatus nostri anno primo.

Source: ASV, Reg. Vat. 660, fols. 327v–329r.

Note: See above, Docs. **481, 487, 605**. On Aleucius, see Esposito, *Ebrei a Roma nella seconda metà del '400*, p. 78.

952   Rome, [21 March] 1472

Imposition of the *vigesima* on the Jews in the Papal States, and of the *decima*, and a fine of four percent on those who default.

Sixtus episcopus, servus servorum Dei. Ad futuram rei memoriam. Quemadmodum Christiana clemencia et mansuetudo fidelium Iudeos protegit, ita decens, aut pocius debitum esse putamus, quod ipsi pro necessitatibus Christianorum, a quibus proteguntur, se exhibeant liberales, presertim cum ad utriusque commodum et tutelam, ingruente communi persecucione, redundet. Sane, cum pro defensione fidelium, et per consequens ipsorum qui inter Christianos sustinentur ex gracia Iudeorum, contra immanissimos Turchos et Christiani nominus inimicos, qui [...] fidelium, immanissima rabie, nulli parcens etati, sexui, gradui, statui, vel condicioni, Christicolas trucidant, et ad inservicionem aut extremam calamitatem vel servitutem miserabiliter reducere moliuntur, ac propulsandis iniuriis fidei, plerique ex predecessoribus nostris Romanis pontificibus qui fuerunt pro tempore, pene magna subierunt onera [...] sitque etiam opportunum pro gravioribus pressuris et conatibus huiusmodi reprimendis classeque paranda et terrestri exercitu muniendo, magna peccuniarum summa maximaque impensa, ad quam perferendam nostre aut Romane Ecclesie non sufficiunt facultates, et propterea singulis prelatis et personis ecclesiasticis eiusdem Romane Ecclesie dicioni [...] integram decimam omnium reddituum et ecclesiasticorum proventuum unius anni nuper duxerimus imponendam, prout in nostris inde confectis litteris plenius continetur; et ob hoc Iudei sub nostra dicione constituti etiam contribuere teneantur, nos eisdem Iudeis in singulis provinciis, civitatibus, terris, castris et locis, nobis et eidem Romane Ecclesie dicioni mediate vel immediate subiectis, vicesimam partem omnium bonorum suorum, fructuum quoque, reddituum et proventuum ac peccuniarum quarumcunque, undecunque et quomodocunque ad eorum manum pervenencium, per unum annum integrum harum serie imponimus et per eos ac ipsorum quemlibet pro una in mense Aprilis, pro alia vero medietatibus solucionis eiusdem in mense Iunii futuri thesaurariis vel collectoribus nostris ad hoc deputandis solvi volumus et mandamus; statuentes ac etiam decernentes quod si qui ex ipsis Iudeis in solucione vicesime in eisdem mensibus defecerint, sive in vera quota, eos [...] facultatem suarum veram exstimacionem contingente, fraudem commiserint, decimam integram omnium bonorum suorum, secundum formam litterarum felicis recordationis Pii pape secundi, predecessoris nostri, super hoc editam, absque remissione aliqua, et inventori fraudis quatuor florenos auri pro quolibet centenario florenorum solvere compellantur; non obstantibus quibuscumque privilegiis, exempcionibus, immunitatibus, indultis, graciis et litteris apostolicis Iudeis eisdem sub quacumque forma vel expressione verborum, in specie vel in genere etc. ab apostolica sede concessis, necnon provinciarum, civitatum, terrarum et locorum, in quibus degere dinoscuntur, statutis, reformacionibus, capitulis, concordatis, consuetudinibus, ...

Source: AS, Roma, Camerale I, 1186, fol. 6r.

Note: The original is badly damaged and partly illegible.

Bibliography: Gottlob, *Camera apostolica*, pp. 62, 158, 308; Picotti; *Pio II e Francesco Sforza*, p. 203; Setton, *Papacy and Levant* 2, p. 316; Stow, *Taxation*, p. 116; Vogelstein-Rieger, *Rom* 2, p. 126.

953   Rome, 31 March 1472

Absolution from blame and general pardon to Moysettus Angeli, his son Angellus, and Angelus Davidis, members of their families and employees, Jews in Todi and Foligno, for all crimes committed, including those for which they had been prosecuted by Gentilis de Marcolfis, a cleric and papal commissioner.

Sixtus etc. Providis viris Moysetto Angeli, et Angello eius nato, ac Angelo Davidis, Ebreis, in nostris Tudertina et Fulginatensi civitatibus commorantibus, viam veritatis agnoscere et agnitam custodire et tenere. Decet apostolice sedis clementiam etiam erga eos qui, cecitatis errore depressi, caligatos ad cognoscendum Dei Filium habent oculos, benignitatis et misericordie sue gremium aperire, ut, pietatis beneficio illecti, veritatem prospicere studeatis, et, sublato erroris vestri velamine, Deum verum et eius unigenitum Filium, Iesum Christum, per quem fidelibus patet celi ianua, humiliter recognoscant. Sane, pro parte vestra nobis nuper exhibita petitio continebat, quod dilectus filius Gentilis de Marcolfis, clericus Spoletane diocesis, noster commissarius, asserens te, Moysettum, fabricationis et distributionis false monete, cognitionis carnalis nonnullarum Hebrearum et aliarum mulierum Christianarum, blasfemie Messie in scalis basilice Principis Apostolorum de Urbe, venenationis cuiusdam Hebrei tui generi, et falsificationis librorum tuorum, per te et alios, te mandante, commisse, reum fore, et alterius coniugem dicto nato tuo copulasse, monetam solozonasse[!], et contra conventiones inter communitatem Tudertinam et te initas, bona mobilia, tibi pignori tradita, extra civitatem predictam Tudertinam extraxisse, et te, Angelum Moysetti, dudum sodomie labe, ac ex cognitione uxoris predicte, alteri promisse, adulterii reatu pollutum fore, te vero, Angelum Davidis, multa non vera in libris apothece fenoris, dum institor eras dicti Moysetti, per te, et etiam eo mandante, scripsisse, ac de his et aliis criminibus diffamatos fore, contra vos super his ad inquisitionem descendit, pretextu facultatis quam a sede apostolica habere dicebat, et te, Moysettum, carceri retrusum, tormentis subiri fecit; vos propterea dubitare, ne, procurantibus aliquibus emulis vestris, super premissis et aliis criminibus, que per vos commissa dicerentur, vos ulterius molestari contingat tempore procedente; quare nobis humiliter supplicastis, ut, cum de quibuscunque excessibus per vos commissis ab intimis doleatis, vos et quemlibet vestrum adversus huiusmodi molestias, que vobis occasione excessuum commissorum et non commissorum per vos, vobis quovis quesito colore inferri possent, oportune providere, de benignitate apostolica dignaremur. Nos igitur, qui illius vices gerimus in terris, cuius proprium est misereri semper et parcere, huiusmodi supplicationibus inclinati, vos et quemlibet vestrum, vestrasque uxores et familiam utriusque sexus, necnon vestros omnes factores et institores, a premissis et quibusvis aliis excessibus, criminibus et delictis per vos, aut aliquem vestrum, et de familia vestra, quomodocunque et qualitercunque commissis, usque in presentem diem, quotcunque et qualiacunque sint, etiam si premissis graviora, et talia forent, que sacrilegii et lese maiestatis crimen saperent, et de quibus specifica mentio habenda esset, necnon penis personalibus, corporis afflictivis, et pecuniariis, ac spiritualibus et temporalibus, aut conventionalibus, quas illorum occasione quomodolibet incurristis, auctoritate apostolica, presentium tenore prorsus absolvimus et totaliter liberamus; vosque, uxores et familiam et prenominatos huiusmodi in pristinum et eum innocentie statum, in quo in tenera etate constituti, et antequam aliqua crimina committeretis eratis, restituimus, reponimus et plenarie reintegramus; districtius inhibentes legato, episcopo et gubernatori, ac capitaneo Tudertinis, necnon postestati Fulginatensi pro tempore existentibus, prefatoque Gentili, necnon omnibus aliis ad quos spectat, ne contra vos, aut aliquem vestrum, uxores et familiam huiusmodi, pretextu quorumcunque excessuum que per vos aut aliquem vestrum commissa et perpetrata dicerentur, usque in presentem diem, etiam si occulta forent, per accusationem, denuntiationem, inquisitionem, seu alias quomodolibet, criminaliter aut civiliter, procedere, vosque illorum pretextu inquietare presumant quoquomodo; ac decernentes ex nunc irritum et inane quicquid preter aut contra tenorem presentium per quoscunque, quavis auctoritate, scienter vel ignoranter, contigerit attemptari. Nulli ergo etc. ... Si quis etc. Dat. Rome, apud Sanctum Petrum, anno Incarnationis Dominice millesimo quadringentesimo septuagesimo secundo, pridie Kalendas Aprilis, pontificatus nostri anno primo.

Source: ASV, Reg. Vat. 660, fols. 224r–225r.

Note: On Moysettus, see above, Docs. **887, 944, 949, 950**.

954   Rome, [21 April 1472]

Mandate to Gisberto Tolomei, bishop of Corneto, or his vicar to release certain citizens in Corneto from the oath they had taken at the instigation of Jacob, a Franciscan, not to tolerate in future the presence of Jewish money-lenders.

Episcopo Cornetano, vel eius in spiritualibus vicario. Venerabilis frater, salutem etc. Cum, sicut pro parte communitatis istius nostre civitatis Corneti nobis nuper fuit humiliter supplicatum, nonnulli ipsius civitatis cives, suasu cuiusdam fratris Jacobi, ex ordine Minorum, se iuramento astrinxerint non retinere amplius in eadem civitate Hebreos feneratores, ac postmodum, nullo alio remedio pro necessitatibus pauperum invento, non leve ob hoc sit incommodum subsecutum, et verisimiliter de scandalis dubitetur, nos, quorum est quieti ac commodo nostrorum subditorum paterne consulere, huiusmodi supplicationibus inclinati, fraternitati tue per presentes committimus et mandamus, ut iuramentum huiusmodi nostra auctoritate relaxes, contrariis non obstantibus quibuscunque. Dat. Rome, ut supra [apud Sanctum Petrum, die XXI Aprilis 1472].

Source: ASV, Arm. XXXIX, vol. 14, fol. 231r.

955   Rome, 6 May 1472

Commission and mandate to the governor of Città di Castello to hear the case
of the prior and the convent of the Dominican Order there against a Christian
and a Jew over some property. Signed in the pope's presence by Peter Ferriz,
bishop of Tarazona and papal referendary.

Committitur gubernatori Civitatis Castelli causa, quam prior et conventus
Predicatorum Civitatis Castelli movere volunt contra dominum Io[hannem]
et quendam Hebreum dicte civitatis incolam, super nonnullis bonis ad dictum
conventum spectantibus. Habet signaturam "Concessum, ut petitur, in
presentia domini nostri pape. Pe[trus] Tirasonensis." Et per breve.
Dilecto filio gubernatori Civitatis Castelli.
Dilecte fili, salutem etc. Mittimus tibi supplicationem presentibus introclusam,
manu venerabilis fratris Pe[tri] Tirasonensis, referendarii nostri, in presentia
nostra signatam, volumusque et committimus ac mandamus ut, vocatis
vocandis, ad executionem contentorum in ea procedas, iuxta eius continentiam
et signaturam. Dat. Rome, apud Sanctum Petrum, etc., die VI Maii 1472,
pontificatus nostri anno primo.

Source: ASV, Arm. XXXIX, vol. 14, fol. 245v.

Note: On the Jews in Città di Castello, see Toaff, *Città di Castello*.

956*   Rome, 4 June 1472

Commission and mandate to Toma de Castello, papal scribe and
commissioner, to collect the *trigesima* from the Jews in the Duchy of Spoleto
and the surroundings, and to act in conjunction with Angelo Lupus de Cavis,
bishop of Tivoli and lieutenant of Jacob Amanati, cardinal priest of St.
Chrysogon and papal legate; the Jews are to obey their orders and the local
officials are to assist them.

Latinus etc. Spectabili viro domino Tome de Castello, scriptori apostolico
commissario nostro, salutem in Domino. Sinceritas fidei quam ad sanctissimi
domini nostri pape statum vos gerere, experientia teste, didicimus, nos
inducunt ut eiusdem sanctissimi domini nostri pape et apostolice camere
negotia vobis confidenter committamus. Igitur, de eius sanctitatis mandato,
nobis etc. facto, et auctoritate etc. vobis harum serie committimus et
mandamus, ut ad provintiam ducatus Spoletani et eius civitates, terras et loca

accedentes, simul cum reverendo in Christo patre, domino A[ngelo], episcopo Tiburtino, reverendissimi in Christo patris et domini, domini Ia[cobi], tituli Sancti Grisogoni presbiteri cardinalis, in eadem provintia apostolice sedis legati locumtenente, ab omnibus et singulis Hebreis, provintiam, civitates et loca predicta incolentibus, trigesimam omnium bonorum eorum, iuxta impositionem per sanctissimum dominum nostrum prefatum, pro fidei Christiane deffensione, nuper per litteras apostolicas factam, exigere et levare, ac ad apostolicam cameram, quam citius fieri poterit, per tutos nuntios mittere seu portare procuretis; concedentes vobis plenam et liberam atque omnimodam facultatem super dicta XXX^{ma} cum eisdem Hebreis ac eorum singulis, una cum predicto domino episcopo et locumtenente, componendi, ipsamque iuxta sic factam compositionem recipiendi et levandi, ac de recepta et levata dumtaxat, solventes et dantes quietandi, ac omnia alia faciendi, disponendi et mandandi et exequendi, que circa eius negotii votivam celeremque expeditionem necessaria et opportuna esse videritis; mandantes propterea tam dictis Hebreis, ut vobis et vestris ordinationibus ac mandatis pareant, quam universis dicte provintie officialibus ut vobis in premissorum exequtione omnibus eis possibilibus auxiliis et favoribus assistant et intendant. In quorum fidem etc. Dat. Rome etc., anno Domini MCCCCLXXII, die IIII^a Iunii, pontificatus etc. ut supra.

Source: ASV, Arm. XXIX, vol. 38, fols. 242v–243r.

957   Rome, 9 June 1472

Confirmation to the brothers Dattilus and Moyse Angeli, Jews in Rieti, of the *condotta* signed with the town of Rieti, and concession to them for a period of twenty-five years of the *condotta* signed by the late Zuccarus and his partners with the town of Foligno, and of the *condotta* which the town of Terni is prepared to sign with them. Mandate to the governors of the three towns to ensure that the terms of the agreements are strictly observed. Grant of pardon to Dattilus and Moyse and to the descendants and heirs of their brother Samuel.

Sixtus etc. Providis viris Dattilo ac Moysi Angeli, fratribus, Ebreis, de civitate nostra Reatina, viam veritatis agnoscere et agnitam custodire. Sicut Iudeos volumus ad iuris et honestatis observantiam coarctari, ita eis observari equum putamus, que ab aliis ex causa sunt concessa. Exhibita nobis nuper vestro nomine supplicatio continebat, quod mense Decembris anni proxime preteriti, dilecti filii comunitatis[!] hominum civitatis nostre Reatine, per sex dicte civitatis cives, a generali concilio ad hoc electos et deputatos, ad quedam capitula, conventiones et pacta, ad certum tunc expressum tempus duratura, super fenoris et stracciaria[!] exercitiis in eadem civitate per vos vestrosque institores et factores exercendis devenerunt, que cupitis, pro eorum subsistentia firmiori, nostre approbationis munimine solidari. Nos igitur, vestris in hac parte supplicationibus inclinati, conventiones, capitula et pacta predicta, que diligenter inspici et examinari fecimus, ac si de verbo ad verbum inserta essent presentibus, pro expressis habentes, illa, et prout ea concernunt, omnia et singula in instrumentis desuper contentis[!] confecta[!], auctoritate apostolica, tenore presentium confirmamus et approbamus, ac presentis scripti patrocinio communimus, supplentes omnes et singulos defectus, si qui forsan intervenerint in eisdem, de plenitudine potestatis. Insuper, cum partem facultatum vestrarum in civitate nostra Fulginatensi, ut eadem supplicationis series subiungebat, collocaveritis, et in ipsa civitate ut plurimum moram trahere intendatis, presentium tenore decernimus et declaramus quod omnes heredesque vestri, negotiorumque gestores et institores vestri, viginti quinque annis proxime futuris, uti, frui et gaudere possitis capitulis, pactis et conventionibus per communitatem hominum civitatis nostre Fulginatensis cum olim Zuccaro Ebreo et eius tunc sociis factis atque initis, non secus quam si vobis heredibusque vestris predictis nominatim et specialiter concessa fuissent, et per sedem apostolicam, aut alios ab ea facultatem habentes, approbata et confirmata extitissent. Preterea, eadem auctoritate, ut similiter uti, frui et gaudere possitis capitulis, pactis et conventionibus, que communitas hominum civitatis nostre Interamnensis vobiscum inire et contrahere volet per annos viginti quinque proxime futuros, que ex tunc cum inita et facta fuerint, tenore presentium confirmamus et approbamus, et pro confirmatis haberi volumus et mandamus; mandantes gubernatoribus nostris et Sancte Romane Ecclesie in predictis nostris civitatibus Reatina, Fulginatensi et Interamnensi pro tempore existentibus, communitatibus quoque et perticularibus[!] personis civitatum earundem, ac omnia et singula premissa vobis, vestrisque heredibus et sociis, negotium gestoribus inviolabiliter observent et ab aliis faciant observari. Non obstantibus ... ac ut illa inviolabiliter observentur, presentium tenore decernimus; quodque ratione vel pretextu fenoris, sive capitulis et illorum concessione quomodolibet et in quocumque loco factis, ac quorumvis criminum, excessuum et delictorum, que per vos vel vestrum alterum, sive aliquem ex filiis et heredibus Samuelis, fratris vestri germani, perpetrati quomodolibet dicerentur, usque in presentem diem, qualiacumque et quantumcumque gravia et attrocia forent, etiam si occulta, incognita et incerta existerent, et pro quibus pena personalis sive pecuniaria quomodocumque imponenda veniret, inquietari aut molestari possitis, nec possint, prefata auctoritate indulgemus, vos, Dattilum et Moysem fratres, ac nepotes predictos, ac eorum familias, factores et institores, ab eisdem excessibus, delictis ac penis, quas illorum occasione incurrissent, etiam personalibus, absolventes ac penitus et omnino liberantes districtius inhibentes legatis, sive gubernatoribus civitatum nostrarum Fulginatensis, Reatine et Interamnensis, ac potestatibus et officialibus aliis ad quos spectat, eorumque locatenentibus pro tempore existentibus, ne de cetero contra vos, aut aliquem vestrum, seu alterum predictorum, huiusmodi criminum pretextu, per accusationem, denuntiationem, inquisitionem, seu alias quomodolibet, criminaliter vel civiliter procedere, vosque aut nepotes predictos inquietare presumant quoquomodo; ac decernentes ex nunc irritum et inane quicquid preter, aut contra premissa, sive alterum premissorum, per quoscumque, quavis auctoritate, scienter vel ignoranter. Si quis autem etc. contingeret attemptari. Nulli ergo etc. ... Si quis autem etc. Dat. Rome, apud Sanctum Petrum, anno Incarnationis Dominice millesimo quadringentesimo septuagesimo secundo, quinto Idus Iunii, pontificatus nostri anno primo.

Source: ASV, Reg. Vat. 660, fols. 401r–402r.

Note: On Dattilo and Moise da Rieti in Terni, see Mondolfo, *Ebrei in una città dell'Umbria*, pp. 18, 34f. Cf. also Ghinato, *Terni*. On Zuccaro, see above, Doc. **836**.

958   Rome, 9 June 1472

Mandate, if the facts are established, to the provost of St. Mary in Flonheim, in the diocese of Mainz, to impose penitence on and grant absolution and rehabilitation to Henricus Foxe, a priest in the diocese of Trier, for having allowed an alchemist, a Jew of Nürnberg, to reside in his house in Bornich, and for having put into circulation counterfeit money fabricated by the alchemist, not knowing it had been forged.

Sixtus etc. Dilecto filio preposito ecclesie Beate Marie in Flanheym, Maguntine diocesis, salutem etc. Sedes apostolica, pia mater, recurrentibus ad eam cum humilitate filiis post excessum, libenter se propiciam exhibet et benignam. Exhibita siquidem nobis nuper pro parte Henrici Foxe, presbiteri, Treverensis diocesis, peticio continebat, quod cum ipse olim in villa Bornich, dicte diocesis, moram traheret, ibique domum et habitationem haberet, ac decenter et honeste se teneret, ibidem beneficiis per eum obtentis serviendo, quendam vulgariter nuncupatum magistrum archimistarum de Norembergia, Ebreum, in dicta domo sua recepisset, credens illum esse bone vite, conversacionis et fame, et cum eo per tempus mansisset, sibi materialia et alia sua ministrando, ac dictus archimista, qui Iudeus erat, ab aliis cognitus fuisset, ipse Henricus illum a domo sua expulit; et ut a quibusdam in partibus asseritur, dictum Iudeum falsas monetas in domo dicti Henrici fabricasse, de quibus in suo recessu ipsi Henrico de expensis pro eo factis et pensione domus sibi quesitis solvit, quas pecunias dictus Henricus, credens fore bonas et non falsificatas, pro necessariis perquirendis exposuit, non tamen ultra duos vel tres florenos Renenses; cumque ipse Henricus omnia premissa ignorans, de illis notatus fuisset, ac cum dicto Iudeo ipsum esse participem, pecuniasque ipsas per ipsum Henricum fuisse fabricatas diceretur, quamvis dictus Henricus nunquam auxilium, consilium, vel favorem, aut assensum eidem Iudeo prebuerit, et, sicut eadem peticio subiungebat, dictus Henricus dolet ab intimis prefatum Iudeum in domo sua retinuisse et cum eo habitasse, ac sibi necessaria ministrasse, et dictas pecunias, quamvis credidisset fore bonas, exposuisse. Quare pro parte dicti Henrici nobis fuit humiliter supplicatum, ut ipsum ab excommunicationis sentencia ex sinodalibus constitutionibus, vel alias, quam propter premissa incurrit, absolvere, omnemque inhabilitatis et infamie maculam sive notam premissorum occasione forsan contractam abolere, sibique et statui suo in premissis oportune providere, de benignitate apostolica dignaremur. Nos itaque, de premissis certam noticiam non habentes, ac volentes dictum Henricum, apud nos alias de vite ac morum honestate, aliisque probitatis et virtutum meritis multipliciter commendatum, horum intuitu gratioso favore prosequi, huiusmodi supplicationibus inclinati, discretioni tue per apostolica scripta mandamus quatinus, si est ita, eundem Henricum, si id humiliter petierit, previa satisfactione, ab huiusmodi excommunicationis sentencia, auctoritate nostra, absolvas, iniunctis inde sibi pro modo culpe penitencia salutari et aliis, que de iure fuerint iniungenda, secumque super irregularitate, si quam, eadem sententia ligatus, divina celebrando, aut illis se immiscendo contraxit, et ut in ordinibus per eum susceptis ministrare, necnon quecunque, quot-cunque et qualiacunque beneficia ecclesiastica, cum cura, et sine cura que obtinet, et que sibi imposterum canonice conferentur, recipere et retinere libere et licite valeat, dicta auctoritate, dispenses, aboleasque omnem inhabilitatis et infamie maculam sive notam per eum premissorum occasione contractam; districtius inhibendo omnibus et singulis tam ecclesiasticis quam secularibus iudicibus, ne ipsum Henricum occasione huiusmodi delicti in corpore aut bonis, vel beneficiis suis, quoquomodo molestent. Non obstantibus ... Dat. Rome, apud Sanctum Petrum, anno Incarnationis Dominice millesimo quadringentesimo septuagesimo secundo, quinto Idus Iunii, anno primo.

Source: ASV, Reg. Lat. 716, fols. 277v–278r.

959   Rome, 16 June 1472

Mandate to Luca de Lenis, papal treasurer in Perugia, that on having collected
from Abraham son of Isac of Assisi and Abraham Venture the *vigesima* in the
amount agreed on between them and Jacob Vannucci, bishop of Perugia, in
the days of Pius II, nothing further is to be demanded of them.

Dilecto filio Luce de Lenis, camere apostolice clerico, civitatis nostre Perusii
thesaurario.
Dilecte fili, salutem etc. Cum providi viri, Abrham[!] filius Isac de Asisio, et
Abhram[!] Venture, Hebrei, parati sint, sicut nobis exponi et supplicari
fecerunt, quamprimum solvere vigesimam Iudeis impositam pro eorum rata
et facultatibus, volumus et per presentes decernimus ac mandamus ut, soluta
tibi per eos huiusmodi vigesima, iuxta compositionem tempore felicis
recordationis Pauli II, immediati predecessoris nostri, per venerabilem fratrem
Ia[cobum], episcopum Perusinum, cum ipsis factam, nec debeat in maiori
summa prefata occasione a quoquam quomodolibet molestari, litteris et
mandatis in contrarium forsan factis, vel in posterum faciendis, et contrariis
non obstantibus. Dat. Rome, apud Sanctum Petrum etc., die XVI Iunii 1472,
pontificatus nostri anno primo.

Source: ASV, Arm. XXXIX, vol. 14, fol. 290r.

Note: See Cassuto, *Firenze*, pp. 206f.; Vogelstein-Rieger, *Rom* 2, p. 19.

960*   Rome, 25 June 1472

Commission and mandate to Jacobus de Aquasparta to collect the *vigesima*
from the Jews in the Campania and Maritima provinces. Attached is list of
names and individual shares in the tax.

Latinus etc. Dilecto filio nostro Iacobo de Aquasparta, salutem in Domino.
Probata multis in rebus tue fidelitatis sinceritas et gerendarum rerum diligentia
ac experientia, nos inducunt ut camere apostolice negotia tibi fiducialiter
committamus. Cum itaque exigenda sit vigesima omnibus Hebreis per
provincias, civitates, terras et loca Sancte Romane Ecclesie mediate et
immediate subiecta constitutis, per sanctissimum dominum nostrum papam,
pro Catholice fidei necessitatibus imposita, sintque ad id negotium
peragendum diversi operarii, propter provinciarum distantiam, necessario
deputandi, nos, de fide et diligentia tuis predictis plenam in Domino fiduciam

obtinentes, de mandato etc. et auctoritate etc. tibi harum serie committimus et mandamus ut ad Campanie et Maritime provincias earumque singula loca accedens, a singulis in eisdem locis commorantibus Hebreis, secundum infrascriptam descriptionem, infrascriptas pecuniarum summas pro vigesima predicta exigere et levare, iuxta tibi per nos datam oretenus instructionem procures; dantes tibi plenam et liberam facultatem ac potestatem eosdem Hebreos et eorum singulos ad te evocandi et ad easdem summas cum effectu solvendum omnibus viis et modis, de quibus tibi videbitur, cogendi et compellendi; ac mandantes omnibus et singulis earundem provinciarum et locorum officialibus, quocumque nomine censeantur, ut requisiti pro premissorum votiva executione tibi pareant, ac omnes eis possibiles favores impendant, si sanctissimi domini nostri pape et nostram gratiam sibi cupiunt conservare; non obstante etc. Descriptio vero supra nominata cum suis taxis sequitur, et est talis, videlicet:

Velletri	Velletri case quattro	Duc.	12
Sermoneta	Sermoneta		
	Mastro Angelo medico		60
	Mastro Manuele		30
	Leone de Cresci		20
	Abraham		03
Sezze	Sezze		
	Mosce de Mosecto		60
	Mosce de Angelo		30
Terracina	Terracina case sei		
	Cresci		20
	Begnamine		20
	Dattilo		03
	Iacobbe		03
	Moyse		03
	li figlioli		03
Piperno	Piperno case sette		
	Angelo de Mele		60
	Bonaventura		25
	Bonaventura		16
	Laltre quattro case		12
Castro	Castro — Salomone		05
Fresolone	Fresolone — Moscie		03
Alatro	Alatro — Ventura		03
	Eliuccio		03
	Doi donne vidue		03
Veroli	Veroli case quattro		12
Fiorentino	Fiorentino		
	Mele et lo fratello		70

	L'herede de Salomone	20
	Consiglio de Gagio	03
	Abraham	03
	Salomone	03
Pontecorvo	Pontecorvo — Vitale	25
	Salomone	20
	Diotaiuti et Mele	06
	Mosce	03
Anagni	Anagni	
	Aliuccio de Vitale	30
	Abraham de Sabbatuccio	20
	Mastro Angelo Hebreo	06
	Elia	04
	Manuele	03
Segne	Segne case tre	
	Abraham	08
	laltre doi	06
Patrica	Patrica	
	David et lo fratello	10
	Elia	10
Pelestrina	Pelestrina case quattro	
	Sabbatuccio	10
	laltre tre case	09
Paliano	Paliano case doi	06
Genezano	Genezano case quattro	
	Menunzolo	04
	laltre tre case	09
Cavi	Cavi case tre	
	Elia	08
	Sabbatuccio	06
	laltra casa	03
Collepardo	Collepardo una casa	05
Maenza	Maenza casa una	02
Piglio	Piglio casa una	03
Vallemontone	Vallemontone case septe	
	Mastro Salomone	50
	laltre sei case	18
Tibuli	Tibuli case quatordeci	42
Subbiaco	Subbiaco casa una	30

In quorum fidem presentes litteras sigilli nostri rotundi impressione munitas fieri fecimus. Dat. Rome etc. anno 1472 XXV Iunii, pontificatus etc. ut supra, anno primo.

Source: ASV, Arm. XXIX, vol. 38, fols. 252r–253r.

Publication: Esposito, *Presenza ebraica nel Lazio*, pp. 155–158.

Note: Another letter of appointment for Jacobus, dated 29 April 1476, is included in this volume, fol. 220r. It was given with the sole authority of the chamberlain.

Bibliography: Esposito, *op. cit.*, pp. 151f.; Stow, *Taxation*, p. 116.

961   Rome, [7 July 1472]

Concession to the brothers Abraham and Sabbatus Leutii in Viterbo, their sister-in-law Carascosa and their families to make free use of the waters and bathe in them.

Abrahe et Sabbate Leutii, fratribus Hebreis de Viterbio, viam veritatis agnoscere et agnitam custodire. Pastoralis nostre cure existimamus officium providere ne ii, qui in nostris et Sancte Romane Ecclesie terris degunt, de iniustitia et impietate quomodolibet queri possint. Animadvertentes itaque, quod usus aquarum omnibus viventibus solet esse communis, vestris in hac parte supplicationibus inclinati humillibus, tenore presentium vobis concedimus, quod vos et Carascosa, cognata vestra, cum filiis et familia ipsius et vestris, licite et impune balneis quibuscunque uti possitis. Prohibitionibus et mandatis in contrarium hactenus factis, non obstantibus quibuscunque. Dat. ut supra [apud Sanctum Petrum, die septima Iulii 1472, pontificatus nostri anno primo].

Source: ASV, Arm. XXXIX, vol. 14, fol. 319r.

962   Rome, 19 July 1472

Confirmation to the brothers Moyse, Salamon and Leutius Mathesie, and to Sabatus Leutii and his son Dattilus, Jews in Viterbo, of their *condotta* and other privileges in Viterbo, Orvieto and elsewhere in the papal dominions, including Corneto (Tarquinia), for a period of twenty-five years. They are to be subject to the sole jurisdiction of the Apostolic See and the papal governor of the Patrimony.

Sixtus etc. Providis viris Moysi et Salamoni ac Leutio Mathesie, fratribus, necnon Sabato Leutii, et Dattilo, eius nato, Ebreis, in civitate nostra Viterbiensi commorantibus, viam veritatis agnoscere et agnitam retinere. Cum Iudei, quos, in diversis mundi partibus constituti, Sacrosancta tollerat Ecclesia in testimonium Iesu Christi, in suis necessitatibus presidia et favores apostolice sedis interpellant, non debet reprehensibile censeri, si Romanus pontifex in eos Christiane pietatis mansuetudinem et clementiam ostendit, ut, huiusmodi pietate [allecti], suum cognoscentes errorem, et superna gratia illustrati, tandem ad verum lumen, quod Christus est, festinent pervenire. Hinc est, quod nos vestris in hac parte supplicationibus inclinati, omnia et singula privilegia, litteras apostolicas, brevia, sententias et indulta, tam per nos quam predecessores nostros Romanos pontifices, ac gubernatores civitatis nostre Viterbiensis, illiusque communitatem, potestatem et superiores, sub quacunque verborum forma concessa, illorum tenores, ac si de verbo ad verbum insererentur presentibus, pro expressis habentes, auctoritate apostolica, tenore presentium, ex certa scientia, confirmamus, ratificamus et approbamus, presentibusque[!] scripti patrocinio communimus, supplendo omnes et singulos defectus, tam iuris quam facti, si qui forsan intervenerint in eisdem. Et insuper, vobis et cuilibet vestrum, tam in predicta, quam etiam nostra Urbevetana, aliisque civitatibus, terris, castris, opidis, villis et aliis locis quibuslibet, nobis et Romane Ecclesie subiectis, ubi capitula iam, vel etiam in civitate nostra Cornetana, si vos cum dilectis filiis illius communitatem[!] convenire contingat, usque ad viginti quinque annos a data presentium computandos, absque alicuius pecuniarie, aut civilis, vel criminalis pene incursu, pecunias ad usuram prestare seu mutuari, et super hec capitula facere, quorum tenores, ac si de verbo ad verbum presentibus insererentur, haberi volumus pro expressis, et si interim vos requiri, vel aliquam cum Iudeis extra civitates, villas, terras, opida, castra et loca huiusmodi societatem facere aut traficare, seu in iam contracta societate principalem remanere contingat, quod liceat vobis et sociis ac factoribus vestris huiusmodi societates de novo contrahere, vel in iam contractis remanere, et huiusmodi capitulis et traficis gaudere, liceatque etiam vobis ac filiis et a vobis descendentibus, possessiones et alia bona quecunque stabilia, absque ulla molestia tenere et possidere, et etiam Viterbiensibus, Urbevetanis, Cornetanis, quam aliorum [...], ut vos ac socios vestros recipere et vobiscunque[!] conventiones facere, absque excommunicationis vel alicuius alterius sententie vel pene incursu, libere et licite valeant, auctoritate apostolica, tenore presentium indulgemus. Et insuper, vos et filios vestros et a vobis descendentes cum rebus et bonis vestris mobilibus et immobilibus, ac familiaribus et ancillis vestris, presentibus et futuris, moderno et pro tempore existenti gubernatori Patrimonii Ecclesie dumtaxat, et nulli alteri iudici ecclesiastico vel seculari, tam in civilibus quam criminalibus, perpetuo subiicimus, et subiectos esse decernimus et declaramus; ita quod coram alio iudice preterquam sede apostolica ac gubernatore predicto, etiam ratione delicti, contractus vel rei, ubicunque committatur delictum, iniatur contractus, vel res ipsa consistat, criminaliter, vel civiliter, seu mixtim, ad iudicium trahi, aut in personis, rebus vel bonis huiusmodi, tam per Christianos quam Iudeos, in iudicio, vel extra iudicium, seu alibi, preterquam coram predicta sede, vel eodem gubernatore, etiam per inquisitionem, denuntiationem, accusationem, vel alias quomodolibet, de iure, vel de facto, molestare nequeatis, nec debeatis quoquomodo; decernentes ex nunc omnes et singulos processus, sententias et penas, quos et quas contra huiusmodi indultum, subiectionem, decretum et declarationem forsan haberi vel promulgari, necnon quicquid secus a quoquam, quavis auctoritate, scienter vel ignoranter, attemptari contigerit, irrita et inania nulliusque existere roboris vel momenti. Non obstantibus ... Si quis autem etc. ... Nulli ergo etc. ... Dat. Rome, apud Sanctum Petrum, anno Incarnationis etc. millesimo quadringentesimo septuagesimo secundo, quarto decimo Kalendas Augusti, pontificatus nostri anno primo.

Source: ASV, Reg. Vat. 660, fols. 329r–330r.

963   Rome, 19 July 1472

Grant to the brothers Moyse, Salomon and Leutius Mathesie, and to Sabatus Leutii and his son Datilus, Jews in Viterbo, of a general pardon.

Sixtus etc. Providis viris Moysi et Salamoni ac Leutio Mathesie, fratribus, necnon Sabato Leutii, et Datilo, eius nato, Ebreis, in civitate nostra Viterbiensi commorantibus, viam veritatis agnoscere et agnitam retinere. Romani pontificis indefessa clementia etiam Iudeis, quos Sacrosancta Romana Ecclesia in testimonium Iesu Christi tollerat, ad eam cum humilitate post excessum recurrentibus, se propiciam et benignam exhibere et eorum statui salubriter providere consuevit. Cum itaque, sicut pro parte vestra nobis nuper exhibita petitio continebat, vos, vel aliqui ex vobis, carnis fragilitate devicti, quamplures mulieres Iudeas, etiam vobis affinitate et consanguinitate coniunctas, et etiam quasdam Christianas, tam nuptas quam solutas, vel viduas, actu fornicario sepenumero carnaliter [...], Deumque omnipotentem interdum, etiam contra conventiones cum Viterbiensibus initas, etiam blasfemaveritis, ac plura alia excessus et crimina, super quibus etiam apud bonos et graves, etiam ex vestra lege Hebraica, diffamati estis, commiseritis, de quibus doletis ab intimis et intenditis vos de cetero a similibus, in quantum humana sinit fragilitas, abstinere; et propterea nobis humiliter supplicari fecistis, ut vobis et statui vestro in premissis oportune providere, de benignitate apostolica dignaremur.

Nos igitur, vices in terris gerentes illius cuius proprium est misereri et parcere delinquentibus, huiusmodi supplicationibus inclinati, vos et quemlibet vestrum a premissis criminibus, excessibus et delictis, illorum formas et qualitates presentibus pro expressis habentes, et etiam quia, ut asseritis, contra capitula civitatis nostre Viterbiensis et reformationes per nos factas, in diversis locis publice dedistis ad usuram, auctoritate apostolica, tenore presentium absolvimus et absolutos nuntiamus, omnemque infamie maculam sive notam per vos premissorum occasione vel alias quomodolibet contractam, a vobis penitus abolemus, ac omnes et singulas penas, etiam pecuniarias, civiles, criminales, seu mixtas, si quas, etiam vigore capitulorum et reformationum huiusmodi, vel alias quomodolibet incurristis, vobis omnino remittimus; et vos, necnon heredes et successores vestros, ab illis liberamus, ac in pristinum et in eum statum in quo antequam premissa perpetravissetis quomodolibet eratis plenarie restituimus atque reponimus, volentes, quod absolutio, abolitio, remissio, liberatio, repositio et restitutio huiusmodi vobis et cuilibet vestrum in iudicio et extra iudicium, in utroque foro, ubilibet suffragetur; quodque contra vos vel aliquem vestrum premissorum occasione per accusationem, denuntiationem, requisitionem, vel alias, civiliter, seu criminaliter, in personis, rebus, vel bonis procedi non possit, nec debeat quoquomodo; districtius inhibentes legato, episcopo, gubernatori, potestati, iudici ac baricello et thesaurario Viterbiensibus pro tempore existentibus, necnon omnibus ad quos spectat, ne contra vos aut aliquem vestrum, uxores et familiam huiusmodi, pretextu quorumvis excessuum, qui per vos aut aliquem vestrum commissa et perpetrata dicebantur, usque in presentem diem, etiam si occulta forent, per accusationem, denuntiationem, inquisitionem, seu alias quomodolibet, criminaliter vel civiliter procedere, vosque illorum pretextu inquietare presumant quoquomodo; ac decernentes ex nunc omnes et singulos processus, sententias et penas, quos et quas contra vos vel aliquem forsan haberi vel promulgari, necnon quicquid secus super hiis a quoquam, quavis auctoritate, scienter vel ignoranter, attemptari contigerit, irrita et inania, nulliusque roboris vel momenti. Non obstantibus ... Nulli ergo etc. ... Si quis autem etc. Dat. Rome, apud Sanctum Petrum, anno etc. millesimo quadringentesimo septuagesimo secundo, quarto decimo Kalendas Augusti, pontificatus nostri anno primo.

Source: ASV, Reg. Vat. 660, fols. 330r–331r.

Note: Almost identical with Doc. **965** below, *mutatis mutandis* and variations as indicated.

964 Rome, 27 July 1472

Confirmation to the brothers Mele, Manuelus and Abram Leutii, and to Angelus Melis, Salamon Manuelis, and Isaia and Servidius Abrae, Jews in Viterbo and Toscanella (Tuscania), of their *condotta* and other privileges in Viterbo, Orvieto, and elsewhere in the papal dominions, including Corneto (Tarquinia), for a period of twenty-five years. They are to be subject to the sole jurisdiction of the Apostolic See and the papal governor of the Patrimony.

Sixtus etc. Providis viris Mele et Manuelo, necnon Abrae Leutii, fratribus, ac Angelo Melis et Salamoni Manuelis, necnon Isaie et Servidio Abrae, predictorum[!] natis, Ebreis, in Viterbiensi et Thuscanensi civitatibus commorantibus, viam veritatis agnoscere et agnitam retinere. Cum Iudei ... Dat. Rome, apud Sanctum Petrum etc. millesimo quadringentesimo septuagesimo secundo, sexto Kalendas Augusti, pontificatus nostri anno primo.

Source: ASV, Reg. Vat. 660, fols. 106r–107r.

Note: Very similar, *mutatis mutandis*, to Doc. **962**. See also below, Docs. **1028–1030**.

965 Rome, 27 July 1472

Grant to the brothers Mele, Manuelus and Abram Leutii, and to Angelus Melis and Salamon Manuelis, and Isaia and Servidius Manuelis, Jews in Viterbo and Toscanella (Tuscania), of a general pardon.

Sixtus etc. Providis viris Mele et Manuelo, necnon Abrae Leutii, fratribus, ac Angelo Melis et Salamoni Manuelis, necnon Isaie et Servidio Abrae, predictorum[!] natis, Ebreis, in Viterbiensi et Tuscanensi civitatibus commorantibus, viam veritatis agnoscere et agnitam retinere. Romani pontificis indefessa clementia ... tuque Isaias, dum ad Urbem semel venires, et nocte quadam lumine indigeres, unam candelam beate Virginis Marie accensam recepisti, interdum etiam contra conventiones cum Viterbiensibus et Tuscanensibus initas, ac plura alia excessus et crimina, super quibus apud bonos et graves, etiam ex vestra lege Ebraica, diffamati estis, commiseritis ... Dat. Rome, apud Sanctum Petrum etc. millesimo quadringentesimo septuagesimo secundo, sexto Kalendas Augusti, pontificatus nostri anno primo.

Source: ASV, Reg. Vat. 660, fols. 107r–108r.

Note: Identical, *mutatis mutandis*, with Doc. **963**. See also below, Docs. **1028–1030**.

966*   Rome, 3 November 1472

Mandate, if the facts are established, to Gregorius of Terni, of the Augustinian Order and vicar of the bishop of Terni, to confirm the two acquittals of Angelus Moysi Longi, a Jew of Terni, prosecuted by local inquisitors for allegedly having bought some silver removed from the church of St. Francis in Terni.

Latinus, miseratione divina episcopus Tusculanus, etc. Venerabili sacre theologie magistro Gregorio Interamnensi, professori ordinis Sancti Augustini, vicario reverendissimi in Christo patris, domini episcopi Interamnensis generali in spiritualibus, salutem in Domino. Iustum putamus et debitum favores prebere oportunos eorum innocentie, qui delictorum expertes esse comperiuntur, quorum suspitione fuerint diutius vexati, etiam si Hebrei sint, et in fidei pravitate et caligine pertinaciter obcecati persistant, sperantibus vobis eos aliquando ad cor venturos, et divina pietate, mentis oculos ad Unigenitum gloriose Virginis Filium, Redemptorem omnium directuros. Cum igitur pro parte Angeli Moysi Longi, Hebrei Interamnensis, expositum fuerit, quod alias magister Pascalis de Amelia, heretice pravitatis inquisitor, contra ipsum Angelum ex suo officio per inquisitionem processit, super eo quod pretendebatur ipsum emisse certam argenti quantitatem, ex sacristia ecclesie Sancti Francisci Interamnensis subtracti, et tandem, visis videndis, testibusque examinatis, per suam sententiam diffinitivam absolutoriam eundem Angelum absolvit; et demum nihilominus venerabilis frater Petrus de Fulgineo, eiusdem pravitatis etiam successive inquisitor, iterum occasione premissa eundem Angelum, tunc in castro Pedisluci morantem, carcerari et torqueri fecit, ac tandem, re cognita, sententiam prefati fratris supradictam confirmavit, eundem similiter absolvendo et a carceribus liberando; et nihilominus, idem Angelus etiam nunc dubitat a gubernatoribus, potestatibus, inquisitoribus, aliisve officialibus pro tempore futuris, tam spiritualibus quam temporalibus, in civitate Interamnensi, aut alibi, posse molestari, licet iniuste; nos igitur, ad ipsius supplicationem volentes, iusticia mediante, si ita sit, ipsius securitati consulere, volumus, ac vobis, de mandato sanctissimi domini nostri pape super hoc vive vocis oraculo nobis facto, ac auctoritate nostri camerariatus officii, per presentes mandamus quatenus, constito vobis de prefatorum inquisitorum duabus conformibus diffinitivis et absolutoriis sententiis, eas, quatenus rite late sint, confirmetis, ac eundem Angelum ab huiusmodi calumnia, auctoritate nostra, imperpetuum absolvatis, et auctoritate nostra prefata per litteras vestras mandetis inquisitoribus, aliisque officialibus supradictis quibuscumque, quatinus nunquam in futurum eundem Angelum, seu eius patre, aut alios sue familie, occasione premissa molestare, aut contra ipsos aliquid quoquomodo attemptare presumant, nec molestari aut attemptari permittant, in contrarium facientibus, non obstantibus quibuscumque; quicquid enim per vos super hoc, vigore presentium, decretum factumque fuerit, id irrevocabiliter, de mandato et auctoritate prefatis, universis et singulis ad quos pertinet observari et executioni demandari mandamus per presentes; penas autem pecuniarias, quas in inobedientes tuleris, ratas habemus et gratas, ipsasque exigi debere mandamus per presentes. Dat. Rome, in camera apostolica, sub nostri signeti rotundi impressione, die 3ª Novembris MᵒCCCCᵒLXXIIᵒ, indicione V.ᵗᵃ, pontificatus sanctissimi domini nostri, domini Sixti, divina providentia pape quarti, anno secundo.

Source: ASV, Arm. XXIX, vol. 36, fol. 173r-v.

Note: Although the letter is addressed to Gregorius of Terni only, the chamberlain employs the plural several times. Angelus was the son of Moyses son of Habram Longo, one of the signatories to the *condotta* with the people of Terni on 26 December 1457. See Mondolfo, *Ebrei in una città dell'Umbria*, p. 34; Ghinato, *Terni*, p. 391.

967   Rome, 6 February 1473

Decree of tolerance to Isac and Abram Iacob of Segni and their partners, Jewish bankers in Marino, of extension to Rome of their money-lending activities, and quashing of proceedings instituted against them and their agents by Domenico Domenici, bishop of Brescia and papal vicar in Rome. Appointment of the auditor in the papal chamber as their sole judge.

Sixtus etc. Prudentibus viris Isac et Abram Iacob de Senis, et sociis, Ebreis, in terra Marini, Albanensis diocesis, fenus exercentibus, viam veritatis agnoscere et agnitam retinere. Licet Iudeis, quos inter Christianos in eorum domiciliis habitare, in testimonium Iesu Christi, Sacrosancta tolerat Ecclesia, iuxta sacrorum statuta canonum, inter fideles ipsos non liceat fenerari, quia tamen quorundam Christianorum nomine insignitorum in tantum ceca prorupit aviditas, ut pauperum Christianorum substantiam, etiam excessiva nimis usurarum voragine, non erubescant parvo tempore absorbere, non videtur a provida sedis apostolice circumspectione alienum, si Romanus pontifex, que pauperibus personis, presertim Roma[na]m curiam sequentibus, pro earum minori iactura ac animarum salute profutura cernuntur, nonnunquam circa fenerationem ipsam per eosdem Ebreos inter Christianos exercendam, duxerat tolerandam[!]. Sane, pro parte vestra nobis nuper exhibita petitio continebat, quod vos, qui fenoris exercitio in terra Marini, predicte diocesis, per vestros institores et factores, non solum incolis dicte terre, sed etiam aliis personis quibuslibet in quibusvis locis circumvicinis, et presertim Romanis civibus et in Urbe commorantibus ac Romanam curiam sequentibus, ad vos pro tempore, in eorum opportunitatibus, pro pecuniis sub fenore a vobis mutuo recipiendis, recurrentibus, hactenus indifferenter subvenire, et pro maiori securitate eorundem civium et incolarum Urbis, ac Romanam curiam sequentium, mediantibus providis viris Arone Vitalis de Francia et Vitale de Rachanate, Ebreis, et nonnullis aliis personis Ebraicis in eadem Urbe commorantibus, eisdem civibus et incolis Urbis, ac curialibus indigentibus, pecunias vestras in dicta Urbe mutuare, et ab eis pignora recipere, ac ad terram predictam deferri facere, et in tempore satisfactionem sortis et fenoris habere, ac pignora recepta ad eandem Urbem reduci, et personis ipsis a quibus habita sunt, vel alias, iuxta earum ordinationem, restituere soliti estis, non sine aliquali eorundem mediatorum pro eorundem labore et industria et[!] mercede, desyderatis pari modo in futurum eisdem Romanis civibus et incolis ac curialibus subvenire; et quia venerabilis frater noster, Dominicus, Brixiensis episcopus, noster in Urbe prefata in spiritualibus vicarius, asserens premissa vobis non licere, super hiis contra prefatos Aronem et Vitalem, ac Isac et Iacob, et prudentem virum Iacob Salomonis, etiam Ebreum, institorem seu negotiorum gestorem et factorem vestrum et per vos exercitio predicto prepositum, ad inquisitionem descendit, et eos ut feneratores seu fenoris mediatores condemnare ac punire intendit, dubitatis de cetero premissa facere posse; quare nobis humiliter supplicastis, ut super hiis vobis et eisdem personis indigentibus oportune consulere, de benignitate apostolica dignaremur. Nos igitur, attendentes quod dum eisdem pauperibus indigentibus pecuniis aufertur facultas recurrendi ad vos in eorum opportunitatibus, ut pro huiusmodi pecuniis ad Christianos recurrant, et cum, frigente caritate, illas aliter habere non possunt, etiam sub gravioribus penis usure quam a vobis, prout nonnunquam compertum est, illas mutuo recipiant, occasio tribuitur quod non solum pauperibus ipsis gravius, sed tam eorum quam mutuantium animarum saluti pernitiosius existit, ac propterea huiusmodi maius malum evitare volentes, et inquisitionis ac processus omniumque gestorum per prefatum vicarium in premissis tenorem pro expresso habentes, auctoritate apostolica, presentium tenore decernimus perpetuis futuris temporibus tolerari debere quod vos vestrique institores ac factores, ac fenoris exercitio in dicta terra nunc et pro tempore prepositi, et familiares quicunque, tam etiam mediantibus predictis Arone de Francia et Vitali de Rachaneto, ac quibuscunque aliis Ebreis, de quibus vobis vestrisque institoribus, factoribus, ac familiaribus pro tempore videbitur et placebit, quam sine illis, prefatis civibus Romanis, et aliis in eadem Urbe morantibus ac curiam prefatam sequentibus, vel ad illam pro quibusvis negotiis confugientibus, sub moderatis solitis usuris pecunias mutuetis impune, cum illis conditionibus, conventionibus et pactis, sub quibus in dicta terra Marini fenerari soliti estis, et secundum capitula, que a domino dicte terre Marini habetis, que vidimus, legimus, et ex nostra certa scientia per presentes approbamus; ac prefato in eadem Urbe nostro et successorum nostrorum Romanorum pontificum in spiritualibus vicario, et causarum curie camere apostolice auditori, ac aliis officialibus quibuscunque, nunc et pro tempore existentibus, ne propterea vos vestrosque institores, factores et familiares, aut Aronem et Vitalem et Isac pre[dictos], seu quosvis alios Ebreos utriusque sexus, quorum opera vos, institores, factoresve vestros in premissis hactenus usi estis, ac vos et illos, quibus pro tempore uti contigerit horum occasione et dependentium ab eis, quovis modo molestare, neve inquisitionem predictam contra Aronem et Vitalem, ac Isac et Iacob prefatos, et quoscunque alios premissorum occasione institutam, quam cum toto eius processu, presentium tenore, dicta auctoritate cassamus et anullamus, ulterius prosequi, aut aliam de novo, etiam pretextu earum pecuniarum que hactenus mutuate sunt, inchoare presumant, districtius inhibemus. Et ne contingat vos premissorum occasione, aut alias, in causis vestris ad diversa trahi tribunalia, volumus, et prefata auctoritate vobis concedimus, quod in quibuscunque causis, civilibus, criminalibus et mixtis, quas per vos, institores, rectores et familiares vestros, ac prefatos Aronem et Vitalem, aliosque Hebreos, quorum opera vos, institores et factores vestros circa premissa uteremini, contra quoscunque, vel per alios contra vos moveri contingeret, et in quibusvis negotiis vos tangentibus, etiam in quibus ex mero officio procedi posset, curie causarum camere apostolice auditor prefatus nunc et pro tempore existens duntaxat sit iudex vester, et nullus alius qui quovis etiam camerariatus aut vicecamerariatus seu gubernatoris officio in eadem Urbe fungeret, in vos, institores, factores, familiares et negotiorum gestores vestros, aliosque mediatores predictos, iurisdictionem seu superioritatem aliquam possit quomodolibet exercere; decernentes et nunc irritum et inane, si secus super his a quoquam, quavis auctoritate, scienter vel ignoranter, contigerit attemptari. Dat. Rome, apud Sanctum Petrum, anno etc. millesimo quadringentesimo septuagesimo secundo, octavo Idus Februarii, pontificatus nostri anno secundo.

Source: ASV, Reg. Vat. 662, fols. 448r–449r.

Note: There is some confusion over the names of the bankers.

Bibliography: Esposito, *Ebrei a Marino*, pp. 159f.

968*   Rome, 8 February 1473

Commission to Latinus Orsini, cardinal bishop of Tusculum and papal chamberlain, to pay Lorenzo and Giuliano Medici and their partners, Florentine merchants serving the papal court, 11,850 ducats, the residual sum of debts amounting to 18,400 ducats, partly paid from various sources, including 1,175 ducats derived from the tax agreed on with some Jews. Mandate to Ugolinus de Crispoltis and his partners, farmers of the revenues in the March of Ancona, to pay the outstanding debt.

Latinus etc. Spectabilibus viris Laurentio et Iuliano de Medicis, et eorum sociis, mercatoribus Florentinis Romanam curiam sequentibus, pecuniarum camere apostolice depositariis, salutem in Domino. Cum vos, sicut nobis constat ex tenore brevis sanctissimi domini nostri pape ad nos scripti, quod his litteris ad verbum inseri fecimus, sitis creditores smi.d.n. pape de summa undecim millium et octingentorum quinquaginta ducatorum auri papalium, pro residuo decem et octo milium et quadringentorum similium ducatorum, nosque mandato nobis per predictum breve facto, sicut tenemur, obedire intendentes, velimus debite satisfactioni vestre opportune providere, eiusmodi summam undecim millium et octingentorum ducatorum papalium, super proventibus salarie provincie Marchie Anconitane, anni incohandi Kalendis mensis Maii proxime futuris, de mandato smi.d.n. pape nobis super hoc per predictum breve facto, et auctoritate nostri camerariatus officii, harum serie, ad exigendum pro predicti vestri crediti totali et integra satisfactione, as[s]ignamus, et de eis as[s]ignamentum facimus; mandantes nobilibus viris Ugolino de Crispoltis et eius sociis, eiusdem salarie conductoribus, et omnibus aliis ad quos quomodolibet spectat, ut de proventibus dicti anni predicte salarie, vobis, donec dictam summam undecim millium octingentorum ducatorum papalium integre rehabueritis, cum effectu respondeant et faciant responderi, absque ulla exceptione. Nos enim, quidquid ipsos usque ad dictam summam vobis solvere, recepta quitancia, contigerit, ex nunc mandamus admitti in eorum computis predicte salarie, non obstantibus in contrarium facientibus quibuscumque. Tenor autem brevis predicti talis est, videlicet: "Venerabilis frater noster, salutem et apostolicam benedictionem. Restabamus debitores dilectorum filiorum Laurentii et Iuliani de Medicis, sociorumque mercatorum curiam Romanam sequentium, pro pecunia numerata ac gemmis in nostris necessitatibus ab eis habitis, in summa ducatorum decem et octo millium quadringentorumque auri papalium, computata summa duum millium similium ducatorum, quam eisdem, dum in minoribus ageremus, et cardinalatus fungeremur officio, debebamus; fecimus eisdem persolvi per manus dilecti filii nostri Petri, tituli sancti Sixti presbiteri cardinalis, nostri secundum carnem nepotis, ducatos quingentos auri de camera, ex collectoria Pollonie perceptos; item, ducatos quadringentos et ducatos centum similes, ex quibusdam dispensationibus habitis; item, ducatos similes mille centum septuaginta quinque, ex compositionibus certorum Hebreorum; item, ducatos similes tria milia, a venerabili fratre episcopo Sancti Andree solutos; et postremo ducatos similes mille quingentos et septuaginta novem, a dilecto filio Gentili de Spoleto, ex compositionibus maleficiorum missos, quibus omnibus computatis, sumus ad huc ipsorum Laurentii, Iuliani et sociorum debitores undecim millium octingentorum quinquaginta ducatorum auri papalium; volentes, ut equitati ac rationi consonum est, ut homines de nobis benemeriti indemnes serventur, opportune curare, circumspectioni tue presentium tenore committimus, ut dictam summam undecim millium octingentorum quinquaginta ducatorum auri papalium in eorum computis admittas, ipsisque, pro opportuna satisfactione, proventus salarie nostre Marchie, videlicet anni proxime futuri, Kalendis mensis Maii inchohandi, as[s]ignes, contrariis non obstantibus quibuscumque. Dat. Rome, apud sanctum Petrum, sub anulo Piscatoris, die VIII^a Februarii 1473, pontificatus nostri anno secundo." In quorum fidem presentes etc. 1473, die VII Martii, pontificatus etc.

Source: ASV, Arm. XXIX, vol. 38, fols. 16v–17r.

Note: The brief is included in a letter from the chamberlain to the merchants, informing them that he is carrying out the papal instructions.

969*   Rome, 27 July 1473

Quittance to Jews in the March of Ancona of the *vigesima* in the sum of 500 ducats, agreed on as a total settlement, and mandate to the papal tax collectors to desist from further demands on this account.

Universis etc. Latinus etc. salutem in Domino. Cum sanctissimus dominus noster nuper de presenti anno imposuerit onus, et universis Hebreis in Marchia Anconitana existentibus, ut pro subsidio fidei Christiane solvere deberent vigesimam partem omnium et singulorum bonorum suorum, prout in litteris apostolicis desuper confectis plenius continetur, et propterea ex parte universitatis Iudeorum prefatorum missus fuerit ad Romanam cameram Bonaiutus Iacobi, Ebreus, eorum procuratore[!], ad componendum cum camera apostolica pro huiusmodi vigesimis a prefata universitate persolvendis pro presenti anno, et cum iis ad summam quingentorum ducatorum per cameram apostolicam compositum fuerit, de qua solvenda in certo termino idoneam cautionem, suo et illorum nomine dedit, nos, volentes, postquam se filios obedientie prestiterint, ipsos nullo modo dicta de causa molestari posse, de mandato etc. ac auctoritate etc. necnon ex ordinatione etc. prefatam universitatem Iudeorum in dicta Marchia existentium, ac eorum quemlibet, ab omni alia solutione vigesimarum eis, ut premittitur, impositarum, aut in futurum imponendarum, tempore pontificatus presentis summi pontificis omnimodo liberamus et liberatos esse decernimus; mandantes similiter per presentes, de mandato, auctoritate et ordinatione prefatis, tam venerabili domino Hieronymo de Gigantibus s.d.n. pape cubiculario et presenti decimarum ac vigesimarum in prefata ac ceteris aliis Sancte Romane [Ecclesie] provinciis collectori et commissario, quam ceteris collectoribus, commisariis, thesaurariis ac officialibus quibuscunque pro tempore futuris, ad quos pertineret, quatenus universitatem prefatam Iudeorum, aut eorum aliquem, pro huiusmodi vigesimarum aliqua alia solutione nullo modo vexent aut molestent, pro toto tempore supradicto, nec vexari aut molestari permittant; in contrarium facientibus non obstantibus quibuscunque. In quorum etc. Dat. Rome etc. die XXVII Iulii anno Domini MCCCCLXXIII, pontificatus etc. anno secundo.

Source: ASV, Arm. XXIX, vol. 36, fols. 245v--246r.

Bibliography: Stow, *Taxation*, p. 117.

970*   Rome, 23 March 1474

Appointment of Nicolaus de Gigantibus, a canon of Fossombrone, as collector of the *decima* from Christians and of the *vigesima* from Jews, in Rome and all other papal dominions.

L[atinus] episcopus Tusculanus, cardinalis de Ursinis, domini pape camerarius.
Venerabili nobis in Christo, dilecto domino Nicolao de Gigantibus, canonico Forosemproniensi, in alma Urbe et omnibus provinciis, civitatibus, terris et locis sanctissimi domini nostri pape et Sancte Romane Ecclesie mediate vel immediate subiectis, ad exigendum decimam ac Hebreorum vicesimam collectori, salutem in Domino. Probata tue fidei sinceritas nos inducit ut, de persona tua sumentes fiduciam in Domino specialem, apostolice camere negotia, que tam fideliter quam diligenter peragi cupimus, tibi committamus. Igitur, de s.d.n. pape mandato nobis super hoc oraculo vive vocis facto, et auctoritate nostri came[ra]riatus officii, te in alma Urbe et omnibus provinciis, civitatibus, terris et locis s^mo d.n. pape et S.R.E., mediate vel immediate

subiectis, decime et vicesime Hebreorum per predictum dominum nostrum papam superiore anno imposite, generalem collectorem et exactorem, harum serie facimus, constituimus et deputamus; concedentes tibi plenam et omnimodam potestatem et auctoritatem decimam eiusmodi et vigesimam ab omnibus his qui eam solvere quovismodo tenentur, petendi et exigendi ac recipiendi, ac de exactis et receptis dumtaxat, solventes quitandi, omniaque alia et singula faciendi, mandandi et exequendi, que quondam dominus Hieronymus de Gigantibus, tuus in dicto officio collectorie predecessor, dum viveret, virtute litterarum apostolicarum ei sub data Rome, apud Sanctum Petrum, anno Incarnationis Dominice MCCCCLXXIII, septimo Kalendas Aprilis concessarum, facere, mandare et exequi quomodolibet poterat seu debebat, in omnibus et per omnia; ac mandantes earundem alme Urbis et provinciarum, civitatum ac locorum gubernatoribus et ordinariis ac aliis, tam ecclesiasticis quam secularibus, officialibus, quocumque nomine censeantur, in virtute sancte obedientie, ut, requisiti a te pro premissorum executione, tibi contra quoscumque rebelles vel renitentes, aut mandatis tuis in premissis parere et obedire recusantes, assistant, omnibus eis possibilibus consiliis, auxiliis et favoribus. Non obstantibus in contrarium facientibus quibuscumque. In quorum fidem etc. Dat. etc. anno Domini MCCCCLXXIIII, die XXIII mensis Martii, pontificatus sanctissimi in Christo patris et domini nostri, domini Sixti, divina providentia pape IIII^ti, anno tercio.

Source: ASV, Arm. XXIX, vol. 38, fol. 91v.

Bibliography: Stow, *Taxation*, p. 117.

971*   Rome, 1 June 1474

Commission to Luca de Amideis de Senis, papal familiar and commissioner, to collect the *vigesima* from the Jews in the Patrimony.

L[atinus] etc. Nobili viro Luce de Amideis, de Senis, sanctissimi domini nostri pape familiari et commissario etc. salutem in Domino. Probata in gravibus rebus fidei tue sinceritas nos inducit, ut, de persona tua sumentes fiduciam in Domino specialem, camere apostolice negocia tibi fiducialiter committamus. Cum itaque in provincia Patrimonii Beati Petri in Tuscia exigende sint vigesime Hebreis in ipsa provincia commorantibus per s.d.n. papam dudum imposite, de mandato etc. et auctoritate etc. tibi harum serie committimus, ut ipsas vicesimas a predictis Hebreis, iuxta predictam s.d.n. pape impositionem, leves et levari procures; concedentes tibi facultatem et potestatem ipsas vicesimas per omnia necessaria remedia exigendi, et de exactis et receptis dumtaxat solventes quitandi et liberandi in forma debita, ac mandantes propterea tam ipsis Hebreis ut tibi in dicte vicesime solutione pareant et intendant, quam omnibus officialibus per civitates et loca dicte provincie ubilibet commorantibus, ut tibi in eius exactione et omnibus inde dependentibus, quotiens requisiti fuerint, prestent omnes eis possibiles favores et auxilia; prioribus nostris litteris tibi, Luce, desuper concessis, et ceteris in contrarium facientibus quibuscumque non obstantibus etc.; in quorum etc. Dat. etc. die prima Iunii 1474, pontificatus etc. anno tertio.

Source: ASV, Arm. XXIX, vol. 38, fol. 112r.

Note: See below, Doc. **974**.

972   Rome, 12 June 1474

Mandate to Salvus Cassetta, a Dominican inquisitor in Sicily, to proceed against the Jews on the island who allegedly offend against Christianity and corrupt the minds of Christians.

Sixtus episcopus, servus servorum Dei. Dilecto filio Salvo Cassette, ordinis fratrum Predicatorum et theologie professori, ac in regno Sicilie ultra Farum inquisitori heretice pravitatis, salutem etc. Detestanda Iudeorum perversitas, nesciens abstinere a vetitis, et Christianam mansuetudinem, que eos in testimonium Ihesu Christi, Domini nostri, sustinet, protegit et sustentat, nequaquam attendens, non modo contra nos et apostolicam sedem, verum etiam contra ipsum Dei Unigenitum, Redemptorem nostrum, et eius gloriosam semperque Virginem Genitricem, Mariam, atque alios sanctos et electos Dei, ora sua spurcissima aperire, ac prava et obscena quedam diabolica figmenta, suis falsissimis dogmatibus confingere, pudenda quoque et ludibria de ipsorum actionibus, que ad nostram salutem atque doctrinam gesta sunt, temere affirmare presumunt, nostrum non immerito ad rigorem iustitie provocat pietatis officium, ut eorum excessus detestabiles huiusmodi, eo acrius puniantur, quo divinam maiestatem et orthodoxe fidei veritatem gravius offendit, et ipsorum impunitas delinquendi aliis preberet exemplum. Ad nostrum siquidem, non sine mentis amaritudine, fidedignorum relatibus pervenit auditum, quod in regno Sicilie ultra Farum Iudei perfidi quamplures, damnabilibus et temerariis ausibus, tam de ipso Salvatore nostro Christo Ihesu et eius Virgine gloriosa Genitrice predicta, quam etiam sanctis aliis, falsissima quedam conficta mendacia, in offensam gravissimam Deitatis et

Christianam perniciem, pro decipiendis simplicibus Christicolis, et ipsorum Iudeorum palliandis erroribus, exquisitis mediis astruere et dogmatizare, ac libellos quosdam suos, continentes errores, blasfemias et contumelias plurimas in Deum et sanctos suos, qui ad conspectum usque nostrum delati sunt, conscribere presumpserunt, sanctorum etiam Patrum determinationes salubres, Sancti Spiritus revelatione aut inspiratione firmatas, vanis et vituperosis suggestionibus, subdolis et mendacibus verbis impugnare, fidei Catholice in montibus sanctis stabilite documenta depravare, et, tanquam ministri Sathane, ad perversam atque damnatam eorum sectam fidelium mentes attrahere, incautos etiam a veritate, que Christus est, avertere moliuntur, in gravem divine maiestatis offensam, animarum periculum, pernitiosum exemplum et scandalum plurimorum. Nos igitur, pestiferas atque damnabiles Iudeorum eorundem blasfemias, maledicta, asseverationes et adinventiones pravissimas, Creatorem omnium et immaculatam ipsius Ecclesiam offendentes, si divinam effugere cupimus ultionem, totis debemus viribus extirpare, ne eorum contagione serpendo quottidie fideles inficere, et ipsi de sua malitia valeant gloriari, tibi, qui etiam palatii apostolici magister existis, per apostolica scripta, districte precipiendo mandamus, quatenus ad extirpationem premissarum et quarumcumque aliarum heresum, pravitatum ac dogmatum perversorum in eodem regno, et presertim in insula Sicilie, vigilanter insistens, postquam cum locorum ordinariis et tibi expediens videatur, super premissis consilium oportunum habueris, contra omnes et singulos utriusque sexus Iudeos et alios eorum complices, cuiuscunque dignitatis, status, gradus, ordinis, vel conditionis fuerint, qui huiusmodi damnabiles errores querere, fovere, invenire, defendere, seu alias contra piissimum Redemptorem, beatam Mariam semper Virginem, atque alios sanctos et electos Dei, ac fidei documenta, affirmare vel docere presumunt, necnon eorum fautores, receptatores, defensores, et sequaces, sectarumque novarum et rituum inventores, sive palam aut in privato de eisdem Dei Unigenito, eiusque Genitrice, atque sanctis eius, seu aliquid contra fidem Catholicam dogmatizant, scribere, et fidei orthodoxe maculam non habenti, publice vel occulte contradicunt, prout sanctiones canonice et sanctorum Patrum suadent instituta, etiam summarie, simpliciter et de plano, ac sine strepitu et figura iudicii, sola veritate inspecta, usque ad omnimodam executionem sententiarum, quas propterea in eos tuleris, auctoritate nostra procedas; necnon Iudeos ipsos, et alios eorum complices, sequaces, ac prava dogmata huiusmodi tenentes seu defendentes, in quo eos libere examinare valeas, ad locum tutum cites, ac illos, quos per inquisitionem predictam in premissis vel eorum aliquo implicitos fuisse aut esse repereris, iuxta ipsorum demerita et excessus, ac canonum instituta predicta, punias et castiges. Contradictores ... Dat. Rome, apud Sanctum Petrum, anno Incarnationis Dominice MCCCCLXX quarto, pridie Idus Iunii, pontificatus nostri anno tertio.

Source: ASV, Reg. Vat. 663, fols. 242r–243r.

Note: On Cassetta, see Ripoll, *Bullarium* 3, p. 510 and *passim*. In 1474 Sixtus IV addressed him as Inquisitor of Sicily. In 1482 he was appointed papal legate to the emperor.

973   Rome, 16 June 1474

Concession to Manuel Salomonis, a Jewish physician in Cesena, of a licence to treat Christians.

Sixtus etc. Manueli Salomonis, Ebreo, in civitate nostra Cesene commoranti, viam veritatis agnoscere et agnitam retinere. Romani pontificis indefessa mansuetudo nonnunquam Iudeis, quibus inter fideles degere non negatur, aliqua, ob eorum peritiam, concedit, que rigor iuris canonici interdicit, ut fidelibus infirmis auxilium afferant, ipsique fideles oportunum in eorum necessitatibus recipiant sublevamen. Sane, pro parte tua nobis nuper exhibita petitio continebat quod, cum tu alias privilegia ab universitate studii Bononiensis, in qua licentiatus in artibus et medicina cum rigore examinis fuisti, ipsaque universitas te tanquam sufficientem in medicina et theorica approbaverit, tamen tu, pro eo quod nobis et Romane Ecclesie immediate subiectus existis, dubitas in locis et terris prefate Ecclesie artem tuam exercere et Christianis mederi, ipsique Christiani a te, pro eo quod Ebreus es, absque censure Ecclesie incursu, se mederi facere non posse, nisi tibi in prefatis locis eisdem Christianis medendi a sede apostolica licentia concedatur. Quare pro parte tua nobis fuit humiliter supplicatum, ut Christianos ipsos utriusque sexus, per terras et loca prefate Ecclesie medendi licentiam concedere, aliasque tibi in premissis oportune providere, de benignitate apostolica dignaremur. Nos igitur, qui cunctorum Christifidelium salutem et necessitatem tota mente appetimus, huiusmodi supplicationibus inclinati, tibi quibuscunque Christianis utriusque sexus medendi, qui a te curari voluerint, ac ipsis Christianis a te se mederi faciendi, absque alicuius sententie, sive censure ecclesiastice, aut peccati incursu, auctoritate apostolica, tenore presentium licentiam concedimus. Non obstantibus ... Nulli ergo etc... Si quis etc. Dat. Rome, apud Sanctum Petrum, anno Incarnationis Dominice millesimo quadringentesimo septuagesimo quarto, sexto decimo Kalendas Iulii, anno tertio.

Source: ASV, Reg. Lat. 738, fol. 120r.

Bibliography: Marini, *Archiatri Pontifici* 1, p. 294; Muzzarelli, *Cesena*, pp. 159f.; Stern, *Urkundliche Beiträge* 1, p. 65; Vogelstein-Rieger, *Rom* 2, p. 20.

974*   Rome, 17 June 1474

Commission to Luca de Amedeis de Senis, Baptista Dragus of Viterbo and Gaspar de Tartaris of Rome, papal treasurers and commissioners in the Patrimony, to collect the *vigesima* from the Jews there.

L[atinus] etc. Nobilibus viris Luce de Amideis, de Senis, et Baptiste Drago, de Viterbio, ac Gaspari de Tartaris, de Urbe, provincie Patrimonii etc. thesaurariis, commissariis nostris, salutem in Domino. Probata in gravibus rebus fidei vestre sinceritas nos inducit, ut, de cuiuslibet vestrum persona sumentes fiduciam in Domino specialem, camere apostolice negotia vobis fiducialiter committamus. Cum itaque in provincia Patrimonii Beati Petri in Tuscia exigende sint vigesime Hebreis in ipsa provincia commorantibus per sanctissimum dominum nostrum papam dudum imposite, de mandato etc. et auctoritate etc. vobis tribus simul harum serie committimus, ut ipsas vigesimas a predictis Hebreis, iuxta predictam s.d.n. pape impositionem levetis et levare procuretis; concedentes vobis tribus simul facultatem et potestatem ipsas vigesimas per omnia necessaria remedia exigendi, et de exactis et receptis dumtaxat solventes quitandi et liberandi in forma debita; ac mandantes propterea tam ipsis Hebreis, ut vobis in dicte vigesime solutione pareant et intendant, quam omnibus officialibus per civitates et loca dicte provincie ubilibet commorantibus, ut vobis in eius exactione et omnibus inde dependentibus, quotiens requisiti fuerint, prestent omnes eis possibiles favores et auxilia; prioribus nostris litteris tibi, Luce, desuper concessis, et ceteris in contrarium facientibus non obstantibus quibuscumque. In quorum etc. Dat. etc. die XVIIª Iunii 1474, pontificatus etc. anno tertio.

Source: ASV, Arm. XXIX, vol. 39, fol. 117r.

Note: See above, Doc. **971**.

975   Rome, 3 November 1474

Permission to Moyse Pess, a Jewish doctor and knight of Spain in Florence, to treat Christians, provided he ensures that his Christian patients receive the Sacraments before treatment.

Sixtus episcopus, servus servorum Dei. Moysi Pess, Ebreo, doctori ac militi Ispano, habitatori civitatis Florentine, viam veritatis agnoscere et agnitam custodire. Quamquam tu et alii Iudei, quos in diversis mundi partibus Sacrosancta tollerat Ecclesia in testimonium Ihesu Christi, in vestra magis velitis duritia et cecitate perdurare quam prophetarum verba et sanctarum scripturarum archana cognoscere, et ad Christiane fidei notitiam et salutis gratiam pervenire, quia tamen nostra presidia et favores interpellas, Christiane pietatis mansuetudinem, in hiis presertim que Christianis profutura sperantur, tibi denegare non intendimus, ut, huiusmodi pietate allicitus[!], tuos recognoscas errores, et, superna gratia illustratus, tandem ad verum claritatis lumen, quod Christus est, pervenire procures. Sane, pro parte tua nobis nuper exhibita peticio continebat quod tu, qui medicine diu operam dedisti, et in ea magister plurimum doctus et expertus existis, cupis etiam Christifidelibus in eorum infirmitatibus ad te recurrentibus impune posse mederi, eosque pristine eorum restituere sanitati, prout iuxta phisice rationem et canones medicine cognoveris expedire. Nos igitur, de tuis excellentia, scientia et doctrina in arte predicta fidedigna relacione informati, tuis in hac parte supplicationibus inclinati, universis Christifidelibus, ut in eorum infirmitatibus te in eorum medicum evocare, et ad te pro eorum cura medicinas recipere, ac tibi, ut eisdem Christianis mederi et salutaria antidota, secundum phisice et medicine racionem, quotiens te ad eosdem Christianos infirmos evocari contigerit, ipsis tamen Christifidelibus infirmis prius per te, ut sacramenta ecclesiastica recipiant, ac sibi et animarum suarum saluti de spirituali medico, secundum statuta generalis concilii, provideant, monitis et inductis, et non alias nec alio modo, exibere, libere et licite valeas, constitutionibus et ordinationibus apostolicis, ceterisque contrariis nequaquam obstantibus, auctoritate apostolica, tenore presentium, de specialis dono gratie indulgemus. Nulli ergo etc... Si quis autem etc. Dat. Rome, apud Sanctum Petrum, anno Incarnationis Dominice millesimo quadringentesimo septuagesimo quarto, tercio Nonas Novembris, pontificatus nostri anno quarto.

Source: ASV, Reg. Vat. 678, fol. 111r-v.

Note: Perhaps identical with Mosse Pesse, purchaser of a Bible manuscript (Modena, Cod. ID3) in 1473/4 in Florence. See Berliner, *Gang durch die Bibliotheken Italiens*, p. 32; Cassuto, *Firenze*, p. 225.

976   Rome, 5 November 1474

Establishment of a prebend in the church of Agrigento and a grant to Guillelmus Raymundi Moncada, a cleric of Messina, familiar of John Baptist Cibò, cardinal priest of St. Cecilia, to be defrayed from the bequest of Salomon de Anello of Agrigento for the setting up and maintenance of a Jewish school. Mandate to Auxias de Podio, bishop of Monreale, and two canons to ensure that Moncada receives the prebend.

Sixtus etc. Ad futuram rei memoriam. Ad sacram Petri sedem in plenitudine potestatis divina dispositione vocati, ea nos decet providentia cuncta dirigere, quod universi Christifideles, sub uno et eodem Crucis vexillo nobiscum militantes, a Iudeorum, quos Sacrosancta Romana Ecclesia tollerat in testimonium Ihesu Christi, et aliorum infidelium erroribus per nostre providentie studium possint esse immunes, ac illis per adulterina licterarum studia ad verborum prophetarum et sanctarum scripturarum perverse interpretationis notitiam proveniendi, et in eorum duritia et cecitate perseverandi, et fideles ipsos in suos errores trahendi adimatur facultas; et ea propter nonnunquam eorundem Iudeorum dispositiones testamentarias, ex quibus in Dei Ecclesia possent scandala verisimiliter provenire, in pietatis opera commutamus, prout ecclesiarum, presertim cathedralium, decori et venustati cum divini cultus augmento in Domino conspicimus salubriter expedire, ad illosque dexteram nostre liberalitatis libenter extendimus, quos ad id propria virtutum merita laudabiliter recommendant. Sane, pro parte dilecti filii Guillelmi Raymundi de Monchata, clerici Messanensis, magistri in artibus, nobis nuper exhibita petitio continebat, quod alias quondam Salomon de Anello, Hebreus Agrigentinus, iuxta consuetudinem regni Sicilie ultra Farum, condens de bonis suis in sua ultima voluntate testamentum, inter alia ordinavit, quod ex nonnullis redditibus et proventibus tunc expressis ad eum pertinentibus, quedam scole publice erigerentur, in quibus Hebraice lictere legerentur, et Iudei, ad illas confluere volentes, in lege eorum instruerentur, atque Hebreo per Iudeos civitatis Agrigentine eligendo, qui in dictis scolis alios imbuerit, pro salario suo, annis singulis super bonis dicti Salomonis sexaginta floreni auri de camera solverentur, prout in dicto testamento plenius dicitur contineri; et quod ex huiusmodi voluntate dicti Salomonis, si, ut prefertur, effectum sortiretur, quamplura scandala contra orthodossam fidem verisimiliter sint proventura in futurum; nam ex scolis huiusmodi multi ex eisdem Iudeis in erroribus et illusionibus suis docti, evadere possent, et plurima contra fidem scribere, prout iam in dicto regno nonnulli ex ipsis quendam libellum, Hebraicis licteris scriptum, in iniuriam, obprobrium et dedecus eiusdem Catholice fidei, et totius Christiane religionis, ediderunt, in quo multi contra fidem eandem continebantur errores; quodque, si in Agrigentina ecclesia unus canonicatus et ex redditibus predictis una prebenda de novo erigerentur, exinde decori et venustati dicte ecclesie plurimum consuleretur, cum divini cultus incremento et temerarie audacie prefatorum Iudeorum ac scandalis huiusmodi obviaretur. Quare pro parte dicti Guillelmi nobis fuit humiliter supplicatum, ut in prefata ecclesia unum canonicatum, et ex bonis, fructibus ac redditibus predictis, per dictum Salomonem ad opus predictum et pro salario deputato, unam prebendam de novo erigi et creari, perniciosamque dicti Salomonis voluntatem in pium opus erectionis huiusmodi commutare, aliasque in premissis opportune providere, de benignitate apostolica dignaremur. Nos igitur, qui errantes in viam veritatis ducere, eosque Deo, sua nobis cooperante gratia, lucrifacere, et ecclesiarum quarumlibet decorem et venustatem, et in illis divinum cultum adaugeri, intensis desideriis appetimus, volentes dicto Guillelmo, qui, ut asserit, dilecti filii nostri Iohannis Baptiste, tituli Sancte Cecilie presbiteri cardinalis, familiaris continuus commensalis, et in Hebraica, Arabica, Caldea et Latina linguis edoctus existit, apud nos licterarum scientia, vite ac morum honestate, aliisque probitatis et virtutum meritis multipliciter commendato, horum intuitu gratiam facere specialem, ipsumque Guillelmum a quibuscumque excommunicationis, suspensionis et interdicti, aliisque ecclesiasticis sententiis, censuris et penis, a iure vel ab homine quavis occasione vel causa latis, si quibus quomodolibet innodatus existit, quo ad hoc dumtaxat ut presentium consequatur effectum, harum serie absolventes et absolutum fore censentes, huiusmodi supplicationibus inclinati, in dicta ecclesia unum canonicatum, et ex bonis, fructibus, redditibus et proventibus pro scolis et magistro huiusmodi deputatis in dicto testamento, unam prebendam in prefata ecclesia de novo, auctoritate apostolica, presentium tenore erigimus, et eiusdem Salomonis voluntatem predictam in huiusmodi erectionis opus pium, eadem auctoritate commutamus, redditusque et proventus predictos illis, prefata auctoritate, applicamus et apropriamus, illosque sic erectos, quorum fructus, redditus et proventus sexaginta florenorum auri de camera secundum communem extimationem valorem annuum, ut dictus Guillemus asserit, non excedunt, a sui erectione huiusmodi vacantes, etiam si dispositioni apostolice generaliter reservati existant, cum plenitudine iuris canonici ac omnibus iuribus et pertinentiis suis, eidem Guillelmo, predicta auctoritate, conferimus, et de illis etiam providemus; decernentes ex nunc irritum et inane, si secus super hiis a quoquam, quavis auctoritate, scienter vel ignoranter, contigerit actemptari. Et nihilominus venerabili fratri nostro episcopo Montisregalis, et dilectis filiis Iaym de Alagar et Iohanni de Amico, canonicis dicte ecclesie, per apostolica scripta mandamus, quatenus ipsi, vel duo, aut unus eorum, per se, vel alium, seu alios, eundem Guillelmum, vel procuratorem suum eius nomine, in corporalem possessionem canonicatus et prebende iuriumque et pertinentiarum predictorum inducant auctoritate nostra, et defendant inductum, ammoto exinde quolibet illicito detentore, ac faciant Guillelmum, vel pro eo procuratorem predictum, ad prebendam huiusmodi in dicta ecclesia in canonicum recipi et in fratrem, stallo sibi in choro et loco in capitulo ipsius ecclesie cum dicti iuris plenitudine assignatis, sibique de illorum fructibus, redditibus, proventibus, iuribus et obventionibus universis integre responderi; contradictores, auctoritate nostra etc. Non obstantibus testamento predicto, ac constitutionibus et ordinationibus apostolicis... Nulli ergo etc... Si quis etc. Dat. Rome, apud Sanctum Petrum, anno etc. MCCCCLXXIIII^to, Nonis Novembris, pontificatus nostri anno quarto.

Source: ASV, Reg. Vat. 571, fols. 28r–29v.

Publication: Simonsohn, *Sicily*; Id., *Some Well-known Jewish Converts*, pp. 39f.

Note: On Moncada and his attempts to obtain financial support, see Starrabba, *Guglielmo Raimondo Moncada*. He finally obtained Anello's legacy for himself — but from King Juan; see AS, Palermo, R. Cancelleria 138, c. 50v etc.; Lagumina, *Codice* 2, pp. 197f.; Simonsohn, *Sicily*. Moncada's patron was the future Innocent VIII.

977   Rome, 22 November 1474

Concession to Helia Manuelis, a Jewish physician in Assisi, of a licence to treat also Christians, and a mandate to all officials to ensure that this is observed.

Sixtus papa quartus. Helie Manuelis, Hebreo, civitatis nostre Assisii habitatori, viam veritatis agnoscere et agnitam custodire. Nuper nobis dilecti filii communitas et homines civitatis nostre Assisii humiliter supplicarunt ut tibi, qui peritiam artem medicine in curandis sanandisque corporibus, febre vel aliquo morbo laborantibus, habes, et in cuius experientie prudentie et probitate plurimum confidunt, licentiam concedere dignaremur, quod in civitate et comitatu dicte civitatis Assisii artem medicine exercere libere ac licite valeres. Quocirca nos, incolumitati ipsorum populorum nostrorum paterna benignitate consulere cupientes, huiusmodi supplicationibus inclinati, tenore presentium, tibi ut in civitate et in comitatu predictis artem ipsam medicine libere et impune exercere, ac omnibus et singulis personis, etiam Cristianis utriusque sexus, mederi, sine alicuius pene vel ecclesiastice censure incursu, quoad eos quibus te mederi contigerit, possis et valeas, auctoritate apostolica concedimus facultatem; mandantes gubernatoribus, potestatibus, reliquisque officialibus ac personis quibuscumque, ad quas spectat seu spectare poterit quomodolibet in futurum, quatenus tibi huiusmodi nostrum indultum observent, et faciant ab omnibus inviolabiliter observari; constitutionibus et ordinationibus apostolicis, ceterisque in contrarium facientibus non obstantibus quibuscumque. Dat. Rome, apud Sanctum Petrum, sub annulo Piscatoris, die XXII Novembris MCCCCLXXIIII, pontificatus nostri anno quarto.

Source: Assisi, Arch. Stor. Comune, sez. H. riformanze e atti generali, reg. 18, AA. 1469–75, c. 335r.

Publication: Toaff, *Assisi*, p. 189.

Bibliography: Toaff, *op. cit.*, pp. 66f., 92.

978   Rome, 13 January 1475

Mandate, if the facts are established, to the prior of Saragossa and to Franciscus Corts and Nicolaus Bellugna, canons in the churches of Valencia and Segorbe respectively, to hear the appeal by the Christian, Jewish and Moslem communities of Belchite and some villages in the vicinity, against the verdict given against them in connection with the income from some taxes, although the time limit for lodging the appeal had elapsed.

Sixtus etc. Dilectis filiis priori Cesaraugustane, et Francisco Corts, Valentine, ac Nicolao Bellugna, Segobricensis, canonicis ecclesiarum, salutem etc. Humilibus etc. Exhibita siquidem nobis nuper pro parte universitatum, iustitie, iuratorum et consilii tam Christianorum, quam etiam iuratorum alaminorum, adelantatorum aliamarum Iudeorum et Sarracenorum de Bellchit, de Almonaz — [Almonacia] de la Cuba, de Lazara, de Quinto, de Xelsa, de Villiela, de Matamala, de Huesa, de Anaden, de Maycas, de Plop, de Cortes, de Iosa Muniesa et de Blesa, villarum seu locorum Cesaraugustane diocesis petitio continebat, quod olim quondam Ioya de la Guda, uxor dum viveret quondam Simonis de Marimondo, civis Barchinonensis, falso asserens quod universitates, iustitia, consilium, iurati et aliame predictarum villarum quendam censum annuum tunc expressum, ex causis etiam tunc expressis, communiter sibi, aut heredibus suis, seu causam ab ea in eodem censu habentibus, in perpetuum dare et solvere legitime tenerentur, universitates, iustitiam, consilium, iuratos et aliamas villarum huiusmodi, super hoc petendo ipsos ad dandum et solvendum sibi, aut heredibus suis, seu ab ea causam habentibus, annuatim, in perpetuum, communiter dictum censum teneri, decerni et declarari, ipsosque ad hoc condemnari et compelli, coram dilecto filio officiali Cesaraugustano, seu regente officialatum curie archiepiscopalis Cesaraugustane, non ex delegatione apostolica, de facto, traxit in causam; dictusque officialis seu regens, ipsis universitatibus, iustitie[!], consilio, iuratis et aliamis earundem villarum seu eorum legitimo procuratore non vocatis, in eadem causa nulliter procedens, diffinitivam, pro dicta Ioya et contra universitates, iustitiam, consilium, iuratos et aliamas villarum predictarum, sententiam promulgans iniquam, a qua universitates, iustitia, consilium, iurati et aliame ipsarum villarum, quamprimum illa ad eorum notitiam pervenit, ad sedem apostolicam appellarunt; sed ipsi legitimo, ut asserunt, impedimento detenti, appellationem huiusmodi non fuerunt infra tempus debitum prosecuti; quare pro parte universitatum, iustitie, consilii, iuratorum et aliamarum villarum earundem, asserentium quod dicta Ioya post prolationem sententie huiusmodi extitit vita functa, nobis fuit humiliter supplicatum, ut nullitatis processus dicti officialis, et appellationis huiusmodi, lapsu dicti temporis non obstante, ac attemptatorum et innovatorum quorumcunque post et contra illam, causas, aliquibus probis viris in partibus illis committere, et alias in premissis oportune providere, de benignitate apostolica dignaremur. Nos itaque, huiusmodi supplicationibus inclinati, discretioni vestre per apostolica scripta mandamus, quatinus vos, vel duo, aut unus vestrum, vocatis heredibus dicte Ioye, seu causam ab ea in censu predicto habentibus, et aliis, qui fuerint evocandi, si quod de impedimento huiusmodi proponitur veritate fulcitur, auditis hinc inde propositis, quod iustum fuerit, appellatione remota, decernatis; facientes quod decreveritis, a Christianis per censuram ecclesiasticam, a Iudeis vero et Sarracenis prefatis per subtractionem a communione fidelium, firmiter observari. Testes etc. Non obstantibus ... Dat. Rome, apud Sanctum Petrum, anno Incarnationis Dominice millesimo quadringentesimo septuagesimo quarto, Idibus Ianuarii, anno quarto.

Source: ASV, Reg. Lat. 743, fols. 116v–117v.

979   Rome, 3 February 1475

Licence to Helia Manuelis, a Jewish physician in Assisi and surroundings, to treat Christians, provided he does not obstruct the administration of the Sacraments to the faithful, and exemption from the wearing of the Jewish badge, also to a companion.

Sixtus episcopus, servus servorum Dei. Helie Manuelis, Hebreo Perusino, viam veritatis agnoscere et agnitam custodire. Etsi Iudeos, quorum obstinata cecitas fideles per conversationem potius inficere quam ipsis in aliquo perficere posse, videntur, ad aliquos inter nos promoveri gradus honoris, canonice prohibeant sanctiones, tamen interdum apostolice sedis, illis ex eis, quos in aliqua virili certe peritos, et inter fideles honeste conversatos esse, per fidedigna testimonia novit, specialem gratiam facere consuevit, etiam ea spe ut per fidelium conversationem, cecitate deposita, veritatis lumen agnoscere et tenere valeant. Sane, pro parte tua nobis nuper exhibita petitio continebat quod tu tam in Asisinatensi civitate et eius diocesi, quam in quibuscumque aliis locis, in arte medicine, in qua ab ineunte etate te exercuisti, multis Cristianis infirmis opem et auxilium in eorum egritudinibus prestitisti. Cum autem, sicut eadem petitio continebat, tu ut liberius et sine cuiuscumque molestie, te in ipsa arte exercere, et quietori ingenio valitudini infirmorum intendere possis, cupias tibi licentiam ubilibet medendi et conduci valendi ad medendum per eandem sedem impartiri. Et quia sepenumero contingit quod Iudeis, itineribus de loco ad locum iter facientibus, per stipendiarios et levis conditionis personas, qui eos per delationem signi cognoscunt, quamplures fiunt iniurie, tu, qui in locis in quibus moratus es per exercitium antedictum, pro Iudeo ab omnibus pene cognitus es, dubitas ne tibi, de loco ad locum sepenumero proficiscenti, similes iniurie inferantur tempore procedenti, pro parte tua fuit nobis humiliter supplicatum ut super his statui tuo opportuno providere, de benignitate apostolica dignaremur. Nos igitur, volentes te, cuius conversatio apud nos fidedignis testimoniis commendatur, favore prosequi gratie specialis, tuis in hac parte supplicationibus inclinati, tibi ut quibuslibet, etiam fidelibus, in quibuscumque civitatibus, castris villis et locis ac ubilibet, prout ab eis vocatus fueris, tam in phisica quam in chirurgia, et eos omnes curare, eisque, iuxta dicte artis peritiam, opportunas medelas impendere, ita tamen quod eos qui fideles fuerint ab ecclesiasticis sacramentis recipiendis et sue saluti anime consulendo, verbo vel opere, nullatenus retrahas, ab ipsisque civitatibus, castris et locis predictis ad medendum in arte predicta, impune et libere, conduci, eligi et deputari possis et valeas, nunc et tempore procedente, absque alicuius peccati vel censure, quoad Catholicos conducentes et medelas recipientes predictas, incursu, auctoritate apostolica, tenore presentium licentiam elargimur. Preter tibi ut cum uno socio vel famulo tuo per quascumque provincias, castra, civitates et loca predicta eorumque territoria, absque eo quod tu vel idem socius seu famulus signum aliquod deferre teneamini, conversari possitis, nec propter aliqua pena vel mulcta affici valeatis, licentiam concedimus per presentes; non obstantibus constitutionibus et ordinationibus apostolicis ac statutis, consuetudinibus provinciarum, civitatum, castrorum et locorum predictorum, iuramento, confirmatione apostolica, vel quavis alia firmitate roboratis, ceterisque contrariis quibuscumque. Nulli ergo ... Si quis autem etc. Dat. Rome, apud Sanctum Petrum, anno Incarnationis Dominice millesimo quadringentesimo septuagesimo quarto, die tertio mensis Februarii, pontificatus nostri anno quarto.

Source: Assisi, Arch. Stor. Comune, sez. H., riformanze e atti generali, reg. 18, AA 1469–75, c. 342r.

Publication: Toaff, *Assisi*, pp. 191f.

Note: Cf. above, Doc. **977**. There the permission is granted at the request of the people of Assisi.

Bibliography: Toaff, *op. cit.*, pp. 66f., 92.

980   Rome, 27 February 1475

Concession to Leo, a Jewish physician, of a licence to treat Christians, provided he ensures they receive the Sacraments prior to his treatment; this in response to the supplication of Antonellus de Aversa, a Neapolitan knight, councillor and secretary to King Ferdinand I of Naples.

Sixtus episcopus, servus servorum Dei. Leoni [———], Hebreo, in artibus et medicina magistro, viam veritatis agnoscere. Romani pontificis graciosa benignitas votis illis gratum solet prestare assensum, per que rei publice utilitatibus oportune consulitur, ut sanitati corporum Christifidelium valeat provideri. Hinc est, quod nos, consideracione dilecti filii, nobilis viri Antonelli de Aversa, militis Neapolitani, carissimi in Christo filii nostri Ferdinandi, Ierusalem et Sicile regis illustris, consiliarii et secretarii, nobis pro te, eius dilecto, super hoc humiliter supplicantis, volentes te, qui, ut asseritur, in arte medicine expertus admodum et eruditus existis, et ad quem Christiani, dum infirmi sunt, pro suis curandis infirmitatibus recurrunt, favore prosequi gracie specialis, tibi ut ubique locorum ipsam artem medicine, tam in phisica quam cyrugia, eciam in personas Christianorum, exercere, et eis medicinas prebere, sicuti medici Christiani faciunt et possunt, libere et licite valeas, ipsique Christiani absque alicuius ecclesiastice sentenţie, censure, vel pene incursu, ac animarum suarum gravamine, medelas huiusmodi a te recipere valeant, dummodo tamen Christianis ipsis, quibus te mederi contigerit, in primis et ante omnia suadeas, ut iuxta ritus et iura orthodoxe fidei se faciant ordinari, constitutionibus ... nequaquam obstantibus ... concedimus pariter et indulgemus. Nulli ergo etc... Si quis autem etc. Dat. Rome, apud Sanctum Petrum, anno Incarnationis Dominice millesimo quadringentesimo septuagesimo quarto, tertio Kalendas Marcii, pontificatus nostri anno quarto.

Source: ASV, Reg. Vat. 678, fol. 324r.

Bibliography: Stern, *Urkundliche Beiträge* 1, p. 65; Vogelstein-Rieger, *Rom* 2, pp. 19f.

981   Rome, 27 February 1475

Concession to Antonellus de Aversa, councillor and secretary to King Ferdinand I of Naples, to use a portable altar, to be employed for certain church services and for the baptism of children, Jews and Moslems.

Sixtus episcopus, servus servorum Dei. Dilecto filio, nobili viro Antonello de Aversa, militi Neapolitano, salutem etc. Sincere devotionis affectus, quem ad nos et Romanam geris Ecclesiam, non indigne meretur, ut peticionibus tuis, illis presertim quas ex devotionis fervore prodire conspicimus, et per que divinis officiis intentus existas, ac spiritualis salutis tibi proveniat incrementum, quantum cum Deo possumus favorabiliter annuamus. Hinc est, quod nos tuis devotis supplicationibus inclinati, ut liceat tibi, qui, ut accepimus, carissimi in Christo filii nostri Ferdinandi, Sicilie regis illustris, consiliarius et secretarius existis, ac uxori tue, habere altare portatile, cum debita reverentia et honore, super quo, in locis ad hoc congruentibus et honestis, in tua ac etiam familiarium tuorum domesticorum presencia, possis per proprium, vel alium ydoneum sacerdotem secularem, vel cuiusvis ordinis regularem, missam et alia divina officia facere celebrari, etiam antequam illucescat dies, circa tamen diurnam lucem, cum qualitas negociorum pro tempore ingruentium id exegerit, ita quod id nec tibi, nec sacerdoti taliter celebranti ad culpam valeat imputari, eciam in loco ecclesiastico supposito interdicto, si forsan ad illum te declinare contigerit, seu in illo moram trahere, clausis ianuis, excommunicatis et interdictis exclusis, non pulsatis campanis et submissa voce; quodque idem sacerdos salem, panem et aquam benedicere, ac Eucharistie et alia sacramenta ecclesiastica, etiam in Resurrectionis Dominice, et aliis festivitatibus quandocumque, nulla petita vel obtenta ab aliquo ordinario, seu parrochialis ecclesie rectore, vel alio superiore, licencia, tibi et personis predictis ministrare, ac infantes, Iudeos et Sarracenos baptizare, libere et licite possit et valeat, dummodo tu aut persone predicte causam non dederitis interdicto, nec id tibi vel illis contigerit specialiter interdici, devocioni tue et eisdem personis, ac sacerdoti predicto, auctoritate apostolica, tenore presentium, de speciali gratia, sine tamen cuiusquam preiudicio, indulgemus, ac facultatem, licentiam et auctoritatem quo ad omnia supradicta concedimus pariter et elargimur. Proviso quod hoc indulto de celebrari faciendo ante diem parce utaris, quia, cum in altaris ministerio immoletur Dominus noster, Dei filius Ihesus Christus, qui candor est lucis eterne, congruit hoc non noctis tenebris fieri, sed in luce. Non obstantibus... Nulli ergo etc.... Si quis autem etc. Dat. Rome, apud Sanctum Petrum, anno Incarnationis Dominice millesimo quadringentesimo septuagesimo quarto, tercio Kalendas Martii, pontificatus nostri anno quarto.

Source: ASV, Reg. Vat. 678, fols. 335v–336r.

Note: On Antonellus, see also preceding doc.

982   Rome, 23 July 1475

Mandate to John Hinderbach, bishop of Trento, to stay all proceedings relating to the Jews (accused of the murder of the boy Simon), following the dispatch of a papal nuncio and commissary.

Venerabili fratri [Iohanni], episcopo Tridentino.
Sixtus, papa IIII^s.
Venerabilis frater, salutem et apostolicam benedictionem. Missuri sumus propediem certum nuntium et commissarium nostrum pro causa Hebreorum, que res, ut speramus, erit tue fraternitati non ingrata, sicut latius ex nuntio ipso intelliges. Itaque volumus et mandamus tibi, ut in huiusmodi causa supersedeas, et non facias ad ulteriora procedi. Datum Rome, apud Sanctum Petrum, sub annulo Piscatoris, die XXIII Iulii MCCCCLXXV, pontificatus nostri anno quarto.

Source: AS, Trento, capsa 69, Nos. 25, 29.

Publication: Divina, *Beato Simone* 2, pp. 66f. (Italian translation).

Bibliography: Divina, *Beato Simone, loc. cit.*; Eckert, *Beato Simonino*, p. 209; Id., *Trienter Judenprozess*, p. 299; Menestrina, *Trento*, p. 349; Scherer, *Rechtsverhältnisse*, pp. 603f.

983   Rome, 1 August 1475

Concession to Nicolaus Franco, a canon of Treviso, papal nuncio and ambassador with powers of legate *ad latere* in Castile and Leon, of unlimited authority to deal with and punish Judaizers, along with clergy, monks, nuns and other churchmen who sin against the Christian faith.

Sixtus episcopus, servus servorum Dei. Dilecto filio magistro Nicolao Franco, canonico Tervisino, nostro et apostolice sedis notario, et in Castelle et Legionis regnis nuntio et oratori, cum potestate legati de latere, salutem et apostolicam benedictionem. Cum, sicut non sine displicencia [...] in Castelle et Legionis regnis sint nonnulle ecclesie, monasteria, et alia loca ecclesiastica, secularia et diversorum ordinum, etiam Mendicancium, tam virorum quam mulierum, regularia, exempta et non exempta, multipliciter deformata, in quibus divinus cultus debite non peragitur, et quorum persone, Dei timore postposito, ad illicita frena relaxant et variis se involvunt criminibus et delictis, sintque etiam quamplures, tam ecclesiastici quam seculares, qui, pro Christianis se gerentes, intus vitam et mores Ebreorum servare, et eorum dogmata sequi, et, quod deterius est, in illorum errores et infidelitatem prolabi non formidant, ac alios ad ritus huiusmodi trahere continuo moliuntur, nos, qui te impresenciarum ad pacificandum regna predicta et nonnula alia peragendum, nostrum et apostolice sedis nuncium et oratorem, cum potestate legati de latere destinamus, ecclesiarum, monasteriorum et locorum ac personarum ecclesiasticarum et secularium quarumlibet regnorum predictorum statui et animarum saluti consulere cupientes, ut tenemur, ac sperantes quod tu, in quo timor Domini sanctus permanet, tuis industria, solertia et diligentia, scies, voles et poteris super hiis omnibus opportune providere, tibi contra prefatos pro Christianis se gerentes, qui ritus et mores imitantur Iudeorum, et illorum inherent erroribus et quoscunque alios iurisdictioni inquisitoris heretice pravitatis subiectos, eadem qua inquisitores et locorum ordinarii uti possunt insimul potestate, iurisdictione et auctoritate utendi, et de illorum excessibus et delictis, ac quibuscunque causis et criminibus heresim sapientibus cognoscendi, illosque et quoscunque alios pro qualitate excessuum quos commiserint puniendi, necnon episcopos, abbates, archiepiscopos et prelatos, ac alias ecclesiasticas personas ad concilia provincialia et diocesana convocandi, monasteria et loca quecunque dictorum regnorum, exempta et non exempta, et illorum personas in capite et membris visitandi, et que reformatione, cohercione et emendacione indigere cognoveris, reformandi, corrigendi et emendandi, visitatas personas easdem quas culpabiles reppereris, iuxta suorum excessuum exigenciam, caritative puniendi, et dignitatibus, administracionibus, ac officiis, necnon beneficiis ecclesiasticis que obtinent et quibus presunt monasteriorum regiminibus privandi et amovendi realiter ab eisdem, ac alios eorum loco substituendi et surrogandi, uniones, exempciones et privilegia, etiam apostolica auctoritate concessa, et quarumcunque disposicionum ex quibus divini cultus diminucio et animarum pericula proveniunt, et que scandalum pariunt, suspendendi, moderandi, et illa ac omnia que tibi impedimentum prestarent quominus commissum tibi officium exequi valeas, eciam in totum de medio tollendi, et generaliter omnia et singula que Dei laudem, ecclesiarum, monasteriorum et aliorum religiosorum locorum et beneficiorum reformacionem, divini cultus incrementum, morum reformacionem, tranquillitatem, prosperitatem Christifidelium regnorum predictorum concernere putaveris, exequendi, auctoritate apostolica, presencium tenore concedimus facultatem. Tu igitur, zelo Dei et magno animi affectu, onus huiusmodi tibi commissum suscipiens, diligenter omnia agas, que pro omnium et singulorum salute videris expedire, ita ut ex tuis laboribus optati fructus proveniant, tuque exinde apud Deum et homines valeas non immerito commendari. Dat. Rome, apud Sanctum Petrum, anno Incarnationis Dominice millesimo quadringentesimo septuagesimo quinto, Kalendis Augusti, pontificatus nostri anno quarto.

Source: ASV, Reg. Vat. 679, fols. 55v–56v.

Publication: Lea, *First Castilian Inquisitor*, pp. 49f.

Bibliography: Baer, *Spanien* 2, p. 337; Vogelstein-Rieger; *Rom* 2, p. 19.

984   Rome, 3 August 1475

Mandate to Battista de' Giudici de Finario, bishop of Ventimiglia, to proceed
to Trento and investigate the accusations made against the Jews there of
having murdered the boy Simon. Attached are the instructions given the
bishop.

Venerabili fratri episcopo Vigintimiliensi.
Sixtus papa quartus. Venerabilis frater, salutem et apostolicam benedictionem.
Cum fraternitatem tuam, de cui[u]s prudentia, probitate et scientia, specialem
familiari experientia in Domino fiduciam obtinemus, ad civitatem
Tridentinam mittamus, pro causa fidem Catholicam concernente, et maxime
ob informationes super negocio Hebreorum capiendas, volumus et tibi
committimus ac mandamus quatenus iuxta instructiones per nos tibi datas,
diligenter et accurate procedas, ita ut possis a nobis uberius commendari. Dat.
Rome, apud Sanctum Petrum, sub annulo Piscatoris, die tercio Augusti
millesimo quadringentesimo septuagesimo quinto, pontificatus nostri anno
quarto.
(Instructio pro reverendo patre domino Baptista episcopo Vigintimiliensi,
nuncio et commissario in civitate Tridentina, pro causa pueri, ut asseritur,
interempti.)
Sixtus etc.
Volumus in primis ut quamprimum Tridentium applicueris, venerabilem
fratrem episcopum Tridentinum convenias, et ab eo omnem rerum ordinem
circa Hebreorum negotium diligenter intelligas et cognoscas earum rerum
seriem, earumque singulariter, de quibus ipse episcopus ad nos eas litteras
dedit, quarum a nobis copiam accepisti; et quamquam confidimus omnia per
ipsum episcopum gesta, consulta[!], iurisdice[!] et bono zelo fuisse facta,
tamen, quia multi et magni quidem viri iam submurmurare ceperunt, et
sinistra quedam suspecta ac in diversas interpretari partes, ut omnibus
auferatur sinistra suspectionis occasio, et etiam ut nos in tanta re debitum
officii nostri pastoralis servasse videamur, ut ad omnium diligentissimam
investigacionem veritatis et exsecucionem eorum que infrascripta sunt, totam
curam adhibeas.

Primum, processum omnium, videlicet confessionis, testium deposicionis, et alia que ad veritatem pertinent, hactenus contra Iudeos habitum, aut illius copias autenticas in unum reddigas, et sive redactas ut[!] clausas ac tuo et ipsius episcopi Tridentini sigillis munitas tecum [cum] ad nos redibis, deferas, aut, si tibi videbitur, per fidelem nunctium[!] ad nos prius mittas.

Deinde inquiras si puerum illum, de quo fama fert, Iudei emerint, et a quo, si oc[c]iderunt, et quo genere mortis, et cum quibus cerimoniis et quibus tormentis, et quid de sanguine eius fecerunt, et si alias similia perpetrarunt, et an in accusacione eorum fraus aliqua sit commissa, an falso an vero delati sint, et cetera, que ad rem ipsam pertinent.

Item, quia is puer interfectus multis fertur clarere miraculis, districte iniungimus ut diligenter, si qua vera miracula sint facta, aut fient te ibi existente, aut si qua delusio aut deceptio sit commissa, et ea omnia cum circumstanciis debitis inschribi facias; et quoniam audivimus propter huiusmodi famam miraculorum magnum fieri concurssum et frequentiam populorum, et etiam inmagines depingi undique per urbes, volumus quod omnia et singula supradicta et quecumque ad ea pertine[n]t, aut eorum occasione gesta fuerint, ita diligenter investigas et in scriptis redigas, ut sciamus quid adprobare, quidve reprobare debeamus.

Item, si qua Hebreorum bona, occasione commissi s[c]eleris, aut confiscata sunt aut veniant confiscanda, volumus et[!] ea omnia nostro nomine facias sequestrari, et per notarium publicum unum inventarium in scriptis haberi, ut, donec intelligamus huius rei seritatem[!] nichil ex eis destratur[!], ne prius videatur exsecutio facta, quam veritas cognita.

Item, si quos Hebreos, sive viros, sive mulieres, sive parvulos, in custodia reperieris, eos quos innocentes inveneris, relaxari, liberari plenam habeas facultatem, cum non sint insontes pro sontibus puniendi.

Item, si aliqua ex causa racionabili investigationem veritatis huiusmodi in civitate Tridentina facere non poteris, volumus et mandamus ut in aliquo loco ipsi civitati propinquo exsequaris, et per omnia valeant[!] ac si in ipsa civitate facte fuissent; omnia autem premissa et alia que necessaria videbuntur, volumus ut ante omnia etiam ipso episcopo conferas, et ipso assistentte tibi, prudenter ad effectum deducas.

Postremo, veritate habita, ut supra dictum est, omnia, si iuridice et ritte facta, ac in scriptis autentice redacta, ut merito illis plene fides adhiberi possit, ad nos rediens tecum defferas, ut, illis visis et te etiam refferentte audito, possimus hiis rebus debitum finem imponere. Datum Rome, apud Sanctum Petrum, sub annullo Piscatoris, die III Augusti M°CCCCLXXV, pontificatus nostri anno quarto.

Source: AS, Trento, capsa 69, No. 20.

Note: See below, following doc. On the bishop of Ventimiglia's dispute in

Rome following his mission to Trento, see Quaglione, *Propaganda antiebraica, passim.*

Bibliography: Menestrina, *Trento*, p. 349; Scherer, *Rechtsverhältnisse*, pp. 604f.

985   Rome, 3 August 1475

Exhortation to John Hinderbach, bishop of Trento, to cooperate with Battista de' Giudici, bishop of Ventimiglia, dispatched to enquire, together with Hinderbach, into the trial of the Jews in Trento, because of the doubts expressed by many princes.

Venerabili fratri Io[hanni], episcopo Tridentino.
Sixtus papa IIII[s].
Venerabilis frater, salutem et apostolicam benedictionem. Licet existimandum sit omnia que a fraternitate tua in causa Hebreorum facta sunt, rite et iuridice facta esse, propter singularem prudentiam et integritatem tuam, non desunt tamen plerique principes, qui factum hoc quodammodo improbent et accusent, et in aliam partem rem accipiant, quam accipi debeat, nec tantum de tua fraternitate, sed de apostolica sede ob id queri videantur. Nos, ut diximus, etsi non dubitamus te, que in ea causa fecisti, zelo iustitie et Christiane religionis fecisse, iuridiceque processisse, tamen, ut huiusmodi detractionibus amputetur occasio, et omnes intelligere luce clarius possint, nihil aliud ab ipsa sede et a te in causa ipsa quam iustitiam queri, venerabilem fratrem Baptistam, episcopum Vintimiliensem, sacre theologie professorem, virum doctrina et integritate preditum, commissarium nostrum istuc duximus mittendum, qui una cum tua fraternitate rem omnem intelligat, et secundum Deum atque iustitiam procedere habeat, prout sibi latius dedimus in mandatis. Igitur, tuam fraternitatem hortamur in Domino ut eidem episcopo in omnibus que necessaria erunt, diligenter cooperetur et assistat quemadmodum et res ipsa videtur postulare, et pro integritate tua non dubitamus te esse facturum. Dat. Rome, apud Sanctum Petrum, sub annulo Piscatoris, die III Augusti MCCCCLXXV, pontificatus nostri anno quarto.

Source: AS, Trento, capsa 69, Nos. 20, 29.

Publication: Divina, *Beato Simone* 2, p. 67 (Italian translation).

Note: See above, preceding doc.

Bibliography: Menestrina, *Trento*, p. 349; Scherer, *Rechtsverhältnisse*, p. 603.

986   Rome, 10 October 1475

Commission and mandate to all rulers and officials in Italy to strictly forbid the reverence and veneration of the boy Simon of Trento and to protect the Jews, until the papal commissary sent to Trento reports.

Dilectis filiis universis et singulis per Italie partes dominis et officialibus, ad quos presentes littere pervenerint. Dilecti filii, salutem etc. Licet inter causas maiores apostolico sit dumtaxat iudicio reservatum, quempiam inter sanctos referre, et miracula approbare, nihilque adhuc certum compertumque nostro iudicio, aut approbatum sit, de quodam puero, Simone Tridentino, per Iudeos, ut dicitur, interfecto, de quo noviter fieri mandavimus et recipi plenariam informationem, tamen accepimus nonnullos publice, etiam in predicationibus, affirmare ipsum Simonem, quem beatum appellant, per dictos Iudeos in ipsa civitate Tridentina, post multa tormentorum genera, cruci affixum, et occisum, et martyrem esse, et plurimis miraculis clarescere, et alios desuper imagines depingere, cartas in modum historiarum conscribere et publice vendere et venditioni exponere, et propterea Christifideles contra Iudeos omnes eorumque bona incitare; adeo etiam, quod multi eorum plura exinde sunt passi pericula. Attendentes itaque hec et similia pessime fore presumtionis, talia per publicum bandimentum in hac nostra Urbe alma fieri amodo prohibuimus, et idcirco vobis tenore presentium, motu proprio, et ex pastoralis officii debito committimus, et districte, etiam sub pena excommunicationis, mandamus, quatenus et vos in locis dominiorum vestrorum ac alias regimini vestro commissis, eadem fieri, sub penis de quibus vobis videtur, publice et omnino interdicatis, inobedientes pena condigna plectendo; et nihilominus Iudeis ipsis, quos Ecclesia in testimonium mortis Christi tolerat, firmo defensionis presidio propter hoc assistatis, donec aliud a nobis receperitis in mandatis, cum intendamus, habita ex commissario nostro, quem propterea ad partes illas destinamus, rei veritate, in premissis opportune, ut iustum fuerit, providere; contrariis non obstantibus quibuscumque. Datum Rome, die X Octobris anno 1475, anno V.

Source: Trento, Bibl. Com., Ms. 12, Alberti, Miscellanea V, fol. 252v.; AS, Trento, capsa 69, No. 43.

Publication: Bonelli, *Dissertazione*, p. 197; Martène-Durand, *Veterum Scriptorum* 2, cols. 1516f.

Note: Martène-Durand, *loc. cit.*, gives his source as: "excerpta ex Sixti IV Papae IV registri, ex schedis Mabilloni". I have been unable to locate the quotation in the notes of Mabillon, now in the Bibliothèque Nationale (Paris), especially Mss. Lat. 12089, 12777–12780, 13119–13120.

Bibliography: Alberti, *Annali*, p. 358; Bzovius, *Annalium* 6, a. 1475, §§13, 14; Erler, *Historisch-kritische Übersicht* 7, p. 45; Grayzel, *Sicut Judeis*, p. 274; Menestrina, *Trento*, p. 350; Nardello, *Lorenzino Sossio*, p. 27; Raynaldus, *Annales Ecclesiastici*, a. 1475, §38 (Mansi's note); Scherer, *Rechtsverhältnisse*, p. 605; Vogelstein-Rieger, *Rom* 2, p. 19; Zaviziano, *Raggio di Luce*, pp. 83f.

987   Rome, 12 October 1475

Exhortation to John Hinderbach, bishop of Trento, to release the women and children of the Jews in Trento, alleged to have killed the boy.

Venerabili fratri Io[hanni], episcopo Tridentino.
Sixtus papa IIII[a].
Venerabilis frater, salutem et apostolicam benedictionem. Intelleximus ex litteris venerabilis fratris episcopi Vintimiliensis, fraternitatis tue, ac etiam nobilis viri Sigismundi, Austrie ducis, circa examinationem obitus et miraculorum, ut dicitur, illius pueri, quem nonnulli asserunt Iudeos interemisse, optimam mentem ac dispositionem, quam merito laudamus, nec unquam nobis secus pro fide et devotione utriusque poterat persuaderi. Verum, exponitur nobis pro parte Iudeorum, quod illic adhuc nonnulli pueri et femine, de quorum innocentia nullum dubium esse dicitur, detineantur infirmi, non absque vite, propter infirmitatem huiusmodi, periculo, carcerati. Hortamur in Domino fraternitatem tuam, ut, si carcerati predicti circa eiusdem pueri negocium culpa carent, eosdem relaxare, et operam suam etiam apud ducem ipsum, si necessarium fuerit, in hoc efficaciter impartiri velit, ut pro iustitie debito relaxentur; cuius nobilitatem non dubitamus promptissimam fore in omnibus que iustitie conveniunt et honestati; contrariis non obstantibus quibuscunque. Datum Rome, apud Sanctum Petrum, sub annulo Piscatoris, die XII Octobris MCCCCLXXV, pontificatus nostri anno quinto.

Source: AS, Trento, capsa 69, Nos. 29, 30.

Bibliography: Bonelli, *Monumenta*, pp. 429f. (who has 18 October); Divina, *Beato Simone* 2, p. 108; Eckert, *Trienter Judenprozess*, p. 300.

988   Rome, 12 October 1475

Commission to Battista de' Giudici, bishop of Ventimiglia, conferring on him full powers to inquire into the accusations of ritual murder levelled against the Jews of Trento.

Venerabili fratri episcopo Ventimiliensi.
Xistus papa quartus.
Venerabilis frater, salutem et apostolicam benedictionem. Intelleximus quo studio prosequaris per nos tibi factam commissionem circa factum illius pueri, qui dicitur Tridenti per Iudeos in obprobrium fidei interfecti. Diligentiam tuam in Domino commendamus. Et licet arbitramur venerabilem fratrem Ioannem, episcopum Tridentinum, cui per alia nostra brevia commiseramus ut una tecum in omnibus his procederet, pro integritate sua, et in nos et statum ac sedem istam devotione, circa hoc in nullo tibi non modo adversari, sed immo favere et assistere, uti tamen ipse et alii officiales id absque nota popularium securius facere, et fraternitas tua commissionem huiusmodi eo facilius exequi possit [...] tibi in his que circa inquisitionem illius vel alterius, circa executionem commissionis tue huiusmodi precipienda et mandanda videbunt, plenarie obediendum et obtemperandum, sub excommunicationis aliisque ecclesiasticis sentenciis, censuris et penis, monendi ac cogendi ac compellendi, auctoritate apostolica, tenore presentium plenam et liberam committimus ac concedimus facultatem et auctoritatem; invocato etiam ad hoc, si opus fuerit, auxilio brachii secularis, contrariis non obstantibus quibuscumque. Datum Rome, apud Sanctum Petrum, sub anulo Piscatoris, die duodecima mensis Octobris 1475, pontificatus nostri anno quinto.

Source: AS, Trento, capsa 69, No. 36.

Publication: Menestrina, *Trento*, p. 358.

Note: See above, Docs. **984, 985**. When it became evident that the bishop of Trento would not cooperate with his colleague from Ventimiglia, the pope commissioned the latter to act alone. See also Scherer, *Rechtsverhältnisse*, p. 603.

Bibliography: Eckert, *Trienter Judenprozess*, p. 300.

989   Rome, 3 April 1476

Mandate, on pain of suspension, to John Hinderbach, bishop of Trento, to stop forthwith all further action against the imprisoned Jews in Trento, and to transfer them from prison to a convenient and safe place.

Venerabili fratri, episcopo Tridentino.
Sixtus papa IIII[s].
Venerabilis frater, salutem et apostolicam benedictionem. Post reditum venerabilis fratris Baptiste, episcopi Vintimiliensis, quem ob causam Hebreorum istuc misimus, cognitionem huiusmodi cause quibusdam ex venerabilibus fratribus nostris, Sancte Romane Ecclesie cardinalibus commisimus, cuius commissionis vigore dudum inhibitio emanavit. Intelleximus tamen quod, his non obstantibus, quottidie contra ipsos Iudeos aliquid innovas; in quo, si ita sit, prudentiam tuam miramur, qui non consideres id tibi, stante inhibitione huiusmodi, non licere. Utcumque tamen sit, volumus, et sub pena suspensionis a divinis, apostolica auctoritate tibi mandamus, ut deinceps huiusmodi occasione nihil contra Iudeos ipsos aut eorum aliquem debeas innovare, sed mulieres et viros quos detines, extra carceres, in loco non incommodo, tuto tamen, servari facias; secus si fieret, quod non credimus, materiam preberes tibi graviter succensendi. Datum Rome, apud Sanctum Petrum, sub annulo Piscatoris, die III Aprilis MCCCCLXXVI, pontificatus nostri anno quinto.

Source: AS, Trento, capsa 69, Nos. 29, 70.

Bibliography: Bonelli, *Monumenta*, p. 440; Divina, *Beato Simone* 2, p. 109; Eckert, *Trienter Judenprozess*, p. 130; Menestrina, *Trento*, p. 349; Scherer, *Rechtsverhältnisse*, p. 608; Wadding, *Annales* 14, p. 328.

990   Rome, 13 May 1476

Exhortation to Ercole I d'Este, duke of Ferrara, to refrain from obstructing the collection of the *vigesima* from the Jews in his dominions.

Duci Ferrarie.
Dilecte fili, salutem etc. Quod in subsidio a clero et in vigesima a Iudeis exigenda difficultas ulla apud te sit, tantum admirari cogimur, ut persuadere hoc ipsum nobis vix possimus. Nam et necessitas ipsa, et periculi magnitudo, et causa que omnibus communis est, et ceteri Italie potentatus ad hoc

sanctissimum opus concurrentes, et nos, qui nobismetipsis supra vires nostras non parcimus, movere satis te etiam spontaneum debuissent, non modo ad parendum hortationibus nostris, sed ad ultro etiam offerendum, presertim cum sis vicarius Ecclesie, et promptior ad hoc quam ceteri esse deberes. Nam quod de capitulis cum Iudeis ipsis allegas, id profecto irritum est, et absque Romani pontificis auctoritate, sub [...] potestate tolerantur, nulla possunt huiusmodi iniri capitula. Quare hortamur et monemus nobilitatem tuam, ut ita agas, sicut speramus, non solum in hoc, sed etiam in secundo subsidio, et honoris sui rationem habeat, ne solus hanc notam subire velit, sicut et oratori tuo latius eidem scribendum imposuimus. Datum Rome, XIII Maii MCCCCLXXVI, anno V.

Publication: Martène-Durand, *Veterum Scriptorum* 2, cols. 1539f.

Bibliography: Vogelstein-Rieger, *Rom* 2, p. 19.

991   Rome, 16 May 1476

Request to Yolanda, duchess of Savoy, to refrain from using the tax imposed on clerics and Jews, needed for the war against the Turks, to finance the recovery of Cyprus.

Ducisse Sabaudie.
Dilecta in Domino filia, salutem etc. Mirati sumus atque doluimus de his que nobis significavit dilectus filius Iohannes Antonius de Buxeto, notarius et collector noster, videlicet quod subsidium defensioni fidei Christiane contra infideles Turcos decretum, ad recuperationem insule Cypri converti velis, cum scire debeas impositionem et exactionem eius ad nos sanctamque sedem apostolicam, non autem ad principes seculares spectare, nec que Deo dicata sunt in prophanos usus converti debere, aut sacra mysteria cum temporalibus immiscenda. Nos hactenus non denegavimus regine ipsi pro viribus subvenire, ob honorem inclyte domus Sabaudie, quamvis nonnulli ob id offenderentur. Cave igitur, ne divinam offendas clementiam, et ultionem eius incurras. Permitte quoque subsidium impositum libere exigatur, quemadmodum ceteri Italie faciunt potentatus. Nullo enim pacto intendimus tolerare, ut id quod exigendum est ab ecclesiasticis et Iudeis, in alium usum quam Christianorum contra infideles subsidium, convertatur. Datum Rome, die XVI Maii anno MCCCCLXXVI, pontificatus V.

Publication: Martène-Durand, *Veterum Scriptorum* 2, col. 1540.

Note: We have been unable to trace Martène-Durand's source.

992   Rome, 13 June 1477

Mandate to the abbot of the monastery of St. Maria de Pedra, the prior of the church of St. Maria de la Peña in Calatayud, in the diocese of Tarazona, and the official of Tarazona to lift the excommunication placed on a group of Christians in Fariza and the interdict imposed on the village, on condition that they provide adequate sureties, and to hear their appeal against the verdict given against them by the official of Sigüenza in a financial dispute with Salomon Hazai, a Jew, who claims to be a vassal of Peter de Mendoza, bishop of Sigüenza.

Sixtus etc. Dilectis filiis abbati monasterii Beate Marie de Petra, et priori secularis et collegiate ecclesie eiusdem Beate Marie de Pina, opidi de Calatayud, Tirasonensis diocessis, ac officiali Tirasonensi, salutem etc. Humilibus supplicum etc. Exhibita siquidem nobis nuper pro parte dilectorum filiorum nobilis viri Guillermi de Palasolis, domini ville de Fariza, Seguntine diocesis, Iohannis Stephani, Iohannis Remon, Iohannis de Varrionuevo, Varasa Augustini, Garsie Agudi, Iohannis Verioso, Iohannis Alvari, et aliorum in hac parte litisconsortium, necnon dilecte in Christo filie Marie Gometii, mulieris, in dicta villa commorantium, petitio continebat, quod olim Salomone Hazai, Iudeo, qui se gerit pro vasallo venerabilis fratris nostri, episcopi Seguntini, falso refferente officiali Seguntino, quod litisconsortes predicti quedam bona, pecuniarum summas et res alias tunc expressa, ex causis etiam tunc expressis, sibi assignare et solvere, coniunctim vel divisim, legitime tenebantur, quodque illas sibi assignare et solvere indebite recusabant, idem officialis, ad falsam relationem huiusmodi, nulla super relatis ipsis cognitione previa, et quamquam sibi de illis alias non constaret, prout nec constare poterat, saltem legitime, cum ea non essent notoria neque vera, ex arrupto et de facto procedens, litisconsortes predictos ut infra certum terminum similiter tunc expressum, bona, pecuniarum summas et res alias huiusmodi prefato Salamoni Iudeo assignarent et solverent, per suas certi tenoris litteras, sub excommunicationis et aliis sententiis, censuris et penis etiam tunc expressis, monuit et mandavit eisdem; et deinde eosdem litisconsortes, quia monitioni et mandato huiusmodi minime paruerunt, prout nec parere tenebantur, excommunicationis et alias sententias, censuras et penas predictas incurrisse declaravit, ac fecit et mandavit excommunicatos publice nunciari, dictamque villam et alia loca in quibus eos residere et ad que declinare contigeret, ecclesiastico supposuit interdicto; unde pro parte dilectorum litisconsortium, sentientium ex hiis inter alia ab eodem officiali indebite se gravari, ad sedem apostolicam fuit appellatum, et deinde nobis humiliter supplicatum, ut ipsos ac eorum quemlibet ab eadem excommunicationis sententia, saltem ad cautellam, absolvi, ac dictum interdictum relaxari mandare, et appellationis huiusmodi, necnon post et contra eam forsitan attemptatorum et innovatorum, nullitatisque totius processus dicti officialis, et negotii principalis causas, aliquibus probis viris in partibus committere, aliasque sibi in premissis opportune providere, de benignitate apostolica dignaremur. Nos igitur, huiusmodi supplicacionibus inclinati, discretioni vestre per apostolica scripta mandamus, quatenus vos, vel duo, aut unus vestrum, vocatis dicto Salomone et aliis qui fuerint evocandi, prefatos litisconsortes et eorum quemlibet, si hoc humiliter petierint, recepta tamen prius ab ipsis cautione ydonea super eo quo excommunicati habentur, quod, si vobis constiterit dictam excommunicationis sententiam in eos fore iuste latam, vestris et Ecclesie mandatis parebunt, ab eadem excommunicationis sententia, ad cautelam, si et prout iustum fuerit, auctoritate nostra, hac vice dumtaxat absolvatis, et dictum interdictum relaxetis; super aliis vero, auditis hinc inde propositis, quod iustum fuerit, appellatione remota, decernatis, facientes quod decreveritis, a dicto Iudeo per subtractionem communionis fidelium, ab aliis vero per censuram ecclesiasticam, firmiter observari. Testes autem etc. Non obstantibus ... Dat. Rome, apud Sanctum Petrum, anno Incarnationis Dominice millesimo quadringentesimo septuagesimo septimo, Idibus Iunii, anno sexto.

Source: ASV, Reg. Lat. 777, fols. 278r–279r.

993   Rome, 1 July 1477

Mandate, if the facts are established, to Peter Gonzalez Mendoza, archbishop of Seville, Alfonso de Burgos, bishop of Cordoba, and the dean of Segovia to strictly apply the excommunication, interdict and other ecclesiastical sanctions imposed by the archdeacon in the church of Segovia on a group of Old Christians in Ciudad Real, in accordance with Nicholas V's Bull, for having promulgated statutes against a group of New Christians there, effectively discriminating against them and depriving them of honours and property.

Sixtus etc. Venerabilibus fratribus archiepiscopo Ispalensi, et episcopo Cordubensi, ac dilecto filio decano ecclesie Segobiensis, salutem etc. Humilibus supplicum etc. Exhibita siquidem nobis nuper pro parte dilectorum filiorum universorum rectorum, millitum, officialium, et aliorum eorum in hac parte litisconsortium, clericorum et laicorum, ex genere conversorum ad sanctam fidem Catholicam descendentium, in Civitate Regali, Toletane diocesis, commorantium, petitio continebat quod, licet olim per felicis recordationis Nicolaum papam V predecessorem nostrum, percepto quod quidam novi seminatores zizanie, affectantes unitatis et pacis nostre fidei huiusmodi salutare fundamentum corrumpere, et dis[s]idium in diversis partibus, maxime Castelle et Legionis regnorum, renovare, ausu temerario asserebant, quod qui de gentilitate, aut ex Iudaismo, sive ex alio quovis errore, Christiane fidei veritatem cognoverunt et baptizati sunt, et, quod gravius est, eorum filii et posteri, propter novam assumptionem fidei, non deberent ad honores, dignitates, officia tabellionatus, et ad testimonium Christicollarum in causis perhibendum admitti, eos verbis et facto contumeliis afficientes, idem Nicolaus predecessor affectans ut quisque que recta sunt sapiat, et qui contra Christiane legis normam falsa seminare, et proximos scandalizare, que unitatis et pacis contraria sunt presumerent, debitis penis affecti, eorum errores agnoscerent, omnibus et singulis cuiuscunque gradus, status, aut condicionis fuissent, ecclesiasticis vel secularibus, sub excommunicationis et aliis sententiis, censuris et penis tunc espressis, per suas certi tenoris litteras dederit in mandatis, ut omnes et singulos ad Christianam fidem conversos, aut in futurum convertendos, sive ex gentilitate, vel ex Iudaismo, aut ex quavis secta venirent aut venire contigeret, et eorum posteros, tam ecclesiasticos quam seculares, ad omnes dignitates, honores, officia tabellionatus, testium depositiones, ac ad omnia alia que alii Christiani quantumcumque antiqui admitti solent, admitterent, nec propter fidei novam receptionem nullam inter eos et alios Christianos discretionem facerent, nec verbis aut facto contumeliis afficerent, nec affici permitterent, sed eorum omni possibilitate contradicerent et opponerent, et eos omni caritate prosequerentur, sine personarum acceptione, aliaque facerent, prout in eisdem litteris dicitur plenius contineri; quia tamen Iohannes de Cornado, Didacus, Alfonsus, Fernandus et Antonius de Mora, Franciscus de Hoces, Alfonsus de Monte Agudo, Antonius et Alfonsus de la Serna, Iohannes de Coca notarius, Iohannes et Gascon Mexia, Didacus, Martinus et Michael Sancii de Poblete, Didacus de Cespedes, Didacus de Camargo, Alfonsus Finero[?], Gundissalvus de Carmona, et alii ipsorum in hac parte litisconsortes, antiqui Christiani nuncupati, in Civitate Regali huiusmodi commorantes, per se et alios suos complices, nonnulla statuta et ordinationes contra prefatos rectores, milites, officiales, et alios eorum in hac parte litisconsortes, clericos et laicos, ex genere conversorum ad dictam fidem descendentes, ipsorumque posteros fecerunt, eosque dignitatibus, officiis et honoribus suis privarunt, ac quibusdam immobilibus in Civitate Regali et diocesi consistentibus, mobilibusque bonis, pecuniarum summis et rebus aliis tunc expressis, ad rectores, milites, officiales et alios eorum in hac parte litisconsortes, de genere conversorum descendentes huiusmodi, de facto spoliarunt, aliasque graves iniurias eis irrogarunt pariter et iacturas, propter quas expensas fecisse et dampna gravia se asserebant incurrisse, dilectus filius Nunnius Fernandi de Pennalosa, archidiaconus de Sepulveda in ecclesia Segobiensi, earundem litterarum subexecutor, Iohannem de Cornado, Didacum, Alfonsum, Fernandum et Antonium de Mora, Franciscum de Hoces, Alfonsum de Monteagudo, Antonium et Alfonsum de la Serna, Iohannem de Coca, notarium, Iohannem et Gasconem Mexia, Didacum, Martinum et Michaelem Sancii de Poblete, Didacum de Cespedes, Didacum de Camargo, Alfonsum Finero, Gundissalvum de Carmona, et alios eorum in hac parte litisconsortes, antiquos Christianos nuncupatos, et complices predictos, ut infra certum terminum etiam tunc expressum, statuta et ordinationes predicta revocarent et annullarent, ac dignitates, officia, honores, immobilia, mobiliaque bona, pecuniarum summas, et res alias huiusmodi rectoribus, militibus, officialibus, et aliis eorum in hac parte litisconsortibus, ex genere conversorum ad fidem descendentibus huiusmodi dimitterent et restituerent realiter et cum effectu, ac de iniuriis, iacturis et dampnis predictis eis satisfacerent, per alias suas certi tenoris litteras, sub excommunicationis et aliis sententiis, censuris et penis similiter tunc expressis, ad instantiam eorundem rectorum, militum, nobilium, scutiferorum, officialium, et aliorum eorum litisconsortium, ex genere conversorum huiusmodi descendentium, dictarum litterarum prefati predecessoris et processuum desuper decretorum vigore, monuit et mandavit eisdem, successive, quia Iohannes de Cornado, Didacus, Alfonsus, Fernandus et Antonius de Mora, Franciscus de Hoces, Alfonsus de Monteagudo, Antonius et Alfonsus de la Serna, Iohannes de Coca, notarius, Iohannes et Gascon Mesia, Didacus, Martinus et Michael Sancii de Poblete, Didacus de Cespedes, Didacus de Camargo, Alfonsus Finero, Gundissalvus de Carmona, et alii eorum in hac parte litisconsortes, antiqui Christiani nuncupati, et complices predicti, monitioni et mandato huiusmodi minime paruerunt, ut parere tenebantur, dictus archidiaconus eos excommunicavit, ac fecit et mandavit excommunicatos publice nunciari, processus contra eos super hoc habitos iteratis vicibus aggravando, ad[!] dictam Civitatem Regalem et alia loca ad que ipsos declinare, et in quibus residere contigeret, ecclesiastico supposuit interdicto, necnon auxilium brachii secularis contra eos etiam invocavit; et deinde Iohannes de Cornado, Didacus, Alfonsus, Fernandus et Antonius de Mora, Franciscus de Hoces, Alfonsus de Monteagudo, Antonius et Alfonsus de la Serna, et alii litisconsortes, antiqui Christiani nuncupati, ipsorumque complices predicti, necnon [non]nulli rectores parocchialium dicte Civitatis Regalis, et civitatis, ac dicte diocesis Toletane, et quarundam aliarum civitatum et diocesium dictorum regnorum ecclesiarum, et clerici perpetui beneficiati in eisdem, ac quidam Sancti Augustini, Predicatorum et Minorum, et aliorum ordinum fratres, easdem excommunicationis, interdicti, et alias sententias, censuras et penas predictas contempnentes, missas et alia divina officia celebrari fecerunt et celebrarunt, seu profanarunt et profanant, in animarum suarum periculum, scandalum quoque plurimorum, ac rectorum, millitum, scutiferorum, officialium, et aliorum eorum litisconsortium, de genere conversorum descendentium huiusmodi, non modicum preiudicium et gravamen. Quare pro parte eorundem rectorum, militum, et aliorum eorum in hac parte litisconsortium, de dicto genere conversorum descendentium, nobis fuit humiliter supplicatum, ut excommunicationis, interdicti et alias sententias, censuras et penas predictas robur debite firmitatis obtinere facere, aliasque sibi in premissis oportune providere, de benignitate apostolica dignaremur. Nos igitur, huiusmodi supplicationibus inclinati, discretioni vestre per apostolica scripta mandamus, quatenus vos, vel duo, aut unus vestrum, si premissa fore vera vobis legitime constiterit, excommunicationis, interdicti, et alias sentencias, censuras et penas predictas, sicut iuste prolate sunt, auctoritate nostra, appellatione remota, faciatis usque ad satisfactionem condignam inviolabiliter observari. Non obstantibus ... etc. Dat. Rome, apud Sanctum Petrum, anno Incarnationis Dominice millesimo quadringentesimo septuagesimo septimo, Kalendis Iulii, anno sexto.

Source: ASV, Reg. Lat. 774, fols. 237v–239v.

Note: Nicholas V's Bull *Humani generis* was given on 24 September 1449; see above, Doc. 775. On the history of the New Christians in Ciudad Real, their persecution at the hands of Old Christians and the destruction of the entire group by the Inquisition, see Beinart, *Inquisition*; Id., *Ciudad Real*.

Bibliography: Simonsohn, *Limpieza de Sangre*, p. 306.

994   Rome, 1 July 1477

Mandate to the vicar of Filiasio Roverella, archbishop of Ravenna, to investigate the allegations made by Galassius of Corbara, a cleric in the diocese of Imola, against Andreas of Cesena, rector of the parish church of St. Peter in Cistino, in the diocese of Ravenna, that the latter played cards with Jews, was letting his church fall into ruins, and allowed children in the parish to die without being baptized. If Galassius prefers formal charges, and if they prove to be true, the vicar is to remove Andreas from office, and is to confer on and assign to Galassius the parish church and its annexes, on papal authority, in addition to the benefices he already holds or expects.

Sixtus etc. Dilecto filio vicario venerabilis fratris nostri archiepiscopi Ravennatensis in spiritualibus generali, salutem etc. Dignum etc. Ad audientiam siquidem nostram, dilecto filio Galassio de La Corbara, clerico Ymolensis diocesis, referente, pervenit, quod dilectus filius Andreas de Cesenna, rector plebanus nuncupatus parrochialis ecclesie plebis nuncupate Sancti Petri Sitini, Ravennatensis diocesis, que, ut a nonnullis asseritur, de iure patronatus illius parrochianorum pro tempore existentium dinoscitur,

suorum status, salutis et honoris immemor, Deique timore postposito, cum
Iudeis ad cartas seu taxillos noctis tempore ludere, ac suis incuria, culpa et
negligentia tam dicte ecclesie structuras et edificia ad ruinam devenire, quam
nonnullos infantes parrochie sue absque baptismate mori permittere, non
expavit, ac super hiis in partibus illis plurimum notatus et diffamatus existit,
in anime sue periculum, sacerdotalis ordinis dedecus et vilipendium, malum
exemplum et scandalum plurimorum. Nos igitur, attendentes quod veris
existentibus premissis, dictus Andreas dicta ecclesia reddidit se indignum,
illaque merito privatus existit, ac volentes dictum Galassium, qui, ut asserit,
dilecti filii Mathei de La Corbara, conestabilis arcis nostre Cesenatensis natus,
et in vicesimo vel circa sue etatis anno constitutus existit, ac in universitate
studii Bononiensis in iure canonico actu studet, apud nos de vite ac morum
honestate, aliisque probitatis et virtutum meritis multipliciter commendatum,
horum meritorum suorum intuitu, favore prosequi gratioso, ipsumque
Galassium a quibuscumque excommunicationis, suspensionis et interdicti,
aliisque ecclesiasticis sententiis, censuris et penis a iure vel ab homine, quavis
occasione vel causa latis, si quibus forsan quomodolibet innodatus existit, ad
effectum presentium dumtaxat consequendum, harum serie absolventes et
absolutum fore censentes, necnon omnia et singula beneficia ecclesiastica sine
cura, que dictus Gallassius ex quovis canonico titulo obtinet, ac cum cura et
sine cura que expectat, nec non in quibus et ad que ius sibi quomodolibet
competit, quecumque, quotcumque et qualiacumque sint, eorumque
fructuum, reddituum et proventuum veros annuos valores presentibus pro
expressis habentes, discretioni tue per apostolica scripta mandamus quatenus,
si dictus Gallassius eundem Andream super premissis relatis coram te accusare,
seque in forma iuris inscribere voluerit, postquam illum accusaverit et se
inscripserit, ut prefertur, vocatis dicto Andrea et aliis qui furerint evocandi,
super eisdem relatis inquiras auctoritate nostra diligentius veritatem, et si per
inquisitionem eandem relata ipsa vera esse inveneris, prefatum Andream dicta
ecclesia auctoritate nostra sententialiter prives et amoveas realiter ab eadem,
prout de iure fuerit faciendum; et nichilominus, si privationem et amotionem
huiusmodi per te vigore presentium fieri contigerit, ut prefertur, et super quo
tuam conscientiam oneramus, per diligentem examinationem dictum
Gallassium ad hoc ydoneum esse reppereris, ecclesiam predictam, cuius et
Sancti Apolinaris, ac Sancti Martini, necnon Sancti Manni ecclesiarum sine
cura, dicte diocesis, eidem ecclesie Sancti Petri perpetuo annexarum, fructus,
redditus et proventus quinquaginta florenorum auri de camera, secundum
communem extimationem, valorem annuum, ut dictus Gallassius etiam
asserit, non excedunt, sive per privationem et amotionem huiusmodi, tunc,
sive alias, quovis modo, aut ex alterius cuiuscumque persona, seu per liberam
resignationem dicti Andree, vel alicuius alterius, de illa extra Romanam
curiam, etiam coram notario publico et testibus specialiter factam, aut
constitutionem felicis recordationis Iohannis pape XXII predecessoris nostri,

que incipit "Execrabilis", aut assecutionem alterius beneficii ecclesiastici, ordinaria auctoritate collati, vacet, etiam si tanto tempore vacaverit quod eius collatio, iuxta Lateranensis statuta concilii, ad sedem predictam legitime devoluta, ipsaque parrochialis ecclesia dispositioni apostolice specialiter reservata existat, et super ea inter aliquos lis, cuius statum presentibus etiam haberi volumus pro expresso, pendeat indecisa, dummodo tempore date presentium non sit in ea alias alicui specialiter ius quesitum, et ad id patronorum predictorum, seu maioris partis eorundem, si ecclesia ipsa parrochialis de iure patronatus huiusmodi existat, expressus accedat assensus, cum annexis huiusmodi ac omnibus iuribus et pertinentiis suis, prefato Gallassio auctoritate nostra conferas et assignes, inducens per te vel alium seu alios eundem Gallassium vel procuratorem suum, eius nomine, in corporalem possessionem parrochialis ecclesie et annexorum iuriumque et pertinentiarum predictorum, et defendens inductum, amoto exinde quolibet illicito detentore, ac faciens eidem Gallassio de ipsius parrochialis ecclesie fructibus, redditibus, proventibus, iuribus et obventionibus universis integre respondere. Contradictores auctoritate nostra etc. Non obstantibus pie memorie Bonifacii pape VIII, etiam predecessoris nostri, et aliis apostolicis constitutionibus contrariis quibuscumque, aut si aliquis super provisionibus sibi faciendis de huiusmodi vel aliis beneficiis ecclesiasticis in illis partibus speciales vel generales dicte sedis vel legatorum eius litteras impetraverit, etiam si per eas ad inhibitionem, reservationem et decretum, vel alias quomodolibet sit processum, quibus omnibus prefatum Gallassium in assecutione dicte parrochialis ecclesie volumus anteferri, nullumque per hoc eis, quo ad assecutionem beneficiorum aliorum, preiudicium generari, seu si venerabili fratri nostro archiepiscopo Ravennatensi, vel quibusvis aliis, communiter vel divisim, ab eadem sit sede indultum, quod ad receptionem vel provisionem alicuius minime teneantur, et ad id compelli, aut quod interdici, suspendi vel excommunicari non possint, quodque de huiusmodi vel aliis beneficiis ecclesiasticis ad eorum collationem, provisionem, presentationem seu quamvis aliam dispositionem, coniunctim vel separatim spectantibus, nulli valeat provideri per litteras apostolicas non facientes plenam et expressam ac de verbo ad verbum de indulto huiusmodi mentionem, et qualibet alia dicte sedis indulgentia generali vel speciali, cuiuscumque tenoris existat, per quam, presentibus non expressam vel totaliter non insertam, effectus earum impediri valeat quomodolibet vel differri, et de qua cuiusque toto tenore habenda sit in nostris litteris mentio specialis, aut quod dictus Gallassius ad obtinendum dictam parrochialem ecclesiam, etatis premisse defectum patitur, in illius vicesimo anno predicto constitutus, ut prefertur. Nos enim, cum eodem Gallassio, ut ecclesiam ipsam parrochialem, si sibi vigore presentium conferatur, recipere et retinere libere et licite valeat, defectu predicto, ac dicti concilii et quibusvis aliis constitutionibus et ordinationibus apostolicis, ceterisque contrariis nequaquam obstantibus, auctoritate apostolica, tenore presentium de specialis dono gratie dispensamus, proviso quod dicta parrochialis ecclesia debitis propterea non fraudetur obsequiis, et animarum cura in ea nullatenus negligatur, sed eius congrue supportentur onera consueta; et insuper, si dictus Gallassius ad hoc repertus fuerit ydoneus, ut prefertur, ex tunc perinde irritum decernimus et inane, si secus super hiis a quoquam, quavis auctoritate, scienter vel ignoranter contigerit attemptari, ac si die date presentium eidem Gallassio ad hoc reperto ydoneo, de dicta parrochiali ecclesia, cum vel si vacaret, ut prefertur, cum interpositione decreti mandavissemus provideri. Dat. Rome, apud Sanctum Petrum, anno Incarnationis Dominice millesimo quadringentesimo septuagesimo septimo, Kalendis Iulii, anno sexto.

Source: ASV, Reg. Lat. 776, fols. 266r–267r.

Bibliography: Segre, *Ravenna*, p. 165.

995 Omitted

996   Rome, 3 January 1478

Indulgence to the town of Frankfurt to allow a confessor of their choice to absolve them this time only from all ecclesiastical sanctions they incurred for having allowed Jews to lend money at interest, and to impose penitence on them.

Dilectis filiis magistro civium et consulatui Franckfordiensis. Sixtus papa quartus. Dilecti filii salutem et apostolicam benedictionem. Nuper nobis vestro nomine fuit humiliter supplicatum quod, cum vos sentiatis censuris et penis ecclesiasticis, ex eo quia Iudeos in ista vestra civitate fenus exercentes toleravistis, irretitos esse, dignaremur paterna benignitate saluti animarum vestrarum oportune consulere, attento quod id quodammodo inviti fecistis et doletis ab intimis. Nos igitur, qui, meritis licet imparibus, eius vices tenemus in terris, cui proprium est misereri semper et parcere, huiusmodi supplicationibus inclinati, tenore presentium, auctoritate apostolica indulgemus, quod confessor idoneus, quem duxeritis eligendum, vos et quemlibet vestrum ab omnibus ecclesiasticis sententiis, censuris ac penis, quibus prefata occasione vel causa quomodolibet estis ligati, pro hac vice dumtaxat, absolvere, penitentiamque salutarem iniungere pro modo culpe possit, constitutionibus et ordinationibus apostolicis ceterisque in contrarium facientibus non obstantibus quibuscunque. Datum Rome, apud Sanctum Petrum, sub annulo Piscatoris, die III Ianuarii MCCCCLXXVIII, pontificatus nostri anno septimo.

Source: [Frankfurt, Stadtarchiv, Judenurkunden.]

Publication: Stern, *Urkundliche Beiträge* 1, p. 65f.

Note: The original has been lost.

Bibliography: Baron, *Social and Religious History* 9, p. 264; Krakauer, *Frankfurt* 1, pp. 229f.

997   Rome, [21 February 1478]

Commission and mandate to Cardinal Francis Gonzaga, bishop of Mantua, to collect the *vigesima* from the Jews in his legation.

Cardinali Mantuano. Ad supportanda onera, que continue incumbunt, volentes ut etiam ab Hebreis tue legationis vigesima, sicut ultimo factum est, exigatur, tenore presentium, circumspectioni tue committimus et mandamus ut vigesimam huiusmodi ab omnibus et singulis dictis Hebreis exigas, seu exigi omni diligentia facias; contrariis non obstantibus quibuscunque.

Source: ASV, Arm. LIII, vol. 18, fol. 133r.

Note: There is no date. The latter is inserted following a document bearing the date as above. On the Jews in Mantua at that time, see Simonsohn, *Mantua*, pp. 10f.

998   Rome, [21 February 1478]

Exhortation to King Ferdinand I of Naples to assist Marcus, a Dominican, the local inquisitor, in carrying out his task of inquiring into and suppressing the Talmud and Jewish impiety, and of acting against converts and other

Christians who observe Jewish rites, and mandate to the prelates on the Italian mainland to do likewise.

Regi Ferdinando. Carissime etc. Nuper ad nos quidam libelli Iudaici sunt allati, de Talmuth novo inscripti, in quibus ea de Salvatore nostro Ihesu Christo et eius Genitrice intemerata Maria perhibentur, que, ut proferre est nefas, ita sine dolore ingenti cogitare non possumus. Nos, ut accepimus, Iudei perfidi quotidie letitant[!] quod impio ore blasphemare non desinunt, et in mansuetudinem Christianam, que eos alit et tolerat, ingratissimi, veram religionem improbare non cessant, movemur, ut par est, rei indignitate, et pro cura officii pastoralis tante impietati obviare. [?] statuimus nichil enim minus ferendum est quam Redemptoris nostri et eius gloriosiss[im]e Genitricis iniuria; iniunximus itaque dilecto filio Marco, ordinis Predicatorum, sacre theologie magistro, cui ex iniuncto sibi in isto inclyto regno inquisitionis officio id incumbit, ut de huiusmodi labe inquirat, et tantam temeritatem impietatemque auxilio nostro cumquescat[!], prout a nobis habet latius latius[!] in mandatis. Quocirca maiestatem tuam hortamur in Domino, ex animoque requirimus ut, pro tua maxima pietate, eidem Marco inquisitori executio premissorum ei aliorum, que circa neophitos ac perfidos Christianos, Iudeorum more vagantes, et commissimus[!], omnibus opportunis favoribus faveas et assistas, ut tam sancti piique operis participatione ab omnipotenti Deo eternum premium consequaris. Datum etc.
Prelatis, abbatibus, prioribus ac guardianis locorum in regno Sicilie citra Farum constitutis, salutem etc.
Venerabiles fratres et dilecti filii, salutem etc. Allati sunt nuper ad nos Iudaici quidam libelli de Talmuth novo inscripti etc. ut supra, usque ad Quocirca vos et vestrum singulos monemus et obtestamur in Domino, in virtute sancte obedientie, apostolice auctoritatis mandamus quatenus facultatem eiusdem Marci in premissis [empty space] que neophitos ac Christianos illos, qui Iudaico ritu [———] ei commissimus[!], nullo modo impedire presumatis, aut ab aliis, quantum in vobis fuerit, patiamini impediri, quinymo sibi favore, consilio et auxilio opportunis assistere debeatis in tam sancti piique operis participatione, ab omnipotenti Deo [empty space] agitur, eternum premium consequamini. Datum.

Source: ASV, Arm. LIII, vol. 18, fols. 137v–138r.

Publication: Pou y Marti, *Bullarium Franciscanum* 2 (3), p. 518.

Note: On Marcus de Maroldis de Labella, inquisitor in southern Italy, see Ripoll, *Bullarium* 3, p. 502. There is no date. The letter is inserted in a group following a document bearing the date as above.

Bibliography: Synan, *Popes and Jews*, pp. 142, 212.

999   Rome, 20 June 1478

Injunction to John Hinderbach, bishop of Trento, following the trial of the
Jews in Trento accused of having killed the boy Simon, and the approval of
the records by papal referendaries and auditors, to provide that Christians do
not kill Jews, wound them, extort money from them, or prevent them from
observing their rites, without permission from the authorities, on account of
the events in Trento, and to have the children of the condemned Jews restored
to their baptized mothers, along with the latter's dowries.

Sixtus episcopus, servus servorum Dei. Venerabili fratri Ioanni, episcopo
Tridentino, salutem et apostolicam benedictionem. Facit nos pietas divina
solicitos animarum saluti consulere, et illarum, quantum in nobis est, periculis
obviare. Cum itaque pridem pretor civitatis tue Tridentine, fama publica
referente, contra nonnullos Iudeos, tunc in ipsa civitate commorantes, qui
Christianum infantem, nomine Simonem, occidisse inhumaniter dicebantur,
prout rei gravitas exigebat, et suo incumbebat officio, ad inquisitionem
descendisset, et repertos culpabiles ultimo supplicio deputasset, multique
propterea viri graves murmurare, et sinistra quadam suspicione in diversas
partes rem ipsam interpetrari cepissent, nos, ut suspicionis huiusmodi omnis
tolleretur occasio, et in tanta re debitum nostri pastoralis officii servaremus,
utque facti veritas cunctis fidelibus innotesceret, processum clausum per
ipsum pretorem contra Iudeos predictos habitum, et ad nos postea per te
destinatum, tuoque et nuntii nostri sigillis munitum, per nonnullos ex
venerabilibus fratribus nostris Sancte Romane Ecclesie cardinalibus,
archiepiscopis quoque, referendariis nostris, et causarum palatii apostolici
auditoribus, inspici et examinari fecimus diligenter, qui super hoc sepius
congregati, ac singulis ipsius processus partibus accurate inspectis, tandem
processum ipsum rite et recte factum in nostro consistorio retulerunt. Nos
igitur, una cum eisdem fratribus nostris per relationem supradictam idem
pariter sentientes, necnon studium et diligentiam eiusdem tue fraternitatis in
Domino commendantes, nihilominus volumus, et eidem fraternitati tue per
presentes iniungimus, ut in hac pia fidelium inchoata devotione non permittas,
iuxta decretum felicis recordationis Innocentii pape III predecessoris nostri,
in concilio generali editum, aliquid illicitum attemptari, quod in Dei iniuriam,
aut sedis apostolice contemptum cedat, vel alias contra canonicas sanctiones
inexcusabiliter factum fore deprehendatur, super quo tuam, de qua in Domino
confidimus, conscientiam oneramus. Attente quoque provideas, quod nullus
Christianus, premissorum vel alia occasione absque iudicio terrene potestatis,
Iudeorum aliquem occidere, mutilare, aut vulnerare, sive ab eis pecunias
indebite extorquere, sive eos quominus ritus suos a iure permissos continuare
valeant, impedire presumant. Preterea volumus, et eadem tibi auctoritate
iniungimus, quod omnem adhibeas diligentiam, ut infantes Iudeorum

damnatorum filii, eorum baptizatis matribus, una cum dotibus matrum eorundem, apud quoscunque reperiantur deposite, omnino restituantur; contradictores quoslibet et rebelles per censuram ecclesiasticam, et alia iuris remedia compescendo. Non obstantibus quibuscunque litteris et ordinationibus apostolicis forsitan in contrarium editis, ceterisque contrariis quibuscunque. Dat. Rome, apud Sanctum Petrum, anno Incarnationis Dominice millesimo quadringentesimo septuagesimo octavo, duodecimo Kalendas Iulii, pontificatus nostri anno septimo.

Source: [AS, Trento, capsa 69, No. 129]; Trento, Bibl. Com., Ms. 12, Alberti, Miscellanea V, fol. 253 r-v.

Publication: Bonelli, *Dissertazione*, pp. 198f.; Divina, *Beato Simone* 2, pp. 211f. (Italian translation).

Note: The original in AS, Trento is missing. Only a brief summary of the contents has survived.

Bibliography: Eckert, *Trienter Judenprozess*, p. 300; Erler, *Historisch-kritische Übersicht* 7, p. 48; Menestrina, *Trento*, p. 349; Nardello, *Lorenzino Sossio*, p. 27; Scherer, *Rechtsverhältnisse*, p. 608.

1000   Rome, 1 November 1478

Concession to King Ferdinand and Queen Isabel of Castile and Leon of authority to appoint inquisitors, who are to prosecute relapsing New Christians.

Xistus episcopus, servus servorum Dei. Charissimo in Christo filio nostro Ferdinando regi et charissime in Christo filie nostre Elisabeth regine Castelle et Legionis illustribus, salutem et apostolicam benedictionem. Exigit sincere devotionis affectus et integra fides, quibus nos et Romanam Ecclesiam reveremini, ut petitionibus vestris, in his presertim que Catholice fidei exaltationem et animarum salutem concernunt, quantum cum Deo pos[s]umus, annuamus. Sane, pro parte vestra nobis nuper exhibita petitio continebat, quod in diversis civitatibus, terris et locis regnorum Hispaniarum ditionis vestre, sinati[!] sunt quamplurimi, qui sacro baptismatum lavacro in Christo regenerati, non tamen ad id precise coacti, pro Christianis apariencia se gerentes, ad ritus et mores Iudeorum transire, vel reddire[!] et Iudaice superstitionis ac perfidie dogmata et precepta servare, et a veritate orthodoxe fidei, cultu illiusque articulorum credulitate recedere, ac latas in heretice pravitatis sectatores censuras et penas, iuxta constitutiones felicis recordationis Bonifacii pape octavi predecessoris nostri desuper editas, pro[p]terea incurrere hactenus veriti non fuerint, nec verentes[!] in dies; et non solum ipsi in sua cecitate perdurant, sed et alii, qui ex eis nascuntur, et alii conversantes cum eisdem, in eorum perfidia inficiuntur, cres[c]itque non parum numerus eorumdem; et illorum causantibus peccatis, et nostra et ad quos expectat de his inquirere prelatorum ecclesiasticorum tolerantia, ut pie creditur, in regnis eisdem guerre et hominum sede[s], aliaque incommoda, Deo permit[t]ente, eveniunt in divine maiestatis ofensam et prefate fidei contemtum, animarum periculum et scandalum plurimorum. Quare nobis suplicare fecistis humiliter, ut talium pernitiosam sectam de eisdem regnis radicitus extirpare, et que in his per[!] huiusmodi fidei tolerantiam[!] ac fidelium in eisdem regnis degentium animarum salutem[!] opportuna fore noscuntur remedia adhibere, de benignitate apostholica dignaremur. Nos igitur, de huiusmodi vestro laudabili zelo fidei ad salutem animarum summentes[!] in Domino letitiam, et sperantes quod non solum de regnis ipsis huiusmodi perfidiam eiicere, sed etiam Granate regnum et illi adiacentia loca, que infideles incolunt, nostris etiam temporibus vestre dictioni subiicere, et infideles ipsos ad fidem rectam convertere, divina operante clementia, cum effectu curabitis, quantum predecesores diversimode impediti nequiverunt, in eiusmodi vere fidei exaltationem, animarum salutem et ad vestram perfectam laudem, cum eterne beatitudinis premii conservatione votiva, ac volentes petitionibus vestris huiusmodi annuere, et super his oportuna adhibere remedia, huiusmodi suplicationibus vestris inclinati, volumus et vobis concedimus, quod tres episcopi, vel superiores ipsis, aut alii viri probi, presbiteri seculares, vel Mendicantium, aut non Mendicantium ordinum religiosi, quadragessimum sue etatis annum tran[s]cendentes, bone con[s]cientie et vite laudabilis in theologia magistri, seu bacalaurei, aut in iure canonico doctores, vel cum rigore examinis licenciati, Deum timentes, quos in singulis civitatibus et diocesibus regnorum predictorum, iuxta locorum exigentiam ducceritis[!] eligendos pro tempore, aut saltim duo ex eis, [?] huiusmodi criminum reos et receptatores et fautores eorum, eisdem prorsus iurisdictionem[!], proprietate[!] et authoritate fungantur, quibus funguntur de iure vel consuetudine locorum ordinarii et heretice pravitatis inquisitores; non obstantibus constitutionum[!] ordinationibus apostolicis contrariis quibuscunque, seu si aliquibus communiter vel divisim a sede apostolica indultum existat quod interdici, suspendi aut excommunicari non possint per litteras apostolicas non facientes plenam et expressam ac de verbo ad verbum de indulto huiusmodi mentionem. Nos enim, vobis probos viros huiusmodi totiens quotiens vobis videbitur as[s]umendi, et asumtos[!] amovendi, ac alios eorum loco subrogandi, necnon eisdem probis viris, quos per vos asummi[!] contigerit pro tempore, iurisdictione, proprietate[!] et authoritate predictis in huiusmodi criminum reos ac fautores et receptatores eorum utendi, facultatem concedimus per presentes[!]. Vos autem ad premis[s]a tales viros eligere et as[s]umere studeatis, quorum probitate, integritate et diligentia hortati[!], fructus exaltationis fidei et salutem animarum inces[s]anter proveniant adeo[?] speramus. Nulli ergo... Si quis ... Dat. Rome, apud Sanctum Petrum, anno Incarnationis Dominice millesimo quadringentesimo septuagesimo octavo, Kalendis Novembris, pontificatus nostri anno octavo.

Source: Madrid, Arch. Hist. Nac. Inq. 1, No. 5.

Publication: Baer, *Spanien* 2, pp. 344f.; Llorca, *Bulario*, pp. 51f; Fita, *España Ebrea* 1, pp. 73f.

Bibliography: Bzovius, *Annalium Ecclesiasticarum* 6, a. 1481, §11; Eckert, *Hoch- und Spätmittelalter*, p. 260; Edwards, *Mission and Inquisition*, pp. 144f.; Herculano, *Inquisition in Portugal*, p. 95; Kunstmann, *Cardinal Ximenes*, p. 780; Pastor, *History of the Popes* 4, pp. 398f.; Rodrigo, *Inquisition* 2, pp. 96f.

1001*   1479

Listing of duties and powers of the papal *soldanus*, including authority to arrest Jews who do not wear the badge: they must not be imprisoned, unless caught at night, and are to be brought before their competent judge.

1479

De soldani et ipsius capitanei pro tempore officii executione, deque ipsius officii proventibus et emolumentis, tam ordinariis quam extraordinariis.

Soldanus sanctissimi domini nostri pape, licet ex antiqua potius consuetudine quam privilegio, in lignario et artem fluminis exercentes, quandam exerceat iurisditionem, noscitur tamen in primis designatus executor omnium dumtaxat sententiarum et mandatorum reverendi patris domini auditoris camere pro tempore, cuius soldani nomen per abusum hodie exequitur ipsius capitaneus; verum, cum eis non liceat aliquem capere vel carcerare sine speciali mandato et commissione ipsius domini auditoris, vel alterius superioris ad hoc autoritate habentis, quia tamen plerumque per capitaneos pro tempore designatos exceditur, ad refrenandum excedentium audaciam, nec per abusum moribus predecessorum inherendo excedant, presentibus certam legem dare volumus, qui de cetero usi suis sint terminis contenti et nostris mandatis inviolabiliter aquiescant. De cetero itaque, soldanus vel eius capitaneus sua auctoritate neminem capiat, vel captum incarceret, preter actu ludentes et ludere expertos, ad ludos tantum prohibitos ex bannimentis de mandato S.^{mi} d.n. pape publicatis ...

Ebreos non ferentes in vestibus signum consuetum. Quos omnes sic prenominatos per eos captos, nec quoquo modo carcerare eisdem liceat, nisi forte de nocte caperentur, sed statim illos presentare teneantur iudicibus suis, et de eisdem disponere prout ipsis fuerit per eosdem iudices mandatum ...

De mandato S.^{mi} d.n. pape vive vocis oraculo nobis facto, ita mandamus observari ut supra scriptum est. G[uillelmus], cardinalis Rothomagensis, domini pape camerarius, manu propria.

Source: ASV, Arm. XXIX, vol. 40, fols. 39r–43v.

Note: The *soldanus* was the officer commanding the papal police.

1002   Rome, 14 January 1479

Mandate, if the facts are established, to the prior of the church in Saragossa and Petrus Lana, canon there, to confine the Jews in Saragossa to their former quarter which they are said to have extended, to move Christians from there, and to enforce the restrictions and other regulations imposed on the Jews, including the wearing of the badge and prohibition of social intercourse and of economic relations with Christians.

Sixtus etc. Dilecto filio priori ecclesie Cesaraugustane, salutem etc. Disposicione divina, meritis licet insufficientibus, super gregem Dominicum constituti, ad ea vigilis more pastoris, partes nostre solicitudinis convertimus, per que ipsius gregis status feliciter dirigatur, et que cum Dei offensa in illis vergunt discrimen ac vilipendium, necnon animarum periculum, ne noxe graviores ex contagione Iudaica et infidelium aliorum populorum, sive peiores exitus prodeant, ac pravorum versutiis religio Christiana fedatur, quantum nobis ex Alto permittitur, de medio tollere, diligenti studio curamus. Ad nostrum siquidem nuper, non sine quadam mentis amaritudine, pervenit auditum quod, licet a diversis Romanis pontificibus predecessoribus nostris, de Iudeis inter Christianos habitare et conversari ipsis liceat, quamplura salubria constitutiones, decreta et littere apostolice emanaverint, necnon Iudei in civitate Cesaraugustana commorantes locum specialem in centro ipsius civitatis ac tuciori eius parte, muris eiusdem civitatis magnisque turribus circumvallatum, ac spaciosum, pro eorum habitatione habere noscantur, nichilominus tamen Iudei qui dictam civitatem inhabitabant, propriis affectibus incumbentes, ac concessis sibi ex gratia limitibus non contenti, ut

Christicolas a veritate seducere, et se voluptatum suarum compotes facere valeant, a quibusdam citra elapsis temporibus magna in copia ex ipso eorum loco, qui multo plures commode capere posset, egredientes, inter Christicolas ipsos infra limites parrochie parrochialis ecclesie Sancti Michaelis Archangeli, de los Navarros vulgariter nuncupate, Cesaraugustane, domos conducere et emere, easque ampliare et extollere, ac inter Christianos habitare presumpserunt, eorum locum predictum relinquendo, passimque cum dictis Christianis coniunctim habitare, et tres magnos vicos prefate parrochie Sancti Michaelis, de los Navarros vulgariter nuncupate, reliquorum parrochianorum vicis coniunctos, occupare ceperunt, prout de facto occupant de presenti, et in uno ex eisdem vicis quandam synagogam de novo alias construxerunt, ac domum quandam, ad cuius hostium ymago prefati sancti Michaelis depicta erat, ac lampas certis diebus in ebdomada, ob reverenciam dicti sancti ex devocione fidelium Christianorum ardere seu illustrare solebat, emerunt, et predictam ymaginem totaliter extinxerunt, ac ipsam domum dicte synagoge sue, ne ad manus Christianorum redire possit, perpetuo applicarunt, necnon turrim magnam in muris civitatis, iuxta hebraismum dictorum Iudeorum sitam, pariter emerunt, et domum altam in eadem fabricarunt, ac etiam ymaginem beate Marie Virginis lapideam, in dicta turri olim fixam, deposuerunt, et hostium ad viam publicam Christianorum apperuerunt, quo fit ut ex commixtione huiusmodi non pauca in vilipendium Catholice fidei perpetrentur dietim scelera nephandaque flagitia, quoniam utriusque sexus Christicole cum predictis Hebreis de ipsorum cibariis sepe, etiam in Quadragesima et aliis diebus prohibitis, una simul vescuntur, nocteque superveniente in ipsorum Iudeorum edibus pernoctant et quiescunt, ac exinde proles adulterine Hebreorum et feminarum Christicolarum, et e converso, promiscue plures inibi sublevantur. Et non solum hec eadem et deteriora Iudei ipsi committunt, sed etiam vicinas mulieres in eorum domibus cum quibusvis personis meretricari, easque prostitui patiuntur, locum dantes spurcitiis et adulteriis, ac homines illa perpetrantes sepius inducunt, tuentur et celant. Diebus vero festivis et Sabbatorum, ignem aliaque servicia, per Christianos sibi fieri faciunt; plerumque ita contingit, quod Hebreus pater una cum Christianis filiis simul in eadem domo commorantur, simulque vescuntur; nonnulli etiam e dictis parrochianis Hebreos cohabitatores, causa lucri, in eorum domibus sub annua pensione retinent, simulque pluries convescuntur, et Sabbatum omnes custodiunt; die autem Dominica quecumque mecanica et vilissima opera faciunt, Christicolas sua conversacione assidua pervertendo. Ac in tanta confusione Iudei infideles et Christiani in dicta parrochia una simul commorantur, cohabitant, ac convescendo et dormiendo, prolesque inde suscipiendo, participant, ut nulla prorsus Christiane veritatis et Mosayce legis credatur esse discretio, et omne contubernium inter utriusque legis sectatores credi posset esse permissum. Quotiens vero Eucharistie, vel aliud sacramentum, fidelibus infirmis a sacerdote defertur, Iudei predicti ex domibus eorum foris ad hostia prodeunt festinanter, sacrosancta misteria deridentes; et cum domus Iudeorum a domibus Christianorum vix discerni possint, accidit interdum, quod sacerdos infirmis deferens Eucharistie sacramentum, domum Hebrei intrat, ex quo maximum alias fuit scandalum subsequutum, alia quoque, propter cohabitationem contiguam huiusmodi, quasi annuatim scandala generantur. Nam in habitu etiam Iudei nullam a fidelibus discretionem aut signum deferunt, sed clamides longas et habitum Christianorum deferre, togatique, sacerdotum more, incedere non verentur, quibus sepius a Christianis, putantibus eos esse presbiteros, reverentia exhibetur. Aliqui vero, et plurimi eorum fetidi exercitiis purgandi, scilicet coria artificiata, cum sacrosancta missarum solemnia in prefata Sancti Michaelis et monasterii monialium Sancte Catherine, ordinis Sancte Clare, ecclesiis, prefatis Iudeorum vicis valde propinquis, celebrantur, coria ipsa in purgatoriis existentia miscere, et lividas atque fetidissimas aquas agitare non formidant. Ex quibus tam horribiles insurgunt fetores, quod ecclesias prefatas et circumstantes vicinos graviter inficiunt, ac celebrantes presbiteros provocant plerumque ad vomitum, et multi a visitatione dictarum ecclesiarum et divinorum frequentatione officiorum plurimum retrahuntur; ac dilecte in Christo filie moniales dicti monasterii, vicine et contigue Iudeis predictis, propter fetores maximos huiusmodi ut plurimum infirmantur, pro quibus contra huiusmodi exercitium facientes, licet due diffinitive sententie alias late fuerint, nunquam tamen obtinere potuerunt illas executioni debite demandari, sed, propter flagitiorum impunitatem, ipsi Iudei in dies peiora ausu temerario committunt; et cum, iuxta illarum partium morem, nonnulli iuvenes Christiani in diebus Lamentacionum lapides contra Iudeorum domos proiciant, et per custodes in dicta civitate sive loco ad illos custodiendum deputatos nequeant usque quaque arceri, huiusmodi lapides tecturas et domicilia Christianorum, propter tam coniunctam convicinitatem et commixtam situacionem domorum, confringunt et devastant, ipsique Iudei ex eorum domibus per fenestras contra vicinorum Christianorum domos de nocte lapides occulte proiciunt, propter quod magna inter eosdem Christicolas, premissa tollerare ulterius non valentes, suborta fuerunt scandala, et oriuntur in dies, venientes ad arma inter se, usque ad sanguinis effusionem. Et quamquam, ut accepimus, dilecti filii Ludovicus de Sancta Cruce, ordinis fratrum Minorum, et Petrus Lana ac Lazarus Toich[.]t, canonici ecclesie Cesaraugustane, sacre theologie professores, in suis sermonibus et predicationibus, rectores et populum civitatis eiusdem publice requisiverint ac eos sepius hortati fuerint, ut circa premissa providere deberent, nichil tamen exinde subsequutum fuit. Quare pro parte dilecti filii Iohannis Rubei, alias Pertusa, familiaris nostri, continui commensalis, moderni rectoris ac universorum parrochianorum dicte ecclesie Sancti Michaelis, necnon monialium predictarum nobis fuit humiliter supplicatum, ut super hiis, que in maximum Christiane fidei vilipendium, animarum periculum, et divine maiestatis offensam cedere dinoscuntur, oportune providere, de benignitate apostolica dignaremur. Nos igitur, qui de premissis aliam notitiam non habemus, attendentes quod, si premissa veritate nitantur, non possumus nec debemus ea, sine magna Creatoris offensa, conniventibus occulis, sub dissimulatione preterire, sed potius tenemur, ut equum est, ita providere, ut Iudei predicti ac illorum fautores Christiani, penarum impositionibus territi, vereantur in eorum perniciosos ausus relabi, et fideles ipsi per semitas veritatis incedentes, de facili non habeant perversorum seductionibus claudicare, discretioni tue per apostolica scripta mandamus, quatinus per te, vel dilectum filium Petrum Lana, canonicum Cesaraugustanum, super premissis omnibus et singulis summarie, simpliciter et de plano, ac sine strepitu et figura iudicii, inquiras, auctoritate nostra, diligentius veritatem, et si per inquisitionem huiusmodi reppereris premissa veritate subniti, omnes et singulos Iudeos in predicta civitate extra suum ab olim eis assignatum locum ubilibet commorantes, ad huiusmodi eorum locum a Christianis secedere, et simul in dicto eorum loco perpetuo habitare, per subtractionem communionis fidelium et alias de quibus tibi racionabiliter videbitur penas, eadem auctoritate, compellas, invocato ad hoc, si opus fuerit, auxilio brachii secularis. Et nichilominus statuas et ordines, quod de cetero perpetuis futuris temporibus Christiani, sub pena excommunicationis late sentente, non debeant commedere aut bibere cum Iudeis, seu ipsos ad convivia admittere, aut cum eis cohabitare seu balneare, aut apothecas mercimoniarum retinere, neque vendere, nec inire arrendaciones, conductiones, locationes et emptiones, presertim domorum extra sibi, ut prefertur, concessum locum, quas, si Iudei emere presumpserint, ipso facto prefate ecclesie Sancti Michaelis, ubi domus site fuerint, volumus applicari, ita quod liceat parrochianis eiusdem tales domos pro eadem ecclesia auctoritate propria apprehendere, et pensiones seu pretium illarum in reparacionem ipsius ecclesie convertere; quodque deinceps caveant ipsi Iudei Christianorum computatores, negotiorum gestores, mediatores, prosenete, sponsalium et matrimoniorum pertractatores, seu obstetrices esse, aut in domibus sive locis et bonis Christianorum aliquod opus exercere, vel cum Christianis societatem in aliquo contractu vel artificio habere, aut synagogas de novo construere, sed tantum antiquas in eorum Ebraismo sitas, non tamen ampliores vel preciosiores reficere, nec in diebus Lamentacionum ac Dominice Passionis per loca publica Christianorum incedere, sive portas vel fenestras apertas tenere, nec nutricem, familiarem, vel servitorem ex Christianis habere quoquomodo. Preterea, omnibus et singulis Iudeis, cuiuscunque sexus atque etatis fuerint, ut distinctum habitum ac notoria signa, per que a Christianis discerni possint, ubique deferant, et non inter Christianos, sed in locis dumtaxat eis, ut premittitur, deputatis, aut deputandis, habitent, sub similibus penis strictissime precipiendo imponas. Non obstantibus quibuscunque privilegiis eis quomodolibet, eciam apostolica auctoritate, concessis, que in premissis ac aliis, in decretis sanctorum patrum et litteris ipsis contenta, nolumus eis in aliquo suffragari, sed illa penitus revocamus. Nos enim, ut premissa facilius et commodius exequi valeas, carissimum in Christo filium nostrum regem Aragonum illustrem, necnon eius primogenitum, gubernatorem ac baiulum generalem, merinos, capitaneos, armigeros, barones, nobiles, milites, communitates, et ceteros quoscunque Christifideles, et etiam officiales, tam ecclesiasticos quam seculares, in prefato regno commorantes, cuiuscunque status, gradus, ordinis, vel conditionis fuerint, obsecramus in Domino, et per aspersionem sanguinis Domini nostri Ihesu Christi hortamur, eisque in remissionem suorum peccaminum iniungimus, ut tibi, vel pro te, prefato Petro, in premissis omni auxilio, consilio et favore assistentes, decreta et decretales epistulas ac constitutiones apostolicas circa predicta observent, et tam per Christianos quam Iudeos et subditos suos faciant inviolabiliter observari. Utriusque vero sexus Christifidelibus, ac Iudeis prefatis, precipimus, quatinus infra triginta dierum spacium a die publicationis presentium, in loco in quo ipsi degunt faciende computandorum, omnia et singula decreta, decretales epistulas et constitutiones predictas, ac in illis et in presentibus nostris litteris contenta, observare incipiant, et firmiter continuanda manutenere studeant. Nec de cetero ullo unquam tempore contra premissa, vel aliquod eorum, in toto, vel in parte, per se, vel alium, seu alios, quovis quesito colore, directe vel indirecte venire, facere, seu aliquod attemptare in favore, vel auxilium, aut defensionem predictorum Iudeorum audeant, vel presumant. Alioquin, lapsis diebus eisdem, in qualibet ex eis qui nostris precepto et litteris huiusmodi non paruerint cum effectu, si Christiani, cuiuscunque ecclesiastice vel mundane dignitatis, status, gradus, vel conditionis existant, ex nunc prout ex tunc excommunicamus; si vero Iudei fuerint, omnium bonorum suorum, mobilium et immobilium, privacionis et amissionis sentencias, auctoritate predicta, harum serie ferimus et promulgamus; quequidem bona, vel eorum precium, fabrice prefate ecclesie Sancti Michaelis confiscamus, et in illius reparationem converti et exponi volumus. Non obstantibus ... Dat. Rome, apud Sanctum Petrum, anno Incarnationis Dominice millesimo quadringentesimo septuagesimo octavo, decimo nono Kalendas Februarii, pontificatus nostri anno octavo.

Source: ASV, Reg. Vat. 670, fols. 226v–229v.

Bibliography: Baer, *Spanien* 1, pp. 896f.

1003 Rome, 27 April 1479

Commission and mandate to the abbot of St. Maria de Monte Sion outside the walls of Toledo, the prior of St. Bartholomé de Lupiana, in the diocese of Toledo, and Franciscus Capata, canon in the church of Toledo, to have Didacus (Petrus) della Cavalleria accepted into the ranks of the Order of Calatrava if they find him suitable, notwithstanding the Order's exclusion of *conversos* and other ignoble persons.

Sixtus etc. Dilectis filiis abbati Beate Marie de Monte Sion extra muros Toletan., et per priorem soliti gubernari, priori Sancti Bartholomei de Lupiana, Toletane diocesis, monasteriorum, ac Francisco Capata, canonico ecclesie Toletane, salutem etc. Apostolice sedis gratiosa benignitas regularem vitam ducere cupientibus apostolicum presidium libenter impartitur, illosque specialibus favoribus et gratiis prosequitur, quos virtutum merita multipliciter recommendant, ut eorum pium propositum possint ad laudem divini nominis adimplere. Cum itaque, sicut exhibita nobis nuper pro parte dilecti filii Didaci della Cavalleria, laici Toletane diocesis, petitio continebat, in quadam diffinitione seu constitutione militie de Calatrava, Cisterciensis ordinis, caveatur expresse quod nullus ignobilis, vel non generosus fidalgus, more illius patrie nuncupatus, sub excommunicationis pena, in fratrem dicte militie assumatur, et magistro pro tempore dicte militie Castelle et Legionis regnorum sub eadem excommunicationis late sentente pena, inhibeatur ne aliquos de genere Iudeorum descendentes, qui in partibus illis conversi nuncupantur, seu alios ignobiles, ad dictam militiam, vel ad cancellariatus computatorie, et alia illius officia per eosdem fratres exerceri solita, admittere possit seu debeat. Et, sicut accepimus, dictus Petrus cupiat una cum dilectis filiis conventu dicte militie sub regulari habitu virtutum Domino familiari. Nos ipsum Petrum, qui, ut asserit, in servitiis dilecti filii Roderici Tellez Giron, magistri dicte militie, a iuventute sua nutritus, et fidelis Christianus ac ex fidelibus parentibus procreatus existit, licea[!] a genere conversorum predictorum originem traxerit, apud nos de religionis zelo, vite ac morum honestate, aliisque probitatis et virtutum meritis multipliciter commendatum, in huiusmodi suo laudabili proposito confovere, ac premissorum intuitu gratioso favore prosequi volentes, ipsumque Petrum a quibusvis excommunicationis, suspensionis, interdicti, aliisque ecclesiasticis sententiis, censuris et penis, a iure vel ab homine, quavis occasione vel causa latis, si quibus quomodolibet innodatus extitit, ad effectum presentium dumtaxat consequendum, harum serie absolventes et absolutum fore censentes, discretioni vestre per apostolica scripta committimus et mandamus, quatinus vos, vel duo, aut unus vestrum, per vos, vel alium, seu alios eundem Petrum, si sit ydoneus, et aliud canonicum non obsistat, faciatis auctoritate nostra in prefata militia, dummodo ad id prefati magistri expressus accedat assensus, in fratrem recipi, sibique iuxta ipsius militie consuetudinem regularem habitum exhiberi, ac de communibus illius proventibus, sicuti uni ex aliis eiusdem militie fratribus, integre responderi, ac sincera in Domino caritate tractari; et nichilominus ab eodem

Petro regularem professionem per eosdem fratres emicti solitam, si eam in vestris manibus sponte emittere voluerit, eadem auctoritate recipiatis et admittatis; contradictores per censuram ecclesiasticam etc. Nos enim, eidem Petro ut, postquam habitum susceperit et professionem huiusmodi emiserit, ut prefertur, ut quamcunque preceptoriam sive commendam per fratres dicte militie teneri consuetam, seu quoscunque redditus eisdem fratribus assignari solitos, si sibi alias canonice conferantur aut assignentur, recipere et levare, ac ad predicta et ad quecunque alia honores et officia prefate militie assumi, illarumque[!] gerere et exercere, nec non prefato magistro quod eundem Petrum in fratrem dicte militie recipere, et habitum huiusmodi sibi exhibere, ita quod propterea premissam excommunicationis aut alias censuras et penas in dicta diffinitione seu constitutione contentas minime incurrat, libere et licite possit et valeat in omnibus et per omnia perinde ac si a dicta origine conversorum predictorum minime descendisset, ipseque iuxta dicte diffinitionis tenorem generosus existeret, auctoritate apostolica, tenore presentium de speciali gratia concedimus pariter et indulgemus. Non obstantibus ... etc. aut si pro aliis in dicta militia scripta forsan apostolica sint directa, seu si pro tempore existenti dicte militie magistro et conventui prefatis, vel quibusvis aliis, communiter vel divisim, a dicta sit sede indultum ... Dat. Rome, apud Sanctum Petrum, anno Incarnationis Dominice millesimo quadringentesimo septuagesimo nono, quinto Kalendas Maii anno octavo.

Source: ASV, Reg. Lat. 800, fols. 71v–73r.

Note: On Rodrigo Tellez Giron, master of the Order of Calatrava, 1466–1482, see Gutton, *L'Ordre de Calatrava*, pp. 103f.; Beinart, *Ciudad Real* 1, p. XIV, and *passim*. He was one of the leaders of the rebellion in Ciudad Real in 1474. On Pedro de la Cavalleria, see Baer, *Spanien* 2, pp. 449f., 460f. St. Bartolomé de Lupiana was the monastery of Alfonso de Oropesa, author of *Lumen ad revelationem gentium et gloriam plebis Israel*.

Bibliography: Browe, *Kirchenrechtliche Stellung*, pp. 12, 165; Simonsohn, *Limpieza de Sangre*, p. 306.

1004*   Rome, May 1479

Concession of safe conduct, valid for two months, to Dattolus Sabati of Viterbo and a party of twenty to travel to Florence and from there to Viterbo or other papal territories, to bring his bride Stellina of Florence to Viterbo or the Patrimony, and mandate to all whom it may concern to aid and protect them.

Guillermus etc. Dilecto nostro Dattolo Sabati, Ebreo Viterbiensi, salutem. Cum tu, ut asseris, nuper cum quadam Ebrea Florentina matrimonium contraxeris, desideresque illam ad civitatem Viterbiensem seu Patrimonium Sancte Romane Ecclesie conducere, dubitas tamen, propter guerras et alia temporum discrimina que in presenciarum vigent, id absque nostra securitate et salvo conductu commode exequi posse. Nos igitur, volentes te et uxorem tuam huiusmodi, Stellinam nomine, cum famulis et servitoribus Ebreis vestris et cuiuslibet vestrum, totaque utriusque sexus comitiva vestra, inter quos, ut asseris, erunt magister Abraham Moysi de Prato, in artibus et medicina magister, Salomon Manuelis de Sancto Miniato, Abraham magistri Venture de Prato, Abramucius de Cortona, et alii Ebrei eiusdem societatis, etiam si aliqui ex dicta societate Christiani Florentini, seu alterius cuiuscumque nationis fuerint, in totum usque ad numerum viginti, plena ubique securitate gaudere, de mandato S.^{mi} domini nostri pape super hoc vive vocis oraculo nobis facto, et auctoritate nostri camerariatus officii, vobis, ac famulis, servitoribus et comitive vestris prefatis, coniunctim vel separatim, presentium ostensoribus, de hac alma Urbe ad civitatem Florentinam, seu alias civitates, terras, castra, et loca Florentinorum dominio subiecta, ac de eis seu qualibet earum ad Viterbiensem aliasque quasvis civitates, terras, castra et loca Sancte Romane Ecclesie mediate vel immediate subiectas, eorumque territoria seu districtus, quocumque volueritis et vobis placebit, cum comitiva vestra prefata, mulis, equis, equitaturis, aliisque rebus et bonis vestris et suis, absque iniuria, damno, molestia, seu impedimento quocumque, reali vel personali, vobis vel alicui vestrum inferendis, eundi, veniendi, standi, morandi et pernoctandi, et exinde ad vestrum et cuiuslibet vestrum libitum discedendi, bonaque vestra predicta, salmas, capsias, fardellos, valisias, bogias, forceria, vestes novas et veteres, lectorum paramenta et ornamenta, domorum utensilia, aurum, argentum, monetatum et non monetatum, lapides pretiosos, monilia, iocalia, res et bona quecumque, in quibuscumque rebus consistentia, asportandi, dummodo arma et alia prohibita ad terras et exercitum inimicorum Sancte Romane Ecclesie non deferatis, vos coniunctim vel separatim transferendi, solutis tamen per vos gabellis et aliis iuribus consuetis, licentiam, securitatem, liberum, tutum et salvum conductum, tenore presentium damus atque concedimus; vosque et quemlibet vestrum, ac famulos, servitores et comitivam prefatos assecuramus et affidamus; mandantes et earundem presentium tenore districte precipientes omnibus et singulis communitatibus, populis, universitatibus, ducibus, marchionibus, comitibus, baronibus, militibus, ac civitatum seu provinciarum gubernatoribus, rectoribus, potestatibus, vicariis, thesaurariis, castellanis, barisellis, passageriis, rochetarum pontiumque et passuum, ac aliorum quorumlibet locorum custodibus, gentiumque armigerarum capitaneis et ductoribus, ad Sancte Romane Ecclesie et cuiusvis alterius stipendia militantibus, et quibusvis aliis hominibus et personis eidem sanctissimo domino nostro et Sancte Romane Ecclesie subditis prefatis, non subditos vero rogamus et hortamur in Domino, ut hanc presentem nostram securitatem et salvum conductum inconcusse teneant firmiter et observent, faciantque ab aliis teneri et observari. Et nichilominus te cum uxore et comitiva prefatis, presentium ostensoribus, dum per nostras vel suas civitates, terras, castra, villas, territoria, districtus, pontes, passus, portus, et alia loca predicta, tam in eundo quam in stando et redeundo, et tam per terram quam per aquam, cum vestris mulis, equis, salmis et rebus aliis predictis, vel sine illis, vos transitum facere, aut stare, vel morari contigerit, et eos vel eorum quemlibet duxeritis, seu aliquis vestrum duxerit requirendos de hospicio, victualibus et aliis rebus necessariis, necnon de scorta, securo et salvo conductu, vobis prout fuerit oportunum, provideant, seu provideri faciant, vestris tamen expensis, vosque pro nostra et sedis apostolice reverentia habeant propensius commendatos; constitutionibus et ordinationibus apostolicis, civitatumque et terrarum ac aliorum locorum predictorum statutis et consuetudinibus, ceterisque in contrarium facientibus non obstantibus quibuscumque; presentibus post duos menses vero minime valituris. Dat. Rome, in camera apostolica, die [empty space] mensis Maii, anno a Nativitate Domini MCCCCLXXVIIII, indictione XII, pontificatus vero sanctissimi in Christo patris et domini nostri, domini Sixti, divina providencia pape anno octavo.

Source: ASV, Arm. XXIX, vol. 39, fols. 269v–270r.

Note: On Magister Abraham son of Moyse da Prato see Cassuto, *Firenze*, pp. 184, 317; and on Salomon da San Miniato, *ibid.*, pp. 126, 144, 222.

1005   Rome, 1 June 1479

Commission and mandate to John of Aragon, cardinal deacon of St. Adrian, to suppress usury, Christian and Jewish, in the territories of his legation.

Sixtus etc. Dilecto filio Ioanni de Aragonia, Sancti Adriani diacono cardinali, etc. Cum te presencialiter destinemus et, sicut accepimus, nonnulli, tam Christiani quam Iudei, regnorum, provinciarum, civitatum, terrarum et locorum predictorum a diversis aliis, eciam tam Christianis quam Iudeis, ecclesiis et ecclesiasticis locis, multa hactenus extorserunt et adhuc extorquere nituntur per usurariam pravitatem de solvendis et non repetendis usuris huiusmodi, extortis ab ipsis solventibus nihilominus iuramentis, confectis exinde publicis instrumentis ac litteris, necnon fideiussoribus, pignoribus, bonorumque tam mobilium quam immobilium obligacionibus, ipotecacionibusque, et aliis caucionibus datis ab ipsis, ac sentenciis, renunciacionibus et penis, ac aliis diversis et excogitatis modis seu versuciis aut fallaciis adiectis, variosque processus, diversas excommunicacionis, suspensionis et interdicti sentencias continentes, contra eosdem solventes, eciam auctoritate apostolica, fieri fecisse dicuntur, nos super premissis de oportuno remedio providere volentes, circumspectioni tue commictimus et mandamus, quatinus postquam limites tue legacionis intraveris, ut, illa durante, per te, vel alium, seu alios, dictos usurarios tot quot, et cuiuscunque dignitatis, status, gradus, ordinis, vel condicionis fuerint, quod huiusmodi iuramenta relaxent, fideiussores super hoc datos a fideiussione huiusmodi absolvant et pignora restituant, necnon bona huiusmodi obligata et ipotecata liberent et quietent, monicione premissa, Christianos, videlicet, per censuram ecclesiasticam, Iudeos, vero, per subtraccionem communionis fidelium, et eisdem iuramentis relaxatis, ac dictis fideiussoribus absolutis, ut sua maneant sorte contenti, non obstantibus licteris, instrumentis, caucionibus, iuramentis, renunciacionibus et penis, ac aliis predictis, et a prefatis solventibus sic extorta restituant, et ab usurarum exaccione de cetero desistant, eciam per penam in Lateranensi consilio contra usurarios editam, et aliarum de quibus tibi videbitur inflictionem penarum, appellacione remota, compellas. Seu si relaxare, absolvere, restituere, liberare et quietare, ut prefertur, non curaverint, ac tibi per te, vel alium, seu alios, vocatis predictis et qui fuerint evocandi, de usuraria pravitate huiusmodi, summarie, simpliciter et de plano, absque strepitu et figura iudicii, sola facti veritate inspecta, constiterit dictos solventes, seu obligatos, et a quibus usuram huiusmodi extorserunt, seu extorquere presumunt, ac fideiussores, pignora et bona predicta obligata ac obligatos non esse, nec ad solucionem usurarum predictarum et ad iuramentorum super eis, ut premictitur, prestitorum observacionem nullatenus teneri, auctoritate apostolica, appellatione postposita, denuncies. Testes autem qui fuerint nominati, si se gracia, odio vel timore subtraxerint, censura simili, appellacione cessante, compellas veritati testimonium perhibere. Non obstantibus... Dat. Rome, apud Sanctum Petrum, anno Incarnacionis Dominice millesimo quadringentesimo septuagesimo nono, Kalendis Iunii, pontificatus nostri anno octavo.

Source: ASV, Reg. Vat. 680, fols. 197v–199r.

Note: John of Aragon, cardinal deacon of St. Adrian, was papal legate in Hungary and Germany. See also below, Doc. **1040a**.

1006 Rome, 4 July 1479

Concession, *motu proprio*, to Savona to set up a *Monte di Pietà* modelled after that in Perugia, thus allowing the town to do without money-lenders, especially Jewish ones.

Sixtus episcopus, servus servorum Dei. Ad perpetuam rei memoriam. Ad sacram Petri sedem in plenitudine potestatis divina dispositione vocati, ad ea, ut decet, libenter intendimus, per que pauperum et miserabilium personarum necessitatibus utiliter et salubriter valeat provideri, et ut que propterea provide ordinantur, ad optatum perducantur effectum, interponimus sollicitudinis nostre partes. Sane, sicuti accepimus, dilecti filii communitas [Ms.: communitatis] civium civitatis Savonensis provide considerantes quod in civitate predicta continue sunt quamplurimi pauperes, quorum aliqui adeo pecuniis carere noscuntur, ut in eorum oportunitatibus expediat eos ad feneratores, et presertim Hebreos in civitate predicta degentes, persepe habere recursum, et ab eis, pignoribus traditis, sub non levibus usuris, pecunias mutuo recipere. Aliqui vero, quamquam pro eorum decenti substentatione facultates habeant, nihilominus vitam ducentes dissolutam, ut eorum noxios affectus adimpleant, ad eosdem feneratores ultro se offerentes, recurrunt, et sub huiusmodi usuris pecunias mutuo recipiunt ab eisdem, quas postea in malos usus convertunt, et statuto termino illas non restituentes, pignora perdunt, sicque paulatim ipsi feneratores tenues facultates exhauriunt eorundem per usurariam pravitatem, eos ad extremam miseriam deducentes in dies, quod non esset, si Hebrei publici feneratores non degerent ibidem; ut huiusmodi incommodis, que exinde proveniunt [Ms.: perveniunt], obvient, cupiunt ad instar dilectorum filiorum civium civitatis nostre Perusine [Ms.: Perusiensis], in predicta civitate Savonensi, ex piis Christifidelium suffragiis, ac alias colligere, et in unam massam, que Mons Pietatis nuncupetur, redigere aliquam non parve pecunie summam, de qua personis pauperibus et egenis per officiales desuper ordinandos, examinata causa necessitatis eorum, ac receptis pignoribus ab eisdem, oportune valeat proportionabiliter subveniri, eo modo quo subvenitur ex pecuniis Montis Pietatis in prefata Perusina civitate, dudum apostolica auctoritate interveniente ordinati, dummodo eis desuper per nos licentia concedatur. Nos autem, qui prefatam civitatem Savonensem, que nostris dedit ortum natalibus, et illius incolas speciali dilectione prosequimur, ac gerimus in visceribus charitatis, et de incolarum eorundem paupertate, quibus profecto compatimur, plenam habemus notitiam, propositum communitatis eorundem super ordinatione dicti Montis, que eisdem incolis non parum profutura esse dignoscitur, plurimum in Domino commendantes, et propter grandia expensarum onera, que nobis incumbunt, ad id eis, ut vellemus, de aliqua notabili pecunie summa in presentiarum commode providere non valentes, prout omnino, cessantibus oneribus huiusmodi, facere intendimus, et faciemus in posterum, alios Christifideles per celestis thesauri dispensationem, ad augendam interim massam predictam, ac alias invitare decrevimus, ut sic tam pauperum necessitati, quam adiutrices ad id porrigentium manus, animarum saluti consulamus. Motu igitur proprio, non ad communitatis Savonensis predictorum, aut alterius pro eis nobis super hoc oblate petitionis instantiam, sed de nostra mera liberalitate [Ms.: deliberatione] et ex certa nostra scientia [Ms.: Saonensi], communitati prefate [Ms.: prefatis] ordinandi Montem Pietatis huiusmodi in dicta civitate Savonensi [Ms.: Saone], et officiales, ac statuta, que pro illius manutentione et conservatione, ac distributione proventuum eius, pauperum quoque subventione, eis pro tempore necessaria, seu quomodolibet oportuna videbuntur, instituendi, ad instar similis Montis Pietatis dudum ordinati in civitate predicta Perusina, auctoritate, apostolica licentiam et facultatem concedimus per presentes. Et ut eiusdem Montis Pietatis Savonensis proventus in dies suscipiant incrementum, et Christifideles ad illos augendum eo promptiores existant, quo exinde pro suarum animarum salute maiora se cognoverint commoda adipisci, motu, scientia, et auctoritate predictis statuimus et ordinamus quod de cetero perpetuis futuris temporibus persone ecclesiastice, etiam religiose cuiusvis ordinis, etiam Mendicantium, in presbyteratus ordine constitute, etate mature, moribus conspicue, et timorate conscientie, boneque opinionis, reputationis et fame, quas communitas prefata, seu ad id ab eis auctoritatem habentes, pro tempore duxerint nominandas, ad nutum communitatis eorundem amovibiles, quelibet male ablata, incerta legata quecunque hactenus piis locis, ac pauperibus et aliis personis incertis, in eorum favorem alias pie disposita in civitate predicta Savonensi et eius diocesi, nec non in civitate [Ms.: et diocesi], Albensi, ac in Riparia Occidentali, et etiam illa, que facta forent, et in futurum fierent, ecclesiis, piis locis, pauperibus, et personis ecclesiasticis quibuslibet [Ms.: certis] in civitate predicta Savonensi et illius territorio consistentibus, dummodo quo ad huiusmodi certa, pie disposita, ordinarii illius loci, seu eius in spiritualibus vicarii generalis, et capituli, necnon maioris partis consilii Savonensis accedat assensus, in totum, vel pro parte, prout eis videbitur, in piam causam dicti Montis commutare, et commutationem [Ms.: commutatione] huiusmodi factam [Ms.: facta] nomine dicti Montis ab aliis, qui ad huiusmodi male ablatorum restitutionem, et pie legatorum seu dispositorum solutionem et complementum tenentur et tenebuntur, illa petere et exigere, solventesque liberare, et subsistente aliqua rationabili causa, quando eis videbitur, cum eisdem, qui ad id tenentur, amicabiliter componere, et recepta aliqua portione eorum, residuum eis remittere; et quibuscumque undecumque ad eos recurrentibus, et ad huiusmodi pium misericordie opus, iuxta eorum arbitrium, manus actualiter porrigentibus adiutrices, seu ad porrigendum se ipsos, vel eorum heredes, valide et efficaciter obligantibus, usque ad numerum centum, et non ultra, eorum confessione diligenter audita, pro commissis pro tempore per eos excessibus et peccatis quibuslibet, quantumcumque gravibus, etiam si talia forent super quibus sedes apostolica esset merito consulenda, et a quibuscumque censuris ecclesiasticis, etiam quarum absolutio sedi prefate reservata foret, exceptis casibus contentis in bulla Cene Domini, semel in vita, et in mortis articulo plenariam absolutionem impendere, et penitentiam salutarem iniungere; emissa quoque per eos vota quecumque (religionis, ultramarino, visitationis liminum apostolorum Petri et Pauli, ac Sancti Iacobi in Compostella votis dumtaxat exceptis) in pium opus dicti Montis Savonensis commutare; necnon quoscumque, usque ad eundem numerum, quos in utroque vel altero iurium, aut artibus, vel medicine [Ms.: medicina], aliisque disciplinis, previo diligenti examine eorum, coram tribus aut quatuor magistris, seu doctoribus, ea facultate et scientia preditis, et [Ms.: eius facultatis et scientie preditos] alias idoneos esse compererint, ad licentie et doctoratus gradus soluta prius per eosdem dicto Monti ea quantitate pecunie, que eis, persone, gradus, et scientie conditionibus attentis, videbitur, promovere, et eis sic promotis, ut iisdem privilegiis, honoribus, prerogativis et favoribus potiantur et gaudeant, quibus promoti in universitate cuiuslibet studii generalis potiuntur et gaudent, ac uti, potiri et gaudere poterunt in posterum quomodocumque, concedere; et similiter quoscumque idoneos ad pia opera dicti Montis suffragia, eorum arbitrio, erogantes, usque ad prelibatum numerum, notarios pubblicos, et tabelliones, ac iudices ordinarios creare, recepto prius ab eis fidelitatis apostolice sedi per tales debite, ac etiam de notariatus eiusdem officio probe et laudabiliter exercendo, solito iuramento, ad instar eorum qui [Ms.: per nos] in Romana curia creantur, de officio huiusmodi investire et cum quibuscumque spuriis, bastardis, manseris, et incestuosis, ac [Ms.: ex] quovis alio etiam damnato complexu quomodolibet procreatis, etiam usque ad supradictum numerum, in dicto Monte Savonensi pia suffragia, iuxta eorundem deputatorum taxationem dederint, ut in quibuscumque bonis parentum, agnatorum, et cognatorum suorum, tam ex testamento quam ab intestato, absque tamen preiudicio ascendentium et descendentium eorum, de quorum successione agi contingeret, in bonis eorundem succedere, et ad illa donationis et quovis alio titulo devenire, et ad quascumque dignitates et officia secularia eligi, recipi et admitti, eaque gerere et exercere libere et licite possint, perinde ac si de legitimo matrimonio nati forent; et cum simplici, [Ms.: quarto] aut tertio et quarto consanguinitatis et affinitatis, etiam ex illicito complexu proveniente, gradibus, matrimonialiter copulari volentibus, usque ad supradictum numerum, facta per eos eidem Monti Savonensi aliquali subventione, iuxta ipsorum deputatorum pro tempore providam moderationem, ut matrimonium contrahere, et tam ipsi, quam illi qui sic coniuncti, postquam contraxerint, in contractis per eos matrimoniis huiusmodi, etiam scienter, remanere, vel postquam separati ad tempus fuerint, illa de novo contrahere, prolem susceptam, et suscipiendam exinde legitimam decernendo, ac eisdem qui scienter contraxissent pro tempore, de absolutionis beneficio ab excommunicationis sententia, quam propterea incurrisse censerentur, iniuncta inde eis, pro modo culpe, penitentia salutari, et aliis, que de iure fuerint iniungenda, providendo dispensare, prefata apostolica auctoritate libere et licite valeant. Quodque omnes et singuli utriusque sexus, qui in augumentum proventuum dicti Montis Savonensis actualiter erogaverint, aut in testamento, codicillis, seu alia eorum ultima voluntate, vel alias quomodolibet legaverint, seu dari et tradi ordinaverint de bonis eis a Deo collatis tantum quantum eorum pia devotio eis dictaverit, et deputati predicti taxaverint, eligere valeant confessorem idoneum, qui, eorum confessione diligenter audita, in articulo mortis plenam eis absolutionem, etiam in singulis dicte sedi reservatis casibus ac censuris, impendere, et eorum, usque tamen ad suprascriptum numerum, vota quecumque, predictis quatuor exceptis, commutare possint et valeant [Ms.: possit et valeat], motu, scientia et auctoritate predictis ordinamus. Et, ut eiusdem Montis Savonensis proventus provide dispensentur, ac in dies ex illorum dispensatione huiusmodi suscipiant incrementum, eisdem motu, scientia et auctoritate volumus, quod proventus predicti conserventur, distribuantur et administrentur per officiales probos et discretos, Deum timentes, quos Fratrum Predicatorum, Minorum, etiam de Observantia nuncupatorum, Heremitarum sancti Augustini ordinum, Savonenses priores et guardiani pro tempore existentes, seu maior pars ipsorum, secundum Deum, et rectum consuetum [Ms.: rectam conscientiam], duxerint pro tempore deputandos, ad eorum nutum amovibiles, confecta exinde scriptura per notarios dicte communitatis, vel alios probos viros ad id pari modo assumendos; qui sic electi pro tempore et assumpti officiales et notarii teneantur de eorum officiis cum omni integritate, probeque et laudabiliter exercendis, in eorundem priorum et guardianorum manibus, antequam ad illa admittantur, prestare iuramentum de eorum administratione toties quoties eidem communitati placuerit, dictis deputatis rationem reddendo. Et tam ipsi administratores et officiales, quam eorum notarii, si per annum gratis, et sine salario ex proventibus dicti Montis Savonensis percipiendo, deservire voluerint in dicto officio, ratione huiusmodi officii, pro impenso eorum labore, sicuti alii erogantes pia suffragia Monti Savonensi predicto, vel ei de bonis suis legantes, eligere possint confessorem idoneum, qui erga eos pari facultate et auctoritate fungatur, qua electus ab erogantibus et legantibus predictis erga illos fungitur ex precedenti ordinatione nostra predicta, alioquin ordinanda eis salaria provide moderanda percipiant. Et tam ipsis, quam prefate Savonensi, et aliarum civitatum communitatibus, ac eorum officialibus quocumque nomine nuncupatis, et quibuscumque aliis, cuiuscumque status, gradus, ordinis et conditionis existant, et quacumque nobilitate, dignitate et facultate ecclesiastica vel mundana prefulgeant, etiam si in predicta Savonensi civitate temporale dominium obtinerent, motu, scientia et auctoritate similibus districtius precipiendo inhibemus, ne dicti Montis Savonensis proventus in totum, vel pro parte aliqua, in alias causas, quam illas ad quas ordinantur et deputantur, quovis modo convertere, aut de illis quicquam exponere, seu circa illos fraudem, vel dolum committere; et illos, qui proventus ipsos augere intenderent, quominus id faciant impedire, aut ab eorum pia intentione huiusmodi retrahere, directe vel indirecte, quovis quesito colore, presumant. Ita quod, si secus egerint, si communitates, collegia, capitula, vel conventus, illorum singulares, si vero alii ab eis fuerint, ipsi sic contrafacientes, excommunicationis sententiam eo ipso incurrant, a qua ab alio, quam Romano pontifice, preterquam in mortis articulo constituti, nequeant absolutionis beneficium obtinere, et nihilominus duplum eius, quod expositum fuerit, aut fraudatum, eidem Monti Savonensi restituere teneantur. Per hoc autem non intendimus prohibere communitati Savonensi prefate, quin possint, occurrente necessitate aliqua, presertim penurie annone, pecunias huiusmodi in easdem necessitates convertere, tamen moderate, et apostolica sede prius super hoc consulta, dataque dicti Montis Savonensis officialibus idonea cautione de illis restituendis ad non longum tempus, cum fideiussore, vel pignore. Et quia secundum varietates temporum nonnunquam expedit statuta immutare, Savonensi communitati prefate statuendi super dictorum proventuum acquisitione, usu et distributione ac conservatione, et statuta pro tempore immutandi, alterandi et ex toto abrogandi, ac alia faciendi, per que tamen nullum votive distributioni eorumdem proventuum in pios usus, ad quos deputantur, preiudicium generetur, statuendi, ordinandi, et reformandi, motu, scientia et auctoritate predictis facultatem concedimus. Ac mandamus quod illa, que per eos hac prima vice, et pro tempore inposterum statui, ordinari et reformari contigerit, dummodo per venerabilem fratrem nostrum modernum et pro tempore existentem episcopum Savonensem, seu illius in spiritualibus vicarium generalem fuerint, utpote laudabilia et honesta, confirmata, cui hanc semper super hoc specialem facultatem elargimur, debeant ab omnibus inviolabiliter observari, sub eisdem censuris et penis, ut prefertur, incurrendis. Predicatoribus vero verbi Dei, qui in predicta Savonensi civitate, vel alibi in eorum predicationibus, aut alias aliquos Christifideles inducere curaverint ad impendendum pia suffragia predicto Monti Savonensi, aut cum deputatis predictis super incertis male ablatis componendum, seu alias pro augumento proventuum eorundem laboraverint, pro quibuslibet centum florenis, quos ad Montem ipsum Savonensem devenire fecerint, plenariam indulgentiam dicta auctoritate concedimus. Non obstantibus constitutionibus et ordinationibus apostolicis, ceterisque contrariis quibuscumque. Nulli ergo... Datum Rome, apud Sanctum Petrum, anno Incarnationis Dominice millesimo quadringentesimo septuagesimo nono, quarto Nonas Iulii, pontificatus nostri anno octavo.

Source: [Roma, Archivium Montis Pietatis]; Savona, Cassa di Risparmio, Arch. del Monte di Pietà.

Publication: Barbero et al., *Savona*, pp. 290f.; *Statuti del Sacro Monte della Pietà di Roma* (1618), pp. 1f.; (1767), pp. 11f.

Bibliography: Holzapfel, *Anfänge des Montes Pietatis*, pp. 10f.; Maragi, *Monti di Pietà*, pp. 298f.; Weber, *Monts-de-Piété*, p. 43.

1007   Rome, 1 August 1479

Confirmation and renewal to Jews in Avignon of privileges granted them by Clement VII and Nicholas V, including jurisdiction and payment of debts, also prohibition to introduce changes in taxation imposed by the Jewish community, limitation of annual presents by Jews to the governor and other officials; and prohibition to arrest Jews on negligible charges and for private debts, or the *baylons* of the Jewish community during their term of office. Mandate to Eustach de Levis, archbishop of Arles, the dean of St. Peter and the archdeacon of St. Paul in Avignon to publish the Bull on being so requested by the Jews, and to ensure its application.

Sixtus episcopus, servus servorum Dei. Ad futuram rei memoriam. Licet Iudei, quos in testimonium Ihesu Christi, Salvatoris nostri, Sacrosancta Romana tollerat Ecclesia, in sua perfidia indurati, ad fidei Catholice et vere salutis cognitionem pervenire non curent, tamen que eis ex rationabilibus causis per sedem apostolicam concessa fore dinoscuntur, ut firmiora permaneant, interdum nostri ministerii parum interponere satagimus, sperantes quod ipsi, Spiritus Sancti gracia illustrati, et erroris sui sublato velamine, ad ipsum Salvatorem nostrum Ihesum Christum sinceris et puris mentibus revertentur. Dudum siquidem, felicis recordationis Clementi pape [empty space], predecessori nostro, pro parte universorum et singulorum Iudeorum et Iudearum in civitate nostra Avinionensi commorancium, exposito quod vicarius et iudices curie temporalis ipsius civitatis pro tempore existentes, eorum et predecessorum suorum Iudeorum et Iudearum in eadem civitate commorantium semper iudices ordinarii extiterant, prout tunc existebant, ac ipsi et quilibet eorum et predecessores predicti de eorum foro et iuri[s]dictione dumtaxat fuerunt et erant, ac coram eis et eorum quolibet in quibuscunque causis et litibus, tam civilibus quam criminalibus, respondere et ad iudicium trahi et vocari, ac iuri et rationi stare et parere, tanquam veri cives Avinionenses, etiam per statuta dicte civitatis consueverant; et in eadem expositione subiuncto, multas et diversas personas habebant que, non sequentes rationis debitum, sed libitum voluntatis, nova eis et unicuique eorum semper lites et iurgia fabricabant, et eos in diversis curiis coram diversis iudicibus, tam ordinariis quam extraordinariis, ecclesiasticis et secularibus, trahebant, molestabant et vexabant indebite, minus iuste, ac informationes et inquisitiones et multa alia iniusta, etiam ex officio curie, et alias, contra eos faciebant et procurabant, ac dubitabant adhuc verissimiliter in curiis huiusmodi imposterum molestari et vexari laboribus et expensis, idem Clemens predecessor noster, vicarium et iudices curie temporalis predicte, qui tunc erant et pro tempore essent, eos ac universorum et singulorum Iudeorum et Iudearum pro tempore in dicta civitate commorancium, imperpetuum auctoritate apostolica per suas litteras iudices ordinarios ordinavit, constituit et etiam deputavit, statuens et etiam ordinans ne coram aliis quibusvis iudicibus, quam coram vicario et iudicibus dicte curie et ad forum eorum dumtaxat, in quibusvis causis et litibus suis, tam civilibus quam criminalibus, ad iudicium trahi et vocari, ac iuri et rationi stare et parere, tanquam veri cives Avinionenses, de cetero possent inviti, necnon omnes et singulas causas que contra eos civiliter vel criminaliter, tam ex officio quam ad instanciam partis seu partium quarumcunque tunc motas et etiam movendas, dicta auctoritate ad dictos vicarium et iudices, prout ad eos pertineret, et successores suos, per eos audiendas et fine debito terminandas, remittendas fore et remitti debere per iudices quoslibet, coram quibus cause huiusmodi forsan pendeant indecise, vel eas moveri contingeret in futurum, dans et concedens vicario et iudicibus antedicte curie et eorum successoribus, prout ad eorum quemlibet pertineret, audiendi et cognoscendi huiusmodi et alias ipsorum Iudeorum causas quascumque, eosque corrigendi, puniendi et condemnandi, civiliter et criminaliter, ac etiam absolvendi, necnon omnia et singula faciendi que ad iudicem spectant et pertinent, plenariam potestatem; ac mandans et precipiens universis et singulis iudicibus, tam ordinariis quam extraordinariis, ecclesiasticis et secularibus quibuscumque, ut causam et causas contra eosdem Iudeos coram eis pendentes indecisas, in statu in quo coram eis existebant, cum processibus earum, dictis vicario et iudicibus curie predicte remittere studerent et procurarent; et insuper ipsis Iudeis et unicuique eorum, tam coniunctim quam divisim, ut ad petitionem seu instanciam quarumcumque personarum cuiusvis condicionis, status, gradus, auctoritatis, preeminentie ac dignitatis forent, etiam si pontificali vel alia ecclesiastica vel mundana prefulgerent dignitate, tam ratione mutui quam deposity, seu debiti cuiuscumque, quomodolibet ab ipsis Iudeis contracti, quam alia quacumque de causa, trahi et conveniri coram alio iudice quocumque quam ipsis Iudeis, ut premittitur, deputatis, aut per quamcunque curiam ecclesiasticam vel secularem, civiliter vel criminaliter, ad instanciam partis vel ex officio, aut alias, cogi, impeti, seu compelli, capi, arrestari, molestari, in personis vel bonis, nequirent, nisi forsan alias ratione contractus vel quasi contractus, delicti vel quasi delicti, aut rei de qua ageretur forum cuiusvis de iure sortiri deberent; districtius inhibendo camerario suo, eiusque auditori, et commissariis, merescallo Romane curie, eiusdem curie iudicibus et officialibus quibuscumque, necnon curie camere apostolice auditori generali, et eorum locatenentibus, ac officiali et iudicibus, officialibus et vicariis curie episcopalis Avinionensis, ceterisque iudicibus, officialibus, rectoribus curiarum quarumcunque, presentibus et futuris, tam in Romana curia quam Avinionensi, et alibi ubilibet consistentibus, exceptis vicario et iudicibus predictis, ipsis Iudeis, ut premittitur, deputatis, ne de criminibus, delictis, litibus, controversiis et causis, tam civilibus quam criminalibus huiusmodi, se contra eos alias ullatenus intromittant, seu in personis vel rebus prefatis procedere, aut etiam eos inquietare, vexare, seu turbare, seu processus vel alias quoquomodo presumerent, nisi forsan ad hoc ipsi Iudei se summisissent expresse, decernens propterea irritum et inane si secus super hiis a quoquam, quavis auctoritate, scienter vel ignoranter, contingeret actemptari. Et deinde, pro eorumdem Iudeorum parte pie memorie Nicolao pape V, etiam predecessori nostro, exposito quod quamquam ipsi retroactis temporibus bonis mobilibus et immobilibus ad sufficienciam habundarent, supervenientibus tamen quamplurimorum creditorum debitis, obligationibus violariorum, interesse usurarum et aliis contractibus illicitis, que ob guerrarum et mortalitatum turbines ac plurimos sinistros eventus, qui partes, proch dolor, concusserant, cum notabilibus mercatoribus et aliis civibus et burgensibus, ecclesiasticis et secularibus, habuerant, adeo consumpti et depauperati, ac bonis, rebus mobilibus et immobilibus destituti et derelicti erant, quod pre inopia miserabilem vitam sustinere et tollerare non poterant, idem Nicolaus predecessor, dilecto filio [decano] Sancti Petri ecclesie Avinionensis, eius proprio nomine non expresso, per quasdam suas primo, quod dictis[!] Iudeis[!] usque ad biennium exinde computandum, pro quibusvis debitis, creditis, contractibus, licitis et illicitis, violariorum, usurarum et aliis quibuscumque iuxta morem patrie nominibus nuncuparentur, communibus et particularibus initis, per quoscunque creditores ecclesiasticos et seculares et quosvis alios iuratos et promissos vocari, vexari, molestari vel compelli coram quibuscumque iudicibus ecclesiasticis et secularibus inviti non possent, commisit; successive vero, eidem Nicolao predecessori, pro parte eorumdem Iudeorum similiter exposito, in instrumentis violariorum et pensionalium debitorum inter creditores et Iudeos prefatos in pactum expressum deductum extiterat, quod quandocunque ipsi Iudei dicta violaria et debita pensionalia redimere vellent, solvendo seu restituendo principale debitum eisdem creditoribus, possent et deberent ab illis liberari, et, quia nonnulli ex eisdem creditoribus principalem sortem sive debitum ter, et alii quasi ter, a dictis Iudeis recuperaverant, ipsique Iudei non possent tunc sortem sive debitum principale creditoribus ipsis uno et eodem contextu persolvere, de necessitate non poterant a dictis debitis liberari; quodque ipsi Judei cupiebant huiusmodi sortem sive debitum principale memoratis creditoribus seu eorum heredibus iterato, quarta vice, persolvere, dummodo dilationem viginti annorum propterea consequerentur, ac etiam quod, mediante solutione, debita violaria et pensionalia huiusmodi nulla, cassa et irrita remanerent, ipsique Iudei imposterum ab illis liberati et immunes existerent, prefatus Nicolaus predecessor, eorumdem Iudeorum supplicationibus in ea parte inclinatus, prefato decano, ac certo alio tunc expresso, eius in ea parte college, per alias suas litteras dedit in mandatis, quatinus ipsi vel alter eorum, vocatis creditoribus et pensionariis, et aliis qui forent evocandi, de premissis omnibus et singulis se diligenter informarent, et, si per informationem huiusmodi ita esse reperirent, eisdem Iudeis dilationem, ut premittitur, vigenalem, ad solvendum integram sortem sive debitum principale dictis creditoribus aut eorum heredibus, ac alias, ut prefertur, auctoritate apostolica concederent, quibus integre persolutis, quecunque obligationes et instrumenta inter creditores, pensionarios et Iudeos predictos inita contracta, cassata, irritata etiam annullare, ipsos quoque Iudeos, summis peccuniarum persolutis, ab omnibus et singulis violariis, pensionibus antedictis eadem auctoritate absolvere et liberare curarent, prout in Clementis et Nicolay, predecessorum predictorum, litteris desuper confectis plenius continetur. Cum autem, sicut exhibita nobis nuper pro parte eorumdem Iudeorum petitio continebat, ipsi Iudei summopere cupiant huiusmodi sortem sive debitum principale prefatis, ac etiam aliis creditoribus sive personis, cum quibus post datam litterarum Nicolay predecessoris prefati contraxerunt, seu etiam eorum heredibus, denuo, iuxta formam litterarum earumdem persolvere, dummodo dilatio viginti annorum huiusmodi eis desuper concedatur; et, sicut eadem petitio subiungebat, licet Sancta Mater Ecclesia eosdem Iudeos, qui extra ipsius Ecclesie unitatem et fidelium communionem existunt, in sua perfidia perseverare permittat, tamen nonnulli legati sive gubernatores civitatis predicte, seu etiam eorum locatenentes, variis et exquisitis viis et remediis, ipsos extra curiam temporalem predictam extrahere, et coram diversis aliis iudicibus ecclesiasticis, nonnunquam, et post, contra tenorem litterarum predictarum, multimodis indebite vexare et molestare non verentur, in ipsorum Iudeorum gravissimum damnum et preiudicium, ac litterarum predictarum vilipendium et iacturam. Quare, pro parte eorumdem Iudeorum, nobis fuit humiliter supplicatum, ut tam Clementis quam Nicolai, predecessorum, litteras huiusmodi, pro illarum subsistentia firmiori, confirmare et approbare, ipsisque, premissis attentis, dilationem viginti annorum huiusmodi ad solvendum sortem sive principale debitum, iuxta formam et tenorem dictarum litterarum Nicolai, predecessoris prefati, de novo concedere, ac alias eis in premissis oportune providere, de benignitate apostolica dignaremur. Nos igitur, huiusmodi supplicationibus inclinati, Clementis et Nicolai, predecessorum eorumdem, litteras huiusmodi, ac omnia et singula in eis contenta et deinde secuta quecunque, auctoritate apostolica, presentium tenore confirmamus et approbamus ac plenum robur obtinere decernimus per presentes, supplentes omnes et singulos defectus, si qui forsan intervenerint in eisdem, ipsisque Iudeis dilacionem viginti annorum huiusmodi, a data presentium computandorum, ad solvendum integram sortem sive debitum principale dictis creditoribus, aut eorum heredibus, ac alias, ut premittitur, iuxta et secundum formam et tenorem litterarum Nicolai, predecessoris huiusmodi, eisdem auctoritate et tenore, de novo concedimus. Et insuper, cum, sicut accepimus, nonnulli Iudei civitatis predicte taxam eis secundum formam statutorum sive articulorum universitatis ipsorum impositam, post illius impositionem diminuere, seu diminui et moderari facere sepenumero procurent, unde alii Iudei in illius solutione plus quam deceat gravantur, statuimus et ordinamus quod nullus Iudeus, de cetero, perpetuis futuris temporibus, taxam huiusmodi eis pro tempore impositam, postquam per universitatem Iudeorum huiusmodi imposita fuerit, diminuere seu moderare, aut illius diminutionem sive moderationem procurare, seu etiam illam a legato vel gubernatore dicte civitatis pro tempore existente, aut quocunque alio, sub pena decem marcharum argenti fini, fisco dicte temporalis curie applicandarum, impetrare quoquomodo presumat, decernentes diminutionem huiusmodi pro tempore factam nullius existere roboris vel momenti. Preterea, cum ipsi Iudei quoddam donum prefato legato sive gubernatori, aut eorum locumtenenti, et servientibus palacii apostolici eiusdem civitatis in Nativitate Domini nostri Ihesu Christi, quandoque magni, interdum vero mediocris valoris, donare et presentare consueverint, nos, ne Iudei prefati occasione ipsiu doni nimium graventur, providere cupientes, volumus ac etiam statuimus et ordinamus quod, de cetero, ipsi Iudei donum huiusmodi legato sive gubernatori, aut eorum locatenentibus, usque ad summam quinquaginta, servientibus vero dicti palacii usque ad summam decem florenorum monete eiusdem civitatis dumtaxat, et non ultra, annis singulis, donare et presentare teneantur; ita quod ipsi Iudei ad donandum sive presentandum donum huiusmodi ultra summam predictam, de cetero minime teneantur, nec ad id a quoquam inviti valeant compelli seu etiam coarctari. Ceterum, quia Iudei predicti nonnunquam pro levissimis causis et civili debito molestantur nec[non] incarcerantur, statuimus similiter et ordinamus quod nullus Iudeus in carreria sive loco universitatis Iudeorum ipsius civitatis, sive etiam infra illius cancellos pro tempore commorans, pro quocumque civili debito, et extra carreriam sive locum aut cancellos huiusmodi commorans, ultra numerum quatuor Iudeorum, per quoscunque officiales quarumcunque curiarum civitatis predicte, nec bayloni dicte carrerie Iudeorum, durante tempore eorum officii, capi et exinde extrahi aut incarcerari non possint nec debeant; districtius inhibendo legato et gubernatori aut locatenentibus eorumdem prefatis et quibuscumque aliis iudicibus sive officialibus, ecclesiasticis et secularibus, sub excommunicationis late sentencie pena, quam contrafacientes eo ipso incurrere volumus, ne prefatos Iudeos contra presentium litterarum tenorem et formam molestare, vexare aut perturbare, minusque extra dictam temporalem curiam trahere, seu ab aliis molestari, vexari, trahi aut perturbari quomodolibet presumant; ac decernentes, ex nunc, irritum et inane, si secus super hiis a quoquam, quavis auctoritate, scienter vel ignoranter, contigerit actemptari. Et nichilominus venerabili fratri nostro archiepiscopo Arelatensi, et dilectis filiis decano Sancti Petri, ac archidiacono Sancti Pauli, Avinionensium ecclesiarum, per apostolica scripta mandamus, quatinus ipsi, vel duo, aut unus eorum, per se, vel alium, seu alios, premissa omnia et singula, ubi et quando expedierit, et pro parte Iudeorum predictorum fuerint requisiti, sollenniter publicantes, ipsisque Iudeis super hiis efficacis defensionis presidio assistentes, faciant omnia et singula premissa inviolabiliter observari, non permittentes eosdem Iudeos contra illorum et earumdem presentium litterarum tenorem per quoscunque impediri, seu etiam molestari; contradictores quoslibet et rebelles, auctoritate nostra, per censuram ecclesiasticam et alia oportuna iuris remedia, appellatione postposita, compescendo, invocato ad hoc, si opus fuerit, auxilio brachii secularis; non obstantibus constitutionibus et ordinationibus apostolicis, ac dicte civitatis statutis et consuetudinibus, etiam iuramento, confirmatione apostolica, vel quavis firmitate alia roboratis, necnon omnibus illis que Clemens et Nicolaus, predecessores antedicti, in suis litteris predictis voluerunt non obstare, ceterisque contrariis quibuscumque, aut si aliquibus, communiter vel divisim, ab apostolica sit sede indultum quod interdici, suspendi vel excommunicari non possint per litteras apostolicas non facientes plenam et expressam ac de verbo ad verbum de indulto huiusmodi mentionem. Nulli ergo... Si quis autem ... Datum Rome, apud Sanctum Petrum, anno Incarnationis Dominice millesimo quadringentesimo septuagesimo nono, Kalendis Augusti, pontificatus nostri anno octavo.

Source: Avignon, Arch. Dep. Vaucluse, boîte 91, 2898.

Publication: Maulde, *Juifs dans les états français du pape*, pp. 171f.; Id., *Juifs dans les états français du Saint-Siège*, pp. 177f.

Note: The text of the Bull is included in the papal annulment orders given on 8 February 1480; see below, Doc. **1009**. On the Bull by Clement VII, see above, Doc. **464**. On that by Nicholas V, see above, Docs. **781, 792**.

Bibliography: Bardinet, *Condition*, p. 9; Id., *Condition civile*, p. 25; Levi, *Clément VII*, p. 70.

1008   Rome, 4 January 1480

Commission and mandate to Iohannes Rosa, papal notary, lieutenant of the papal legate in Avignon, that if the ambassadors of Avignon had exceeded their authority, and had asked for confirmation of the privileges granted the Jews in Avignon by Clement VII and Nicholas V, although that had not been the town's intention, he is to have the Jews hand over to him the Bull of confirmation and to report.

Dilecto filio Iohanni Rosa, notario nostro, locumtenenti legati civitatis nostre Avinionensis.
Sixtus papa IIII.
Dilecte fili, salutem et apostolicam benedictionem. Nuper venientibus ad nos oratoribus civitatis istius nostre Avinionensis, et nomine communitatis illius petentibus innovationem et confirmationem certarum litterarum felicis recordationis Clementis et Nicolai pape V, predecessorum nostrorum, universitati Iudeorum dicte civitatis concessarum, nos, existimantes gratam rem ipsi communitati facere, id benigne concessimus, prout in nostris desuper confectis litteris plenius continetur; sed relatum est nobis pro parte communitatis prefate, id de eius mente non processisse, quin ymo oratores predictos mandati fines in hoc transgressos esse, supplicatumque proinde extitit, ut desuper providere dignaremur. Quare, ut res bene intelligatur et procedat, volumus, et tibi per presentes committimus et mandamus quatinus, vocatis ad te partibus, omnia diligenter intelligere studeas, et, si repereris litteras ipsas absque commissione et mandato eiusdem communitatis impetratas esse, Iudeos ipsos ad eas exhibendum et tibi consignandum, oportunis compellas remediis. Quo facto, nos de omnibus certiores facere, curabis. Datum Rome, apud Sanctum Petrum, sub annulo Piscatoris, die quarta Ianuarii millesimo quadringentesimo octuagesimo, pontificatus nostri anno nono.

Source: Avignon, Arch. Dep. Vaucluse, boîte 91, 2898.

Note: The Bull is dated 1 August 1479; see above, preceding doc. The present brief differs essentially from the later version of 8 February 1480; see below, following doc. It was omitted by Maulde, *Juifs dans les états français du pape*, p. 179 and *Juifs dans les états français du Saint-Siège*, p. 185.

1009   Rome, 8 February 1480

Commission and mandate to Iohannes Rosa, papal notary and lieutenant of the papal legate in Avignon, that if the ambassadors of Avignon had exceeded their authority and had asked to have the privileges granted the Jews in

Avignon by Clement VII and Nicholas V confirmed, although that had not been the town's intention, he is to compel the Jews to hand over the Bull of confirmation and to declare it null and void.

Dilecto filio Iohanni Rose, notario nostro, locumtenenti legati civitatis nostre Avinionensis.
Sixtus papa IIII.
Dilecte fili, salutem et apostolicam benedictionem. Nuper venientibus ad nos oratoribus civitatis istius nostre Avinionensis, et nomine communitatis illius petentibus innovationem et confirmationem certarum litterarum felicis recordationis Clementis et Nicolai pape V, predecessorum nostrorum, universitati Iudeorum dicte civitatis concessarum, nos, existimantes gratam rem ipsi communitati facere, id benigne concessimus, prout in nostris desuper confectis litteris plenius continetur; sed relatum est nobis pro parte communitatis prefate, id de eius mente non processisse, quin ymo oratores predictos mandati fines in hoc transgressos esse, supplicatumque proinde extitit, ut desuper providere dignaremur. Quare, ut res bene intelligatur et procedat, volumus, et tibi per presentes committimus et mandamus quatinus, vocatis ad te partibus, omnia diligenter intelligere studeas; et, si repereris litteras ipsas, quarum tenores, ac si de verbo ad verbum presentibus insererentur, haberi volumus pro expressis, absque commissione et mandato eiusdem communitatis impetratas esse, ipsos Iudeos ad eas exhibendum et tibi consignandum oportunis remediis compellas, appellatione remota, et litteras ipsas declares auctoritate nostra nullas, irritas et inanes esse, prout et nos harum serie declaramus, contrariis non obstantibus quibuscunque. Datum Rome, apud Sanctum Petrum, sub annulo Piscatoris, die octava Februarii millesimo quadringentesimo octuagesimo, pontificatus nostri anno nono.

Source: Avignon, Arch. Dep. Vaucluse, boîte 91, 2898.

Publication: Maulde, *Juifs dans les états français du pape*, pp. 171f.; Id., *Juifs dans les états français du Saint-Siège*, pp. 177f.

Note: See above, preceding docs.

1010   Rome, 2 July 1480

Confirmation to Dominicus Christiani of Cremona, a Jewish convert, and his descendants, of a monthly income of three florins, granted him by the rulers of Milan from the legacy left to the Christian poor by Bernabò Visconti, and later augmented by another two florins a month, and mandate to John Anthony de St. Giorgio, bishop of Alessandria, Jacob Botta, bishop of Tortona, and the provost of the church in Aosta to ensure that this is done.

Sixtus etc. Dilecto filio Dominico Christiani de Cremona, salutem etc. A supremo Patrefamilias, meritis licet insufficientibus, in domo Domini dispensatores effecti, pias testantium voluntates nonnunquam immutamus, et hiis que zelo pietatis facta sunt, ut illibata persistant, adiicimus muniminis firmitatem, prout racionabiles suadent cause, et id eciam conspicimus in Domino salubriter expedire. Sane, sicut exhibita nobis nuper pro parte tua petitio continebat, quondam Bernabos, vicecomes, tunc dominus civitatis Mediolani, de propria salute recogitans, ac volens terrena in celestia et transitoria in eterna felici commercio commutare, de bonis suis in ultima sua voluntate condens testamentum, inter alia pia legata que fecit, voluit, statuit et ordinavit quodque[!] singulis diebus perpetuis futuris temporibus distribuere- tur inter pauperes Christi certa quantitas panis, veluti in dicto testamento plenius contineri dicitur. Postmodum vero, tu, olim Hebreus et ad fidem Christianam ex cecitate Iudaica conversus, ac quondam Franciscus Sforsia primo, et sucessive Blancha Maria coniuges, necnon Galeaz Maria, ipsorum coniugum natus, tunc dicte civitatis duces, respective, pie attendentes quod tu tamquam nudus ad fidem ipsam veneras, ac propterea ipsi volentes de alicuius subventionis auxilio pro vite tue sustentatione, ac heredum tuorum, ex te et illis descendentium, imperpetuum tibi providere, tres florenos, ad rationem triginta duorum solidorum pro quolibet floreno monete illarum partium, singulis mensibus, ut prefertur, super huiusmodi legato, seu bonis et rebus ad id deputatis, tibi ac heredibus et descendentibus tuis predictis persolvendos, assignarunt atque reservarunt. Et deinde dilecta in Christo filia, nobilis mulier Bona, et dilectus filius, nobilis vir Iohannes Galeaz, eiusdem Bone natus, duces Mediolani, piis vestigiis aliorum dictorum ducum inherentes, reservationem et assignationem trium florenorum huiusmodi approbarunt et confirmarunt, necnon ut tu ac heredes et descendentes predicti vos decentius sustentare, et zelo fidei Christiane liberius intendere valeatis, ac ceteri Hebrei, exemplo et officio huiusmodi pie caritatis atque retributionis, facilius et libentius se ad fidem Catholicam convertant, duos alios similes florenos, quolibet mense, tibi ac heredibus et descendentibus tuis prefatis, super legato seu bonis et rebus huiusmodi, pariter assignarunt atque reservarunt, veluti in diversis instrumentis seu litteris auctenticis predictorum ducum latius caveri dicitur. Quare pro parte tua nobis fuit humiliter supplicatum, ut assignationes et reservationes predictas et illa concernentia quecumque, auctoritate apostolica confirmare et approbare, ac omnes et singulos defectus, si qui in premissis intervenerint, supplere, ac alias tibi super hoc oportune providere, de benignitate apostolica dignaremur. Nos, testamenti ac instrumentorum seu litterarum predictorum tenores presentibus pro sufficienter expressis habentes, huiusmodi supplicationibus inclinati, necnon consideratione Bone et Iohannis Galeaz predictorum, nobis pro te super hoc humiliter supplicantium, assignationem et reservationem predictas ac illas concernentia quecumque, auctoritate apostolica, tenore presentium et ex certa nostra scientia confirmamus et approbamus, supplentes omnes et singulos defectus, tam iuris quam facti, si qui in assignatione et reservatione predictis intervenerint. Et nichilominus venerabilibus fratribus Alexandrino et Terdonensi episcopis, ac dilecto filio preposito ecclesie Augustensis, sciencia simili, per apostolica scripta mandamus, quatinus ipsi, vel duo, aut unus eorum, per se, vel alium, seu alios, faciant per deputatos seu executores pie voluntatis huiusmodi dicti testatoris, seu per alios ad quos spectat et pro tempore spectabit, tibi, vel pro te procuratori tuo, ac heredibus et descendentibus predictis de quinque florenis predictis, singulo mense responderi, seu illos eis, ut premittitur, integre persolvi. Contradictores ... Nulli ergo etc. Si quis autem etc. Dat. Rome, apud Sanctum Petrum, anno Incarnationis Dominice millesimo quadringentesimo octuagesimo, sexto Nonas Iulii, pontificatus nostri anno nono.

Source: ASV, Reg. Vat. 671, fols. 13v–15r.

1011　　　　　　　　　　　　　　　　　　[Rome, October 1480]

Concession to Jews of Fano in Cesena to instruct the governor of Cesena to execute a deed of deposit against the heirs of the depositor.

Hebrei de Fano, habitatores Cesene, petunt committi gubernatori Cesene ut exequatur instrumentum meri depositi contra heredes depositarii, frivolis exceptionibus et appellationibus remotis. Habent signaturam "Concessum, ut petitur, et summarie. P[etrus] Salernitanus. Et per breve. Concessum. P. Salernitanus."

Source: ASV, Arm. XXXIX, vol. 13, fol. 100v.

Note: The brief is filed among others of October 1480. On the commercial activities of Jews from Fano in Cesena, see Muzzarelli, *Cesena*, p. 186.

1012   [Rome, 4 October 1480]

Commission and mandate to the papal Castellan in Cascia to administer justice to Abraham Abrahe of Norcia and Salomon Cai of Cascia in their dispute with the community of Cascia, and if need be, compel the latter to pay their debt to the former.

Castellano arcis nostre Cassie.
Dilecte fili, salutem etc. Fecerunt nobis exponi Abraham Abrahe de Nursia et Salomon Cai de Cassia, socii Hebrei, quod ipsi alias mutuarunt bona fide et sine aliqua usura communitati terre nostre Cassie certam pecuniarum quantitatem, pro qua consequenda supplicarunt nobis de remedio iustitie oportuno. Itaque, cum ratio exigat ut cuique res sua tribuatur, tibi per presentes committimus ac mandamus, ut eisdem Hebreis summariam et expeditam super hoc iustitiam ministrando, prefatam communitatem ad debitam dicti mutui satisfactionem requiras, et, si opus fuerit, compellas, non obstantibus contrariis quibuscunque. Datum ut supra.

Source: ASV, Arm. XXXIX, vol. 13, fol. 103v.

Note: The preceding document in the file is dated 4 October 1480.

1013   Rome, 27 November 1480

Imposition of the *decima* on the Jews in Rome and in the papal dominions, mandate to pay it promptly and honestly, and threat of fines and sanctions to those who disobey.

Sixtus episcopus, servus servorum Dei. Ad futuram rei memoriam. Sicut apostolice sedis clementia gentem Iudaicam, quam humilioris legis armat conditio, ut inter Christifideles conversando votiva pace quiescant, et ab omnibus oppressionibus releventur indebitis, Domini Salvatoris intuitu, humanitate amplectitur singulari, ita, urgente summa necessitate et gravissimis periculis, de eorum facultatibus oportuna exhibere suffragia, presertim dum Christianis periclitantibus, ipsi quoque Iudei tuti esse posse non sperant. Cum itaque nos hodie, ad reprimendum Turcorum pressuram, terra marique exercitum parare intendentes, universis ecclesiasticis personis alme Urbis, ac provinciarum, terrarum et locorum Romane Ecclesie pariter et illarum, ac officialibus quibuslibet, unam integram decimam fructuum, reddituum et proventuum ad eos ex ecclesiis, monasteriis et beneficiis ecclesiasticis ac officiis que obtinent provenientium, pro subsidio anno quolibet usque ad triennium exigendam, per alias nostras litteras, de fratrum nostrorum consilio, duxerimus imponendam, et Iudei prefati, de quorum periculo agitur, debeant ad perferenda onera grandium expensarum, que ad premissa necessaria existunt, merito contribuere, pari modo, nos eisdem Iudeis in prefatis Urbe provinciis, civitatibus, terris et locis ubilibet commorantibus, prefatum subsidium, id est unam veram et integram decimam omnium et singulorum fructuum, reddituum et proventuum pecuniarum et bonorum eorundem ad eos ex eorum industria, vel alias, undecumque et quomodocumque, etiam per usurariam pravitatem, provenientium, infra triennium proxime futurum ab universis et singulis Iudeis in Urbe, provinciis, civitatibus, terris et locis prefate Ecclesie, mediate vel immediate subiectis, commorantibus, anno quolibet in terminis per eiusdem decime collectores in pubblicatione presentium eis prefigendis, integre, et sine diminutione et fraude, persolvendam, auctoritate apostolica, de eorundem fratrum consilio presentium tenore imponimus et indicimus; eisque mandamus ut illam sine contradictione, diminutione et fraude, omni contentione et resistentia remotis, in statuendis terminis persolvant cum effectu, sub pena dupli eiusdem decime per illos ex eis qui in illius solutione cessaverint, aut illam, dolo et fraude adhibitis, integraliter non persolverint, et substractionis communionis fidelium eo ipso incurrenda; declarantes insuper Christianos illos excommunicatos, qui prefatis Iudeis consilium, auxilium vel favorem, publice vel occulte prestiterint, ne prefatam integram et veram decimam pro subsidio huiusmodi solvant. Non obstantibus ... Nulli ergo ... Si quis autem ... Datum Rome, apud Sanctum Petrum, anno Incarnationis Dominice millesimo quadringentesimo octogesimo, quinto Kalendas Decembris, pontificatus nostri anno decimo.

Source: AS, Perugia, Arch. Com., Copiari 14, c. 21r-v.

Bibliography: Toaff, *Perugia*, pp. 80, 114.

1014   Rome, 30 December 1480

Commission and mandate to Angelo Fascolo, bishop of Feltre, and Peter de Brutis, bishop of Cattaro, to investigate the miracles allegedly wrought by the corpse of the boy Simon of Trento, and to report to the pope, following the events there, the trial, and the concourse of many people to the church where the body rests.

Sixtus etc. Venerabilibus fratribus Angelo Feltrensi et in civitate Vicentina commoranti, Petro Catharensi, episcopis, salutem etc. Quoniam maiores cause maiori scrutinio et indagacione, ac magna virorum prudentium intelligentia pariter et doctrina, ac rerum experientia, indigere noscuntur, idcirco necesse est ut Romanus pontifex, qui, humana repugnante natura, non potest singula sibi incumbentia per se ipsum efficere, secundum rerum exigentiam, coepiscoporum suorum, quos in partem solicitudinis pastoralis evocavit Altissimus, in arduis presertim ac gravibus negotiis utatur ope pariter et diligentia. Dudum, cum dilectus filius pretor civitatis Tridentine, fama publica referente, contra nonnullos Iudeos tunc in ipsa civitate commorantes, qui Christianum infantem occidisse inhumaniter, prout rei gravitas exigebat et suo incumbebat officio, ad inquisitionem descendisset, et repertos culpabiles ultimo supplicio deputasset, multique propterea viri graves murmurare et sinistra quadam suspicione in diversas partes rem ipsam interpretari cepissent, nos, ut suspicionis huiusmodi omnis tolleretur occasio, et in tanta re debitum nostri pastoralis officii servaremus, utque facti veritas cunctis fidelibus innotesceret, processum clausum per ipsum pretorem contra Iudeos predictos habitum, et ad nos postea per venerabilem fratrem nostrum Iohannem, episcopum Tridentinum, destinatum, suoque et nuncii nostri sigillis munitum, per nonnullos ex venerabilibus fratribus nostris, Sancte Romane Ecclesie cardinalibus, archiepiscopis quoque, referendariis, et causarum palacii apostolici auditoribus, inspici et examinari fecimus diligenter, qui super hoc sepius congregati, ac singulis ipsius processus partibus accurate inspectis, tandem processum ipsum rite et recte factum, in nostro consistorio fideliter retulerunt. Nos tunc una cum eisdem fratribus nostris per relationem supradictam idem pariter sentientes, necnon studium et diligentiam dicti Iohannis, episcopi Tridentini, in Domino commendantes, voluimus, et sibi per alias litteras iniunximus, ut in hac pia fidelium inchoata devotione non permitteret, iuxta decretum felicis recordationis Innocencii pape III predecessoris nostri, in concilio generali editum, aliquod illicitum attemptari, quod in Dei iniuriam et sedis apostolice contemptum cederet, vel alias contra canonicas sanctiones inexcusabiliter factum fore deprehenderetur, super quo suam, de qua in Domino confisi eramus, conscientiam oneravimus. Cum autem, sicut habet nonnullorum assertio, ad ecclesiam in qua est corpus dicti infantis reconditum, magnus concursus populi ex diversis partibus haberi ceperit, et, fama publica testante, plura miracula inibi apparuerint, nos, attendentes quanti momenti sit vera et indubitata miracula ac eorum rationes et causas discernere ac plene cognoscere, et propterea hoc negocium fore gravissimum et mature pertractandum, ac de prudentia, integritate et doctrina vestra plurimum in Domino confidentes, super hiis etiam cum prelibatis fratribus nostris communicato consilio, vobis in virtute sancte obedientie per apostolica scripta committimus et mandamus, quatinus omni affectione posthabita, sed puram et nudam veritatem sectantes, et solum Deum pre oculis habentes, super fama publica et devocione fidelium huiusmodi, auctoritate nostra, vos coniunctim diligenter informetis illa an habeant originem a gravitate prudentium, vel a simplicitate populari, vel ab aliis pluribus et diversis causis, quibus omnipotens Deus miracula prodire facit, examinatis testibus ydoneis, viris gravissimis et fidedignis, separatim et secrete, super quo vestram conscientiam oneramus, prius etiam per eos de veritate dicenda in manibus vestris prestito iuramento, dicta et depositiones eorum in scriptis per notarium publicum et fidelem redigi faciatis, et processum, quem per vos super hiis, haberi contigerit, in publicam formam redactum et clausum, ac vestris sigillis sigillatum, nobis per ydoneum et fidelem nuntium transmittere curetis, ut super hiis vestra diligentia plenius informati, rite et salubriter providere valeamus. Et ut premissa facilius adimplere valeatis, vobis quoscumque Christifideles, tam seculares quam ecclesiasticas personas, per censuras ecclesiasticas et alia iuris remedia, ad deponendum ipsarum testimonium in premissis cogere et compellere possitis, plenam et liberam tenore presencium concedimus facultatem. Non obstantibus ... Dat. Rome, apud Sanctum Petrum, anno Incarnationis Dominice millesimo quadringentesimo octuagesimo, tertio Kalendas Ianuarii, pontificatus nostri anno decimo.

Source: ASV, Reg. Vat. 673, fols. 207r–208r; AS, Trento, capsa 69, No. 154.

Publication: Bonelli, *Dissertazione*, pp. 204f.

Note: Bonelli has *Kalendis Januarii*, i.e., 1 January 1481.

Bibliography: Divina, *Beato Simone* 2, pp. 230f., 318; Erler, *Historisch-kritische Übersicht* 7, p. 49; Paschini, *Recensione*, p. 216; Scherer, *Rechtsverhältnisse*, p. 608.

1015   Rome, 31 January 1481

Exhortation and mandate to certain officials to assist Iohannes de Angelis, doctor of law, papal familiar and commissioner, in the collection of the Turkish and other taxes from the clergy and the Jews.

Dilecti filii, salutem etc. Mittimus dilectum filium Iohannem de Angelis, utriusque iuris doctorem, familiarem et commissarium nostrum ad exigendum istic subsidium clero et Iudeis, necnon super foculeriis istic impositum, prout in aliis nostris sub bulla plumbea desuper editis litteris plenius continetur. Cum autem simile subsidium in omnibus nostris et Sancte Romane Ecclesie terris et locis mediate et immediate subiectis, pro hac in Turchos necessaria expeditione et tam imminenti necessitate, sicuti non ignoratis, imposuerimus, prompteque ad id omnes concurrant, hortamur etiam vos et stricte mandamus, quatenus pro solita vestra erga Sanctam Romanam Ecclesiam devotione et reverentia, proque communi et privata omnium salute, eidem Iohanni in exactione huiusmodi subsidii pareatis et intendatis, omnique oportuno favore et auxilio assistatis, ut cito expeditus redire possit, et huiusmodi pecunie in tempore ad tam pium opus sicut et alie erogari valeant; in quo ita vos geratis, ut de promptitudine vestra circa hoc valeatis non immerito commendari. Dat. Rome, die ultima Ianuarii 1481, anno X°.

Source: ASV, Arm. XL, vol. 1, fol. 3r.

Note: The addressees' names have been obliterated.

1016   Rome, 14 February 1481

Commission and mandate to a papal commissioner to collect the Turkish and other taxes from the clergy and the Jews in the legation of Perugia, owing to the inability of the legate, Iohannes Baptista de Sabellis, to carry out this task.

Commissario
Venerabilis frater, salutem etc. Pro hac in Turcos, Christiane religionis hostes, expeditione, in qua de communi Christifidelium omnium salute agitur, clero et officialibus decimas, ac foculeriorum et Iudeorum subsidium per omnes nostras et Sancte Romane Ecclesie civitates, terras et loca immediate subiecta imposuimus, prout in nostris desuper sub bulla plumbea editis litteris plenius continetur; ad quod subsidium pro tam pia causa impositum, libenter omnes concurrere debent, et cum multis in locis aut exactum est, aut continuo exigitur, pro simili etiam subsidio in civitate nostra Perusina colligendo, bullas ad dilectum filium nostrum Iohannem Baptistam de Sabellis, legatum, transmisimus; sed intelligentes subsidium ipsum non tam celeriter, prout imminens periculum postulat, exigi, potius fortasse ex ipsius legati absentia, quam alia de causa, quandoquidem civitatem illam pro sua singulari in nos et apostolicam sedem devotione et reverentia, zeloque erga fidem Catholicam, se ad hoc promptam exhibituram non dubitamus, ideo, confisi de tue fraternitatis prudentia et rerum experientia sepius cognita et spectata, tibi committimus ac mandamus, quatenus, acceptis presentibus, ad ipsam civitatem personaliter te conferas, et communi periculo ac urgenti necessitate proposita, illius communitatem omnesque alias civitates, terras et loca sub, Perusina legatione comprehensa, ad huiusmodi tam decime cleri et officialium, quam

foculeriorum et Iudeorum subsidium, iuxta tenorem bullarum ipsarum desuper emanatarum contribuendum inducere, et rationibus, quas tibi res ipsa et prudentia tua suppeditabit, commonere studeas; dantes tibi plenam facultatem et potestatem huiusmodi decimas et subsidium petendi, exigendi, levandi, ordinandi, tractandi et exequendi, aliaque omnia et singula faciendi, que tibi in premissis et circa ea necessaria et oportuna quomodolibet videbuntur, contrariis non obstantibus quibusqumque; in quo declarabis ipsi communitati, quod preter id quod omni ratione, tanquam boni Catholici et publici commodi amatores, reique publice Christiane et fidei Catholice, de cuius defensione agitur, precipui cultores, ad hoc tenentur et obligantur, etiam nobis rem supra quam dici possit gratam facient. Dat. Rome, XIIII Februarii 1481, anno X°.

Source: ASV, ARm. XL, vol. 1, fol. 5r.; Ibid., Arm. LIII, vol. 18, fol. 167r.

Note: The text in Arm. LIII has no date. On another Bull by Sixtus IV on this topic, see above, Doc. **1013**, and preceding doc.

1017   Rome, 29 January 1482

Assent to the request of King Ferdinand and Queen Isabel of Spain to have Michael de Morillo and Iohannes de St. Martino, Dominicans, continue in their office of royal inquisitors, provided they proceed in the company of the ordinaries, following a complaint about the cruelties and injustices committed by them in Seville, and refusal of the royal petition to appoint inquisitors in other parts of their dominions in place of those already officiating there.

    Carissimis in Christo filiis nostris Ferdinando regi et Elisabeth regine Castelle, Legionis et Aragonum illustribus.
Sixtus papa IIIIs.
Carissimi in Christo filii nostri, salutem et apostolicam benedictionem. Numquam dubitavimus quin zelo fidei Catholice accensi, recto et sincero corde alias nobis supplicaveritis super deputatione inquisitorum heretice pravitatis in Castelle et Legionis regnis ad finem ut illorum opera et diligencia, qui Christi fidem profiteri affirmabant et Iudaice superstitionis et legis precepta servare non formidabant, ad agnoscendam viam veritatis inducerentur; nosque tunc pari desiderio et fidei zelo litteras super huiusmodi deputatione fieri iussimus, opera tamen eius, qui tunc litterarum earundem expeditionem nomine vestro solicitabat, evenit ut, ipsarum tenore non plene et specifice, ut

decebat, sed in genere et confuse nobis ab eo exposito, littere ipse contra Sanctorum Patrum et predecessorum nostrorum decreta ac communem observantiam expedite sint. Quo factum est ut multiplices querele et lamentationes facte fuerint, tam contra nos de illarum expeditione huiusmodi, quam contra maiestates vestras, et contra dilectos filios Michaelem de Morillo, magistrum, et Iohannem de Sancto Martino, baccalarium in theologia, Ordinis Predicatorum professores, quos, dictarum litterarum pretextu, inquisitores in vestra civitate Hispalensi nominastis, pro eo quod, ut asseritur, inconsulte et nullo iuris ordine servato procedentes, multos iniuste carceraverint, diris tormentis subiecerint, et hereticos iniuste declaraverint, ac bonis spoliaverint qui ultimo suplicio affecti fuere; adeo ut quamplures alii, iusto timore perterriti, in fugam se convertentes, hinc inde dispersi sint, plurimique ex eis se Christianos et veros Catholicos esse profitentes, ut ab oppressionibus huiusmodi releventur, ad sedem prefatam, oppressorum ubique tutissimum refugium, confugerint, et interpositas a variis et diversis eis per dictos inquisitores illatis gravaminibus appellationes, huiusmodi querelas continentes, nobis presentaverint, earundem appellationum causam committi, de ipsorum innocentia cognosci, cum multiplici lachrimarum effusione humiliter postulantes. Nos vero, habita super his cum venerabilibus fratribus nostris Sancte Romane Ecclesie cardinalibus deliberatione matura, de illorum consilio, ut querelis huiusmodi imposterum obviaremus, per quasdam nostras litteras in negocio huiusmodi iuxta iuris dispositionem per inquisitores et locorum ordinarios insimul decrevimus esse procedendum. Et quamquam multorum iudicio, attentis querelis predictis, ad officium inquisitionis huiusmodi alii quam Michael et Iohannes prefati, de quibus tot et tanta relata fuere, debuissent deputari, nihilominus, ne eosdem Michaelem et Iohannem ut minus idoneos, inhabiles et insufficientes reprobasse, et consequenter eorum nominationem per vos factam damnasse videremur, acquiescentes relationi nobis de illorum probitate et integritate per oratorem vestrum vestro nomine facte, Michaelem et Iohannem predictos inquisitores esse voluimus, mente gerentes, si alias quam zelo fidei et salute animarum minus iuste quam deceat in executione officii huiusmodi in futurum una cum ordinariis predictis se habuerint, in eorum confusionem, ipsis amotis, alios eorum loco surrogare et ad comissionem causarum interpositarum appellationum et querelarum predictarum, prout iustitia suadebit, devenire. Petitioni vero vestre deputationis inquisitorum in aliis regnis et dominiis vestris, ideo non annuimus, quia in illis inquisitores, iuxta Romane Ecclesie consuetudinem, per prelatos Ordinis Fratrum Predicatorum iam deputatos, habetis, sine quorum dedecore et iniuria ac violatione privilegiorum Ordinis predicti, alii non deputarentur. Monuimus tamen eos ut una cum ordinariis que eorum incumbunt officio, omni negligentia semota, studeant exercere. Hortamur igitur serenitates vestras, ut ordinationibus huiusmodi nostris acquiescentes, inquisitoribus et ordinariis prefatis in executione eorum que ad eos pertinent, ut Catholicos decet reges, vosque soliti estis, oportunum prestetis auxilium et favorem, ita ut exinde apud Deum et homines possitis merito commendari. Datum Rome, apud Sanctum Petrum, sub annulo Piscatoris, die XXIX Ianuarii MCCCCLXXXII, pontificatus nostri anno undecimo.

Source: Madrid, Arch. Hist. Nac., Inq., Cod. 1, No. 19.

Publication: Fita, *España Ebrea* 1, pp. 83f.; Llorente, *Inquisición*, App., pp. 125f.; Llorca, *Bulario*, pp. 60f.

Note: The Bull referred to has not come to light so far.

Bibliography: Erler, *Historisch-kritische Übersicht* 7, p. 28; Herculano, *Inquisition in Portugal*, p. 95; Kunstmann, *Cardinal Ximenes*, p. 782; Lopez Martinez, *Judaizantes Castellanos*, pp. 247f.; Vogelstein-Rieger, *Rom* 2, p. 19.

1018   Rome, 11 February 1482

Appointment of Petrus de Occania, Petrus Martino, Alfonsus de St. Cipriano, Iohannes de St. Dominico and Iohannes de Sancto Spiritu, magisters, Rodericus de Searra, licentiate, Thoma de Turrecremata, bachelor, and Bernardus de St. Maria, presentee in theology, members of the Dominican Order and inquisitors, to act until further notice as inquisitors in Castile and Leon, following the injustice committed by the inquisitors appointed in Seville by the king and queen of Spain, and the papal assent to have them continue in office, provided they proceed in the company of the ordinaries.

Sixtus episcopus, servus servorum Dei. Dilectis filiis Petro de Occania et Petro Martino ac Alfonso de Sancto Cipriano et Iohanni de Sancto Dominico ac Iohanni de Sancto Spiritu, magistris, necnon Roderico de Searra, licentiato, et Thome de Turrecremata, baccalaurio, ac Bernardo de Sancta Maria, presentato in theologia, Ordinis Fratrum Predicatorum professoribus et in regnis Castelle et Legionis heretice pravitatis inquisitoribus, salutem et apostolicam benedictionem. Apostolice sedis providentia circumspecta contra heretice pravitatis labe respersos, quorum nequitia serpit ut cancer, ne in aliorum innocentium perniciem [Ms.: parentum] sua venena diffundant, remedium libenter adhibet oportunum. Nuper siquidem, cupientes querelis et multiplicibus lamentationibus, que tunc contra nonnullos heretice pravitatis

inquisitores, quos dudum carissimus in Christo filius Ferdinandus rex et
carissima in Christo filia Elisabeth regina Castelle et Legionis illustres, pretextu
quarundam litterarum nostrarum, nobis ipsarum tenore confuse exposito,
contra sanctorum Patrum et predecessorum nostrorum decreta ac communem
observantiam expeditarum, in civitate Hispalensi nominarunt, facte fuere,
pro eo quod, ut asserebatur, eosdem nominatos inquisitores in negotio
inquisitionis huiusmodi inconsulte, et nullo iuris ordine servato, processisse[!],
ac multos iniuste hereticos declarasse[!], obviare, per alias nostras litteras sub
data pridie Kalendas Februarii, pontificatus nostri anno undecimo,
decrevimus in officio ipsius inquisitionis iuxta iuris dispositionem per dictos
inquisitores et locorum ordinarios insimul esse procedendum; fuimusque
hortati prefatos regem et reginam, ut, decreto huiusmodi nostro acquiescentes,
inquisitoribus et ordinariis prefatis, in eorum executione, que ad eos
pertinerent, auxilium prestarent simul et favorem, prout in ipsis litteris plenius
continetur. Cum autem, sicut postmodum accepimus, propter amplitudinem
Castelle et Legionis regnorum, deputati iam in eisdem heretice pravitatis
inquisitores soli huic secte pestifere commode occurere non valent, nos, more
vigilis pastoris, affectantes ad huiusmodi negotium fidei efficaciter
promovendum tales deputare personas, quarum honeste conversationes
exempla tribuant puritatis, ac tandem ad personas vestras, quas religionis et
fidei caritate, maturitate morum, et litterarum scientia, multarum que aliarum
virtutum donis earum largitor, Dominus, insignivit, quasque dilecti filii Alfonsi
de Sancto Cipriano, Ordinis Fratrum Predicatorum et theologie professoris,
ac Fratrum dicti Ordinis in prefatis regnis generalis magistri eiusdem Ordinis
vicarii ipsorumque regis et regine ad nos et sedem apostolicam oratoris
destinati nobis facta relatione fideli, ad huiusmodi officium sufficientes et
idoneos reputamus, dirigentes intuitum nostre mentis pariter et sperantes
quod ea, que vobis commitenda duxerimus, solicite et prudenter exequamini,
vos et quemlibet vestrum inquisitores heretice pravitatis in dictis regnis,
auctoritate apostolica, usque ad nostrum et sedis predicte beneplacitum,
facimus, constituimus et etiam deputamus, ac iniungimus vobis in vestrorum
remissionem peccaminum, quatinus in caritate Dei, omni humano timore
postposito, spiritum fortitudinis induentes, predictum inquisitionis officium
in dictis regnis, prout tanti negotii utilitas suadebit, sub spe mercedis eterne, ac
servata posteriorum litterarum nostrarum serie et tenore, sic efficaciter
prosequi et exequi studeatis, ut per solicitudinis vestre providentiam radix
pravitatis eiusdem penitus evellatur, et vinea Domini Sabaoth, exterminatis
exinde vulpeculis, fructus uberes afferat; concedentes vobis et cuilibet vestrum
contra huiusmodi criminum reos eorumque fautores, iuxta dictarum
posteriorum nostrarum litterarum tenorem, procedendi, plenam per presentes,
apostolica auctoritate, facultatem. Sic igitur iniunctum vobis onus
inquisitionis huiusmodi adimplere studeatis, quod ex laudabili studio vestro,
favente Altissimo, sperati fructus proveniant, vosque possitis exinde non

immerito commendari. Datum Rome, apud Sanctum Petrum, anno Incarnationis Dominice millesimo quadringentesimo octuagesimo primo, tertio Idus Februarii, pontificatus nostri anno undecimo.

Source: Madrid, Arch. Hist. Nac., Inq., Cod. 1, No. 20.; BAV, Cod. Ottob. 1439, fols. 130–131; ASV, Borghese 893 (Memoriale), fols. 287r–289r.

Publication: Fita, *España Ebrea* 1, pp. 86f.; Llorca, *Bulario*, pp. 64f. (who has 2 February).

Note: Date of Bull: 29.1.1482 (see above, preceding doc.). On some of the inquisitors, see Llorca, *loc. cit.*, note.

1019 Rome, 18 April 1482

Establishment of procedures for the Inquisition in Aragon, Valencia, Majorca and Catalonia, *motu proprio*, following complaints about disorders and cruelties: ordinaries and inquisitors must act in conjunction; legal procedures must be observed; accused are to be detained in the prisons of the ordinaries, and appeals to the Apostolic See are to be allowed; and concession to the ordinaries, inquisitors and their officials of authority to hear confessions of and grant absolution to penitents, who are then not to be further molested; and mandate to the same to publish all this and to ensure its application.

Sixtus episcopus, servus servorum Dei. Ad perpetuam rei memoriam. Gregis Dominici, nostre custodie, divina disponente clementia, commissi, vigilem et solicitam curam gerentes, Pastoris inherendo vestigiis, libenter, iuxta officii nostri debitum, nostre solicitudinis partes adhibemus, ut errantes, relicto precipiti tenebrarum devio, viam veritatis agnoscant, et per illam gradientes vitam consequantur eternam, perseverantes vero in eorum erroribus proditis contra eos a iure remediis compescantur, nec damnentur aliqui, de quorum erroribus legitimis probationibus non constaret. Sane, nuper nobis insinuatum extitit, quod in Aragonie et Valentie ac Maioricarum regnis, necnon principatu Catalonie, officium inquisicionis heretice pravitatis non zelo fidei et salutis animarum, sed lucri cupiditate ab aliquo tempore citra exercetur, et quamplurimi veri et fideles Christiani, illo mediante, admissis contra eos inimicorum, emulorum, servorum, aliarumque vilium et minus ydonearum personarum probationibus, nullis legitimis precedentibus indiciis, carceribus, etiam secularium iudicum, detrudentur, torquentur, heretici etiam et relapsi declarantur, bonis et beneficiis spoliantur, et traduntur curie seculari, et per illam ultimo supplicio afficiuntur, in animarum periculum, perniciosum exemplum et scandalum plurimorum. Nos igitur, multorum querelis super hoc excitati, providere volentes, ut tenemur, quod officium ipsum debite peragatur, et illo mediante nullus opprimatur indebite et iniuste, motu proprio, non ad alicuius nobis super hoc oblate petitionis instantiam, sed de nostra mera deliberatione et ex certa nostra scientia, auctoritate apostolica, presentium tenore statuimus quod de cetero in regnis et principatu predictis, locorum ordinarii seu eorum vicarii et officiales, ac eiusdem heretice pravitatis inquisitores, in eorum civitatibus et diocesibus deputati, coniunctim dumtaxat, iuxta tenorem aliarum litterarum nostrarum contra Christianos Iudaice superstitionis sectatores, et ad illorum ritus transeuntes, illosque Iudaizando sectantes, ac alios hereticos quoscunque, eorumque receptatores et fautores, etiam super iam ceptis negotiis procedere, et accusatorum ac denuntiantium et promoventium huiusmodi inquisitionis negotium, necnon testium, quos desuper ad iuramenta et dicta recipi cont.inget, nomina et attestationes ac dicta, totumque eorum processum, personis ipsis ac earum procuratoribus et defensoribus publicare et aperire, ac eis ad opponendum contra eosdem testes eorumque dicta et attestationes et processum huiusmodi competentem dilationem, inspectis testium numero et actorum qualitate, moderandam assignare, et illis, contra quos procedi continget, eos quos petierint in advocatos et procuratores dare, et per ipsas personas inquisitas, ac eorum nomine comparentes, oppositas in termino huiusmodi legitimas exceptiones et defensiones, ac desuper legitimas probationes admittere. Ipsique insimul, vel alter eorum ad minus per seipsos, secundum iuris dispositionem, testes ad iuramenta recipere et examinare debeant, et aliter receptorum et examinatorum attestationes, nullum penitus etiam indicium vel adminiculum faciant in premissis; nec detineantur persone alique occasione negotii inquisitionis huiusmodi, in alio quam solito ordinariorum locorum carcere, ad hoc etiam de iure deputato. Et, si contingat a gravaminibus eis illatis ad sedem apostolicam appellari, ordinarii, vicarii et officiales et inquisitores prefati, appellationibus ipsis deferant reverenter, dum tamen manifeste frivole non fuerint, et processus super eos habitos ad eiusdem sedis examen remittere, et in illis supersedere nullatenus differant, usquequo aliud ab eadem sede habuerint in mandatis. Contrafacientes vero, ordinarii, vicarii et officiales ac inquisitores prefati, et quicunque alii, tam ecclesiastici quam seculares, cuiuscunque status, gradus, ordinis et conditionis fuerint, quacunque ecclesiastica vel mundana dignitate prefulgentes et contrafieri procurantes, consulentes vel suadentes, tacite vel expresse, directe vel indirecte, in premissis per nos, sicut prefertur, provide statutis, vel aliquo eorundem, episcopi et superiores, interdicti ingressus ecclesie, reliqui vero, excommunicationis sententiam eo ipso incurrant, a qua, preterquam in mortis articulo constituti, ab alio quam Romano pontifice, etiam vigore cuiuscunque facultatis, de presentibus mentionem non faciente[!] nequeant absolutionis beneficium obtinere. Et, illius exemplo cuius vices gerimus in terris, nolentes mortem peccantium, sed cupientes potius conversionem eorum salutiferam, misereri potius quam ulcisci elegimus, presertim ubi, si alias procedatur, exinde possint verisimiliter scandala exoriri, ordinariis locorum et eorum vicariis et officialibus generalibus ac inquisitoribus prefatis et cuilibet eorum, in omnibus regnis, principatu et dominiis supradictis, ut quorumcunque regnorum et principatus predictorum incolarum utriusque sexus ad aliquem ex eis recurrentium, confessione diligenter audita, pro quibuscunque excessibus, criminibus et peccatis, etiam que vitam et ritus ac mores Iudaicos sectando, aut alias a via veritatis et fide Catholica deviando, et in aliquem heresim labendo, usque in diem illam in qua confitebuntur commisisse fatebuntur, et censuras ecclesiasticas, quas quomodolibet incurrissent, auctoritate nostra, in utroque foro, penitentiali et contentioso, absque abiuratione, de absolutionis beneficio eisdem recurrentibus providendi, eisque penitentiam salutarem et occultam iniungendi, motu, scientia et auctoritate predictis, facultatem et potestatem concedimus per presentes. Ita quod in posterum pretextu criminis heresis, quam antea incurrisse dicerentur, contra eos inquirere non possint, nec eos nullatenus valeant molestari, dum tamen ad inquisitionis processum super huiusmodi criminibus et inquisitorum personalem citationem executioni demandatam deventum non foret; ac ordinariis, vicariis, officialibus et inquisitoribus predictis, ne contra illos quos eorundem vel alicuius eorum assertione eis constiterit per aliquem ex eisdem vigore presentium absolutos fuisse, per ipsorum absolventium attestationem, aut patentes litteras, seu super eorum assertione confectum instrumentum, absque tamen ulla peccatorum, quorum confessionem audivissent, propalatione[!] de commissis per eosdem confitentes criminibus heresis cuiuslibet, de novo procedere, aut confiteri modo predicto volentes quominus id faciant, impedire nullatenus presumant, sub simili interdicti et excommunicationis sententia eo ipso, ut prefertur, incurrenda, a qua pari modo nequeant ab alio quam sede predicta, nisi in mortis articulo constituti, absolutionis beneficium obtinere, eisdem motu, scientia et auctoritate inhibemus; eisdemque ordinariis, vicariis, officialibus et inquisitoribus sic absolventibus, ac cuilibet eorum, motu, scientia et auctoritate predictis, sub simili pena mandamus, quatinus per se, vel alium, seu alios presentes litteras, ubi, quando et quociens expedire cognoverint, solemniter publicantes, et illis quibus de absolutionis beneficio huiusmodi providerint, ac alios, quos contra presentium tenorem gravari quomodolibet constiterit, efficaci defensionis presidio assistentes, non permittant quempiam contra earundem presentium litterarum tenorem vexari, seu quomodolibet molestari, et illos quos eis interdicti et excommunicationis sententiam huiusmodi incurrisse constiterit, illos irretitos esse publice nuncient, faciantque ab aliis nunciari, et ab omnibus arctius evitari, ac legitimis super hiis habendis servatis processibus, illos iteratis vicibus aggravare procurent. Et insuper, motu et scientia similibus, ordinariis, eorumque vicariis et officialibus, ac inquisitoribus predictis, sub censuris et penis prefatis eo ipso incurrendis, mandamus quatinus incolas utriusque sexus regnorum et principatus predictorum, qui ad eos aut eorum quemlibet pro confessione et absolutione predictis recurrerint, absque aliqua dilatione seu mora, eorum confessiones et cuiuslibet eorum audiant, et eis de absolutionis beneficio in utroque foro, ut prefertur, provideant; contradictores per censuram ecclesiasticam, appellatione postposita, compescendo; invocando ad hoc, si opus fuerit, auxilio brachii secularis; decernentes ex nunc omnes et singulos processus quos haberi, et generaliter quicquid fieri vel attemptari contigerit contra presentium tenorem quomodolibet, nullius esse roboris vel momenti, et haberi debere prorsus pro infectis. Non obstantibus. ... Si quis autem etc. Dat. Rome, apud Sanctum Petrum, anno Incarnationis Dominice millesimo quadringentesimo octuagesimo secundo, quarto decimo Kalendas Maii, pontificatus nostri anno undecimo.

Source: ASV, Reg. Vat. 674, fols. 367r–370v.

Publication: Lea, *Inquisition* 1, pp. 587f.; Llorca, *Bulario*, pp. 67f.

Bibliography: Herculano, *Inquisition in Portugal*, pp. 96; Léon Tello, *Toledo* 1, pp. 512f.; Lopez Martinez, *Judaizantes Castellanos*, p. 283.

1020   Rome, 10 October 1482

Information to King Ferdinand of Castile that Rodrigo Borgia, cardinal bishop of Porto, had drawn attention to the king's demand that the procedures established for the Inquisition in Aragon, Valencia, Majorca and Catalonia be changed and that they were being suspended.

Regi Castelle.
Carissime in Christo fili noster, salutem etc. Venerabilis frater R[odericus], episcopus Portuensis, Sancte Romane Ecclesie vicecancellarius et cardinalis Valentinus, nobis rettulit super certis litteris nostris in materia inquisitionis heretice pravitatis postremo a nobis emanatis, sub data quintodecimo Kalendas Maii, pontificatus nostri anno XI°, incipientibus "Gregis Dominici, nostre custodie, divina disponente clementia, commissi", per quas mandavimus per ordinarios et inquisitores in regnis tuis Aragonie, Valentie et Maioricarum, ac principatu Catalonie deputatos, contra reos huiusmodi criminis, sub certis modo et forma procedi et iudicari debere, varios istic clamores et querimonias, non sine displicentia tua in dies oriri, proptereaque

maiestatem tuam vehementer optare prefatas litteras per nos corrigi et immutari. Nos vero, sicut eidem vicecancellario respondimus, quamvis easdem litteras ex consilio nonnullorum venerabilium fratrum nostrorum S. R. E. cardinalium per nos desuper deputatorum ediderimus, tamen cupientes, quantum cum Deo possumus, celsitudini tue gratificari et huiusmodi querelis occurrere, decrevimus cum primum prefati cardinales, qui ob pestilentie suspicionem secesserunt, in Urbem redierint, eisdem committere dictum negotium revidendum ac denuo diligenter examinandum ut, omnibus consideratis considerandis et matura deliberatione prehabita, si quid in dictis litteris emendandum vel immutandum seu modificandum fuerit, ex simili consilio corrigatur, immutetur vel modificetur. Interim vero, ne ullo pretextu ipsarum litterarum tam sanctum et necessarium opus retardetur, prefatas litteras et omnia in eis contenta, quatenus iuri communi contraria et ab eo aliena existant, suspendimus; mandantes nihilominus inquisitoribus predictis ut, non obstantibus prefatis litteris, eorum officium adversus reos huiusmodi criminis continuare, et tam in procedendo quam iudicando decreta sanctorum Patrum et iuris communis dispositionem in concernentibus dictum crimen ad unguem servare debeant, donec aliud super inde per nos fuerit ordinatum, quemadmodum per alias nostras presentibus alligatas inquisitoribus eisdem iniungimus. Datum Rome, die X Octobris 1482, anno XII°.

Source: ASV, Arm. XXXIX, vol. 15, fol. 54r-v; Madrid, Arch. Hist. Nac., Inq., Cod. 1, No. 21.

Publication: Fita, *España Ebrea* 1, pp. 89f.; Llorca, *Bulario*, p. 75; Llorente, *Inquisición*, App., p. 130.

Note: King Ferdinand's letter to the pope was printed by Lea, *Inquisition*, pp. 594f., and Llorca, *op. cit.*, pp. 73f. Rodrigo, cardinal bishop of Porto, is the future Pope Alexander VI. The correct date of the instructions is, of course, *quarto decimo Kalendas Maii*. See above, preceding doc.

Bibliography: Herculano, *Inquisition in Portugal*, p. 96.

1021   Rome, 10 October 1482

Information to the inquisitors in Aragon, Valencia, Majorca and Catalonia of the suspension of the procedures for the operation of the Inquisition in those countries; and mandate to continue as before, but to strictly observe the decrees of the Fathers and the dispositions of common law.

Inquisitoribus heretice pravitatis in Aragonie, Valentie ac Maioricarum regnis et principatu Catalonie deputatis.

Dilecti filii, salutem etc. Ex relatione venerabilis fratris nostri R[oderici], episcopi Portuensis, Sancte Romane Ecclesie vicecancellarii et cardinalis Valentini, intelleximus super certis litteris nostris postremo in negotio inquisitionis heretice pravitatis a nobis emanatis sub data XV Kalendas Maii, pontificatus nostri anno XI°, varios clamores et querimonias in dies oriri apud regiam maiestatem, que proinde cuperet ipsas litteras nostras corrigi, vel immutari. Nos autem, quamvis easdem litteras ex consilio nonnullorum S. R. E. cardinalium, qui ob pestilentie suspicionem adhuc absunt, ediderimus, tamen ne tam pium et sanctum opus ullo pretextu dictarum litterarum interpelletur, easdem litteras nostras et omnia in eis contenta, quatenus iuri communi sint contraria et ab illo aliena, motu proprio et ex certa nostra scientia, presentium tenore suspendimus; volentes nihilominus, et vobis ac cuilibet vestrum mandantes, ut officium vestrum laudabiliter continuare, et tam in procedendo quam in iudicando in concernentibus huiusmodi crimina contra reos illius decreta sanctorum Patrum et dispositionem iuris communis ad unguem servare debeatis, donec per nos et sedem apostolicam aliud desuper vobis mandatum et ordinatum fuerit; non obstantibus predictis litteris et aliis in contrarium editis quibuscunque. Datum Rome, die X Octobris 1482, anno XII°.

Source: ASV, Arm. XXXIX, vol. 15, fols. 54v–55r; Madrid, Arch. Hist. Nac., Inq., Cod. 1, No. 22.

Publication: Fita, *España Ebrea* 1, pp. 91f.; Llorca, *Bulario*, p. 78.

Note: See above, preceding doc., and Doc. **1019**.

1022*   Rome, 20 October 1482

Obligation to repay Angelus Musetti of Foligno as soon as possible a loan of 40 ducats he made the papal chamber.

Guillelmus etc. Angelo Musetti, Ebreo, habitatori civitatis Fulginii, spiritum sanioris consilii. Cum tu hodie ad requisitionem nostram de propriis pecuniis tuis mutuaveris camere apostolice, pro imminentibus illi ad presens necessitatibus, ducatos quadraginta, ad rationem carlenorum decem pro quolibet ducato, solutos Nicolao Calcaneo, pecuniarum camere apostolice prefate generali vicedepositario, prout patet ad introitum dicte camere apostolice, libro XIII et folio[—]. Nos, volentes desuper indemnitati et securitati tue providere, de mandato etc. et auctoritate etc., promittimus tibi restituere dictos quadraginta ducatos cum primum camere apostolice prefate facultas aderit. Et pro restitutione huiusmodi obligamus tibi ex nunc omnia bona camere apostolice predicte ubique existentia, presentia et futura, que ex nunc tibi propterea obligata esse decernimus et declaramus. In quorum etc. Dat. Rome, in camera apostolica, apud Sanctum Petrum, anno etc. MCCCCLXXXII, die XX Octobris, pontificatus sanctissimi domini nostri pape Sixti IV anno XII°.

Source: ASV, Arm. XXIX, vol. 41, fol. 38v.

Note: Cf. above, Doc. **953**.

1023   Rome, 23 February 1483

Reply to a personal letter of Queen Isabel of Castile presented by Rodrigo Borgia, cardinal bishop of Porto, including the granting of the church in Osma to Raphael Riario, cardinal deacon of St. George ad Velum Aureum; the business of relapsing converts in her dominions, also in Sicily; the appointment and powers of inquisitors being dealt with by a commission of cardinals; and the prevention of interference by royal ministers with the liberties of the Church and papal orders.

Regine Castelle.
Sixtus etc. Venerabilis frater noster Ro[dericus], episcopus Portuensis, cardinalis Valentinus et Sancte Romane Ecclesie vicecancellarius, litteras tuas, ad nos manu propria scriptas, nobis iam pridem exhibuit, qui[bus] hactenus ex eo non respondimus, quod cum non essemus per illos dies satis firma valitudine, eas voluimus in aliud commodius tempus legendas, servari penes ipsum vicecancellarium, qui, demum ad nos reversus, totas nobis diligenter perlegit. Intelleximus omnia gratissimo animo. Placet nobis magnopere quod in provisione ecclesie Toletane tue celsitudini gratificati fuerimus, cuius votis omnibus, quantum cum Deo possumus, annuere non recusabimus. Quod vero scribis provisionem ecclesie Oxomensis de persona dilecti filii nostri Ra[phaelis] Sancti Georgii ad Velum Aureum diaconi cardinalis, tue serenitati et carissimi in Christo filii nostri regis, consortis tui illustris, gratam fore, id etiam ex aliis litteris vestris cognovimus. Non dubitamus eandem provisionem tum nostra, tum ipsius cardinalis causa pro eius precipua in celsitudinem vestram observantia imposterum etiam

gratiorem fore. De Francisco Ortiz, quem inde amoveri cupis, scias nunquam mentis nostre fuisse quempiam vestre serenitati adversum aut suspectum istic versari. Qua de re, ut tue voluntati morem geramus, illum per aliud breve nostrum presenti annexum, cuius exemplum etiam insertum tibi mittimus, sicuti petis ad nos revocamus. Quantum vero attinet ad negotium neofitorum, quod solum inquisitoribus deputatis demandari velles, vidimus quecumque ex ordine circa huiusmodi materiam accurate prudenterque scripsisti, plene sunt ipse littere tue pietate et in Deum singulari religione. Letamur plurimum, filia carissima, secundum cor nostrum in ea re, a nobis tantopere concupita, per celsitudinem tuam tantum studium et diligentiam adhiberi. Conati semper fuimus, miserti illorum insanie, tam pestifero morbo oportuna remedia adhibere. Sentientes etiam huiusmodi pestem in Sicilia invaluisse, iam pridem per varias bullas nostras adversus tam perfidum et scelestum genus hominum istuc transmissas provideramus. Sed, obsistensibus regiis magistratibus, quemadmodum tibi innotescere putamus, omnia preter expectationem nostram impedita sunt, et nullum provisiones nostre, sicut par erat, effectum sortiri potuerunt, quod sane nobis molestissimum fuit. Nunc vero, perspecta optima ac propensa voluntate tua, gratissimum nobis est, quod in illis regnis tuis, in vindicanda divine maiestatis offensa, tanto studio ac devotione desiderio nostro satisfacias. Equidem, filia carissima, cum multis regiis virtutibus personam tuam divino munere insignitam cognoscamus, nullam tamen magis quam istam in Deum religionem ac in fidem orthodoxam affectum atque constantiam tuam commendaverimus. Proinde sanctum istud propositum tuum in Domino probantes ac benedicentes, serenitatem tuam attente hortamur atque oramus, ne tanta labes diutius per illa regna serpat, simili studio huic negotio intendas, et iuxta provisiones nostras desuper editas et edendas, in quibus favor tuus precipuus requiritur, causam Dei amplectaris, cui ulla in re alia magis placere non potes. Quod autem dubitare videris nos forsan existimare, quod in perfidos illos, qui Christianum nomen ementiti, Christum blasphemant et Iudaica infidia crucifigunt, quando ad sanitatem redigi nequeant, tam severe animadvertere cures, ambitione potius et bonorum temporalium cupiditate, quam zelo fidei et Catholice veritatis, vel Dei timore, certo scias ne ullam quidem apud nos eius rei fuisse suspicionem. Quod si non defuerint qui, ad protegendum illorum scelera, multa susurrarint, nihil tamen sinistri de tua vel prefati carissimi filii nostri consortis tui illustris devotione persuaderi nobis potuit. Nota est nobis sinceritas et pietas vestra atque in Deum religio. Non credimus omni spiritui, si aliorum querelis aures, non tamen mentem, prestamus. Quod vero de inquisitoribus petis, quoniam res est magni momenti, ut maturius tuo desiderio in hac parte satisfaciamus, adhibebimus aliquos ex venerabilibus fratribus nostris S. R. E. cardinalibus, quibus negotium hoc diligenter examinandum committemus, et eorum consilio, quantum cum Deo poterimus, tue voluntati annuere conabimur. Interim, filia carissima, sis bono animo, et tam pium opus, Deo et nobis gratissimum, solita devotione ac diligentia prosequi non desinas; tibique persuade nihil nos celsitudini tue denegaturos, quod a nobis honeste prestari possit. Ceterum, quoniam non sine admiratione, fidedigna relatione accepimus, quod tamen non ex mente tua seu prefati carissimi filii nostri, sed ministrorum vestrorum, qui, Dei timore posthabito, falcem in messem alienam immittere non verentur, provenire arbitramur, libertatem scilicet atque immunitates ecclesiasticas in dictis regnis per varias novitates infringi, et provisiones nostras atque mandata apostolica eorumque executionem per quedam regia edicta, sine ullo respectu censurarum, impediri vel retardari, id cum nobis admodum grave, et a consuetudine institutoque vestro, ac in nos et sedem apostolicam reverentia et equitate vestra alienum sit, tue serenitati scribendum duximus, quam hortamur atque requirimus, ut huiusmodi censuras cuilibet fideli pertimescendas, sicuti vestre devotioni convenit, devitare studeat; nec patiatur tam evidentem iniuriam nobis et huic sancte sedi inferri; et eo modo provideri curet, ne libertas et iura apostolica, que illustres progenitores tui cum magna eorum gloria tueri et augere studuerunt, tempore tue celsitudinis violata seu imminuta videantur. Sic enim Dominus, in cuius potestate ipsi sunt reges, assistente tibi apostolice sedis gratia, diriget desideria tua, sobolem et res tuas felicitabit, omnia celsitudini tue in via recta ambulanti pro voto succedent. Dat. Rome, apud Sanctum Petrum, anno Incarnationis Dominice millesimo quadringentesimo octuagesimo secundo, septimo Kalendas Martii, pontificatus nostri anno duodecimo.

Source: ASV, Arm. XXXIX, vol. 15, fols. 141v–192v; Madrid, Arch. Hist. Nac., Cod. 121, fol. 178r.

Publication: Fita, *España Ebrea* 1, pp. 92f.; Llorca, *Bulario*, pp. 79f.; Llorente, *Inquisición*, App., pp. 135f.

Bibliography: Erler, *Historisch-kritische Übersicht* 7, p. 28; Herculano, *Inquisition in Portugal*, p. 96; Raynaldus, *Annales Ecclesiastici*, a. 1483, §50; Synan, *Popes*, pp. 141f.

1024   Rome, 25 February 1483

Appointment for four years of Felicianus Francisci Sixti de Bassis of Foligno as auditor of the accounts and ledgers of Jewish money-lenders in the papal dominions and examiner of their charters, and as investigator of frauds and other misdemeanours allegedly committed by them. He is to punish and fine offenders, to revise, annul, or amend charters found to be dishonest, to release Christians who signed such contracts from their obligations, to proceed against Jews who possessed themselves of real estate and other property, and to take all required steps in connection with the above. Mandate to all officials in the Papal States to assist Franciscus, if requested, with all the means at their disposal.

Sixtus episcopus, servus servorum Dei. Dilecto filio Feliciano Francisci Sixti de Bassis, layco Fulginati, salutem et apostolicam benedictionem. Sincere devotionis affectus quem ad nos et Romanam Ecclesiam gerere comprobaris, spem nobis indubiam pollicetur, quod ea que tibi duxerimus committenda, prudenter ac fideliter exequeris. Nuper siquidem, non sine grandi animi nostri displicentia, ad aures nostras pervenit quod pauperes et alie miserabiles persone civitatum et terrarum Romane Ecclesie mediate et inmediate subiectarum, que, necessitate seu inopia compulse, pecunias super pignoribus eorum ab Hebreis sub usuris pro tempore solvendis accipiunt, per dolos et fraudes Hebreorum predictorum, ipsi Christifideles, tam super excessivis usuris quam super ipsis pignoribus, etiam per falsificationem librorum suorum, et diminutionem rerum pignoratarum, et alias, propterea non modicum defraudantur, decipiuntur et damnificantur; ipsique Hebrei citra formam capitulorum, que cum communitatibus et universitatibus seu vicariis in temporalibus civitatum et terrarum predictarum habent, multa committunt, que in grave pauperum et aliorum Christifidelium redundare noscuntur preiudicium pariter et gravamen. Nos igitur, premissis obviare, et indemnitatibus pauperum et aliorum Christifidelium civitatum et terrarum predictarum, quantum cum Deo possumus, consulere cupientes, ac de fide, diligentia et integritate tua plurimum in Domino confidentes, te, qui litteras Hebreorum non ignoras, et eorum libros rationum intelligere poteris, revisorem omnium librorum rationum et computorum, pignorum, usurarum, necnon capitulorum dictorum Hebreorum, et aliorum omnium, que ad Hebreos supradictos spectant, ad quatuor annos de hinc proxime venturos facimus, constituimus et deputamus, tibique revidendi libros, computa et rationes predictas, et fraudes, si que reperientur adnotandi, ipsosque Hebreos, de et cum consilio et assensu thesaurarii provincie, civitatis, seu loci, ac provincialis, prioris, ministri seu guardiani alicuius domus ordinis Fratrum Mendicantium de Observancia, coniunctim, vel, in absentia alterius ex eisdem, divisim, cum alterius eorundem, iuxta fraudis et delicti enormitatem puniendi et condemnandi, et super fraudibus huiusmodi ad utilitatem camere apostolice componendi, ita etiam quod thesaurarius ultra computum per te tenendum unum aliud et librum alium teneat pro unico, alii vero, prior, minister et guardianus predicti, unam bullectam, sive scripturam proprie manus, de condemnacionibus et compositionibus huiusmodi tibi tradant diligenter, prefate camere computum postmodum reddituri; preterea tibi, adiunctis sociis predictis, vel altero ex eisdem in absentia alterius, ut prefertur, omnia capitula, facta[!] et conventiones, que dicti Hebrei cum communitatibus civitatum et terrarum predictarum habent, revidendi et examinandi, et si qua essent, que quomodolibet inhonesta, aut minime toleranda videbuntur, revocandi, mutandi, et limitandi, seu reformandi, et alia, que toleranda fuerint, tolerandi; et nichilominus Christianas personas, quas contraxisse cum dictis Hebreis, et conventiones, seu capitula, vel pacta cum eis fecisse compereris, a censuris ecclesiasticis per viam et medium alicuius persone ecclesiastice, quam duxeris eligendam, liberandi et absolvendi per tempus in dictis capitulis contentum, et super his etiam cum dictis Hebreis et pro utilitate dicte camere et sancte cruciate componendi, et de premissis dictos Hebreos quietandi et absolvendi, ac omnia alia et singula circa hec necessaria et opportuna faciendi, gerendi et exercendi, servato computo de omnibus per te gestis fideliter et diligenter; et quoniam nonnulli ex dictis Hebreis inveniuntur qui, malitiose, non tantum sub pignoribus rerum mobilium personas pauperes illaqueant et involvunt, sed etiam tam nomine pignoris, quam etiam titulo venditionis et emptionis, bona stabilia capiunt, eaque pro ipsis et eorum heredibus retinent atque possident, in non modicum talium personarum preiudicium et iacturam, contra eosdem procedendi, et bona eiusmodi, ac alia stabilia, quocumque titulo quesita, ab eis removendi et auferendi, vel de eisdem cum eis paciscendi, componendi, seu illa eisdem confirmandi et revendendi, seu etiam veris prioribus dominis et patronis restituendi, seu etiam revendendi, pro maiori emolumento apostolice camere, sociis tibi adiunctis, vel eorum altero, ut prefertur, auctoritate apostolica, tenore presentium plenam et liberam concedimus facultatem; volentes quoque, ut Hebrei predicti tibi et sociis seu familiaribus tuis teneantur et debeant de expensis competenter satisfacere et providere, quousque cum eis de rebus ad illos pertinentibus concordaveris; mandantes nichilominus omnibus et singulis civitatum et terrarum predictarum gubernatoribus, vicariis, rectoribus, potestatibus, ceterisque officialibus, quatinus, sub excommunicationis pena, in premissis et circa ea, quotiens super his pro parte tua fuerint requisiti, tibi assistentes prebeant auxilium, consilium et favorem, etiam prestito brachio seculari, si opus fuerit. Non obstantibus ... Volumus autem quod de condemnationibus omnibus et compositionibus, quas per te, ut prefertur, vigore presentium, cum dictis Hebreis fieri contigerit, in recompensam laborum tuorum quintam partem consequaris, quodque presentes littere et facultas huiusmodi per quatuor annos tantummodo durent, ut prefertur. Tu igitur, in premissis et circa ea taliter studeas gerere et exercere, quod in futurum alia maiora tibi committere non dubitemus, et apud nos de fide, prudentia et integritate merito valeas commendari. Dat. Rome, apud Sanctum Petrum, anno Incarnationis Dominice millesimo quadringentesimo octogesimo secundo, quinto Kalendas Martii, pontificatus nostri anno XII°.

Source: ASV, Reg. Vat. 659, fols. 50v–53r; Arm. XXXIX, vol. 17, fols. 21v–22v.

Note: Felicianus Sixti was a convert of Foligno, whose name as a Jew was Angelo. See the documents published by Toaff, *Umbria, passim*. See also below, Doc. **1046**.

1024a   Rome, 26 February 1483

Mandate to the inquisitors in the kingdom of Valencia to proceed in all trials in company with the local ordinaries or their vicars, as stated in a previous mandate, in which only Valencia had been mentioned.

Inquisitoribus heretice pravitatis in regno Valentie.
Dilecti filii, salutem etc. Mandavimus alias vobis per nostras litteras ut in negocio inquisitionis heretice pravitatis per universum regnum Valentie una cum ordinario ecclesie Valentine, vel eius vicario, procederetis, et non aliter. Verum, quia in regno predicto sunt et alie dioceses, dubitastis an in eisdem diocesibus cum ordinariis earundem, vel eorum vicariis, sicut in diocesi Valentina, procedere debeatis. Declaramus per presentes mentem nostram fuisse ut in qualibet eiusdem regni Valentie diocesi, ascito vobis ordinario eiusdem, vel eius vicario, procedatis, et ita vobis tenore presentium iniungimus et mandamus, non obstante quod in commissione nostra priori non nisi [de] vicario Valentino mentio facta fuerit; quod enim in huiusmodi negocio de ordinario Valentino circa suam diocesim disposuimus, idem voluimus et in aliis dicti regni ordinariis, quoad suas dioceses, observari. Dat. Rome, die XXVI Februarii 1483, anno XII°.

Source: ASV, Arm. XXXIX, vol. 15, fol. 193r.

Publication: Fernandez Alonso, *Algunos breves y Bulas inedidos*, p. 464.

1025   Rome, 27 February 1483

Commission and mandate to Gentilis de Bacchi, bishop of Arezzo, to grant absolution, this time only, to the people of Lucignano and those who aided them for having contracted with Mele of Toscanella (Tuscania) to lend money at interest, and to impose penitence on them.

Dilecto filio — vicario venerabilis fratris episcopi Arretini in spiritualibus generali.

Dilecte fili, salutem etc. Supplicari nobis fecerunt dilecti filii priores et defensores communitatis opidi Lucigniani Vallisclanarum, Arretine diocesis, ut, cum ipsi superioribus mensibus, pro commodo hominum dicti opidi, conduxerint ibi ad mutuamdum Melem, Hebreum de Tuscanella, et cum eo certa capitula desuper iniverint, et tamen, more bonorum Christianorum, saluti animarum suarum cupiant consuli, cum suas propterea conscientias gravatas esse sentiant, dignaremur de beneficio absolutionis eis misericorditer providere. Igitur, cum animarum piscatores simus, supplicationibus huiusmodi paterno affectu inclinati, tibi per presentes committimus ac mandamus, quatenus eosdem priores et defensores, ac quoscumque alios, etiam dominos et cives Senenses, qui ad premissa consenserunt sive faverunt, si id humiliter petierint, ab omnibus et singulis sententiis, censuris et penis ecclesiasticis, quas ob id quomodolibet incurrerunt, de preterito hac vice dumtaxat absolvas, et absolutos fore decernas, iniuncta eis et cuilibet eorum pro modo culpe penitentia salutari. Non obstantibus constitutionibus et ordinationibus apostolicis, ceterisque contrariis quibuscumque. Dat. Rome, die XXVII Februarii 1483, anno XII.

Source: ASV, Arm. XL, vol. 1, fol. 51r.

1026   Rome, 3 April 1483

Exhortation to Iohannes de Bentivoglio, lord of Bologna, to facilitate the collection of the *decima* from the Jews, following the assent to the petition of the Sixteen of Bologna to exempt them.

Ioanni de Bentivoliis, militi Bononiensi.
Dilecte fili, salutem etc. Petentibus nuper a nobis per litteras magna cum instantia sexdecim istius nostre civitatis, ne decima officialibus imponeretur, licet magnis gravemur impensis, annuimus eis tamen, officialesque ipsos ab huiusmodi solutionis onere exemptos esse voluimus, dummodo decima a Iudeis exigeretur. Quam, cum persolvi omnino decreverimus, nec ignoremus quantum tu rei huic prodesse possis, hortamur devotionem tuam, ut operam dare et ordinare velis, ut decima ab ipsis Iudeis facilius et celerius exigi et haberi possit, postquam erga officiales ea humanitate usi sumus. Datum Rome, die III Aprilis 1483, anno XII°.

Source: ASV, Arm. XXXIX, vol. 15, fol. 233v.

Note: See below, following doc.

1027   Rome, 25 April 1483

Declaration to Iohannes de Bentivoglio, lord of Bologna, that if the Jews there
pay the *decima* requested of them for the defence of Ferrara, no further
demands will be made upon them during the present pope's pontificate, unless
unforeseen circumstances make this imperative.

Ioanni de Bentivoliis, militi Bononiensi.
Dilecte fili, salutem etc. Sicut devotio tua scit, pro necessaria defensione
civitatis nostre Ferrariensis, imposuimus nuper etiam Hebreis Bononiensibus
unam decimam, pro qua solvenda et exigenda pluries scripsimus. Sed
intelligimus Hebreos ipsos ad id valde renitentes esse, allegantes maxime se
bina vice decimam iam solvisse, neque debere tantum gravari; quod tamen
facere aut allegare non deberent, in hac presertim tam urgenti causa, pro qua
omnes, tanquam pro salute propria, sponte contribuere decens esset; verum,
ut obedientia et promptitudo eorundem Hebreorum, quam nunc ostendent,
de cetero recognoscatur, et eorum cautele satisfiat, contentamur et volumus
ut, si statim decimam predictam cum effectu solverint, non teneantur in
futurum tempore nostro aliquam aliam decimam quoquo modo solvere,
neque ad id cogi vel gravari possint, seu debeant, nisi forte aliqua evidentissima
necessitas emergeret, que aliter fieri non pateretur. Et ita ex nunc omnibus
quorum interest vel intererit mandamus, ut hoc inviolabiliter observent; in
contrarium facientibus non obstantibus quibuscunque. Datum Rome, die
XXV Aprilis 1483, anno XII°.

Source: ASV, Arm. XXXIX, vol. 15, fol. 253r.

Publication: Stow, *Taxation*, p. 71.

Note: See below, Docs. **1047, 1050, 1108**.

1028*   Rome, 27 April 1483

Commission and mandate to Baptista de Capociis, papal scribe and treasurer
in the Patrimony, of authority to return to the debtors of Leutius, a Jew of
Viterbo, pawns held by him, and to collect from them the principal of the
loans granted them without the accrued interest, in order to cover the fine of
1,000 ducats incurred by Leutius on behalf of his brother Servideus,
delinquent.

Venerabili viro domino Baptiste de Capociis, scriptori apostolico, Patrimonii thesaurario, amico carissimo.

R[aphael], Sancti Georgii diaconus cardinalis, domini pape camerarius.

[Venerabilis] vir; amice noster carissime, salutem. Intelleximus executionem fuisse factam contra Leutium, Hebreum Viterbiensem, pro fratre Servideo, similiter Hebreo, delinquente, obligatum, et personalem et realem; unde laudanda est vestra et baricelli diligentia, videlicet, cum nobis relatum sit res ipsas ablatas pro executione predicta ut plurimum et pro maiori parte consistere in pignoribus Christianorum, ac propterea res ipsas quodammodo impeditas, ita ut difficile sit exinde pecunias habere; ne igitur talis executio et pecuniarum exactio retardari contingat, de mandato sanctissimi domini nostri pape, vive vocis oraculo nobis facto, ac auctoritate nostri camerariatus officii, vobis presentium tenore committimus et mandamus, quatenus pignora ipsa his qui illa pignorarunt restitui faciatis, soluta dumtaxat ea rata quam mutuo super illis acceperunt, remissa illis usura sive fenore propterea debito et promisso. Et ita universis et singulis ad quos spectat notificari publice faciatis, intendentes studiose ad executionem pene mille ducatorum per ipsum Leutium incurse, quam cum effectu et omnino exigi procurabitis; concedentes vobis, de mandato et auctoritate premissis, plenam et oportunam facultatem; ratumque et gratum habituri quicquid per vos actum, factum et gestum fuerit; in contrarium facientibus non obstantibus quibuscunque. Dat. Rome, in camera apostolica, die XXVII Aprilis 1483.

Source: ASV, Arm. XXXIX, vol. 17, fol. 12v.

Note: See above, Docs. **964, 965**, and below, following docs.

1029*   Rome, 1 May 1483

Commission and mandate to Baptista de Capociis, papal scribe and treasurer in the Patrimony, that on having accepted from the Jews in Viterbo an undertaking to pay the papal chamber a fine of 1,000 ducats in two instalments, and 15 ducats to the police officer, he is to lift the lien on Leutius' bank, release him from prison, stop all further action, and have the debtors of the bank pay interest, following a change of policy regarding the misdeeds committed by Servideus and the other Jews in Viterbo.

Venerabili viro domino Baptiste de Capociis, scriptori apostolico, thesaurario Patrimonii, amico nostro carissimo.

R[aphael], Sancti Georgii diaconus cardinalis, domini pape camerarius.

Venerabilis vir, amice noster carissime, salutem etc. Intellectis tandem que requirebantur ad causam Servidei et aliorum Hebreorum Viterbiensium, heredum Habrae Leutii, et consideratis que consideranda fuerant circa excessum eorum, tam ratione illius frisi, quam fideiussionis et obligationis per eum propterea contracte, sanctissimus dominus noster papa, ex certis bonis causis animum suum moventibus, vult, et ita de mandato speciali desuper oraculo vive vocis nobis facto, vobis presentium tenore committimus et mandamus, quod, datis per eosdem Hebreos idoneis fideiussoribus et in forma veri et efficacis depositi de solvendo per totum presentem mensem Maii ducatos quingentos auri de camera in auro, et alios quingentos per totum proxime futurum mensem Iunii camere apostolice, ab omni molestia propterea eis inferenda liberentur et absoluti sint. Et ideo, visis presentibus, dictis fideiussoribus [datis], ut prefertur, liberari faciatis Leutium propterea detentum, et omnia bona, tam pecunias, equmque, quam pignora, et quicquid [...] huiusmodi exegistis, resque quascumque, et tam Viterbii quam [...] et Orti, ac alibi ubicumque, ex causa predicta arrestata sint [...] capta pro camera predicta, eisdem Servideo aliisque heredibus [—] integraliter restitui faciatis et restituatis effectualiter. [...] et baricellum oportunis remediis, vigore presentium, [...] harum serie, sub pena privationis [officii] mandamus, ut quecumque per eum propterea habita et sibi [etiam] vigore aliarum litterarum nostrarum assignata fuerunt, eisdem [Hebreis] integre restituat; retentis pro se et iure executionis [aut] alias quovis modo sibi pertineat, ducatis quindecim de Carlenis dumtaxat, et plus petere ex eadem causa non possit; hec omnia illico exequamini, absque alia desuper facienda commissione et absque exceptione, ita quod Hebreis ipsis ultra mille, ut prefertur, in terminis suprascriptis solvendos ducatos, et dictis ducatis XV pro baricello, sit facta omnium bonorum integra restitutio. Et tam ipsi quam eorum fideiussores sint totaliter liberati et absoluti, prout etiam pariter, modo et forma quibus supra, eosdem, de mandato prefate sanctitatis, et auctoritate nostri camerariatus officii, liberamus et absolvimus; ceterum, si qui ipsorum pignora redemerint, principali soluto dumtaxat capitali absque usura, eos compellatis ad solvendum usuram, non obstante quod aliter fuerat desuper ordinatum; quoniam voluntas sanctissimi domini nostri est ut, ultra predictam summam, detrimentum nullum patiantur; aliis litteris et commissionibus desuper a nobis et a quocumque alio et quavis auctoritate emanatis et factis, ceterisque contrariis quibuscumque, non obstantibus. Dat. Rome, in camera apostolica, die prima Maii 1483.

Source: ASV, Arm. XXXIX, vol. 17, fols. 12v–13r.

Note: See preceding and following docs. *Frisi* are fringes made (probably) of precious material.

1030*   Rome, 2 May 1483

Commission and mandate to Baptista de Capociis, papal scribe and treasurer
in the Patrimony, that on having received the first instalment from the Jews in
Viterbo, he is to hand over 40 ducats to the prior and to the Dominican
convent of St. Maria ad Gradus in Viterbo, on account of the damage they
sustained because of the *frisi* taken from them.

Venerabili viro domino B[aptiste] de Capociis, scriptori apostolico,
thesaurario Patrimonii, amico carissimo.
R[aphael], Sancti Georgii diaconus cardinalis, domini pape camerarius.
Venerabilis vir, amice carissime, salutem. Scripsimus vobis per alias litteras
nostras ultimam deliberationem in causa Servidei et aliorum Hebreorum
Viterbiensium factam, hoc est quod, datis idoneis fideiussoribus, in forma
depositi efficacis, de solvendo ducatos quingentos per totum mensem Maii
presentem, et alios quingentos per totum proxime futurum mensem Iunii, ipsi
ulterius non molestarentur, et alia, prout in litteris ipsis nostris heri, prima
huius mensis, datis continetur. Ne igitur conventus ecclesie Sancte Marie ad
Gradus, ordinis Sancti Dominici, Viterbiensis, ratione frisi sibi ablati damnum
reportet, volumus, et de mandato sanctissimi domini nostri pape super hoc
vive vocis oraculo nobis facto, ac auctoritate nostri camerariatus officii, vobis
presentium tenore committimus et mandamus, quatenus de dicta summa
quingentorum ducatorum solvenda per ipsos Hebreos per totum presentem
mensem, ducatos quadraginta solvatis priori et conventui, sive fratri Bonifacio,
dicti conventus sindico, pro emenda et pretio dicti frisi, quos in computo huius
negotii et vestris ac thesaurarie admitti mandamus; contrariis non obstantibus
quibuscumque. Dat. Rome, in camera apostolica, die secunda Maii 1483.

Source: ASV, Arm. XXIX, vol. 17, fols. 14v–15r.

Note: On fol. 15v there is another reference to the payment of 1,000 ducats
by the Jews of Viterbo. Cf. preceding docs.

1031   Rome, 7 May 1483

Exhortation to the people of Bologna to have the Jews there pay the levy
imposed on them.

Boniensibus. Sixtus papa IIII[s].
Dilecti filii, salutem etc. Accepimus reiteratas litteras vestras in negocio

Hebreorum. Multa quidem allegatis, et nos ea plane cognoscimus. Sed potestis vos et ipsi existimare, non peti a nobis[!] huiusmodi subsidium, nisi quia ita cogimur urgente necessitate. Videtis sane quo in loco res se habeat; nec ignoratis communem omnium salutem conservationemque inde dependere; propter quod, sicut causa hec exposcit et urget, ita Hebrei ipsi non debent in prestando subsidio esse renitentes, et vos eos ad id hortari et inducere convenit, qui semper Romane Ecclesie filii fuistis devotissimi et obedientissimi. Quare efficite ut sine alia replicatione Hebrei ipsi solvant. Ita enim intentio et voluntas nostra est. Datum Rome, die VII Maii 1483, anno XII°.

Source: ASV, Arm. XXXIX, vol. 15, fol. 263r; AS, Bologna, Governo, Privilegi, Brevi Pontifici, b.1 (1447–1503), fols. 108v–109r.

Publication: Stow, *Taxation*, p. 72.

1032   Rome, 23 May 1483

Appointment until further notice of Iñigo Manrique, archbishop of Seville, as papal delegate judge of appeal, to hear all appeals lodged or to be lodged with the Apostolic See by Jewish converts convicted by the inquisitors in Spain for judaizing; authority to accept abjuration and reconciliation with the Church by New Christians, who are then not to be further prosecuted; and abrogation of all privileges previously granted New Christians of Jewish descent in Spain.

Sixtus etc. Venerabili fratri Eneco, archiepiscopo Ispalensi, salutem etc. Id nostri precipue cordis vota deposcunt, ut pro quibus superorum ascribendis cetui ipse, omnium summus eorum opifex, humanos dolores perpeti voluit, nos, quibus gregis sui curam regimenque commisit, illos ab errorum precipitiis vigilanti curemus eripere studio, ut eorum saluti, divina nobis propitiante gratia, iugiter consulamus, prout in Domino conspicimus expedire. Dudum siquidem, relatione carissimi in Christo filii nostri Ferdinandi regis et carissime in Christo filie nostre Elisabeth regine Castelle et Legionis, per nos accepto quod in diversis civitatibus, terris et locis dictorum regnorum erant quamplurimi qui, sacri baptismatis lavacro in Christo regenerati, pro Christianis apparenter se gerentes, ritus et mores Iudeorum, Iudaiceque superstitionis et perfidie dogmata [Ms.: dompmata] et precepta servare, et a veritate tam orthodoxe fidey et cultus illius quam articulorum eiusdem credulitate recedere veriti non fuerant, nec verebantur in dies, et eorum sic iudayzantium infidelitatem in tantum excrevisse, quod illius septatores[!] promissum in veteri lege Messiam expectare, et observantiam legis predicte ad

salutem animarum adhuc, etiam hodie, post Evangelium, necessariam fore, et
Ihesum Christum, Salvatorem nostrum, deceptorem fuisse, et illi ac illius
gloriose Genitrici maledicere, et singulis sextis feriis eorum figuras et ymagines
turpissime pertractare, et qui ex eis doctores erant, alios in huiusmodi eorum
perfidia Iudayce superstitionis instruere de eorum infidelitate et nequitia
gloriari, ac fideles Christianos ut insipientissimos, damnatos et deceptos
appellare et irridere, non solum in cordibus et domibus eorum, sed etiam
publiciter non cessabant, et quod gravius et deplorandum erat, contra
ortodoxam Christianam fidem et Catholicam, [dampnatos] libellos conficere
et publicare, eorumque versutia et malignitate veteres Christianos simplices,
eorum fautores, et alios, Iudayzari facere et ad fidey Catholice denegationem
inducere non formidabant. Nos tunc, habita super hoc cum venerabilibus
nostris Sancte Romane Ecclesie cardinalibus deliberatione matura, de eorum
fratrum concilio, dilectos filios Michaelem de Morillo, magistrum, et
Iohannem de Sancto Martino, baccalarium in theologia, ordinis Fratrum
Predicatorum professores, etate, vita et moribus ydoneos, qui certo modo
usque tunc in civitate et diocesi Ispalen. officio inquisitionis contra tales sic
iudaizantes vacaverant, et eorum quemlibet in prefatis Castelle et Legionis
regnis dicte Iudayce superstitionis sectatorum, et quorumcumque aliorum,
cuiusvis heretice pravitatis labe pollutorum, inquisitores, apostolica
auctoritate, ad nostrum et apostolice sedis beneplacitum fecimus, creavimus
et deputavimus, cum plena potestate inchoatos antea per eos processus,
quatenus rite et recte processissent, resumendi, et illos prosequendi, ac ad
finem una cum locorum ordinariis, seu eorum officialibus, secundum formam
a iure traditam, perducendi, et alios de novo contra quoscumque heretice
pravitatis reos et fautores eorum inchoandi et prosequendi, necnon iuxta
sacrorum canonum instituta faciendi, mandandi et exequendi omnia et singula
que ad inquisitionis heretice pravitatis officium huiusmodi quomodolibet
pertinebant, ac eisdem Michaeli et Iohanni, necnon locorum ordinariis et
eorum officialibus mandavimus ut ipsi, vel eorum alter, in dictis regnis, omni
odio vel timore ac cuiuslibet commodi temporalis affectione semotis, solerti
cura et diligentia, nullis parcendo laboribus, animo indefesso, predictorum et
quorumcumque aliorum hereticorum septam de regnis et dominiis regis et
regine predictorum evellere et exterminare procurarent, ad exaltationem
orthodoxe et Catholice fidei, ac eorundem qui Christianam vocari nolebant,
et secundum legem Moysi vitam ducere non verebantur, aliorumque
hereticorum, perpetuam confusionem. Ac voluimus quod, si inquisitores et
ordinarii prefati, eorundemque ordinariorum officiales in premissis negligentes
forent, vel remissi, nonnullas tunc expressas ecclesiasticas censuras et penas,
etiam privationis regiminis et administrationis suarum ecclesiarum
incurrerent, prout in nostris inde confectis licteris plenius continetur. Cum
autem, sicut postmodum accepimus, nonnulli contra [quos] inquisitores
prefati processerunt, a quibusdam eis, ut asserebant, in huiusmodi processibus

illatis gravaminibus ad sedem apostolicam hactenus duxerint appellandum, et
in dies appellent, ac huiusmodi appellationum causas in Romana curia
commicti obtinuerint, et in dies obtineant, et per eorundem commissarios
dictis inquisitoribus ne in processibus huiusmodi, dictis appellationibus coram
eis pendentibus, procedant, inhiberi, eosdemque inquisitores et promotores
causarum earundem, seu fidey procuratores in partibus illis deputatos ad
prosecutionem causarum appellationum huiusmodi citari procuraverint et
procurent, retardeturque exinde salutiferum opus et officium inquisitionis
memorate, in animarum periculum et scandalum plurimorum, nos, qui
animarum salutem intensis desideramus affectibus, et ut officium inquisitionis
huiusmodi ubilibet, et presertim in partibus illis, laudabiliter et sine ullo
impedimento exerceatur, libenter, ut tenemur, interponimus solicitudinis
nostre curas, sperantes quod, si huiusmodi appellationum cause interposite, et
quas interponi pro tempore continget ad sedem predictam, in contingentibus
quomodolibet inquisitionis predicte officium, audirentur et fine debito
terminarentur in partibus illis in quibus de allegatis in illis gravaminibus
commodius liquere posset, exinde faciliori et celeriori processuum et causarum
huiusmodi determinationi, cum minoribus impensis causas ipsas prosequen-
tium, consuleretur, in fidey memorate favorem, ac sumentes de te, qui in
magnis expertus et in arduis comprobatus existis, tuisque licterarum scientia,
probitatis, morum elegantia, maturitate consilii in agendis experientia, summa
integritate, fidey zelo, et aliis grandium virtutum donis, quibus illarum largitor,
Dominus, personam tuam multipliciter insignivit, in Domino fiduciam
specialem, et quod ea que tibi committenda duxerimus in fidey memorate
favorem, ea qua decet solertia, integritate ac iustitia exequeris, habita super
hiis deliberatione matura, te iudicem delegatum in omnibus et singulis
huiusmodi appellationum causis quomodolibet ad sedem prefatam
interpositis, et quas in futurum interponi continget per quoscumque et
quomodocumque in concernentibus negotium inquisitionis heretice pravitatis
huiusmodi in regnis predictis, cum plena potestate causas ipsas appellationum
interpositarum, et quas interponi continget, per te, vel alium, seu alios,
ubicumque tibi placuerit, auctoritate nostra audiendi, cognoscendi et per te
ipsum dumtaxat fine debito terminandi, ita ut absque alia speciali commissione
desuper tibi facienda, interpositas hactenus appellationum causas et
introductas coram causarum palatii apostolici auditoribus et quibuscumque
aliis iudicibus delegatis in Romana curia vel extra, quarum statum, etiam si in
illis conclusum sit, ac auditorum et iudicum de illis cognoscentium, necnon
personarum ecclesiasticarum et secularium, quas concernunt, nomina,
cognomina, dignitates et preeminentias, ecclesiasticas et seculares, in quibus
constitute existunt, pro expressis habemus, quasque motu proprio et ex certa
nostra sciencia presentium tenore ad nos harum serie advocamus, in statu
debito resumere, et illas ulterius, ac quas de novo interponi continget, etiam in
Romana curia vel extra, alii vel aliis eas comicti contingeret, per te, vel alium,

ut prefertur, ubilibet audire et cognoscere, ac per te ipsum fine debito terminare, libere et licite valeas, tam ad eorundem appellantium, quam fidey Catholice in partibus illis procuratores[!] seu promotorum causarum criminalium curiarum ordinariorum partium earundem instantiam, auctoritate apostolica facimus, constituimus et etiam deputamus, ad nostrum et dicte sedis beneplacitum; et quod a te et his quibus in causis appellationum huiusmodi vices tuas duxeris in audiendo et cognoscendo commictendas, ante vel post latam per te sententiam in eisdem appellationum causis, sicut a nobis, cuius vices in his tu et illi geretis, cuiusque personam representabitis, nequeat ullatenus appellari, sicut a diffinitiva sententia in causa heresis lata appellari non posset, prefata auctoritate statuimus. Et ne in processibus et causis heresis huiusmodi contra personas civitatis et diocesis Ispalen., eo pretextu, quod tu in illis intervenies in posterum ut ordinarius, appellantes in casibus a iure permissis careant iudice in eisdem partibus, qui causas appellationum huiusmodi audiat, volumus quod tu de cetero in huiusmodi inquisitionis heretice pravitatis negotio contra tue ordinarie iurisdictioni subiectos, non per te ipsum, sed per tuum officialem, ordinariam iurisdictionem cum inquisitoribus predictis exerceas quotiens contigerit expedire, possisque appellationum causas, quas etiam ab eodem officiali tuo tunc interponi continget, in casibus a iure permissis, tanquam delegatus apostolicus audire, cognoscere et fine debito terminare, pari modo, prout poteris, vigore presentium, dum ab aliis in huiusmodi inquisitionis negotio contigerit appellari. Et quia Dominus noster Ihesus Christus, cuius vices in terris, meritis licet insufficientibus, gerimus, non vult mortem peccatorum, sed ut convertantur et vivant, eisque post lapsum, etiam in heresim, redeuntibus misericordie gremium non claudit Ecclesia, et super uno peccatore penitentiam agente maius gaudium fit in celis quam super nonaginta novem iustos, volumus ut omnes et singulos quos aliqua heresis labe, tam in tuis civitatibus et diocesi ac provincia Ispalensi, quam alibi in dictis regnis pollutos esse intellexeris, per te vel alium nostro nomine moneas et requiras, ac pro posse, quantum in te erit, persuadas eisdem ut, Iudaica superstitione et cecitate sepositis, suos recognoscant errores, et illis in tuis manibus, ut optamus, abiuratis, ad verum, quod Christus est, lumen claritatis pervenire festinent; et si qui eorundem Iudayzantium et hereticorum, tam tuarum quam aliarum quarumlibet civitatum et diocesum regnorum predictorum heresim in quam prolapsi, non autem posterius in dictam abiurationem reperti fuerint, tuis persuasionibus aut alias inducti, obviare voluerint, ad huiusmodi abiurationem, auctoritate nostra, iuxta iuris formam admictas per te, vel alium, prout animarum eorundem saluti videris expedire, eisque provideas, ne pretextu abiurate heresis huiusmodi contra iura molestentur in posterum. Revocamus insuper, auctoritate predicta, ac viribus omnino carere decernimus, omnia et singula privilegia quibuscumque incolis regnorum predictorum de genere Iudeorum provenientibus, a nobis et sede apostolica hactenus, etiam motu proprio, super eorum reconciliationibus et heresum abiurationibus, aliter quam secundum formam iuris faciendis, ac exemptione eorundem a processibus et iurisdictione inquisitorum predictorum, aut alias quomodolibet obtenta, per que huiusmodi inquisitionis heretice pravitatis negotium contra eos impediri possit quomodolibet, vel differri, contra iuris communis dispositionem, et illa, quorum tenor presentibus, ac si de verbo ad verbum insereretur, pro expresso habemus, nemini volumus suffragari, quominus inquisitores et ordinarii prefati, alias iuxta dictarum aliarum nostrarum et presentium licterarum continentiam, inchoatos contra eos processus super hiis que ad officium predictum inquisitionis heretice pravitatis quomodolibet pertinent prosequi et continuare, vel alias de novo inchoare, eorumque officium in hoc libere exercere possint perinde ac si privilegia huiusmodi iuri communi contraria non apparent; et ut premissa tibi commissa efficaciter valeas adimplere, plenam tibi contradictores quoslibet et rebelles per censuram ecclesiasticam et alia iuris remedia compescendi, invocato etiam ad hoc, si opus fuerit, auxilio brachii secularis, facultatem concedimus; per presentes decernimus quoque irritum et inane, si secus super hiis a quoquam, quavis auctoritate, scienter vel ignoranter, contigerit actemptari. Non obstantibus ... Tu autem, quem ob singularem bonitatem, integritatem, conscientie puritatem et zelum fidey, quibus refertus existis, ad premissa duximus pre ceteris assumendum, et tibi ut a tuis, sicut a nostris, sententiis et iudiciis appellare non liceat, concedendum, huiusmodi tibi concessa potestate, in tanto fidey negotio ita iuste, sancte et probe utaris, super quo tuam conscientiam oneramus, ut exinde merito apud nos et sedem prefatam valeas, ut solitus es, commendari, et exinde tibi perennis vite premium, et nobis pro his que gesseris in huiusmodi fidey negotio condigna proveniat actio gratiarum. Nulli ergo etc. ... Si quis etc. Dat. Rome, apud Sanctum Petrum, anno etc. MCCCCLXXX tertio, decimo Kalendas Iunii, pontificatus nostri anno duodecimo.

Source: ASV, Reg. Vat. 549, fols. 145r–149r.

Note: See below, following doc. On Morillo and St. Martin, see above, Docs. **815, 854, 1017**.

Bibliography: Infessura, *Diario*, p. 227; Pastor, *History of the Popes* 4, p. 402; Vogelstein-Rieger, *Rom* 2, p. 19.

1033   Rome, 25 May 1483

Information to King Ferdinand and Queen Isabel of Spain, that following the report of a commission consisting of Rodrigo Borgia, cardinal bishop of Porto, John Arcimboldo, cardinal priest of St. Praxedis, Auxias de Podio, cardinal priest of St. Sabina, and Raphael Riario, cardinal deacon of St. George ad Velum Aureum, in consultation with John Moles Margarit, bishop of Gerona and Spanish ambassador to the Apostolic See, and Gonzalez de Villadiego, papal chaplain — Iñigo Manrique, archbishop of Seville, was appointed papal judge of appeal of the Inquisition in Spain. Deposition of Cristoforus de Galves, inquisitor in Valencia, and request to appoint another in his place.

Sixtus episcopus, servus servorum Dei. Carissimis in Christo filiis nostris Ferdinando et Elisabeth, Castelle ac Legionis regibus illustribus, salutem et apostolicam benedictionem. Lectis litteris maiestatis vestre, quas super inquisitione heretice pravitatis scripsistis, nos considerantes rem arduam esse et magna consideratione egere, eam venerabili fratri nostro Roderico, episcopo Portuensi, ac dilectis filiis Iohanni, tituli Sancte Praxedis, et Auxie, tituli Sancte Sabine, presbiteris, ac Raphaeli, Sancti Georgii ad Velum Aureum diacono, Sancte Romane Ecclesie cardinalibus, audiendam examinandamque commissimus, ut rectius ac salubrius posset, auctore Domino, provideri. Cardinales vero ipsi suo officio magna cum fide et diligentia functi, venerabili fratre nostro Iohanne, episcopo Gerundensi, oratore vestro, ac dilecto filio Gundissalvo de Villadiego, capellano nostro, sepius adhibitis auditisque, progresi, rei et omnibus circumstantiis mature intellectis, nobis verissime et plenissime retulerunt; ex quorum relatione prospeximus clarius id quod semper fuimus opinati, desiderium et preces in hac re vestras ex fidei puritate et orthodoxe religionis zelo manare. Itaque, quamquam Romane sedis, cui nos non nostris meritis, disponente Domino, presidemus, proprium et peculiare ius sit, quorumvis laborantium querelas et appellationes admittere, eosque gremio benignitatis excipere, in causis presertim fidei cuius ad summum pontificem spectat iudicium, quamquam ad nostrum officium in primis pertineat ius ipsum tueri et preservare, tamen ut intelligeretis quam grata sit nobis vestre fidei sinceritas et maxima in hanc sanctam sedem devotio, precibus vestris huiusmodi benigne annuendum duximus iudicem appellationum in causis predictis in vestris regnis venerabilem fratrem nostrum archiepiscopum Hispalensem, virum doctrina et vite merito probatissimum, loco nostri deputantes, non solum ad appellationes interponendas, verum etiam ad interpositas et in curia Romana pendentes, alia quoque nonnulla circa causam huiusmodi ordinavimus, per que, ut speramus, Deo iuvante, omnia saluberrime dirigentur. Hortamur igitur maiestatem vestram in Domino, ut quemadmodum hactenus pie et religiose fecistis, ita deinceps velitis facere, causam hanc oportunis favoribus prosequentes, ut celestis favor vobiscum sit et auxilium Dei omnipotentis, qui, ut sacra regum tradit historia, regnum Hieu propter idolatrarum destructionem firmavit et auxit, quique etiam nuperrime vobis, pro sua orthodoxa fide contra perfidos Sarracenos bellum gerentibus, maximam victoriam dedit, et dabit in dies maiorem ac clariorem, si, ut confidimus, ardor fidei ac religionis non minuetur. Ceterum, impulerunt nos demerita Cristofori de Galves, qui in regno Valentie deputatus fuerat inquisitor, ut eum a dicto inquisitionis officio amovendum putemus, sicuti tenore presentium amovemus. Erat ipse dignus gravi supplicio, ita se imprudenter et impie gessit; sed nos sola privatione contenti, reliqua, ob singularem nostram in vestram celsitudinem caritatem, remitimus. Opus est igitur, et ita hortamur, ut alium sacre theologie magistrum, in quo timor Dei sit, et qui virtutibus clareat, eligat ad huiusmodi inquisitionis officium, loco ipsius de Galves exercendum. Nos enim ex nunc eum quem vos eligeritis ad dictum officium deputamus cum omnibus facultatibus, quas alii inquisitores de iure vel consuetudine habent. Datum Rome, apud Sanctum Petrum, anno Incarnationis Dominice millesimo quadringentesimo octuagesimo tertio, octavo Kalendas Iunii, pontificatus nostri anno duodecimo.

Source: Madrid, Arch. Hist. Nac., Inq., Cod. 1, No. 23 (23).

Publication: Fita, *España Ebrea* 1, pp. 96f.; Llorca, *Bulario*, pp. 87f.

Note: See above, preceding doc.

Bibliography: Garcia Carcel, *Inquisición Española*, pp. 43f.; Herculano, *Inquisition in Portugal*, p. 96.

1034   Rome, 25 May 1483

Information to Iñigo Manrique, archbishop of Seville, of his appointment to act as papal judge of appeal of the Inquisition in Castile and Leon, and exhortation to use his influence with the king and queen of Spain to have Cristophorus de Galves, an inquisitor, replaced by another.

Sixtus episcopus, servus servorum Dei. Venerabili fratri Eneco, archiepiscopo Ispalensi, salutem et apostolicam benedictionem. Ordinavimus nuper nonnulla oportuna et salutaria circa negotium inquisitionis heretice pravitatis in Castelle et Legionis regnis, prout ex aliis nostris litteris licet videre. Cognita autem doctrina, integritate atque prudentia singulari tue fraternitatis, te solum ex omnibus eligentes iudicem appellationum in causis predictis, unicum in eisdem regnis loco nostri deputavimus, ut qui[!] confidimus, nihil a te fieri posse quod ad Dei laudem non pertineat et a iure ac iustitia discrepet. Suscipe igitur, venerabilis frater, iniunctum onus, quod, quo magis est laboriosum et arduum, eo maius apud Deum et hanc sanctam sedem tibi meritum comparabit. Ceterum, scripsimus carissimis in Christo filiis nostris Ferdinando et Elisabeth, Castelle ac Legionis regibus illustribus, ut loco Cristophori de Galves, quem ab officio inquisitionis omnino volumus propter eius demerita amoveri, alium sacre theologie professorem, virum doctrina, integritate, prudentiaque idoneum nominent, quem ex nunc in dicto inquisitionis officio instituimus. Hortamur fraternitatem tuam ut apud reges ipsos omni studio ac diligentia instes ut hoc fiat, hoc est, ut de Galves statim amoveatur, et alius inquisitor bonus probusque proponatur ab illis. Datum Rome, apud Sanctum Petrum, anno Incarnationis Dominice millesimo quadringentesimo octuagesimo tertio, octavo Kalendas Iunii, pontificatus nostri anno duodecimo.

Source: Madrid, Arch. Hist. Nac., Inq., Cod. 1, No. 24.

Publication: Fita, *España Ebrea* 1, p. 98; Llorca, *Bulario*, pp. 86f.

Note: See above, preceding docs.

Bibliography: Herculano, *Inquisition in Portugal*, p. 96.

1035   Rome, 25 May 1483

Request to Alfonso de Fonseca, archbishop of Compostela, to have his suffragans of Jewish origin appoint an official of Old Christian origin to conduct the inquisition of New Christians, and if the suffragan fails to do so, to appoint an official himself.

Sixtus episcopus, servus servorum Dei. Venerabili fratri Alfonso, archiepiscopo Compostellano, salutem et apostolicam benedictionem. Ut officium inquisitionis heretice pravitatis in tua Compostellana provincia ea qua decet integritate et omni suspicione cessante exerceatur, volumus ut, si qui sunt ex suffraganeis tuis, etiam exempti, qui de genere eorum Christianorum qui ex Ebreis provenire[!] originem trahant, eos auctoritate nostra secrete, ea qua decet modestia, moneas et inducas, ut in hiis que inquisitionis heretice pravitatis officium concernunt quo ad eos, qui in eorum civitatibus et diocesibus de dicto genere sunt et superstitionibus Ebraicis se implicasse illasque sectari asseruntur, per se ipsos se non impediant sed infra terminum per te eis prefigendum, in suum officialem ad huiusmodi causarum cognitionem et peragendum omnia que ad officium ipsum pertinere contingerit[!] in eorum civitatibus et diocesibus predictis, hominem qui de dicto genere, etiam ab antiquo, nulla ex parte originem trahat, et aliquibus de eo genere consanguinitate vel affinitate coniunctus, aut alias suspectus, non existat, sed etate, scientia et vite munditia ad id idoneus per te iudicetur, ac zelum fidei habens, toto posse salutem querat animarum[...]. Et si suffraganei prefati monitioni tue, immo verius nostre, in hiis parere recusaverint vel distullerint, super quo tue simplici assertioni stari volumus, eos per tuas autenticas litteras cum presentium insertione de novo super hiis requiras seu requiri facias et procures, terminum ad id eis prefigendo, quo elapso et eis requisitioni huiusmodi non satisfacientibus, quacumque appellatione remota, quam frivolam decernimus, tu in singulis civitatibus et diocesibus predictis unum officialem in huiusmodi causis, sicut premittitur, qualificatum, auctoritate nostra deputes, qui eadem prorsus ordinaria potestate et iurisdictione fungatur in huiusmodi fidei negotio, quibus potiri posset, si ab eodem suffraganeo in officialem deputatus foret et pro tempore deputaretur; nec liceat eisdem suffraganeis, facta per eos vel, eis recusantibus seu negligentibus, per te deputatione huiusmodi officialis, nisi, si et in quantum illi eos duxerint requirendos, in negotio inquisitionis huiusmodi se ingerere, et eorum ordinaria auctoritate uti quoquomodo. Datum Rome, apud Sanctum Petrum, anno Incarnationis Dominice millesimo quadringentesimo octuagesimo tertio, octavo Kalendas Iunii, pontificatus nostri anno duodecimo.

Source: Madrid, Arch. Hist. Nac., Inq., Cod. 1, No. 25.

Publication: Fita, *España Ebrea* 1, pp. 99f.; Llorca, *Bulario*, pp. 91f.

Bibliography: Browe, *Kirchenrechtliche Stellung*, p. 17; Simonsohn, *Limpieza de Sangre*, p. 306.

1036   Rome, 28 May 1483

Revocation of exemption of Jews from the jurisdiction of the archbishop of Benevento, and concession to Leonard Griffo, the present archbishop, and his successors of jurisdiction over Jews.

Leonardo archiepiscopo Beneventano.
Venerabilis frater, salutem etc. Alias, ex certis causis et respectibus animum nostrum tunc moventibus, eximimus per breve nostrum Hebreos civitatis et diocesis Beneventan. a iurisdictione archiepiscopi Beneventani, eosque camere

nostre apostolice subiecimus. Nunc autem, cum cause ipse propter quas id fecimus cessent, volentes, sicuti honestum et racionabile est, rem ad pristinum statum et debitum suum locum reducere, tenore presentium exemptionem et subiectionem huiusmodi apostolica auctoritate revocantes, tibi et pro tempore existenti archiepiscopo Beneventano concedimus, ut in ipsos Hebreos et quemlibet eorum ordinariam iurisdictionem, potestatem et superioritatem plene et omnimode exercere possitis, prout fieri poterat antequam dictum breve emanasset. Non obstantibus premissis, ceterisque contrariis quibuscunque. Dat. Rome, die XXVIII Maii 1483, anno XII°.

Source: ASV, Arm. XXXIX, vol. 15, fol. 287r.

1037   Rome, 8 June 1483

Statute and ordinance, *motu proprio*, barring admission into ranks of the Military Order of Alcantara of persons who are not of Old Christian birth and whose parents are not of Old Christian stock.

Sixtus episcopus, servus servorum Dei. Ad perpetuam rei memoriam. Ad tutamen Catholice fidei mente semper vigili continue intendentes, ad ea nostre meditationis aciem assiduis curis extendimus, per que fides ipsa ab hostium insidiis et insultibus preservata, augeatur et florescat, et in sacra Militia Alcantare, que pro eiusdem fidei tutela instituta est, et cuius persone retroactis temporibus, tamquam invicti athlete, fidem ipsam, propulsis illius hostibus, viriliter defensarunt, tales persone constituantur, quarum fide et robore ac animi prestantia fides eadem nedum conservetur, sed multipliciter augeatur, ipsaque Militia, earum virtutibus decorata, strenuis militibus gaudeat se ornatam, qui verbo et opere illam continuis efferant incrementis. Sane, accepimus quod licet Militia predicta illiusque magistratus ad impugnandum infideles Agarenos in partibus Africe consistentes, ac ab illorum incursibus orthodoxam fidem tutandam instituta, et propterea variis dominiis, redditibus, proventibus et bonis immobilibus per Catholicos principes et alios fideles dotata fuerit, ac in ea quamplures commendarie sive preceptorie existant, que olim viris fidelibus et devotis, virtute claris, religione conspicuis, et animo prestantibus conferebantur, quorum prestantia et animi magnitudine, ac consilii maturitate fides ipsa ab eisdem Agarenis et aliis infidelibus tutabatur, religioque ipsa plurimum decorabatur, nihilominus ab aliquibus temporibus citra, negligentia, ut creditur, illorum, qui dicte Militie prefuerunt, seu etiam temporum causante malitia, persone minus digne et ipsi Militie parum utiles, et interdum illi damnose, in ea recepte fuerunt; unde Militia ipsa hactenus passa est et patitur multa incommoda, damna pariter et detrimenta, et nisi super hoc per sedem apostolicam de opportuno remedio provideatur, maiora in futurum verisimiliter est passura. Nos igitur, qui Militiam ipsam, eiusque honorem et incrementum nostris gerimus in visceribus charitatis, ac continue cogitamus qualiter fides Catholica vigere et augeri possit, quod eiusdem Militie et illius personarum auxilio et industria fieri posse confidimus, super his apostolica solicitudine providere volentes, ac considerantes quod ad manutentionem Militie predicte opus est ut illius milites et fratres Deum timeant, et illi tota mente deserviant, ac illius magistro obedientiam et reverentiam exhibeant, motu proprio, non ad alicuius super hoc nobis oblate petitionis instantiam, sed ex nostra mera deliberatione et ex certa scientia, tenore presentium perpetuo statuimus et etiam ordinamus quod deinceps nullus in fratrem, vel militem dicte Militie assumatur, nisi de antiquo Christianorum genere ex utroque parente fuerit procreatus; districtius inhibentes magistro, seu administratori pro tempore existenti dicte Militie, ac illius fratribus, sub excommunicationis pena, quam, si secus fecerint, eorum quemlibet ipso facto incurrisse harum serie decernimus, ne aliquem contra tenorem statuti et ordinationis huiusmodi in fratrem, vel militem dicte Militie recipere quoquomodo presumant; ac decernentes quascumque receptiones, quas contra tenorem ipsum fieri contigerit, et quecumque pro tempore inde secuta, irrita et innania nulliusque fore roboris vel momenti. Non obstantibus ... Nulli ergo ... Si quis autem... Datum Rome, apud Sanctum Petrum, anno Incarnationis Dominice milesimo quadringentesimo octuagesimo tertio, sexto Idus Iunii, pontificatus nostri anno duodecimo.

Publication: Ortega y Cotes, *Bullarium Ordinis Militiae de Alcantara*, pp. 241f.

Bibliography: Browe, *Kirchenrechtliche Stellung*, pp. 166f.; Dominguez Ortiz, *Conversos*, p. 60; Simonsohn, *Limpieza de Sangre*, pp. 306f.

1038   Rome, 2 August 1483

Renewed commission, *motu proprio*, to the judges in the Roman curia to hear the appeals of New Christians against verdicts of the Inquisition, whose cases had been pending before the appointment of Iñigo Manrique, archbishop of Seville, as papal judge of appeal, and mandate to the archbishop and other prelates, on pain of suspension from entry into church, to admit all citizens and inhabitants of Seville and its diocese, who so desire, to secret abjuration and reconciliation with the Church, absolution and rehabilitation.

Exhortation to King Ferdinand and Queen Isabel of Spain to let the penitents live safely in Seville and elsewhere.

Sixtus episcopus, servus servorum Dei, ad futuram rei memoriam. Etsi Romani pontificis, sacri apostolatus ministerio ordinatione divina presidentis, in hoc potissimum versetur intentio, ut ecclesiasticarum legum decreta serventur et iuxta illorum traditiones, quantum fieri potest, singula dirigantur, occurrunt tamen sepe tempora, necessitates et cause, in quibus illarum acerbitatem solite benignitatis gratia cogitat moderari, ipsis presertim decretis testantibus quod regule sanctorum Patrum pro tempore, locis et personis negotiisque instante necessitate tradite fuerint, unde reprehensione carerant oportet, si ipse pontifex iuxta diversitates rerum, personarum et negotiorum et temporum, necessitate, vel potius pietate suadente, tradite sibi in beato Petro potestatis plenitudine rigorem iuris apostolice mansuetudinis temperet suavitate, qui multiplex misericordia Dei ita lapsibus humanis subvenire consuevit, ut non solum per baptismi gratiam sed etiam per penitentiam medicinam spes vite reparetur eterne, ut qui dona regenerationis violassent proprio se iudicio condemnantes, ad remissionem criminum pervenire meruerint. Dudum siquidem, ex relatione carissimi in Christo filii nostri Ferdinandi regis et carissime in Christo filie nostre Elisabeth regine Castelle et Legionis illustrium, acceperamus quod in diversis civitatibus, terris et locis dictorum regnorum erant quamplurimi pro Christianis apparenter se gerentes, qui ritus et mores Iudeorum Iudaiceque superstitionis et perfidie dogmata et precepta servare et [a] veritate tam Catholice fidei et cultus illius quam articulorum eiusdem incredulitate recedere veriti non fuerant, nec verebantur in dies; [et] eorum sic iudaizantium infidelitatis[!] in tantum excreverat, quod illius sectatores alios iudaizare facere, et ad diversos errores contra Catholicam fidem inducere non formidaverant. Nos tunc regi et regine prefatis, ut contra sic apostatantes et a fide deviantes iuxta locum[!] exigentiam inquisitores nominare possent, per alias nostras concessimus facultatem, qui dilectos filios Michaelem de Morillo, magistrum, et Ioannem de Sancto Martino, bacchalaureum in theologia, ordinis Fratrum Predicatorum professores, in civitate Hispalensi et illius diocesi inquisitores nominaverunt; et demum, eosdem Michaelem et Ioannem, qui usque tunc in civitate et diocesi Hispalensi officio inquisitionis contra tales sic iudaizantes vacaverant, Castelle et Legionis regnis prefatis dicte Iudaice superstitionis sectatorum et quorumlibet aliorum cuiusvis heretice pravitatis labe pollutorum inquisitores, apostolica auctoritate, de fratrum nostrorum consilio, ad nostrum et apostolice sedis beneplacitum deputavimus, cum plena potestate inchoatos antea per eos processus, quatenus rite et recte processissent, resumendi et illos prosequendi ac ad finem una cum locorum ordinariis seu eorum officialibus, secundum formam a iure traditam, perducendi, et alios de novo contra quoscunque heretice pravitatis reos et fautores eorum inchoandi et prosequendi, necnon iuxta sacrorum canonum instituta faciendi, mandandi et exequendi omnia et singula, que ad inquisitionis heretice pravitatis officium huiusmodi quomodolibet pertinebat; ac voluimus quod, si inquisitores et ordinarii prefati, eorundemque ordinariorum officiales, in premissis negligentes forent vel remissi, nonnullas tunc expressas ecclesiasticas censuras et penas, etiam privationis regiminis et administrationis suarum ecclesiarum, incurrerent, [sicut] etiam per alias nominavimus, decrevimus et ordinavimus. Et successive per nos etiam accepto quod nonnulli, contra quosqumque[!] inquisitores prefati processerant, a quibusdam eis, ut asserebant, in huiusmodi processibus illatis gravaminibus ad sedem apostolicam quatenus duxerant appellandum et in dies appellabant, ac huiusmodi appellationum causas in Romana curia covecti[!] obtinuerant et in dies obtinebant, et per eorundem commissarios dictis inquisitoribus ne in processibus huiusmodi, dictis appellationibus coram eis pendentibus, procederent, inhiberi; eosdemque inquisitores et promotores causarum earundem, seu fidei procuratores, in partibus illis deputatos ad presecutionem causarum appellationum huiusmodi, citare procuraverant et procurabant, ex quo tardabatur officium inquisitionis memoratum; nos tunc venerabilem fratrem nostrum Enecum, archiepiscopum Hispalensem, iudicem delegatum in omnibus et singulis huiusmodi appellationum causis quomodolibet ad sedem prefatam interpositis, et quas in futurum interponi contingeret per quoscumque et quandocumque in concernentibus negotiis[!] inquisitionis heretice pravitatis huiusmodi in regnis predictis, cum plena potestate causas ipsas appellationum interpositarum et quas interponi contingeret, per se, vel alium, seu alios, ubicumque sibi placeret, auctoritate nostra cognoscendi, et per ipsum dumtaxat fine debito terminandi, ita ut, absque alia speciali commissione desuper facienda, interpositas quascumque appellationum causas et introductas coram causarum apostolici palatii auditoribus, et quibuscumque aliis iudicibus delegatis, in Romana curia vel extra eam, quarum statum, etiam si in illis conclusum foret, ac auditorum ac iudicum de illis cognoscentium, necnon personarum ecclesiasticarum et secularium quas concernebat nomina et cognomina, dignitates et preeminentias, ecclesiasticas et seculares, in quibus constitute existebant, pro expressis habuimus, quascumque motu proprio et ex certa scientia ad nos advocavimus, in statu debito resumere, et illas ulterius, et quas de novo interponi contingeret, per se vel alium, ut prefertur, ubilibet audire et cognoscere ac per se ipsum fine debito terminare, libere et licite valeat, tam ad eorundem appellationum[!], quam fidei Catholice in partibus illis procuratorum seu procuratorum[!] causarum criminalium curiarum ordinariorum partium earundem instantiam, auctoritate apostolica fecimus, constituimus et etiam deputavimus ad nostrum et prefate sedis beneplacitum. Et quod ab ipso Eneco archiepiscopo, et ab eis quibus idem Enecus archiepiscopus in causis appellantibus huiusmodi vices suas duceret in audiendo et cognoscendo comittendas, ante vel post latam per Enecum archiepiscopum sententiam, in eisdem apellationum causis, sicut a nobis, cuius vices in hiis Enecus archiepiscopus et illi gererent, cuiusque personam representarent, nequiret ullatenus appellari, sicut a diffinitiva sententia in causa heresis lata appellari non posset, prefata auctoritate statuimus. Et ne in processibus et causis heresis huiusmodi contra personas civitatis et diocesis Hispalensis eo pretextu quod dictus Enecus archiepiscopus in illis interveniet in posterum ut ordinarius, appellantibus[!] in casibus a iure premissis careret[!] in dies in eisdem partibus, qui causas appellationum huiusmodi audiret, voluimus quod dictus Enecus archiepiscopus de cetero in huiusmodi inquisitionis heretice pravitatis negotium contra sue ordinarie iurisdictioni subiectos, non per se ipsum, sed per suum officialem ordinarium iurisdictionem cum inquisitoribus predictis exerceret quotiens contingeret expedire, posset appellationum causas, quas etiam ab eodem officiali suo tunc interponi contingeret in casibus a iure premissis, tanquam delegatus apostolicus audire, cognoscere et fine debito terminare, pari modo prout posset, vigore litterarum nostrarum, dum ab illis[!] in huiusmodi inquisitionum negotio contingeret appellari. Revocavimus insuper, auctoritate apostolica, omnia et singula privilegia quibuscumque in locis predictorum de genere Iudeorum provenientibus super reconciliationibus et heresis abiurationibus, aliter quam secundum formam iuris faciendis, a nobis et sede apostolica concessa, prout hec et alia in singulis litteris nostris predictis, quorum tenores presentibus pro expressis habemus, plenius continetur. Cum autem gravi querela civium et incolarum civitatis et diocesis Hispalensis ad aures nostras perveniret, quod in causis advocatis et in partibus commissis huiusmodi sperent quod rigor excedet iuris temperamentum, ad earumque causarum prosecutionem in partibus illis non pateat tutus accessus, quodque, licet quamplures ex civibus civitatis et diocesis Hispalensis utriusque sexus, qui de crimine heresis et apostasie erant diffamati sive culpabiles inventi, ad cor reversi, diversas litteras super huiusmodi diffamationibus et culpis absolutorias, reintegratorias, restitutorias, et nonnulla alia circa hec necessaria et opportuna continentes a penitentiaria nostra, vel speciali, vel expresso mandato nostro emanatas obtinuerunt, et illarum alique, tam in Romana curia quam extra, executioni debite fuerunt demandate, alique vero adhuc maneant impendenti, tam per inquisitores et ordinarium prefatos, seu ab eo deputatos, contra tales absolutos, et qui in vim litterarum huiusmodi absolvi et reintegrari possint et debeant, processum extitit hactenus et proceditur in dies, etiam in opprobrium absolutorum et absolvi debentium et petentium huiusmodi, de[!] statuis quibusdam eorum nomina designantibus per curiam secularem concrematis; nos igitur, attendentes quod, suffragante divina gratia, cum alias, tum maxime hodierno tempore, in Romana curia in omni tempore[!] genere scientiarum, et presertim theologie ac iuris canonici aliarumque facultatum, et potissime in venerando collegio auditorum causarum palatii nostri apostolici, grandis est copia peritorum, qui prudenter, acute, caute et sagaciter hec omnia intelligere, excutire, examinare et rursus ea iuste, equanimiter moderare, et sapienter iudicare, decidere et difinire scienter potuerunt et conscientia dictante curabunt, tam ex premissis quam ex certis aliis causis animum nostrum moventibus, motu proprio, non ad ipsorum civium vel aliorum nobis super hoc oblate petitionis instantiam, sed de nostra mera voluntate, rigorem cum clementia miscere cupientes, et de nostra etiam certa scientia, omnes et singulas causas appellationum a gravaminibus, [que] in dicta curia super negotio inquisitionis heretice pravitatis coram suis iudicibus introductas et per nos advocatas huiusmodi respective pendebant, in eo statu in quo coram eis ante advocationem huiusmodi pendebant, resumendas, audiendas, decidendas et fine debito terminandas, apostolica auctoritate, tenore presentium, de novo committimus; necnon quicquid per eosdem iudices in ipsis causis decretum, gestum, actum, actitatum extitit, etiam si ad diffinitivas sententias processum sit, vel procedi seu diffiniri contigerit, motu et auctoritate predicta confirmamus et approbamus, prout iuste late fuerunt, supplentes omnes et singulos defectus, tam iuris quam facti, si qui forsan intervenerint in eisdem; et nihilominus litteras penitentiarie predicte super negotio heresis et apostasie huiusmodi hactenus emanatas, et que in posterum emanabunt, sub revocatione predicta nullatenus comprehensas, cum[!] comprehendi debere, sed illas et illa autem[!] secuta quecumque valida esse, plenamque roboris firmitatem obtinere debere in omnibus et per omnia, ac perinde ac si sub plumbo nostro expedite forent, motu, scientia et auctoritate predictis statuimus, decernimus et declaramus, illasque et illa similiter confirmantes. Et quia interdum verecundia publice correctionis in quandam miserabilem desperationem inducit errantes, ut mori potius eligant cum peccato, quam vitam ducere cum dedecore, subveniendum talibus esse iudicavimus, et iuxta evangelicam traditionem oves que perierant ad gregem veri pastoris, Domini nostri Iesu Christi, per apostolice sedis clementiam reducendas. Idcirco, tam Hispalensi prefato, quam aliis venerabilibus fratribus nostris archiepiscopis et episcopis, tam in Romana curia quam extra illam in dictis vel aliis regnis existentibus, eisdem motu, scientia et auctoritate, sub pena suspensionis ab ingressu ecclesie, in vim predicti nobis et apostolice sedis[!] fidelitatis et obedientie iuramenti, mandamus quatenus omnes et singulos predictarum civitatis et diocesis Hispalensis cives et incolas utriusque sexus, ad eos et quemlibet ipsorum humiliter et cum cordis compunctione recurrentes, et suos errores secreto confiteri, illosque et omnem heresim et apostasiam, in genere vel in specie, etiam secrete abiurare ac catholice vivere volentes, etiam si confessi, convicti, publice vel occulte culpabiles, diffamati, suspecti, admoniti, vocati aut apprehensi [essent], aut si ritus et ceremonias Iudaicas fecissent, vel eorum criminum reos non manifestassent aut ex probationibus superati, vel etiam aliquorum confessionibus ut tales notati et infamia aspersi, aut per inquisitores et associatum ac ordinarium predictos, seu alias quomodolibet ut heretici et apostate publicati, et ut tales diffinitive, prefatis presentatis statuis, vel alias, quacumque adhibita solemnitate curie seculari in absentia actu traditi, et eorum statue actu combuste, aut si alias contra eos gravius sit processum, vel processus contra eos penderent, in quibus de eorum erroribus liquide apparuerit, ad secretam abiurationem eorum respective capiant, eisque de salutari et secreta penitentia ac de absolutionis beneficio et de contentis in ipsis litteris maioris penitentiarii, de speciali vel expresso mandato nostro concessis et concedendis, iuxta earum formam et continentiam vel presentium tenorem, quibus et cuilibet ipsorum plenam super his concedimus facultatem, provideant; ipsisque taliter absolutis efficacis defensionis auxilio assistant, non permittentes eos per quoscumque, quavis auctoritate, occasione premissorum quomodolibet molestari; contradictores quoslibet, per se, vel per alios, per censuram ecclesiasticam et alia iuris remedia, appellatione postposita, compescendo, invocato ad hoc, si opus fuerit, auxilio brachii secularis, et ipsis absolutis opportune provideant, et alias, prout eis secundum Deum ad salutem animarum et personarum lapsorum huiusmodi viderint expedire. Nos enim, in eventum huiusmodi absolutionis ac reintegrationis, quas dictarum litterarum seu etiam presentium vigore fieri contigerit, vel que iam pro aliquibus facte sunt, ex nunc prout ex tunc [approbamus]; et e contra, prefatas sententias ac processus omnes per dictos inquisitores, ordinarium et associatum, tam in curiis ecclesiasticis quam secularibus latas et habitas, ac mandata de illis exequendis iudicibus secularibus facta et pro tempore facienda, cancellamus, cassamus et annullamus, ac pro nullis et infectis [haberi] volumus. Et insuper eisdem personis ecclesiasticis, ac ordinario, associato et inquisitoribus, et aliis quibuscumque iudicibus secularibus et ecclesiasticis, ne de causis appellationum predictarum sic indecisis, in nostra curia pendentibus, directe vel indirecte in preiudicium litispendentie huiusmodi, nec etiam de vigore dictarum litterarum maioris penitentiarii eiusque auctoritate seu cognitione, aliquo pacto, quovis quesito colore, se intromittant, disputent vel interpretentur, districtius sub iuris penis inhibemus; decernentes ex nunc irritum et inane, si secus super hiis a quoquam, quavis auctoritate, contra premissa, scienter vel ignoranter, contingerit attemptari, aut aliqua via, publice vel occulte, directe vel indirecte, eos molestare nullatenus presumant; sed eos ut veros Catholicos tractent et habeant. Preterea, [quoniam] iuxta sacrorum canonum sententiam, in omnibus humana conditio a divina natura superetur, sola clementia est, que nos Deo, quantum ipsa natura prestat humana, facit equales, regem et reginam prefatos per viscera Domini nostri Iesu Christi rogamus et exortamur ut, illum imitantes cuius est proprium misereri semper et parcere, suis civibus Hispalensibus et eius diocesis indigenis erroremque suum cognoscentibus ac misericordiam implorantibus parcere velint; ac si de cetero, ut pollicentur, secundum veram et orthodoxam fidem vivere voluerint, quam merentur a Deo, etiam a maiestate, ipsorum veniam consequantur; ita quod de mandato sue maiestatis tam in Hispalensi quam in aliis civitatibus et diocesibus, regnis et dominiis regis et regine predictorum, cum bonis et familiis eorum stare, commorari, habitare, pertransire die nocteque, tute et secure et absque ullo impedimento reali vel personali, quoad vixerint, libere possint et valeant, ut poterant antequam de crimine heresis et apostasie huiusmodi vocati fuerant. Non obstantibus ... Nulli ergo ... Si quis autem ... Dat. Rome, apud Sanctum Petrum, anno Incarnationis Dominice millesimo quadringentesimo octuagesimo tertio, quarto Nonas Augusti, pontificatus nostri anno duodecimo.

Source: Madrid, Arch. Hist. Nac., Inq., Cod. 121, fols. 182r–196v.

Publication: Fita, *España Ebrea* 1, pp. 101f.; Llorca, *Bulario*, pp. 93f.; Llorente, *Inquisición*, App., pp. 142f.

Note: See above, Doc. **1032**, and below, following doc.

Bibliography: Erler, *Historisch-kritische Übersicht* 7, p. 28; Herculano, *Inquisition in Portugal*, p. 96; Kunstmann, *Cardinal Ximenes*, p. 782; Pastor, *History of the Popes* 4, p. 402.

1039   Rome, 13 August 1483

Information to King Ferdinand of Castile and Leon that the Bull *Ad futuram rei memoriam* (preceding doc.) is being reconsidered.

Carissimo in Christo filio nostro Ferdinando, Castelle, Legionis et Aragonum regi illustri.
Sixtus papa IIII[s].
Carissime in Christo fili noster, salutem et apostolicam benedictionem. Diebus elapsis, per quasdam litteras nostras constituimus iudicem apellationum in causis eorum qui in regnis istis de heresi sunt inquisiti et quos in futurum inquiri contigerit, venerabilem fratrem archiepiscopum Hispalensem. Nuperrime vero, cum nonnulli ex huiusmodi inquisitis hic apud nos multa crudelia exponerent, que in eis fieri dicebant, et suppliciter a nobis ut de aliquo remedio provideretur postularent, moti misericordia, ordinavimus quandam bullam "Ad futuram rei memoriam", quam diligenter examinandam nonnullis commiseramus. Cum autem indigeat adhuc accuratiori examinatione, et nondum secundum mentem nostram plene digesta sit, ordinavimus et mandavimus illam retineri, et ad nos statim remitti, ut maturius etiam possit consultari. De quo voluimus maiestatem tuam certiorem facere, ut quid circa

hoc actum et deliberatum per nos sit intelligeret. Datum Rome, apud Sanctum Petrum, sub annulo Piscatoris, die XIII Augusti MCCCCLXXXIII, pontificatus nostri anno duodecimo.

Source: Madrid, Arch. Hist. Nac., Inq., Cod. 1, No. 26.

Publication: Fita, *España Ebrea* 1, p. 113f.; Llorca, *Bulario*, pp. 103f.

Note: See above, Doc. **1032**, and preceding doc.

Bibliography: Herculano, *Inquisition in Portugal*, p. 97.

1040   Rome, 7 October 1483

Appointment of Thoma de Turrecremata (Torquemada), prior of the monastery of the Holy Cross in Segovia, a Dominican and inquisitor, as inquisitor in Aragon, Valencia and Catalonia, at the request of King Ferdinand and Queen Isabel of Spain, and permission to appoint deputies, except, however, Cristoforus Galbes.

Dilecto filio Thome de Turrecremata, priori monasterii Sancti Crucis Segobie, sacre theologie et ordinis Predicatorum professori, in Aragonum et Valencie regnis atque principatu Cathalonie heretice pravitatis inquisitori. Sixtus papa quartus.
Dilecte fili, salutem et apostolicam benedictionem. Supplicari nobis fecerunt carissimi in Christo filii nostri Castelle, Legionis, Aragonum rex et regina illustres, ut te sicut in Castellae et Legionis, etiam in eorum Aragonum et Valencie regnis ac in principatu Cathalonie inquisitorem heretice pravitatis deputari vellemus. Nos igitur, qui de circumspectione, probitate atque integritate tua plurimum confidimus, ut dictorum principum desiderio simul et nostro pastorali officio debite satisfaciamus, in dictis Aragonum et Valencie regnis ac in principatu Cathalonie prefatis inquisitorem heretice pravitatis tenore presentium deputamus, constituimus et ordinamus. Et quia te in multis implicatum negotiis non ignoramus, tibi earundem tenore concedimus et indulgemus ut idem officium per idoneos, sufficientes et probatos in sacra theologia magistros, quos ad id deputandos et substituendos duxeris, gerere et exercere possis et valeas. Inhibemus tamen tibi expresse per presentes, ne iniquitatis filium Cristoforum Galbez, quem paulo ante ob sua demerita ab eodem inquisicionis officio quod in regno Valencie exercebat, amovimus, illique etiam predicationis officio interdiximus, ad id substituere et deputare

quoquomodo valeas; te autem hortamur in Domino, ac districte precipiendo mandamus ut semper Deum pre oculis habens, id tam diligenter, attente atque sollicite geras vel geri facias, quantum ipsius officii dignitas, magnitudo et importancia [Rodrigo: experientia] videantur expetere [Rodrigo: expedire]. Datum Rome, apud Sanctum Petrum, sub anulo Piscatoris, die VII Octobris MCCCCLXXXIII, pontificatus nostri anno tercio decimo.

Source: [Madrid, Arch. Hist. Nac., Inquisición de Valencia, Leg. 533, pr. 18.]

Publication: Sanchez Moya, *Aportaciones*, pp. 288f.; Rodrigo, *Inquisición* 2, pp. 100f.

Note: The brief is included in the letter of appointment by Torquemada of Johannes Olivera to act as inquisitor in Aragon.

Bibliography: Herculano, *Inquisition in Portugal*, p. 98; Pastor, *History of the Popes* 4, p. 403.

1040a   [Rome, 8 October 1483]

Commission and mandate to John of Aragon, cardinal deacon of St. Adrian, to suppress usury, Christian and Jewish, in the territories of his legation.

Identical, *mutatis mutandis*, with Doc. **1005**.

Source: ASV, Reg. Vat. 680, fols. 394v–395v.

Note: John of Aragon's legation was to Hungary and Germany. See Eubel, *Hierarchia* 2, p. 46.

1041   Rome, 23 November 1483

Commission and mandate, if the facts are established, to Michael de Morillo and Iohannes de Sancto Martino, Dominicans and inquisitors, to allow Iohannes Fernandi of Seville and his wife Leonore to abjure, to impose penitence on them, to absolve them this once, rehabilitate them and annul the trial and sentence imposed on them, following their being found guilty of heresy by the inquisitors.

Sixtus etc. Dilectis filiis Michaeli de Morillo, magistro, et Iohanni de Sancto Martino, presentato in theologia, ordinis fratrum Predicatorum professoribus, salutem etc. Romanus pontifex illius exemplo cuius vices gerit in terris, non mortem sed conversionem et penitentiam desiderans peccatorum, illos qui, hostis humani generis versucia decepti, a Sancte Matris Ecclesie gremio discesserunt, et ad eam sincero corde revertuntur, apostolice mansuetudinis gratia libenter prosequitur, ipsisque veniam humiliter deprecantibus piis affectibus elargitur. Sane, pro parte Iohannis Fernandi de Sevilla et Leonore etiam Fernandi, coniugum, Ispalensium, nobis nuper exhibita petitio continebat quod cum ipsi alias a civitate Ispalensi absentes forent, ac dilecti filii nobilis viri Henrici, ducis de Medina Cidonia et comitis Niebla, cuius etiam idem Iohannes computator erat, prout est de presenti, obsequiis insisterent, vos, qui in Castelle et Legionis regnis inquisitores heretice pravitatis per sedem apostolicam deputati estis, necnon dilectus filius Iohannes de Medina, decretorum doctor, vester in hac parte associatus, prefatos coniuges de crimine heresis et apostasie, ut asserebatur, suspectos, ut infra triginta dies ex tunc proxime et immediate sequentes coram vobis et prefato associato vestro in Castro de Triana, extra et prope dictam civitatem, in quo residere consueratis, sub excommunicationis sententia et aliis censuris et penis tunc expressis comparere deberent, ad videndum se accusari de crimine heresis et apostasie huiusmodi, ac observantia rituum et cerimoniarum Iudaicarum, instante dilecto filio Iohanne Luppi del Varco, procuratore fiscali, per edictum et preconem publicum citari et moneri fecistis ac mandari eisdem. Et quia prefati coniuges, timentes ut, si comparerent, contra eos rigorosius procederetur, et fortasse carceribus manciparentur, monitionibus et mandatis huiusmodi minime paruerint, vos vero, necnon associatus vester predictus, eosdem coniuges excommunicationis sententias aliasque censuras et penas, in dictis litteris citatoriis et monitoriis contentas, incidisse et incurrisse declarastis, illasque deinde iteratis vicibus aggravastis et reaggravastis; et quia postmodum per annum et ultra in dictis sententiis et censuris animo obdurato insorduerant, ipsos coniuges per vestram diffinitivam sententiam hereticos et apostatas etiam declarastis, et ut tales declaratos et condemnatos curie seculari verbo tradidistis, per quam demum, in signum executionis dicte sententie, ipsorum coniugum statue sive imagines publice combuste fuerunt. Cum autem, sicut eadem petitio subiungebat, prefati coniuges ad cor reversi de premissis ab intimis doleant, et suos recognoscant errores, heresim et apostasiam et supersticionem Iudaicam huiusmodi abiurare, et ad prefate Ecclesie gremium redire summopere desiderent, pro parte coniugum predictorum nobis fuit humiliter supplicatum ut eos et quemlibet eorum ab heresis et apostasie ac excessibus huiusmodi, necnon excommunicationis, aliisque sententiis, censuris et penis predictis absolvere, omnemque ab eis inhabilitatis et infamie maculam penitus abolere, aliasque sibi et cuiuslibet eorum statui super hiis oportune providere, de benignitate apostolica dignaremur. Nos igitur, attendentes quod dicte sedis clementia non consuevit petentibus veniam denegare, huiusmodi supplicationibus inclinati, discretioni vestre per apostolica scripta committimus et mandamus quatinus, si est ita, vos, vel alter vestrum, per vos, vel alium, seu alios, eosdem coniuges et quemlibet eorum, si id humiliter petierint, abiurationis primo per vos in vestris seu alterius vestrum manibus, ac heresis et apostasie criminibus et excessibus, aliisque erroribus et superstitionibus huiusmodi penitus dimissis, ab heresis et apostasie criminibus et excessibus, necnon excommunicationis, aliisque sententiis, censuris et penis predictis, auctoritate nostra, hac vice dumtaxat, in utroque foro absolvatis, in forma Ecclesie consueta, iniuncta inde eis et eorum cuilibet pro modo culpe penitentia salutari, etiam secreta, et aliis, que de iure fuerint iniungenda, aboleatis ab eis et eorum quolibet omnem inhabilitatis et infamie maculam sive notam, premissorum occasione contractam, necnon ad communionem Christifidelium et unitatem prefate Ecclesie, ac in pristinum et eum statum in quo ante premissa erant quomodolibet, etiam prefata auctoritate, restituatis, reintegretis et plenarie reponatis. Processusque per vos contra dictos coniuges premissorum occasione habitos, et sententias latas huiusmodi, de quibuscumque libris seu registris in quibus descripti reperirentur, eadem auctoritate cassetis et annulletis, ac cassari et annullari faciatis; quodque coniuges ipsi pretextu criminum et excessuum predictorum de cetero per quoscumque, quavis auctoritate, accusari, denunciari, seu contra eos, aut eorum aliquem, inquiri, aut quovis quesito colore procedi, aut alias aliqua spirituali vel temporali pena puniri, seu etiam molestari non possint, eadem auctoritate decernatis. Et nichilominus prefatis coniugibus super premissis efficacibus defensionis presidiis assistentes, non permittatis eosdem contra absolutionem, abolitionem, restitutionem, reintegrationem, repositionem et decretum huiusmodi, necnon presentes litteras, quomodolibet molestari; molestatores ac contradictores per censuram ecclesiasticam et alia oportuna iuris remedia, appellatione postposita, compescendo. Non obstantibus ... Dat. Rome, apud Sanctum Petrum, anno etc. MCCCCLXXXIII°, nono Kalendas Decembris, pontificatus nostri anno tertio decimo.

Source: ASV, Reg. Vat. 677, fols. 305r–306v.

Note: On the inquisitors, see above, Docs. **815, 854, 1017, 1032, 1038.**

1042   Rome, 13 January 1484

Appointment of Raphael Calvo de Prato as collector from churchmen and
Jews in Florence of the outstanding 13,000 florins of a tax totalling 25,000
florins imposed the previous year. Defaulting clergy or those trying to defraud
are threatened with excommunication and deprivation of income, and Jews
with quadrupling of the tax.

> Raphaeli Calvo de Prato, nuntio.
> Dilecte fili, salutem etc. Anno superiori, pro certis tunc necessitatibus
> ingruentibus, de venerabilium fratrum nostrorum consilio, unum subsidium
> XXV^m florenorum auri de camera, super omnibus et singulis fructibus,
> redditibus et proventibus metropolitane Florentine et cathedralium,
> aliarumque ecclesiarum, nec non monasteriorum, prioratuum, prepositura-
> rum, dignitatum, personatuum, administrationum et officiorum, canonicatum
> et prebendarum, aliorumque beneficiorum ecclesiasticorum, cum cura et sine
> cura, secularium, et Sancti Benedicti, Sancti Augustini, Cisterciensis,
> Cluniacensis, Carthusiensis, Camaldulensis, Humiliatorum, Premonstratensis,
> Vallisumbrose, Cruciferorum, et aliorum quorumvis ordinum, tam virorum
> quam mulierum, etiam Mendicantium, ex privilegio tantum, vel alias, certos
> redditus habentium, regularium et militiarum, et quorum redditus ad
> hospitalitatem deputati forent in Florentina aliisque civitatibus, terris et locis
> temporali dominio comitatus eorundem mediate vel immediate subiectis,
> ubilibet consistentium, ab archiepiscopo Florentino ac omnibus et singulis
> episcopis, electis, abbatibus, prioribus, prepositis, administratoribus,
> commendatariis, capitulis, conventibus, prioribus, guardianis, ceterisque
> prelatis, capellanis et personis ecclesiasticis, secularibus et regularibus ordinum
> et militiarum quorumcunque exemptis, huiusmodi fructus in Florentina,
> aliisque civitatibus, terris et locis predictis percipientibus, et qui infra annum
> proxime futurum illos percipient, cuiuscunque preeminentie existant, necnon
> ab Hebreis in eisdem civitatibus, terris et locis commorantibus, pro rata dicte
> summe que eis videtur, proportionabiliter, pro modo facultatum suarum, in
> presenti anno exigendum et solvendum, infra terminum in publicatione tunc
> litterarum nostrarum eis prefigendum, ac in certam tunc expressam causam
> convertendum, apostolica auctoritate imposuimus; et illos qui subsidium
> huiusmodi integre, ut prefertur, in statuendo termino non persolverent, aut
> circa illius solutionem scienter fraudem committerent, cuiuscunque
> preeminentie forent, excommunicationis sententiam, ac privationis ecclesia-
> rum, monasteriorum et aliorum beneficiorum ecclesiasticorum, cum cura et
> sine cura, officiorumque huiusmodi, in cuius subsidii solutionem cessarent,
> vel fraudem committerent, ita ut illa ex nunc omnino vacare censerentur, et ut
> vacantia impetrari et conferri possent, Hebrei vero, quadrupli indicti eis
> oneris penam incurrere, prefata auctoritate voluimus eo ipso, ac dilectum

filium magistrum Matheum de Menghis, notarium nostrum, nostrum et prefate sedis nuntium pro huiusmodi subsidii exactione, cum plena potestate et auctoritate gerendi et exequendi circa premissa omnia et singula que sibi pro exactione dicte summe viderentur oportuna, specialiter destinavimus, prout in nostris inde confectis litteris plenius continetur. Cum autem, sicut accepimus, de dicta summa adhuc tresdecim millia florenorum, vel circa, restent exigenda, et necessitates immineant antedicte pro statu Ecclesie et communi libertate totius Italie conservanda, ac de prudentia et integritate tua et in rebus peragendis fide specialem fiduciam obtinentes, te nuntium nostrum pro exactione summe predicte que restat, ut prefertur, cum ea potestate et auctoritate cum qua dictus Matheus a nobis fuerat deputatus, constituimus; volentes et auctoritate apostolica statuentes, quod dicte littere tibi ad exactionem residui pecuniarum huiusmodi suffragentur, tuque ad illarum totalem executionem procedere possis et valeas, illarum forma servata perinde ac si ab initio tibi exactionis negotium huiusmodi duxissemus specialiter committendum; revocantes nihilominus quemcumque alium seu alios super hoc negotio substitutum vel substitutos. Tu igitur in re ipsa taliter te exhibere studeas, quod ad maiora tibi committenda possimus merito invitari. Datum Rome, die XIII Ianuarii 1484, anno XIII°.

Source: ASV, Arm. XXXIX, vol. 16A, fols. 8v–9v.

1043*   Rome, 17 January 1484

Grant to Hieronymus Blondo, provost in Cesena and papal acolyte, of the revenues from the taxes of the Jews in Cesena for five years.

Raphael etc. Venerabili iuris utriusque doctori, domino Hieronymo Blondo, preposito Cesenatensi, sanctissimi domini nostri pape acolito, salutem in Domino. Cum nuper sanctissimus dominus noster fuerit informatus vos, propter guerras que impresentiarum in partibus in quibus beneficia obtinetis geruntur, omnibus pene fructibus et proventibus eorundem esse privatum, ita ut, nisi vobis aliunde provideatur, non posse vos statum vestrum iuxta condicionem persone vestre sustentare et vos manutenere, ac proinde sua sanctitas vestris supplicationibus inclinata, nobis mandavit ut desuper opportunitati vestre consulamus. Nos, habita super premissis cum presidentibus camere matura deliberatione, de mandato s. d. n. pape, nobis super hoc oraculo vive vocis facto, ac auctoritate nostri camerariatus officii, harum serie, pro aliquali subventione vestra, vobis concedimus et assignamus omnes et singulos introitus taxarum Hebreorum civitatis Cesene pro quinque annis futuris, incipiendis immediate post finitum tempus concessionis de dictis taxis facte domino Gothifredo de Iseo, equiti Cesenatensi, et ut sequitur finiendis, cum facultate exigendi, petendi et recipiendi dictas taxas, secundum morem et consuetudinem hactenus in similibus rebus observatam; mandantes, de mandato et auctoritate prefatis, tam gubernatori et communitati dicte civitatis Cesene, quam thesaurario et aliis quorum interest, ut concessionem huiusmodi vobis plene et inviolabiliter observent ac observari faciant, atque in premissis opportune assistant. In contrarium etc. In quorum etc. Dat. etc. in camera apostolica anno etc. MCCCCLXXXIII[!], die XVII Ianuarii, pontificatus etc. domini Sixti IIII anno XIII°.

Source: ASV, Arm. XXIX, vol. 41, fol. 245v.

Note: See below, Doc. **1052**.

Bibliography: Muzzarelli, *Cesena*, pp. 166f.

1044   Rome, 25 April 1484

Commission and mandate to the governor and the treasurer of the Patrimony to impose on the Jews of the province a tax of 1,500 ducats, and concession of authority to collect it.

Venerabili fratri gubernatori et dilecto filio thesaurario provincie nostre Patrimonii.
Sixtus papa IIII.
Venerabilis frater et dilecte fili, salutem et apostolicam benedictionem. Pro sublevandis necessitatibus que in dies camere nostre apostolice incumbunt, volumus et vobis committimus ac mandamus ut Iudeis istius provincie nostre Patrimonii ubicumque commorantibus, unum subsidium usque ad summam mille quingentorum ducatorum de camera, auctoritate nostra imponatis, et omni cum diligentia et solicitudine exigatis seu exigi per personas aptas et idoneas, quas ad id deputaveritis, procuretis; renitentes et retardantes ad solutionem per remedia oportuna compellendo, super quo facultatem vobis concedimus. Non obstantibus in contrarium facientibus quibuscumque. Dat. Rome, apud Sanctum Petrum, sub annulo Piscatoris, die XXV Aprilis MCCCCLXXXIIII, pontificatus nostri anno XIII.

Source: ASV, Arm. XXXIX, vol. 17, fol. 25r–v.

Note: The treasurer was Baptista de Capociis of Viterbo (Arm. XXXIX, vol. 17, fol. 26r, 10 May 1484). The chamberlain instructs him to refrain from collecting the tax from the Jews of Narni, Terni and Rieti, since they pay it separately from the Jews of the Patrimony.

1045   [Rome, 7 May 1484]

Exhortation to Octavianus to see to it that the Jews of his territory pay their share in the tax imposed on the Jews in the March of Ancona. Similarly to the lord of Pesaro and the prefect.

Domino Octaviano.
Dilecte fili, salutem etc. Nuper pro sublevandis necessitatibus et oneribus, quibus camera nostra apostolica ad presens gravatur, imposuimus certum subsidium Hebreis provincie Marchie in terris et locis nobis et Sancte Romane Ecclesie tam mediate quam immediate subiectis existentibus; et quoniam non sine magna et necessaria de causa id fecimus, hortamur nobilitatem tuam et requirimus attente ut ordines, mandes et efficias quod Hebrei istius dominii ad hoc subsidium pro eorum rata et portione eos tangente omnino contribuant, neque ullam ad id moram interponant; celeritate enim opus est, in quo ita se gerat nobilitas tua, ut eius observantia erga nos et sedem apostolicam appareat, et ceteri tuo exemplo moveantur ad inducendum alios Hebreos, ut hanc contributionem celerius faciant; erit id presenti necessitati oportunum, et nobis rem gratam efficies.
Datum ut supra [Rome, die VII Maii 1484, anno XIII°].
Simile dominis Pisauri.
Simile prefecto, absque verbo "requirimus attente".

Source: ASV, Arm. XXXIX, vol. 16A, fol. 92r.

Note: Octavianus is probably Ottaviano Ubaldini, count of Mercatello, from 1482 regent of the duchy of Urbino.

1046   Rome, 9 May 1484

Annulment and quashing of all accusations and proceedings made and initiated by Felicianus Sixti of Foligno, papal nuncio and commissioner, against the Jews in the March of Ancona found innocent, prohibition to Felicianus and other papal officials to harass and molest them, and confirmation of privileges and immunities of the Jews. Mandate to the legate, governor or lieutenant to assist the Jews in enjoying their privileges and to protect them.

Sixtus etc. Ad perpetuam rei memoriam. Quamquam Iudei, quos in diversis partibus constitutos Sacrosancta tollerat Ecclesia, etiam in testimonium Ihesu Christi, in sua magis duritia et cecitate velint permanere, quam prophetarum verba et sacrarum scripturarum archana cognoscere, ac ad Christiane fidei ac ad salutis notitiam pervenire, quia tamen in suis necessitatibus [Ms.: nativitatibus] nostra presidia et favores interpellant, nos eis Christiane pietatis mansuetudinem et clementiam non intendimus denegare, neque permittere quod in hiis que alias eis concessa fuerint debeant preiudicium aliquod substinere, ut sic huiusmodi pietate allecti, suos recognoscant errores et, superna gratia illustrati, tandem ad verum, quod Christus est, lumen properent claritatis. Cum itaque, superioribus temporibus, per Felicianum Sixtum de Fulgineo, nostrum et apostolice sedis nuntium et comissarium, contra Hebreos provincie nostre Marchie Anchonitane fuerint formati diversi processus, et ex diversis causis, erroribus atque criminibus de quibus plurimum ipsi Iudei accusabantur, nosque voluerimus diligenter premissa intelligere, ut, habita de illis vera et matura informatione, debite et secundum eorundem Hebreorum demeritorum exigentiam providere possemus, ac tandem, habita vera informatione huiusmodi, cognoverimus ipsos Hebreos false accusatos fuisse, nec que eis opponebantur commisisse, nos, ad quos spectat pro debito pastoralis officii unicuique de iustitia providere, nec permittere quod quisquam indebite ledatur, volentes indemnitati dictorum Hebreorum, ne propterea damnis et expensis ac dispendiis afficiantur, oportune providere, tenore presentium omnes et singulos processus, necnon omnes et singulas inquisitiones contra prefatos Hebreos, tam per dictum Felicianum quam quoscumque alios, etiam pretextu cuiuscumque commissionis nostre, ex quibuscumque causis sive criminibus eorum hactenus formatos et formatas, necnon sententias desuper forsan latas et promulgatas, ac condemnationes, tam corporales quam pecuniarias, propterea contra eos factas, cassamus penitus et abolemus, ac eosdem Hebreos in suum pristinum et eum in quo ante quam premissa fierent statum comodolibet[!] existebant reponimus, restituimus et plenarie reintegramus, districtius inhibentes eidem Feliciano et quibuscumque aliis nuntiis et commissariis, ac officialibus nostris et sedis eiusdem, ne premissorum occasione, ex similibus vel aliis quibuscumque causis, prefatos Hebreos quovismodo, directe vel indirecte, in bonis et personis perturbare, seu molestare, nec ab eis aliquam penam seu condemnationem exigere, seu petere audeant atque presumant, quin immo eos indemnes conservent et tueant, quoniam nos de omnibus hiis ad plenum certiorati, eos absolvimus ab omnibus per ipsum Felicianum contra eos factis et liberamus. Et insuper, ut prefati Hebrei liberius et quietius ac sine ulla molestia inter Christianos in dicta provincia vivere possint, aliorum predecessorum nostrorum Romanorum pontificum vestigiis inherentes, concedimus eis quod omnia et singula eorum bona immobilia, tam presentia quam futura, tam ipsi quam eorum heredes et successores, prout actenus fecerunt, libere et quiete possidere, ac illis frui et gaudere, necnon illa vendere et alienare, ac alia emere [et] acquirere possint et valeant, in omnibus et per omnia, prout Christiani in locis dicte provincie habitantes faciunt et facere possunt et poterunt quomodolibet in futurum; quodque quotienscumque contigerit prefatos Hebreos agere, tam pro preterito quam pro futuro tempore contra eorum debitores, non possint nec debeant officiales dicte provincie, quicumque fuerint, aliquam moratoriam ipsis debitoribus contra Hebreos prefatos, per quoscumque officiales nostros, etiam dicte sedis in provincia predicta legatum, vel legatorem, seu locumtenentem eorum, sub quibusvis verborum formis concessam et concedendam, preter quam a sede apostolica emanatam, admittere; quin immo teneantur officiales predicti, dicta moratoria non obstante, eosdem debitores cogere realiter et personaliter ad satisfaciendum et solvendum integraliter de debitis per eos Hebreis eisdem, ad omnem eorum Hebreorum instantiam et requisitionem; statuentes pariter et ordinantes, quod omnes et singuli officiales curie generalis et potestates dicte provincie, etiam nostri, teneantur et debeant eisdem Hebreis contra debitores eorum summarie, simpliciter et de plano, absque strepitu et figura iudicii, sola facti veritate inspecta, et etiam extra iudicialiter, iustitiam ministrare; quodque nullus officialis, seu communitas dicte provincie, Hebreos prefatos molestare, seu quovismodo impedire, aut eis providere[!] quominus libere uti possint eorum cerimoniis, sepulturis, officiis et sinagogis, prout hactenus facere consueverint, et nostri predecessores concesserunt; et quia diverse communitates et universitates provincie predicte actenus diversa capitula et conventiones super prestitis per dictos Hebreos faciendis cum dictis Hebreis fecerunt et inierunt, omnes communitates et universitates, necnon eorum singulos, ab excommunicationis aliisque ecclesiasticis sententiis, censuris et penis, etiam pecuniariis, quas quocumque modo propterea incurrissent de preterito absolvimus. Quo circa cupientes ut presentium votivus succedat effectus, legato et gubernatori seu locumtenenti mandamus quatenus ipsi per se, vel alium, seu alios, premissa omnia et singula, ubi et quando expedierit, fuerintque desuper requisiti, sollemniter publicantes, ac in premissis efficacis defensionis presidio assistentes, faciant, auctoritate nostra, Hebreos prefatos possessionibus, statutis, ordinationibus, ac omnibus et singulis aliis premissis, pacifice frui et gaudere, non permictentes eos contra tenorem presentium, directe vel indirecte, quovismodo perturbari, seu molestari. Contradictores, molestatores, perturbatores quoslibet et rebelles, per sententias, censuras et penas arbitrio suo imponendas, ac alia iuris opportuna remedia cum censurarum, sententiarum et penarum predictarum agravatione et reagravatione, appellatione postposita, compescendo. Non obstantibus ... Nulli ergo etc. ... Si quis etc. Dat. Rome, apud Sanctum Petrum, anno etc. 1484, septimo Idus Maii, pontificatus nostri anno tertio decimo.

Source: ASV, Reg. Vat. 644, fols. 121r–122v.

Note: On Felicianus Sixti, see above, Doc. **1024**.

1047   Rome, 25 May 1484

Mandate to the lieutenant of the legate and to the treasurer in Bologna to impose a *decima* of 1,200 florins on the clergy, and a tax of 800 florins on the Jews. Mandate to the treasurer to pay the salary of Johannes Bentivoglio, lord of Bologna, from the *decima* and the tax. Exhortation to the latter to assist in the collection of the tax.

Locumtenenti legati et thesaurario Bononie.
Venerabiles fratres, salutem etc. Pro ingruentibus necessitatibus et oneribus camere nostre apostolice sublevandis, volumus ac vobis presentium tenore mandamus ut imponatis clero istius civitatis et diocesis decimam mille ducentorum florenorum auri super fructibus ecclesiasticis, Iudeis vero, subsidium octingentorum similium florenorum, quemadmodum anno elapso factum fuit, decimamque et subsidium imponendi, exigendi, quitandi et liberandi, renitentes per censuras ecclesiasticas et alia iuris oportuna remedia cogendi et compellendi, aliaque faciendi que ad id necessaria et oportuna iudicaveritis; in contrarium facientibus non obstantibus quibuscumque. Datum Rome, die XXV Maii 1484, anno XIII°.
Thesaurario Bononie.
Dilecte fili, salutem etc. Volumus ac tibi presentium tenore mandamus ut de pecuniis ex decima et subsidio Iudeorum istic impositis exigendis, disponas et agas iuxta voluntatem dilecti filii Iohannis de Bentivoliis, militis Bononiensis, cui illas pro stipendio suo consignari volumus; quod cum feceris et quietantiam acceperis, in tuis computis admitti mandamus. Datum ut supra.
Iohanni de Bentivoliis.
Dilecte fili, salutem etc. Imposuimus nuper clero istius civitatis et diocesis decimam, et Iudeis subsidium, prout alio anno factum est; hortamur te et monemus strictissime, ut omne auxilium et favorem oportunum impendere velis, ut decima et subsidium huiusmodi exigi statim possint. Ordinavimus

enim, ut ex pecuniis inde exigendis stipendium quod a nobis habere debes, tibi persolvatur. Datum ut supra.

Source: ASV, Arm. XXXIX, vol. 16A, fols. 98v–99r.

Note: See above, Doc. **1027**.

1048   Rome, 31 May 1484

Revocation and annulment, *motu proprio*, of all privileges granted Jews, Moslems and other infidels in Spain, especially in Andalusia, and strict mandate to have this observed and to apply the decrees of the Church.

Sixtus episcopus, servus servorum Dei. Ad perpetuam rei memoriam. Intenta semper salutis operibus apostolice sedis circumspecta providentia, indulta sibi desuper potestatis plenitudine, nonnunquam per eam concessa, suadentibus rationabilibus causis, revocat et immutat, prout negotiorum, personarum, locorum et temporum qualitate pensata, id in Domino, presertim pro animarum salute et fidei Catholice conservanda puritate, conspicit salubriter expedire. Sane, sicut non sine displicentia accepimus, in Hispaniarum regnis, et presertim in provincia Vandalie, Iudei et Sarraceni insimul permixti cum Christianis habitare, et indistinctum a Christianis habitum deferre, servos et servitores Christianos, ac pro eorum pueris nutrices Christianas eis cohabitantes habere, et qui ex eis medici sunt Christianis mederi, ac qui aromatarie exercitio insistunt ordinatas a medico Hebreo medelas componere et Christianis exhibere, fructus, redditus et proventus, etiam ecclesiasticorum beneficiorum, in arrendam et locationem recipere, mercimonia quecumque cum Christianis facere passim et indifferenter permittuntur, et preponuntur persepe exactioni publicarum functionum, nec possunt, ut asserunt, ne id faciant quomodolibet impediri, obstantibus super hiis concessis etiam a sede apostolica privilegiis, quibus etiam asserunt se munitos, non sine Domini nominis offensa, fidei Catholice opprobrio, et grandi detrimento ac periculo animarum simplicium Christifidelium, qui ex huiusmodi mutua conversatione nonnunquam in illorum prolabuntur errores. Nos igitur, volentes super hiis et aliis que eis utriusque iuris censura prohibita sunt, ne pretextu quorumvis privilegiorum fiant, oportunum adhibere remedium, motu proprio, non ad alicuius nobis super hoc oblate petitionis instantiam, sed de nostra mera deliberatione, omnia et singula privilegia super hiis per sedem prefatam vel alias quomodolibet hactenus concessa, que hic, etiam si de eis eorumque toto tenore specialis et specifica seu quevis alia expressio habenda esset, volumus pro expressis haberi, auctoritate apostolica, tenore presentium revocamus, cassamus et annullamus, ac volumus pro infectis et non concessis haberi, locorum ordinariis regnorum predictorum et temporale dominium ipsorum regnorum obtinentibus, cuiuscunque status et conditionis existant, districte precipiendo mandantes ut in premissis omnibus et aliis eosdem Iudeos et Sarracenos concernentibus, faciant sanctorum Patrum decreta et canonicas sanctiones, ac quatenus illis non contrarientur, sacratissimas leges inviolabiliter observari, Christianos et Iudeos ac alios infideles ut a premissis et aliis que eis de iure communi permissa non sunt prorsus abstineant, iuris remediis oportunis compescentes, et non permittentes eosdem in premissis uti privilegiis quibuscunque, que eis nolumus, ut prefertur, suffragari. Et quia difficile foret presentes litteras ad singula loca deferre, quibus expediens fuerit, volumus quod earum transumpto, sigillo alicuius prelati ecclesiastici et publici notarii subscriptione munito, eadem prorsus fides adhibeatur in iudicio et extra, que ipsis presentibus originalibus litteris adhiberetur, si forent exhibite vel ostense. Nulli ergo ... Si quis autem ... Dat. Rome, apud Sanctum Petrum, anno Incarnationis Dominice millesimo quadringentesimo octuagesimo quarto, pridie Kalendas Iunii, pontificatus nostri anno tertiodecimo.

Source: Madrid, Arch. Hist. Nac., Inq., Cod. 1, No. 27.

Publication: Fita, *España Ebrea* 1, pp. 67f.; Llorca, *Bulario*, pp. 106f.

1049 Rome, 17 June 1484

Absolution, dispensation, reintegration and complete rehabilitation to Petrus Fernandi, *iuratus*, and Francisca de Herrera, his wife, citizens of Seville, and the quashing of all convictions and sentences promulgated against them by the Inquisition in Seville, following an appeal to the Apostolic See and abjuration of judaizing, although denied by the couple. Prohibition to inquisitors to proceed against them in future.

Sixtus etc. Dilectis filiis Petro Fernandi, iurato, et Francisce de Herrera, coniugibus, civibus Hispalensibus, salutem etc. Solet sedis apostolice clementia recurrentium ad eam cum humilitate personarum statui libenter consulere, et petitiones ex quibus eis pax, tranquillitas et salus provenire speratur animarum, exaudire benigne. Exhibita siquidem nobis nuper pro parte vestra petitio continebat quod olim dilecti filii Michael de Morillo, magister, et Iohannes de Sancto Martino, in theologia baccalarius, ordinis Fratrum

Predicatorum professores, pro inquisitoribus heretice pravitatis, ac Iohannes de Medina, decretorum doctor, pro eisdem inquisitoribus associato, in civitate et diocesi Ispalensi se gerentes, vos et nonnullos alios tunc expressos, quos de crimine heretice pravitatis et apostasie suspectos et graviter diffamatos ac culpatos esse dicebant, ut infra certum terminum tunc expressum coram eis compareretis, quibusdam publicis proclamationibus seu edictis, sub excommunicationis pena aliisque communicationibus tunc expressis, ad videndum exhibere certas accusationes et denunciationes, ut asserebant, coram ipsis per quendam Iohannem Lupi, promotorem causarum ad ipsorum inquisitorum officium pertinentes, contra vos vel alios tunc expressos, super nonnullis criminibus, ut asserebant, per vos vel illos cum ipsis heresis et apostasie crimen sapientibus citarunt, ac sub excommunicationis pena monuerunt, et bona vestra mobilia et immobilia perantea sequestrarunt seu arrestarunt. Et licet vos a citatione et monitione predictis ad sedem apostolicam a tempore notitie, in loco in quo tunc degebatis, quia coram dictis inquisitoribus et associato comparere ausi non fuistis, appellassetis, nihilominus inquisitores et associatus prefati, post appellationem predictam, vos excommunicationis sententiam in dicto monitorio ac citatione seu edictis contentam, incurrisse declararunt, aggravarunt et reaggravarunt. Tu vero, Petre, pro prosecutione appellationum predictarum, pro te et dicta uxore tua, ad sedem prefatam personaliter te contulisti, et causam seu causas appellationum huiusmodi ac nullitatis gestorum contra vos, dilecto filio magistro Antonio de Grassis, causarum palatii apostolici auditori, commicti, et per eum ad citationem cum inhibitione et absolutione a censuris ad cautelam, atque sequestri et arresti predictorum relationem[!] et monitorium super restitutione bonorum arrestatorum et sequestratorum predictorum obtinuisti; et lite huiusmodi sic, ut premictitur, in Romana curia introducta, ac premissis aliis non obstantibus, inquisitores et associatus prefati, necnon dilectus filius Franciscus Sanctii de la Fuente, decretorum doctor, pro officiali ac etiam inquisitore ordinaria auctoritate se gerente, de facto, contra vos tamquam contumaces, procedentes, per suam pretensam diffinitivam sententiam vos hereticos pronunciarunt et declararunt, ac curie seculari relaxarunt, et in huiusmodi sententie executione, statuas vestras vestris nominibus factas, igni tradi et conburi fecerunt, ac vos perimendos seu comburendos curiis secularibus verbo tradiderunt, et vestra mobilia et immobilia bona fisco regio applicarunt; quequidem asserta sententia fuit per dictum Antonium auditorem, tamquam lite coram eo pendente attemptata et innovata, annullata et revocata, et eadem sententia per dictum auditorem pro vobis, ut prefertur, lata, nulla provocatione suspensa, in rem transivit iudicatam. Et, sicut eadem vestra subiungebat petitio, dubitatis, quod forsan aliqui emuli, et alii metu, seu alias, vos alique crimina heresim seu apostasiam sapientia commisisse, coram inquisitoribus, associato et officiali predictis deponere, testificari, confiteri, seu alias affirmare non erubuerint, ex quorum depositionibus, attestationibus et confessionibus, vobis non modica ultra premissa forsan sequuta fuerit, aut sequetur infamia, iacturasque alias et dispendia peteremini in dies, et propterea, ut penas predictas, ac infamiam, longasque et laboriosas lites, ac alia damna et incommoda, que propter premissa forsan vos sufferre oporteret, facilius evitare possetis, crimina huiusmodi sic contra vos proposita, qualiacumque sint, ac si eorum omnium rei essetis, anatematizare, detestari et abiurare parati existis[!], pro parte vestra nobis fuit humiliter supplicatum ut causas ipsas, sive coram inquisitoribus, associato et ordinario, sive auditore prefato, aut quocumque alio iudice seu commissario, nullis existentibus gestis per eos, post appellationem et inhibitionem predictas, prout declarata fuerunt per dictum auditorem, remansissent, et adhuc pendeant indecisa, ad nos advocare, ac illas penitus et omnino extinguere, vosque a quibuscunque criminibus, excessibus, reatibus et delictis, heresis et apostasie, aut heresim seu apostasiam quomodolibet, directe vel indirecte, sapientes, etiam si ex eo quod observantes ritus et mores iudaizantium, de quibus notitiam habuisse diceremini, non manifestaveritis fautores eorum, et eorundem criminum rei dici possetis, necnon a predictis et aliis quibuscunque sententiis, censuris, et penis, realibus et personalibus, in talibus quomodolibet, tam per Romanorum pontificum predecessorum nostrorum constitutiones, quam et sanctorum Patrum instituta, ac processus apostolicos, quam alias, tam per inquisitores et associatum predictos, quam a iure vel ab homine, specialiter aut generaliter promulgatos[!] et inflictos, etiam corporis afflictivis, presertim quas incurrunt Cristiani qui ad ritus et mores Iudeorum se transferunt, et in eorum superstitione, cecitate ac perfidia prolabentur, omisso Evangelio, veteris legis precepta servantes, absolvere, aliasque vobis et statui vestro in premissis oportune providere, de benignitate apostolica dignaremur. Nos igitur, qui illius vices gerimus in terris cuius proprium est misereri semper et parcere, necnon ob grata familiaritatis obsequia, que tu, Petre, nobis et sedi apostolice et rebus bellicis, pro Ecclesie Romane iurium defensione et strenue gerendo impendisti, et solicitis studiis impendere non desistis, statum dictarum causarum, ac crimina de quibus in articulis et processibus dictorum inquisitorum, etiam quantumcumque gravia existant, et qualitercumque heresim seu apostasiam sapiant, ac depositiones, attestationes et confessiones desuper habitos et inde sequutos, presentibus, ac si specifice exprimerentur, pro expressis habentes, causasque predictas, ut premictitur, que coram inquisitoribus, associato, ordinario, auditore, seu quibusvis aliis iudicibus, commissariis, aut auditoribus pendentes, harum serie ad nos advocantes, ac litem penitus et omnino extinguentes, vos Petrum, qui hodie in manibus nostris omnem heresim et apostasiam in articulis et processu predictis, ut prefertur, contemptam, et quamcumque aliam de qua forsan diffamati estis, et in qua forsan quomodolibet usque in odiernum diem incidissetis seu incidisse diceremini, in manibus nostris anatematizasti, detestatus fuisti et abiurasti, tam tuo quam dicte Francisce uxoris tue, cuius procurator existis, nominibus, et Franciscam ac quemlibet vestrum a predictis et aliis quibuscunque criminibus, excessibus, reatibus et delictis, ac censuris et penis, quibus vos, vel alter vestrum, premissorum occasione quomodolibet irretiti estis, auctoritate apostolica, tenore presentium absolvimus, ac ad gremium et unionem Sancte Matris Ecclesie reintegramus, restituimus, reincorporamus et reponimus; supradictamque sententiam pro vobis per dictum Antonium de Grassis latam et promulgatam, dicta auctoritate approbamus et confirmamus, supplemusque omnes et singulos defectus, si qui forsan intervenerint in eadem et processu auditoris prefati, necnon habitos contra vos processum et prefatam aliam, ut prefertur, per dictos inquisitorem et associatum prolatam sententiam, ac omnia alia per eos premissorum occasione gesta predicta cassamus, irritamus et annullamus, ac volumus pro infectis haberi; abolemusque omnem inhabilitatis et infamie maculam, sive notam, si quam premissorum occasione contraxistis; ac volumus, et dicta auctoritate decernimus, vobisque concedimus quod anathematizatio, detestatio et abiuratio huiusmodi, sic per vos generaliter facte, omnes operantur effectus, quod de iure operari possent et deberent, si nominatim et specifice expressis criminibus ac heresis et apostasie speciebus, debitis loco et tempore, in eorundem inquisitorum et associati ac ordinarii loci manibus, intervenientibus sollemnitatibus, requisitionibus per vos et quemlibet vestrum facta[!] fuisset[!], antequam vos eisdem inquisitoribus, associato et ordinario delati fuissetis, ut prefertur; quodque vos predicta omnia et singula mobilia et immobilia bona ac officia, que ante tempus et tempore sequestrationis et arrestationis predictarum possidebatis et obtinebatis, et que propter premissa minime vacavisse seu vacare aut confiscata fuisse censemus et declaramus, retinere, et eorum fructibus, iuribus et emolumentis ac quibusvis aliis vobis concessis privilegiis et gratiis potiri et gaudere, libere et licite valeatis perinde, ac si dicte citatio, monitio et prolata contra vos sententia minime emanassent, vosque dictorum criminum et excessuum in et de illis modo premisso diffamati non essetis, ac vobiscum super predictis, quatenus opus sit, de specialis dono gratie dispensamus, vosque etiam ab omni, tam inquisitorum, associati et ordinarii predictorum, quam quorumcumque aliorum, tam ecclesiasticorum quam secularium iudicum, curiarum et iustitie executorum iurisdictione et potestate de et super premissis, eadem auctoritate eximimus ac totaliter liberamus; necnon supradictis inquisitoribus, associato et quibusvis iudicibus secularibus et ecclesiasticis, ac aliis quacumque auctoritate fungentibus, in virtute sancte obedientie et sub excommunicationis late sententie pena, a qua nisi a nobis vel successoribus nostris Romanis pontificibus, preter quam in mortis articulo constituti, si contrafecerint, absolvi nequeant, prelibata auctoritate inhibemus ac districte precipiendo mandamus ut predictam inquisitorum sententiam, contra vos et bona ac officia vestra predicta ut premictitur latam, minime exequantur, aut premissorum occasione vos capiant, invadant, incarcerent vel detineant, aut capi, invadi, incarcerari, vel detineri consentiant seu permictant, sive vobis, vel alicui vestrum, aliquam lesionem aut molestiam inferant, per se, vel alium, seu alios, directe vel indirecte, quovis quesito colore, nullam in vobis desuper iurisditionem, exercitium, auctoritatem seu superioritatem exerceant; decernentes irritum et inane quicquid super hiis a quoquam, quavis auctoritate, scienter vel ignoranter, attemptatum est forsan hactenus, vel imposterum contigerit attemptari. Et nihilominus omnibus et singulis archiepiscopis, episcopis et eorum officialibus, ubique locorum existentibus, ac canonicis et in dignitatibus constitutarum personarum cathedralium, et cuilibet eorum, commictimus et mandamus, quatenus ipsi, vel plures, aut duo, vel unus eorum, per se, vel alium, seu alios, premissa ubique et quotiens expedire cognoverint, sollemniter publicent, ac vobis et cuilibet vestrum, efficaci defensionis presidio assistant, non permictant vos, aut aliquem vestrum per dictos inquisitores, associatum, ordinarium, iudices seculares et ecclesiasticos, curias, executores, aut alios quoscunque, propter premissa contra presentium tenorem, in personis, bonis et officiis huiusmodi quomodolibet molestari, quin immo bona et officia eadem vobis realiter et cum effectu restitui ac tradi faciant. Contradictores auctoritate nostra etc.; invocato etiam ad hoc, si opus fuerit, auxilio brachii secularis. Non obstantibus ... Volumus autem quod tu, Francisca, abiurationem et alia premissa per dictum Petrum tuo nomine facta, infra mensem postquam de his notitiam habebis, ratificare tenearis; quodque huiusmodi ratificatione secuta, abiuratio ipsa plenum sortiatur effectum perinde, ac si per te ipsam modo predicto in manibus predictis ante delationem prefatam, sollemniter et secundum formam iuris, debito tempore facta fuisset. Et quoniam difficile foret presentes litteras ad singula in quibus de his fides forsan facienda fuerit loca deferri, dicta auctoritate decernimus, quod ipsarum transumpto plena fides adhibeatur, prout staretur et adhiberetur presentibus originalibus litteris, si forent exhibite vel ostense. Nulli ergo etc. ... Si quis etc. Dat. Rome, apud Sanctum Petrum, anno etc. MCCCCLXXX quarto, decimo quinto Kalendas Iulii, pontificatus nostri anno tertio decimo.

Source: ASV, Reg. Vat. 549, fols. 224r–228v.

1050   Rome, 3 July 1484

Information to the people of Bologna, including insistence that the Jews pay the subsidy requested of them by Julian della Rovere, cardinal bishop of Ostia and cardinal priest of St. Peter ad Vincula, papal legate, for the defence of Ferrara, notwithstanding the promise not to demand further payments of the Jews.

Bononiensibus.

Dilecti filii, salutem etc. Binas litteras vestras accepimus, alteras in negocio pretoris vestri, alteras vero de Hebreis. Quantum ad pretorem attinet, nos, audita morte quondam Mathei Thuscani, statim cogitantes oportunam aliquam provisionem circa id facere, deputavimus dilectum filium Hectorem de Bartholinis, militem Forliviensem, ... Sed quantum ad Hebreos pertinet, consideranda est qualitas et necessitas rei; nam potestis existimare, quod nos huiusmodi onus Hebreis ipsis nunc non imposuissemus, si aliter fieri potuisset, licet venerabilis frater, et secundum carnem nepos noster, Iulianus, episcopus Ostiensis, cardinalis Sancti Petri ad Vincula, legatus vester super hoc plurimum institerit, quin quod cum periculum vicinum vobis sit non minus ex hoc vestre et illorum cause, quam ceterorum aliorum, si recte consideratur, consulitur; si enim civitas Ferrariensis in manus Venetorum (quod avertat Deus) deveniret, facile est cogitare quo in loco res vestra versaretur, cum extremo quoque Hebreorum damno. Quare, etsi promissum alias sit Hebreos non cogi amplius pro tali re ad solutionem, tamen excipienda est tanta causa, que necessario solutionem exposcit, in periculo ita vobis vicino. Suadete, igitur Hebreis ipsis, ut sine alia difficultate, pro hac quoque vice omnino solvant quandoquidem omnes alii iuxta impositionem factam contribuunt. Dat. Rome, die III Iulii 1484, anno XIII°.

Source: ASV, Arm. XXXIX, vol. 16A, fols. 120v–121r.

Note: Julian della Rovere, later Pope Julius II. On the tax of the Jews in Bologna, see above, Docs. **1027, 1047**.

Innocent VIII (Cibò)
29 Aug. 1484 – 25 Jul. 1492

1051   26 September 1484

Confirmation of brief dated 4 May 1459, by Pius II, allowing the priors of Città di Castello to take suitable measures to provide for the poor.

Source: Città di Castello, Arch. Comunale, Annali Comunali 52, c. 119r.

Note: Quoted in the document given as source (above). The text itself has not survived. See above, Doc. **857**.

Bibliography: Toaff, *Città di Castello*, p. 62.

1052   Rome, 16 October 1484

Concession to the people of Cesena of revenue from the tax of the Jews, and decree that the governor and officials are to strictly observe the terms of the Bull issued by Sixtus IV on 9 July 1477.

Innocentius papa VIII[s].
Dilecti filii, salutem et apostolicam benedictionem. Ut vestris commodis et publice utilitati, quemadmodum precipua fides et observantia vestra erga nos et Sanctam Romanam Ecclesiam postulare videtur, consulamus, preter et ultra gratias vobis iam factas, taxas etiam Iudeorum, que aliquando vestre esse, ut asseritis, consueverunt, vobis et communitati vestre, finita biennii concessione, quam desuper dilecto filio Hieronymo Blondo fecimus, reintegramus, concedimus et aliis vestris introitibus publicis perpetuo reunimus et applicamus; volumus etiam pro meliori regimine civitatis, ut quo ad officium barriselli vestri et ad executiones per eum faciendas, salariumque pro executionibus accipiendum, serventur statuta civitatis et provincie Romandiole, si que extant, illis vero deficientibus, habeatur recursus ad

constitutiones provincie nostre Marchie Anconitane, quarum tenor in hoc casu servari debeat. Insuper decernimus et statuimus quod gubernator pro tempore et quilibet officialis in civitate ipsa teneatur et debeat ad unguem observare tenorem bulle a felicis recordationis Sixto IIII predecessore nostro edite, sub data VIIII Iulii MCCCCLXXVII. Datum Rome, apud Sanctum Petrum, sub annulo Piscatoris, die XVI Octobris MCCCCLXXXIIII, pontificatus nostri anno primo.

Source: AS, Cesena, B. 13, XLIX.

Note: See above, Doc. **1043**. The Bull of 9 July 1477 has not come to light so far. Perhaps the reference is to Doc. **985**.

Bibliography: Muzzarelli, *Cesena*, p. 166.

1053   Rome, 28 May 1485

Mandate to the deputy treasurer of Perugia to proceed against a Jew arrested in Bevagna and to list his property. The Jew is accused of having had a child by a Christian woman and of having circumcised it.

Vicethesaurario Perusino.
Dilecte fili, salutem etc. Intelleximus quendam Hebreum in Mevania captum et carceratum esse, ex eo quod quandam mulierem Christianam carnaliter cognovit, et infantem ex ea procreavit, quem Iudaico more circumcidisse fertur; tam grave delictum cum nequaquam sit conniventibus oculis pretereundum, volumus, ac tibi mandamus ut cures et instes apud ordinarios iudices quod contra eundem Hebreum iuridice procedatur, et puniatur iuxta delicti qualitatem. In primis vero, de bonis omnibus eiusdem Hebrei inventarium autenticum facias, sive fieri accurate et diligenter cures, ne quis malignari et fraudem committere super illis possit. In quo solicitudine utaris. Datum Rome etc. die 28 Maii 1485, anno primo.

Source: ASV, Arm. XXXIX, vol. 18, fol. 177r.

1054   [Rome, 9 June 1485]

Mandate to the lieutenant of the papal legate in Perugia to have some Jews, arrested by the inquisitor in Bevagna on suspicion that they crucified a child, transferred to Rome, so that the pope can deal with the matter.

Locuntenenti legati civitatis nostre Perusine.
Venerabilis frater, salutem etc. Intelleximus nuperrime dilectum filium inquisitorem heretice pravitatis in oppido Mevanie, Spoletine diocesis, quosdam Iudeos ob suspicionem scelestissimi sceleris in personam pueruli cuiusdam per eosdem crucifixi perpetrati, detinuisse carceribusque mancipasse, ut re omni per eum cognita, quod ius et rei atrocitas expostulabat, animadverteretur; qua re audita, etiam fraternitas tua, zelo domus Dei et Catholice fidei commota, eosdem ad se adduci iussit; qua in re probamus consilium tuum. Verum, quia huiusmodi res maximi ponderis est et momenti, propter enorme, si ita esset, commissum per scelestissimos homines facinus et exemplum, pro pastoralis officii nostri debito duximus eam per nos etiam consistorialiter cognoscendam. Propterea fraternitati tue mandamus ut omnes pro huiusmodi suspicione Iudeos detentos et captos, sub fida et diligenti custodia ad Urbem mittas et senatori assignes, ut pro rei exigentia possimus mature et secundum Deum providere. Providebit autem fraternitas tua ut ita ducantur, ut nullum possint cum aliquo sermonis habere commercium. Dat. ut supra [Rome, die 9 Iunii 1485, anno primo].

Source: ASV, Arm. XXXIX, vol. 18, fols. 187v–188r.

1055*   Rome, 15 June 1485

Confirmation to Jews in Rome of their privileges and mandate to all officials to observe their terms.

Raphael etc. Etsi Iudei in eorum cordis duritia perseverare malint, quam in sacrarum scripturarum archana cognitione versari, eos tamen, quos Sancta Mater Ecclesia in testimonium vere fidei tolerat, gratioso favore prosequi, in his presertim, que a Romanis pontificibus, pro eorum quiete et preservatione a molestiis, illis concessa comperimus, non inconveniens, et a nostri cura officii non alienum fore reputamus. Cum itaque, pro parte universitatis Hebreorum in alma Urbe commorantium exhibita nuper in camera apostolica petitio contineret quod in tempore felicis recordationis Bonifacii pape VIIII quedam privilegia, indulta, immunitates, concessiones et gratie eidem universitati concessa fuerint, easque et ea recolende memorie Martinus V, Calixtus III, Paulus II et Sixtus IIII, Romani pontifices, successive, auctoritate apostolica, prout in singulis eorum litteris superinde editis continetur, confirmaverunt et approbaverunt, et propterea pro parte universitatis eiusdem fuit humiliter supplicatum ut concessiones, immunitates et privilegia huiusmodi confirmare dignaremur. Nos igitur, prefatorum Romanorum pontificum vestigia imitando, universitatis predicte precibus inclinati, quecumque privilegia, concessiones et litteras per predictos et alios quoscumque Romanos pontifices eidem universitati hactenus concessas, ac laudabiles consuetudines per eosdem Romanos pontifices confirmari solitas, quatenus sint in usu et hactenus observate, de speciali mandato etc. et auctoritate etc. necnon de communi voto et assensu reverendorum etc., tenore presentium ratificamus, approbamus et confirmamus, ac presentium litterarum robore communimus; mandantes propterea quibuscumque officialibus alme Urbis predicte, aliisque ad quos pertinet, ut prefata privilegia, concessiones et gratias, dicte universitatis[!], ut premictitur, concessas et confirmatas, inviolabiliter observent, faciantque ab aliis similiter observari; quibuscunque non obstantibus in contrarium facientibus. In quorum etc. Dat. Rome, in camera apostolica, die XV Iunii MCCCCLXXXV, pontificatus sanctissimi in Christo patris et domini nostri, domini Innocentii, divina providentia pape VIII, anno primo.

Source: ASV, Arm. XXIX, vol. 44, fol. 147r-v.

Note: See above, Docs. **499, 670** etc., and below, Doc. **1139**.

1056   [Rome, 13 July 1485]

Authority to the papal collector in Sardinia to issue a mandate to Iohannes Fortesa, vicar of the bishop of Cagliari, if the facts are established, to appear personally in Rome before the presidents of the papal chamber to answer charges of having allowed a Jew to remove from his house an image of the Virgin.

Eidem [collectori in insula Sardinie].
Dilecte fili, salutem etc. Intelleximus Iohannem Fortesa, vicarium venerabilis fratris episcopi Callaritani, ad complacentiam unius Hebrei, mandasse aut permisisse abradi quandam imaginem beate Virginis, que depicta erat in pariete domus dicti Hebrei, que res utpote nefaria et scelesta fuit, ut esse debuit nobis molestissima. Volumus itaque, ut te de veritate informes, et si ita

esse reppereris, mandes eidem vicario, sub gravibus penis de quibus tibi videbitur, nostro nomine, ut intra brevem terminum, per te ei prefigendum, compareat personaliter in Romana curia et coram presidentibus camere apostolice se representet, pariturus mandatis eorundem; contrariis non obstantibus quibuscumque. Dat. Rome etc. ut supra [die 13 Iulii 1485, anno primo].

Source: ASV, Arm. XXXIX, vol. 18, fol. 206v.

1057   [Rome, 15 July 1485]

Commission and mandate, *motu proprio*, to the rector of the Comtat Venaissin to proceed against clerics there who commit acts of violence against Christians and Jews, and to punish the culprits.

Rectori comitatus Venayssini.
Venerabilis frater, salutem. Accepimus quod nonnulli clerici istius nostri comitatus Venayssini, tam soluti quam coniugati, multas insolentias sub pretextu privilegii clericalis, tam contra Christianos quam Iudeos commiserunt et dietim committere non formidant, impunitatem a prelatis eorum pro insolentiis huiusmodi sperantes, unde discidia et scandala quamplurima preteritis temporibus orta esse comperiuntur et in dies oriri possent, nisi opportune super iis provideatur. Nos, cupientes scandalis huiusmodi obviare, quodque maleficia que per eosdem clericos committuntur impunita non remaneant providere, tibi, motu proprio et ex certa nostra scientia, committimus et mandamus quatenus clericos huiusmodi, precedentibus debitis informationibus de insolentiis huiusmodi futuris temporibus committendis, aut fama publica ita deferente, contra eosdem mediante iustitia procedas. Non obstante huiusmodi privilegio, quod in male agendo eis suffragari nolumus, ac constitutionibus et ordinationibus apostolicis, ceterisque in contrarium facientibus quibuscumque. Dat. ut supra [Rome, apud Sanctum Petrum, die XV Iulii, anno primo].

Source: ASV, Arm. XXXIX, vol. 18, fol. 211r-v.

1058   Rome, 15 July 1485

Commission and concession of authority to the inquisitors in Spain to allow certain heretics held in high regard to abjure their errors in secret in the presence of the royal couple.

Inquisitoribus heretice pravitatis in regno Hispanie.
Dilecti filii, salutem etc. Accepimus esse nonnullos in regno isto hereticos, non tamen publicos, qui libenter ad Catholice fidei gremium redirent, si heretice eorum pravitatis abiuratio secrete admitteretur, cum sint viri satis honorabiles et non parve existimationis. Itaque desiderantes cunctorum animas omnipotenti Deo lucrifacere, vobis per presentes committimus et facultatem desuper concedimus, ut cuiusmodi conditionis hereticos, qui nunc istic reperiuntur, vel in posterum reperientur, ad occultam et secretam abiurationem admittere, et ad Catholice fidei veritatem et reconciliationem reducere valeatis; ita tamen quod abiuratio ipsa fiat presentibus et audientibus carissimis in Christo filiis nostris rege et regina Castelle, Legionis et Aragonum illustribus, ne illi, si forsan, quod absit, in pristinum errorem reinciderint, penam relapsorum possint aliquo pretextu subterfugere, etc. Non obstantibus, etc. Dat. Rome, apud Sanctum Petrum, die XV Iulii MCCCCLXXXV, pontificatus nostri anno I.

Publication: Cozza, *Pietro de Arbues*, pp. 81f.; Fita, *España Ebrea* 1, pp. 128f.; Llorca, *Bulario*, pp. 114f.; Raynaldus, *Annales Ecclesiastici*, a. 1485, §21.

Bibliography: Baer, *Spain*, pp. 444f.; Erler, *Historisch-kritische Übersicht* 7, p. 29; Gampel, *Navarre*, pp. 133f.; Lea, *Inquisition* 1, pp. 245f.; Pastor, *History of the Popes* 5, p. 345; Synan, *Popes*, pp. 142, 214.

1059   [Rome, 21 November 1485]

Mandate to the papal treasurer in Campania to impose on the Jews in the Campania and Maritima provinces a tax of 500 ducats and collect it, and mandate to the governor and other officials there to assist him.

Thesaurario Campanie.
Dilecte fili, salutem etc. Propter graves expensas, quas nunc camera apostolica subit, necesse est ut aliqua subsidia unde potest querat. Quare volumus et tibi

presentium tenore mandamus, ut Iudeis istarum provinciarum nostrarum Campanie et Maritime imponas unam coltam sive subsidium quingentorum ducatorum, quod divides inter illos proportionabiliter iuxta eorum facultates, ita ut quamprimum exigi possit; dantes tibi plenam et omnimodam facultatem, potestatem et auctoritatem coltam seu subsidium huiusmodi imponendi, petendi, exigendi et levandi, solventes quietandi, renitentes vero, contradictores et satisfacere recusantes, sub penis de quibus tibi videbitur cogendi et compellendi; que omnia, ut facilius et citius exequi possis, mandamus gubernatori et ceteris officialibus earundem provinciarum, ut requisiti a te super hoc, omnem oportunum favorem et auxilium tibi prestent, assistantque pro celeri executione premissorum; contrariis non obstantibus quibuscumque. Datum ut supra [Rome, die XXI Novembris 1485, anno 2º].

Source: ASV, Arm. XXXIX, vol. 19, fols. 64v–65r.

Note: See below, Doc. **1061**.

1060   [Rome, 12 December 1485]

Concession of authority to the governor and the treasurer in the March of Ancona to impose a tax on the Jews there and to fix the sum.

Gubernatori et thesaurario Marchie Anconitane.
Dilecti filii, salutem etc. Quoniam camera apostolica gravibus ad presens oneratur impensis, ita ut undecumque potest pecunias cogatur colligere, ideo presentium tenore vobis facultatem et potestatem concedimus imponendi Iudeis istius nostre provincie subsidium quod vobis visum fuerit, illudque quanto citius fieri poterit exigendi, solventes quietandi et liberandi, renitentes vero et contradictores sub penis de quibus vobis videbitur cogendi et compellendi, et alia faciendi, que circa exactionem huiusmodi subsidii iudicaveritis expedire; contrariis non obstantibus quibuscumque. Datum ut supra [Die 12 Decembris 1485, anno 2º].

Source: ASV, Arm. XXXIX, vol. 19, fol. 90r-v.

1061   [Rome, 13 January 1486]

Mandate to the governor of Campania to compel the Jews of Palestrina, Valmontone, Sermoneta, Cori, Velletri, Monte San Giovanni and Castro (dei Volsci) to pay the tax imposed on them.

Gubernatori Campanie.
Venerabilis frater, salutem etc. Intelleximus Hebreos Penestre, Vallemontoni, Sermonete, Chore, Velletri, ac in castris Montis Sancti Iohannis et Castri habitantes, recusasse solvere subsidium per nos generaliter omnibus istarum provinciarum nostrarum Hebreis impositum, quod nobis displicet; et quoniam necessitas dilationem non patitur, volumus ac tibi per presentes mandamus, ut Hebreos ipsos oportunis remediis et penis de quibus tibi videbitur ad subsidium huiusmodi statim et sine alia mora impendendum et solvendum dilecto filio Iuliano Quattrochio, thesaurario nostro, cogas et compellas cum effectu; contrariis non obstantibus quibuscumque. Datum ut supra. [Rome etc. die XIII Ianuarii 1486, anno 2°].

Source: ASV, Arm. XXXIX, vol. 19, fols. 138v–139r.

Publication: Stow, *Taxation*, p. 72.

1062   [Rome, 19 January 1486]

Instructions to the governor of the March of Ancona to use the revenue from the tax to be imposed on the Jews and the proceeds from the sale of some salt to pay Paulus de Visso and his soldiers.

Gubernatori provincie nostre Marchie Anconitane.
Dilecte fili, salutem etc. Breve super imponendo Hebreis subsidio ad te transmittimus quod tibi et thesaurario istius nostre Provincie inscribitur duodecim millia rubla salis regii de quibus scribis adhibito eodem thesaurario vendere et si aliunde pecunias non habebitis ex iis que, venditione salis et subsidio huiusmodi colliguntur Paulo de Visso et suis militibus satisfacere poteritis, uti melius vobis visum fuerit. Datum ut supra [Rome, apud Sanctum Petrum, die XIX Ianuarii 1486].

Source: ASV, Arm. XXXIX, vol. 19, fol. 152v.

1063   Rome, 11 February 1486

Confirmation and renewal to Thoma de Turrecremata (Torquemada), a
Dominican, of his appointment by Sixtus IV as Inquisitor general in the
dominions of King Ferdinand and Queen Isabel of Spain.

Innocentius episcopus, servus servorum Dei, dilecto filio Thome de
Turrecremata, ordinis Fratrum Predicatorum et theologie professori, salutem
et apostolicam benedictionem. Dudum, felicis recordationis Sixtus papa IIII,
predecesor noster, ad extirpandas hereses que in Castelle, Legionis et
Aragonum, ac aliis regnis et dominiis carissimo in Christo filio nostro
Ferdinando regi, et carissime in Christo filie nostre Elisabet regine Castelle et
Legionis illustribus ubilibet subiectis, humani generis hoste procurante, etiam
tunc vigebant, prout adhuc, non sine magna mentis nostre molestia, vigere
intelleximus, te generalem heretice pravitatis inquisitorem in omnibus regnis,
terris et dominiis predictis per diversas litteras suas instituit et deputavit,
prout in eisdem litteris, quarum tenores, ac si de verbo ad verbum presentibus
insererentur, haberi volumus pro sufficienter expressis, plenius continetur.
Nos igitur cupientes, prout nostro incumbit officio, ut etiam nostro tempore
in officio inquisitionis huiusmodi, prout decet, debite procedatur,
institutionem et deputationem ac singulas desuper confectas litteras
huiusmodi, auctoritate apostolica et ex certa nostra scientia, tenore presentium
approbamus, confirmamus et plenum firmitatis robur obtinere debere
decernimus, teque de novo inquisitorem in regnis et dominiis predictis, cum
eisdem facultatibus, quas tibi idem Sixtus predecessor desuper concesserat,
facimus, constituimus et deputamus, litterasque predictas in omnibus et per
omnia innovamus, ac tibi alias ecclesiasticas personas, idoneas, litteratas, et
Deum timentes, dummodo sint in theologia magistri, seu in altero iurium
doctores, vel licenciati, seu ecclesiarum cathedralium canonici, aut alias in
dignitate ecclesiastica constituti, totiens quotiens opus esse cognoveris
assumendi et surrogandi, et assumptos amovendi, ac alios similiter qualificatos
eorum loco surrogandi, qui pari iurisdictione, facultate et auctoritate quibus
tu fungeris in huiusmodi negotio, una cum ordinariis locorum procedendo,
fungantur, plenam, liberam et omnimodam concedimus facultatem. Et quia
iustum est ut qui in tam sancto et tam necessario opere laborant etiam eorum
iuribus non fraudentur, omnibus et singulis ecclesiasticis personis huic operi
incumbentibus ut quamdiu in ipso opere laboraverint, fructus, redditus et
proventus omnium beneficiorum ecclesiasticorum, cum cura et sine cura, que
in quibusvis ecclesiis sive locis obtinent et in posterum obtinebunt, quecumque,
quotcumque et qualiamcumque fuerint, cum ea integritate, suportatis tamen
debitis et consuetis eorundem beneficiorum oneribus, libere percipere possint,
cum qua illos perciperent si in eisdem ecclesiis sive locis personaliter residerent,
et ad residendum interim in eisdem minime teneantur, nec ad id a quoquam

inviti, quavis auctoritate, valeant coarctari, dicta auctoritate indulgemus. Non obstantibus, si primam in eisdem ecclesiis sive locis non fecerint residentiam personalem consuetam, ac quibusvis apostolicis, necnon in provincialibus et sinodalibus conciliis editis generalibus vel specialibus constitutionibus et ordinationibus, statutis quoque et consuetudinibus ecclesiarum, in quibus beneficia huiusmodi forsan fuerint iuramento, confirmatione apostolica, vel quavis firmitate alia roboratis, etiam si de illis servandis et non impetrandis litteris apostolicis contra ea, ac litteris ipsis, etiam ab alio vel ab aliis impetratis, vel alias quovis modo concessis, non utendo, dicte persone per se vel procuratorem suum prestiterunt hactenus, vel in posterum eas forsitan prestare contigerit iuramentum, necnon omnibus illis que idem Sixtus predecessor in litteris predictis voluit non obstare, ceterisque contrariis quibuscunque. Dat. Rome, apud Sanctum Petrum, anno Incarnationis Dominice millesimo quadringentesimo octuagesimo quinto, tertio Idus Februarii, pontificatus nostri anno secundo.

Source: Madrid, Arch. Hist. Nac., Inq., Cod. 1, No. 28.

Publication: Llorca, *Bulario*, pp. 110f. (who has 1485); Rodrigo, *Inquisición* 2, pp. 101f.

Note: The letter of appointment for Castile by Sixtus IV has not come to light so far. Cf., however, Doc. **1040** above.

1064   Rome, 11 February 1486

Concession of authority to inquisitors in the dominions of Ferdinand and Isabel of Spain to admit fifty heretics to secret abjuration and reconciliation with the Church in conjunction with the ordinaries and in the presence of the royal couple.

Innocentius episcopus, servus servorum Dei. Dilectis filiis inquisitoribus heretice pravitatis in universis regnis atque dominiis carissimo in Christo filio nostro Ferdinando et carissime in Christo filie nostre Helisabeth regine Castelle et Legionis illustribus ubilibet subiectis, per sedem apostolicam deputatis, salutem et apostolicam benedictionem. Cum, sicut accepimus, reperiantur nonnulli in regnis et dominiis predictis a via veritatis in heretice superstitionis invium prolapsi, qui, si possent ad reconciliationem secrete admitti, libenter ad fidei Cahtolice unitatem recurrerent et errorem suum abiurarent, nos cupientes animarum eorundem, ne propterea ab eorum bono proposito retrahantur, saluti consulere, vobis et cuilibet vestrum ut, assumptis vobiscum locorum ordinariis seu eorum vicariis aut officialibus, vel deputatis ab eis, quinquaginta personas in huiusmodi heretice superstitionis invium prolapsas, abiurata heresi ad fidem orthodoxam confugere volentes, in presentia tamen regis et regine predictorum, ad secretam reconciliationem admittere libere et licite possitis, plenam, liberam et omnimodam, auctoritate apostolica, tenore presentium concedimus facultatem. Non obstantibus constitutionibus et ordinationibus apostolicis, necnon omnibus illis que in litteris desuper emanatis concessum est non obstare, ceterisque contrariis quibuscumque. Dat. Rome, apud Sanctum Petrum, anno Incarnationis Dominice millesimo quadringentesimo octuagesimo quinto, tertio Idus Februarii, pontificatus nostri anno secundo.

Source: Madrid, Arch. Hist. Nac., Inq., Cod. 1, No. 29.

Publication: Fita, *España Ebrea* 1, pp. 129f.; Llorca, *Bulario*, pp. 113f.

Note: See below, Doc. **1075**.

1065   [Rome, 27 February 1486]

Mandate to the count of Tivoli to investigate reports that certain local Jews committed serious crimes, and to send the results to the Apostolic See for justice to be done.

Comiti Tyburis.
Dilecte fili, salutem etc. Intelleximus quosdam Hebreos istic habitantes graviter deliquisse, et ea admisisse errata, que sub dissimulatione pretereunda non sint. Volumus itaque et mandamus tibi per presentes, ut contra tales Hebreos inquiras, eosque capias, tum processum iuridicum formes formatumque et tuo obsignatum sigillo ad nos mittas, ut iustitia administrari possit. Datum ut supra [Rome ... XXVII Februarii 1486, anno secundo].

Source: ASV, Arm. XXXIX, vol. 19, fol. 220v.

1066   [Rome, 4 March 1486]

Instructions to the treasurer of Campania to set free two men of Palestrina, who had been arrested because Jews there had refused to share in the tax imposed on the Jews in Campania. The Jews of Palestrina are considered Roman, and therefore they and other Palestrinans must not be molested on this account.

Thesaurario Campanie.
Dilecte fili, salutem etc. Intelleximus te cepisse et detinere duos Prenestinos, ex eo quod Iudei qui in ea terra sunt subsidium solvere recusant. Cum vero Iudei Prenestini inter Romanos adnumerentur et cum illis ad onera concurrant, volumus ut illos duos detentos ea de causa relaxes absque aliqua solutione et liberos dimittas, ac in futurum Hebreos, aut alios Prenestinos, dicta de causa non molestes; contrariis non obstantibus quibuscumque. Datum ut supra [Rome, apud Sanctum Petrum etc., die IIII Martii 1486, anno secundo].

Source: ASV, Arm. XXXIX, vol. 19, fol. 235v.

Publication: Stow, *Taxation*, p. 72.

Note: The two men of Palestrina had apparently stood surety for the Jews.

1067   Rome, 20 March 1486

Commission and mandate to Antonius Bonifacius Ferro of Sabina, papal commissioner, to try and to punish Angelus Alliguccii, a Jew of Civitanova, and his sons, notwithstanding their having been absolved of involvement in the killing of Emanuel, a nephew of Angelus in Recanati.

Antonio Bonifacio Ferro de Sabina, commissario nostro.
Dilecte fili, salutem etc. Cum, sicut accepimus, Angelus Alligucci[i], Hebreus de Civitanova, mandaverit magistro Petro de Bononia, quod in recuperanda possessione cuiusdam domus site in nostra civitate Auximi, interficeret quendam Emanuelem, Hebreum de Recaneto, habitatorem Auximi, eiusdem Angeli nepotem, fueritque contra dictum Angelum in provincia nostra Marchie pro eo delicto et quibusdam aliis, etiam contra filios investigatum et processum, et pro eo lata extiterit sententia absolutoria, ob favores, ut fertur,

quos dictus Angelus habuit in dicta provincia, vel ex aliqua alia humana gratia, nos, qui unicuique iustitiam ministrari cupiebamus et cupimus, tibi commisimus ut dictos Angelum et filios ad nos duceres; quod cum per te diligenter executioni mandatum sit, neque illi debita animadversione puniti fuerint pro delictis commissis, sicuti postea cognitum est, confisi de prudentia et diligentia tua, tibi denuo committimus et mandamus ut de eisdem delictis per ipsum Angelum et filios, ut dicitur, commissis, diligenter te informes, et contra ipsos et eorum quemlibet procedas et veritatem exquiras, eosque vel ipsorum alterum, prout delictorum qualitas exiget, punias, corrigas et castiges, tam in procedendo quam in sententiando, puniendo et componendo, iuris ordine non servato, sed summarie, simpliciter et de plano, sola facti veritate inspecta, ratum et gratum habituri quicquid per te super huiusmodi delictis et eorum punitione decisum, ordinatum et declaratum fuerit; super quibus plenam tenore presentium tibi auctoritatem, potestatem atque facultatem concedimus. Non obstantibus dicta sententia absolutionis, privilegiis communitatibus Marchie concessis, et quavis auctoritate roboratis statutis, consuetudinibus, capitulis, constitutionibus, aliisque in contrarium facientibus, quibus quo ad hoc, pro hac vice duntaxat, motu proprio et ex certa nostra scientia, specialiter derogamus. Datum Rome, apud Sanctum Petrum etc., die XX Martii 1486, anno secundo.

Source: ASV, Arm. XXXIX, vol. 19, fol. 274r-v.

Note: See below, Doc. **1072**.

1068   [Rome, 5 April 1486]

Appointment and mandate to Luca de Sernano, papal commissioner, as collector in the March of Ancona of the *decima* from the clergy, and of a tax on Jews and others, and mandate to the governor and officials to assist him.

Luce de Sernano, commissario nostro.
Dilecte fili, salutem etc. Omnes, non solum subditi nostri, sed etiam alieni, videre possunt nos hoc bellum pro honore et dignitate sedis apostolice tuenda, proque rerum ecclesiasticarum conservatione, mature, iuste pieque suscepisse, in quo gerendo et administrando nullis impensis aut curis parcimus. Et quoniam gravibus impensis quas fieri assidue necesse est, camere apostolice erarium exhauritur, a nostris subditis, de quorum etiam salute et defensione

agitur, auxilia et subventiones querere nos equum est. Itaque, habita cum venerabilibus fratribus nostris desuper matura deliberatione, deputavimus te commissarium nostrum in provincia nostra Marchie Anconitane, volumusque et tibi committimus ac mandamus ut clero illius provincie unam integram decimam secundum verum fructum beneficiorum, Hebreis subsidium quod per nos tibi commissum est, populis vero et secularibus personis unam coltam seu subventionem pecuniariam, iuxta civitatum et locorum qualitates et discretionem tuam imponas. Et si pecuniam solvere non poterunt, frumentum loco pecunie capias, quod ubi tibi visum fuerit deponas; ac preterea bona quecunque regnicolarum in eadem provincia existentia inquira[!] et ea nostro nomine sequestrari facias; dantes tibi plenam facultatem, potestatem, auctoritatem et arbitrium decimas, subsidium, coltas subventionesque huiusmodi imponendi, exigendi, solventesque quitandi et liberandi, solvere recusantes, contradictores et renitentes sub penis et censuris ecclesiasticis et temporalibus de quibus tibi videbitur cogendi et compellendi, ac desuper componendi, limitandi, augendi, minuendi, moderandi, aliaque omnia et singula faciendi, agendi et statuendi, que in premissis et circa ea necessaria aut quomodolibet oportuna iudicaveris; mandantes gubernatori, officialibus, communitatibus et populis civitatum, terrarum et locorum eiusdem provincie, quatenus tibi in premissis et circa ea faveant, pareant et intendant, pro quanto gratiam nostram caram habent, et indignationem cupiunt evitare. Quicquid autem per te super his omnibus agi et ordinari continget, ac penas quas in rebelles statueris, rata et grata habebimus, faciemusque inviolabiliter observari. Tu vero in his exequendis omni quo poteris studio, diligentia et celeritate utaris, prout rei necessitas et qualitas postulant. Non obstantibus constitutionibus et ordinationibus apostolicis, ac statutis, privilegiis et consuetudinibus, tam provincialibus quam municipalibus, ceterisque in contrarium facientibus quibuscumque. Dat. ut supra [Rome, die quinta Aprilis 1486, anno II].

Source: ASV, Arm. XXXIX, vol. 19, fols. 297v–298r.

Publication: Stow, *Taxation*, p. 73.

Note: See following doc. On Innocent VIII's crusade see Setton, *The Papacy and the Levant* II, pp. 381f.

1069 [Rome, 5 April 1486]

Commission and mandate to the governor of the March of Ancona and to Luca de Sernano, papal commissioner, to impose the *decima* on the clergy and a tax on the Jews and others, and information to the governor that Luca is on his way to impose the taxes together with him.

Gubernatori Marchie, et Luce de Sernano, commissario nostro. Dilecti filii, salutem etc. Pro administratione huius belli, in quo de dignitate et honore huius sancte sedis tuendo, deque rerum ecclesiasticarum conservatione, subditorumque nostrorum defensione agitur, necesse est ut a nostris auxilia petamus. Itaque cum venerabilibus fratribus nostris Sancte Romane Ecclesie cardinalibus matura deliberatione habita, vobis per presentes committimus ac mandamus ut clero istius provincie nostre unam decimam secundum verum valorem beneficiorum imponatis; dantes vobis plenam facultatem et potestatem huiusmodi decimam imponendi, exigendi, solventes quitandi et liberandi; renitentes sub penis de quibus vobis videbitur cogendi et compellendi, et loco pecunie, si haberi non potest, frumentum recipiendi, ac desuper componendi aliaque faciendi, que circa hoc necessaria, aut quomodolibet oportuna iudicaveritis; contrariis non obstantibus quibuscumque. Dat. ut supra [Die V Aprilis 1486, anno II].
Simile ad eosdem super subsidio imponendo Hebreis ipsius provincie.
Simile super coltis et subventionibus separatim imponendis populis et secularibus personis.

Gubernatori Marchie.
Dilecte fili, salutem etc. Mittimus dilectum filium Lucam de Venansolis, scutiferum et commissarium nostrum, ut una tecum unam decimam clero, subsidium Hebreis, et coltam seu subventionem populis et secularibus istius nostre provincie imponat, et nonnulla alia agat et ordinet, prout ab eo latius intelliges; cui fidem indubiam adhibes, et simul cum eo cures ut ordinata per nos cito et diligenter mandentur executioni. Cordi enim nobis sunt et utriusque vestrum solertiam et studium in iis requirimus. Dat. ut supra [Die V Aprilis 1486 anno II].

Source: ASV, Arm. XXXIX, vol. 19, fols. 298r-v.

Note: See above, preceding doc. Luca is variously called de Sernano and de Venansolis.

1070　　　　　　　　　　　　　　　　　　　　[Rome, 6 April 1486]

Extension of authority to the governor of the March of Ancona and to Luca
de Venansolis, papal commissioner, to appoint assistants to collect the tax
and preachers to induce the population to pay.

Gubernatori Marchie, et Luce de Venansolis, in provincia Marchie
commissario.
Dilecti filii, salutem etc. Dedimus vobis facultatem imponendi decimam clero,
subventionem secularibus personis, et subsidium Hebreis istius nostre
provincie Marchie Anconitane, in quibus exigendis et colligendis, quia vos
semper et ubique interesse non poteritis, contentamur et facultatem hanc
vestram extendimus, ut alios succollectores et substitutos in his exequendis,
fide et facultatibus idoneos, paucos tamen numero, qui pari circa hoc potestate
et facultate utantur, necnon predicatores cuiusvis ordinis et observancie, qui
populos ad hoc pium opus inducant, deputare possitis. Dat. ut supra [Rome,
apud Sanctum Petrum etc., die VI Aprilis 1486, anno secundo].

Source: ASV, Arm. XXXIX, vol. 19, fol. 302r-v.

Bibliography: Stow, *Taxation*, p. 119.

1071　　　　　　　　　　　　　　　　　　　　Rome, 9 April 1486

Mandate to the governor and to the count of Tivoli to command the commune
to allow the exportation of the grain obtained by Crescius, a Jew, for use of the
papal palace and that of Anthony Grassi, bishop of Tivoli.

Gubernatori et comiti civitatis nostre Tyburis.
Dilecti filii, salutem etc. Fecimus fieri in ista nostra civitate Tyburtina certam
provisionem frumenti et bladi pro usu palatii nostri per Crescium Hebreum,
quod, ut intelleximus, communitas ista extrahi vetat et prohibet, de quo
miramur non parum; est enim id ab eorum modestia alienum, et de temeritate
non immerito argui possunt; quare volumus ac vobis mandamus, precipiatis
ipsi communitati nostro nomine expresse, et sub penis de quibus vobis
videbitur oportunum, ut tam frumentum et bladum ipsum pro palatio nostro,
quam illud, quod venerabilis frater episcopus Tyburtinus Romam pro usu
domus sue ordinavit apportari, absque difficultate et contradictione aliqua
extrahi et ad Urbem comportari permittant, et auxilium ad illud deferendum
potius quam impedimentum prestent; aliter si facerent, quod non credimus,

ostenderemus id nobis esse permolestum, et penas quas contra eos ferretis, mandaremus irremissibiliter exigi; volentes pariter ut tu, gubernator, prefato Crescio, qui frumentum bladumque ipsum deferri facit, de oportuna scorta provideas. Dat. Rome, apud Sanctum Petrum, die IX Aprilis 1486, anno secundo.

Source: ASV, Arm. XXXIX, vol. 19, fol. 306r-v.

1072   Rome, 5 May 1486

Absolution and pardon to Angelus Aleucii and his sons in Civitanova and his brother Leo in Fano, from the accusation that they hired an assassin to kill Manuel Moysi, and all other crimes, confirmation of their *condotta* in Fano granted them by Raphael Riario, papal chamberlain, then legate there, and exemption from papal taxes for a period of five years. Mandate to the papal legate in the March of Ancona and the governor of Fano or their lieutenants to assist Angelus and members of his family and defend them.

Innocentius etc. Ad futuram rei memoriam. Licet ea potissimum nobis in animo cura versetur, ut populum Christianum, nobis ex Alto commissum, Deo gratum magis atque magis reddamus pariter et acceptum, de salute tamen reliquorum, a recto tramite deviantium, sepenumero cogitamus, et propterea nostrorum predecessorum Romanorum pontificum vestigiis inherentes, Iudeos inter Christianos habitare permittimus, ut, si voluerint, possint commode resipiscere, nolentes vero, nullam valeant apud districtum iudicem sue pertinacie excusacionem invenire, et si quando Iudei ipsi in aliquo excesserint, etiam erga illos consuetam apostolice sedis clementiam exercemus, ut tanto magis sedem ipsam studeant imposterum revereri, et ad Christiane fidei et salutis noticiam pervenire, quanto uberiorem eiusdem sedis clementiam et liberalitatem fuerint experti. Cum itaque, sicut accepimus, Angelus Aleucii, eiusque filii, Civitanove, et Leo, ipsius Angeli frater germanus, Firmane diocesis, Fani, terrarum nostrarum habitatores, Hebrei, superioribus diebus diffamati extiterint, quod Manuelem Moysi, eciam Hebreum, per dilectum filium Petrum de Forlivio, pictorem, interfici mandaverant, et propterea contra eos per certos commissarios, seu iudices, in partibus illis processum fuerit, cuiusquidem processus occasione eorum bona mobilia et immobilia sequestrata, vel alias ad instanciam camere apostolice detenta fuerunt. Nos, volentes etiam erga Hebreos sedis predicte clementiam ostendere, prefatosque Angelum, ac Leonem, et filios Angeli prefati, favoribus prosequi gratiosis, eorum in hac parte supplicationibus inclinati, Angelum, filios, ac Leonem prefatos, eorumque familiam utriusque sexus, a prefato delicto, seu mandato de occidendo dictum Manuelem, necnon ab aliis etiam similibus delictis, criminibus et excessibus quibuscumque et quantumcumque gravibus et enormibus, ac emergentibus, dependentibus et connexis ab eisdem, per eos et familiam prefatam et eorum quemlibet, tam in Urbe et eius territorio ac districtu, ac predictis Civitanove, Fani, et Recanati, Auximi, aliisque terris et locis quibuscunque Romane Ecclesie subiectis, usque in presentem diem commissis et perpetratis, de quibus hactenus cognitum est, vel cognosci contigerit in futurum, etiam super quibus nulla adhuc inquisitio facta, nullusque processus formatus fuit, et a quibuscunque penis spiritualibus et temporalibus, pecuniariis, corporalibus, condicionalibus, capitalibus, seu corporis afflictivis, vel alias membrorum diminutivis, que ex prefatis delictis deberentur, et ipsi Leo, Angelus, et filii, ac alii de eorum familia, et quilibet ipsorum incurrissent, auctoritate apostolica, et ex certa nostra sciencia, tenore presencium, de specialis dono gratie absolvimus et totaliter liberamus, ac pro absolutis et totaliter liberatis ex nunc habemus et haberi volumus et mandamus, ipsosque et eorum quemlibet ad honores, bona mobilia et immobilia, etiam per quemcunque commissarium nostrum eis ablata, et libros, ac facultates, et codices rationum, et eorum traficos, ac bancos, et alias, in pristinum et eum in quo prius et antequam premissa facerent et perpetrarent quomodolibet existebant seu alter eorum existebat statum, in omnibus et per omnia, perinde ac si nunquam talia contra prefatum Manuelem vel alios quoscunque commississent vel perpetrassent, restituimus, reponimus et plenarie reintegramus; sequestra quoque quoruncumque bonorum mobilium et immobilium, librorum, facultatum, et aliorum premissorum, Angeli, filiorum, Leonis et familie predictorum penes quencunque et quoscunque facta, relaxamus et relaxari mandamus. Et insuper, eidem Angelo, filiis, et Leoni, cui vel quibus dilectus filius Raphael, Sancti Georgii ad Velum Aureum diaconus cardinalis, camerarius noster, tunc in partibus illis eiusdem sedis legatus, concessionem ut bancum ad fenerandum in dicta terra Fani haberent factam, auctoritate sue legationis confirmavit, illam, eius tenorem presentibus pro expresso habentes, auctoritate et scientia prefatis approbamus et confirmamus, ac quo ad fenerandum toleramus, supplentes omnes et singulos defectus, tam iuris quam facti, si qui forsan intervenerint in eadem; ac pro procioris cautele suffragio, eis, ac Raphaeli Manuelis, socio suo, ut bancum predictum tenere, et in prefata terra Fani mutuare, ad tempus in dicta confirmacione expressum, cum onere tamen solvendi dictis terris Fani et Civitanove solucionem consuetam, eadem auctoritate apostolica, et ex simili sciencia, de novo concedimus; necnon ipsos et familiam prefatos, ac eorum quemlibet, ab onere per nos impresentiarum contra Hebreos in terris eidem Romane Ecclesie subiectis habitantes imposito liberamus et eximimus, ac eis et eorum cuilibet, quod ad aliquam annuam seu aliud tempus talearum solucionem, etiam extraordinariam, per nos vel sedem predictam, aut alia ex quavis causa imponendam, vel ordinariam imponi consuetam Hebreis in Fani ac Civitanove terris predictis impositarum, usque ad quinque annos a data presencium computandos, minime teneantur, nec ad id a quoquam, quavis auctoritate, tam in Fani quam Civitanove terris predictis compelli seu coarctari possint, prelibata auctoritate indulgemus. Et si forsan commissarius deputatus ad exigendum onus per nos impresenciarum impositum huiusmodi, vel alius pro eo, ab ipsis Angelo, filiis, et Leone aliquid ratione impositionis predicte exegissent, illud eis, quavis exceptione et dilatione cessantibus, ad omnem eorum requisitionem, realiter et cum effectu restitui mandamus; quocirca cupientes ut presentium votivus succedat effectus, legato provincie nostre Marchie Anconitane, ac Fani gubernatori, aut eorum locatenentibus nunc et pro tempore existentibus, per apostolica scripta mandamus quatinus premissa omnia et singula, ubi et quando expedierit fuerintque desuper requisiti solemniter publicantes, ac in premissis eisdem Angelo, filiis, Leoni et familie, efficacis defensionis presidio assistentes, faciant illa omnia, auctoritate nostra, inviolabiliter observari, non permittentes eos per quoscunque, etiam per dilectos filios thesaurarium, ac iudicem maleficiorum et appellacionum, ac spiritualem, et marescallum dicte provincie, quibus etiam nos id in virtute sancte obedientie districte precipiendo mandamus, contra tenorem presencium quovis modo, directe vel indirecte, molestari seu perturbari; contradictores per censuram ecclesiasticam, appellatione postposita, compescendo, invocato etiam ad hoc, si opus fuerit, auxilio brachii secularis. Non obstantibus premissis, ac felicis recordationis Pii II et Pauli, etiam II, Romanorum pontificum predecessorum nostrorum, contra diffamatos de homicidiis — et consuetudinibus, privilegiis Fani et Civitanove, Recanati, Auximi predictarum ... Nulli ergo etc. ... Si quis autem etc. Dat. Rome, apud Sanctum Petrum, anno Incarnationis Dominice millesimo quadringentesimo octuagesimo sexto, tercio Nonas Maii, pontificatus nostri, anno secundo.

Source: ASV, Reg. Vat. 682, fols. 417r–419v.

Note: See above, Doc. **1067**.

1073　　　　　　　　　　　　　　　　　　　　[Rome, 18 May 1486]

Commission to the count of Tivoli to deal with the privilege granted Oziel, a Jew, by the commune of Tivoli, to the advantage of the town.

Comiti civitatis nostre Tyburis.
Dilecte fili, salutem etc. Vidimus quid tu et communitas istius nostre civitatis

Tyburis scripseritis ad dilectum filium Hieronymum Calagranum, cubicular-ium nostrum secretum et subdiaconum apostolicum, super certo privilegio concesso ab eadem communitate cuidam Ozieli Hebreo; et quoniam multum pertinere asseritis ad commodum et satisfactionem totius civitatis ut illud servetur, committimus tibi per presentes, ut in hoc facias et decernas quod expedire civitati ipsi iudicaveris; quam, cum peculiariter diligamus, eius commodis, quoad licebit, intendimus. Dat. ut supra [Die XVIII Maii 1486, anno II].

Source: ASV, Arm. XXXIX, vol. 19, fol. 382v.

1074   Rome, 31 May 1486

Concession of authority to inquisitors in the dominions of Ferdinand and Isabel of Spain to admit fifty heretics to secret abjuration and reconciliation with the Church, in conjunction with the ordinaries, provided the King or Queen agree, even if they are not present.

Innocentius episcopus, servus servorum Dei. Dilectis filiis inquisitoribus heretice pravitatis in universis regnis atque dominiis carissimo in Christo filio nostro Ferdinando regi et carissime in Christo filie nostre Elisabeth regine Castelle et Legionis illustribus ubilibet subiectis, per sedem apostolicam deputatis, salutem et apostolicam benedictionem. Dudum siquidem, per nos accepto quod reperiebantur nonnulli in regnis et dominiis predictis a via veritatis in heretice superstitionis invium prolapsi qui, si possent ad reconciliationem secrete admitti, libenter ad fidei Catholice unitatem recurrerent et errorem suum abiurarent, nos vobis et cuilibet vestrum ut, asumptis vobiscum locorum ordinariis, seu eorum vicariis, aut officialibus, vel deputatis ab eis, quinquaginta personas in huiusmodi heretice superstitionis invium prolapsas, abiurata heresi, ad fidem orthodoxam confugere volentes, in presentia regis et regine predictorum ad secretam reconciliationem admitere possitis, plenam per alias nostras litteras concessimus facultatem, prout in illis plenius continetur. Cum autem, sicut accepimus, contingere posset quod rex et regina prefati huiusmodi reconciliationi semper interesse non possent, nos cupientes ne propterea, si aliqui vellent ad huiusmodi reconciliationem admitti, eorum bonum propositum retardaretur, et interim forsan ab illo retrahantur, oportune providere, vobis et cuilibet vestrum per presentes quod dictas quinquaginta personas ad huiusmodi reconciliationem admitti volentes, etiam in absentia regis et regine predictorum, de eorum vel alterius ipsorum tamen voluntate et consensu, admittere, alias in omnibus et per omnia iuxta dictarum litterarum continentiam et tenorem, libere et licite possitis, plenam et liberam concedimus facultatem. Non obstantibus premissis ac constitutionibus et ordinationibus apostolicis, necnon omnibus illis que in litteris predictis voluimus non obstare, ceterisque contrariis quibuscumque. Dat. Rome, apud Sanctum Petrum, anno Incarnationis Dominice millesimo quadringentesimo octuagesimo sexto, pridie Kalendas Iunii, pontificatus nostri anno secundo.

Source: Madrid, Arch. Hist. Nac., Inq., Cod. 1, No. 33.

Publication: Fita, *España Ebrea* 1, pp. 130f.; Llorca, *Bulario*, pp. 130f.

Note: Hitherto this had taken place in the presence of the royal couple, see above, Doc. **1064**.

Bibliography: Erler, *Historisch-kritische Übersicht* 7, p. 29; Raynaldus, *Annales Ecclesiastici*, a. 1486, §56.

1075   Rome, 5 July 1486

Concession to the inquisitors in the dominions of King Ferdinand and Queen Isabel to admit fifty heretics to secret abjuration, in conjunction with the ordinaries and on recommendation of the King or the Queen, and to rehabilitate the penitents. Also authority to the same to exhume the bodies of dead heretics and burn them.

Innocentius episcopus, servus servorum Dei. Dilectis filiis inquisitoribus heretice pravitatis in universis regnis atque dominiis carissimo in Christo filio nostro Ferdinando regi et carissime in Christo filie regine Castelle et Legionis illustribus, ubilibet subiectis, per sedem apostolicam deputatis, salutem et apostolicam benedictionem. Cum, sicut accepimus, reperiantur nonnulli in regnis et dominiis predictis, a via veritatis in heretice superstitionis invium prolapsi, qui vellent, si possent, ad reconciliationem secrete admitti et errorem suum abiurare, nos cupientes animarum eorundem, ne propterea ab eorum bono proposito retrahantur, saluti consulere, vobis et cuilibet vestrum ut, assumptis vobiscum locorum ordinariis, seu eorum vicariis, aut officialibus, vel deputatis ab eis, quinquaginta personas, tam ecclesiasticas quam seculares, ex regnis et dominiis predictis in huiusmodi heretice superstitionis invium prolapsas, quas prefati rex et regina aut quilibet eorum duxerint nominandas, abiurata heresi ad fidem orthodoxam confugere volentes, ad secretam reconciliationem, etiam si contra eas sint attestationes recepte, admittere, ac cum eis earumque filiis Christianam fidem observantibus, ut obtenta per eos beneficia ac officia, tam ecclesiastica quam secularia, retinere ac alia eis in posterum conferenda et concedenda, quecunque, quotcunque et qualiacunque fuerint, recipere et similiter retinere libere et licite possint, dispensare, abolereque omnem inhabilitatis et infamie maculam sive notam ex premissis provenientem, eosque in pristinum suum statum restituere, reponere et plenarie reintegrare, ac hereticorum defunctorum corpora exhumare et igni tradi facere libere ac licite possitis, plenam, liberam ac omnimodam, auctoritate apostolica, tenore presentium concedimus facultatem. Non obstantibus premissis ac constitutionibus et ordinationibus apostolicis, necnon omnibus illis, que in litteris apostolicis alias vobis directis concessum est non obstare, ceterisque contrariis quibuscunque. Dat. Rome, apud Sanctum Petrum, anno Incarnationis Dominice millesimo quadringentesimo octuagesimo sexto, tertio Nonas Iulii, pontificatus nostri anno secundo.

Source: Madrid, Arch. Hist. Nac., Inq., Cod. 1, No. 34.

Publication: Fita, *España Ebrea* I, pp. 131f.; Llorca, *Bulario*, p. 131.

Note: See preceding doc.

1076   [Rome, 1 August 1486]

Charge to [Cardinal Julian della Rovere, bishop of Bologna] to dispose of the tax imposed on the Jews and the *decima* imposed on the clergy in accordance with the information transmitted by Iohannes Philippus Salarolus.

Eidem.
Venerabilis frater, salutem etc. De pecuniis, quas ex subsidio Iudeorum et decimis cleri exiges, volumus ut facias quod tibi referet dilectus filius Iohannes Philippus Salarolus, qui de mente nostra est informatus, et cui fraternitas tua fidem indubiam adhibebit. Dat. ut supra. [Rome, apud Sanctum Petrum, sub annulo Piscatoris, die prima Augusti 1486, anno secundo].

Source: ASV, Arm. XXXIX, vol. 19, fol. 514r.

Note: On Gianfilippo Salarolo see Ady, *Bentivoglio*, pp. 94f.

1077   Rome, 2 August 1486

Exhortation to the *Anziani* and the Sixteen of Bologna to facilitate the
collection of the *decima* imposed on the clergy in Bologna and its district and
the tax imposed on the Jews there.

Antianis et sexdecim civitatis nostre Bononie.
Dilecti filii, salutem etc. Pro sublevandis aliqua ex parte necessitatibus et
gravibus impensis, quibus urgetur camera apostolica pro defensione rerum
ecclesiasticarum, imposuimus decimam clero et subsidium Hebreis civitatis
istius nostre et districtus Bononiensis, in quibus persolvendis omnes prompti
inveniri debent et bene dispositi, pro iuribus Sancte Romane Ecclesie, omnium
fidelium Matris, tuendis. Quare hortamur devotionem vestram in Domino, ut
pro ea quam ad nos et Sanctam Romanam Ecclesiam geritis devotione et
observantia, proque nostra in vos peculiari charitate, velitis favere, adesse et
operari ut decima et subsidium huiusmodi exigi statim et levari possit. In quo
tanto promptiores et diligentiores esse debetis, quanto erga vos et civitatem
istam fuit propensior benignitas nostra. Nam, non solum civitati isti nostre
aliquod onus hactenus non imposuimus, sed impositum a felicis recordationis
Sixto predecessore nostro, ei ademimus; decimam enim per illum istic
decretam et non collectam, exigi prohibuimus, sperantes vos, ut obedientes et
gratos filios et subditos, accepti beneficii in tempore, ut nunc est, memores
futuros. Datum Rome, apud Sanctum Petrum, etc. die 2ª Augusti 1487[!],
anno 2º.

Source: ASV, Arm. XXXIX, vol. 19, fol. 515v–516r.

1078   Rome, 21 August 1486

Confirmation of privileges and protective charters of Jews in Spain and Sicily,
and mandate to Alfonso de Fonseca (III), archbishop of Compostela, and
Alfonso de Burgos and Alfonso de Fonseca, bishops of Palencia and Cuenca
respectively, to see to the protection of the Jews.

Innocentius etc. Ad perpetuam rei memoriam. Sicut Iudeos volumus ad
iuris et honestatis observanciam coarctari, ita eis observari intendimus, que
illis piis et alias rationabilibus causis, per Romanos pontifices sunt concessa.
Sane, sicut dudum felicis recordationis Nicolaus papa IIII predecessor noster,
per quasdam suas inter cetera statuerit quod nullus Christianus invitos Iudeos,
vel nolentes, ad baptismum per violentiam venire compelleret, neve etiam

eorundem Iudeorum personas sine iudicio potestatis terre vulnerare, aut occidere, aut bonas quas in ea qua habitabant regione habuerant consuetudines immutare presumeret, neque in festivitatum suarum celebratione perturbaret, ac pie memorie Eugenius papa IIII, etiam predecessor noster, per alias suas litteras universis Christifidelibus cuiuscunque condicionis forent inhibuerit, ne sinagogas eorundem Iudeorum in regnis Castelle et Legionis et dominiis regis Castelle commorantium, nisi cum officiali camere, vel alio iudice loci, et cum tali Christianorum numero, quod ab illis Iudei prefati nullatenus opprimi vel molestari possent, ad predicationem ingrederentur; et, sicut exhibita nobis nuper pro parte universorum Iudeorum in Hispanie et Trinacrie regnis commorantium peticio continebat, nonnulli alii predecessores nostri Romani pontifices diversa privilegia, libertates, exemptiones et indulta eisdem Iudeis in prefatis regnis commorantibus, sub certis modo et forma tunc expressis, concesserint, et predicti predecessores, ac postremo sancte memorie Sixtus papa IIII, etiam predecessor noster, privilegia huiusmodi confirmaverint, prout in eorundem predecessorum desuper confectis litteris plenius dicitur contineri, tamen, sicut eadem petitio subiungebat, Iudei prefati aliquando atrociter per Christianos opprimuntur, et ipsi sinagogas predictas ad alios usus quam deputate sint, ipsis Iudeis invitis, transferant; et si contingit aliquando quempiam ex ipsis Iudeis aliquod delictum committere, non solum delinquens, sed omnes alii Iudei in loco in quo delictum commissum est inhabitantes, et circa huiusmodi delictum non culpabiles, puniuntur, seu aliis damnis et gravaminibus afficiuntur, in eorum grave preiudicium. Quare pro parte universorum Iudeorum predictorum, in Ispanie et Trinacrie regnis predictis habitantium, nobis fuit humiliter supplicatum, ut privilegiis predictis, pro eorum firmiori subsistentia, robur apostolice confirmationis adiicere, aliasque eis in premissis oportune providere, de benignitate apostolica dignaremur. Nos igitur, attendentes quod Sacrosancta Ecclesia universos Iudeos in testimonium Yhesu Christi tollerat, racioni consonum fore ne indebite opprimantur, quodque pena suos et non alios tenere[!] debet auctores, huiusmodi supplicationibus inclinati, predicta ac omnia et singula alia privilegia, libertates, exemptiones et indulta eisdem Iudeis per quoscunque Romanos pontifices, imperatores, reges et principes concessa, quorum ac litterarum predictarum tenores presentibus haberi volumus pro expressis, dummodo canonicis non obvient institutis, auctoritate apostolica, tenore presentium approbamus et confirmamus, ac presentis scripti patrocinio communimus, supplentes omnes et singulos defectus, tam iuris quam facti, si qui forsan intervenerint in eisdem; ac sinagogas predictas, ipsis Iudeis invitis, ad alios usus converti non posse; quodque si aliquis ex eisdem Iudeis deliquerit, alii Iudei habitatores loci ubi delictum commissum fuerit, circa huiusmodi delictum non culpabiles, puniri, seu aliqua pena affici, aut propterea exulare[!], non possint, sed is qui deliquerit tantum secundum constitutiones regnorum predictorum puniatur, eadem auctoritate decernimus. Et nichilominus venerabilibus fratribus archiepiscopo Compostellano, ac Palentino et Conchensi episcopis, per apostolica scripta mandamus, quatinus ipsi, vel duo, aut unus eorum, per se, vel alium, seu alios, eisdem Iudeis in premissis efficacis defensionis presidio assistentes, non permittant eos, aut eorum aliquem, contra privilegiorum predictorum ac desuper confectarum et presencium litterarum tenorem, quomodolibet molestari, seu eis iniurias vel damna inferri. Contradictores ... Non obstantibus ... Si quis autem etc. Dat. Rome, apud Sanctum Petrum, anno Incarnationis Dominice millesimo quadringentesimo octuagesimo sexto, duodecimo Kalendas Septembris, pontificatus nostri anno secundo.

Source: ASV, Reg. Vat. 685, fols. 152r–153v.

1079   Rome, 25 August 1486

Indulgence to Ventura Bonihominis, a Jewish physician in Rome, and to the members of his family to go about without the badge, to acquire real estate and to bequeath it to his descendants.

Innocentius etc. Venture Bonihominis, Hebreo Rome commoranti, in artibus et medicina magistro. Licet tu Iudeus existas, tamen in hiis que a nobis postulas, sedis clementiam libenter impartimur, et ut eam tanto magis studeas imposterum revereri quanto uberius eiusdem sedis clementiam in te cognoveris liberalem et gratiosam. Cum itaque, sicut exhibita nobis nuper pro parte tua petitio continebat, tu, qui senili etate constitutus existis, per multos annos in urbe Romana et in eius districtu artem medicine exercuisti, et quampluribus languentibus in eorum infirmitatibus et necessitatibus subvenisti; nos igitur, te gratioso favore prosequi [volentes], tuis in hac parte supplicationibus inclinati, tibi ac filiis et filiabus tuis, totique familie tue pro tempore existenti, ut ad delationem habitus, tabarrum vulgariter appellatum, seu signum aliquod, quod, secundum formam statutorum Urbis, Hebrei, ut a Christianis cognoscantur, deferre tenentur, deferre minime teneamini, nec ad ipsum signum deferendum inviti a quoquam cogi aut compelli possitis neque debeatis, quodque tu domos ad inhabitandum et possessiones alias in Urbe predicta emere, et tu et filii tui predicti ac successores tui illas habere, fructificare et possidere, et alias de eis, sicuti veri patroni de eorum possessionibus disponere possint et valeant, disponere et ordinare, libere et licite possitis et valeatis, constitutionibus et ordinationibus apostolicis, necnon dicte Urbis, iuramento, confirmatione apostolica, vel quavis firmitate alia roboratis statutis et consuetudinibus, ceterisque contrariis nequaquam obstantibus, auctoritate apostolica, tenore presentium, de specialis dono gratie indulgemus. Nulli ergo etc... Si quis etc. Dat. Rome, apud Sanctum Petrum, anno Incarnacionis Dominice millesimo quadringentesimo octuagesimo sexto, octavo Kalendas Septembris, anno secundo.

Source: ASV, Reg. Lat. 855, fol. 329v.

Note: On Magister Ventura see Esposito, *Ebrei a Roma nella seconda metà del '400*, pp. 78f.; Id., and Procaccia, *Iudei de Urbe*, pp. 267f.

1080   Rome, 25 September 1486

Commission and mandate to Didacus Hurtado de Mendoza, archbishop of Seville, Iñigo Manrique de Lara, Alfonso de Valdivieso, and Peter Ximenez de Crexano, bishops of Cordoba, Leon, and Badajoz respectively, to look into the problems of the Order of San Jeronimo, following the discovery by the inquisition of a Jew in the monastery of St. Maria in Guadalupe, who had never been baptized, had lived there for forty years as a member of the Order, and had been executed, and the adoption by the Order of a statute excluding conversos from its ranks. Members of the Order objected to the statute on the grounds that it contradicted Nicholas V's decree forbidding discrimination of conversos. Authority to the prelates to resolve the problem as they saw fit.

Innocentius etc. Venerabilibus fratribus archiepiscopo Ispalensi, et Cordubensi ac Legionensi necnon Pacensi episcopis, salutem etc. Decet Romanum pontificem ad ea libenter attendere, per que dissensionibus et scandalis, que inter Christifideles, presertim religiosas personas Dei famulatui dedicatas, pro tempore oriuntur, obviare, et ut inter eas, remotis dissensionibus et scandalis huiusmodi, pax et tranquillitas ineatur, quantum cum Deo potest, remedium adhibere. Exhibita siquidem nobis nuper pro parte carissimi in Christo filii nostri Fernandi regis et carissime in Christo filie nostre Elisabeth regine Castelle et Legionis illustrium peticio continebat quod cum alias in opido de Guadalupe, Toletane diocesis, per inquisitores heretice pravitatis inquisitio fieret, repertum fuit in monasterio Beate Marie dicti opidi, ordinis monachorum heremitarum Sancti Ieronimi, quendam monachum, qui, licet Iudeus esset et baptismi sacramentum nunquam suscepisset, nec Christianus esset, tamen se Christianum fore falso suggerens, habitum dicti ordinis assumpsisse, et professionem per monachos dicti monasterii emitti solitam emisisse, et in dicto monasterio per quadraginta annos ut religiosum, licet Christianus non esset, conversatum fuisse, qui per eosdem inquisitores ut hereticus damnatus et curie seculari traditus, ac igni condemnatus, et ultimum supplicium passus fuit, et quia contingere poterat nonnullos alios hereticos, ut errores predicti monachi celarentur, monachos dicti ordinis effici, priores et monachi dicti ordinis, premissis attentis, in quodam generali capitulo per eos nuper celebrato, statuerunt et ordinarunt ut ex tunc nulli conversi de genere Iudeorum descendentes in eodem ordine ex tunc admitterentur, ac in eodem recepti, si professionem nondum emiserant, ab eodem ordine expellerentur, professi vero, ad aliquam dignitatem vel officium in dicto ordine obtinendum non admitterentur, certis tunc expressis censuris et penis desuper adiectis, prout in eisdem statuto et ordinatione in dicto capitulo sic editis plenius dicitur contineri. Et quia dudum antea a felicis recordationis Nicolao papa V predecessori nostro, emanarunt quedam littere per quas idem Nicolaus predecessor volens certis aliis dissensionibus et differenciis, que inter personas ecclesiasticas, seculares et regulares, in simili materia exorte fuerunt, providere, ex certis tunc expressis causis, inter alia statuerat et ordinaverat ut nulla in ecclesiis et monasteriis inter personas a predicto vel alio genere descendentes differencia fieret, sed quicumque, etiam si conversi essent, et a genere predicto descenderent, nichilominus ad dignitates et officia in ecclesiis et monasteriis huiusmodi assumi possent, nonnulli ex dictis monachis priorem generalem dicti ordinis requisierunt ut litteras predictas sub censuris et penis in eis contentis observari, dictaque statuta et ordinationem revocari, et illa facientes et ordinantes iuxta formam dictarum litterarum puniri faceret, nonnullos prelatos in earundem litterarum executores forsan assumentes, seu illos assumere temptarunt, et propterea inter monachos predictos super premissis plures questiones et dissensiones exorte fuerint, aliquibus eorum nova statuta et ordinationem, aliis vero litteras Nicolai predecessoris huiusmodi observari debere disceptantibus, ac plura scandala exinde exoriri sperantur, nisi super hoc de oportuno remedio provideatur. Quare pro parte regis et regine predictorum, qui, ut decet Catholicos principes, totis viribus conantur ut religiose persone regnorum suorum, reiectis inter eos quibusvis questionibus, ac sublatis scandalis que exinde exoriri possent, paceque et tranquillitate inter eos ad bene et caritative vivendum initis, in Dei famulatu persistere possent, nobis fuit humiliter supplicatum, ut in premissis oportune providere, paterna diligencia curaremus. Nos igitur, qui inter omnes Christifideles, presertim personas sacre religioni dedicatas, sublatis quibusvis dissensionibus et scandalis, pacem et tranquillitatem vigere, summo affectu desideramus, huiusmodi supplicationibus inclinati, fraternitati vestre, de qua in Domino fiduciam habemus, per apostolica scripta committimus et mandamus quatinus vos, vel tres, duo, aut unus vestrum, specificatis coram vobis statuto et ordinacione ac litteris Nicolai predecessoris nostri huiusmodi, de premissis vos diligenter informetis, et si vobis, aut alicui vestrum, visum fuerit statutum et ordinacionem huiusmodi iusta vel iniusta fore, seu aliqua confirmatione, reformatione, aut limitatione indigere, eciam si super illis lites et controversie coram quibuscunque aliis iudicibus quacunque auctoritate fungentibus orte fuissent, quas, eorum statum pro expresso habentes, ad nos harum serie advocamus, illa in totum vel in partem, prout vobis videbitur, revocare, aut confirmare, vel reformare, seu limitare, vel suspendere, auctoritate nostra, curetis, prout secundum Deum ad pacem et tranquillitatem dictorum monachorum videbitis expedire. Contradictores ... Nos enim, vobis et cuilibet vestrum statuta et ordinationes ac litteras predictas in totum vel in parte[m] confirmandi, vel infirmandi, aut revocandi, seu reformandi et limitandi, vel suspendendi, prout vobis visum fuerit, necnon quoscumque monachos dicti ordinis et alias quascumque personas, quas premissorum occasione aliquas censuras et penas incurrissent, seu illis ligati fuissent, absolvendi, ac omnia alia et singula in premissis et circa ea necessaria faciendi et exequendi, eadem auctoritate, presentium tenore licenciam concedimus et etiam facultatem. Non obstantibus ... Dat. Rome, apud Sanctum Petrum, anno Incarnationis Dominice millesimo quadringentesimo octuagesimo sexto, septimo Kalendas Octobris, pontificatus nostri anno tercio.

Source: ASV, Reg. Vat. 685, fols. 185v–188r.

Publication: Beltran de Heredia, *Bulas de Nicolas V*, pp. 45f.

Note: On Nicholas V's instructions, see above, Doc. **775**. The monk was Diego de Marchena, burnt at the stake in 1485. See Azcona, *Dictamen en defensa de los judios conversos*, pp. 90f.; Baer, *Spain*, pp. 415f.; Beinart, *Order of San Jeronimo*, p. 169; Dominguez Ortiz, *Conversos*, pp. 65f.; Sicroff, *Controverses*, p. 78; Sigüenza, *Orden de San Geronimo* 2, pp. 31f.; Simonsohn, *Limpieza de Sangre*, p. 307.

1081   Rome, 29 November 1486

Approval and confirmation of the foundation of the *Monte di Pietà* in Mantua, to obviate the need of the poor to have recourse to Jewish money-lenders.

Ad perpetuam rei memoriam. Ad sacram Petri sedem in plenitudine potestatis divina dispositione vocati, ad ea, ut decet, libenter intendimus, per que pauperum et miserabilium personarum necessitatibus utiliter et salubriter valeat provideri, et his que propterea provide ordinata fore noscuntur, ut eo firmius illibata perdurent, quo erunt maiori robore solidata, nostre confirmationis robur adiicimus, et, ut optatum sortiantur effectum, interponimus sollicitudinis nostre partes. Sane, pro parte dilectorum filiorum communitatis civium Mantuanorum nobis exhibita petitio continebat, quod olim nonnulli bone mentis viri, provide considerantes quod in dicta civitate et locis marchionatus Mantuani continue erant quamplurimi pauperes, quorum aliqui adeo pecuniis carere noscebantur, ut in eorum opportunitatibus expediret eos ad Hebreos feneratores in civitate predicta degentes persepe habere recursum, et ab eis, pignoribus traditis, sub non levibus usuris pecunias mutuo recipere; erant preterea aliqui, qui, quamquam pro eorum decenti sustentatione facultates haberent, nihilominus, vitam ducentes dissolutam, ut eorum noxios appetitus implerent, ad eosdem feneratores ultro sese offerentes recurrebant, et sub huiusmodi usuris pecunias mutuo recipiebant ab eisdem, quas postea in malos usus convertebant, et statuto termino illas non restituentes, pignora perdebant, sicque paulatim ipsi feneratores tam tenues quam alias facultates exhauriebant eorundem, per usurariam pravitatem eos ad extremam miseriam deducentes in dies; et excogitantes ac discutientes quomodo fieri posset, quod honestis pauperum necessitatibus, adiuvante caritate fidelium facultates suas ad id misericorditer erogantium, omni usura penitus cessante, succurreretur, et Hebrei feneratores predicti non degerent ibidem, sicque huiusmodi incommodis, que ex illorum fenoris exercitio proveniebant, obviaretur, persuasione et impulsu nonnullorum Ordinis Fratrum Minorum, de Observantia nuncupatorum, et de illorum ac diversorum iurisperitorum consilio, in predicta civitate Mantuana, non parvam pecunie summam ex piis Christifidelium suffragiis colligere, et in unam massam, que Mons Pietatis nuncuparetur, redigere curarunt, et quod illius fide et facultatibus idoneus depositarius personis pauperibus et egenis, per officiales desuper pro tempore ordinandos, examinata causa necessitatis eorum, ac receptis pignoribus ab eisdem, opportune valeret proportionabiliter subvenire, inter alia provide ordinarunt quod dictarum pecuniarum depositarius, qui pro tempore foret, teneretur mutuare pauperibus et egenis incolis civitatis et marchionatus Mantuani ad eum pro tempore recurrentibus, et non ludi aut negotiationis causa id petentibus, de pecuniis predictis, primo anno post ordinationem illius, usque ad sex [Besse: tres] libras monete Mantuane pro quolibet eorum, et illo decurso, tantum, quantum facultates dicti Montis paterentur, receptis ab eis pignoribus valoris duplicis summe mutuate, quam intra annum restituere deberent eidem, alioquin, anno decurso, pignora venderentur, precedentibus subhastationibus, plus offerenti, nec deberet Mons ipse ab eis intra annum solventibus, aut de pretio pignorum, que venderentur, aliquid preter mutuatam quantitatem habere ullo modo ... Cum autem, sicut eadem petitio subiungebat, communitas prefata cupiat premissa, pro eorum subsistentia firmiori, apostolice auctoritatis munimine comprobari, pro parte communitatis predicte nobis fuit humiliter supplicatum ut erectioni Montis Mantuani, capitulis et ordinationibus predictis, pro eorum subsistentia firmiori robur nostre confirmationis adiicere ... de benignitate apostolica dignaremur. Nos igitur ... huiusmodi supplicationibus inclinati,

Montis Pietatis Mantuani creationem, plantationem, erectionem, institutionem ... auctoritate apostolica, ex certa scientia, approbamus et confirmamus,
ac presentis scripti patrocinio communimus ... Non obstantibus ... Nulli ergo
... Si quis ... Datum Rome, apud Sanctum Petrum, anno Incarnationis
Dominice MCCCCLXXXVI, III Kalendas Decembris, pontificatus nostri
anno III.

Publication: Besse, *Bernardin de Feltre* I, pp. 457f.; *Pro Montis pietatis*,
fols. 42b–45r; Wadding, *Annales* XIV, pp. 411f.;

Bibliography: D'Arco, *Municipio di Mantova* VII, pp. 139f.; Erler,
Historisch-kritische Übersicht 7, pp. 29–31; Holzapfel, *Anfänge des Montis
pietatis*, pp. 10f.; Simonsohn, *Mantua*, p. 7; Weber, *Monts-de-Piété*, p. 47.

1082   Rome, 6 February 1487

Appointment of Thoma de Turrecremata (Torquemada) to act as inquisitor in
Barcelona and its diocese, following the deposition of a group of inquisitors in
Aragon, Valencia and Catalonia, and mandate to Iñigo Manrique de Lara,
bishop of Cordoba, Alfonso de Valdivieso, bishop of Leon, and the abbot of
St. Emilianus in the church of Burgos, to help Thoma and his deputy to
exercise their office, particularly in the face of possible opposition by the
deposed or the bishop and people of Barcelona.

Innocentius episcopus, servus servorum Dei. Dilecto filio Thome de
Turrecremata, ordinis Fratrum Predicatorum et theologie professori, in
civitate et diocesi Barchinonen. heretice pravitatis inquisitori, salutem et
apostolicam benedictionem. Pro humani generis redemptione de summis
celorum ad ima mundi descendens et mortem tandem subiens temporalem,
Dei Filius, Iesus Christus, ne gregem, sui precio sanguinis gloriosi
redemptione[!] ascensurus post Resurrectionem ad Patrem, absque pastore
desereret, ipsius curam beato Petro apostolo, ut sue stabilitate fidei omnes in
Christiana religione firmaret, eorumque mentes ad salutis opera sue accenderet
devotionis ardore, commisit. Unde nos, eiusdem apostoli effecti, disponente
Domino, licet immeriti, successores, et ipsius Redemptoris locum in terris,
quamquam indigni, tenentes, circa gregis eiusdem custodiam solicitis vacare
vigiliis et animarum salutem iugis attentione cogitationis intendere
summovendo noxia et augendo profutura debemus, ut, excusso a nobis
negligentie somno, nonnunquam cordis oculis, diligentia sedula vigilantibus,
animas Deo lucrifacere, sua nobis cooperante gratia, valeamus. Sane, ad

nostrum, qui desideranter in votis gerimus quod fides Catholica nostris temporibus augeatur, et pravitas heretica de finibus fidelium extirpetur, non sine displicentia pervenit auditum, quod nonnulli qui inquisitionis heretice pravitatis in Aragonie et Valentie regnis ac principatu Catalonie officio funguntur, circa illius exercitium minus quam expediat diligentes existant, et quod tu, quem nuper in predictis et aliis regnis ac dominiis carissimi in Christo filii nostri Ferdinandi regis et carissime in Christo filie nostre Helisabet regine Castelle et Legionis illustrium, generalem inquisitorem per alias nostras litteras fecimus, constituimus et etiam deputavimus, vereris ne venerabilis frater noster episcopus, et dilecti filii clerus et populus Barchinonen. te ad officium inquisitionis huiusmodi exercendum in eorum civitate et diocesi Barchinonen. predictis admittere recusent, pretextu privilegiorum eis per sedem prefatam concessorum, in quibus inter alia contineri dicitur quod ad huiusmodi officium inibi exercendum admittere non tenentur quempiam, nisi nominatim et specialiter in civitate et diocesi predictis deputatum pro tempore inquisitorem, sub certis inibi expressis modo et forma ac verborum conceptione et specificatione. Nos igitur, super hiis providere volentes, ut tenemur, dilectos filios Iohannem Colivera et Iohannem Epila, Iohannem Franco, necnon Guillermum Casilac in Aragonie, et Iohannem Ors in Valencie regnis predictis et Ilerdensi diocesi, ac Iohannem Comitis, ordinis Fratrum Predicatorum et theologie professores, in prefatis civitate et diocesi Barchinonen., necnon Mathiam Mercader, archidiaconum ecclesie Valentin., in civitate et diocesi Valentina, et generaliter quoscunque alios in eisdem regnis, principatu, comitatibus et diocesibus inquisitionis officio huiusmodi, magistri, vel vicarii generalis, aut aliorum prelatorum seu capitulorum Fratrum dicti ordinis, et obtente desuper confirmationis cum nova deputatione a sede apostolica seu eiusdem sedis vel legatorum eius, auctoritate, seu alias fungentes, et substitutos ab eis, ac vices gerentes eorum, ab officio inquisitionis huiusmodi, eis sic commisso, eadem apostolica auctoritate amovemus et privamus eosdem, omnes quoque eis pro illius exercitio concessas facultates et factas commissiones dicta auctoritate revocamus, et volumus pro infectis haberi; teque, qui zelum fidei et salutis animarum fidelium habere dinosceris, et etate, moribus et scientia ad officium ipsum exercendum idoneus existis, in eisdem civitate et diocesi Barchinonen. specialiter et nominatim eiusdem heretice pravitatis inquisitorem, ad nostrum et dicte sedis beneplacitum, dicta apostolica auctoritate facimus, creamus, constituimus et deputamus, tibique omnia et singula que ad ipsius inquisitionis officii liberum exercitium de iure et consuetudine quomodolibet pertinent, per te, vel alium, seu alios, quibus vices tuas in hiis duxeris committendas, faciendi, mandandi, ordinandi et exequendi, plenam et liberam, eadem auctoritate, tenore presentium concedimus facultatem, potestatem et etiam auctoritatem. Et nichilominus venerabilibus fratribus Cordubensi et Legionensi episcopis, ac dilecto filio abbati Sancti Emiliani in ecclesia Burgensi, per apostolica scripta mandamus quatenus ipsi, vel duo, aut unus eorum, per se, vel alium, seu alios, premissa ubi, quando et quotiens expedire cognoverint, fuerintque desuper legitime requisiti, solemniter publicantes, faciant te et a te pro tempore substitutos ad officium inquisitionis huiusmodi eiusque liberum exercitium in civitate et diocesi Barchinonen. predictis, ut est moris, admitti, nec permittant te per episcopum, clerum et populum ac Iohannem Comitem predictos, seu quoscumque alios quomodolibet impediri, et eosdem sic per nos amotos a dicto inquisitionis officio, in regnis, principatu, civitate et diocesi predictis, officium ipsum a quo sic amoti sunt, per se, vel alios, directe vel indirecte, quomodolibet exercere; contradictores auctoritate nostra, appellatione postposita, compescendo, ac legitimis super hiis habendis servatis processibus, illos iteratis vicibus aggravare procurent, invocato etiam ad hoc, si opus fuerit, auxilio brachii secularis. Non obstantibus constitutionibus et ordinationibus apostolicis, et civitati et diocesi Barchinonen. illiusque episcopo, clero et populo prefatis concessis privilegiis et litteris apostolicis, etiam super ipsorum revocatorum inquisitorum deputatione, et dicto ordini et illius generali, priori, vicario, capitulo et prelatis tradita per sedem prefatam et deputandi inquisitores potestate et facultate confectis, quibus, illa et si de illis eorumque totis tenoribus et datis, seu quavis alia expressio prehabenda foret, et in eis contineretur expresse quod illis per quascumque clausulas et adiectiones, etiam derogatoriarum derogatorias, fortiores, efficaciores et insolitas nunquam eis censeatur derogatum, nisi dum et quotiens sub certis modo et forma ac conceptione verborum contigerit derogari, presentibus, ac si de verbo ad verbum insererentur, pro expressis habentes, illis alias in suo robore permansuris, quo ad premissa specialiter et expresse derogamus, contrariis quibuscumque; seu si revocatis inquisitoribus et substitutis eorum, episcopo, clero et populo prefatis, vel quibusvis aliis, communiter vel divisim, a sede predicta indultum existat quod interdici, suspendi vel excommunicari non possint per litteras apostolicas non facientes plenam et expressam ac de verbo ad verbum de indulto huiusmodi mentionem. Tu autem officium ipsum tibi commissum sic exercere studeas solicite, fideliter et prudenter, quod exinde optati fructus extirpationis heresum quarumlibet proveniant, quos speramus, et a Deo, cuius causa agitur, felicitatis eterne premia consequaris. Dat. Rome, apud Sanctum Petrum, anno Incarnationis Dominice millesimo quadringentesimo octuagesimo sexto, octavo Idus Februarii, pontificatus nostri anno tertio.

Source: Madrid, Arch. Hist. Nac., Inq., Cod. 1, No. 31; BAV, Cod. Ottob. 1439, fols. 130v–131v; ASV Borghese 893 (Memoriale), fols. 289r–291v.

Publication: Llorca, *Bulario*, pp. 120f. (who has 1486); Id., *Conversos judios*, pp. 374f.

Note: There are several variant readings between the Bull in Madrid and the copies.

Bibliography: Fita, *España Ebrea* 1, p. 115; Herculano, *Inquisition in Portugal*, p. 98.

1083   Rome, 24 March 1487

Confirmation and reappointment of Thoma de Turrecremata (Torquemada) as Inquisitor general in the dominions of King Ferdinand and Queen Isabel, and his appointment as judge of appeal of the Inquisition there.

Innocentius episcopus, servus servorum Dei. Dilecto filio Thome de Turrecremata, ordinis Fratrum Predicatorum et theologie professori, in Castelle et Legionis ac Aragonum et Sicilie, necnon Valentie et Maioricarum et Minoricarum regnis, principatu quoque Cathalonie, reliquisve locis temporalis dominii carissimorum in Christo filiorum Ferdinandi et Elisabeth, dictorum regnorum regum illustrium, heretice pravitatis inquisitori, salutem et apostolicam benedictionem. Quanto carissimus in Christo filius noster Ferdinandus rex et carissima in Christo filia nostra Elisabeth regina Castelle et Legionis illustres, orthodoxe fidei et Christiane religionis, que a Domino nostro Iesu Christo, per quem reges regnant et domini dominantium[!] sumpsit exordium, in timore Domini veri et perfectissimi cultores, illius ardore accensi, pro eius dilatatione contra Sarracenos, eorum nequitia regnum Granate occupantes, sollicitudinis[!] cum et diligentia laborant et fidem ipsam in reliquis eorum regnis et dominiis locorum ordinariis et heretice pravitatis inquisitoribus oportunis favoribus assistendo ut quamcumque apostasiam et heresis labem de illis extirpent, extollere, et eorum exemplo reliquos Catholicos reges et principes ad similia excitare animo indefesso non cessant, tanto nos eorum curam, regimenque universaliter habentes opem et operam efficaces, impendere debemus, ut illos ab eorum[!] precipitiis vigilanti curemus eripere studio, et eorum saluti, divina nobis propitiante gratia, iugiter intendamus. Ut igitur inquisitoris eiusdem heretice pravitatis officium, per sedem apostolicam tibi commissum, possis efficacius exercere, et detestabiles sectas quascumque, ad illorum execrandos errores, ne propagentur ulterius et per eos corda fidelium damnabiliter corrumpantur, radicitus extirpare valeas, ut optamus, te, quem olim per felicis recordationis Sixtum IIII, predecessorem nostrum, in omnibus regnis, terris et dominiis prefatorum regum, auctoritate apostolica, inquisitorem heretice pravitatis deputatum, per quasdam alias nostras litteras confirmavimus, ac cum omnibus tibi concessis facultatibus de novo deputavimus, ac concessimus alias personas, dummodo essent in theologia magistri, seu in altero iurium doctores, vel licentiati, seu ecclesiarum cathedralium canonici, aut alias in dignitate ecclesiastica constituti, quotiens opus esse cognosceres, assumendi et surrogandi, ac assumptos removendi, prout in illis plenius continetur, ut huiusmodi officium liberius valeas exercere, in eodem inquisitionis officio in Castelle et Legionis predictis, ac Aragonie, Sicilie, Valentie, Maioricarum et Minoricarum regnis, necnon civitate Barchinonie et toto principatu Catalonie, reliquis vero locis dominiorum regis et regine predictorum, ad nostrum et apostolice sedis beneplacitum, auctoritate apostolica, presentium tenore de novo confirmamus; et pro potioris cautele suffragio, tam prefatis regnis, principatu et dominiis, generalem, et in civitate Barchinonensi, principatu prefatis, que, ut asseritur, generalem inquisitorem ex speciali sedis apostolice privilegio ad inquisitionis officium exercendum admittere non tenetur, specialem dicte pravitatis inquisitorem eadem auctoritate de novo facimus, creamus, constituimus et etiam deputamus, et illud contra quoscumque eiusdem orthodoxe fidei apostatas et cuiuslibet criminis heresis reos, receptatores, fautores et defensores eorum, et officium inquisitionis huiusmodi impedientes, exemptos et non exemptos, ac qualitercumque privilegiatos, per te, vel per alium seu alios ecclesiasticos, etiam etate et aliis qualitatibus ad id requisitis carentes[!], dummodo trigesimum annum attigerint, pro tuo tamen arbitrio sufficienter litteratos, bone conscientie, opinione et fame exercenda deputatos in eisdem regnis, civitate, principatu et dominiis ac qualibet eorum inquisitores quoscumque, non tamen per sedem apostolicam deputatos, quos in officii eiusdem exercitio male aut negligenter versari repereris, a commisso eis inquisitionis officio amovendi, eadem auctoritate apostolica, tenore presentium concedimus facultatem; et ne per appellationum diffugia retardetur, volumus quod si ab inquisitoribus a te deputatis vel subdelegatis, quibus non in totum commiseris vices tuas, contigerit appellari, non ad nos, seu sedem apostolicam, sed ad te debeat appellare, non obstantibus premissis ac felicis recordationis Bonifacii pape VIII, predecessoris nostri, quibus cavetur ne quis extra suam civitatem et diocesim, nisi in certis exceptis casibus, et in illis ultra unam dietam a fine sue diocesis ad iudicium evocetur, seu ne iudices a sede prefata deputati extra civitatem et diocesim in quibus deputati fuerint contra quoscumque procedere aut alii vel aliis vices suas committere presumant, et de duobus dietis in concilio generali, ac aliis constitutionibus et ordinationibus apostolicis, necnon civitate Barchinonensi, sedis prefate officialibus et reliquis exemptis, ac quos per te ab officio inquisitionis huiusmodi eis commisso, vigore presentium amoveri continget, inquisitoribus predictis, ac quibusvis aliis per dictam sedem vel eius legatos concessis privilegiis et litteris apostolicis, quibus illa, etiam si de illis et eorum tenore dat[!] concessionum earundem causis ac prelatorum, regum et aliorum, quorum consideratione seu intercessione concessa forent, nominibus, cognominibus et dignitatibus, seu quevis alia expressio habenda esset, in eis contineretur expresse, id per huiusmodi clausulas generales, etiam que specialem mentionem importare viderentur et importarent nunquam eis intelligerentur sufficienter derogatum, nisi dum et quotiens contingeret illis specifice, nominatim et expresse derogari sub certis inibi expressis modo et forma ac conceptione verborum, presentibus, ac si de verbo ad verbum insererentur et exprimerentur, pro expressis habentes, illis alias in suo robore permansuris, quoad premissa specialiter, nominatim et specifice derogamus, contrariis quibuscumque, seu si aliquibus communiter vel divisim a dicta sit sede indultum quod interdici, suspendi vel excommunicari non possint per litteras apostolicas non facientes plenam et expressam ac de verbo ad verbum de indulto huiusmodi mentionem, et qualibet alia dicte sedis indulgentiaque [tue] generali vel speciali cuiuscumque tenoris existat, per quam presentibus non expressam vel totaliter non insertam, que [tue] iurisdictionis explicatio et officii tibi commissi exercitio[!] impediri possit quomodolibet vel differri, et de qua cuiuscumque toto tenore habenda sit in nostris litteris mentio specialis. Nulli ergo ... Si quis autem ... Dat. Rome, apud Sanctum Petrum, anno Incarnationis Dominice millesimo quadringentesimo octuagesimo sexto, nono Kalendas Aprilis, pontificatus nostri anno tertio.

Source: Madrid, Arch. Hist. Nac., Inq., Cod. 121, fols. 2r–3v.

Publication: Llorca, *Bulario*, pp. 125f.; Id., *Conversos judíos*, pp. 378f.

Bibliography: Llorca, *Inquisición Española*.

1084   Rome, 3 April 1487

Request and admonition, *motu proprio*, to all rulers, authorities and individuals, to arrest and extradite, if so requested by the Inquisitor general of Spain or his deputies, heretics and refugees from the inquisition in Spain and Sicily, and threat of excommunication to those disobeying.

Innocentius episcopus, servus servorum Dei. Ad futuram rei memoriam. Pessimum genus receptatorum, sine quibus malefactores diu latere et suorum excessuum condignam punitionem evitare non possunt, civilia iura severissime punire curarunt, et sanctorum Patrum ac predecessorum nostrorum Romanorum pontificum decreta et constitutiones receptatores hereticorum pari qua hereticos voluerunt conditione tractari. Cum itaque, sicut non sine displicentia accepimus, nonnulli orthodoxe fidei apostate et diversarum heresum septatores, de regnis et dominiis carissimi in Christo filii nostri Ferdinandi regis et carissime in Christo filie nostre Elisabeth regine Castelle et Legionis illustrium aufugientes, ut ordinariorum locorum et inquisitorum heretice pravitatis in eisdem regnis et dominiis deputatorum iudicium et correctionem evitent, et in suis perseverent erroribus, ac alios fideles eorum execranda perfidia inficere, et in illorum cordibus eorum errores et falsa dogmata seminare valeant, in aliorum Catholicorum regum et aliorum temporalium dominorum regnis et dominiis, presertim eorundem Ferdinandi regis et Elisabet regine regnis et dominiis vicinis, receptentur, defensentur et confoveantur, non sine apostolice auctoritatis contemptu, fidei prefate detrimento non levi, ac pernicioso exemplo et scandalo plurimorum, et presertim Ferdinandi regis et Elisabeth regine prefatorum, qui eius fidei fortissimi athlete et indefessi propugnatores pro illius exaltatione et dilatatione contra Sarracenos eorum regni Granate acerrime pugnare et ut, conculcatis apostatis et hereticis quibuslibet in eorum regnis et dominiis, fides ipsa prosperetur ubilibet opem et operam efficaces impartiri uno eodemque tempore grandi cura et diligentia procurarunt et procurant, recepturi exinde premia felicitatis eterne. Nos, utriusque iuris prudentia et auctoritate muniti, huiusmodi temerariis ausibus obviare volentes, ut debemus, motu proprio, non ad alicuius nobis super hoc oblate petitionis instantiam, sed de nostra mera deliberatione et ex certa nostra scientia, in fidei favorem omnes et singulos Catholicos reges, principes, duces, marchiones, comites, barones et alios temporale dominium ubilibet obtinentes, ecclesiasticos et seculares, necnon civitatum, terrarum et locorum quorumlibet communitates et universitates, ac singulas personas earundem, auctoritate Dei Omnipotentis, cuius vices, quanquam immeriti, in terris gerimus, presentium tenore requirimus et monemus quatenus quoscumque orthodoxe fidei apostatas et cuiuscumque criminis reos, qui de Castelle et Legionis, Aragonum, Sicilie, Valentie, Maioricarum et Minoricarum regnis ac principatu Catalonie, ac locis quibuslibet temporali dominio prefatorum Ferdinandi regis et Elisabeth regine eorundem regnorum oriundi, inquisitorum heretice pravitatis iudicium aufugientes, ut in sua possint nequitia et cordis obstinatione perseverare, in locis eorum temporalis dominii permanent, et quos in futurum permanere contigerit pro tempore, publice vel occulte, cum per generalem inquisitorem heretice pravitatis in eisdem Ferdinandi regis et Elisabeth regine predictorum regnis, principatu et dominiis per sedem apostolicam deputatum, aut alium, vel alios illius vices gerentes, fuerint desuper requisiti, etiam nulla facta eis fide de illorum excessibus, aut contra eos per ipsos requirentes institutis sive habitis processibus, infra triginta dies requisitiones huiusmodi immediate sequentes, quorum primos decem pro primo, et secundos decem pro secundo, ac reliquos ultimos decem dies pro ultimo et peremptorio termino ac canonica monitione eis et cuilibet eorum assignamus, personaliter capi faciant et in posse requirentium eorundem, seu per eos ad illos recipiendum deputatorum, ad loca de quibus aufugerunt reducendos consignari, et pro illorum reductione huiusmodi tute et secure per loca temporalis dominii eorundem sic monitorum oportuna et eis possibilia reducentibus eos prestent auxilia, consilia et favores, sub excommunicationis late sententie, et hiis, quas iura in receptatores et fautores hereticorum statuunt penis, per eos qui non paruerint, regibus et principibus quo ad dictam sententie excommunicationis penam duntaxat exceptis, eo ipso incurrendis, quibus inquisitori et illius vices gerentibus prefatis ad requisitiones huiusmodi quotiens eis videbitur per eorum nuntios sive litteras, etiam si ad eos quos requirere oporteret, tutus non pateret accessus, per edictum publicum in locis circunvicinis affigendum, de quibus sit verisimilis coniectura quod requisitiones ipse possint ad ipsorum sic requirendorum notitiam verisimiliter pervenire, procedendi, et sub penis huiusmodi requisitos non parentes excommunicatos publice nunciandi, et ab omnibus evitari mandandi, ac legitimis super hiis habendis servatis processibus, excommunicationis sententiam huiusmodi iteratis vicibus aggravandi, et si illam animo, quod absit, per sex menses dictos triginta dies immediate sequentes sustinuerint indurato, eos, ut receptatores et fautores hereticorum, puniendi facultatem concedimus per presentes. Non obstantibus felicis recordationis Bonifacii pape VIII ... seu si eidem sic monitis et requisitis vel quibusvis aliis, communiter vel divisim, a sede apostolica indultum existat quod interdici, suspendi vel excommunicari non possint, per litteras apostolicas non facientes plenam et expressam ac de verbo ad verbum huiusmodi mentionem. Nulli ergo ... Dat. Rome, apud Sanctum Petrum, anno Incarnationis Dominice millesimo quadringentesimo octuagesimo septimo, tertio Nonas Aprilis, pontificatus nostri anno tertio.

Source: Madrid, Arch. Hist. Nac., Inq., Cod. 1, No. 35.

Publication: Fita, *España Ebrea* 1, pp. 162f.; *Gavetas da Torre do Tombo* 1, pp. 89f.; Llorca, *Bulario*, p. 133.

Bibliography: Herculano, *Inquisition in Portugal*, pp. 119, 130.

1085   [Rome], July 1487

Appointment of two cardinals to proceed "Contra quosdam Hispanos Iudeos vel hereticos, vulgariter dictos marranos lingua Hispanica".

Note: The text has not survived.

Bibliography: Infessura, *Diario*, p. 227; Raynaldus, *Annali Ecclesiastici*, a. 1487, §16; Vogelstein-Rieger, *Rom* 2, p. 21.

1086   Rome, 25 September 1487

Concession to Thoma de Turrecremata (Torquemada) to act as judge of appeal of the inquisition also in cases heard by the ordinaries, their deputies, and Thoma's deputies.

Dilecto filio Thome de Turrecremata, ordinis Fratrum Predicatorum et theologie professori, in Castelle, Legionis, Aragonum et Valentie regnis ac principatu Cathalonie heretice pravitatis generali inquisitori.
Innocentius papa VIII[s].
Dilecte fili, salutem et apostolicam benedictionem. Voluimus in tibi commissi inquisitionis heretice pravitatis officii litteris, quod ab illis, quibus vices tuas in huiusmodi officio non in totum duceres committendas, ad te possit per gravatos ab illis, ante latam sententiam, ubi iura id permittunt, libere appellari, tuque posses et deberes per te, vel alium, appellationum earundem causas cognoscere et terminare, prout in eiusdem[!] litteris plenius continetur. Et quia, ut accepimus, a nonnullis hesitatur an cum ab eisdem vices tuas gerentibus, et locorum ordinariis, vel eorum vicariis generalibus, vel alias eorum vices gerentibus insimul procedentibus, vel habitos per eos hinc inde processus sibi invicem communicantibus fuerit appellandum, possit pari modo ad te appellari, tuque in his, que interponerentur appellationibus ab eisdem vices tuas habentibus, et sine ordinariis procedentibus appellationibus, per litteras supradictas potestate et auctoritate fungaris. Ad huiusmodi dubium submovendum, volumus et tibi concedimus ut, cum ab eisdem ordinariis et eorum ac tuas in huiusmodi negotio vices gerentibus quoquomodo insimul procedentibus, in casibus a iure permissis fuerit appellandum, possint gravati ad te pariformiter appelare; tuque appellationum earundem causas per te, vel alium ad instantiam ipsorum appellantium cognoscere valeas et fine debito terminare, perinde ac si ab eisdem vices tuas gerentibus, in premissis dum sine locorum ordinariis et eorum vicariis soli procedunt, appellaretur. Non obstantibus omnibus que in dictis litteris voluimus non obstare. Dat. Rome, apud Sanctum Petrum, sub annulo Piscatoris, die XXV Septembris MCCCCLXXXVII, pontificatus nostri anno quarto.

Source: Madrid, Arch. Hist. Nac., Inq., Cod. 1, No. 37.

Publication: Llorca, *Bulario*, pp. 137f.

Note: See above, Doc. **1083**. Llorca, *ibid.*, n. 36, points out that with this act the Pope completed the centralization of the royal tribunal of the inquisition.

1087   Rome, 26 November 1487

Deposition, *motu proprio*, of Michael de Morillo, Iohannes de Sancto
Martino, and certain other Dominicans, from the office of inquisitors in Castile
and Leon, and mandate to Thoma de Turrecremata (Torquemada) to appoint
others in their place.

Dilecto filio Thome de Turrecremata, priori Sancte Crucis, inquisitori
generali in regnis Castelle, Legionis et Aragonum.
Innocentius papa VIII^us.
Dilecte fili, salutem et apostolicam benedictionem. Sicut accepimus, bone
memorie Sixtus papa IIII predecessor noster, officio inquisitionis heretice
pravitatis volens providere, quosdam fratrem Michaelem de Morillo, et
fratrem Iohannem de Sancto Martino, et quosdam alios ordinis Predicatorum
professores, per certas litteras suas inquisitores heretice pravitatis in regnis
Castelle et Legionis, usque ad sedis apostolice beneplacitum, constituit et
ordinavit, prout in dictis litteris plenius continetur. Quare nos, ex certis
rationabilibus causis animum nostrum moventibus, omnes et singulos
predictos, videlicet Michaelem de Morillo et Iohannem de Sancto Martino, et
alios in dictis locis [Llorca: litteris] nominatos, motu proprio et ex certa
scientia ab officio huiusmodi inquisitionis suspendimus, ipsis et eorum singulis
sub excommunicationis pena inhibentes, ne post presentium litterarum
presentationem et intimationem eis factam, de inquisitione huiusmodi amplius
se intromittant. Tibique per presentes committimus et mandamus quatenus
auctoritate nostra et ex officio inquisitionis per nos alias tibi iniuncto
procedens, alios viros idoneos et sufficientes iuxta formam et tenorem
quarundam litterarum nostrarum ad te directarum, constituas, ordines ac
deputare procures, qui officium inquisitionis huiusmodi laudabiliter
exequantur, et in omnibus sic viriliter te exerceas, quod fides Catholica
augeatur et errores contrarii eidem exterminentur, atque oves errantes ad
ovile Dominicum revocentur; dictis litteris et aliis contrariis non obstantibus
quibuscumque. Datum Rome, apud Sanctum Petrum, sub annulo Piscatoris,
die XXVI Novembris MCCCCLXXXVII, pontificatus nostri anno quarto.

Source: Madrid, Arch. Hist. Nac., Inq., Cod. 1, No. 39.

Publication: Fita, *España Ebrea* I, pp. 114f.; Llorca, *Bulario*, pp. 142f.

Note: See above, Doc. **1017**.

1088   Rome, 27 November 1487

Injunction and mandate to inquisitors and ordinaries in Spain to proceed
against conversos of Jewish descent, notwithstanding papal writs exempting
them from their jurisdiction and allowing them abjurations and absolutions
other than in legal form, and to suspend temporarily proceedings against
those who claim protection by the writs, which are to be submitted to Rome
for scrutiny.

Dilectis filiis inquisitoribus heretice pravitatis et locorum ordinariis in
Hispanie partibus constitutis.
Innocentius papa VIII.
Dilecti filii, salutem et apostolicam benedictionem. Quia sicut nobis fuit
expositum, postquam officium inquisitionis heretice pravitatis in regnis
Castelle et Legionis, Aragonie, Valentie et aliis terris ac dominiis carissimorum
in Christo filiorum nostrorum Ferdinandi et Elisabet regis et regine illustrium
auctoritate apostolica fuit institutum, nonnulli incole regnorum et
dominiorum predictorum, qui de genere Iudeorum dicuntur descendisse,
atque de heresis et apostasie crimine suspecti et diffamati habentur, nonnullas
litteras, tam a nobis quam a felicis recordationis Sixto papa IIII predecessore
nostro, super exemptione sua a potestate et superioritate vestra, ac super
abiurationibus per eos faciendis et reconciliationibus et absolutionibus
obtinendis aliter quam in forma iuris, hactenus impetrarunt et in dies impetrare
moliuntur, ex quibus inquisitionis officium impediri et scandalum in cordibus
fidelium asseritur generari, nos, attendentes quod negotium fidei semper
augeri et precipuis favoribus debet ampliari, discretioni vestre tenore
presentium iniungimus et mandamus quatenus, solum Deum pre oculis
habentes, in negotio ipso procedatis contra quoscunque de predicto crimine
diffamatos et suspectos, et contra eorum fautores, receptatores et defensores
inquirendo, et quos reppereritis esse culpabiles, iuxta sanctorum Patrum
instituta puniendo. Quod si contingat aliquem vel aliquos de predictis per
litteras apostolicas velle se tueri, huiusmodi litteras vel earum copiam, in
forma autentica redactam, ad nos transmittatis, et de meritis persone vel
personarum, quas negotium tanget, quantocius informetis; ita tamen ut,
pendente huiusmodi relatione, in processu causarum contra tales omnino
supersedeatur, donec ad vos duxerimus rescribendum. His enim visis et
intellectis, providebimus iuxta rei exigentiam de remedio opportuno, ita ut
honori sedis apostolice consulatur, et omne scandalum atque impedimentum
in tante pietatis negotio censeatur esse sublatum. Datum Rome, apud Sanctum
Petrum, sub annulo Piscatoris, die XXVII Novembris MCCCCLXXXVII,
pontificatus nostri anno quarto.

Source: Madrid, Arch. Hist. Nac., Inq., Cod. 1, No. 40.

Publication: Fita, *España Ebrea* 1, pp. 136f.; Llorca, *Bulario*, pp. 144f.

Bibliography: Baer, *Spain*, p. 445.

1089   Rome, 10 May 1488

Approval and confirmation of setting up and constitution of the *Monte di Pietà* in Cesena, and mandate to the abbot of St. Maria in Monte outside the walls of Cesena, the provost of the church in Cesena, and the vicar of the bishop there, to see to the application of the above, if required.

Innocentius episcopus, servus servorum Dei. Ad perpetuam rei memoriam. Ad sacram Petri sedem in plenitudine potestatis divina dispositione vocati, ad ea, ut decet, libenter intendimus, per que pauperum et miserabilium personarum necessitatibus utiliter et salubriter valeat provideri, et hiis que propterea provide ordinata fore noscuntur, ut eo firmius illibata perdurent, quo erunt maiori robore solidata, nostre confirmationis robur adiicimus, et, ut optatum sortiantur effectum, interponimus solicitudinis nostre partes. Sane, pro parte dilectorum filiorum communitatis civium nostre civitatis Cesenat. nobis nuper exhibita petitio continebat, quod olim ipsi usurarum voragini, que retroactis temporibus exauserat facultates quamplurimorum civium et incolarum dicte civitatis et illius comitatus, obviare, et animarum saluti, pauperumque ac indigentium pro tempore necessitatibus occurrere cupientes, per oportuna eorum consilia provide ordinarunt quod ex tunc de cetero continuo in dicta civitate esse deberet una massa proventuum pauperum et indigentium eorundem usibus deservientium, que Mons Pietatis nuncuparetur, et illi applicarunt nonnullos proventus tunc expressos, ad communitatem ipsam legitime pertinentes, et pro illius directione, conservatione et manutentione perpetuis tunc futuris temporibus in civitate predicta inter alia que ad illius summotionem, diminutionem aut detrimentum, directe vel indirecte, tenderent, in consiliis dicte civitatis proponi, tractari et deliberari, et illum extingui et tolli, alias quam de expresso sedis apostolice mandato, et eiusdem Montis proventus aliis quam pauperum eorundem usibus applicari, sub certa tunc expressa pena inhibuerunt, et quod potestas Cesenat. pro tempore existens debita dicti Montis et penas contrafacientium ordinationibus eius exigere, et controversias quascumque Montem ipsum concernentes, visa veritate, infra certos tunc expressos dies terminare, et usque ad quam quantitatem unicuique recurrenti ad dictum Montem per illius officiales mutuari possit, ita ut impresentiarum quindecim libras monete illarum partium non transcendant, a mutuo recipientibus, pro salariis officialium et aliis dicti Montis oneribus perferendis, ultra quam tres denarii mense quolibet triginta dierum pro qualibet libra quantitatis mutuate, viginti bolondinis pro qualibet libra computatis, et si quantitas que sic exigetur oportunam pro eisdem salariis et oneribus summam transcenderet, tunc tanto minus exigatur pro qualibet libra, quod summa que sic exigetur expensarum onus non transcendat, sed potius in decem libris monete illarum partium minor illa existat, quotve officiales et ministros Mons ipse habere, et qualiter illi eorum officia et ministeria exercere et de eorum administratione rationem reddere teneantur, debeantque pignora, elapso anno et mense duntaxat et non ante, et tunc previa subastatione, plus offerentibus vendere, et redacto inde pretio quod Monti debebatur pro illo retinere, residuum vero pignoranti restituere teneantur, et alia plura laudabilia et honesta, dicti Montis conservationem concernentia, statuerunt, prout in quibusdam litteris sive scripturis autenticis, vulgari sermone desuper confectis, plenius dicitur contineri. Quare pro parte communitatis predictorum nobis fuit humiliter supplicatum ut ordinationi, inhibitioni et statutis predictis, ac omnibus et singulis in dictis instrumentis contentis, robur nostre confirmationis adiicere, aliasque eis in premissis oportune providere de benignitate apostolica dignaremur. Nos igitur, dicti Montis institutionem plurimum in Domino commendantes, huiusmodi supplicationibus inclinati, ordinationem, inhibitionem et statuta predicta et, prout illa concernunt, omnia et singula in dictis scripturis contenta ac inde secuta quecumque, auctoritate apostolica, presentium tenore approbamus et confirmamus ac presentis scripti patrocinio communimus, supplemusque omnes et singulos defectus, si qui forsan intervenerint in eisdem. Et nichilominus dilectis filiis abbati monasterii Sancte Marie in Monte extra muros Cesenat., et preposito ecclesie Cesenat., ac vicario venerabilis fratris nostri episcopi Cesenat., in spiritualibus generali, per apostolica scripta mandamus quatinus ipsi, vel duo aut unus eorum, per se, vel alium, seu alios, premissa, ubi, quando et quotiens expedire cognoverint, fuerintque desuper pro parte communitatis et officialium predictorum legitime requisiti, solemniter publicantes, faciant ordinationem, inhibitionem et statuta predicta inviolabiliter observari, et illos quos eis contravenisse constiterit, ad penarum quas propterea incurrerunt solutionem compellant, seu per dictum potestatem compelli faciant, contradictores per censuram ecclesiasticam, appellatione postposita, compescendo; non obstantibus ... Nulli ergo ... Si quis autem ... Dat. Rome, apud Sanctum Petrum, anno Incarnationis Dominice millesimo quadringentesimo octuagesimo octavo, sexto Idus Maii, pontificatus nostri anno quarto.

Source: AS, Cesena, B. 14, II.

Bibliography: Maragi, *Monti di Pietà*, p. 298; Muzzarelli, *Cesena*, p. 181.

1090   Rome, 10 May 1488

Concession to Baptista Augustini, a Jewish convert, allowing him to be adopted by Franciscus Angeli and his wife Francisca, of Viterbo.

Dilecto filio Iohanni Baptiste Augustini, habitatori civitatis nostre Viterbii. Dilecte fili, salutem etc. Exponi nobis fecisti quod tu, qui Hebreus ante fueras, assumpto sacro baptismate Christianus effectus, ac impubes et inops, invenisti dilectos filios Franciscum Angeli et Franciscam eius uxorem, Viterbienses, qui libenter te, pietate et misericordia moti, in filium adoptarent, cum ipsi adhuc liberos non procrearint, si Augustini, patris tui, consensus ad id accederet; qui, cum longe distet, et haberi de facili non possit, necessariumque sit in adoptionibus filiorum ut patrum naturalium interveniat assensus, humiliter nobis supplicari curasti de oportuno ad id remedio, ne propterea auxilio et spe omni destituaris. Nos, statui tuo paterne compatientes, humilibusque tam tuo quam ipsorum coniugum nomine supplicationibus nobis porrectis inclinati, tibi, ut a Francisco eiusque uxore Francisca prefatis, etiam absque eo quod Augustini patris tui consensus interveniat, adoptari libere et licite possis, et tu in eandem adoptionem transire valeas, apostolica auctoritate concedimus pariter et indulgemus; constitutionibus et ordinationibus apostolicis ceterisque in contrarium facientibus non obstantibus quibuscunque. Datum Rome, die X Maii MCCCCLXXVIII, anno quarto. Habet signaturam.

Source: ASV, Arm. XXXIX, vol. 20, fol. 36r–v.

1091*   Rome, 14 May 1488

Commission and mandate to the governors and officials in the Duchy of Spoleto and the territory *specialis commissionis*, to assist the Jewish community there to collect from its members their share of the *vigesima* which the representatives of the community had agreed on with the papal chamber. Similar commission and mandate to the governors and officials in the provinces of Patrimony, Campania and Maritima.

Raphael etc. Reverendis patribus gubernatoribus et locatenentibus ac quibuscumque officialibus civitatum, terrarum et locorum Ducatus Spoletani et specialis commissionis, Sancte Romane Ecclesie mediate et immediate subiectorum, salutem etc. Cum sanctissimus dominus noster papa, iustis ac rationabilibus causis motus, universitati Hebreorum vigesimam omnium bonorum eius imposuit, et diversos commissarios ad illam exigendam destinare decrevisset, comparuerunt in camera apostolica quidam ex dictis Hebreis nomine aliorum Hebreorum in dicta provincia ducatus consistentium, ac illorum nomine composuerunt. Et quia eiusmodi compositio inter eos pro illorum consuetudine et more pro facultatibus cuiuscunque dividenda est, et per aliquos a dicta universitate deputandos exigenda, nobis supplicarunt ut, si forte opus fuerit, de oportuno favore provideremus. Quare de mandato etc. ac auctoritate etc. vobis harum tenore precipiendo committimus et mandamus ut, dum et quotiens a deputandis in ista provincia, ut prefertur, consuetudine et more per universitatem ipsam in similibus servari solitis rite servatis, requisiti fueritis, oportunis favoribus et auxilio assistentes, renitentes et rebelles quoscumque ordinationi eorum predicte, ut premittitur fiende, si qui forte fuerint in quibusvis locis istius provincie sedi apostolice mediate vel immediate subiectis consistentes, ad solutionem portionis sibi debite oportune cogatis et compellatis, quibuscumque non obstantibus. In quorum etc. Dat. Rome, in camera apostolica, die XIIII Maii 1488, pontificatus etc. anno quarto.

Raphael etc. Reverendo patri locumtenenti ac officialibus quarumcumque civitatum, terrarum et locorum provincie Patrimonii, salutem etc. Similis ut supra, et sub eadem data. Raphael etc. Reverendo patri gubernatori ac officialibus civitatum, terrarum et locorum mediate et immediate subiectorum provinciarum Campanie et Maritime, salutem. Simile ut supra.

Source: ASV, Arm. XXIX, vol. 46, fol. 116r-v.

1092   Rome, 16 May 1488

Imposition on and mandate to all Jews in Rome and the papal dominions to pay a *vigesima*, including on money derived from usury.

Innocentius etc. Ad futuram rei memoriam. Sicut apostolice sedis clementia gentem Iudaicam, quam [humilioris] legis armat conditio, ut inter Christifideles conversando votiva pace quiescant, et ab omnibus oppressionibus releventur indebitis, Domini Salvatoris intuitu, humanitate complectitur singulari, ita et ipsi, urgente necessitate et gravissimis periculis, de eorum facultatibus oportuna suffragia exhibere debent, presertim dum Christianis periclitantibus, ipsi quoque Iudei tuti esse posse non sperent. Cum itaque nos, nuper, pro necessaria apostolice sedis Sancteque Romane Ecclesie status conservatione, et gravibus imminentibus periculis evitandis, et multiplicibus oneribus et impensis supportandis, quibus dispendiose gravamur assidue, universis ecclesiasticis personis alme Urbis, ac provinciarum, terrarum et locorum Romane Ecclesie mediate vel immediate subiectorum, necnon nonnullorum aliorum dominorum et dominiorum in Italia constitutorum, unam integram decimam partem fructuum, reddituum et proventuum ad eos ex ecclesiis, monasteriis et beneficiis ecclesiasticis que obtinent proventuum[!], pro subsidio, pro uno integro anno, exigendam, per alias nostras litteras duxerimus imponendam, et Iudei prefati, de quorum periculo agitur, debeant ad perferenda onera grandium expensarum, que ad premissa necessaria existunt, merito contribuere, pari modo, nos eisdem Iudeis in prefatis Urbe, provinciis, civitatibus, terris et locis Romane Ecclesie mediate vel immediate subiectis ubilibet commorantibus, prefatum subsidium, id est unam veram et integram vigesimam partem omnium bonorum, fructuum, reddituum et proventuum pecuniarum quarumcunque eorundem, undecumque et quomodocunque, etiam per usurariam pravitatem, vel eorum industriam, sive alias, ad eos provenientium, ab universis et singulis Iudeis supradictis, pro uno integro anno, in terminis per eiusdem vigesime collectores in publicatione presentium eis prefigendum[!], integre, et sine diminutione et fraude, persolvendam, auctoritate apostolica, de venerabilium fratrum nostrorum Sancte Romane Ecclesie prefate cardinalium consilio, presentium tenore imponimus et indicimus; eisque mandamus ut illam sine contradictione, diminutione et fraude, omni contentione et resistentia semotis, in statuendis terminis persolvant cum effectu, sub pena dupli eiusdem vigesime per illos ex eis qui in illius solutione cessaverint, aut illam, dolo et fraude adhibitis, integraliter non persolverint, et subtractionis communionis fidelium eo ipso incurrendo; mandantes insuper, sub excommunicationis pena, quam incurrere volumus ipso facto, omnibus et singulis Christianis, illis qui prefatis Iudeis consilium vel favorem, publice vel occulte, prestiterint, ne prefatam integram et veram vigesimam pro subsidio huiusmodi solvant. Non obstantibus ... Si quis etc. Dat. Rome, apud Sanctum Petrum, anno etc. MCCCCLXXX octavo, decimo septimo Kalendas Iunii, pontificatus nostri anno quarto.

Source: ASV, Reg. Vat. 692, fols. 212v–213v.

Note: Cf. above, Doc. **1013**.

Bibliography: Bardinet, *Condition*, p. 17.

1093   Rome, 17 May 1488

Approval and confirmation of the foundation of a *Monte di Pietà* in Parma, to obviate the need of the poor to have recourse to Jewish money-lenders.

Ad perpetuam rei memoriam. Innocentius etc. Ad sacram Petri sedem ... Nos, igitur ... huiusmodi supplicationibus inclinati, Montis Pietatis Parmensis creationem, institutionem, plantationem, erectionem ... auctoritate apostolica, ex certa sciencia, approbamus et confirmamus, ac presentis scripti patrocinio communimus... Non obstantibus ... Nulli ergo etc. Si quis etc. Dat. Rome, apud Sanctum Petrum, anno etc. MCCCCLXXXVIII, sexto decimo Kalendas Iunii, pontificatus nostri anno quarto.

Source: ASV, Reg. Vat. 686, fols. 98r–102v.

Note: Identical, *mutatis mutandis*, with Doc. **1081** above. On Jewish money-lending in Parma see Simonsohn, *Parma*.

Bibliography: Erler, *Historisch-kritische Übersicht* 7, p. 29; Maragi, *Aziende di Credito* I, pp. 299.

1094   [Rome, 20 May 1488]

Commission and mandate to Peter Gonzales de Mendoza, cardinal priest of the Holy Cross in Jerusalem and archbishop of Toledo, to admonish and require bishops and others acting as ordinary judges, of Jewish descent, who have vicars and officials who demonstrate little enthusiasm for proceeding, in the company of the inquisitors, against heretics, to replace them with others who show greater zeal, and if they fail to do so within twenty days, to effect the substitution himself.

Petro, nostro tituli Sancte Crucis in Jherusalem presbitero cardinali Toletano.
Dilecte fili noster, salutem etc. Saepe contingit, ut accepimus, quod episcopi et alii, qui ordinaria iurisditione funguntur, ex Iudeorum genere descendentes, in regnis et dominiis charissimorum in Christo filiorum nostrorum Fernandi regis et Elisabeth regine Castelle, Legionis et Aragonum illustrium subiectis, vicarios et officiales habent minus idoneos, et fidei Catholice zelum non habentes, qui cum inquisitoribus heretice pravitatis in locis iurisditioni eorum subiectis deputatis, vel substitutis eorum, procedere nolunt, nesciunt vel non curant, seque diversimode in hoc exibent negligentes vel remissos, et fidei negotio parum utiles, quo fit ut, tam propter hoc, quam etiam dum contingit ordinarios locorum seu eorum officiales vel vicarios et inquisitores invicem communicantes, habitos per eos in huiusmodi negotio processus in iudicando discordare, et causante discordia huiusmodi debent, iuxta predecessorum

nostrorum Romanorum pontificum constitutiones, processus ipsi ad sedem apostolicam remitti, propter regnorum et locorum huiusmodi ab Urbe, in qua cum Romana curia residemus, distantiam inquisitionis officium in partibus illis non parva proferat detrimenta, et multipliciter retardetur, in animarum perniciem et orthodoxe fidei detrimentum, cui occurrere, ut pastoralis officii nobis commissi cura requirit, cupientes, circumspectioni tue, que etiam ecclesie Toletane ex apostolica concessione preesse dinoscitur, et in partibus illis residet, et de qua in hiis et aliis specialem in Domino fiduciam obtinemus, committimus et mandamus ut episcopos et alios inferiores ordinaria iurisditione fungentes in regnis et dominiis predictis, ex genere Iudeorum, ut premittitur, descendentes, quos noveris tales minus idoneos, aut minus quam expediat affectos huic negotio vicarios et officiales habere, auctoritate nostra moneas et requiras ut, illis amotis, alios eorum loco subrogent, qui zelum fidei habeant, et velint ac valeant debite procedere contra heresis huiusmodi criminis reos quotiens fuerit oportunum; et si moniti prefati expectari per XX^{ti} dies ex tunc immediate sequentes, monitioni huiusmodi parere non curaverint, tu ipse pro eis vicarios et officiales, arbitrio tuo idoneos, deputes in premissis, quos sic per te deputatos volumus et decernimus eadem auctoritate fungi in huiusmodi fidei negotio dumtaxat, qua fungerentur si per ipsos episcopos et prelatos deputarentur; non obstantibus constitutionibus et ordinationibus apostolicis ceterisque contrariis quibuscunque. Dat. ut supra [Die XX Maii 1488, anno IV].

Source: ASV, Arm. XXXIX, vol. 20, fols. 80v–81r.

Note: Cf. above, Doc. **1035**.

1095   [Rome, 22 May 1488]

Mandate to the Jews in Tivoli, Velletri, Cori, Boville Ernica, Sermoneta and elsewhere in Campania and Maritima under the rule of the Colonna and Conti, to convene in Anagni, to divide among them the *vigesima*.

Universis et singulis Hebreis civitatum nostrarum Tiburis et Velletri, ac terrarum pariter nostrarum Chore et Babuci, necnon terre Sermonete, ac omnium aliarum terrarum et locorum sub dominio et iurisditione domicellorum de Colunna et de Comitibus existentium, in provinciis nostris Campanie et Maritime, presentes litteras inspecturis, viam veritatis agnoscere et agnitam custodire. Nuper, pro magnis camere apostolice et Sancte Romane Ecclesie necessitatibus sublevandis, imposuimus unam integram et veram vigesimam omnium bonorum suorum Hebreis omnibus civitatum, terrarum et locorum nobis et ipsi Ecclesie mediate et immediate subiectorum, prout in aliis nostris sub plumbo desuper editis litteris plenius continetur. Et quoniam Hebrei dictarum provinciarum nostrarum Campanie et Maritime pro compositione facienda super huiusmodi vigesima ad certam diem convenire debent in civitate nostra Ananie, ideo volumus, ac vobis omnibus et singulis, sub pena centum ducatorum pro quolibet contra faciente, expresse precipiendo mandamus, quatinus a latore presentium, quem dedita opera mittimus, requisiti, in ea die, quam diem[!] lator vobis edixerit, ad civitatem Ananie predictam accedatis, et ea faciatis, que ibi fuerint ordinata et deliberata pro solutione et satisfactione dicte vigesime, iuxta ratas vestras, processuri statim ad exactionem penarum contra eos qui secus fecerint. Datum ut supra [Rome, die XXII Maii MCCCCLXXXVIII, anno 4º.]

Source: ASV, Arm. XXXIX, vol. 20, fols. 89v–90r.

Note: Babucus was Bauco, which later became Boville Ernica.

Bibliography: Stow, *Taxation*, p. 118.

1096   [Rome, 13 June 1488]

Commission and mandate to the governor of Fano to hear the appeal of Raphael, a Jew of Fano, in connection with a money-lending contract.

Commissio cause appellationis pro Raphaele, Hebreo de civitate Fani, in causa pecuniaria super certo contractu usurario, per signaturam "Fiat, ut petitur, de commissione cause. I[ohannes Bapt. Cibo]. Et per breve sanctitatis vestre. Fiat, ut supra. I." Gubernatori civitatis nostre Fani.
Venerabilis frater, salutem etc. Mittimus tibi supplicationem presentibus introclusam, manu nostra signatam, volumusque et tibi commictimus ac mandamus quatenus, vocatis vocandis, ad illius executionem procedas, iuxta signaturam nostram. Dat. ut supra [Rome etc. die XIII Iunii 1488, anno quarto].

Source: ASV, Arm. XXXIX, vol. 20, fol. 176r.

1097   [Rome, 17 June 1488]

Commission and mandate, if the facts are established, to Iacobus of Volterra, papal secretary and nuncio, to exhort Gian Galeazzo Maria Sforza, Duke of Milan, to refrain from oppressing the Jews of his realm unjustly, following a petition of the Jews in Rome on behalf of those in Milan to protect the latter from the allegations made against them by a Jewish convert.

Iacobo de Vulterris, secretario et nuntio nostro.
Dilecte fili, salutem etc. Expositum nobis nuper fuit pro parte universitatis Hebreorum alme Urbis nostre, fuisse accusatos nonnullos Hebreos in dominio Mediolanensi existentes, a quodam olim Hebreo nuper ad Catholicam fidem reverso, super certis excessibus, qui veri non reperiuntur. Et propterea dicta universitas Hebreorum Urbis supplicari nobis fecit, dignaremur indemnitati prefatorum dominii Mediolanensis Hebreorum, ne iniuste opprimantur, providere. Nos, qui novimus Hebreos ipsos in fidei nostre Christiane testimonium a Romana Ecclesia tolerari, et iniuste vexatis succurri debere, huiusmodi supplicationibus inclinati, tibi presentium tenore committimus ac mandamus quatinus te de premissis diligenter informes et veritatem intelligere studeas, et si reppereris per informationem huiusmodi Hebreos sic accusatos, preter eorum usitatas et antiquatas cerimonias in ipsorum sinagogis fieri solitas, nihil innovasse, hortaberis nostro nomine dilectum filium nobilem virum Iohannem Galeaz Mariam Sforziam, Mediolani ducem, ne illos iniuste in suo dominio opprimi patiatur, accusationemque et examen de eis factum ad nos transmittas, deque his postea nos facias per tuas litteras certiores. Datum ut supra [Rome, die XVII Iunii MCCCCLXXXVIII, anno quarto].

Source: ASV, Arm. XXXIX, vol. 20, fol. 187r.

Publication: Carusi, *Giacomo Gherardi*, pp. CLXVI f. (who has fol. 192).

Bibliography: Simonsohn, *Milan* 2, pp. 894f.

1098   [Rome, 18 June 1488]

Commission to Francis Mascambruni, bishop of Anagni, or his vicar, to hear the complaint of slander made by Ruzocra, a Jewess in Anagni, accused of the death of a boy following her incantation.

Ruzocra, Hebrea Anagnina, diffamata quod certis verbis quendam puerum incantasset, et ex huiusmodi incantatione idem puer post aliquos dies obiisset, petit causam diffamationis huiusmodi committi episcopo Anagnino, vel eius vicario, discutiendam. Habet signaturam "Fiat, ut petitur," et per breve. Episcopo Anagnino, vel eius vicario.

Venerabilis frater, salutem etc. Mittimus fraternitati tue supplicationem presentibus introclusam, manu nostra signatam, volumusque et tibi committimus ut, vocatis vocandis, ad illius executionem procedas, iuxta eius continentiam et signaturam nostram. Datum ut supra [Die XVIII Iunii 1488, anno IV].

Source: ASV, Arm. XXXIX, vol. 20, fol. 198r.

1099   [Rome, 25 June 1488]

Concession to the commune and people of Citerna of absolution, this once only, following suitable penitence, for having signed a *condotta* to lend money at interest with Ioseph of Gubbio and Mosettus David of Borgo San Sepolcro.

Universitati et hominibus castri Citerne.

Dilecti filii, salutem etc. Supplicari nobis humiliter fecistis quod, cum vos urgente necessitate, conduxeritis quosdam Iospeh de Eugubio et Mosettum David de Burgo Sancti Sepulchri ad fenerandum in castro nostro Citerne, sentiatisque ob id aliquas censuras incurrisse, dignaremur vobis de oportuno absolutionis beneficio providere, cum id necessario fecisse dicatis. Nos huiusmodi supplicationibus more pii patris inclinati, ut confessor idoneus, quem duxeritis requirendum, vos et vestrum quemlibet ab omnibus et singulis ecclesiasticis censuris et penis, quas dicta occasione usque ad hanc diem incurristis, pro hac vice dumtaxat, absolvere possit, et penitentiam salutarem pro modo culpe iniungere, apostolica auctoritate vobis concedimus et impartimur; constitutionibus et ordinationibus apostolicis, ceterisque in contrarium facientibus, non obstantibus quibuscumque. Datum ut supra. [Rome, die XXV Iunii MCCCCLXXXVIII, anno IV].

Source: ASV, Arm. XXXIX, vol. 20, fol. 210v.

Note: See below, Doc. **1143**.

1100*   Rome, 28 June 1488

Commission to the vicelegate and other officials in the Patrimony to assist, if
so requested, Magister Moyses magistri Venture in the collection of the
vigesima from individual Jews, having been empowered to that effect by the
Jewish community, and likewise governors and other officials in the Duchy of
Spoleto and the territory *specialis commissionis* to assist Emanuel Magistri
Gaii of Visso, Raphael Isaac of Spoleto, and Isaac of Sassoferrato.

Raphael etc. Reverendo patri domino vicelegato, barisello, potestatibus,
vicariis, ceterisque officialibus civitatum, terrarum et locorum provincie
Patrimonii presentes inspecturis, salutem etc. Pro exigenda et solvenda
vigesima, quam sanctissimus dominus noster universitati Hebreorum nuper
imposuit, magister Moyses magistri Venture, habens, ut asseruit, ab
universitate Hebreorum istius provincie ad hoc specialem commissionem et
mandatum ad effectum solutionis huiusmodi, taxavit omnes Hebreos istius
provincie pro facultate et rata cuiusque, prout in quodam folio, manu dicti
magistri Moysis subscripto, evidenter apparet. Nos igitur, ab eadem
universitate, pro celeriori expeditione solutionis huiusmodi, de oportuno
requisiti remedio, vobis et vestrum cuilibet, de mandato etc., ac auctoritate
etc., ut, dum et quotiens super hoc requisiti fueritis, aut vestrum alter fuerit
requisitus, renitentes, rebelles et inobedientes, ac quoscumque solvere
recusantes, iuxta taxam per eundem magistrum Moysem, vigore facultatis
sibi, ut premictitur, concesse, factam, oportunis remediis, favoribus et auxiliis
assistentes, cogatis et compellatis, cogique et compelli faciatis, prout opus
fuerit, nil omnino commutantes, ad[d]entes, vel minuentes a taxa predicta; in
quorum etc. Dat. Rome, in camera apostolica, die XXVIII Iunii 1488,
pontificatus etc. anno IIII.
Raphael etc. Universis et singulis gubernatoribus, locatenentibus, potestatibus,
vicariis, ceterisque officialibus quarumcunque civitatum, terrarum et locorum
Ducatus et specialis commissionis presentes inspecturis, salutem. Universitas
Hebreorum provincie Ducatus et terrarum specialis commissionis, que tenetur
solvere vigesimam nuper a sanctissimo domino nostro impositam, ad
impositionem huiusmodi inter eos proportionabiliter dividendam, imponendam et exigendam, nominavit, elegit et deputavit, cum pleno et sufficienti, ut
asserunt, mandato, Emanuelem magistri Gaii de Visso, Raphaelem Isaac de
Spoleto et Isaac de Sacoferrato, qui tamen intendunt ad effectum solutionis
[———]. Similis ut supra.

Source: ASV, Arm. XXIX, vol. 46, fols. 139v–140r.

Bibliography: Stow, *Taxation*, p. 188.

1101   [Rome, 13 July 1488]

Concession to Angelus Helie, a Jew of Ripi in Campania, of a moratorium of a year and a half on the payment of his debts, and mandate to all officials to prevent him being molested.

Angelo Helie, Hebreo, incole Castri Riparum, provincie Campanie, viam veritatis agnoscere et agnitam custodire. Supplicari nobis humiliter fecisti ut, cum tu contraxeris nonnulla debita cum diversis personis, presertim cum quibusdam Hebreis regni Neapolitani, prout in quibusdam instrumentis desuper confectis, et iuramento ac aliis cautelis et renunciationibus vallatis, quorum tenores, etiam si de illis habenda esset mentio specialis, necnon creditorum nomina et cognomina, et debitorum summas et qualitates, presentibus haberi volumus pro expressis, plenius asseris contineri, et eis, propter bella et malas superiorum temporum conditiones, in presentia satisfacere non possis, dignaremur tibi de aliqua temporis dilatione providere. Nos, tuis huiusmodi supplicationibus inclinati, tibi moratoriam dilationem ad unum annum cum dimidio, a data presentium computandum, data tamen per te de satisfaciendo interim creditoribus ipsis tuis idonea cautione, tenore presentium concedimus et elargimur; mandantes omnibus et singulis nostris et Sancte Romane Ecclesie officialibus, tam in dicta provincia quam alibi constitutis, ne dicto tempore durante te, aut tuos fideiussores, in persona, rebus vel bonis molestent aut inquietent, nec molestari aut inquietari faciant seu permittant. Non obstantibus constitutionibus et ordinationibus apostolicis, ac instrumentis predictis, etiam iuramento, quod tibi ad effectum presentium dumtaxat consequendum relaxamus, et quibusvis renunciationibus et cautelis roboratis, ceterisque contrariis quibuscumque. Dat. ut supra [Die XIII Iulii 1488, anno 4º].

Source: ASV, Arm. XXXIX, vol. 20, fol. 392r–v.

1102   Rome, 17 July 1488

Imposition on and mandate to Jews in papal dominions to pay a *vigesima*.

Innocentius etc. Ad futuram rei memoriam. Sicut apostolice sedis clementia gentem Iudaicam, quam humilioris legis armat conditio, ut inter Christifideles conversando votiva pace quiescant, et ab omnibus oppressionibus releventur indebitis, domini Salvatoris intuitu, humanitate complectimur[!] singulari, ita, urgente necessitate, et ad obviandum gravissimis periculis rei publice

Christiane incumbentibus, de eorum facultatibus et bonis ipsi nobis oportuna exhibere suffragia merito obligantur, presertim dum Christianis periclitantibus ipsi quoque Iudei tuti esse non sperent... Dat. Rome, apud Sanctum Petrum, anno etc. MCCCCLXXXVIII, sexto decimo Kalendas Augusti, pontificatus nostri anno IIII°.

Note: Similar to Doc. **1092** above.

Source: ASV, Reg. Vat. 692, fols. 218v–219v.

1103   [Rome, 18 July 1488]

Commission and mandate to the lieutenant of the papal legate in the March of Ancona to consign to Franciscus Iohannis and to Lazarus, a Jew of Montesanto, a house belonging to their debtor and to remove the latter's heirs from the building.

Franciscus Iohannis et Lazarus Hebrei[!] de Monte Sancto, Firmane diocesis, creditores quondam Petrocii de dicta terra, in certa pecuniarum summa, petunt committi alicui in partibus, ut eis quandam domum, quam dictus Petrocius dimisit, consignet, amotis inde ipsius Petrocii heredibus. Habent signaturam "Fiat, ut petitur, de commissione cause. I[ohannes Bapt. Cibo]", et per breve.
Locumtenenti legati provincie nostre Marchie Anconitane. Venerabilis frater, salutem etc. Mittimus fraternitati tue supplicationem presentibus introclusam, manu nostra signatam, volumusque et tibi committimus ac mandamus ut, vocatis vocandis, ad illius executionem procedas, iuxta signaturam nostram. Dat. ut supra [Rome, die XVIII Iulii 1488, anno 4°].

Source: ASV, Arm. XXXIX, vol. 20, fol. 317v.

1104   [Rome, 19 July 1488]

Commission and mandate to the governor of Fano to admonish the people of Fossombrone to administer justice to Leo Ioseph, a Jew of Fossombrone, against his debtors.

Leo Ioseph de Forosempronio, Hebreus, petit committi gubernatori Fani, ut moneat Forosempronienses ad ministrandum sibi iustitiam contra debitores. Habet signaturam "Fiat, ut petitur. I[ohannes Bapt. Cibo]. Et per breve. Fiat. I."
Gubernatori civitatis nostre Fani.
Venerabilis frater, salutem etc. Mittimus tibi supplicationem presentibus introclusam, manu nostra signatam, volumusque et tibi committimus ac mandamus ut, vocatis vocandis, ad illius executionem procedas, iuxta eius continentiam et signaturam nostram. Dat. ut supra. [Die XIX Iulii 1488].

Source: ASV, Arm. XXXIX, vol. 20, fol. 374r-v.

1105   [Rome, 19 July 1488]

Commission and mandate to the podestà of Viterbo to hear the lawsuit against Aleutius Abrahe, a Jew in Viterbo, cited before a judge to pay a bequest before it was due.

Aleutius Abrahe, Hebreus Viterbiensis, conventus coram iudice suspecto ad solvendum legatum ante tempus constitutum, petit causam advocari, et alteri decidendam committi. Habet signaturam "Fiat, ut petitur, et committatur postestati. I[ohannes Bapt. Cibo]", et per breve.
Potestati civitatis nostre Viterbii.
Dilecte fili, salutem etc. Mittimus tibi supplicationem presentibus introclusam, manu nostra signatam, volumusque et tibi committimus ac mandamus ut, vocatis vocandis, ad illius executionem procedas, iuxta eius continentiam et signaturam nostram. Dat. ut supra [Rome, die XXIIII Iulii 1488, anno 4°].

Source: ASV, Arm. XXXIX, vol. 20, fol. 337v–338r.

1106   Rome, 22 August 1488

Mandate and exhortation to the authorities in Bologna to assist the lieutenant of the papal legate there instructed to collect the *vigesima* from the Jews.

Innocentius papa VIIIs. Dilecti filii, salutem et apostolicam benedictionem.

Mandamus dilecto filio locumtenenti legati istius nostre civitatis Bononie, ut cogat Hebreos civitatis et districtus eiusdem, sub gravissimis penis, ad solutionem vigesime eis imposite, attenta necessitate et magnitudine periculi, quod a a perfidis Turcis imminet. Hortamur etiam devotionem vestram, vobisque in virtute sancte obedientie expresse precipiendo mandamus, ut eidem locumtenenti circa hoc in tali re et tam sancto opere, in quo de communi salute agitur, assistatis et faveatis, et ita operemini, ut non oporteat ad executionem penarum contra ipsos Hebreos procedere. Nam, si secus facerent, irremissibiliter eas exigi mandaremus. Datum Rome, apud Sanctum Petrum, sub annulo Piscatoris, die XXII Augusti MCCCCLXXXVIII, pontificatus nostri anno quarto.

Source: AS, Bologna, Comune, Governo, Brevi Pontifici, busta 1, carta 123, No. 33.

1107   [Rome, 3 September 1488]

Commission and mandate to the spiritual judge in the March of Ancona to hear the dispute over some grain between a Christian of Civitanova and a Jew.

Franciscus ser Franchi de Civitanova, qui cum Hebreo potentiore litigat super certa quantitate grani, et per diversa tribunalia tractus est, petit causam appellationis ultime in curia Romana ultimo loco ad instantiam dicti Hebrei introductam, advocari, et ad partes remitti. Habet signaturam "Fiat ut petitur. I[ohannes Bapt. Cibo]. Et per breve. Fiat I".
Iudici spiritualium provincie nostre Marchie Anconitane.
Dilecte fili, salutem etc. Mittimus tibi supplicationem presentibus introclusam, manu nostra signatam, volumusque et tibi committimus ac mandamus ut, vocatis vocandis, ad illius executionem procedas iuxta eius continentiam et signaturam nostram. Dat. ut supra [Rome, die III Septembris 1488, anno 4°].

Source: ASV, Arm. XXXIX, vol. 20, fol. 479r.

1108   Rome, 30 September 1488

Exhortation to the authorities in Bologna to assist in collecting the *vigesima* from the Jews, instead of supporting the claims of the Jews to be exempt.

Innocentius papa VIII^s.

Dilecti filii, salutem et apostolicam benedictionem. Vidimus atque longioribus litteris ad nos scripsistis in causa Hebreorum, nonnullas rationes adducentes quominus ad vigesime solutionem artari debeant; frivole ille quidem sunt, et que nullam sedis apostolice aut nostram in ea re obligationem contineant, aut in tanta communis periculi Christiane religionis necessitate, Hebreos ipsos a nostra impositione eximant; scimus etiam nullam usquam Romanorum pontificum predecessorum nostrorum aut nostro nomine, neque verbo neque scriptis, talem fidem datam de nihil ulterius exigendo, qualem vel ipsi pretendunt, vel vos eorum verbis persuasi dicitis, neque verendum est ut propterea se istinc retrahant, cum nihilo duriorem conditionem a nobis accipiant, quam quicumque alii Hebrei in omnibus locis Sancte Romane Ecclesie mediate vel immediate subiectis habitantes, qui universaliter vigesimam ipsam reverentius ac patientius solvunt; erit igitur officii vestri, cognita nunc huiusmodi recentissima voluntate ac declaratione nostra, eos hortari ad satisfactionem ipsam, et sicuti prius devotionem vestram monuimus, ita partes vestras interponere, et ad id dilecto filio nostro legato seu eius locumtenenti assistere, ut exinde spectari ac commendari apud nos possit fides et devotio vestra. Datum Rome, apud Sanctum Petrum, sub annulo Piscatoris, die ultima Septembris MCCCCLXXXVIII, pontificatus nostri anno quinto.

Source: AS, Bologna, Comune, Governo, Brevi Pontifici, busta 1, carta 123, No. 34.

Note: See above, Doc. **1106**. See also Docs. **1027, 1047, 1050**.

1109*   Rome, 28 February 1489

Concessions to Dominicans in Spain, including permission, *motu proprio*, to make use of the services of Jewish physicians.

Petrus ... cardinalis, de Fox nuncupatus, universis presentes litteras inspecturis, salutem in Domino sempiternam. Ratio exigit ... Igitur notum facimus per presentes, quod nuper sanctissimus in Christo pater et dominus noster dominus Innocentius, divina providentia papa octavus, consultatione vestra[!], ac volens vicario generali, ac singulis prioribus, ac Fratribus universarum Domorum Ordinis Predicatorum, de Observantia nuncupatorum, congregationis provincie Hispanie, presentibus et futuris, et perpetuo scrupulum conscientiarum ipsorum auferre, vive vocis oraculo nobis facto, motu proprio, et [ex] certa scientia dispensavit cum dictis Fratribus super possessionibus ... Item, quoniam cum in partibus Hispanie pro maiori parte medici Iudei existant, nec facile possint in aliquibus locis reperiri medici Christiani, idem dominus noster concedit licentiam eisdem Fratribus presentibus et futuris, etsi magnam necessitatem non habeant, cum Iudeis se medicandi, non obstantibus quibuscunque prohibitionibus et censuris ecclesiasticis, in genere vel in specie super hoc editis. Item concessit ... In quorum ... fidem ... Datum Rome, in domibus nostre habitationis et solite residentie, sub anno a Nativitate Domini MCCCCLXXXIX, indictione VII, die vero ultima mensis Februarii, pontificatus eiusdem sanctissimi domini nostri Innocentii VIII, anno V.

Publication: Ripoll, *Bullarium Praedicatorum* 4, pp. 43f.; Rodericus, *Nova Collectio* 2, p. 246.

Note: The text has not survived.

1110   Rome, 18 May 1489

Commission and mandate to the vicar of the archbishop of Siena to absolve the officials and citizens of Siena, this once, provided they do penitence, for having made an agreement with Jewish money-lenders to lend money at interest because the facilities of the local *Monte di Pietà* proved insufficient.

Innocentius etc. Dilecto filio vicario venerabilis fratris nostri archiepiscopi Senensis in spiritualibus generali, salutem etc. Apostolice sedis indefessa clementia recurrentibus ad eam cum humilitate personis post excessum, libenter se propitiam et benignam exhibere et, dum id humiliter petierint, sue pietatis gremium aperire consuevit. Exhibita siquidem nobis nuper pro parte officialium baillie civitatis Senensis petitio continebat quod, cum olim, ob imminentes necessitates, pauperibus in dicta civitate existentibus, aliqua ex parte, ex ordinatione Montis Pietatis facta, provisum fuisset, ac dictis officialibus, rei publice eiusdem civitatis curam habentibus, pro minori iactura civium, et aliorum, [maxime] pauperum, dicte civitatis, necesse fuisset ultra dictum Montem aliter providere, cum quibusdam Iudeis feneratoribus, ut in dicta civitate et illius comitatu fenus exercerent, pecunias sub moderatis usuris solitis mutuando, cum quibusdam pactis convenerunt, et inter cetera voluerunt et ordinaverunt quod, pro exactione tam sortis quam usurarum, iudicem Christianum haberent, et quod ad illam restitutionem faciendam, dicti Iudei ab aliquo iudice, etiam ecclesiastico, compelli non possent, et ab omni molestia, que eis in preiudicium dictorum capitulorum inferretur, defendi deberent. Cum autem, sicut eadem petitio subiungebat, prefati officiales de premissis doluerint et doleant ab intimis, pro parte eorundem officialium nobis fuit humiliter supplicatum, ut ipsos ac cives dicte civitatis, qui prefatos Iudeos conduxerunt, ac etiam notarios, qui desuper rogati fuerunt, et scriptores, ac alios quoscunque, qui in predictis votum suum ac consilium vel favorem dederunt, ab excessibus huiusmodi, necnon sententiis, censuris et penis ecclesiasticis, quas propterea incurrerunt, absolvere, aliasque eis statuique suo in premissis oportune providere, de benignitate apostolica dignaremur. Nos igitur, attendentes quod prefate sedis exuberans clementia cum humilitate petentibus sue pietatis gremium aperire non denegat, huiusmodi supplicationibus inclinati, discretioni tue per apostolica scripta commictimus et mandamus quatenus ipsos officiales, ac cives, notarios, et scriptores, necnon alios quoscunque, qui in premissis intervenerunt, si hoc humiliter petierint, ab excessibus, aliisque sententiis, censuris et penis predictis, auctoritate nostra, hac vice dumtaxat, absolvas in forma ecclesie consueta, iniunctis inde eis pro modo culpe penitentia salutari et aliis, que de iure fuerint iniungenda; non obstantibus premissis, ac constitutionibus et ordinationibus apostolicis, ceterisque contrariis quibuscumque. Dat. Rome, apud Sanctum Petrum, anno Incarnationis Dominice millesimo quadringentesimo octuagesimo nono, quinto decimo Kalendas Iunii, anno quinto.

Source: ASV, Reg. Lat. 878, fol. 124r-v; AS, Siena, Capitula Hebreorum, Balia n. 1069, fols. 112r–113r.

Publication: Stern, *Urkundliche Beiträge* 1, pp. 66f.

Bibliography: Baron, *Social and Religious History* 9, pp. 51, 264.

1111   Rome, 3 July 1489

Indulgence to Leo Norsa, a Jew of Mantua, to transfer his house and synagogue to a new location, following the licence granted Marquis Ludovico Gonzaga by Nicholas V and carried out by Galeazzo Cavriani, bishop of Mantua, to tolerate Jewish money-lending in Mantua.

Innocentius etc. Leoni de Nursia, Hebreo, incole Mantuano, viam veritatis agnoscere et agnitam custodire. Quamquam tu et alii Iudei, populi dure cervicis successores, quos, in diversis mundi partibus constitutos, Sacrosancta tolerat Ecclesia in testimonium Iesu Christi, in vestra magis velitis duritia et cecitate perdurare, quam prophetarum verba et sacrarum scripturarum archana cognoscere, et ad Christiane fidei et salutis notitiam pervenire, quia tamen in tuis necessitatibus nostra presidia et favores interpellas, tibi Christiane pietatis mansuetudinem et clementiam non intendimus denegare, ut, huiusmodi pietate ductus, tuos recognoscas errores, et, superna gratia illustratus, tandem ad verum, quod Christus est, lumen properes claritatis. Dudum siquidem, felicis recordationis Nicolao pape V predecessori nostro, pro parte quondam Ludovici, marchionis Mantue, necnon comitatus et civium civitatis Mantuane exposito, quod in civitate predicta et diocesi Mantuana a multis retroactis annis citra, tempore cuius initii memoria hominum non existebat, propter civium et incolarum atque comitatinorum et districtualium ipsius civitatis, necnon forensium, ac maxime pauperum, et aliorum commoditatem, cum abhominabile et execrabile foret Christianos pecuniam in sortem dare et fenus ex ea colligere, in maximum ipsorum Christianorum animarum detrimentum, tollerare consueverat, initis compositionibus et pactis per predecessores ipsius Ludovici marchionis et dominos Mantuanos, qui fuerant, et ipsum Ludovicum, cum Iudeis fenerantibus, Iudei ipsi, accepta certa quantitate pecunie, pecunias pro pignoribus ad fenus mutuare possent, quodque ipse Ludovicus et predecessores, ne cives et incole, ceterique supranominati quamplurima, tam publica quam privata, ordinaria et extraordinaria, eis pro tempore incumbentia onera, si hoc remedium accipiendi pecunias mutuo sub usuris non adhiberetur, gravia damna in distrahendis bonis mobilibus et immobilibus pro supportandis eorumque negotiis gerendis subire cogerentur, in civitate ipsa, eius territorio et districtu, de tempore in tempus usque tunc conduxerant, et, initis secum compositionibus atque pactis, eos ad fenus pecunias mutuare publice substinuerant, civesque ipsius civitatis, districtus et territorii eiusdem, Iudeis domos locaverant ad fenus et usuras huiusmodi exercendum, et pro sinagogis suis tenendum, prout etiam in nonnullis aliis terris et locis propter huiusmodi commoditatem fieri consueverat; et in eadem expositione, eidem Nicolao predecessori subiuncto quod a nonnullis asserebatur Ludovicum, et predecessores prefatos, nulla desuper a sede apostolica licentia suffultos, superioribus annis compositiones et pacta huiusmodi fecisse, et Iudeos fenus et usuram sustinuisse, civesque dicte civitatis eis Iudeis ipsis [Ms. Mantova:] domos pro fenore huiusmodi exercendo, et sinagogas[!] locasse, excommunicationis aliasque sententias et censuras incurrisse, ac dictam civitatem eiusque populum et loca ecclesiastico interdicto fore supposita, idem Nicolaus predecessor, ipsius Ludovici in ea parte supplicationibus inclinatus, episcopo Mantuano, eius proprio nomine non expresso, suis dedit litteris in mandatis ut eosdem Ludovicum, qui cum Iudeis ipsis composuerat et eos fenerantes sustinuerat, ac alios quoscumque, qui, nomine et mandato ipsius Ludovici, cum ipsis Iudeis composuerant, communitatemque et cives, et ipsorum quemlibet, qui Iudeis ipsis domos locaverant pro sinagogis, et ad fenus huiusmodi exercendum, si id humiliter peterent, ab excommunicationis aliisque sententiis et censuris predictis, auctoritate apostolica, ea vice absolveret in forma Ecclesie consueta, dictumque interdictum relaxaret, omnemque ab eis inhabilitatis et infamie maculam sive notam, premissorum occasione contractam, aboleret, ipsosque quo ad honores, dignitates ac omnia alia et singula, in eo statu, in quo erant ante quam premissa committerent, in integrum restitueret et reponeret, ac dicto Ludovico et eius successoribus, ac aliis quibuscumque, qui, nomine et mandato dicti Ludovici et successorum eius, cum ipsis Iudeis compositiones et pacta fecerant Iudeos fenerantes huiusmodi tolerandi, ac cum eis componendi et paciscendi pro certa minori quam fieri poterat quantitate pro centenario ab ipsis Iudeis pro fenore de mutuatis pecuniis exigendi[!], iuxta consuetudinem alias observatam, diebus Dominicis et solemnibus, ac festivitatibus quibuscumque, et ebdomada tota Dominice passionis Domini nostri Ihesu Christi exceptis, quos Ecclesia Romana de mandato venerari, celebrari ac observari iusserat et mandaverat, quibus diebus omnibus inibi ipsi ab huiusmodi fenore omnino abstinerent, et dicte communitati, ac civibus, et eorum cuilibet, et successoribus suis, domos locandi ad fenus publice exercendum, et sinagogas consuetas tenendi[!] absque alicuius pene incursu, plenam et liberam licentiam largiretur; et deinde, sicut exhibita nobis nuper pro parte tua petitio continebat, bone memorie Galeatius, tunc episcopus Mantuanus, ad executionem dictarum litterarum, illarum forma servata, procedens, Ludovico et successoribus prefatis, ac aliis quibuscumque, qui, nomine et mandato dicti Ludovici et successorum suorum, cum ipsis Iudeis compositiones et pacta fecerant, Iudeos fenerantes huiusmodi tolerandi, ac cum eis sub certis modis et forma paciscendi et componendi, ac dicte communitati et civibus, ac ipsorum cuilibet, et successoribus suis, eisdem Iudeis, et pro ipsis quondam Iacobo de Palatio, eorum nominibus acceptanti, domus locandi ad fenus publice exercendum, absque alicuius pene incursu, plenam et liberam licentiam concessit, prout in eisdem litteris plenius continetur. Cum autem, sicut eadem petitio subiungebat, tu, qui in civitate predicta Mantuana per plures annos moram traxisti, dimissa domo in qua hactenus fenoris exercitio vacando habitasti et sinagogam habuisti, ad aliam domum tibi locatam seu locandam in eadem civitate inhabitandam te transferre, et in illa sinagogam ordinare, ac ad illam pertinentia libros, vestes et ornamenta deferre, solitoque tuo officio predicto fenoris vacare intendas, pro parte tua nobis fuit humiliter supplicatum, ut in premissis opportune providere, de benignitate apostolica dignaremur. Nos igitur, huiusmodi supplicationibus inclinati, tibi tuisque successoribus in perpetuum, ut ad quamcumque domum habitandum in civitate predicta Mantuana, eiusque comitatu, et districtu marchionatus Mantue, alicui ecclesie non contiguam, vel impedimentum aliquod inferentem, te transferre, et in illa sinagoga, more solito Hebreorum construi facere, habere, tenere, et ad illam pertinentia deferre, et quotiens tibi tuisque successoribus predictis videbitur illam restaurare, illiusque formam, et locum, parietes et fenestras, hostia et pavimenta immutare, ac Christianis domum ipsam ad inhabitandum et alia premissa faciendum, alias in omnibus et per omnia iuxta litterarum et processuum desuper habitorum huiusmodi continentiam et tenorem, locare libere et licite possitis et possint, auctoritate apostolica, tenore presentium de specialis dono gratie indulgemus. Non obstantibus premissis, ac constitutionibus et ordinationibus apostolicis, necnon omnibus illis que idem predecessor in litteris predictis voluit non obstare, ceterisque contrariis quibuscumque. Nulli ergo etc. ... Si quis etc. ... Datum Rome, apud Sanctum Petrum, anno Incarnationis Dominice millesimo quadringentesimo octuagesimo nono, quinto Nonas Iulii, pontificatus nostri anno quinto.

Source: ASV, Reg. Vat. 741, fols. 144r–146r; AS, Mantova, Libri Decreti, 3 July 1489.

Publication: Simonsohn, *Mantua*, pp. 759f.

Note: See above, Doc. **774**.

Bibliography: Simonsohn, *op. cit.*, pp. 10f.

1112   Rome, 18 August 1489

Absolution and rehabilitation to Alfonsus Aleman and his wife Elizabeth de Xeez of Seville for having judaized, following their abjuration and their absolution by the inquisition and reconciliation with the Church.

Innocentius etc. Dilecto filio Alfonso Aleman, laico Ispalensi, ac dilecte in Christo filie Elizabeth de Xeez, eius uxori, salutem etc. Sedis apostolice gratiosa benignitas erga delinquentes, qui, post erroris devium, proprios excessus sponte confitendo, veniam exinde postulant, se propitiam exhibet et benignam. Sane, pro parte vestra nobis nuper exhibita petitio continebat quod, cum vos olim, quadam animi levitate et diabolica suggestione inducti, progenitorum vestrorum cecitate insequentes, a fide Catholica deviassetis et apostatavissetis, more dictorum progenitorum iudaizando, ac penas et censuras in tales a iure promulgatas incurrendo, non citati, nec vocati, nec contra vos aliquo formato processu, sed spontanea voluntate errores vestros recognoscentes, compuncto et contrito corde, ad dilectos filios inquisitores heretice pravitatis in partibus illis deputatos, ac vicarium venerabilis fratris nostri moderni archiepiscopi Ispalensis recursum habuistis, petentes humiliter vos a premissis criminibus absolvi, et ad Sancte Matris Ecclesie gremium reintegrari; ipsique inquisitores ac vicarius, audita inquisitione, confessione vestra, et recepta a vobis renuntiatione et abiuratione criminum et errorum predictorum, iuxta sacrorum canonum instituta, vos a criminibus et erroribus huiusmodi absolverunt, vobisque penitentiam salutarem iniunxerunt ac vos Ecclesie et fidelium unitati publice et secreto reconciliarunt. Cum autem, sicut eadem petitio subiungebat, vos de cetero, ut veros et fideles Christianos decet vivere intendatis, prout post reconciliationem huiusmodi fecistis, pro parte vestra nobis fuit humiliter supplicatum ut vobis statuique vestro in premissis oportune providere, de benignitate apostolica dignaremur. Nos igitur, vos et quemlibet vestrum a quibusvis excommunicationis, suspensionis et interdicti, aliisque ecclesiasticis sententiis, censuris et penis a iure vel ab homine quavis occasione vel causa latis, si quibus quomodolibet innodati existitis, ad effectum presentium dumtaxat consequendum, harum serie absolventes et absolutos fore censentes, huiusmodi supplicationinus inclinati, vobis ut omnibus et singulis privilegiis, libertatibus, immunitatibus, onoribus, concessionibus et indultis, quibus ceteri fideles Christiani utuntur et gaudent, uti et gaudere, ac sericum, monilia et alia iocalia deferre, tuque, fili Alfonse, qui, ut asseris, publicus notarius existis, ad quecumque officia publica et privata assumi, illaque gerere, et etiam notariatus officium exercere, libere et licite valeatis, premissis ac constitutionibus et ordinationibus apostolicis, ac quibusvis privilegiis, indultis et litteris, etiam in forma brevis, carissimo in Christo filio nostro Ferdinando regi et carissime in Christo filie nostre Elizabeth Castelle et Legionis regine illustribus, et inquisitoribus et vicario prefatis per nos ac sedem predictam sub quibusvis verborum formis et expressionibus, etiam motu proprio et ex certa scientia concessis, ceterisque contrariis nequaquam obstantibus, auctoritate apostolica, tenore presentium, de specialis dono gratie indulgemus, abolemusque omnem inhabilitatis et infamie maculam sive notam per vos premissorum occasione contractam, ac privilegiis, indultis et litteris predictis, etiam si ad illorum derogationem de illis eorumque totis tenoribus de verbo ad verbum specialis, specifica et individua, etiam cum illorum totali insertione, mentio habenda foret, illis alias in suo robore permansuris, hac vice dumtaxat, specialiter et expresse derogamus. Nulli ergo ... Si quis etc. Dat. Rome, apud Sanctum Petrum, anno Incarnationis Dominice 1489, quinto decimo Kalendas Septembris, anno quinto.

Source: ASV, Reg. Lat. 878, fols. 272r–273r.

1113   Rome, 14 October 1489

Concession to the inquisitors in Spain to admit fifty penitent heretics, to be
selected by the King and Queen, to secret abjuration and reconciliation with
the Church, and to exhume and burn in secret fifty bodies of heretics who had
died unreconciled, and to allow the reconciled and the descendants of the
exhumed, provided they themselves are not heretics, to serve in civil and
ecclesiastical office in accordance with a previous concession and notwithstanding papal writs issued subsequently.

Dilectis filiis inquisitoribus heretice pravitatis in regnis et dominiis illustrium
Hispaniarum regum apostolica auctoritate deputatis.
Innocentius papa VIII.
Dilecti filii, salutem et apostolicam benedictionem. Dudum siquidem, ex
certis tunc expressis causis, vobis et cuilibet vestrum ut, assumptis vobiscum
locorum ordinariis, seu eorum vicariis, vel ab eis deputatis, quinquaginta
personas, tam ecclesiasticas quam seculares, ex regnis et dominiis
Hispaniarum, in aliquam heresim vel apostasiam prolapsas, quas carissimi in
Christo filii nostri Ferdinandus rex et Elisabet regina Hispaniarum illustres,
vel alter eorum duceret nominandas, que abiurata heresi ad fidem orthodoxam
confugere vellent, ad secretam reconciliationem, etiam si contra eas fuissent
attestationes recepte, admittere, ac cum eis eorumque filiis Christianam fidem
observantibus ut obtenta per eos beneficia ac officia, tam ecclesiastica quam
secularia, retinere, ac alia eis in posterum conferenda et concedenda
quecumque recipere et similiter retinere possent, dispensare, abolereque ab eis
omnem inhabilitatis et infamie maculam sive notam ex premissis
provenientem, eosque in pristinum statum restituere et reintegrare, ac
hereticorum defunctorum corpora exhumare ac igni tradi facere possitis,
plenam et liberam per quasdam litteras concessimus facultatem; et quia
postmodum vobis per alias nostras litteras motu proprio commiseramus ut
quoscunque de heresi et apostasia huiusmodi culpabiles, que super admittendis
eorum abiurationibus aliter quam in forma iuris litteras a nobis seu a felicis
recordationis Sixto papa IIII predecessore nostro obtinuissent, ad abiurandum
eorum errores publice servata forma iuris, etsi quovis modo relapsi dici
possent, infra mensem postquam dicte posteriores littere in certis tunc expressis
locis publicate fuissent, reciperetis et admitteretis perinde ac si relapsi non
fuissent, dicto vero mense elapso contra eos et quoscunque alios eiusdem
criminis reos iuxta sacrorum canonum instituta procederetis, commissionibus
huiusmodi ac litteris ad alios iudices directis et dirigendis, et quibuscunque
privilegiis quibusvis personis concessis et concedendis non obstantibus,
vertebatur in dubium an priores littere predicte sub dictis et posterioribus
litteris comprehenderentur, nos per alias nostras litteras, declaravimus priores
litteras et facultatem per eas vobis ac regi et regine predictis concessam,

semper in suis robore et efficacia permansisse et permanere, nec illas per secundas litteras predictas revocatas fuisse, ipsasque priores litteras et facultatem pro potiori cautela adversus secundas litteras predictas reponentes de novo concessimus, prout in singulis litteris, quarum tenores haberi volumus pro sufficienter expressis, plenius continetur. Nos igitur, nonnulla dubia, que circa priores litteras predictas exoriri possent, amputantes, illasque, ut piis et sanctis votis regis et regine predictorum annuamus, ampliantes et declarantes, vobis et cuilibet vestrum ut una cum locorum ordinariis seu eorum vicariis et officialibus, aut ab eis deputatis, quinquaginta, ut prefertur, personas utriusque sexus viventes, que in aliquam heresim vel apostasiam prolapse fuerint, per eosdem regem et reginam, seu eorum alterum, successive nominandas, ad secretam reconciliationem et abiurationem, alias iuxta formam ipsarum priorum litterarum, admittere, necnon corpora quinquaginta aliarum personarum, etiam utriusque sexus, per eosdem regem et reginam, seu eorum alterum, successive vobis nominandarum, que tunc ab hac luce decesserint, et que dum viverent in aliquam heresim seu apostasiam prolapse fuerint, etiam si attestationes contra eos tunc recepte fuerint, secrete exhumare, et eorum ossa sive memoriam etiam secrete igni cremari et tradi facere; quodque tam in secretis reconciliationibus et abiurationibus prefatorum quinquaginta vivorum, quam in exhumatione et igni traditione, etiam secretis, quinquaginta mortuorum huiusmodi, omnes actus iudiciales, qui de iure publice fieri debebant, secrete fieri possint, dummodo de premissis per publica instrumenta constiterit, quodque vos cum ordinariis, vel vicariis aut personis per eos deputatis predictis, cum quinquaginta personis vivis huiusmodi, secrete, ut prefertur, reconciliandis, ac cum eorum et aliorum quinquaginta defunctorum, quorum corpora secrete exhumata et igni tradita fuerint, filiis et nepotibus, etiam utriusque sexus, tam ecclesiasticis quam secularibus, dummodo aliqua labes in ipsis filiis et nepotibus dicte heresis inventa non fuerit, ut obtenta per eos ecclesiastica beneficia et officia, tam ecclesiastica quam secularia, cuiuscunque qualitatis fuerint, retinere et alia similia vel dissimilia beneficia et officia eis in posterum conferenda et concedenda, quecunque, quotcunque et qualiacunque et cuiuscunque qualitatis et annui valoris fuerint, recipere et similiter retinere, ac ad omnes, etiam sacros ordines promoveri, ac in illis et aliis per eos susceptis ordinibus ministrare, necnon quibuscunque honoribus, libertatibus et immunitatibus ecclesiasticis et secularibus uti, si aliud canonicum non obsistat, libere et licite possint ac valeant perinde ac si eorum parentes in aliquam heresim nullatenus incurrissent, dispensare, abolereque ab eis omnem inhabilitatis et infamie maculam sive notam ex premissis provenientem, eosque in pristinum statum restituere, reponere et reintegrare, libere et licite possitis, plenam, liberam et omnimodam, auctoritate apostolica, tenore presentium concedimus facultatem; non obstantibus secundis litteris nostris et aliis premissis, ac constitutionibus et ordinationibus apostolicis, et quibusvis privilegiis et litteris apostolicis vobis et officio inquisitionis huiusmodi per nos vel sedem apostolicam concessis, eorum tenores et formas ac clausulas, etiam derogatoriarum derogatorias, pro sufficienter expressis habentes, quibus, in quantum presentibus litteris nostris huiusmodi in aliquo contrarientur, illis alias in suo robore permansuris, hac vice specialiter et expresse derogamus, ac omnibus illis, que in prioribus et posterioribus litteris nostris super facultate predicta vobis concessa voluimus non obstare, ceterisque contrariis quibuscunque. Datum Rome, apud Sanctum Petrum, sub annullo Piscatoris, die XIIII Octobris MCCCCLXXXVIIII, pontificatus nostri anno sexto.

Source: Madrid, Arch. Hist. Nac., Inq., Cod. 1, No. 46.

Publication: Fita, *España Ebrea* 1, pp. 142f.; Llorca, *Bulario*, pp. 161f.

Note: See above, Docs. **1064, 1075, 1088**, which, however, is not the abrogation mentioned here.

1114   Rome, 25 October 1489

Mandate to Matteo Girardi, patriarch of Venice, to judge Johannes Georgio, a Venetian cleric, accused of killing a Jew in Treviso, who had been cited by the podestà of Treviso and had appealed to the Apostolic See on the grounds that as a cleric he was entitled to a hearing in an ecclesiastical court.

Innocentius etc. Venerabili fratri patriarche Venetiarum, salutem etc. Humilibus etc. Exhibita siquidem nobis nuper pro parte dilecti filii Iohannis Georgio, clerici Venetiarum, petitio continebat quod, cum olim dilectus filius modernus potestas civitatis Tervisine, super homicidio certi Iudei in eadem civitate commisso, ex officio suo inquirere cepisset, et eundem Iohannem, tanquam de huiusmodi homicidio, ut falso dicebat, culpabilem proclamari, seu per certa edita, ut coram eo super hoc responsurus compareret, citari fecisset, quia tunc vicarius venerabilis fratris nostri Nicolai, episcopi Tervisini, in spiritualibus generalis, qui dictum potestatem, ne contra ipsum Iohannem, qui se clericum existere incontinenti probare paratus erat, donec ipse super eiusdem Iohannis clericatu cognosceret, aliquatenus procederet, ad dicti Iohannis instantiam requisivit [Lat. 885: requisiverat] prefatum Iohannem privilegio clericali gaudere debere, prout coram eodem vicario sufficienter probatum extitit [Lat. 885: extiterat], declarare, ipsique potestati, ne contra predictum Iohannem ulterius procederet, inhibere, indebite recusavit, pro parte eiusdem Iohannis legitime requisitus, prefatus Iohannes sentiens inter alia exinde indebite se gravari, ad sedem apostolicam appellavit, et deinde nobis humiliter supplicavit ut predicte appellationis ac post et contra illam attemptatorum et innovatorum quorumcunque, nullitatisque processuum potestatis et vicarii predictorum, ac omnium aliorum contra ipsum Iohannem circa premissa quomodocunque gestorum, necnon totius negotii principalis huiusmodi causas alicui probo viro in partibus illis committere, et alias in premissis oportune providere, de benignitate apostolica dignaremur. Nos igitur, huiusmodi supplicationibus inclinati, fraternitati tue per apostolica scripta mandamus quatenus, vocatis potestate et vicario prefatis, ac aliis qui fuerint evocandi, auditisque hinc inde propositis, etiam de negotio principali huiusmodi cognoscens legitime in his que penam sanguinis non contingunt, quod iustum fuerit, appellatione remota, decernas, faciens quod decreveris per censuram ecclesiasticam firmiter observari; non obstantibus ... Dat. Rome, apud Sanctum Petrum, anno Incarnationis Dominice millesimo quadringentesimo octuagesimo nono, octavo [Lat. 885: pridie] Kalendas Novembris, anno sexto.

Source: ASV, Reg. Lat. 882, fol. 107r-v; Ibid., 885, fol. 90r-v.

Note: Reg. Lat. 885 has 31 October. There are also several different readings. The text itself appears garbled in places, e.g. tamquam ... culpabilem proclamari ... compararet.

1115   [Rome, 6 January 1490]

Mandate, if the facts are established, to compel Salomon, a Jewish banker in Bologna, to deposit with a third party 200 ducats which were being claimed by the prior and friars of the Servites in Bologna and by another party and which Hieronymus of Bologna, a member of the Order, had deposited with Salomon to earn interest.

Dilecte fili, salutem etc. Relatum nobis est, quod dilectus filius Hieronymus de Bononia, professor Ordinis Servorum, ducentos ducatos penes Salomonem, Ebreum Bononie fenerantem, deposuit sub usuris, quos quidem ducentos ducatos prior et fratres Domus Beate Marie Servorum Bononiensis, ad dictam ipsorum Domum pertinere, dilecti vero filii Theseus et fratres de Grassis, cives Bononienses, ratione certe possessionis eis a dicto Hieronymo vendite, et ab ipsis postmodum legitime evicte, deberi pretendunt; ut itaque, quod suum est unicuique tribuatur, et iustitia omnibus equa lance ministretur, devotioni tue presentium tenore mandamus quatenus, vocatis Hieronymo et aliis qui fuerint evocandi, si ita est, prefatum Salomonem Ebreum per iuris remedia oportuna compellas ad deponendum dictos ducentos ducatos penes aliam personam communem, fide et facultatibus idoneam, ac deinde causam audias, et potiora iura in illis habenti, ducatos prefatos consignari facias, sine strepitu et figura iudicii, sola facti veritate inspecta; constitutionibus et ordinationibus apostolicis dicte civitatis, statutis, Ebreorum privilegiis, ac ordinationibus, indultis et consuetudinibus, ceterisque in contrarium facientibus non obstantibus quibuscunque. Dat. ut supra [Die IV Ianuarii 1490, anno VI].

Source: ASV, Arm. XXXIX, vol. 21, fol. 11r-v.

1116   [Rome, 15 January 1490]

Commission and mandate, if the facts are established, to the lieutenant in the March of Ancona to judge Aleutius, a Jew of Recanati, alleged to have had intercourse with a Christian woman.

Locumtenenti Marchie.
Venerabilis frater, salutem etc. Intelleximus quendam Aleutium, Hebreum de Racaneto, cognovisse carnaliter quandam mulierem Christianam, non sine rumore populi et scandalo ac obprobrio Christiane religionis, preter crimen quod per se ipsum grave est et enorme est, quod, cum impunitum dimitti nullo modo [Ms. adds: pacto] conveniat, volumus ac tue fraternitati committimus et mandamus quatenus, vocatis vocandis, te de premissis diligenter informes, et, si ita esse reppereris, contra prefatum Aleutium pro qualitate delicti iustitiam administres; non obstantibus statutis, privilegiis et consuetudinibus civitatis nostre Racanatensis, de primis et secundis causis ibi cognoscendis loquentibus, quibus, illis alias in suo robore permansuris, specialiter et expresse, pro hac vice dumtaxat, derogamus, ceterisque in contrarium facientibus quibuscunque, habentes ipsorum privilegiorum et statutorum tenores presentibus pro sufficienter expressis, etiam si de illis specifica et specialis ac de verbo ad verbum mentio facienda foret. Dat. ut supra [Die XV Ianuarii 1490, anno VI].

Source: ASV, Arm. XXXIX, vol. 21, fol. 105v.

1117   [Rome, 15 February 1490]

Commission to the lieutenant of the legate in the March of Ancona to hear the
financial claim presented by Emanuel Isaac of Recanati.

Simplex commissio cause super certis pecuniarum summis, pro Emanuele
Isaac de Racaneto, per signaturam "Concessum, ut petitur, de commissione
cause, et quod summarie, in presentia domini nostri pape. A[rdicinus],
cardinalis Aleriensis. Et per breve sanctitatis vestre. Concessum, ut supra. A.,
cardinalis Aleriensis."
Locumtenenti legati provincie nostre Marchie Anconitane.
Venerabilis frater, etc. Mittimus fraternitati tue supplicationem presentibus
introclusam, manu dilecti filii nostri A., cardinalis Aleriensis, in presentia
nostra signatam.
Dat. ut supra [Die 15 Februarii 1490, anno VI].

Source: ASV, Arm. XXXIX, vol. 21, fol. 317r-v.

1118   [Rome, 16 February 1490]

Commission and mandate to Nicolaus, doctor-at-law of Arezzo, auditor of
the lieutenant to the legate in the March of Ancona, to summon the parties
and revoke the moratorium granted the debtors of Beniaminus Lazari, a Jew
of Montesanto in Castelfidardo, since they possess property.

Beniaminus Lazari, Hebreus de Monte Sancto, habitator Castrificardi,
petit revocari moratoriam concessam certis suis creditoribus de dicto
Castroficardo, attento quod ipsi possident predicta et alia bona mobilia et
immobilia. Habet signaturam "Concessum, ut petitur, in presentia domini
nostri pape. A[rdicinus], cardinalis Aleriensis. Et per breve sanctitatis vestre.
Concessum. A., cardinalis Aleriensis."
Nicolao, legum doctori de Aretio, auditori locumtenentis legati provincie
nostre Marchie Anconitane. Dilecte fili, etc. Mittimus tibi supplicationem
presentibus introclusam manu dilecti filii nostri A., cardinalis Aleriensis, in
presentia nostra signatam, volumusque et tibi committimus ac mandamus
quatinus, vocatis vocandis, ad illius executionem procedas, iuxta eius
continentiam et signaturam. Datum ut supra [Rome, die XVI Februarii
MCCCCLXXXX, anno sexto].

Source: ASV, Arm. XXXIX, vol. 21, fol. 335v–336r.

1119   [Rome, 17 February 1490]

Concession and indulgence to the commune and people of Asciano to choose a confessor to absolve them this once, if they so desire, for having signed a *condotta* with some Jews to lend money at interest, and to impose suitable penitence on them.

Universitati et hominibus terre Asciani, Aretine diocesis. Dilecti filii, etc. Nuper nobis fuit pro parte vestra expositum quod vos, pro domesticis necessitatibus sublevandis, quibus premebamini, et ut maiora vitaretis incommoda et dispendia, cum quibusdam Hebreis in terra et oppido Asciani, cum certis pactis et modis convenistis ut moderatum foenus publice exercerent, et oportunitatibus vestris subvenirent, ex quo creditis vos et officiales, qui nomine publico Hebreos conduxerunt, et eos qui domos et alia eis locarunt, notariosque de huiusmodi contractibus rogatos, ecclesiasticis censuris innodatos fore, supplicari proinde nobis humiliter curastis de oportuno absolutionis beneficio. Nos, statui vestro paterne compatientes, ac huiusmodi supplicationibus inclinati, ut confessor idoneus secularis, vel cuiusvis ordinis regularis, quem duxeritis et quilibet vestrum duxerit eligendum, vos omnes et singulos, ac officiales, locatarios, notariosque supradictos, si id humiliter petieritis, a tali reatu, ac ab excommunicationis, aliarumque censurarum ecclesiasticarum penis, quas dicta occasione incurristis, et quilibet vestrum et illorum incurrit, auctoritate nostra absolvere, libere et licite, pro hac vice dumtaxat, possit et valeat, in forma ecclesie consueta, tenore presentium vobis concedimus pariter et indulgemus; iniuncta tamen vobis et cuilibet vestrum et illorum pro modo culpe penitentia salutari, et aliis, que de iure fuerint iniungenda; constitutionibus et ordinationibus apostolicis, ceterisque in contrarium facientibus, non obstantibus quibuscunque. Datum ut supra [Die XVII Februarii 1490, anno VI].

Source: ASV, Arm. XXXIX, vol. 21, fol. 341r-v.

1120   [Rome, 25 February 1490]

Commission and mandate to the governor of Cesena to hear the lawsuits filed by Dactylus Leonis, a Jew of Fano in Cesena, against his debtors.

Dactylus Leonis, Hebreus de Fano, habitator Cesene, petit causas super recuperatione suorum creditorum, coram diversis iudicibus in partibus delegatis pendentes, avocari, et committi gubernatori Cesene, presenti et pro tempore existenti, etiam summarie etc. terminandas, usque ad summam centum ducatorum. Habet signaturam "Concessum, ut petitur, in presentia domini nostri pape. A[rdicinus], cardinalis Aleriensis", et per breve. Gubernatori civitatis nostre Cesenne, presenti et pro tempore existenti.

Venerabilis frater, etc. Mittimus fraternitati tue supplicationem presentibus introclusam, manu dilecti filii nostri A., cardinalis Aleriensis, in presentia nostra signatam, volumusque et tibi committimus ac mandamus ut, vocatis vocandis, ad illius executionem procedas, iuxta eius continentiam et signaturam. Dat. ut supra [Rome, die XXV Februarii, MCCCCLXXXX, anno VI°].

Source: ASV, Arm. XXXIX, vol. 21, fol. 385r.

Note: On Dattilo, son of Leone of Fano in Cesena, see Muzzarelli, *Cesena, passim.*

1121   Rome, 17 March 1490

Mandate to Filiasio Roverella, archbishop of Ravenna, to provide, as he sees fit, for the transfer of the synagogue of the Jews in Ravenna to another building, because the house in which it is located is in bad repair.

Innocentius etc. Venerabili fratri archiepiscopo Ravennati, salutem. Licet Iudeorum omnium, quos Sacrosancta Romana Ecclesia tolerat in testimonium Ihesu Christi, sit reprobanda perfidia, tamen ex divine voluntatis indulgentia et benignitate processit quod ipsis inter Christiani nominis professores vitam servilem ducere sit permissum; unde eis, si quando in eorum necessitatibus auxilium nostrum postulant, Christiane pietatis mansuetudinem et clementiam non intendimus denegare. Sane, pro parte universorum Ebreorum civitatis Ravennatis nobis nuper exhibita peticio continebat quod domus unius eorum, in qua habent eorum sinagogam, talem minatur ruinam, quod eis, qui pauci et pauperes sunt, illam restaurari, manuteneri durum foret. Quare pro parte eorum nobis fuit humiliter supplicatum ut eis sinagogam predictam de dicta domo in qua est, ad domum cuiusdam Michaelis Amelini, Ebrei, vel alterius, etiam Christiani, qui ad hunc usum illam eis locare vellet, transferendi, et illam inibi habendi et tenendi licentiam concedere, aliasque in premissis oportune providere de benignitate apostolica dignaremur, non obstantibus constitutionibus et ordinationibus apostolicis, ceterisque contrariis quibuscumque. Nos igitur, qui de premissis certam noticiam non habemus, huiusmodi supplicationibus inclinati, fraternitati tue per apostolica scripta mandamus quatenus super premissis provideas, prout tibi videbitur per te ipsum. Dat. Rome, apud Sanctum Petrum, anno Incarnationis Dominice millesimo quadrigentesimo octuagesimo nono, sexto decimo Kalendas Aprilis, anno sexto.

Source: ASV, Reg. Lat. 887, fols. 99v–100r.

Bibliography: Segre, *Ravenna*, p. 168.

1122   [Rome, 19 March 1490]

Commission and mandate to the podestà in Anagni to establish the inability of the heirs of the late Mele, a Jew in Anagni, to satisfy the creditors of the defunct from his estate.

Heredes quondam Melis, Hebrei Anagnini, adierunt eius hereditatem cum beneficio inventarii; nunc molestantur a quibus[dam] creditoribus patris, petunt committi potestati Anagnino ut, constito sibi, vocatis vocandis, quod hereditas non sufficit ad solutionem debitorum, eos a petitione creditorum huiusmodi absolvat. Habent signaturam "Concessum, ut petitur, de commissione cause, in presentia domini nostri pape. A[rdicinus], cardinalis Aleriensis", et per breve.
Potestati civitatis nostre Anagnie.
Dilecte fili, salutem etc. Mittimus tibi supplicationem presentibus introclusam, manu dilecti filii nostri A., cardinalis Aleriensis, in presentia nostra signatam, volumusque et tibi committimus ac mandamus ut, vocatis vocandis, ad illius executionem procedas, iuxta eius signaturam. Datum ut supra [Rome etc., die XVIIII Martii 1490, anno VI°].

Source: ASV, Arm. XXXIX, vol. 21, fol. 502r-v.

1123   [Rome, 20 March 1490]

Commission and mandate to Nicholas Ippoliti, archbishop of Rossano, residing in Rome, to absolve Iohannes Antonii, a Jesuate in the diocese of Asti, of the murder of a Jew, and to impose on him suitable penitence.

Archiepiscopo Rossanensi, in Romana curia residenti.

Venerabilis frater, salutem etc. Exhibita nobis nuper pro parte Iohannis Antonii, societatis Pauperum Hiesuatorum, Astensis diocesis, petitio continebat, quod cum ipse, persuasione cuiusdam sui amici ductus, contentus fuisset ut quidam Hebreus, cuius opera multa damna et iniurias in persona et bonis passus fuerat, aliquibus tantummodo verberibus afficeretur, idem amicus mandatum excedens, duos aut tres socios secum duxit, a quibus idem Hebreus in loco depopulato occisus, et bonis que secum deferebat spoliatus fuit. Cum autem, sicut eadem expositio subiungebat, idem Iohannes de ea re, ab eodem amico sibi nuntiata, ab intimis doluerit et doleat etiam de presenti, desyderetque propterea sanctam Hierusalem proficisci, et aliquam ex approbatis religionibus ingredi, et de commissis penitentiam agere, ac pro animarum fidelium defunctorum salute missas et alia divina officia celebrare; proindeque pro eius parte nobis fuit humiliter supplicatum, ut eum a reatu homicidii huiusmodi absolvere, aliasque ei in premissis oportune providere, de benignitate apostolica dignaremur. Nos, qui eius vices in terris gerimus, cuius proprium est misereri semper et parcere, huiusmodi supplicationibus inclinati, fraternitati tue committimus ac mandamus, ut eundem Iohannem, si id a te humiliter petierit, a reatu dicti homicidii, auctoritate nostra, absolvas, iniuncta ei pro modo culpe penitentia salutari, et cum eo, postquam aliquam ex approbatis religionibus expresse professus fuerit, super irregularitate premissorum occasione contracta, ita quod in susceptis per eum ordinibus etiam in altaris ministerio uti prius ministrare possit, dicta auctoritate, dispenses, omnemque inhabilitatis et infamie maculam sive notam ex premissis provenientem tollas et aboleas, eique ut Hierosolymam proficisci ac Dominicum sepulchrum et alia pia loca, in quibus Dominus noster Hiesus Christus carne vestitus humana versari dignatus est, visitare libere et licite possit, licenciam, prefata auctoritate, concedas. Non obstantibus premissis ac constitutionibus et ordinationibus apostolicis, ceterisque contrariis quibuscumque. Dat. ut supra [Rome etc. die 20 Martii 1490, anno VIº].

Source: ASV, Arm. XXXIX, vol. 21, fol. 510r-v.

1124   Rome, 13 May 1490

Mandate to the abbot of Carbonero and the prior of Olivera, both in the diocese of Braga, and an archdeacon of Regna in the church of Porto, to hear the case of Stergalena, a Jewess of Braganza, accused by Cuellar Maurus of having been baptized in Castile and of having reverted to Judaism in Portugal, tried by the officials of the archiepiscopal court in Braga who found no proof for the allegation, was to be tortured, and appealed to the Apostolic See.

Innocentius etc. Dilectis filiis abbati de Carbonero, et priori per priorem soliti gubernari de Olivera, Bracharensis diocesis monasteriorum, ac archidiacono de Regna in ecclesia Portugalensi, salutem etc. Humilibus etc. Exhibita siquidem nobis nuper pro parte Stergalene, Iudee in opido de Verganza, Bracharensis diocesis, commorantis, petitio continebat quod, cum olim Cuellar Maurus, in eadem diocesi tunc commorans, que dicte Iudee inimicus extitit, falso asserens quod ipsa Iudea in certo loco regni Castelle baptismum suscepisset, et postea in dictum opidum veniens, mutato nomine, ad Iudaismum rediisse[t], et tamquam Iudea vixisset, et adhuc viveret, eandem Iudeam super hoc accusasset, ipsaque Iudea per carissimum in Christo filium nostrum Iohannem, Portugalie regem illustrem, ad instantiam dilecti filii Vasci Martini Chichoro, capitanei dicti opidi, pro cuius parte super hoc etiam accusata extitit, ad curiam archiepiscopalem Bracharensem remissa, et per dilecto[s] filios officiales dicte curie carceribus mancipata fuisset, quia ipsi officiales contra dictam Iudeam ad inquisitionem descendentes, prefatam Iudeam in premissis culpabilem saltem sufficienter non repertam, ad torturam seu questionem, certo tunc expresso modo, poni debere, per suam sententiam inter alia ex arrupto decreverunt, pro parte eiusdem Iudee, sentientis inter cetera exinde indebite se gravari, ad sedem fuit apostolicam cui quidem appellationi dicti officiales detulerunt reverenter. Cum autem, sicut eadem petitio subiungebat, eadem Iudea baptismum huiusmodi nunquam susceperit, sed in eodem Iudaismo, in quo nata extitit, semper perseveraverit, pro parte predicte Iudee, asserentis prefatum Mauricium ob inimicitiam premissa sibi malitiose imposuisse, nobis fuit humiliter supplicatum, ut predicte appellationis, ac post et contra illam forsan attemptatorum et innovatorum quoruncumque, nullitatisque processus et sentencie huiusmodi, ac omnium aliorum in eiusdem Iudee preiudicium circa premissa quomodocumque gestorum, necnon totius negotii principalis causas aliquibus probis viris in partibus illis committere, et alias in premissis ei oportune providere, de benignitate apostolica dignaremur. Nos igitur, statum cause et negotii huiusmodi pro expresso habentes, huiusmodi supplicationibus inclinati, discretioni vestre per apostolica scripta mandamus quatinus vos, vel duo, aut unus vestrum, vocatis eodem Mauro et aliis qui fuerint evocandi, ac predictis officialibus, et aliis quibusvis iudicibus et personis, ne in causa huiusmodi ulterius procedant per vos inhibito, auditisque hinc inde propositis, etiam de negotio principali huiusmodi cognoscentes legitime, quod canonicum fuerit, appellatione remota, decernatis, facientes quod decreveritis, a Mauro et Iudea predictis per subtractionem communionis fidelium, ab aliis vero per censuram ecclesiasticam, firmiter observari. Non obstantibus ... Dat. Rome, apud Sanctum Petrum, anno Incarnacionis Dominice millesimo quadringentesimo nonagesimo, tertio Idus Maii, anno sexto.

Source: ASV, Reg. Lat. 893, fols. 109v–110r.

1125   Rome, 13 May 1490

Mandate to the prior of the monastery of Villella and the archdeacon *maior* and that of Regna in the church of Porto to hear the case of Abraha Baru, a Jewish physician of Coimbra, accused of having reverted to Judaism after he had been baptized. Although no proof was discovered for the allegation, proceedings against him continued and further witnesses were called.

Innocentius etc. Dilectis filiis priori monasterii de Villella, per priorem soliti gubernari, Portugalensis diocesis, et maiori ac de Regna archidiaconis ecclesie Portugalensis, salutem etc. Humilibus etc. Exhibita siquidem nobis nuper pro parte Abrahe Baru, medici Iudei, in civitate Colimbriensi commorantis, petitio continebat quod alias, dilecto filio promotore causarum criminalium curie episcopalis Colimbriensis falsum denuntiante dilecto filio officiali Colimbriensi quod idem Iudeus baptismum suscepisset, in eoque Henricus nominatus fuisset, et postea ad Iudaismum rediens heretice iudaizasset, ac tanquam Iudeus vixisset hactenus et viveret, predictus officialis ad falsam denunciationem huiusmodi contra dictum Iudeum super hiis ad inquisitionem descendit, eodem promotore negotium huiusmodi prosequente; prefatus vero Iudeus, a certis sufficientibus tunc expressis sibi per dictum officialem de facto illatis gravaminibus, ad curiam Bracharensem loci metropolitani appellavit; et quia dilecti filii officiales dicte curie, postquam super hiis per eos fuerat sufficienter inquisitum, pluribus testibus in negotio ipso antea receptis et examinatis, dictoque Iudeo culpabili super hoc non reperto, cum ipse Iudeus in eadem civitate plures haberet debitores, competitores et inimicos, qui, ad id admissi, contra eum, ut ipse verisimiliter credit, dolose testificarentur, omnibus et singulis qui, etiam de auditu, de premissis aliquid scirent, ut coram eis super hoc testimonium perhiberent, per certa edita mandari, ipsosque testes etiam de auditu huiusmodi recipi debere inter alia cum effectu, per suam sententiam de facto decreverunt, pro parte predicti Iudei, sentientis inter cetera exinde indebite se gravari, ad sedem fuit apostolicam appellatum. Cum autem, sicut eadem petitio subiungebat, prefatus Iudeus in Iudaismo natus, ab eo nunquam discesserit, nec baptismum ipsum susceperit, et pro Iudeo habitus et reputatus semper fuerit, pro parte prefati Iudei nobis fuit humiliter supplicatum ut singularum appellationum predictarum, ac post et contra illas et qualibet earum attemptatorum et innovatorum quorumcunque, nullitatisque processuum et sententie, sive decreti et mandati huiusmodi, ac omnium aliorum in ipsius Iudei preiudicium circa premissa quomodocunque gestorum, necnon negocii principalis causas aliquibus probis viris [in] partibus illis committere, et alias in premissis ei oportune providere, de benignitate apostolica dignaremur. Nos igitur, statum cause seu causarum huiusmodi pro expresso habentes, discretioni vestre per apostolica scripta mandamus quatinus vos, vel duo, aut unus vestrum, vocatis eodem promotore et aliis, qui fuerint evocandi, et predictis officialibus, et quibusvis aliis iudicibus et personis, ne in causa ipsa ulterius procedant per vos inhibito, auditisque hinc inde propositis, etiam de negotio principali huiusmodi cognoscentes legitime, quod canonicum fuerit, appellatione remota, decernatis, facientes quod decreveritis, ab ipso Iudeo per subtractionem communionis fidelium, ab aliis vero per censuram ecclesiasticam, firmiter observari. Non obstantibus ... Dat. Rome, apud Sanctum Petrum, anno Incarnationis Dominice millesimo quadringentesimo nonagesimo, tertio Idus Maii, anno sexto.

Source: ASV, Reg. Lat. 893, fols. 110r–111r.

1126   Rome, 12 July 1490

Concession of a licence to the burgomasters and consuls of Frankfurt to let houses to Jews who lend money at interest, compelled to do so by Emperor Frederick III.

Innocentius episcopus, servus servorum Dei. Dilectis filiis burgimagistris et consulibus opidi imperialis Franckfortei, Maguntine diocesis, salutem et apostolicam benedictionem. Sincere devotionis affectus, quem ad nos et Romanam geritis Ecclesiam, non indigne meretur ut illa vobis ac incolis et habitatoribus opidi vestri Franckfortei favorabiliter concedamus, per que animarum vestrarum et aliorum habitatorum predictorum quieti et conscientiarum puritati consuli possit. Sane, pro parte vestra nobis nuper exhibita petitio continebat quod olim, cum Iudei in dicto opido commorantes a Christianis, quibus pecunias mutuabant, graves et immoderatas usuras extorquerent, vos, ne, propter usurarum huiusmodi nimis excessivam extorsionem, pauperes et alie persone dicti opidi consumerentur, inter alia statuistis ut huiusmodi Iudei, usuras in dicto opido exercentes, ab illis quibus pecunias suas mutuarent ultra unum denarium, sive Halense monete illius patrie, pro quolibet floreno, quem ducenti et decem et octo Halenses, vel circa, constituunt, singulis ebdomadis, ratione usure huiusmodi, recipere non possent; cum autem, sicut eadem petitio subiungebat, vos et universitas dicti opidi per carissimum in Christo filium nostrum Fridericum, Romanorum imperatorem semper augustum, ad locandum domos eisdem Iudeis in dicto opido commorantibus compellamini, pro parte vestra nobis fuit humiliter supplicatum ut vobis et singulis personis dicti opidi, eisdem Iudeis domos predictas locandi licentiam concedere, aliasque in premissis oportune providere, de benignitate apostolica dignaremur. Nos igitur, huiusmodi supplicationibus inclinati, vobis et singularibus personis dicti opidi, nunc et pro tempore existentibus, domos huiusmodi, pro eisdem usuris exercendis, dictis Iudeis libere, ac absque alicuius sententie et censure ecclesiastice incursu, locandi, constitutionibus et ordinationibus apostolicis ceterisque contrariis nequaquam obstantibus, auctoritate apostolica, tenore presentium licentiam concedimus. Nulli ergo etc. Si quis autem etc. Datum Rome, apud Sanctum Petrum, anno Incarnationis Dominice millesimo quadringentesimo nonagesimo, quarto Idus Iulii, pontificatus nostri anno sexto.

Source: Frankfurt, Stadtarchiv, Privileg 378.

Note: The file in the archives at Frankfurt contains a letter from Emperor Frederick III to the Pope, asking him to view the town's petition with favour.

1127   Rome, 7 August 1490

Indulgence and declaration to Antonius de Fortis of Cesena, that having confessed and having been punished for putting some salt in the houses of Dactilus and Iacob, local Jews, to implicate them in a contravention, he would not be further molested.

Antonio de Fortis de Cesenna.
Dilecte fili, salutem. Cum diebus superioribus contra te, occasione certe quantitatis salis, indebite et fraudulenter, contra constitutiones nostras, in domibus Dactili et Iacob, Hebreorum Cesenatensium, ad eorum calumniam et falsam criminationem posite, procedi fecissemus, tuque desuper erratum tuum, et quod te auctore id factum esset, plane confessus sis, et omnem veritatem nobis libere aperueris, et de omni pena, quam tibi propterea imponi mandavimus, satisfeceris, ne ex dicta causa ulterius ullo unquam tempore contra te inquiri aut procedi a quopiam, aut desuper quovismodo inquietari seu molestari possis, tenore presentium decernimus et declaramus, ac tibi indulgemus; premissis et aliis in contrarium facientibus non obstantibus quibuscumque. Datum Rome, die 7 Augusti 1490, anno 6°.

Source: ASV, Brevia Lat. 1, fol. 217v.

Note: The affair is mentioned by G. Fantaguzzi, a local chronicler, quoted by Muzzarelli, *Cesena*, p. 192. Antonio is there described as ser Antonio di Forlì da Cesena.

1128   Rome, 11 August 1490

Commission and mandate to the lieutenant of the legate and the auditor of the court of the papal chamber in Avignon, to release Antonius Galiani of Avignon from his oath and let him plead his case against some Jews, whom he accused of having deceived him over a cerrtain payment.

Antonius Galiani, Avinionensis, deceptus alias a quibusdam Iudeis super certa solutione, petit relaxari sibi iuramentum ad effectum agendi, et committi causam per eum movendam aliquibus in partibus. Habet signaturam "Concessum, ut petitur, de commissione cause, et de relaxatione iuramenti ad effectum agendi, in presentia domini nostri pape. A[rdicinus] cardinalis Aleriensis", et per breve.
Locumtenenti legati et auditori curie causarum camere apostolice civitatis nostre Avinionensis, vel eorum alteri.
Venerabilis frater et dilecte fili, salutem. Mittimus vobis supplicationem presentibus introclusam, manu dilecti filii nostri A., cardinalis Aleriensis, in presentia nostra signatam, volumusque et vobis committimus ac mandamus quatenus vos, vel alter vestrum, vocatis vocandis, ad illius executionem procedatis, iuxta eius signaturam. Dat. Rome, die 11 Augusti 1490, anno 6°.

Source: ASV, Brevia Lat. 1, fol. 237r-v.

1129   Rome, 13 August 1490

Concession to Lazarus son of Abraham, a Jewish physician of Venice, of licence to treat Christian patients, provided he does not interfere in matters concerning the Christian faith and the soul.

Lazaro, filio Abraham, Hebreo Veneto, viam veritatis agnoscere et agnitam custodire. Fidedigna relatione percepimus te in arte medicine satis expertum esse, et infirmos multos curare consuevisse, et cupere Christianis posse impune mederi. Nos, moti relatione gravium virorum admodum probabili, supplicationibusque pro parte tua nobis porrectis inclinati, tibi, ut utriusque sexus Christifidelibus quando eris requisitus medicinas probatas et consuetas in casu infirmitatis probare, et tales Christifideles infirmos, iuxta infirmitates eorum bene et laudabiliter curare valeas, absque ullo pene aut mulcte incursu, dummodo in iis que fidem Catholicam et animam concernunt te nullatenus intromittas aut impedias, licentiam apostolica auctoritate concedimus pariter et indulgemus; constitutionibus et ordinationibus apostolicis, ceterisque in contrarium facientibus non obstantibus quibuscumque. Datum Rome, die 13 Augusti 1490, anno 6º.

Source: ASV, Brevia Lat. 1, fol. 245r-v.

1130   Rome, 13 August 1490

Concession to Aleucius Abrahe, a Jew in Fabriano, of a year's moratorium on the payment of his debts, amounting to 600 florins.

Aleucio Abrahe, Hebreo, habitatori terre nostre Fabriani, Camerinensis diocesis, viam veritatis agnoscere, et agnitam custodire. Supplicari nobis humiliter fecisti quod, cum tu, ex diversis causis, nonnullis tuis creditoribus de Fabriano, et de aliis locis et terris nostris et Sancte Romane Ecclesie, in summa sexcentorum florenorum monete dicte terre, vel circa, obligatus sis, neque possis illis pro nunc, ob temporum difficultates et onus plurimorum filiorum, quo gravaris, satisfacere, dignaremur tibi de aliqua temporis dilatione providere. Nos, qui eius vices in terris gerimus qui super bonos et malos solem oriri facit, huiusmodi supplicationibus inclinati, tibi moratoriam unius anni a data presentium computandi concedimus, quo durante, et data per te in primis creditoribus ipsis tuis cautione idonea de satisfaciendo illis statim dicto tempore elapso, mandamus omnibus et singulis, tam in ipsa terra Fabriani quam alibi ubilibet existentibus, nostris et Sancte Romane Ecclesie officialibus quatenus te, aut tuos fideiussores, occasione debitorum huiusmodi, in rebus aut personis, sive in iudicio, vel extra, nullo pacto molestent vel inquietent, sed hanc nostram gratiam tibi et illis inviolabiliter observent, et faciant ab aliis observari. Non obstantibus constitutionibus et ordinationibus apostolicis, necnon renuntiationibus, moratoriis, salvis conductibus, statutis et consuetudinibus locorum, ceterisque in contrarium facientibus non obstantibus quibuscumque. Dat. Rome, die 13 Augusti 1490, anno 6º.

Source: ASV, Brevia Lat. 1, fols. 246v–247r.

1131   Rome, 16 August 1490

Commission and mandate to the regent of the curia in Carpentras to grant the brothers Cresquas Durandi and Bonatus de Vinariis, Jews in Malaucène, a moratorium of three years on the payment of their debts.

Cresquas Durandi et Bonatus De Vinariis, fratres Hebrei, habitatores loci de Malossena, Vasionensis diocesis, qui certa bona in illis partibus a camera apostolica tenent, et pro illis conservandis nonnulla debita contraxerunt, petunt, ut commodius creditoribus suis possint satisfacere, moratoriam ad decennium, et committi alicui in eisdem partibus, ut eos a censuris, si quas incurrerunt, absolvat. Habent signaturam "Concessum, ut petitur, ad triennium, data idonea cautione, et sine preiudicio camere, in presentia domini nostri pape. A[rdicinus], cardinalis Aleriensis. Et per breve. Concessum, ut supra. A., cardinalis Aleriensis."

Regenti curie Carpentoratensis.
Dilecte fili, salutem. Mittimus tibi supplicationem presentibus introclusam manu dilecti filii nostri A., cardinalis Aleriensis, in presentia nostra signatam, volumusque et tibi committimus ac mandamus ut, vocatis vocandis, ad illius executionem procedas, iuxta eius signaturam. Datum Rome, die 16 Augusti 1490, anno 6º.

Source: ASV, Brevia Lat. 1, fol. 262v.

Note: Cresquas is probably identical with the butcher and beadle of the Jewish community in Carpentras, Doc. 1133 below.

1132   Rome, 17 August 1490

Commission and mandate to the vicar of the bishop in Cesena to release Raphael, a local Jew, from his oath, to enable him to plead his case in court.

Raphael, Hebreus, incola Cesenas, petit relaxari sibi iuramentum ad effectum agendi. Habet signaturam "Concessum. A[rdicinus], cardinalis Aleriensis", et per breve.
Vicario episcopi Cesenatensis.
Dilecte fili, salutem. Mittimus tibi supplicationem presentibus introclusam, manu dilecti filii nostri A., cardinalis Aleriensis, in presentia nostra signatam, volumusque et tibi committimus ac mandamus ut, vocatis vocandis, ad illius executionem procedas, iuxta eius continentiam et signaturam. Datum Rome, die 17 Augusti 1490, anno 6º.

Source: ASV, Brevia Lat. 1, fol. 269v.

1133   Rome, 27 August 1490

Appointment of Cresquas de Vinariis, a Jew in Carpentras, to the office of *Salia* of the Jewish community, whose duties include the ritual slaughter of animals, the convocation of the community council, and the lighting of the lamps, and mandate to the Jewish community to admit him to the office and pay his salary, and to the regent of the curia in Carpentras to ensure that this is done.

Cresquas de Vinariis, Ebreo civitatis nostre Carpentoratensis, viam veritatis agnoscere et agnitam custodire. Supplicari nobis humiliter fecisti ut, cum tu, qui, ut asseris, quosdam redditus camere apostolice alias in arrendam tenuisti, ex illisque plurimum perdidisti, ita ut pauper sis effectus, ut vix sustentare te possis, dignaremur statui tuo compati, ac te de officio communitatis Iudeorum dicte civitatis, quod eorum lingua, ut similiter asseris, "salia" dicitur, et cuius cura est animalia in macello mactare, consilium convocare et congregare, elemosinam consuetam quolibet die Veneris colligere, et lampades Iudaico more accendere, necnon in quibusdam aliis dicte communitatis inservire, de benignitate apostolica providere. Nos, qui eius fidei Catholice atque orthodoxe presumus, que Iudaicam perfidiam tolerari iubet, ut aliquando ad se conversa, viam veritatis agnoscat, huiusmodi supplicationibus tuis inclinati, te in officio predicto "salia", quod nunc David Prosachen[!], etiam Iudeum dicte civitatis, ad beneplacitum dicte communitatis Iudeorum exercere asseris, per te quamdiu vixeris tenendum et gubernandum, cum salario et emolumentis consuetis, videlicet quindecim ducatorum tibi singulis annis persolvendorum, tenore presentium constituimus et deputamus; mandantes predicte universitati Iudeorum, sub centum marcharum argenti fini camere apostolice applicandarum, ac excommunicationis pena, quatenus te ad dictum officium, visis presentibus, recipiant et admittant, deque salario et emolumentis predictis tibi respondeant seu curent responderi, contrariis non obstantibus quibuscunque. Mandamus insuper dilecto filio regenti curie rectoriatus eiusdem civitatis quatenus tibi in premissis opportune assistens, faciat te ad dictum officium, iuxta tenorem presentis brevis admitti, non permittens te a quoquam super eo molestari; contradictores per censuram ecclesiasticam et alia opportuna iuris remedia, appellatione postposita, compescendo; non obstantibus articulis et statutis per dictam communitatem super hoc forsan in contrarium factis, ceterisque contrariis quibuscunque. Datum Rome, die 27 Augusti 1490, anno 6º.

Source: ASV, Brevia Lat. 1, fol. 305r-v.

Note: Cf. above, Doc. **1131**. "Salia" is Hebrew for messenger.

1134   Rome, 19 April 1491

Mandate to Franciscus Magno, a canon in the church of Sassari, and
Franciscus Pulliga, a canon in the church of Ampugnani, to absolve again
Bernardus Aquilo of Barcelona in Sassari, who had observed some Jewish
rites in youth, had been absolved and then rearrested by Peter Pilares,
archbishop of Cagliari, and the local inquisitors, and had been released on
bail. He is not to be molested further.

Innocentius etc. Dilectis filiis Francisco Magno, Turritane, et Francisco
Pulliga, Ampunensis, ecclesiarum canonicis, salutem etc. Iustis petentium
votis libenter annuimus, et, ne indebitis molestiis agitentur, oportune
provisionis presidium illis favorabiliter impartimur. Exhibita siquidem nobis
nuper pro parte dilecti filii Bernardi Aguilo, laici Barchinonensis, in civitate
Sassarensi commorantis, peticio continebat quod, licet ipse ex parentibus
Christianis natus fuerit, et ut Christianus vixerit, tamen iuventute sua a
nonnullis aliis, aliquos ritus seu cerimonias Iudaicas observantibus, seductus,
una cum illis ritus seu cerimonias huiusmodi aliquando observavit; et deinde,
cum ad etatem maiorem advenisset, errorem suum et se deceptum fuisse
recognoscens, et de commissis per eum ab intimis dolens, premissa cuidam
confessori detexit, ipseque confessor, considerans quod dictus Bernardus
principales cerimonias Iudeorum, videlicet circumcisionem et oblationes ac
sacrificia non observaverat, sed quadam die, qua per Iudeos ieiunari solet,
ieiunaverat, et quedam alia similia et inania fecerat, ipsum a premissis absolvit
ac ecclesie reintegravit, sibique penitentiam salutarem imposuit. Cum autem,
sicut eadem petitio subiungebat, venerabilis frater noster, modernus
Callaritanus archiepiscopus, et quidam alii in partibus illis heretice pravitatis
inquisitores, premissorum occasione, etiam post absolutionem et reintegrationem predictas, dictum Bernadum incarcerari fecerint, qui statim sponte
affirmavit se ut premissum est et non aliter iudaizasse, et propterea ipsum a
carceribus huiusmodi, prestita per eum certa cautione, relaxaverint, ipseque
Bernardus premissa ex quadam simplicitate, et non animo a Catholica fide
recedendi commiserit, ac de illis ab intimis doluerit et doleat, pro parte
eiusdem Bernardi nobis fuit humiliter supplicatum ut, ne ulterius ipsum
premissorum occasione molestari contingat, sibi et statui suo in eisdem
premissis oportune providere, de benignitate apostolica dignaremur. Nos
igitur, dictum Bernardum a quibuscunque excommunicationis, suspensionis
et interdicti, ac aliis ecclesiasticis sententiis, censuris et penis, a iure vel ab
homine, quavis occasione vel causa latis, si quibus quomodolibet innodatus
existit, ad effectum presentium dumtaxat consequendum, harum serie
absolvente, et absolutum fore censentes, huiusmodi supplicationibus inclinati,
discretioni vestre per apostolica scripta mandamus quatinus vos, vel alter
vestrum, archiepiscopo et inquisitoribus prefatis, auctoritate nostra, etiam

sub sententiis et censuris ecclesiasticis, districtius inhibeatis ne de huiusmodi negotio contra prefatum Bernardum amplius se quomodolibet intromittant, et, constito vobis de premissis, ipsum Bernardum a cautione predicta de impetitione dictorum inquisitorum et eorum procuratoris fiscalis penitus absolvatis et liberetis, et, si vobis visum fuerit, eum ab excessibus predictis de novo absolvatis, et ei aliam penitentiam salutarem iniungatis, prout secundum Deum anime sue saluti noveritis expedire. Non obstantibus premissis, ac constitutionibus et ordinationibus apostolicis, necnon litteris, tam per nos quam felicis recordationis Sixtum papa IIII, predecessorem nostrum, inquisitoribus prefatis et eorum officio concessis, ceterisque contrariis quibuscumque. Dat. Rome, apud Sanctum Marcum, anno Incarnationis Dominice millesimo quadringentesimo nonagesimo primo, tertio decimo Kalendas Maii, anno septimo.

Source: ASV, Reg. Lat. 900, fols. 90v–91v.

1135   Rome, 24 April 1491

Indulgence to Deodatus Manuelis, a Jewish physician in San Severino Marche, in possession of a licence from the *prothomedicus* of Rome, to treat Christians, in San Severino and elsewhere in the March of Ancona, provided he ensures that his patients receive the Sacraments first.

Innocentius etc. Deodato Manuelis, Ebreo, habitatori terre Sancti Severini, Camerinensis diocesis, viam veritatis agnoscere et agnitam custodire. Quamquam tu et alii Iudei, quos in diversis mundi partibus Sacrosancta tollerat Ecclesia in testimonium Ihesu Cristi, in vestra magis velitis duritia et cecitate perdurare, quam prophetarum verba et sanctarum scripturarum archana cognoscere, et ad Christiane fidei et salutis notitiam pervenire, quia tamen nostra presidia et favores interpellas, Christiane pietatis mansuetudinem, in hiis presertim que Cristianis profutura sperantur, tibi denegare non intendimus, ut, huiusmodi pietate allectus, tuos recognoscas errores et, superna gratia illustratus, tandem ad verum claritatis lumen, quod Cristus est, pervenire procures. Sane, pro parte tua nobis nuper exhibita petitio continebat quod tu medicine et cirurgie diu operam dedisti, et in eis plurimum expertum existis, ac a prothomedico Urbis ut Cristianis mederi valeres licentiam habuisti, cupis habitatoribus et incolis terre Sancti Severini, Camerinensis diocesis, et aliis Cristifidelibus intra provinciam Marchie Anchonitane, in eorum infirmitatibus ad te recurrentibus, impune posse mederi, eosque pristine eorum restituere sanitati, prout iuxta phisice rationem et canones medicine cognoveris expedire.

Nos igitur, dilectorum filiorum communitatis hominum eiusdem terre, pro te
nobis super hoc humiliter supplicantium, ac tuis in hac parte supplicationibus
inclinati, habitatoribus et incolis ac Cristifidelibus predictis, ut in eorum
infirmitatibus te intra eandem provinciam in eorum medicum evocare, et a te
pro eorum cura medicinas et remedia cirurgica, ac tibi et eisdem recipere et
mederi, ac salutaria antidota et medicamina, secundum phisice et medicine ac
cirurgie rationem et artem, quotiens te ad eosdem habitatores, incolas et
Christianos infirmos evocari contigerit, ipsis tamen habitatoribus, incolis et
Cristianis infirmis prius per te ut sacramenta Ecclesiastica recipiant, ac sibi et
animarum suarum saluti de spirituali medico, secundum statuta generalis
concilii provideant, monitis et inductis, et non alias, exhibere, necnon stipendia
publica a civitatibus, terris et castris intra eandem provinciam exhistentibus
recipere libere et licite valeas, constitutionibus et ordinationibus apostolicis,
ceterisque contrariis nequaquam obstantibus, auctoritate apostolica, tenore
presentium, de specialis dono gratie indulgemus. Nulli ergo etc. ... Si quis etc.
Dat. Rome, apud Sanctum Marcum, anno Incarnationis Dominice millesimo
quadringentesimo nonagesimo primo, octavo Kalendas Maii, anno septimo.

Source: ASV, Reg. Lat. 909, fols. 16r–17r.

1136   Rome, 23 July 1491

Exemption to the Jews in Aragon, Valencia, and Catalonia from the
jurisdiction of the ordinaries and inquisitors in matters pertaining to heresy.
They are to be tried by the secular authorities. Strict mandate to the ordinaries
and inquisitors to refrain from proceeding against Jews on such charges, and
annulment of all action being taken by them against Jews on this account.

Innocentius etc. Ad perpetuam rei memoriam. Quamvis Iudei, quos in
diversis mundi partibus constitutos Sacrosancta tollerat Ecclesia, etiam in
testimonium Yhesu Christi, in sua magis velint duritia et cecitate perdurare,
quam prophetarum verba et sacrarum scripturarum archana cognoscere, ac
ad Christiane fidei et salutis notitiam pervenire, quia tamen in suis
necessitatibus nostra presidia nostrosque favores interpellant, nos eis
Christiane pietatis mansuetudinem et clementiam non intendimus denegare,
ut, huiusmodi pietate allecti, suos recognoscant errores, et, superna gratia
illustrati, tandem ad verum, quod Christus est, lumen properent claritatis.
Sane, pro parte universorum Iudeorum in Aragonum et Valentie regnis ac
principatu Cathalonie commorantium nobis nuper exhibita petitio continebat
quod, licet dudum felicis recordationis Martinus papa V, predecessor noster,

inter cetera Iudeis concessa privilegia statuerit quod ex tunc de cetero inquisitores heretice pravitatis nulla[m] in eos auctoritatem, iurisdictionem aut dominium valerent exercere, seu ab eis quicquam exigere, neque eos ad subeundum aliquod iudicium inquietare vel molestare presumerent per se, vel alios, quovis modo, contrafacientes vero quomodolibet in premissis essent eo ipso excommunicationis sententia innodati, tamen dilecti filii inquisitores eiusdem heretice pravitatis in regnis et principatu predictis, nunc et pro tempore existentes, ipsos sepenumero variis de causis, et presertim quod contra legem Christi et fidem Catholicam verbo aut opere aliqua commictere et attemptare, ac hereticis favere, consulere, auxilium prestare et eos defendere presumant, molestare, et aliquando eos ad perhibendum testimonium veritati in causa criminis heresis et a fide apostasie, ac favoris prestiti contra Christianos, etiam per torturam, compellere nituntur, contra quos formidine pene sepius falsum deponere coguntur, non sine eorundem Christianorum maximo preiudicio et detrimento; unde ipsis Iudeis, qui, si pie et humane tractarentur, forsan ad fidem Christianam converterentur, occasio seu materia datur in sua perfidia diutius permanendi. Nos igitur, considerantes religioni Christiane convenire Iudeis eo libentius contra persecutores et molestatores ipsorum oportunum prestare subsidium, quo specialius sint in testimonium orthodoxe fidei reservati, eorum testante propheta: "tandem reliquie salve fient", omnes et singulos Iudeos predictos utriusque sexus in regnis et principatu predictis, nunc et pro tempore commorantes, eorumque res et bona omnia, presentia et futura, ab omni iurisdictione, correptione, superioritate, dominio et potestate nunc et pro tempore existentium in regno et principatu predictis inquisitorum, etiam per sedem apostolicam nunc et pro tempore deputatorum, ac quorumcunque ordinariorum locorum, eorumque vicariorum et officialium, quo ad crimina predicta heresim et apostasiam sapientia, omniaque et singula illa quomodolibet concernentia, auctoritate apostolica, et ex certa nostra scientia, tenore presentium penitus eximimus et totaliter liberamus, ipsosque nobis et sedi apostolice, nostroque et sedis eiusdem nomine, immediate carissimo in Christo filio nostro Ferdinando, Castelle et Legionis ac aliorum regnorum et dominiorum predictorum regi illustri, successoribusque suis regibus pro tempore existentibus, eorumque officialibus sive locatenentibus subicimus, omnemque potestatem et iurisdictionem ab inquisitoribus, ordinariis, vicariis et officialibus predictis, omnino adimimus et abdicamus; decernentes per nos, regem, officiales et locatenentes predictos dumtaxat, et non per inquisitores ac ordinarios prefatos, seu quempiam alium, de premissis, si opus fuerit, cognosci debere; ac eisdem inquisitoribus, ordinariis, vicariis et officialibus suis, sub excommunicationis ac officii inquisitionis privationis penis, quas eo ipso, si contrafecerint, incurrisse noscantur, districte precipiendo mandantes, ne contra ipsos Iudeos utriusque sexus, premissorum occasione, ac etiam litteras predictas eis intimantes, quos in eventum huiusmodi, etiam ab eorum iurisdictione, correctione, superioritate, dominio et potestate pari modo eximimus et totaliter liberamus, ac nobis et dicte sedi immediate subicimus et subesse volumus, quoquomodo, directe vel indirecte, procedere, et de illis se intromictere presumant; ac decernentes ex nunc omnes et singulos processus, sententias, censuras et penas, quos et quas per eos, vel aliquem eorum, desuper contra quoscunque haberi vel promulgari, necnon quicquid secus super hiis ab eis, vel alio quoquam, quavis auctoritate, scienter vel ignoranter, contigerit attemptari, irrita et inania, nulliusque fore roboris vel momenti; statuentes etiam et ordinantes, ipsisque inquisitoribus, ordinariis, vicariis et officialibus suis sub similibus penis, quas etiam, si contra fecerint, eo ipso incurrant, inhibentes, ne Iudeos utriusque sexus predictos pro ferendo testimonio in causa heresis et a fide apostasie, favoris, auxilii et consilii prestitorum huiusmodi contra Christianos aut alios quoscunque, directe vel indirecte, crimen huiusmodi quomodolibet concernente, eos per incarcerationem, aut torturam, vel bonorum suorum confiscationem, aut alias perpetuam[!] per solum iuramentum et communionis fidelium subtractionem compellere presumant; quocirca universis ecclesiarum metropolitanarum ac cathedralium prelatis, et personis in dignitate ecclesiastica constitutis, ipsorumque vicariis et officialibus, necnon earundem metropolitanarum et cathedralium ecclesiarum canonicis, et eorum cuilibet, quem seu quos prefati Iudei, et quilibet eorum, duxerint seu duxerit requirendum seu requirendos, per apostolica scripta mandamus quatenus ipsi et quilibet eorum per se, vel alium, seu alios, ubi et quando expedierit, fuerintque desuper requisiti, premissa omnia et singula solemniter publicantes, dictisque Iudeis in premissis efficacis defensionis presidio assistentes, faciant, auctoritate nostra, eosdem Iudeos et presentes litteras huiusmodi intimantes et illis assistentes exemptione, liberatione, subiectione et aliis premissis pacifice frui et gaudere, non permictentes eos per inquisitores, ordinarios, vicarios et officiales suos prefatos, seu quoscunque alios, quovismodo, directe vel indirecte, desuper molestari seu perturbari; contradictores, molestatores, perturbatores quoslibet et rebelles per censuras ecclesiasticas ac alia iuris oportuna remedia, appellatione postposita, compescendo; invocato etiam ad hoc, si opus fuerit, auxilio brachii secularis. Et nichilominus, legitimis super hiis habendis servatis processibus, illos, quos censuras et penas per eos pro tempore latas incurisse eis legitime constiterit, quotiens opus fuerit, iteratis vicibus aggravare procurent. Non obstantibus ... Verum, quia difficile foret presentes litteras ad singula queque loca, in quibus expediens fuerit, deferre, volumus et etiam decernimus quod illarum transumpto, manu publici notarii inde rogati subscripto, et sigillo alicuius persone in ecclesiastica dignitate constitute, seu curie ecclesiastice munito, ea prorsus fides, in iudicio et extra, et alias ubilibet adhibeatur, que originalibus adhiberetur, si essent exhibite vel ostense. Nulli ergo etc. ... Si quis autem etc. Dat. Rome, apud Sanctum Petrum, anno etc. MCCCCLXXXXI, decimo Kalendas Augusti, pontificatus nostri anno septimo.

Source: ASV, Reg. Vat. 756, fols. 141v–143v.

Note: See above, Docs. **614, 658**, where the exemption from the jurisdiction of the inquisition granted the Jews by Martin V is differently worded.

1137   Rome, 13 June 1492

Concession to Abram de Mayr de Balmes, a Jew of Lecce, to obtain the master's degree in the arts and medicine in the university of Naples and treat Christians, provided he ensures that the patients have the Sacraments administered to them first.

Innocentius etc. Abrae de Mayr de Balmes, Ebreo Eliciensi, viam veritatis agnoscere et agnitam custodire. Quamquam tu et alii Iudei, quos in diversis mundi partibus Sacrosancta tollerat Ecclesia in testimonium Ihesu Christi, in vestra magis velitis duritia et cecitate perdurare, quam prophetarum verba et sanctarum scripturarum archana cognoscere, et ad Christiane fidei et salutis notitiam pervenire, quia tamen nostra presidia et favores interpellatis, Christiane pietatis mansuetudinem, in hiis presertim que Christianis profutura sperantur, vobis interdum non denegamus, ut, huiusmodi pietate alecti, vestros recognoscatis errores, et, superna gratia illustrati, tandem ad verum lumen claritatis, quod est Christus, properetis pervenire. Sane, pro parte tua nobis nuper exhibita petitio continebat quod tu, qui in universitate studii Neapolitani artibus et medicine per plures annos operam dedisti, et ibidem per duos annos, vel circa, in medicina praticasti, cupis ad magisterii gradum in eisdem artibus et medicina promoveri; quare pro parte tua nobis fuit humiliter supplicatum ut tibi in artibus et medicina magisterii gradum huiusmodi suscipiendi, ac Christifidelibus in eorum infirmitatibus ad te recurrentibus medendi licenciam et facultatem concedere et indulgere, aliasque in premissis oportune providere, de benignitate apostolica dignaremur. Nos igitur, tuis in hac parte supplicationibus inclinati, quod in eisdem artibus et medicina magisterii gradum huiusmodi a dilectis filiis collegio magistrorum artium et medicine universitatis studii Neapolitani suscipere, ipsique collegium tibi gradum in eisdem artibus et medicina, si alias per rigorosum examen ad hoc repertus fuerit ydoneus, ac magisterii huiusmodi insignia in eisdem facultatibus tibi impendere et exhibere possint, ac quod, postquam gradum magisterii in artibus et medicina huiusmodi susceperis, omnibus et singulis gratiis, privilegiis, honoribus, libertatibus, indultis et immunitatibus, quibus in dicta universitate in artibus et medicina cum rigore examinis iuxta ritus eiusdem universitatis promoti gaudent, potiuntur et utuntur, seu uti, potiri et gaudere poterunt quomodolibet in futurum, uti, potiri et gaudere, necnon secundum medicine precepta et regulas Christianis medicinas et antidota quecumque exhibere, et quoscumque Christianos infirmos ubique existentes, super hoc ad te recurrentes, curare et mederi, ipsis tamen Christifidelibus infirmis prius per te ut sacramenta ecclesiastica recipiant, ac sibi et animarum suarum saluti de spirituali medico, secundum statuta generalis consilii provideant, monitis et inductis, ipsique Christifideles absque alicuius peccati incursione a te quascunque medicinas recipere libere et licite valeas, ipsique collegium et Christifideles respective valeant, constitutionibus et ordinationibus apostolicis, ac statutis municipalibus et consuetudinibus quorumcumque locorum seu civitatum, ac litteris apostolicis desuper forsan concessis, ac statutis et privilegiis dicte universitatis, quibus, illis alias in suo robore permansuris, hac vice dumtaxat, derogamus, ceterisque contrariis nequaquam obstantibus, auctoritate apostolica, tenore presentium, de specialis dono gratie licenciam et facultatem concedimus. Nulli ergo etc. ... Si quis etc. Dat. Rome, apud Sanctum Petrum, anno etc. MCCCCLXXXX secundo, Idibus Iunii, pontificatus nostri anno octavo.

Source: ASV, Reg. Vat. 689, fol. 284r-v.

Bibliography: Esposito-Procaccia, *Iudei in Urbe*, p. 270; Ferorelli, *Abramo de Balmes*, passim; Infessura, *Diario*, p. 275; Marini, *Archiatri Pontifici* 1, p. 294; Stern, *Urkundliche Beiträge* 1, pp. 67f.; Vogelstein-Rieger, *Rom* 2, pp. 22f.

Alexander VI (Borgia)
11 Aug. 1492 – 18 Aug. 1503

1138 Rome, 10 November 1492

Appointment, valid for four years, of Iacobus Sagarra, canon of the church in Agrigento, and Baronus Angeli Bruneti of Florence as commissioners to proceed against money-lenders who allegedly defraud their clients, against Jews who do not wear the badge and who retain real estate acquired from their debtors, against counterfeiters and coin-clippers, and against all those who practice usury, Christians and Jews alike.

Alexander etc. Dilectis filiis Iacobo Sagarra, canonico ecclesie Agrigentine, et Barono Angeli Bruneti, laico Florentino, commissariis nostris, salutem etc. Exigit officii nostri debitum ut ad ea solicitis studiis intendamus per que subditorum nostrorum utilitati pariter et indemnitati oportune consuli possit. Nuper siquidem, post nostram ad summi apostolatus apicem assumptionem, non sine magna animi displicentia, accepimus quod pauperes et alie miserabiles persone civitatum et terrarum Romane Ecclesie mediate et immediate subiectarum, qui, necessitate seu inopia compulse, pecunias super pignoribus eorum ab Ebreis sub usuris pro tempore solvendis accipiunt, per dolos et fraudes Ebreorum predictorum, tam super excessivis usuris quam super ipsis pignoribus, etiam per falsificationem librorum suorum, et diminutionem rerum pignoratarum, et alias, propterea non modicum defraudantur ac decipiuntur; ipsique Ebrei circa formam capitulorum, que cum communitatibus et universitatibus, seu vicariis in temporalibus civitatum et terrarum predictarum habent, multa committunt, que in grave pauperum et aliorum Christifidelium redundare noscuntur preiudicium pariter et gravamen. Nos igitur, premissis obviare, et indemnitatibus pauperum et aliorum Christifidelium civitatum et terrarum predictarum, quantum cum Deo possumus, prout tenemur, consulere cupientes, ac sperantes quod ea, que vobis duxerimus committenda, prudenter et fideliter exequemini, vos revisores omnium librorum rationum et computorum, pignorum, usurarum, necnon capitulorum dictorum Ebreorum, et aliorum omnium, que ad Ebreos supradictos pertinent, et que quomodolibet commisissent ac perpetrassent, et similiter commissarios contra quoscunque, etiam Christianos, fabricantes monetas et illas tondentes, ac falsas exponentes et illis utentes, necnon contra notarios[!] et quoscunque alios falsarios, aut usurarios, et crimen illud, propter quod ira Dei venit in filios diffidentie, committentes, usque ad quatuor annos a data presentium computandos, auctoritate apostolica, tenore presentium, ita quod unus sine alio aliquid facere non possit, facimus, constituimus et deputamus, vobisque revidendi libros, computa et rationes Ebreorum huiusmodi, et fraudes, si que reperientur, annotandi, ipsosque Ebreos, et alios in premissis delinquentes, iuxta fraudis et delicti enormitatem puniendi et condemnandi, et super fraudibus ac malis et delictis huiusmodi ad utilitatem camere apostolice componendi, necnon omnia capitula, facta[!] et conventiones, que dicti Ebrei cum communitatibus civitatum et terrarum predictarum habent, revidendi et examinandi, et si qua essent, que quomodolibet inhonesta, aut minime toleranda videbuntur, revocandi, mutandi et limitandi, seu reformandi, et alia, que toleranda fuerint, tolerandi, ac etiam ipsos Ebreos, qui signum non portassent, condemnandi, et eos ab excessu huiusmodi etiam absolvendi et liberandi, ac ad signum huiusmodi deferendum cogendi et compellendi; et nihilominus tu, fili Iacobe, Christianas personas, quas cum dictis Ebreis contraxisse, et conventiones, seu capitula, vel pacta cum eis fecisse reppereris, et alios predictos, ab excessibus huiusmodi, ac censuris ecclesiasticis, quas propterea incurrissent, absolvendi, et super hiis vos ambo, coniunctim, etiam cum dictis Ebreis et aliis delinquentibus prefatis, pro utilitate dicte camere et sancte cruciate componendi, et de premissis dictos Ebreos quitandi et absolvendi, ac omnia et singula alia circa ea necessaria et oportuna faciendi, gerendi et exercendi; et quoniam nonnulli ex dictis Ebreis inveniuntur, qui, malitiose, non tantum sub pignoribus rerum mobilium personas pauperes illaqueant et involvunt, sed tam nomine pignoris, quam etiam titulo venditionis et emptionis, bona stabilia capiunt, eaque pro ipsis et eorum heredibus retinent ac possident, in non modicum talium personarum preiudicium et iacturam, contra eosdem procedendi, et bona huiusmodi, ac alia stabilia, quocumque titulo acquisita, ab eisdem amovendi et auferendi, vel de eisdem cum eis paciscendi, componendi, seu illa eisdem confirmandi et revendendi, seu etiam veris prioribus dominis et patronis restituendi, aut similiter revendendi, pro maiori emolumento camere predicte, auctoritate apostolica, tenore presentium plenam, liberam et omnimodam concedimus facultatem; volentes quoque, ut Ebrei predicti vobis et familiaribus vestris teneantur et debeant de expensis competentibus satisfacere ac providere, donec cum eis de rebus ad eos pertinentibus concordaveritis; mandantes nihilominus omnibus et singulis sedis apostolice legatis, nunciis, civitatum et terrarum predictarum gubernatoribus, vicariis, rectoribus, potestatibus, ceterisque officialibus, ac eorum locatenentibus, quatenus ab ipsis legatis, inferiores sub excommunicationis pena, in premissis et circa ea, quotiens super hoc pro parte vestra fuerint requisiti, vobis assistentes, prebeant auxilium, consilium et favorem, etiam prestito, si opus fuerit, brachio seculari.

Non obstantibus ... Vos igitur, in premissis et circa ea taliter studeatis gerere et exercere, quod in futurum alia maiora vobis committere non dubitemus, possitisque non immerito de fide, prudentia et integritate apud nos commendari. Presentibus post dictos quatuor annos minime valituris. Dat. Rome, apud Sanctum Petrum, anno etc. MCCCC°LXXXXII°, quarto Idus Novembris, pontificatus nostri anno primo.

Source: ASV, Reg. Vat. 773, fols. 59v–61v.

Note: See below, Docs. **1141**, **1144**, **1147**.

1139*   Rome, 20 November 1492

Ratification and confirmation to Jews in Rome of their charters of privileges.

Raphael etc. Etsi Iudei in eorum cordis duritia perseverare malint, quam in sacrarum scripturarum archana cognitione versari, eos tamen, quos Sancta Mater Ecclesia in testimonium vere fidei tolerat, gratioso favore prosequi, in hiis presertim, que a Romanis pontificibus, pro eorum quiete et preservatione a molestiis, illis concessa comperimus, non inconveniens, et a nostri cura officii non alienum fore reputamus. Cum itaque, pro parte universitatis Hebreorum in alma Urbe commorantium exhibita nuper in camera apostolica petitio contineret quod in tempore felicis recordationis Bonifacii pape VIIII quedam privilegia, indulta, immunitates, concessiones et gratie eidem universitati concessa fuerunt, easque et ea recolende memorie Martinus V, Calixtus III, Paulus II, Sixtus IIII et Innocentius VIII, Romani pontifices, successive, auctoritate apostolica, prout in singulis eorum litteris superinde editis continetur, approbaverunt et confirmaverunt, et propterea pro parte universitatis eiusdem fuit humiliter supplicatum ut concessiones, immunitates et privilegia huiusmodi confirmare dignaremur. Nos igitur, prefatorum Romanorum pontificum vestigia imitando, universitatis predicte precibus inclinati, quecumque privilegia, concessiones et litteras per predictos et alios quoscumque Romanos pontifices eidem universitati hactenus concessas, ac laudabiles consuetudines per eosdem Romanos pontifices confirmari solitas, quatenus sint in usu et hactenus observate, dummodo fenus non exercere possint, de speciali mandato etc., et auctoritate etc., necnon de communi voto etc., tenore presentium ratificamus, approbamus et confirmamus, ac presentium litterarum robore communimus; mandantes propterea quibuscumque officialibus alme Urbis predicte, aliisque ad quos pertinet, ut prefata privilegia, concessiones et gratias, dicte universitati, ut premittitur, concessas et confirmatas, inviolabiliter observent, faciantque ab aliis similiter observari; quibuscumque non obstantibus in contrarium facientibus. In quorum etc. Dat. Rome, in camera apostolica, die XX Novembris 1492, pontificatus etc. anno primo.

Source: ASV, Arm. XXIX, vol. 50, fols. 63v–64r.

Note: See above, Docs. **499, 670, 1055**.

1140   Rome, 7 December 1492

Toleration to the priors and commune of Viterbo of a *condotta* with Moyses, a Jew of L'Aquila in Viterbo, in accordance with privileges granted Jews in the Patrimony, the duchy of Spoleto and the territories *speciales commissionis* by Pius II.

Dilectis filiis prioribus et communi, civitatis nostre Viterbiensis.
Alexander papa VI.ˢ
Dilecti filii, salutem et apostolicam benedictionem. Exponi nobis fecit Moyses, Hebreus Aquilanus, habitator Viterbiensis, quod olim tunc priores istius nostre civitatis Viterbiensis, inter eos matura deliberatione prehabita, illius incolarum pauperum commoditati consulere volentes, certa pacta, seu capitula, presertim eiusdem Moysi habitationem, exercitium et pertractationem in civitate predicta concernentia, inierunt, prout in scripturis auctenticis desuper confectis, plenius dicitur contineri; et quia, ut in eadem expositione subiungebatur, a nonnullis asserebatur priores predictos ad premissa peragendum sine eorum concilio oportuna facultate caruisse, illaque propterea ac alias non valuisse, nec valere, pro parte ipsius Moysi nobis fuit humiliter supplicatum ut pactorum et capitulorum predictorum, ex quibus incole prefati in eorum oportunitatibus non parvum suscipiunt relevamen, observantiam et implementum perinde ac si cum concilio predicto, et aliis solemnitatibus requisitis, inita fuissent, tolerari mandare, aliasque ei in premissis oportune providere, de benignitate apostolica dignaremur. Nos igitur, vestigiis felicis recordationis Pii pape II, predecessoris nostri, qui dudum inter alia voluit quod Iudei in Patrimonii Beati Petri in Tuscia et ducatus Spoletani provinciis ac civitatibus et terris specialis commissionis pro tempore habitantes, cum illis omnibus et singulis capitulis et conventionibus, que et quas cum universitatibus et communitatibus provinciarum et terrarum predictarum eatenus inierant et fecerant, tolerarentur, ac pacifice et quiete stare et vivere, conversari, ac contraficare libere permitterentur, inherentes, ac capitulorum

et pactorum, necnon scripturarum desuper confectarum huiusmodi tenorem, ac si de verbo ad verbum exprimeretur, presentibus pro expresso habentes, huiusmodi supplicationibus inclinati, eorundem pactorum et capitulorum per dictos priores initorum, ut prefertur, observationem et implementum, perinde ac si cum eorundem priorum tunc consiliariis, et aliis requisitis solemnitatibus, inita fuissent, tolerari, alias iuxta predecessoris prefati litterarum continentiam atque formam. Non obstantibus ... Dat. Rome, apud Sanctum Petrum, sub annulo Piscatoris, die VII Decembris 1492, pontificatus nostri anno primo.

Source: Viterbo, Arch. Com., Consorzio Anselmo Anselmi, II. B. 7. 24, Riforme comunali, vol. 24, fol. 53v.

1141   Rome, 19 February 1493

Confirmation and approval to Jews in the Patrimony, Nepi and Vetralla of their privileges and exemption from payment of taxes, including the *vigesima*, permission to cover the roof of the synagugue in Viterbo, and exemption from the authority of papal commissioners Sagarra and Bruneti.

Universis et singulis Hebreis in provincia nostra Patrimonii ac in civitate Nepesina et terra Vetralle habitantibus, et in posterum pro tempore perpetuo habitaturis, viam veritatis agnoscere et agnitam custodire. Sicut vos Iudeos volumus ad iuris et honestatis observantiam coarctari, ita vobis observari intendimus que a predecessoribus nostris, aut sedis apostolice legatis, et aliis, ex causa sunt concessa. Sane, ut accepimus, cum vobis varia et diversa per Romanos pontifices, predecessores nostros, eorumque et sedis apostolice in provincia nostra Patrimonii ac civitate et terra predictis legatos, gubernatores et locatenentes, privilegia, immunitates, concessiones et indulta, necnon eiusdem provincie civitatum, terrarum et locorum, ac dictarum civitatis Nepesine et terre Vetralle communitates et universitates, capitula, que postmodum per eosdem pontifices, legatos, gubernatores et locatenentes approbata fuerunt, concessa sint, prout in litteris et capitulis desuper confectis plenius dicitur contineri, pro parte vestra nobis fuit humiliter supplicatum ut vobis in premissis de oportuna confirmatione providere, de benignitate apostolica dignaremur. Nos igitur, iustum censentes ut ea, que provide concessa fuerunt, firma et illibata permaneant, huiusmodi supplicationibus inclinati, privilegia, immunitates, concessiones et indulta per predecessores nostros, Romanos pontifices, vobis concessa, tenore presentium confirmamus et approbamus; capitula vero, per communitates et universitates huiusmodi, et alia per predecessores, legatos, gubernatores et locatenentes predictos concessa vobis inde, violari indebite, aut super illis quemquam vestrum temere molestari non debere, presentium tenore prohibemus; vosque a iurisdictione dilectorum filiorum Iacobi Sagarre et Baroni Brunetti, commissariorum nostrorum, eorum commissariatus tempore durante, prorsus eximimus et liberamus, ac vobis, si contingat per nos et successores nostros, Romanos pontifices, in provincia et locis predictis vigesimam, vel aliud onus, quovis nomine nuncupatum, imponi, ex nunc vos et vestrum quemlibet a vigesima et oneribus huiusmodi eximimus, et exemptos fore decernimus; quodque liceat vobis synagogam, quam in civitate Viterbii habetis, tecto cooperire, non tamen excelsiore, ornatiore, sumptuosiore quam esset prius; et insuper, universis et singulis ecclesiasticis et secularibus iudicibus provincie et locorum predictorum, in virtute sancte obedientie, et excommunicationis pena, in quam contrafacientes eo ipso decernimus incurrere, quatenus vos et vestrum quemlibet super privilegiis, immunitatibus, exemptionibus et capitulis et aliis premissis, ut prefertur, non molestent, immo quotiens et quando per vos, aut vestrum quemlibet, fuerint requisiti, efficacis defensionis auxilio assistant, non permittentes vos et vestrum quemlibet super eisdem privilegiis, exemptionibus, immunitatibus et capitulis indebite perturbari, inquietari, seu molestari, committimus et mandamus per presentes; contradictores per censuram ecclesiasticam compescendo, invocato etiam ad hoc auxilio brachii secularis, si opus fuerit; premissis, ceterisque in contrarium facientibus, non obstantibus quibuscunque. Dat. Rome etc., XIX Februarii 1493, anno primo.

Source: ASV, Brevia Lat., vol. 2, fols. 97r–98r.

Note: On the commission of Sagarra and Bruneti see above, Doc. **1138**.

1142 [Rome, 8 March 1493]

Concession to Pasquale de Saulis and his brothers in Genoa to avail themselves of the services of Jewish physicians.

Dilectis filiis Pasquali de Saulis et fratribus, laicis Ianuensibus.
Dilecti filii, salutem etc. Humilibus et devotis pro parte vestra nobis porrectis supplicationibus inclinati, cupientes sanitati vestre, quantum cum Deo licet, paterna benignitate consulere, vobis, ut tam vos, quam vestri utriusque sexus familiares, tempore infirmitatis a quocunque medico Hebreo, de per se, vel cum aliis medicis Christianis, absque alicuius conscientie scrupulo, aut sententiarum seu penarum incursu, quoad vixeritis, vos medicari facere, cuiusvis licentia super hoc minime requisita, libere et licite possitis et valeatis,

apostolica auctoritate, tenore presentium, licentiam et facultatem concedimus pariter et indulgemus; non obstantibus constitutionibus et ordinationibus apostolicis, ac quibusvis prohibitionibus in contrarium forsan factis, ceterisque contrariis quibuscunque. Dat. ut supra [Die VIII mensis Martii 1493]. Habent signaturam.

Source: ASV, Brevia Lat., vol. 2, fols. 40v–41r.

Note: The Sauli were a noted Genoese family of merchants and political, military and ecclesiastical leaders. See Enc. Ital., s.v.

1143   Rome, 8 March 1493

Absolution to the people of Citerna, this once, for having signed a *condotta* with Ioseph of Gubbio and partners, to lend money at interest there, provided they do not do so in future.

Dilectis filiis universitati et hominibus castri nostri Citerne. Dilecti filii, salutem etc. Supplicari nobis humiliter fecistis quod, cum vos, urgente necessitate, conduxeritis quosdam Ioseph de Eugubio et eius socios, Hebreos, ad fenerandum in castro nostro Citerne, sentiatisque ob id aliquas censuras incurrisse, dignaremur vobis de oportuno absolutionis beneficio providere, cum id necessario feceritis. Nos, huiusmodi supplicationibus more pii patris inclinati, tenore presentium vos et vestrum quemlibet ab omnibus et singulis ecclesiasticis censuris et penis, quas dicta occasione usque ad hanc diem incurristis, pro hac vice dumtaxat, absolvimus, et absolutos fore censemus; constitutionibus et ordinationibus apostolicis, ceterisque in contrarium facientibus non obstantibus quibuscumque; proviso tamen quod deinceps in tale peccatum, quantum Dominus vobis concesserit, non incidetis. Dat. etc. VIII Marcii 1493, anno primo.

Source: ASV, Brevia Lat., vol. 2, fol. 55r.

Note: See above, Doc. **1099**.

1144   Rome, 15 March 1493

Confirmation and approval to Jews in the Duchy of Spoleto and the territory *specialis commissionis* of privileges, grant of pardon on all crimes, excluding homicide, theft, counterfeiting money and *lèse majesté*, exclusion from jurisdiction of papal commissioners Sagarra and Bruneti, exemption from taxes, including the *vigesima*, permission to transfer two synagogues, and commission and mandate to all judges to assist the Jews in enjoying the above.

Universis et singulis Ebreis, qui in provincia ducatus Spoletani et specialium commissionum terris nunc habitant, et pro tempore inhabitabunt, viam veritatis agnoscere et agnitam custodire. Sicut vos Iudeos volumus ad iuris et honestatis observantiam coarctari, ita vobis observari intendimus que a predecessoribus nostris, aut sedis apostolice legatis, et aliis, ex causa iam sunt concessa. Sane, ut accepimus, cum vobis varia et diversa per Romanos pontifices, predecessores nostros, eorumque ac sedis apostolice in provincia et terris predictis legatos, gubernatores et locatenentes, tam in genere, quam in specie, privilegia, immunitates, concessiones et indulta, necnon provincie et terrarum predictarum, et eiusdem provincie civitatum et locorum communitates et universitates, capitula, que postmodum per eosdem pontifices, legatos, gubernatores et locatenentes tollerata fuerunt, prout in litteris et capitulis que presentibus, ac si de verbo ad verbum specificata forent, pro expressis habemus, plenius continetur, pro parte vestra nobis fuit humiliter supplicatum ut in premissis oportune providere, de benignitate apostolica dignaremur. Nos, iustum fore censentes ut ea, que provide concessa fuerunt, firma et illibata persistant, huiusmodi supplicationibus inclinati, privilegia, immunitates, concessiones et indulta per predecessores nostros, Romanos pontifices, vobis, tam in genere, quam in specie, concessa, confirmamus et approbamus; capitula vero, per communitates et universitates huiusmodi, et alia per predecessores, legatos, gubernatores, locatenentes et commissarios huiusmodi concessa vobis violari indebite, aut super illis quemquam vestrum temere molestari non debere, prohibemus, ac contra vos, aut vestrum quemlibet, processus quoscunque, per quoscunque, ac latas super illis sententias et condemnationes super quibuscunque, preterquam super homicidii, furti, false monete, et lese maiestatis criminibus, cassamus et annullamus, et penas exinde provenientes gratiose remittimus; necnon a Iacobo Sagarre et Barono Bruneti de Florentia, commissariis nostris, nunc in provincia, civitatibus, terris et locis predictis, eorum commissariatus tempore durante, et aliis, eorum loco dicto tempore durante substituendis et surrogandis, eorumque iurisdictione et potestate, etiam non obstante quod in eorum commissariatus litteris caveatur expresse quod per alias nostras litteras illis derogari nequeat, quibus specialiter et expresse derogamus, prorsus eximimus et liberamus, ac vobis, si contingat per nos aut successores nostros,

Romanos pontifices, Hebreis in provincia, civitatibus, terris et locis predictis habitantibus vigesimam [et] subsidium imponi, ex nunc vos et vestrum quemlibet in vigesima et subsidio huiusmodi exemptos facimus, et ita esse decernimus; quodque liceat vobis ex sinagogis, quas habetis in provincia, civitatibus, terris et locis predictis in quibus sunt, ad alia loca in eisdem civitatibus, terris et locis sitas, duas tantum transferre et commutare, de consensu tamen ordinariorum locorum ad que transferrentur; et insuper, universis et singulis ecclesiasticis et secularibus iudicibus dicte provincie, sub[!] virtute sancte obedientie, et excommunicationis pena, in quam contrafacientes eo ipso decernimus incurrere, quatenus vos et vestrum quemlibet super privilegiis, immunitatibus, exemptionibus ac capitulis et aliis premissis, ut prefertur, non molestent quoquomodo, ymmo quotiens et quando per vos, aut vestrum quemlibet, fuerint requisiti, efficacis defensionis auxilio assistant, nec permittant vos et vestrum quemlibet super capitulis, exemptionibus ac immunitatibus predictis indebite perturbari, inquietari seu molestari, committimus et mandamus per presentes; contradictores per censuram ecclesiasticam compescendo, invocato etiam ad hoc auxilio brachii secularis, si opus fuerit, premissis ceterisque in contrarium facientibus non obstantibus quibuscunque. Dat. Rome etc. XV Marchii 1493, anno primo.

Source: ASV, Brevia Lat., vol. 2, fols. 146v–147v.

1145   Rome, 16 March 1493

Mandate to all governors, lieutenants, podestà, and other officials in the March of Ancona to assist the three deputies of the Jewish community there to collect the taxes from individual Jews and to recover the sum which they had advanced from their own pockets.

Universis et singulis gubernatoribus, locatenentibus, potestatibus, ceterisque officialibus, quocumque nomine censeantur, in provincia nostra Marchie Anconitane constitutis, presentes littteras inspecturis, salutem etc. Fuit nobis nuper expositum quod per universitatem Hebreorum provincie nostre Marchie Anconitane deputari solent tres ex ipsis Hebreis, qui omnia et singula onera, subsidia, collectas et alias impositiones, ordinarias et extraordinarias, eis quomodolibet impostas et imponendas, inter eosdem dividere, distribuere et exigere habeant, ac deponere penes unum depositarium, iuxta morem eorum; accidit autem, ut in talibus impositionibus, quando celeriter et necessario solvende sunt, neque moram necessitas patitur, ipsi tres Hebrei totam universitatem reputantes[!], aliquando ex propriis pecuniis solvunt, aliquando mutuo et sub usuris capiunt, prout proxime se fecisse affirmant, et non possunt postea ab aliis Hebreis pecunias huiusmodi recuperare, non sine magno eorum incommodo et iactura; ex quo de oportuno nobis remedio pro parte ipsorum trium deputatorum et deputandorum Hebreorum, seu ipsorum depositarii, fuit humiliter supplicatum. Nos, huiusmodi supplicationibus, utpote iustis, inclinati, vobis omnibus et singulis harum serie expresse precipiendo mandamus quatenus ad requisitionem eorundem trium et depositarii, omnes et singulos Hebreos dicte provincie solvere recusantes et retardantes, remediis oportunis et realiter et personaliter, ad solvendum portiones et ratas eos tangentes integre et cum effectu cogatis et compellatis, totiens quotiens opus fuerit, ita ut indemnitati trium et depositarii predictorum consulatur; non obstantibus constitutionibus et ordinationibus apostolicis, ac statutis et consuetudinibus dicte provincie, privilegiis quoque, indultis, et litteris apostolicis eisdem Hebreis forsan concessis, quibus, etiam si in eis caveretur expresse quod dicti Hebrei propter collectas et impositiones per dictos tres deputatos impositas, et pro tempore imponendas, realiter vel personaliter molestari non possent, quibus, etiam si de illis eorumque totis tenoribus de verbo ad verbum specialis, specifica ac individua et expressa, non autem per clausulas generales, etiam idem importantes, mentio habenda foret, que presentibus pro expressis habemus, illis alias in suo robore permansuris, hac vice dumtaxat, specialiter et expresse derogamus, ceterisque contrariis quibuscunque. Dat. Rome etc., XVI Marcii 1493, anno primo.

Source: ASV, Brevia Lat., vol. 2, fol. 148r-v.

1146   Rome, 21 March 1493

Commission and mandate to the podestà of Norcia to hear the case of Abraham, a Jew of that locality, concerning some pecuniary matters.

Simplex commissio cause in partibus, pro Abraha, Hebreo de Nursia, super certa summa pecuniarum, per signaturam "Concessum, ut petitur, de commissione cause, in presentia domini nostri pape. A[ntoniottus], cardinalis Sancte Anastasie", et per breve. Dilecto filio potestati terre nostre Nursie.
Dilecte fili, salutem etc. Mittimus tibi supplicationem presentibus introclusam, manu dilecti filii nostri A., cardinalis Sancte Anastasie, in presentia nostra signatam, volumusque et tibi committimus ac mandamus ut, vocatis vocandis, ad illius executionem procedas, iuxta eius signaturam. Dat. Rome etc., XXI Marcii 1493, anno primo.

Source: ASV, Brevia Lat., vol. 2, fol. 86r.

Note: Signed by Antoniotto Palavicino, cardinal priest of St. Anastasia.

1147　　　　　　　　　　　　　　　　　Rome, 24 March 1493

Confirmation to Jews in the provinces Maritima and Campania and in Pontecorvo of their privileges, especially those granted them by Innocent VIII, and concession of general pardon. Mandate to all officials to quash all proceedings and sentences, exclusion from jurisdiction of papal commissioners Iacobus Zagarre and Baronus Brunecti, and exemption from the *vigesima*.

Universis et singulis Hebreis in Maritima et Campania provinciis, et terra Pontiscurvi, Aquinatensis diocesis, habitantibus, predecessorum nostrorum inherendo vestigiis, vos inter Christianos habitare permittimus, ut, si volueritis, vestre cervicis deposita duritia, resipiscere, viam veritatis agnoscere et agnitam custodire possitis; volentes vero, ut vos nullam excusationem in districto examine allegare valeatis, ad hunc effectum Christiane pietatis mansuetudinem et clementiam, dum ad nos recurritis, vobis non negamus; vestris igitur supplicationibus inclinati, omnia et singula indulta, concessiones et litteras apostolicas et privilegia per Romanos pontifices, presertim Innocentium papam VIII, predecessores nostros, concessa, tenore presentium confirmamus et approbamus, ac perpetue firmitatis robur obtinere decernimus; necnon excessus et delicta quecumque per vos, aut vestrum quemlibet (criminibus lese maiestatis, furtis et homicidiis et false monete, aut si in contumeliam Catholice fidei aliquid per vos, vel aliquem vestrum, commissum sit, dumtaxat exceptis), hactenus commissa et perpetrata, tam de his de quibus hactenus cognitum et condemnati, quam de illis de quibus usque modo etiam cognitum non est, vel cognitum et nondum condemnati existitis, remittimus et indulgemus, omnemque exinde penam provenientem vobis largimur pariter et donamus; mandantes provinciarum et terre Pontiscurvi huiusmodi gubernatori et thesaurario, et aliis ad quos spectat, quatenus processus premissorum occasione contra vos aut vestrum quemlibet, formatos, et inde provenientes sententias cassent, aboleant et cancellent, prout nos per presentes cassamus, cancellamus et abolemus; et insuper, uberioribus gratiis vos prosequentes, a iurisdictione dilectorum filiorum Iacobi Zagarre et Baroni Brunecti, commissariorum nostrorum, eorum commissariatus tempore durante, prorsus eximimus et liberamus, ac vobis, si contingat per nos et successores nostros Romanos pontifices in provincia et locis predictis vigesimam imponi, ex nunc vos, et vestrum quemlibet, ab onere vigesime huiusmodi exemptos facimus, et ita esse decernimus. Non obstantibus constitutionibus et ordinationibus apostolicis, necnon dictarum provinciarum ac Pontiscurvi predictis[!] et aliarum civitatum, terrarum et locorum provinciarum earundem, in quibus excessus et delicta huiusmodi commissa fuerunt, iuramento, confirmatione apostolica, vel quavis firmitate alia roboratis statutis, consuetudinibus, ceterisque contrariis quibuscunque. Dat. Rome, XXIIII Marcii 1493, anno primo.

Source: ASV, Brevia Lat., vol. 2, fols. 131r–132r.

Note: See above, Doc. **1138**.

1148   Rome, 28 March 1493

Commission and mandate to the governor of Spoleto to protect the grandchildren and heirs of Habram, a Jew of Bevagna.

Filii, nepotes et heredes Habree, Hebrei, incole Mevanie, petunt committi gubernatori Spoleti ut eos conservet ab oppressionibus. Habent signaturam "Concessum quod provideat gubernator Spoleti, in presentia domini nostri pape. A[ntoniottus], cardinalis Sancte Anastasie", et per breve.
Dilecto filio gubernatori civitatis nostre Spoleti.
Dilecte fili, salutem etc. Mittimus tibi supplicationem presentibus introclusam, manu dilecti filii nostri A., cardinalis Sancte Anastasie, in presentia nostra signatam, volumusque et tibi committimus ac mandamus ut, vocatis vocandis, ad illius executionem procedas, iuxta eius signaturam. Dat. Rome, die XXVIII Marcii 1493, anno primo.

Source: ASV, Brevia Lat., vol. 2, fol. 106r–v.

Note: Cf. following doc.

1149   [Rome, 28 March 1493]

Commission and mandate to the governor of Perugia to compel the robbers of the sons and grandsons of Habram, a Jew of Assisi, to return the loot they had seized during a tumult.

Filii et nepotes Habree, Hebrei Assisinatenses, depredati in tumultu ibi facto, petunt committi gubernatoribus cogant depredatores per censuras ad illa restituendum. Habent signaturam "Concessum quod commitatur gubernatori Perusino, in presentia domini nostri pape. A[ntoniottus], cardinalis Sancte Anastasie", et per breve.

Venerabili fratri gubernatori civitatis nostre Perusie.

Venerabilis frater, salutem etc. Mittimus tibi supplicationem presentibus introclusam, manu dilecti filii nostri A., cardinalis Sancte Anastasie, in presentia nostra signatam, volumusque et tibi committimus ac mandamus ut, vocatis vocandis, ad illius executionem procedas, iuxta eius signaturam. Dat. ut supra [Rome, XXVIII Marcii 1493, anno primo].

Source: ASV, Brevia Lat., vol. 2, fol. 121r.

Note: See preceding doc.

1150   Rome, 29 March 1493

Commission and mandate, if the facts are established, to Andrea Martinez Ferriz, bishop of Tarazona, or his vicar, to allow Ferdinand, king of Spain, to settle Saracens in the empty houses in the fortress of Borja, which had belonged to the Jews expelled from Spain, hand over to them the former synagogue and have them convert it into a mosque. The fortress is on the border of the kingdom of Navarre and must be populated, yet only Saracens are willing to settle there.

Venerabili fratri episcopo Tirasonensi, vel eius in spiritualibus vicario generali.

Venerabilis frater, salutem etc. Exponi nobis curavit carissimus in Christo filius noster Ferdinandus, Castelle, Aragonum et Granate rex illustris, quod in circuitu arcis oppidi de Borgia, tue diocesis, sunt multe domus cum synagoga a Iudeis ex isto regno expulsis derelicte, quodque pro securitate sui regni et ipsius arcis, que in finibus regni Navarre sita est, expedit ut domus huiusmodi inhabitentur; verum, quia non facile reperiri possint qui illas inhabitent, nisi quidam Sarraceni in illis partibus commorantes, pro parte ipsius regis nobis fuit humiliter supplicatum ut domos huiusmodi et sinagogam ibidem existentem usibus eorundem Saracenorum deputare, aliasque in premissis opportune providere, de benignitate apostolica dignaremur. Nos, qui eidem regi in omnibus que cum Deo possumus libenter complacemus, huiusmodi supplicationibus inclinati, fraternitati tue committimus ac mandamus ut de premissis te diligenter informes, et, si ita esse repereris, eidem regi, ut Sarracenos predictos in eisdem domibus collocare, et sinagogam, que Iudeorum erat, eisdem pro meschita in ea construenda et deputanda concedere et elargiri valeat, auctoritate nostra licentiam impartiaris. Non obstantibus ... Dat. Rome, die XXVIIII Marcii 1493, anno primo.

Source: ASV, Brevia Lat., vol. 2, fol. 139r-v.

1151   Rome, 10 May 1493

Commission and mandate to the judge general in Campania and Maritima to inquire into the allegation that Thomas Cataneo, bishop of Cervia, then governor of these provinces, had acted without authority in commuting to a fine the death sentence merited by Manuel Helie, a Jew of Ferentino, who had confessed to having had intercourse with Christian women and to having abused two Jewish children in the synagogue. If this is the case, the judge is to try Manuel and have his property sequestrated.

Dilecto filio iudici generali provinciarum nostrarum Campanie et Maritime. Dilecte fili, salutem etc. Cum, sicut accepimus, tempore quo venerabilis frater Thomas, episcopus Cerviensis, officium gubernatoris in istis provinciis exercebat, plane constaret quendam Manuelem Helie, Hebreum, Ferentinatem, cum nonnullis mulieribus Christianis inhonestam conversationem habuisse, et duobus pueris Hebreis etiam in eorum synagoga abusum fuisse, idem gubernator eundem Manuelem capi, et contra eum iuridicum processum formari fecit; et quamvis idem Manuel eadem crimina commisisse confessus fuerit, et, secundum formam iuris et constitutionum provincie, capitali pena veniret puniendus, tamen, idem gubernator, ad id facultatem non habens, absque voluntate et licentia felicis recordationis Innocentii VIII et Pauli II, Romanorum pontificum, predecessorum nostrorum, ac ipsius provincie constitutiones, capitalem penam predictam in pecuniariam commutavit, eundemque Manuelem in ducatos centum, quos solvit, condemnavit. Nos igitur, considerantes quod excessus et crimina huiusmodi per eundem Hebreum commissa adeo enormia sunt, ut, iuxta ipsorum qualitatem, conniventibus oculis pretermissa videantur, sicque impunita remanere nullo modo debeant, tibi per presentes committimus ac mandamus, ut de premissis te diligenter informes, et, si constiterit tibi ita esse, et dictum gubernatorem ad id facultatem non habuisse, contra eundem Manuelem in condemnando vel absolvendo eum procedas prout de iure et secundum formam constitutionum dicte provincie fuerit faciendum; facto nichilominus per thesaurarium istic nostrum de bonis omnibus ipsius Hebrei publico inventario, et in manibus ipsius thesaurarii sequestratis; non obstantibus sententia per dictum gubernatorem desuper lata, que, cum a non habente ad id facultatem lata fuerit, nullius censenda est roboris et momenti, aliisque nostris in forma brevis litteris universitati Hebreorum istarum provinciarum nuper per nos concessis, quibus, illarum tenores, etiam[!] si de verbo ad verbum presentibus insererentur, pro expressis habentes, pro hac vice dumtaxat, quo ad hoc, specialiter et expresse derogamus, ceterisque contrariis quibuscumque. Dat. Rome, die X Maii 1493, anno primo.

Source: ASV, Brevia Lat., vol. 2, fols. 345v–346v.

1152*   [Rome, ca. 5 July 1493]

Commission to Sarra, Daniel, Guillelmus and Vitalis, Jews in Ascoli, to have an honest man hear their appeal against a sentence given against them in connection with a testament.

Sarra, Daniel, Guillelmus et Vitalis, Hebrei de Asculo, petunt causam appellationis interpositam a certa sententia, in partibus contra eos super re testamentaria lata, committi alicui probo viro in eisdem partibus audiendam et decidendam. Habent signaturam "Concessum, ut petitur, in presentia domini nostri pape. Io[hannes] Alexandrinus."

Source: ASV, Brevia Lat., vol. 2, fol. 604v.

1153   Rome, 12 August 1493

Commission and mandate, *motu proprio*, to inquisitors and ordinaries in Spain to proceed against Petrus, *iuratus* of Seville, his wife Francisca, and others in Seville and its diocese, convicted of heresy and apostasy, notwithstanding their having obtained permission from Sixtus IV to abjure in secret their errors and Jewish superstition.

Dilectis filiis inquisitoribus heretice pravitatis et locorum ordinariis in Hispanie partibus constitutis.
Alexander papa VI.

Dilecti filii, salutem et apostolicam benedictionem. Sicut accepimus, cum alias Petrus, tunc iuratus et executor civitatis Ispalensis, et Francisca eius uxor, et nonnulli alii eiusdem civitatis et diocesis, de heresis et apostasie criminibus delati ac legitime convicti et forsan condemnati fuissent, ipsi Petrus et Francisca, ceterique alii sui complices, rectum iudicium fugientes, et errores suos pal[l]iare volentes, sub pretextu quarundam frivolarum appellationum per eos interpositarum, a felicis recordationis Sixto papa IIII, predecessore nostro, quasdam litteras, preter formam iuris, impetrarunt, per quas ad secretam et generalem errorum suorum ac heretice pravitatis et Iudaice superstitionis abiurationem admitti, ac excommunicationis aliisque ecclesiasticis sententiis et censuris ac penis, quas propterea incurrerant, in utroque foro absolvi mandabantur, et a vestra iurisdictione et potestate ac superioritate eximebantur, prout in dictis litteris plenius continetur, certis subexecutoribus deputatis, quorum alter, huiusmodi litterarum vigore, ad nonnullos processus ac censurarum fulminationes contra vos et quemlibet vestrum processit, vobis ad hoc minime vocatis ac requisitis, in grave eiusdem officii inquisitionis detrimentum et scandalum plurimorum. Nos igitur, cupientes ut officium inquisitionis huiusmodi recte et absque aliquo impedimento exerceatur, discretioni vestre, tenore presentium, motu proprio, committimus et mandamus quatenus dictis litteris et illarum vigore secutis alias quam in forma iuris, abiuratione et inhibitione ac censurarum fulminatione, que omnia pro infectis haberi volumus, etiam si motus proprii et certe scientie, vel alias clausulas fortiores contineant, non obstantibus, contra Petrum et Franciscam predictos, ceterosque alios in predictis litteris Sixti nominatos, et quemlibet eorum, prout de iure fuerit faciendum, procedatis, facientes quod decreveritis debite executioni demandari. Datum Rome, apud Sanctum Petrum, sub annulo Piscatoris, die XII Augusti MCCCCLXXXXIII, pontificatus nostri anno primo.

Source: Madrid, Arch. Hist. Nac., Inq., Cod. 1, No. 48.

Publication: Fita, *España Ebrea* 1, pp. 120f.; Llorca, *Bulario*, pp. 172f.

Note: See above, Doc. **1049**, and below, Doc. **1155**.

1154   Rome, 13 August 1493

Mandate, *motu proprio*, to Iñigo Manrique de Lara, bishop of Cordoba, and Ioannes de Sancto Ioanne, prior of the Benedictine monastery in Valladolid, in the diocese of Palencia, to hear the case against the late Gundisalvus

Alfonsi, accused of heresy, tried by the local inquisitors, who were unable to reach a unanimous verdict, and referred to the Apostolic See.

Venerabili fratri Eneco, episcopo Cordubensi, et dilecto filio Ioanni de Sancto Ioanne, priori monasterii, per priorem soliti gubernari, Sancti Benedictis ordinis eiusdem sancti, oppidi Vallisoleti, Palentine diocesis, vel eorum alteri.
Alexander papa VI[s].
Venerabilis frater, ac dilecte fili, salutem et apostolicam benedictionem. Cum, sicut accepimus, dilecti filii inquisitores heretice pravitatis in oppido Vallisoleti, Palentine diocesis, deputati, contra quondam Gundisalvum Alfonsi, iam defunctum, de crimine heresis et a fide apostasie diffamatum, procedendo, habito etiam desuper consilio aliorum peritorum, pro eo quod tam ipsi inquisitores, quam alii periti ad id adhibiti, in votis eorum differentes fuerint, causam huiusmodi ad sedis apostolice examen, presertim aliqui eorum, remiserint; nos, confidentes quod ea que vobis in hac parte duxerimus committenda, bene et fideliter exequemini, motu proprio per presentes mandamus ut vos, vel alter vestrum, visis et diligenter examinatis processu et meritis cause huiusmodi, ad illius totalem decisionem, prout de iure fuerit faciendum, procedere curetis, super quo vestras conscientias oneramus; districtius inhibentes inquisitoribus prefatis et quibuscunque aliis personis ne de cetero de causa huiusmodi quoquomodo se intromittere presumant, ac decernentes irritum et inane, si secus super his a quoquam, quavis auctoritate, scienter vel ignoranter, contigerit attentari. Non obstantibus ... Datum Rome, apud Sanctum Petrum, sub annulo Piscatoris, die XIII Augusti, MCCCCLXXXXIII, pontificatus nostri anno primo.

Source: Madrid, Arch. Hist. Nac., Inq., Cod. 1, No. 49.

Publication: Fita, *España Ebrea* 1, pp. 145f.; Llorca, *Bulario*, pp. 173f.

1155   Rome, 12 March 1494

Approval and confirmation, *motu proprio*, of the trial by inquisitors and conviction of heresy of Petrus, *iuratus* of Seville, his wife Francisca and others in Seville and its diocese, notwithstanding their appeal to Sixtus IV and subsequent acquittal by Garcia de Manese, bishop of Evora, and following quashing by Innocent VIII of all exemptions granted heretics by him and by Sixtus IV. King Ferdinand and Queen Isabel of Spain are so informed.

Charissimis in Christo filiis nostris Ferdinando regi et Helisabeth regine Castelle, Legionis, Aragonum et Granate illustribus.

Alexander papa VI.

Carissimi in Christo filii nostri, salutem et apostolicam benedictionem. Sicut accepimus, cum alias Petrus, tunc iuratus et executor civitatis Hispalensis, et Francisca, eius uxor, ac nonnulli alii eiusdem civitatis et diocesis, de heresis et apostasie crimine apud inquisitores heretice pravitatis in dicta civitate et diocesi deputatos delati, ac propter eorum fugam per edictum publicum citati et moniti fuissent ut infra competentem tunc sibi prefixum terminum, coram eisdem inquisitoribus de fide responderent, rectum iudicium declinare ac errores suos pal[l]iare volentes, sub pretextu et colore quarundam frivolarum appellationum per eosdem citatos interpositarum, ad felicis recordationis Sixtum quartum, predecessorem nostrum, confugerunt; a quo, per importunitatem et obreptitie quasdam litteras, preter formam iuris impetrarunt, quibus ad secretam et generalem errorum suorum ac heretice et Iudaice pravitatis abiurationem admitti, ac ab excommunicationis aliisque ecclesiasticis sententiis, censuris et penis, quas propterea incurrerant, in utroque foro absolvi mandabantur, et a iurisdictione dictorum inquisitorum et quoruncunque aliorum iudicum eximebantur, prout in dictis litteris plenius continetur, certis executoribus deputatis. Quarum quidem litterarum vigore, venerabilis frater episcopus Elborensis prefatos Petrum et Franciscam, eius uxorem, ac reliquos in predictis litteris Sixti nominatos, absolvit, dictis inquisitoribus ad id minime citatis aut vocatis; et nihilominus eisdem inquisitoribus et quibuscunque aliis iudicibus ne contra eosdem absolutos, aut eorum aliquem, procederent, sub certis censuris et penis inhibuit. Cum autem inquisitores prefati simul cum ordinario loci procedentes, huiusmodi reos fugitivos per clara indicia ac legitimas probationes de prefato crimine heresis et apostasie a fide culpabiles repperissent, eosdem, iure exigente, hereticos et apostatas diffinitive pronuntiando declararunt, quorum sententia in statuas absentium fuit executioni mandata, bonis eorundem hereticorum fisco applicatis. Sed nihilominus nonnulli ex predictis condemnatis, predicte absolutioni nulliter et preter formam iuris atemptate innitentes, sententiam prefatorum inquisitorum retractare, ac bona, que amiserant, recuperare contendunt, in grave eiusdem officii inquisitionis detrimentum et scandalum plurimorum. Nos igitur, considerantes quod felicis recordationis Innocentius papa VIII, predecessor noster, omnes et quascunque litteras et privilegia, tam ab eo, quam a felicis recordationis Sixto papa quarto, etiam predecessore nostro, quamplurimis de predicto crimine suspectis et diffamatis, super eorum exemptione a potestate et iurisdictione inquisitorum, necnon abiurationibus errorum suorum, aliter quam in forma iuris faciendis, ac alias diversimode concessas, et quibusvis iudicibus directas, et quas dirigi contingeret, cum inde sequutis, motu proprio et ex certa sua scientia, per suas litteras universis et singulis locorum ordinariis et inquisitoribus heretice pravitatis in regnis et dominiis vestris predictis apostolica auctoritate deputatis directas, quarum tenores, ac si de verbo ad verbum insererentur, haberi volumus pro sufficienter expressis, cassavit et annullavit, ac pro infectis haberi voluit, cupientesque ut officium inquisitionis huiusmodi prosperetur et absque aliquo impedimento exerceatur, quodque per inquisitores et locorum ordinarios rite pronuntiatum est perpetue debeat firmitatis robur obtinere, motu proprio et ex certa nostra scientia, processus habitos et sententias contra predictos hereticos latas, quatenus iuste processum est, approbantes et confirmantes, tam huiusmodi condempnatis, quam eorum pretensis heredibus et successoribus, super eadem condemnatione ac bonorum confiscatione perpetuum silentium imponimus per presentes, litteris Sixti predictis, quarum tenores presentibus pro expressis haberi volumus, et illarum vigore sequutis aliter quam in forma iuris, abiuratione et inhibitione, ac absolutione et processuum ac sententiarum fulminatione, necnon dictis appellationibus, que omnia pro infectis haberi volumus, etiam si motus proprii et certe scientie, vel alias clausulas fortiores, contineant, aliisque in contrarium facientibus non obstantibus quibuscunque. Datum Rome, apud Sanctum Petrum, sub annulo Piscatoris, die duodecima Martii, anno a Nativitate Domini MCCCCLXXXXIIII, pontificatus nostri anno secundo.

Source: Madrid, Arch. Hist. Nac., Inq., Cod. 1, No. 50.

Publication: Fita, *España Ebrea* 1, pp. 121f.; Llorca, *Bulario*, pp. 175f.

Note: See above, Docs. **1049, 1153**.

Bibliography: Fita, *loc. cit.*; Llorca, *loc. cit.*

1156   Rome, 2 April 1494

Mandate to Clement de la Rovere, bishop of Mende and papal vice-legate, and the consuls in Avignon to compel the Jews there to wear a red badge on their chest as do the Jews in Rome, instead of the small white circle they had been wearing hitherto, so that they are readily distinguishable from Christians.

Venerabilis frater et dilecti filii, salutem et apostolicam benedictionem. Cum, sicut accepimus, Iudei in ista civitate nostra Avinionensi commorantes, et ad illam pro tempore venientes, in vestibus eorum dumtaxat unum parvum circulum fili albi deferant, adeo ut vix a Christianis discerni possint; nos, volentes ipsos Iudeos tale signum deferre, quod inter eos et Christianos differentia habeatur, ipsique Iudei a Christianis cognoscantur, vobis per presentes mandamus ut de cetero faciatis quod omnes et singuli Iudei in dicta civitate pro tempore commorantes, et ad illam pro tempore venientes, signum panni rubei in veste ante pectus aperte, prout faciunt Iudei in Urbe commorantes, deferre publice debeant, nec aliter eos incedere permittatis, eisque modum aliquem circa eorum vestimenta assignetis; faciatisque quod desuper ordinaveritis sub penis, de quibus vobis videbitur, firmiter observari; quibusvis privilegiis et indultis eisdem Iudeis forsan hactenus per sedem apostolicam concessis et concedendis in posterum, ac appellationibus per eos forsan interponendis, ceterisque contrariis, non obstantibus quibuscunque. Datum Rome, apud Sanctum Petrum, sub annulo Piscatoris, die II Aprilis MCCCCLXXXXIIII, pontificatus nostri anno secundo.

Source: Avignon, Arch. Dep. Vaucluse, boîte 91, No. 2898.

Publication: Maulde, *Juifs dans les états français du Saint-Siège*, p. 85.

Note: See below, Docs. **1233, 1335, 1343**.

1157   Rome, 22 December 1495

Commission and mandate to the prior of St. Bartholomé de Lupiana, in the diocese of Toledo, general of the Order of St. Jerome, provided he sees fit and the Order gives its sanction, to exclude, from now on and for as long as the inquisition is in progress, New Christians and their descendants down to the fourth generation from the ranks of the Order in Spain, unless approved by a majority vote of the council of the general chapter or the private chapter of the Order; or once admitted, to exclude them from office, unless similarly approved.

Dilecto filio priori monasterii Sancti Bartolomei de Lupiana, Toletane diocesis, generali Ordinis Fratrum Heremitarum Sancti Hieronymi, sub regula sancti Augustini.
Dilecte fili, salutem et apostolicam benedictionem. Intelleximus, non [sine] animi nostri displicentia, quod licet in Ordine tuo Sancti Hieronymi illiusque monasteriis, in regnis et dominiis Castelle, Legionis et Aragonum ac principatu Catalonie, adeo regulariter viguerit observantia, religiosique in eisdem monasteriis degentes, divina suffragante gratia, prout humana sinit fragilitas, laudabiliter vixerint, illorumque vita in regnis et principatu predictis exemplaris reputata fuit, et non immerito apud omnes valeant commendari;

quia tamen tempore quo inquisitio heretice pravitatis in regnis et principatu predictis viguit, prout viget de presenti, in dicto Ordine illiusque monasteriis (preter spem et opinionem multorum) nonnulli dicti Ordinis professores, de genere Neophitorum seu novorum Christianorum descendentes, et qui in dicto Ordine, non solum boni, sed et optimi reputabantur, de heresis et apostasie criminibus rei sunt comperti, qui in orthodoxis viris gregeque Dominico scandalum non mediocre generant, propter quod Ordo predictus in partibus illis non parvam passus est notam; tuque, timens ne ex receptione personarum de dicto genere descendentium in dicto Ordine, tempore procedente, maior forsan nota eidem Ordini obvenire possit, cupiens in premissis oportune provideri, desideras statui et ordinari ut durante inquisitione predicta, nullus ex descendentibus de genere supradicto, infra quartam generationem existens, possit nec debeat in predicto Ordine [in] regno seu dominio, et principatu predictis, sine licentia capituli generalis, cum maiori parte diffinitorum, aut sine licentia capituli privati, et personis ibidem deputatis, de cetero admitti, nec admissus ad dignitates et officia sacrosque ordines promovendi, et si secus scienter actum fuerit, nullius sit roboris, vel momenti, et tam agens, quam patiens scienter in premissis, excommunicationis sententiam ipso facto incurrant, et receptus in fratrem non recipiatur, nec predictum Ordinem possit profiteri. Nos igitur, votis tuis in hac parte favorabiliter annuentes, discretioni tue committimus et mandamus quatenus premissa, si secundum Deum, et tuam conscientiam, videris expedire, de consilio capituli generalis, cum maiori parte diffinitorum, vel capituli privati dicti Ordinis, ad tempus dicte inquisitionis, ordines et statuas. Et si illa, ut prefertur, statui et ordinari contingat, nos ex nunc, prout ex tunc, et e converso, ea omnia apostolica autoritate comprobamus et confirmamus, roburque apostolice firmitatis addiicimus; suplentes omnes et singulos deffectus, si qui forsan intervenerint in eisdem; constitutionibus et ordinationibus apostolicis, statutisque et consuetudinibus dicti Ordinis, ceterisque contrariis non obstantibus quibusqumque. Dat. Rome, apud Sanctum Petrum, sub annulo Piscatoris, die XXII Decembris MCCCCXCV, pontificatus nostri anno IIII.

Publication: Sigüenza, *Orden de San Geronimo* 2, p. 61.

Note: No source is given.

Bibliography: Browe, *Kirchenrechtliche Stellung*, pp. 172f.; Sicroff, *Controverses*, p. 85.

1157a   Rome, 9 July 1496

Commission and mandate to Paolo da Spoleto, provincial prior of the
Augustinian Order in the Duchy of Spoleto, to carry out the decisions on the
enclosed petitions, signed in the pope's presence by John Anthony de St.
Giorgio, cardinal priest of SS. Nerei et Achille, papal auditor.

Dilecto filio priori provintiali provintie ducatus Spoletani, Ordinis
Heremitarum Sancti Augustini.
Alexander papa VI. Dilecte fili, salutem et apostolicam benedictionem.
Mittimus tibi supplicationem presentibus introclusam, manu dilecti filii nostri
Iohannis, cardinalis Alexandrini, in presentia nostra signatam. Volumus et
tibi conmittimus, ac mandamus ut, vocatis vocandis, ad illius executionem
procedas, iuxta eius continentiam et signaturam. Dat. Rome, apud Sanctum
Petrum, sub annullo Piscatoris, die nona Iulii 1496, pontificatus nostri anno
quarto.

Source: AS Spoleto, Arch. Com., Suppliche, busta 1, fol. 2r.

Publication: Toaff, *Umbria*.

Note: Attached are the petitions of Abram and Gentile, parents of five-
year-old Clara Stella (Chiarastella), to restore to them their daughter, and a
counter-petition by the abbess and nuns of St. Matteo outside Spoleto of the
Augustinian order to be allowed to retain the child and to baptize it. Clara
Stella had been enticed to the convent by neighbours. The petition of the
parents was signed by the auditor: *Concessum ut petitur prout de iure in
presentia domini nostri pape*. The petition of the abbess and nuns was signed:
*Concessum ut petitur quod commitatur provintiali in presentia domini nostri
pape. Et S.V. cum supplicatione introclusa*. The second evidently superseded
the first.

Bibliography: Toaff, *Il vino e la carne*, pp. 94f.

1158   Rome, 12 November 1496

Statute, decree and prohibition to the prior, convent and members of St.
Thomas Aquinas of the Dominican Order in Avila to ever admit New
Christians of Jewish extraction into the ranks of the monastery, following a
petition of the founder, Thoma de Turrecremata (Torquemada), Inquisitor

general in Spain, who is afraid that New Christians, if admitted, will destroy the monastery.

Dilecto filio Thome de Turrecremata, priori Sancte Crucis, Ordinis Predicatorum.
Alexander papa VI.
Dilecte fili, salutem et apostolicam benedictionem. Exponi nobis fecisti quod tu, qui officium inquisitoris generalis heretice pravitatis et apostasie a fide Catholica in regnis et dominiis charissimorum in Christo filiorum Ferdinandi et Elisabeth, Hispaniarum regis et regine illustrium, per plures annos, ex delegatione seu commissione apostolica, exercuisti, eodem officio durante, tam ex dictorum regum largitione, quam ex nonnullis penitentiis arbitrio inquisitorum hereticis redeuntibus ad fidem impositis, insigne monasterium Ordinis tui Predicatorum sub invocatione sancti doctoris Thome de Aquino, in civitate Abulensi, a primis fundamentis edificasti et erexisti, illudque utensilibus et ornamentis ad cultum divinum et usum religiosorum ibidem commorantium necessariis sufficienter dotasti atque munisti. Sed cum persona tua neophitis Christianis, descendentibus ex genere Iudeorum, pretextu dicte inquisitionis, plurimum sit exosa, verisimiliter times, ne, si forte homines illius generis in dicto monasterio admitterentur, processu temporis, ex speciali tui ac huiusmodi inquisitionis odio, in perniciem et destructionem monasterii huiusmodi molirentur. Quare fuit nobis pro parte tua humiliter supplicatum, quatenus dignaremur tibi super hoc de opportuno et salubri remedio providere. Nos igitur, qui te ob immensos labores, pro fidei exaltatione susceptos, in visceribus gerimus charitatis, iustis votis ac supplicationibus tuis annuere cupientes, nullum unquam neophitum ex huiusmodi Iudeorum genere mediate vel immediate descendentem, in religiosum eiusdem monasterii sancti Thome recipiendum, seu admittendum, perpetuis futuris temporibus, ex certa nostra sentencia decernimus atque mandamus; inhibentes nihilominus priori et conventui ac singularibus personis eiusdem monasterii, qui pro tempore erunt, in virtute sancte obedientie et sub pena excommunicationis, quam contravenientes ipso facto incurrant, ne contra huiusmodi statutum et decretum nostrum aliquem de predicto genere ad habitum seu professionem dicti Ordinis in eodem monasterio scienter admittant; in contrarium facientibus non obstantibus quibuscunque. Dat. Rome, apud Sanctum Petrum, sub annulo Piscatoris, die XII Novembris MCCCCXCVI, pontificatus nostri anno quinto.

Source: [Dominican Archives]; Madrid, Arch. Hist. Nac., Dominicos de Avila, M. 13.

Publication: Fita, *La Guardia*, pp. 429f.; Ripoll, *Bullarium Praedicatorum* 4, p. 125.

Note: See Ripoll, *op. cit.*, pp. 585f., including instructions issued by Augustinus de Faventia, general of the Dominican Order, on 4 January 1540, for the creation of a separate province in Peru. These contain the following passage: *Ex verissimis informationibus moti ordinamus ac statuimus, quod in praefata Provincia nullus recipiatur ad habitum, qui originem traxerit ex genere Judaeorum, et quod si ex errore aliquis reciperetur, nullo pacto habeat professionem facere, nec possit ad eam recipi, quod si fuerit receptus ex errore ad predictam professionem, vel ex alia provincia similiter ex ignorantia seu errore de tali genere aliquis fuit missus ad eam, nullo pacto possit ad praelatus quascunque promoveri, nisi forte per Capitulum Provinciale, seu Diffinitores, vel Priorem provincialem visum fuerit cum aliquo ex singulari vita et meritis dispensare.*

Bibliography: Browe, *Kirchenrechtliche Stellung*, p. 174.; Eckert, *Hoch- und Spätmittelalter*, p. 264; Graetz, *Geschichte* 8, p. 406, 4, p. 207; Hoffmann, *Missionsinstitut*, p. 66; Lea, *Inquisition* 2, pp. 288f.; Loeb, *Notes*, p. 137; Sicroff, *Controverses*, p. 90; Synan, *Popes*, p. 145.

1158a   Rome, 19 December 1496

Concession to and conferment on King Ferdinand and Queen Isabel of Spain of the title "Catholic" in recognition of their achievements and services to the Church, including the unification of Spain, the conquest of Granada, the expulsion of the Jews, and the aid against the French in Italy.

Alexander episcopus, servus servorum Dei, Carissimis in Christo filiis nostris Ferdinando regi et Helisabeth regine Ispaniarum Catholicis, salutem et apostolicam benedictionem. Si convenit sanctam hanc sedem apostolicam, fidelium omnium Matrem atque magistram, cui, volente Domino, presidemus, cuiuspiam principis meritorum atque virtutis habita ratione, vicem ei rependere apostolice benignitatis, actiones maiestatum vestrarum in primis nobis occurrunt, quas grata mente recolere et precipuo favore prosequi debeamus, quarum iusticia, religio, pietas, animi magnitudo, clementia in orthodoxam fidem, precipuus zelus atque in Romanam Ecclesiam perpetua devotio, inter omnes Christianos principes semper enituit. Siquidem florenti aethuc etate, susceptis tot populorum ac regnorum habenis, que tunc intestinis dissidiis afflicta atque attrita in varias partes discedebant, omni studio et incredibili vigilantia atque industria illa instaurare et confirmare, ac pacem in primis tam provincialibus quam finitimis vestris dare procurastis; rebus itaque pacatis, incredibile dictu est quam brevi serenitates vestre in unum quasi

corpus totum robur Ispanicum redegerint; que in tanta fortuna non ocio aut
deliciis dedite, nec maiorum suorum gloria contente, bellum difficillimum in
Betica, non ambitione vel cupiditate aliqua, sed pro divini nominis gloria et
Catholice fidei propagande studio, non minoribus animis quam viribus
aggresse, nullis dificultatibus, nullis sumptibus, vel laboribus, et incommodis,
seu periculis perterriti, que constantissime pertulistis, accedentibus suffragiis
et benedictione sedis apostolice, vobis Domino exercituum assistente, infra
decennium, et omnium opinione ceberius, cum nostra et summa omnium
Christianorum gratulatione, feliciter confecistis; et regnum illico, quod in
visceribus Ispanie vestre, cum magno vestrorum periculo, et Christiani nominis
contumelia, annos supra septingentos, Machumetice impietati servierat,
virtute vestra Christo, Salvatori nostro, restitutum est; ubi nunc, explosis
Machumeticis deliramentis, evangelica veritas celebratur, ac debitis Ecclesie
cerimoniis omnipotenti Deo cultus impenditur. Gloriosa sane victoria, et
perenni memoria celebranda, per quam non solum Christianitatem, innumeris
cladibus per infideles hactenus illatis afflictam, recreastis, sed etiam ceteros
Christianos principes exemplo vestro monuistis, vires et arma eis a Domino
data, non in perniciem et iniurias, seu cedes Christianorum, ampliandi imperii
cupiditate, sed pro Christianorum salute, Catholiceque fidei et Ecclesie
defensione esse sumenda. Cum vero perdificile sit iudicare virtutes belli an
pacis in maiestatibus vestris magis prevaleant, religionem tamen vestram et
Catholicum animum maxime commendat perpetuum studium vestrum
custodiende in regnis vestris Catholice fidei, quando sicut eius apertos hostes
expugnare, ita etiam clandestinis et internis inimicis regna ipsa expurgare non
cessatis, qui sub Christiano nomine, Christum mentiti, Iudaica perfidia et
execrabili superstitione plebem Dominicam infecerant; ne vero pestis illa ex
radice venefica isthic diutius confoveretur, Iudeos omnes, quorum numerosa
multitudo in eisdem regnis degebat, cum eorum bonis, incredibili cum
dispendio vestro et provincialium incommodo, omnia in celestem utilitatem
pertrahentes, penitus abegistis. Quanta vero observantia et devotione vestre
maiestates sedem apostolicam prosequantur, cum antea semper, tum maxime
in hoc proximo bello, Neapolitani abunde declararunt, quando quidem pro
pontificia dignitate nostra et iuribus Ecclesie Romane tutandis, ad quam
regnum istud Sicilie legitime pertinet, quod prius amissum, adiunctis
Terrestribus, navalibusque copiis vestris, magno dispendio et promptitudine
eo transmissis, receptum et defensum est; cum interim serenitates vestre, inter
tot occupationes, in sua erga Christianam rempublicam pietate persistentes,
agitent de bello Affris, Christiani nominis inimicis, inferendo; quorum pridem
a vobis animo conceptum atque institutum, brevi rebus pacatis, pari ardore
animi vos suscepturos, parique successu, ex divina largitate, maiorum
vestrorum exemplo, confecturos, speramus. Est namque peculiare Ispanis
regibus pugnare pro fide, et Ispanorum regum opus fuit infideles vincere. Que
omnia cogitantibus nobis et grata recordatione recolentibus, cum equissimum

et non solum necessitudini, qua vestris maiestatibus peculiariter devincti sumus, sed etiam officio nostro pastorali valde consentaneum videretur, pro tam excellentibus meritis vestris, aliqua gratitudinis precipua significatione nostram et apostolice sedis in maiestates vestras benivolentiam apud omnes testatam relinqui, et quopiam insigni honoris genere ac munere eas exornari debere, duximus de eo decernendo ad sacrum senatum nostrum referendum; ubi, magna cum laude, vestra, omnibus mature perspectis, sic omnium venerabilium fratrum nostrorum Sancte Romane Ecclesie cardinalium in honorem vestrum concurrentibus votis, ex ipsorum consilio decrevimus ob premissa merita, excellentesque virtutes, et precipuum Catholice fidei zelum, et in Romanam Ecclesiam devotionem vestram, ac ceteri etiam Christiani principes exemplo vestro ad bene de Catholica fide et apostolica sede promerendum magis excitentur, ac sperantes contra Affricanos et alios infideles serenitates vestras uberiores etiam in dies republice Cristiane fructus allaturas, ipsique Ecclesie, Matri vestre pientissime, et apostolice sedi, ac nobis in ea sedentibus nusquam defuturas, vos in huiusmodi devotione ac obedientia persistentes, ex speciali prerogativa ac privilegio deinceps appellare Catholicos, atque hoc peculiari titulo etiam in inscriptionibus nostris personas vestras insignire ac exornare; quas hoc tam illustri titulo ex apostolico munere per presentes insignimus, donamus et nominamus. Cui enim Catholici regis titulus magis convenit quam vobis, Catholice fidei et Catholice Ecclesie defensoribus, quam maiestates vestre armis et sanguine suo defendere ac propagare continue nituntur. Aut quid honorabilius vobis prestari potuit, quam ut clarissimo testimonio apostolico virtus vestra ac ad Cristianam rempublicam pietas, et ad Deum religio, apud omnes celebrior fiat. Hortamur igitur, filii carissimi, maiestates vestras munus hoc pro meritis suis ex apostolice sedis gratitudine et in eas charitate delatum, ea qua vobis impenditur mente suscipiant, et in instituto suo persistendo custodiant, expectantes in futuro seculo perennis glorie et felicitatis, miserante Domino, retributionem. Dat. Rome, apud Sanctum Petrum, anno Incarnationis Dominice millesimo quadringentesimo nonagesimo sexto, quarto decimo Kalendas Ianuarii, pontificatus nostri anno quinto.

Source: Simancas, Arch. Gen. Patronato Real, No. 3362.

Publication: Rey, *Bula de Alejandro VI*, pp. 73f. (Spanish translation).

Bibliography: Goñi Gaztambide, *Bula de Cruzada*, p. 468; Prieto Cantero, *Archivo General de Simancas*, 5, p. 471; Rey, *op. cit.*, *passim*.

1159   Rome, 29 August 1497

Revocation and cancellation of all papal rehabilitations, dispensations and exemptions granted convicted heretics and apostates in Spain.

Alexander episcopus, servus servorum Dei. Ad futuram rei memoriam. Solet Romanus pontifex ea que per eum et sedem apostolicam concessa fuerunt interdum revocare et annullare, prout rerum et temporum qualitate pensata, id in Domino conspicit salubriter expedire. Sane, pro parte carissimi in Christo filii nostri Ferdinandi regis et carissime in Christo filie nostre Helisabet regine Hispaniarum Catholicorum, nobis nuper exhibita petitio continebat quod postquam in regnis et dominiis suis contra hereticos et a fide apostatas processum fuit, multi ex hiis qui heretici declarati, et ut tales condemnati, et quorum etiam statue combuste fuerunt, quorum nonnulli extra regna et dominia huiusmodi aufugerunt, necnon aliqui qui, errores suos confessi, publicam penitentiam fecerunt, aliquas absolutiones ab eorum excessibus et crimine heresis ac a fide apostasie huiusmodi, necnon dispensationes, ac rehabilitationes, et a dilectorum filiorum heretice pravitatis inquisitorum iurisdictione exemptiones, a nobis obtinuisse dicuntur, quarum pretextu in dies ad priora dilabuntur, non sine pernicioso exemplo et scandalo plurimorum. Quare pro parte regis et regine predictorum nobis fuit humiliter supplicatum ut dispensationes, rehabilitationes et exemptiones predictas revocare, cassare et annullare, aliasque in premissis opportune providere, de benignitate apostolica dignaremur. Nos igitur, qui scandalis, ne eveniant, quantum cum Deo possumus, libenter obviamus, huiusmodi supplicationibus inclinati, rehabilitationes, dispensationes et exemptiones predictas sic condemnatis et declaratis, ac qui publicam penitentiam huiusmodi fecerunt concessas, et litteras super illis confectas duntaxat, etiam quascunque clausulas derogatorias in se contineant, auctoritate apostolica, et ex certa scientia, tenore presentium revocamus, cassamus et annullamus; decernentes rehabilitationes, dispensationes et exemptiones predictas vigore absolutionum concessarum huiusmodi, quas quoad forum conscientie duntaxat, et non alias, in suis robore et efficacia permanere volumus, nemini de cetero suffragari posse, sive debere. Non obstantibus ... Nulli ergo ... Datum Rome, apud Sanctum Petrum, anno Incarnationis Dominice millesimo quadringentesimo nonagesimo septimo, quarto Kalendas Septembris, pontificatus nostri anno sexto.

Source: Madrid, Arch. Hist. Nac., Inq., Cod. 1, No. 54.

Publication: Fita, *España Ebrea* 1, pp. 126f; Llorca, *Bulario*, pp. 188f.; Id., *Conversos judíos*, pp. 383f.

Note: See below, Doc. **1161**.

Bibliography: Llorca, *Inquisición Española*.

1160   Rome, 12 May 1498

Commission and mandate to Raynaldus de Montoro et Landolina, bishop of Cefalù, and the abbot of St. Maria de Nemore in the diocese of Agrigento to inquire into the allegations, if they are formally presented, made by two nuns of St. Salvator, of the Order St. Basil in Palermo, against the abbess and nuns of the convent, accusing them of having led a loose life, including sexual relations with Jews, abortions, practice of magic, and the like. The efforts of John da Paternione, archbishop of Palermo, to remedy the situation had met with only limited success, and the two nuns transferred by him to the convent had failed to reform the abbess and nuns, who had obtained the support of the vicar of John de Borgia, archbishop of Monreale. If the bishop of Cefalù and the abbot find the allegations true, they are to remove the abbess from office and appoint Catherina, one of the two nuns, in her stead.

Alexander etc. Venerabili fratri episcopo Cephaludensi, et dilecto filio abbati monasterii Beate Marie de Nemore, Agrigentine diocesis, salutem etc. Romani pontificis, quem plenitudine potestatis sibi tradita, Pastor ille celestis et episcopus animarum, ecclesiis pretulit universis, plena vigiliis solicitudo requirit ut cura ecclesiarum et monasteriorum, ac aliorum piorum et religiosorum locorum quorumlibet, et personarum, presertim feminei sexus, in illis sub religionis iugo Altissimo famulantium, statum, sic vigilanter excogitet, sicque prospiciat diligenter, quod per eius diligentiam circumspectam, que propter eorum negligentiam, et incuriam presidentium personarum, vel aliis dispendiis, affici deprimique possint, monasteriis et locis, prout personarum, locorum et temporum qualitas exigit, amotis ab eorum regimine et administratione personis inutilibus, [...] ydonee deputentur, que, religionis zelo accense, ferventi caritate profuture sint monasteriis et locis ipsis, illorumque iura servent, et bona non solum gubernent utiliter, sed et [...]. Ad audientiam siquidem nostram, venerabili fratre nostro Iohanne, archiepiscopo Panormitano, et dilectis in Christo filiabus Catherina de Vigintimilibus et Eufrasia de Campo, monialibus monasterii Sancti Salvatoris Panormitani, ordinis sancti Basilii, referentibus [...] quod, cum alias prefatus archiepiscopus ad monasterium ipsum, ad illud necnon illius abbatissam et moniales in capite et in membris visitandum accessisset, et inibi quamplures et enormes difformitates et, inter alia, quod nonnulle illius moniales, pudicie laxatis habenis, sacre religionis et sui status immemores, Dei timore postposito, cum Iudeis carnaliter commisceri, ex quibus pregnantes effecte fuerant, et in dicto monasterio, sciente et permictente dilecta in Christo filia, illius moderna abbatissa, pepererant, et quod deterius nephandumque censetur, partus suos etiam abortivos interficere et necare, et ex illis pastillos conficere, et suis amatoribus et ganeis ad comedendum porrigere, et super capita mortuorum missas celebrari ad sortilegia et maleficia procurandum et faciendum, et suis incantationibus, sortilegiis et maleficiis [...] facere, ac quamplurima alia gravia et enormia excessus et crimina committere et perpetrare non erubuerant, de quibus publice diffamate existebant, prout adhuc existunt, in animarum suarum grave periculum, sacre religionis obprobrium, perniciosumque exemplum et scandalum plurimorum repperisset; et volens similibus imposterum obviare, nonnullas ex dictis monialibus, quas in premissis magis culpabiles reppererat, ad alia monasteria, honestius quo potuit, transtulisset, ac quandam monialem dicti monasterii, quam ad hoc magis ydoneam invenerat, eidem abbatisse, quoad viveret, in regimine et administratione dicti monasterii, ordinaria auctoritate constituisset et deputasset; que quidem monialis, cum officium coadiutorie huiusmodi debite et laudabiliter exercere incepisset, sicut Domino placuit, ab hac luce migravit, dicteque moniales ut prius impudice vivere inciperent; et prefatus Iohannes archiepiscopus hoc videns, easdem moniales ut unam ex eis, quam magis ydoneam repperirent, in coadiutricem dicte abbatisse elegerent, monuisset, ipseque moniales pertinaciter hoc facere recusassent, et prefatus Iohannes archiepiscopus prefatas Catherinam et Eufrasiam, tunc moniales monasterii Sancte Catherine Panormitani, Ordinis Sancti Augustini, sub cura Fratrum Predicatorum de Observantia nuncupatorum, invitas, cum consensu tamen earum superioris de dicto monasterio Sancte Catherine, ad dictum monasterium Sancti Salvatoris transtulisset, ipsamque Catherinam eidem abbatisse, quoad viveret, in regimine et administratione monasterii Sancti Salvatoris huiusmodi, illius abbatissa et monialibus predictis consentientibus et acceptantibus, ac dilectis filiis magistratu et multa copia populi civitatis Panormitane presentibus, in coadiutricem constituisset et deputasset; ipsaque Catherina deputationem et constitutionem, ac alia premissa circa illas per prefatum archiepiscopum gesta, apostolica auctoritate confirmari, sibique et dicte Eufrasie habitum, iuxta dicti monasterii Sancti Salvatoris consuetudinem, exhiberi obtinuisset, ac monasterium ipsum Sancti Salvatoris illiusque abbatissam et moniales huiusmodi reformasset, et ad clausuram et regularem observantiam reduxisset, ac inibi malos mores corripuisset, et reprobatas conversationes prohibuisset, abbatissa et moniales prefate premissa egre ferentes, et nolentes vitam suam impudicam deserere et in semitis iusticie ambulare, quinymo viribus totis satagentes qualiter diversis exquisitis mediis regularem observantiam huiusmodi evitare possent, obedientiam eidem Catherine penitus subtraxerunt, falso asserentes dictam Catherinam coadiutricem eis gratam non esse, et iuxta formam litterarum apostolicarum sibi super hoc concessarum, habitum non mutasse, et dicto monasterio Sancti Salvatoris penitus inutilem fore, apostolicas ad certos iudices tunc expressos, per quas dictam Catherinam ab officio coadiutorie huiusmodi amoveri petebant, sub certa forma litteras impetrarunt, quarum pretextu tunc vicarius venerabilis fratris nostri archiepiscopi Montis Regalis in spiritualibus generalis, alter ex iudicibus in eisdem posterioribus litteris deputatis, in causa huiusmodi procedens, fecit prefatam Catherinam coram se ad iudicium evocari, et, licet pro parte dicte Catherine nonnulle exceptiones suspicionis coram eo allegate et producte fuissent, ipsaque Catherina arbitros arbitratores se eligere velle obtulisse[t], et suum arbitrum arbitratorem pro tertio nominasset, nichilominus prefatus vicarius, reiectis exceptionibus huiusmodi, in causa huiusmodi ulterius procedens, se iudicem competentem pronuntiavit, a quibus quidem reiectione et pronuntiatione pro parte dicte Catherine ad sedem apostolicam extitit appellatum. Quare pro parte Iohannis archiepiscopi, et Catherine ac Eufrasie predictorum nobis fuit humiliter supplicatum ut appellationis huiusmodi ac omnium et singulorum post et contra eam attemptatorum et innovatorum, totiusque negotii principalis, necnon surreptionis quarumcunque litterarum apostolicarum per easdem translatas moniales super earum restitutione forsan impetratarum, causas aliquibus probis viris in partibus illis audiendas committere, aliasque in premissis oportune providere, de benignitate apostolica dignaremur. Nos igitur, attendentes quod premissis relatis veris existentibus, abbatissa regimine et administratione dicti monasterii Sancti Salvatoris, cui preesse dinoscitur, ac moniales que in eisdem premissis culpabiles existant, vocibus activis et passivis in conventu dicti monasterii se reddiderunt indignas, illisque merito privande existunt, cupientesque eidem monasterio Sancti Salvatoris de persona ydonea, per quam circumspecte regi et salubriter dirigi valeat, provideri, ac de meritis et ydoneitate prefate Catherine, que, ut asserit, Ordinem Fratrum Predicatorum huiusmodi expresse professa extitit, apud nos de religionis zelo, vite munditia, honestate morum, spiritualium providentia et temporalium circumspectione, aliisque multiplicium virtutum donis multipliciter commendate, certam notitiam non habentes, necnon Iohannem archiepiscopum et Catherinam ac Eufrasiam prefatos, et eorum singulos, a quibuscumque excommunicationis, suspensionis et interdicti, aliisque ecclesiasticis sententiis, censuris et penis, a iure vel ab homine, quavis occasione vel causa latis, si quibus quomodolibet innodati existunt, ad effectum presentium dumtaxat consenquendum, harum serie absolventes et absolutos fore censentes, dicteque cause statum presentibus pro expressis[!] habentes, huiusmodi supplicationibus inclinati, discretioni vestre per apostolica scripta commictimus et mandamus quatenus, vobis insimul per vosmet ipsos procedentibus, vocatis abbatissa et monialibus prefatis, et auditis hinc inde propositis, quod iustum fuerit, appellatione remota, auctoritate nostra, decernatis; necnon, si Catherina et Eufrasia prefate abbatissam et alias moniales huiusmodi, vel earum aliquas, super relatis premissis coram vobis accusare, et se ad aliquam penam extraordinariam arbitrio vestro inferendam in forma iuris inscribere voluerint, postquam illas accusaverint et se inscripserint, ut prefertur, vocatis abbatissa et aliis monialibus predictis, ac aliis, que fuerint evocande, super eisdem relatis inquiratis auctoritate nostra predicta diligentius veritatem, et, si per inquisitionem huiusmodi reppereritis relata ipsa veritate subniti, abbatissam regimine et administratione predictis, necnon moniales, quas in eisdem premissis relatis culpabiles inveneritis, vocibus activis et passivis in conventu huiusmodi, sententialiter privetis, ipsamque abbatissam a regimine et administratione predictis realiter amoveatis, prout de iure fuerit faciendum. Et nichilominus, si abbatissam prefatam regimine et administratione predictis per vos, vigore presentium privari et amoveri contigerit, ut prefertur, et, super quo conscientiam vestram oneramus, per diligentem examinationem eandem Catherinam ad regimen et administrationem dicti monasterii Sancti Salvatoris utilem et ydoneam esse reppereritis, de persona dicte Catherine prefato monasterio Sancti Salvatoris, cuius fructus, redditus et proventus trecentorum florenorum auri de camera, secundum communem extimationem, valorem annuum, ut asseritur, non excedunt, sive per privationem et amotionem huiusmodi tunc, sive ex nunc per cessum vel decessum, seu quamvis aliam dimissionem dicte abbatisse, sive alias quovismodo, aut ex alterius cuiuscumque persone vacet, et ex quavis causa illius provisio ad sedem apostolicam specialiter vel generaliter pertineat, dummodo tempore date presentium non sit eidem monasterio Sancti Salvatoris de abbatissa alias canonice provisum, eadem auctoritate nostra providere, ipsamque Catherinam illi in abbatissam preficere curetis, curam, regimen et administrationem ipsius monasterii Sancti Salvatoris sibi in spiritualibus et temporalibus plenarie committendo, ac faciendo [...] a conventu prefatis obedientiam et reverentiam debitas et devotas, necnon a dilectis filiis vassalis et aliis subditis dicti monasterii Sancti Salvatoris consueta servitia et iura ab eis sibi debita integre exhiberi; contradictores per censuram etc. Non obstantibus ... Et insuper, si de persona dicte Catherine eidem monasterio Sancti Salvatoris, vigore presentium, provideri contigerit, ut prefertur, tu, frater episcope, eidem Catherine munus benedictionis impendas, vel per alium antistitem, gratiam et communionem dicte sedis habentem in predictis, facias et procures; volumus etiam quod tu, frater episcope, vel alius antistes, qui eidem Catherine prefatum munus impendes, vel impendet, postquam illud sibi impenderis, vel impenderit, ab ea nostro et Romane Ecclesie nomine, fidelitatis debite solitum recipias, seu recipiat, iuramentum, iuxta formam quam sub bulla nostra mictimus introclusam, ac formam iuramenti, quam dicta Catherina prestabit, nobis de verbo ad verbum per eius patentes litteras, suo sigillo signatas, per proprium nuntium quantocius destinare procures, seu procuret. Et quod per hoc prefato Iohanni et pro tempore existenti archiepiscopo Panormitano, cui dictum monasterium Sancti

Salvatoris ordinario iure subesse dinoscitur, nullum imposterum preiudicium generetur; quodque dicta Catherina, postquam regiminis et administrationis, ac bonorum dicti monasterii Sancti Salvatoris, seu maioris partis eorum possessionem, vel quasi, fuerit vigore presentium pacifice assecuta, illum gestet habitum, qui in eodem monasterio Sancti Salvatoris geritur et habetur, ac illius regularibus institutis se conformet. Dat. Rome, apud Sanctum Petrum, anno etc. MCCCCLXXXX octavo, quarto Idus Maii, pontificatus nostri anno sexto.

Source: ASV, Reg. Vat. 815, fols. 28r–32r.

Note: These alleged offences with Jews obviously refer to the period before 1492.

1161   Rome, 17 September 1498

Decree and information to inquisitors in Spain of revocation of all papal rehabilitations, dispensations and absolutions granted or to be granted convicted heretics and apostates.

Dilectis filiis inquisitoribus heretice pravitatis in Hispaniarum regnis et dominiis constitutis, ac substitutis et substituendis ab eis.
Alexander papa VI[s].
Dilecti filii, salutem et apostolicam benedictionem. Cum, sicut carissimi in Christo filii nostri Ferdinandus rex et Elisabet Regina Hispaniarum Catholici nobis nuper exponi fecerunt, in regnis predictis quamplurimi heretici et a fide apostate comperti, et ut tales per vos ex officio vestro declarati fuerint, et in dies etiam alii comperiantur et declarentur, cupiantque huiusmodi regna et dominia sua ab huiusmodi pestifera labe liberari, et sic declaratos et declarandos nullis privilegiis, honoribus, dignitatibus et officiis in regnis et dominiis ipsis, ad evitanda scandala, que exinde Christifidelibus regnorum [et] dominiorum eorundem eveniunt, gaudere; sed dubitant, ne aliqui ex huiusmodi declaratis et declarandis hereticis et a fide apostatis contra et preter intentionem nostram aliquas a nobis et sede apostolica obtinuerint vel in posterum obtineant litteras apostolicas absolutionis, reconciliationis, restitutionis et reintegrationis eorum. Nos, volentes desuper opportune providere, et scandalis ipsis, quantum cum Deo possumus, obviare, auctoritate apostolica, tenore presentium decernimus litteras predictas prefatis declaratis et declarandis, hactenus forsan per nos et sedem predictam inadvertenter concessas et concedendas, imposterum eis quo ad hoc ut in regnis et dominiis

predictis absolutione, reconciliatione, privilegiis, gratiis, dignitatibus et honoribus aliquibus uti et gaudere possint, minime suffragari debere; vosque nihilominus contra eos, iuxta declarationes per vos factas et quas imposterum fieri contigerit, contra eos procedere posse in omnibus et per omnia perinde ac si littere predicte non emanassent et in futurum non emanarent; non obstantibus premissis, ac constitutionibus et ordinationibus apostolicis, ceterisque contrariis quibuscunque. Datum Rome, apud Sanctum Petrum, sub annulo Piscatoris, die XVII Septembris MCCCCLXXXXVIII, pontificatus nostri anno septimo.

Source: Madrid, Arch. Hist. Nac., Inq., Cod. 1, No. 55.

Publication: Fita, *España Ebrea* 1, pp. 152f.; Llorca, *Bulario*, pp. 190f.

Note: See above, Doc. **1159**.

1162   Rome, 1 June 1500

Imposition of the *vigesima* on Jews in all Christian lands, for a period of three years, to share in the expenses to combat the Turks, who had recently invaded Venetian territory and were threatening other Christian lands: Jews who default or commit frauds must pay double the tax and a fine.

Alexander episcopus, servus servorum Dei, ad futuram rei memoriam. Si ecclesiasticos omnes in universo orbe consistentes et incipientes a nobis ipsis, etiam venerabiles fratres nostros Sancte Romane Ecclesie cardinales, et quoslibet Romane curie officiales, ac subditos et eidem Ecclesie subiectos, quos ab oneribus relevare tenemur, urgente summa necessitate fidei Catholice et gravissimis periculis Christianorum imminentibus, gravare cogimur, Iudei quoque ab ea impositione immunes esse non debent, cum, inter Christianorum dominia constituti, liberam ab eis ducere vitam, in ritibus suis persistere, divitias adquirere, multisque aliis privilegiis gaudere permittantur, et sese denique ex commodis Christianorum sustentare, ac liberos et eorum familias alere dignoscantur, ipsique Iudei, si Christianis pressura obvenerit, quod Deus pro sua clementia avertat, detrimentorum essent participes, et eorum periculo uti nostro res ageretur; propterea, ad evitanda tanta pericula se cum suis facultatibus promptos convenit exhibere. Cum itaque perfidissimi Turce, Christiani nominis hostes, Christianum sanguinem continue sitientes, ac omni conatu Christianorum terras atque dominia sue tyrannidi ac spurcissime secte subiicere querentes, superiori et presenti anno validissimam classem maritimam, maximumque terrestrem exercitum ad expugnandum statum, terras atque dominia dilectorum filiorum, nobilium virorum, Augustini Barbarico ducis, et dominii Venetiarum instruxerint, diversasque incursiones effecerint, et multa millia animarum abduxerint ac in miserabilem statum redegerint, villasque et loca plurima igne ferroque vastaverint, ac tandem Naupactum civitatem, aliaque oppida et loca maritima circumvicina, munitissima, vi et armis ceperint, Christianis omnibus, etiam ecclesiasticis et religiosis utriusque sexus, etiam pontificali dignitate preditis, ac pregnantibus cum semivivis corpusculis, crudelissime cesis et interfectis, et aliis in durissimam servitutem redactis, templis Salvatoris nostri pollutis et dirutis, ac suum malum et iniquum propositum continue ferventius prosequentes, et nihil aliud diu noctuque querentes quam omnia Christianorum dominia sue tyrannidi et spurcissime secte subiicere, ac legem Christi nostri subvertere; denuo validiorem classem maritimam, maioremque terrestrem exercitum instruant, ut omnia maritima loca atque portus Christianorum occupent; pateatque eis deinde facilius ad Romane Ecclesie terras, et presertim ad hanc almam Urbem nostram, in qua Petri sedes collocata est, et qua, quod Deus avertat, expugnata, se totius orbis imperium facile occupare posse non dubitabunt, accessus; et nisi celeriter occurratur, prout res expostulat, formidandum sit, ne ipsi perfidissimi Turce, victorie superbia elati, videntes Catholicos reges, principes ac potentatus inter se dissidentes, privatis commodis intentos, commune bonum negligere, maiora et irreparabilia damna inferant Christianis, prout iam superioribus annis in diversis terris atque locis Germanie, Hungarie, Polonie, Croatie, et aliis eius finitimis, ac carissimo in Christo filio Maximiliano, regi Romanorum illustrissimo, subiectis, inferre non cessaverunt, in maximam divine maiestatis offensam, nostram et Catholicorum regum et principum aliorumque Christifidelium ignominiam, dedecus et iacturam; nos, illius vices gerentes in terris, qui pro mundi salute, de summo celorum solio ad ima descendens, carnem humanam assumere et mortem subire non abnuit, repetentes animo, non sine maxima cordis amaritudine, quod sacratissime patriarchales, metropolitane et cathedrales, alieque insignes ecclesie, pene innumere, ac utriusque sexus regularium personarum monasteria, cenobia et pia loca profanata ac deformi ruine subiecta, quodque ornamenta, cruces et calices, aliaque divinis deputata ministeriis, conflata et destructa, et, quod lamentabilius est, sanctorum veneranda capita et ipsorum sacre reliquie conculcata, et quod innumeri sexus utriusque Christifideles ad damnatam Mahometicam sectam sub dura servitute recipiendam compulsi fuerunt, et, nisi per Catholicos reges et principes tanto furori celeriter occurratur, maiora in dies detrimenta verisimiliter proventura, cupientesque pro eiusdem fidei defensione et Christianorum salute non solum nostras et sedis apostolice facultates, nostre dispositioni commissas, exponere, sed personaliter, prout iam aliquibus per diversas nostras litteras significavimus, si nobiscum accedere voluerint, una cum sacro venerabilium fratrum nostrorum Sancte Romane Ecclesie cardinalium collegio, qui se etiam ad id, pro eorum in Christianam religionem devotione, se sponte obtulerunt in hac sanctissima et pernecessaria expeditione accedere, et proprium sanguinem, si opus fuerit, effundere, et quoniam ad tantam rei molem perficiendam nostre et eiusdem Romane Ecclesie non suppetunt facultates, volentes provisionibus huic sanctissimo operi, ne alia dominia, regna, provincias et loca Christianorum perfidissimi Turce diripiant, ac sub sua tyrannide deducant et continuis bellorum turbinibus affligant, quantum nobis ex Alto permittitur, votive intendere, matura desuper deliberatione prehabita, de eorumdem Sancte Romane Ecclesie cardinalium consilio pariter et assensu, ab universis et singulis Iudeis in universo Christianorum orbe ubilibet constitutis, vigesimam partem omnium bonorum suorum, fructuum quoque, reddituum et proventuum, ac pecuniarum quarumcumque, undecumque et quomodocumque, etiam per usurariam pravitatem, ad eorum manus pervenientium, per ipsos Iudeos persolvendam et ab eis tollendam, levandam et exigendam, infra terminum per legatos sive nuntios et collectores per nos desuper deputandos eisdem prefigendum, in premissum fidei tam commune, tam sanctum tamque pernecessarium opus videlicet, et non in alios usus, convertendam, auctoritate apostolica, et ex certa scientia, tenore presentium per triennium, a data presentium computandum, imponimus. Et, ut prefati Iudei impositam eis vigesimam predictam, sine aliqua fraude, in termino statuendo integre persolvant, si quando per eos fraudem committi contigerit, aut, lapso termino, vigesimam huiusmodi exhibere neglexerint, tunc et eo casu decimam integram omnium bonorum suorum, sine aliqua remissione, persolvant, et etiam pro quolibet centenario florenorum quatuor florenos solvant inventori et eorum fraudem relevanti[!]; non obstantibus privilegiis, gratiis et indultis apostolicis eisdem Iudeis sub quacumque verborum forma et quavis auctoritate, in genere, vel in specie, et cum quibuscumque clausulis, etiam derogatoriarum derogatoriis, fortioribus et efficacioribus ac insolitis concessis, statutis quoque et consuetudinibus provinciarum, civitatum et locorum in quibus predicti Iudei habitant, etiam iuramento, confirmatione apostolica vel quavis firmitate alia roboratis, per que nullum ipsis suffragium afferre posse decernimus et declaramus, ceterisque contrariis quibuscumque. Verum, cum difficile foret presentes litteras ad singula queque loca in quibus expediens esset deferre, volumus et predicta auctoritate decernimus quod illarum transsumptis ... ea prorsus indubia fides adhibeatur in iudicio et extra, et alias ubilibet in omnibus et per omnia, que presentibus adhiberetur, si essent exhibite vel ostense. Nulli ergo ... Si quis autem ... Dat. Rome apud Sanctum Petrum, anno Incarnationis Dominice MD, Kalendis Iunii, pontificatus nostri anno octavo.

Publication: Burchard, *Diarium* 3, pp. 53f.

Note: The Bull is mentioned in that of Pope Julius II, (23) May 1506.

Bibliography: Bardinet, *Condition*, p. 21; Pastor, *History of the Popes* 6, p. 90; Raynaldus, *Annales Ecclesiastici*, a. 1500, §§7–9; Setton, *Papacy and Levant* 2, p. 527; Stow, *Taxation*, p. 8; Synan, *Popes*, p. 145; Vogelstein-Rieger, *Rom* 2, pp. 28, 126.

1163 Rome, 1 February 1501

Appointment of Nicolaus de Gigantibus, archdeacon of the church in Fano, as collector of the *decima* from the clergy and the *vigesima* from the Jews in the territories subject to the Church in Italy, with the exception of the island of Sicily, Ferrara, and Bologna, mandate to take all necessary steps for the collection of the tax, and concession of full powers and authority.

Alexander episcopus, servus servorum Dei. Dilecto filio Nicolao de Gigantibus, archidiacono ecclesie Fanensis, in omnibus et singulis provinciis, civitatibus et terris infrascriptis, nobis et Sancte Ecclesie Romane mediate vel immediate subiectis, ad exigendas cleri decimam et Hebreorum vigesimam, collectori et camerario nostro, salutem et apostolicam benedictionem. Cum nos alias, pro imminentibus Christiane fidei necessitatibus, unam veram et integram decimam omnium et singulorum fructuum, redituum et proventuum, secundum verum valorem et annuum, omnium officiorum cuiuscumque qualitatis, provinciarum, civitatum et terrarum Romane Ecclesie, necnon alme Urbis et Romane curie, ac patriarchalium, metropolitanarum, cathedralium et aliarum ecclesiarum, monasteriorum, prioratuum, prepositurarum, dignitatum, personarum, administrationum, officiorum, cantantium et prebendarum, ecclesiasticorum, secularium, et etiam Sancti Benedicti, Sancti Augustini, Cisterciensis, Cluniacensis, Carthusiensis, Camaldulensis, Montis Oliveti, Humiliatorum, Premonstratensis, Vallis Umbrose, Cruciferorum, monachorum heremitarum Sancti Hieronymi, et aliorum quorumvis ordinum, tam virorum quam mulierum, etiam Mendicantium, ex privilegio, vel alias, certos redditus habentium, regulariumque militiarum, scilicet Sancti Iacobi de Spatha, de Calatrava, de Alcantara, de Montesa, Iesu Christi, de Avis, Beate Marie Teutonicorum, et aliarum quarumcumque, etiam quarum redditus ad hospitalitatem deputati forent, per universum orbem consistentium officiorum, videlicet a legatis, gubernatoribus, rectoribus, capitaneis, potestatibus et aliis quibuscunque officialibus nostris, dictarumque Romane curie et Urbis reddituum vero et proventuum ecclesiasticorum ab omnibus et singulis archiepiscopis, electis, abbatibus et abbatissis, prioribus,

priorissis, prepositis, administratoribus, commendatariis, capitulis, conventibus, guardianis, ceterisque personis ecclesiasticis, secularibus et regularibus,
ordinum et militiarum predictarum, etiam exemptis et non exemptis, ac
magistris, prioribus, castellanis, baiulivis, preceptoribus militiarum,
prioratuum, castellaniarum, baiuliarum ac preceptoriarum et militiarum
huiusmodi fructus, redditus et proventus ecclesiasticos, ubilibet, in universo
orbe percipientibus et percepturis, cuiuscumque preeminentie, dignitatis,
status, gradus, ordinis vel conditionis existerent, per quasdam primo, deinde
etiam ab universis et singulis Iudeis, in universo Christianorum orbe ubilibet
constitutis, vigesimam partem omnium bonorum suorum, fructuum quoque,
reddituum, proventuum quorumcumque, undecumque, quomodocumque,
etiam per usurariam pravitatem, ad eorundem Iudeorum manus provenientium, et si predictos Iudeos fraudem in premissis committi contingeret, aut,
lapso termino statuto, vigesimam huiusmodi exhibere neglexerint, tunc et eo
casu, etiam decimam integram omnium bonorum suorum predictorum, sine
aliqua remissione, per triennium dumtaxat, persolvendas, levandas et
exigendas in eiusdem fidei opus et defensionem, et non in alios usus, omnino
convertendas, per alias nostras litteras, de fratrum nostrorum consilio,
duxerimus imponendas, prout in singulis litteris preteritis plenius continetur.
Nos, cupientes quod decima et vigesima huiusmodi iuxta singularum
litterarum earundem continentiam et tenorem exigantur, te, qui etiam
cubicularius noster existis, et de cuius probitate, fidelitate ac diligentia
specialem in Domino fiduciam obtinemus, in omnibus ac singulis provinciis et
civitatibus, terris et locis, nobis et eidem Romane Ecclesie mediate vel
immediate in Italia consistentibus, regno Sicilie ultra Pharum, ac nostris
Ferrarien. et Bononien. civitatibus duntaxat exceptis, generalem commissarium, collectorem, receptorem et exactorem decime et vigesime huiusmodi pro
dicto triennio duntaxat, harum serie facimus, constituimus et etiam
deputamus, tibi per apostolica scripta mandamus et committimus quatenus
ad provincias, civitates, terras et loca subiecta huiusmodi personaliter accedas,
vel, prout tibi melius videbitur expedire, alios subcollectores tuos destines, ac
integram decimam et vigesimam huiusmodi ab omnibus et singulis ad illius
solutionem, ut prefertur, obligatis, in uno vel duobus terminis, prout sibi
videbitur, prefigendis, petere et exigere, levare et colligere curetis. Nos enim
tibi decimam et vigesimam huiusmodi per te, vel alios, ut prefertur,
deputandos, auctoritate nostra petendi, exigendi, levandi et recipiendi, ac de
receptis duntaxat solventes quietandi, liberandi et absolvendi, necnon
contradictores, rebelles, et dictas decimam et vigesimam solvere differentes,
renuentes, Christianos, videlicet, privationis penam in prioribus litteris
predictis contra rebelles inflictam et promulgatam incurrisse declarandi, ac
etiam per alias censuras ecclesiasticas, aliaque iuris opportuna remedia, ac
sequestrationem fructuum, reddituum et proventuum huiusmodi compescendi,
et, si protervitas aut contumacia extiterit[!], monasteriis, dignitatibus,

magistratibus, preceptoriis, baiuliariis, castellaniis, hospitalibus, beneficiis et officiis predictis amovendi; Iudeos vero predictos ad integram vigesimam, ut prefetur, et etiam pro quolibet centenario florenorum quatuor florenos similes inventori bonorum suorum huiusmodi et fraudem eorum revelanti, et alias, iuxta dictarum litterarum tenorem, et tam quo ad eos, quam quo ad Christianos huiusmodi ad premissa brachium seculare invocandi, necnon quoties te, vel per te deputandos subcollectores predictos, respective, abesse contigerit, aliam, vel alias, personam seu personas, ecclesiasticam, vel ecclesiasticas, seculares vel cuiusvis ordinis regulares, in provinciis, civitatibus, terris et locis predictis ac illorum diocesium, loco eorum, etiam cum simili aut limitata potestate, deputandi et substituendi, et ab eis computa et rationes de collectis et ministratis recipiendi, et ad id per censuras et penas predictas, ac alias, modo premisso, cogendi et compellendi, omniaque alia et singula in premissis et circa ea necessaria, seu quomodolibet opportuna, faciendi, exercendi, gerendi et exequendi, que ad plenariam executionem premissorum expedire videbunt, ipsosque Christianos, qui ad cor reversi et de his in quibus premissorum occasione, obligatione obligati erunt, debite satisfecerunt, absolvendi, liberandi et habilitandi, necnon cum illis qui sententiis, censuris et penis predictis irretiti, missas et alia divina officia, non tamen in contemptum clavium celebrando, aut alias se immiscendo, irregularitatem contraxerint, super illa dispensandi, plenam, liberam et omnimodam, auctoritate apostolica, tenore presentium licentiam concedimus et facultatem. Non obstantibus ... Dat. Rome, anno Incarnationis Dominice MD, Kalendis Februarii, pontificatus nostri anno nono.

Publication: Burchard, *Diarium* 3, pp. 113f.

Bibliography: Vogelstein-Rieger, *Rom* 2, p. 28.

1164 Rome, 16 January 1502

Commission and mandate to Felicianus Sixti of Foligno, papal commissioner, to impose the fines laid down in the original order on the Jews who committed frauds in connection with the payment of the *vigesima*, and mandate to all officials in the papal dominions to assist him in the execution of his duties. Mandate to Felicianus to examine the ledgers of Jewish money-lenders and other Jews for alleged frauds, and to punish transgressors.

Dilecto filio Feliciano Francisci Sixti de Fulginia, commissario nostro. Alexander Papa VI[s].

Dilecte fili, salutem et apostolicam benedictionem. Licet dudum, cum pro defensione reipublice Christiane [contra] perfidos Turcos, Christiani nominis acerrimos hostes, imposuimus omnibus Iudeis in toto orbe existentibus vigesimam omnium et singulorum bonorum suorum, tam mobilium quam immobilium, per triennium solvendam, inter cetera voluerimus quod, si qui ex prefatis Iudeis, in assignando bonorum suorum vero valore et huiusmodi vigesima solvenda, fraudem aliquam commicterent, quod ad solutionem unius integre decime bonorum suorum predictorum tenerentur, ac cogi possent et deberent, prout in nostris desuper editis litteris plenius continetur, tamen, ut nobis nuper rellatum fuit, quidam ex ipsis Iudeis, presertim in partibus commissionis tibi per nos facte existentibus, super huiusmodi valoris assignationem et vigesime solutiones fraudes commiserunt, quocirca ferendum non putantes ut in tam pia tamque necessaria re aliqua fraus committatur, tibi, de cuius prudentia et diligentia plurimum in Domino confidimus, per presentes comittimus et mandamus ut omnes et singulos illos Iudeos, qui in assignando bonorum suorum vero valore et in solvendo vigesimam predictam quomodolibet fraudem commiserunt, aut imposterum comitterent, etiam si super huiusmodi solutionibus quietantias obtinuerint, penas in nostris desuper confectis litteris contentas incurrisse declares, et ad solvendum dictas penas cogas et compellas, nec non omnes et singulos Iudeos in civitatibus Pisauri, Fani, Senegalee, earumque districtibus, ac in dominio ducis Urbini et vicariatus Camarini existentes, qui, ut etiam accepimus, moniti a dilecto filio thesaurario provincie nostre Marchie Anconitane ut in huiusmodi XXme solutione Iudeis dicte provincie contribuerent, ut dicto thesaurario commisimus, XX^{mam} solvere et ei parere recusarent, ad solvendum integram decimam similiter cogas atque compellas, supra quibus omnibus et singulis tibi plenam harum serie concedimus facultatem, ac etiam componendi, exigendi, et de exactis quietandi, nec non represalias contra homines et bona civitatum et dominii predictorum, si opus fuerit, committendi et fieri faciendi; mandantes omnibus et singulis gubernatoribus, locumtenentibus, vicariis et quibuscumque officialibus, tam ecclesiasticis quam secularibus, ubilibet constitutis, quocumque nomine censeantur, sub excommunicationis pena, ut tibi in premissis et infrascriptis omnibus et singulis debite exequutioni mandandis, favoribus et auxiliis opportunis faveant et assistant, prout a te requisiti fuerint, invocato ad hoc, si opus fuerit, auxilio brachii secularis; inhibentes insuper omnibus aliis commissariis supradictis, deputatis et subdelegatis a te super huiusmodi XXme exactione seu compositione, aut aliter quomodocumque ante descriptionem bonorum dictorum Iudeorum per te facienda, ulterius se impediant vel intromittant, in contrarium facientibus, non obstantibus quibuscunque. Insuper, quoniam intelleximus Iudeos fenerantes, et alios, in eorum libris quamplures fraudes et falsitates in preiudicium Christianorum, et quamplures alios excessus et delicta, que non mediocri punitione digna sunt, committere, tibi, qui libros ipsorum Iudeorum intelligis, etiam per presentes committimus et mandamus ut libros et bastardellos, tam super fenore, quam quibuscumque aliis computis et rationibus, quorumcunque Iudeorum in civitatibus, terris, castris et locis, nobis et Sancte Romane Ecclesie mediate vel immediate subiectis, existentibus, inspicias, et tam in predictis, quam in quibuscumque aliis excessibus et delictis repertos deliquentes, mox huiusmodi delictorum et excessuum condemnes et punias, et super penis componas, quietes et absolvas, super quibus plenam tibi harum serie concedimus facultatem; volumus autem quod omnes pecunias, que ex premissis omnibus causis solventur collectoribus vel subcollectoribus, aut thesaurariis provinciarum, respective, per manus predictorum Iudeorum solvi facias. Datum Rome, apud Sanctum Petrum, sub annulo Piscatoris, die XVI Ianuarii MDII, pontificatus nostri anno decimo.

Source: AS, Modena, Archivi per materie, Ebrei, b. 19 b.

Note: The text is included in a receipt for the tax issued to Jewish bankers in Ferrara and elsewhere by the papal commissioner, Felicianus Sixti of Foligno, on 17 June 1505: *Felicianus Sixtus de Rupere, Fulginas, sanctissimi in Cristo patris et domini nostri, domini Iulii, divina providentia pape secundi, commissarius specialiter deputatus. Cunctos has visuros reddimus certiores, qualiter, facta per nos diligenti perquisitione, investigatione et inquisitione de omnibus et singulis ac quibuscunque et ubicunque et in quibuscunque bonis consistentibus, et rebus, ac peccuniis, nominibusque debitorum, capitalibus et pignoribus, ac aliis quibuscunque facultatibus et iuribus, necnon libris, vachetis et scripturis Abrae quondam Iacob de Fintiis, habitatoris Bononie, et Manuelis quondam Noe de Nursia, habitatoris Ferrarie, Hebreorum, et principalium conductorum banci feneraticii de Ripa in ipsa civitate Ferrarie, et Beniamini Ioseph Fintii de Regio, Hebrei, et socii in dicto banco, ac aliorum sociorum, factorum et famulorum, ac aliorum quoruncumque Hebreorum habentium peccunias seu denarios in banco predicto, pro trafico sive exercitio eius, aut habitantium, vel se exercentium in eo quomodocunque et qualitercunque; et etiam de ipsis libris, vachetis et scripturis quibuscunque matura et pluries iterata perlectione habita, inspectisque et cognitis eis omnibus et singulis diligentissime, et pro predicta et alia nonnulla remedia habita vera et plenissima informatione super omnibus et singulis predictorum Hebreorum bonis mobilibus et immobilibus, ac iuribus, aliisque premissis, illorumque fructibus et redditibus quomodocunque et qualitercunque et ubicunque, et precipue Ferrarie, Bononie, Mutine, Mantue, Regii et Sermidi, et generaliter in omni alia civitate, castro et iurisdictione, tam per usurariam pravitatem, quam quidem vultis aliud exercitium seu traficum partis et acquisitis, composuimus et componendum duximus cum ipsis omnibus predictis Iudeis, auctoritate qua fungimur, et ut in brevibus, in fine presentium, ad maiorem intuentium claritatem, de verbo ab verbum registratis et exemplatis, pro triennali vigesima omnium dictorum bonorum per predictum sanctissimum dominum nostrum eis imposita, vel ab eis et quolibet eorum exigenda per nos, auctoritate iam dicta; necnon pro nostra deputata mercede; quamquidem XXam triennalem omnium dictorum bonorum, et de quibus supra, una cum dicta nostra mercede, a predictis Hebreis actualiter, prout composuimus, et secundum conventionem et compositionem inter nos factam, habuisse et recepisse confitentes, eisdem Iudeis presentibus et accipientibus pro se et suis heredibus, et nominibus et vice aliorum, de quibus supra, a dicta triennali XXma omnium dictorum bonorum, capitalium, et nomine suorum, pro predicto sanctissimo domino nostro, ut supra, sic per nos ab eis habita et exacta; et de omnibus aliis, pro quibus vigore aliarum omnium nostrarum commissionum, dicti Hebrei per nos, vel alium quempiam, usque in presentem diem quoquomodo molestari vel inquietari possent, vel potuissent, aut poterint, et de dicta nostra deputata mercede finem, et generalem absolutionem, quietationem et liberationem pro dicto sanctissimo domino nostro et eius camera apostolica facimus per presentes; et etiam ab omnibus et singulis penis, in quibus incursi essent, aut condemnari possent, vel deberent ipsi Hebrei, vel aliquis, aut aliqui eorum, seu eis infligi, vel ab eis peti, aut exigi, per quascunque, tam parva, quam magna, vel maxima quantitate, ob quecunque contraventiones sive inhobedientias mandatorum nostrorum spretorum, fraudesque et falsitates, et alios quoscunque excessus, delicta, aut crimina, que quomodocunque et qualitercunque, quod absit, eis, vel alicui eorum, imputari vel ascribi possent, quacunque de causa, tam cogitata quam non, et etiam si talia essent, que hic exprimi necesse fuisset, et pro quibus omnibus et singulis eos absolvimus et plene liberamus, tanquam sit nobis plene solutum et satisfactum integre, et prout cum eis, auctoritate prefata, etiam duximus componendum; mandantes insuper omnibus ad quos spectat et pertinet, et nostre littere pervenerint, sub penis et censuris in nostris predictis et infrascriptis commissionibus contentis et annotatis, quatenus ipsos omnes et singulos premissorum occaxione in futurum minime in rebus, vel personis, quoquomodo molestent, vel inquetent, vel quocunque modo molestari, vel inquietari, temptant, quinimo predicta omnia et singula precise et firmiter attendant et observent et faciant ab aliis omnibus observari. In quorum fidem, robur et testimonium, presentes fieri volumus, nostroque maiori solito sigillo muniri ac subscribi, per nostrum infrascriptum deputatum cancellarium. Datum Ferrarie, in domo nostre habitationis sita in contracta Sancti Gregorii, prope ecclesiam, anno MDV, indictione octava, die XVII Iunii.* On Felicianus, see above, Docs. **1024, 1046**. He may have been a convert, since he is described as being able to understand the ledgers. At this time most Jews kept their books in Hebrew.

Bibliography: Bardinet, *Condition*, p. 21.

1165* Rome, 8 February 1503

Appointment to Bartholomeus Faratino de Amelia, assessor, scribe and notary, of the *decima* collected from the clergy in Bologna and its district by Cesar Naccis, bishop of Amelia, and of the *vigesima* and fines on contraventions from the Jews there collected by Felicianus Sixti. These moneys are to be handed over to Henry Bruni, archbishop of Taranto and general collector of the *decima* and *vigesima*.

Raphael etc. Spectabili viro Bartholomeo Faratino de Amelia, dilecto nostro, salutem etc. Cum sanctissimus dominus noster, pro imminentibus rei publice Christiane a perfidis Turcis necessitatibus, triennales decimas omnibus et singulis beneficiis ecclesiasticis, et officiis Romane curie, ac aliorum locorum apostolice sedi subiectorum, ac Iudeis omnibus, ubilibet sub iurisdictione Christianorum degentibus, triennales vigesimas imposuerit, et ad ipsas decimas exigendas in civitate et districtu Bononien. reverendum in Christo patrem dominum Cesarem, episcopum Amerinum, collectorem et commissarium, et ad dictas vigesimas ab ipsis Hebreis, et super eorum excessibus, spectabilem virum dominum Felicianum Sixtum, civem Fulginatensem, exactorem generalem et commissarium deputaverit, ut in litteris apostolicis super huiusmodi commissionibus emanatis, plenius continetur, et prefatus sanctissimus dominus noster cupiat predicta omnia summa cum diligentia, cura et fidelitate exigi, ad nostrumque camerariatus officium spectet premissorum redditus omnes et proventus liquide et accurate intelligere, et de illis plenam et perfectam notitiam habere, maxime cum tam pio et pernecessario operi sint deputati, hinc est quod, cupientes prefate sanctitatis menti in omnibus satisfieri, et volentes notitiam huiusmodi plene assequi, te, de cuius probitate, diligentia et fide plurimum confidimus, de mandato etc., et auctoritate etc., assessorem supradictorum dominorum commissariorum, scribam, et pro camera apostolica notarium omnium et singularum exactionum et solutionum decimarum predictarum exigendarum in civitate et districtu Bononie, vigore commissionis prefati reverendi domini episcopi commissarii, ac etiam omnium et singularum vigesimarum et penarum excessuum dictorum Hebreorum per dictum dominum Felicianum, commissarium et collectorem, ex hac imposterum exigendarum, facimus, constituimus et deputamus per presentes; mandantes et ordinantes, mandato et auctoritate predictis, solutiones omnes et singulas predictarum decimarum in civitate et districtu Bononie, et vigesimarum et Hebreorum excessuum penarum, fieri per cedulas et receptiones manu tua confectas, et non alterius, dirigendo tamen pecunias et proventus predictos depositario seu bancho per commissarios predictos deputando; et de dictis solutionibus et exactionibus, etiam manu tua ordinarios libros ad effectum predictum confici, illosque ad nostrum beneplacitum consignari sic confectos reverendo patri domino

Henrico, archiepiscopo Tarentino, generali dictarum decimarum et vigesimarum omnium collectori, a sanctissimo domino nostro deputato, qui ad nos et cameram apostolicam pro ratione et computo predictarum, afferet. Et quoniam dignus est mercenarius mercede sua, tibi, huiusmodi commissione durante, ducatos duodecim singulo mense ex dictis pecuniis exigendis persolvendos statuimus, deputamus et concedimus. In quorum fidem etc. Dat. Rome, in camera apostolica, die VIII Februarii MDIII, pontificatus sanctissimi in Christo patris etc., anno undecimo.

Source: ASV, Arm. XXIX, vol. 55, fol. 20r-v.

Note: See above, preceding doc.

1166   Rome, 26 May 1503

Concession to Didacus Deza, bishop of Palencia and Inquisitor general in Spain and Sicily, and the other inquisitors there, of permission to commute the life imprisonment, imposed or to be imposed on heretics and apostates, to banishment overseas or slavery in the galleys for life, or other suitable punishment, following information by the king and queen of Spain that there were not enough prisons to hold the prisoners.

Venerabili fratri episcopo Palentino, et dilectis filiis aliis inquisitoribus heretice pravitatis in regnis Hispaniarum et Sicilie deputatis.
Alexander papa VI^s.
Venerabilis frater, et dilecti filii, salutem et apostolicam benedictionem. Significarunt nobis carissimus in Christo filius noster Ferdinandus rex et carissima in Christo filia nostra Helisabet regina Hispanie et Sicilie Catholici, quod nonnulli regnorum et dominiorum suorum, qui, propter heresim hereticasque superstitiones et a fide Catholica apostasiam, legitime ad perpetuos carceres condemnati fuerunt, nescientes a via mala abstinere, sed dirigentes gressus suos in semitam perditionis, iterum in perfidiam Iudaice cecitatis relabuntur, et cum non sit in istis partibus tanta copia artorum ac fidorum carcerum, ubi sic damnati absque aliorum sibi similium conversatione, a quibus infici, et quos inficere possent, firma custodia servari valeant, et periculum immineat ne ex eorum multiplicatis carceribus alii in similes hereticas superstitiones inducantur; et quia a nonnullis curiosis revocatur in dubium, an vos penam carceris perpetui huiusmodi in aliam penam perpetuam, que magis ad extirpationem huiusmodi criminis, et puritatem ac securitatem regnorum ipsorum vobis oportuna videretur,

commutare possitis, rex et regina prefati nobis super hoc humiliter supplicari fecerunt, quatenus providere in premissis de benignitate apostolica dignaremur. Nos igitur, qui libenter nostri officii partes impartimur, ut fides Catholica continuum suscipiat incrementum, huiusmodi supplicationibus, utpote rationabilibus, inclinati, vobis et singulis inquisitoribus dicte heretice pravitatis in eisdem regnis et dominiis pro tempore existentibus, quibus maxima cura esse debet, ne qui semel a fide Catholica recesserunt, iterum ad vomitum redire possint, ut penam damnatorum predictorum ad perpetuos carceres hactenus iniunctam, vel deinceps iniungendam, in aliam penam, etiam deportationis in insulis, etiam ultramarinis, vel deputationis et incarcerationis eorum in galeis aut triremibus regiis, vel aliis, ut inibi perpetuo religati permaneant, obsequia et alia servitia imposita prestaturi, aut aliam quamcunque penam similem perpetuam, prout iuxta personarum qualitatem et conditionem, ac delicti et perfidie exigentiam potius videretis expedire, licentiam et facultatem concedimus per presentes; non obstantibus premissis, ac constitutionibus et ordinationibus apostolicis, ceterisque contrariis quibuscunque. Datum Rome, apud Sanctum Petrum, sub annulo Piscatoris, die XXVI Maii MDIII, pontificatus nostri anno undecimo.

Source: Madrid, Arch. Hist. Nac., Inq., Cod. 1, No. 64.

Publication: Llorca, *Bulario*, pp. 213f.

Julius II (della Rovere)
1 Nov. 1503 – 21 Feb. 1513

1167

Revocation and cancellation of all restrictions placed on the admission or appointment of Christians of Jewish extraction to monastic orders and other Christian religious or lay organizations or institutions, and mandate to all members of the clergy to publish the Bull, if so required, and to see to it that it is carried out.

Ad perpetuam rei memoriam. Illius, qui diversitatem gentium in confessione sui nominis adunavit, et apud quem non originis, non divitiarum, non patrie, non denique nisi virtutum, et que ex nostro dumtaxat libero arbitrio procedunt ratio habetur, vices, licet immeriti, gerentes in terris, illa que occasionem non veniendi ad eum prestant penitus abolere, et que ad veniendum alliciunt plantare atque fovere, totis viribus procuramus. Cum itaque, sicut accepimus, quedam detestanda consuetudo, seu verius corruptela, in Hispaniarum et forsan aliis mundi partibus inoleverit, quod in monasteriis et aliis locis regularibus, necnon collegiis, confraternitatibus, et aliis congregationibus ecclesiasticis et secularibus, Christiani de gente Iudeorum, aut aliorum infidelium, habentes originem nullatenus admittantur. Nos, attendentes quod Christus, magister noster, eiusque apostolus Paulus, similia, tamquam divisionem et odium seminantia, et occasionem nedum non augendi, sed etiam destruendi rem publicam Christianam prestantia, evellere sunt conati, quodque cum de Iudeis conversis sit Christi Ecclesia fundata, ad fidem Christi conversos non dedignare, quinymo allicere, ac tali, quod ipsi non solum ad fidem veram et sanctam, sed etiam ad fideles veros et Christi, qui charitas est, sequaces se convertisse cognoscant, ac reliqui infideles ad se similiter convertendum exemplo hoc inducantur, extimatione habere opporteat, et Christi fidei pernecessarium existat, motu proprio et ex certa nostra scientia, tenore presentium predictam et quascunque alias consuetudines, necnon constitutiones et ordinationes sinodales, provinciales et municipales, ac statuta quecumque, etiam iuramento, confirmatione apostolica vel quavis firmitate alia roborata et roboranda, necnon quascunque, etiam in forma brevis litteras, etiam motu proprio, et ex certa scientia, ac de apostolice potestatis plenitudine, et de Sancte Romane Ecclesie cardinalium consilio et expresso consensu, etiam consistorialiter habitis, ac per viam contractus et obligationis, etiam iuramento vallati, necnon perpetui statuti et ordinationis, aut constitutionis et legis, et cum quibusvis, etiam exceptivis, preservativis, mentis attestativis, irritativis, anullativis, restitutoriis, innovatoriis, ac derogatoriarum derogatoriis, aliisque efficacissimis et insolitis clausulis, ac ex quantumcunque urgentissimis causis, et necessario exprimendis, a quibuscunque Romanis pontificibus, predecessoribus nostris, ac nobis et sede apostolica quomodolibet emanatas et emanandas, que eosdem conversos, et ab eis trahentes originem, vel eorum aliquem, propterea ad predicta, vel aliud quodcunque, quomodolibet inhabilitant vel inhabilitabunt, illorum omnium tenores et quecunque ad presentium validitatem exprimi quomodolibet necessaria et opportuna presentibus pro sufficienter expressis, ac de verbo ad verbum insertis habentes, utpote fidei Christiane preiudicantia, nullius roboris vel momenti fuisse et esse declaramus, et quatenus opus sit revocamus, cassamus et annullamus, et quod de cetero imperpetuum in predictis et aliis quibusvis mundi partibus quicunque conversi Christifideles et ab eis trahentes originem in monasteriis et in aliis regularibus et piis locis, necnon collegiis, confraternitatibus et congregationibus ecclesiasticis ac secularibus, necnon ecclesiis patriarchalibus, primatialibus, metropolitanis, cathedralibus, collegiatis, et aliis, ac dignitates, beneficia et officia ac exercitia et negotia ecclesiastica et secularia, ac publica et privata, ac denique ad quecunque, ac si omnes eorum predecessores veri Christiani fuissent, et in suo genere nullus unquam infidelis fuisset, vel esset, recipi et admitti debere, ac ad illa quecunque ad que alii quicunque Christifideles et in quorum genere nunquam aliquis Iudeus, vel alius infidelis, aut hereticus fuit, habiles quomodolibet existunt, habiles quoad omnia, absque aliqua penitus differentia et pares illis omnino existere, et sic per quoscunque, tam ordinaria quam delegata et mixta auctoritate fungentes iudices et personas, ubique iudicari, cognosci atque decidi debere, sublata eis et eorum cuilibet aliter iudicandi, cognoscendi, ac decidendi facultate, necnon irritum et inane quicquid secus a quoquam, quavis auctoritate, scienter vel ignoranter, contigerit attemptari, decernimus; et nichilominus universis et singulis patriarchis, archiepiscopis, episcopis, abbatibus, et aliis prelatis, necnon personis in dignitate ecclesiastica constitutis, eorumque officialibus, ac in spiritualibus vicariis generalibus, necnon quarumcunque metropolitanarum, vel aliarum cathedralium ecclesiarum canonicis ubilibet commorantibus etc. mandantes quatenus ipsi, vel plures, aut unus eorum, per se, vel alium seu alios, ubi, quando ac quotiens expedierit, et pro alicuius parte desuper fuerint requisiti, auctoritate nostra, presentes litteras publicent et faciant publicari, ac plenum effectum ubilibet sortiri, non permittentes aliquem contra earum tenorem modo aliquo molestari, impediri, aut inquietari; contradictores quoslibet et rebelles per excommunicationis late sententie, suspensionis etiam ab officiis et beneficiis, ac interdicti, etiam localis, aliasque ecclesiasticas, necnon quascunque, etiam formidabiliores arbitrio suo imponendas, applicandas et exequendas censuras et penas, et alia iuris remedia, appellatione postposita, compescendo, invocato ad hoc, si opus fuerit, auxilio brachii secularis. Non obstantibus ... tenores huiusmodi pro sufficienter expressis ... habentes, hac vice dumtaxat ... derogamus ... Ceterum, quia difficile foret presentes litteras ad quecunque loca ubi opus esset deferre, volumus, et dicta auctoritate decernimus, quod earundem presentium transumptis ... eadem prorsus ubique fides adhibeatur, que adhiberetur eisdem presentibus, si forent exhibite vel ostense. Nulli etc. Dat.

Source: ASV, AA, Arm. I–XVIII, 4168.

Note: No date is given. The Inventory has: *Iulii II bulla... Apogr. chart., initio saec. XVI.*

1168   Rome, 31 March 1504

Confirmation to Felicianus Francisci Sixti of Foligno of his appointment by Alexander VI as collector of the *vigesima* and of the fines for excesses from the Jews, and commission to complete his task.

Dilecto filio Feliciano Francisci Sixti, civi Fulginensi, commissario nostro. Iulius papa II[s].
Dilecte fili, salutem et apostolicam benedictionem. Cum felicis recordationis Alexander papa VI[s], pre imminentibus reipublice Christiane periculis, inter alias imposuit omnibus Iudeis, in universo Christianorum orbe existentibus, unam veram et integram vigesimam omnium et singulorum bonorum suorum, mobilium et immobilium, etiam per usurarium pravitatem partorum, per triennium levandam et exigendam, teque exactorem eiusdem, ac commissarium, etiam super excessibus ipsorum Iudeorum, deputaverit, ut in ipsis litteris desuper emanatis latius continetur, et exactio huiusmodi, tum propter temporum difficultatem, tum ob renitentiam et subterfugia ipsorum Iudeorum, non fuerit in totum exequutioni demandata, et in usum in quem proventus dicte vigesime et commissionis deputati fuerant, erogate sint diverse pecuniarum summe, mutuo per cameram nostram apostolicam, sicut agentes pro ea nobis exposuerunt, a diversis mercatoribus, etiam sub assignamento et speciali obligatione dicte triennalis vigesime accepte, et iam elapsus[!] sit tempus satisfactionis dictis mercatoribus. Hinc est quod nos, et si nostre intentiones sint neminem gravare, tamen, ut contracta per dictam cameram debita exsolvantur, et creditoribus, qui imminenti necessitate deffendende

religionis Christiane pio proposito subvenerint, ex premissis et assignatis proventibus satisfiat, harum serie commissiones tibi per prefatum predecessorem nostrum factas, cum omnibus et singulis facultatibus, auctoritatibus, arbitrio et potestate, et aliis in illis contentis, confirmamus, et illas non cesasse, sed in suo robore permanere declaramus; mandantes, quo facilius illas exequi possis, gubernatoribus et officialibus ut, iuxta dictarum commissionum tenorem, in omnibus tibi faveant et assistant, contrariis quibuscumque non obstantibus. Datum Rome, apud Sanctum Petrum, sub annulo Piscatoris, die ultima Martii MºDIIII, pontificatus nostri anno primo.

Source: AS, Modena, Archivi per materie, Ebrei, b. 19 b.

Note: The text is included in a receipt for the tax issued to Jewish bankers in Ferrara and elsewhere by the papal commissioner, Felicianus Sixti of Foligno, on 17 June 1505. See above, Docs. **1024, 1046**, and below, Doc. **1164**.

1169   Rome, 12 April 1504

Concession to the vicar of the archbishop in Benevento of jurisdiction over local Jews, who had attempted to remove themselves from his judicial authority.

Dilecto filio vicario venerabilis nostri archiepiscopi Beneventani in spiritualibus generali.
Dilecte fili, salutem et apostolicam benedictionem. Cum, sicut accepimus, Iudei istius civitatis nostre Beneventi, sub spe forsan impunitatis, a iurisdictione ac superioritate ordinaria, cui solebant subesse, se subtraxerint, eorumque causas ac controversias, pretextu cuiusdam brevis apostolici, ut asserunt, alias eis concessi, coram iudicibus secularibus eiusdem civitatis introducant, ut coram illis huiusmodi cause cognoscantur ac terminentur, ac ipsi pro commissis delictis et excessibus puniantur, non sine curie archiepiscopalis iactura ac detrimento. Nos igitur, volentes ut unicuique ius suum illesum conservetur, tibi, ut Iudeos predictos ad solitam obedientiam reducere, ac in eos omnimodam superioritatem, iurisdictionem atque potestatem exercere, eorumque causas cognoscere et terminare, ac illos visitare, ac iuxta delictorum et excessuum qualitates punire et mulctare, contradictores quoque atque inobedientes per quascumque penas atque pecuniarias cogere atque compellere, invocato etiam ad id, si opus fuerit, auxilio bracchii secularis, libere et licite valeas, harum serie concedimus facultatem. Non obstantibus constitutionibus et ordinationibus apostolicis, ac quibusvis privilegiis atque indultis eisdem Iudeis forsan concessis, atque

brevibus, quibus, illorum tenores presentibus pro expressis habentes, hac vice dumtaxat specialiter atque expresse derogamus, ceteris contrariis quibuscumque. Datum Rome, apud Sanctum Petrum, sub anulo Piscatoris, XII Aprilis MDIIII, pontificatus nostri anno primo.

Source: Benevento, Duomo, Biblioteca Beneventana, vol. 34, n. 4.

Publication: Lonardo, *Benevento*, p. 460; Anonymous, *Varietà e Postille*, pp. 125f.

Bibliography: Zazo, *Ebrei di Benevento*, p. 5.

1170   Rome, 14 May 1504

Confirmation and approval, *motu proprio*, to Rabbi Samuel Sarfati of charters granted him by Alexander VI and King Louis XII of France; permit to him and his son Ioseph to treat Christians and to obtain a medical degree; exemption to them, their family and descendants from jurisdiction of all authorities, other than the Apostolic See, from all taxes and duties, and from the wearing of the Jewish badge; and permission to conduct religious services in their home. Mandate to all officials to ensure that this is done.

Iulius etc. Rabi Samueli Sarfati, Hebreo, habitatori alme Urbis, viam veritatis agnoscere et agnitam custodire. Quanquam tu et alii Iudei, quos in diversis mundi partibus Sacrosancta tolerat Ecclesia in testimonium Iesus Christi, in vestra magis velitis duritia et cecitate perdurare, quam prophetarum verba et sanctarum scripturarum arcana cognoscere, et ad Christiane fidei et salutis notitiam pervenire, tamen ipsa Sancta Mater Ecclesia, in his presertim, que Christianis profutura sperantur, tibi et ipsis aliqua interdum concedit, ut, huiusmodi pietate allecti, vestros recognoscatis errores, et, superna gratia illustrati, tandem ad verum, quod est Christus, lumen claritatis pervenire properetis. Accepimus siquidem quod olim felicis recordationis Alexander papa VI, predecessor noster, tibi in arte medicine diuturna experientia, exercitatione et practica non mediocriter perito, horum intuitu artem ipsam iuxta illius traditiones, etiam in personas Christianorum exercendi, et medicinas iuxta qualitates infirmitatum ordinandi, dictisque Christianis, cuiuscunque dignitatis, status, ordinis vel conditionis forent, medicinas a te et ex ordinatione tua recipiendi, et successive carissimus in Christo filius noster Ludovicus, Francorum rex Christianissimus, tibi rabi, et uxori tue ac utriusque sexus liberis, necnon servitoribus et famulis, cum omnibus et singulis tuis rebus et bonis in quibuscunque dominiis, terris, villis et locis citra montes consistentibus, prefato regi subiectis, tute, secure et libere standi, permanendi, morandi, conversandi et practicandi, ac inde eundi et redeundi et transeundi plenam et liberam licentiam et facultatem concesserunt, prout in Alexandri predecessoris in forma brevis, in quibus quod tu artium et medicine doctor eras expressum fuit, et regis predictorum patentibus litteris dicitur plenius contineri. Cum autem, sicut etiam accepimus, tu tempore date dictarum litterarum artium et medicine doctor non existeres, nec de presenti existas, nos, ne littere predecessoris huiusmodi propterea de subreptionis vitio notari possint, providere, teque, qui etiam obsequiis nostris continue insistis, ac rabi Ioseph natum tuum tuamque familiam, propter doctrinam tuam in curando, gratioso favore prosequi volentes, motu proprio, non ad tuam, vel natorum tuorum, aut alterius pro te et eis nobis super hoc oblate petitionis instantiam, sed de nostra mera liberalitate, et ex certa scientia, auctoritate apostolica, tenore presentium decernimus et declaramus litteras predecessoris huiusmodi a data presentium valere in omnibus et per omnia, ac si in illis quod tu artium et medicine doctor existebas minime expressum fuisset, ipsasque, necnon prefati regis litteras predictas, motu, scientia et auctoritate similibus confirmamus et approbamus, supplentes omnes et singulos defectus, tam iuris, quam facti, si qui forsan intervenerint in eisdem. Et nihilominus tibi ac eidem rabi Ioseph nato, quoad vixeritis et ille vixerit, dicta arte medicine in personas Christianorum, servata alias forma concilii generalis, iuxta medicine canones exercendi, et medicinas ordinandi, ipsisque Christianis, cuiuscumque, etiam regalis, aut pontificalis dignitatis, status, ordinis, vel conditionis fuerint, medicinas huiusmodi a vobis et vestrum quolibet, ac vestra et cuiuslibet vestrum ordinatione recipiendi, licentiam et facultatem concedimus. Et insuper, tibi, in medicina magistris, etiam Christianis, per vos rabi Samuelem, et Ioseph, et quemlibet vestrum, eligendis, per easdem patentes committimus et mandamus quatenus, si vos rabi Samuelem, et Ioseph, in artibus et medicina huiusmodi, ac magisterii gradum idoneos fore repererint, vos et quemlibet vestrum ad magisterii gradum in eisdem artibus et medicina in eadem facultate promoveant, vobisque et cuilibet vestrum magisterii insignia tradant et concedant, et alia faciant, que in premissis et circa ea necessaria fuerint, seu quomodolibet opportuna; super quibus eis, ac etiam vobis rabi Samueli, et Ioseph, insignia huiusmodi recipiendi, etiam facultatem concedimus, ac vobis quod, postquam promoti fueritis, omnibus et singulis privilegiis, facultatibus, prerogativis, indultis, exemptionibus et immunitatibus, quibus alii artium et medicine doctores in quibuscumque universitatibus studiorum generalium promoti utuntur, potiuntur et gaudent, ac uti, potiri et gaudere poterunt quomodolibet in futurum, uti, potiri et gaudere possitis et debeatis in omnibus et per omnia, ac si in aliqua universitate studii generalis ad dictum gradum promoti essetis, motu, scientia, auctoritate et tenore predictis indulgemus. Preterea, vos, ac tui rabi Samuelis uxorem, et prefatos, ac alios utriusque sexus liberos, necnon familiares et servitores tuos, totamque tuam et eorundem uxoris et natorum utriusque sexus familiam, ac res et bona vestra presentia et futura ab omni visitatione, iurisdictione, potestate et dominio quorumcunque dominorum, gubernatorum, potestatum, iudicum et officialium ordinariorum, et extraordinariorum, ac delegatorum et subdelegatorum, spiritualium et temporalium, presentium et futurorum, in dominiis, civitatibus, villis, terris ac locis nobis et Sancte Romane Ecclesie mediate vel immediate subiectis, etiam in alma Urbe, aut alibi, constitutorum, quacunque et quantumcunque larga et ampla facultate et auctoritate alias pro tempore fungentium, ac omnibus et singulis angariis, tributis, exactionibus et censibus per Hebreos in locis predictis, etiam in dicta Urbe et alibi ubilibet constitutos solvi solitis, aut per nos et successores nostros Romanos pontifices pro tempore existentes, ac dominos temporales, gubernatores, iudices et officiales predictos ipsis Hebreis, ac per eosdem Hebreos inter se ipsos, et sibi ipsis in genere, vel in specie, quavis auctoritate impositis et imposterum imponendis, eisdem motu, scientia, auctoritate et tenore, ac de apostolice potestatis plenitudine prorsus eximimus et liberamus, ac te tuosque liberos predictos, ac eorum uxores, liberos, servitores, familiares et familiam, presentes et futuros, quantum cum Deo possumus, tolerando, prefate sedi immediate dumtaxat subiicimus, et subiectos fore et esse decernimus ac volumus, ita quod domini temporales, gubernatores, potestates, iudices et officiales predicti, vel quivis alii, etiam ratione delicti, aut contractus, vel rei, de qua agetur, ubicumque committatur delictum, iniatur contractus, aut res ipsa consistat, non possint contra vos, aut aliquem vestrum, aliquam spiritualem aut temporalem iurisdictionem, censuram, legem, potestatem, aut dominium quomodolibet exercere, seu tallias, angarias, tributa, exactiones, vel census a te, vel liberis, et familia predictis exigere nequeant. Et ulterius tibi, rabi Samuelis uxori, liberis, servitoribus, familiaribus ac familie predictis, ut in dicta Urbe et extra eam, ubicumque locorum, te et illos morari, et ad que te et illos declinare aut devenire contigerit, signa Hebreorum deferre non teneamini, nec ad illa deferenda a quoquam inviti valeatis coarctari, motu, scientia et auctoritate predictis concedimus pariter et indulgemus; permittimus quoque, ut tu et uxor, ac liberi, servitores, familiares et familia predicti orationes vestras in domo habitationis vestre, submissa voce, et citra erectionem alicuius synagoge, dicere et recitare possitis et valeatis, nec ad illas in synagoga, aut alibi, dicendum et recitandum inviti compelli possitis, per hoc tamen ritum Iudeorum nullatenus intendimus approbare; mandantes universis et singulis communitatibus, universitatibus civitatum, terrarum et locorum nobis et dicte Romane Ecclesie mediate vel immediate, ut prefertur, subiectorum, illorumque gubernatoribus, rectoribus, potestatibus et iudicibus, officialibus etiam dicte Urbis, quocumque nomine nuncupantur, aut quacumque fungantur auctoritate et prefulgeant dignitate, quatenus vos et tui Samuelis uxorem, liberos, servitores, familiares et familiam, licentiis, concessionibus, privilegiis et indultis predictis absque omni molestia, libere et pacifice et quiete uti, frui et gaudere faciant; non permittentes vos, vestrasque res et bona contra huiusmodi licentiarum, concessionum, privilegiorum et indultorum tenorem quoquomodo impediri, aut molestari, seu perturbari, ac inhibentes eis, ne te vel predictos uxorem et liberos, aut familiam, super premissis quoquomodo impedire aut molestare presumant. Non obstantibus constitutionibus et ordinationibus apostolicis, ac privilegiis et indultis quibusvis locis, etiam prefate Urbi, et eorum officialibus, sub quibuscumque tenoribus forsan concessis, aut imposterum concedendis, quibus, illis alias in suo robore permansuris, hac vice dumtaxat, motu et scientia similibus, specialiter et expresse derogamus, ceterisque contrariis quibuscumque. Nulli ergo etc. Datum Rome, apud Sanctum Petrum, anno etc. 1504, pridie Idus Maii, pontificatus nostri anno primo.

Source: [ASV, Reg. Vat. 886, fol. 500].

Publication: Capanna, *Archiatri Pontifici*, pp. 94f.; Marini, *Archiatri Pontifici* 2, pp. 249f.; Stern, *Urkundliche Beiträge* 1, pp. 68f.

Note: We have been unable to locate the doc. in ASV, Reg. Vat. 886.

Bibliography: Capanna, *op. cit.*, pp. 88f.; Esposito, *Ebrei a Roma*, p. 820; Marini, *op. cit.*, 1, pp. 290f.; Vogelstein-Rieger, *Rom* 2, p. 30; Zaviziano, *Raggio di Luce*, pp. 329f.

1171   Rome, 24 June 1504

Confirmation and approval to the community and people of Cesena of their privileges; concession, on payment of an annual tax of 1,200 florins, of revenues in the town and its county, including half the fines and the taxes of the Jews for three years; ruling that the sale of pawns left with Jewish moneylenders take place in the presence of two citizens and the surplus obtained be returned to the owners; and decision to remove the synagogue from the centre of town to another location.

Iulius episcopus, servus servorum Dei. Dilectis filiis communitati et hominibus civitatis nostre Cesene, salutem et apostolicam benedictionem. Oratores vestros ad nos nuper misistis, libenter vidimus et benignissime audivimus, et quecumque vestro nomine petierunt, quantum cum Deo licuit, paterna caritate duximus concedenda. Gratissima enim nobis fuit fides et obediencia vestra, quam nuper erga nos Sanctamque Romanam Ecclesiam ostendistis, redeundo tam prompte et alacriter ad immediatam obedienciam et subiectionem eiusdem Sancte Romane Ecclesie, vere Matris vestre, tyrannidis iugo excusso. Ut igitur, re ipsa intelligatis vestre [Ms. Cesena: nostre] bone mentis effectum, et eo libentius ac constantius in eisdem obedientie actu et subiectione perseveretis, quo a nobis liberalius conspexeritis vos tractatos, omnia et singula privilegia, gratias, immunitates, exemptiones et indulta, necnon statuta, ordinationes ac reformationes per Romanos pontifices predecessores nostros, apostolicos delegatos, et ab eis facultatem habentes, vobis et communitati vestre concessas et concessa, dummodo iusta et rationabilia sint, et in preiudicium ecclesiastice libertatis non tendant, tenore presentium confirmamus, et auctoritate apostolica approbamus [Ms. Cesena: comprobamus], prout hactenus laudabiliter observata fuerunt; volentes insuper vos uberiori gracia prosequi, concedimus et indulgemus vobis quod, solutis camere apostolice mille ducentis florenis auri de camera, iuxta alias consuetum, pro annuo censu et recognitione, reliquisque expensis necessariis pro custodia dicte nostre civitatis, et consuetis salariis officialium nostrorum, de reliquis introitibus, redditibus et proventibus civitatis eiusdem, eiusque comitatus atque districtus, libere disponere valeatis pro portarum et murorum reparatione aliorumque usuum publicorum necessitate; concedimus vobis propterea et libenter donamus medietatem omnium quantitatum ex condemnationibus quibuscumque, et ex quacumque causa provenientium; taxas etiam per Iudeos in dicta civitate commorantes solitas solvi, ad triennium donamus et elargimur, in usum et restaurationem palatii conservatus convertendas, quod palatium et domos gabellarum vobis restituimus, ita quod illis uti et frui possitis, prout antequam duci Valentinensi subiceremini frui soliti eratis ... Pro utilitate autem pauperum, volumus et decernimus quod adveniente tempore vendendi pignora penes Iudeos feneratores existentia, illa vendi non possint, nisi in presentia duorum civium Cesene ad id deputandorum per gubernatorem, et illud plus quo vendita fuerint ultra sortem et usuras, dominis dictorum pignorum detur et consignetur; et aliter facta dicta vendicio non teneat ipso iure, et nichillominus ad interesse ipsorum dominorum teneantur ... Preterea, cum intellexerimus sinagogam Ebreorum esse quasi in medio civitatis, et in conspectu palatii conservatus, et, quod peius est, penes templum divi Francisci, quod profecto tendit in maximum dedecus dicte civitatis et vilipendium fidei Christiane, volumus omnino exinde amoveri et alibi erigi, prout magis honestati et religioni fidei Christiane videbitur expedire, et ita presenti gubernatori expresse committimus et mandamus ut predicta omnino exequatur ... Nulli ergo ... Si quis autem ... Dat. Rome, apud Sanctum Petrum, anno Incarnationis Dominice millesimo quingentesimo quarto, octavo Kalendas Iulii, pontificatus nostri anno primo.

Source: ASV, Reg. Vat. 894, fols. 319–322r.; AS, Cesena, B. 14, XXXVII.

Publication: Riva, *Cesena*, pp. 61f.

Bibliography: Muzzarelli, *Cesena*, pp. 183, 199, 215.

1172   Rome, 30 July 1504

Mandate to Andreas Novelli, bishop of Alba, to compel the clergy and Jews, subjects of William VII (VIII), marquis of Monferrato, to pay the second instalment of the *decima* and *vigesima* respectively, imposed by Alexander VI.

Venerabili fratri Andree, episcopo Albensi, domestico et commissario nostro.
Venerabilis frater, salutem et apostolicam benedictionem. Nuper a fidedignis nobis fuit expositum quod nonnulli clerici et Iudei in dominio dilecti filii nobilis viri Guillelmi, marchionis Montisferrati, constituti, decimas et vigesimas secundi anni per felicis recordationis Alexandrum VI, nostrum predecessorum, pro defensione rei publice Christiane impositas, recusarunt et recusant nunc solvere. Quocirca fraternitati tue mandamus ut clericos et Iudeos antedictos, per censuras ecclesiasticas et privationis beneficiorum atque bonorum penas, ad solutionem huiusmodi, alias iuxta formam litterarum dicti Alexandri predecessoris, cogas atque compellas, super quo plenam, harum serie, eidem tue fraternitati concedimus facultatem. In contrarium facientibus non obstantibus quibuscunque. Datum Rome, apud Sanctum Petrum, sub annulo Piscatoris, die XXX Iulii MᵒDIIIIᵒ, pontificatus nostri anno primo.

Source: ASV, Arm. XXXIX, vol. 22, fols. 137v–138r.

1173   Rome, 23 October 1504

Injunction to Felicianus Sixti of Foligno, papal commissioner, to collect from the Jews the rest of the *vigesima* they owe, notwithstanding the exemptions claimed by some.

Dilecto filio Feliciano Sixto de Fulgineo, commissario nostro. Dilecte fili, salutem et apostolicam benedictionem. Superioribus diebus te collectorem nostrum et exactorem residuorum vigesimarum de omnibus bonis Iudeorum, iuxta impositionem quam felicis recordationis Alexander papa VI, predecessor noster, pro defensione rei publice Christiane, suis litteris edidit, deputavimus, et cum concessis tibi facultatibus ordinaverimus. Nuper intelleximus nonnullos Iudeorum, qui commisse tibi iurisdictioni subsunt, sub pretextu quarundam exceptionum, solutionem debite summe aut negant, aut differunt. Quapropter nos, qui a non modica summa contracti per predecessorem nostrum eris alieni pro defensione Christiane religionis contra immanissimos Turchos urgemur, et instantibus creditoribus, uti par est, realiter satisfacere intendimus, et variis exemptionibus vel frustratoriis dilationibus, aut mentitis coloribus, solutionem huiusmodi differri nolentes, tibi per presentes iniungimus ut omnes et singulos Iudeos qui non integre de summis debitis cum effectu satisfecerunt, iuxta facultates tibi traditas, ad integram satisfactionem, auctoritate nostra, compellas, etiam pecuniaria mulcta, vel invocatione brachii secularis, si opus fuerit. Non obstantibus quibusvis privilegiis, indultis et exemptionibus eis forsitan, sub quavis verborum forma concessis, etiam si pro illorum derogatione specialis expressio habenda foret, illis alias in suo robore permansuris, hac vice pro huiusmodi solutione derogatum esse volumus. Datum Rome, apud Sanctum Petrum, die XXIII° Octobris M°DIIII°, pontificatus nostri anno primo.

Source: ASV, Arm. XXXIX, vol. 22, fol. 197r-v.

Note: On Felicianus, see above, Docs. **1024, 1046, 1164, 1168**.

1174   Rome, 25 October 1504

Instructions to Henry Bruni, archbishop of Taranto, to collect all outstanding payments on account of the *decima* and *vigesima*, levied on the clergy and Jews respectively by Alexander VI.

Venerabili fratri Henrico, archiepiscopo Tarentino.
Venerabilis frater, salutem et apostolicam benedictionem. Felicis recordationis Alexander papa VI, pro imminentibus tunc a perfidissimis Turcis rei publice Christiane necessitatibus, de consilio pariter et assensu venerabilium fratrum nostrorum Sancte Romane Ecclesie cardinalium, unam veram et integram decimam fructuum, reddituum et proventuum, secundum verum valorem annuum, ecclesiarum, monasteriorum et aliorum beneficiorum, officiorum et obventionum quarumlibet, etiam ratione capelle, ad eosdem cardinales, sic volentes et consentientes, provenientium, per triennium, Iudeis quoque, ubique terrarum constitutis, triennalem vigesimam omnium bonorum

mobilium et immobilium, etiam per usurariam pravitatem acquisitorum, persolvendam imposuit, ut in bulla super huiusmodi impositione edita ad futuram rei memoriam, sub data anno Incarnationis Dominice millesimo quingentesimo, Kalendis Iunii, pontificatus eiusdem anno octavo, plenius continetur. Et ad obviandum sevissimis invasionibus et damnis, que in dies, ab ipsis immanissimis Turcis, Christifidelibus, cum maxima Christiane fidei iactura et dedecore, inferebantur, prefatus Alexander predecessor et sacrum collegium Sancte Romane Ecclesie eorundem cardinalium in legatis mittendis, ac terrestri maritimoque exerciti[bu]s alendis, multas impensas fecerunt, et magnum es alienum, maximaque debita contraxerunt; et, ut cum personis ecclesiasticis quoad fieri posset mitius et commodius in exigendo dictas decimas ageretur, prefati cardinales et nos quoque, qui tunc de eorum numero eramus, pio ac prompto animo liberalique manu pro tam sancto, tamque pernecessario opere defendende Christiane religionis, eandem triennalem decimam, iuxta dicte bulle tenorem, solverimus, idque omnes fere ecclesiastice persone, et precique quas vera caritas et amor debitus fidei, ac reverentia sedis apostolice tene[n]t, restituerint. Cum itaque oporteat contractam a sede apostolica summam alieni eris restituere, nec sit unde assidue repetentibus creditoribus satisfieri possit, in diesque pro dignitate sedis apostolice retinenda et eius statu conservando, varie et multiplices impense occurrant, et si animo nobis est, pro paterna caritate, statum ecclesiasticarum personarum ampliare, et illas maioribus commodis prosequi, tamen impresentiarum inevitabili necessitate persolvendi contracta debita compulsi, et, ne contumaces et renitentes, qui fidelium pie defensioni subterfugiendo, aut quovis modo negligendo sese subtrahere sunt conati, audeant bonis, qui mandatis apostolicis paruerint, insultare, et de eorum malitia gloriari, aut de contumacia commodum reportare, dictam predecessoris nostri impositionem decimarum et vigesimarum pastorali officio, [?] illasque a debitoribus qui nullas aut non integras persolverunt, per te, generalem, et per collectores tunc per dictum predecessorem deputatos, vel eos quos tu duxeris deputandos, exigendas, et exactas apud priores, collectores, succollectores, executores vel per eosdem penes universitates, seu illarum officiales, camerarios, depositarios, aut alias personas cuiuscunque gradus depositatas, vel etiam sequestratas, aut ex conventionibus cum quibusvis universitatibus et personis factis, ad certam summam reductas decimarum et vigesimarum, foculariorum pecunias levandas, recuperandas et exigendas, cum eadem potestate, etiam pecuniaria mulcta, prout tibi vel eis visum fuerit, statuimus et decernimus. Non obstantibus omnibus et singulis que in his litteris prefatus predecessor non obstare voluit, ceterisque in contrarium facientibus quibuscunque. Datum Rome, apud Sanctum Petrum, sub annulo Piscatoris, die XXV Octobris MºDIIIIº, pontificatus nostri anno primo.

Source: ASV, Arm. XXXIX, vol. 22, fols. 198v–200r.

Note: Mention is made of Pope Alexander's Bull, *Ad futuram rei memoriam*, given at Rome on 1 June 1500. See above, Doc. **1162**.

1175   [1505]

Commission and mandate to the governor of Romandiola and to Petrus de Callio to accept the surrender of the Spanish castellans of Cesena and Bertinoro, to instal replacements, to allow the Spaniards safe withdrawal through papal territory, and to refrain from molesting them on account of the money they obtained from the Jews of Cesena on behalf of Duke Valentino.

Gubernatori Romandiole et Petro de Callio.
Parati sunt castellani arcium nostrarum Cesene et Britonorii arces ipsas nobis vel commissariis nostris, ut ii, quos novissime ad nos miserunt, retulent, quique in presenti cum his nostris litteris, facta desuper nobiscum concordia, ea de causa ad vos redeunt, libere cum artigliariis, munitionibus et pertinentiis earum omnibus, iuxta tenorem bulle consistorialis, consignare et tradere, ex arcibusque ipsis excedere. Quare, in hac eorum tam bona voluntate occasioni deesse nolentes, volumus, et tenore presentium vobis committimus ac mandamus ut subito ad arces ipsas ambo, vel alter vestrum, accedatis, easque ab illis cum omnibus earum artigliariis, pertinentiis et munitionibus huiusmodi, rebusque aliis ad eas quomodolibet spectantibus, capiatis, deque illis receptis, facto in autentica forma inventario, publicum instrumentum fieri curetis, et in arce Cesene dilectum filium Baldassarem de Blasia, in arce vero Britonorii dilectum filium Johannem de Ruvere, castellanos per nos deputatos, iuxta tenorem brevium nostrorum, que secum deferunt, ponatis, qui nostro et Sancte Romane Ecclesie nomine arces ipsas custodiant et conservent; ut autem omnis cunctatio et excusatio castellanis Hispanis, qui dictas arces nunc tenent, restituendi illas adimatur, volumus ut, factis vobis prius arcium et rerum predictarum consignatione, iuxta tenorem salvi conductus et fidei publice per nos eis date, ipsi, et Petrus Ramires, ac Didacus Ramires, et magister Franciscus de Luna, et eorum socii ac comites, ex ipsis arcibus, sine ulla offensa seu molestia, reali vel personali, cum omnibus rebus et bonis suis, etiam ducis Valentinensis, si qua in eis esse constiterit, exceptis tamen artigliariis et bonis dilecti filii nobilis viri Guidonis, ducis Urbini, que in illis reperiri contingent, exire, et quo voluerint per prefati ducis Urbini, vel nostras et Sancte Romane Ecclesie terras, nobis et dicte Ecclesie mediate vel immediate subiectas, ire et transire, libere possint, ac, si opus fuerit, pro eorum securitate et ipsi requisierint, vos eos cum fida comitiva deduci per terras nostras faciatis, in loca que sibi per easdem tuta esse putaverint. Et quia iidem summe, quas ab

Hebreis Cesenatensibus iam pridem, nomine ducis Valentinensis, pro subsidio predicte arcis acceperunt, repetantur ab eis, volumus et vobis committimus ac mandamus ut occasione pecuniarum huiusmodi non permittatis eosdem castella[nos in] eorum discessum vel in discessu, eiusmodi quomodolibet molestari ... Datum.

Source: ASV, Arm. XXXIX, vol. 29, fol. 202r-v.

Note: Duke Valentino = Cesare Borgia. On the rule of Cesare Borgia in Cesena, the ensuing political changes, and the Jews, see Muzzarelli, *Cesena*, pp. 198f. No date is given. The document is filed among others of 1505.

1176   [Rome, 1505]

Mandate to Bernard Fabii, bishop of Lesina (Hvar) and governor of the Patrimony, to prevent harm from coming to Angelus Bonaventure, a Jew of Montefiascone, falsely accused, and to release his sequestrated property.

Venerabili fratri B. episcopo Lusinensi[!], provincie nostre gubernatori. Venerabilis frater, salutem. Cum is qui thesaurum invenisse dicebatur mentitus sit, et Angelum Bonaventure, Hebreum de Monteflascone, falso, ut accepimus, accusaverit, iniquumque videatur quod idem Angelus ob falsam delationem detrimentum aliquod patiatur, iccirco volumus, et fraternitati tue mandamus ut fideiussores per eundem A[ngelum] datos, et bona omnia eius premissa occasione vel sequestrata, vel obsignata, penitus liberare, relaxareque debeas ac facias. Dat. [anno 2º Iulii].

Source: ASV, Arm. XXXIX, vol. 29, fol. 106v.

Note: No date is given. The doc. is filed among those of 1505.

1177   Rome, 6 January 1505

Mandate to the priors and the podestà of Corneto to proceed against the murderer of Raphael Venture, a Jew.

Dilectis filiis prioribus et potestati civitatis nostre Corneti. Dilecti filii, salutem et apostolicam benedictionem. Intelleximus detineri a te, potestas, quendam Antonium Bravum Lombardum, qui in personam quondam Raphaelis Venture, Hebrei, homicidium fecit. Licet autem existimemus vos nec prece, nec precio a via iuris declinaturos, quia tamen ubique terrarum, et precipue in nostris et Sancte Romane Ecclesie locis, iusticiam ministrari cupimus, volumus et mandamus vobis expresse ut, iuris servato ordine, eidem Venture contra dictum Antonium iusticiam ministretis. Datum Rome, VI Ianuarii 1505, anno 2°.

Source: ASV, Arm. XXXIX, vol. 23, fol. 7r-v.

1178   Rome, 12 March 1505

Commission to Maximus Grato, papal treasurer in Città di Castello, to allow the Jews to move their synagogue to another location.

Dilecto filio Maximo Grato, civitatis nostre Castelli thesaurario. [fol. 111v: commissario].
Dilecte fili, salutem. Pro parte Hebreorum in civitate ista nostra Castelli habitantium nobis nuper fuit humiliter supplicatum quod, cum ipsi in domo solita ceremonias suas amplius, propterea quod eadem domus ad cuiusdam Christifidelis manus pervenit, celebrare non possint, dignaremur eis licentiam impartiri ut in alia dicte civitatis domo, sive propria, sive conducta, sinagogam habere, et in ea huiusmodi ceremonias, iuxta eorum ritum, valeant celebrare. Quocirca mansuetudinem eius, qui solem suum super bonos et malos oriri facit, et pluit super iustos et iniustos, imitati, eiusmodi supplicationibus [fol. 68v: inclinati] annuentes, per presentes tibi committimus ut eisdem Hebreis, ut prefertur, in aliqua alia domo dicte civitatis, propria vel conducta, dummodo non sit in plateis aut prope ianuas ecclesiarum [fol. 111v: sacras edes], sinagogam [fol. 111v: sinagogas] habendi licentiam, nostra auctoritate [fol. 68v: concedimus], concedas; in contrarium facientibus non obstantibus quibuscumque. Dat. Rome, die XII Martii 1505, anno secundo.

Source: A.S.V., Arm. XXXIX, vol. 29, fols. 68r-v, 111v.

1179   Rome, 1 June 1505

Ratification to foreign Jews in Rome of the Bull whereby the three *fattori* of
the Jewish community there must include one of their representatives, and
transfer to the pope of a case pending between the native and foreign Jews
over this issue. Commission and mandate to Vincent Caraffa, bishop of
Rimini, John da Galves, bishop of Terracina, and Anthony Ciocchi, bishop of
Città di Castello, resident in Rome, to defend the foreign Jews and assist them.

Universis Hebreis forensibus in Alma Urbe nostra commorantibus, viam
veritatis agnoscere et agnitam custodire. Alias pro parte vestra nobis exposito
quod universitas Hebreorum in Alma Urbe ortum habentium, pro omnibus et
singulis dicte universitatis negociis tres Iudeos, ex suis naturalibus, singulis
annis, sub certis modo et forma, factores nuncupatos, deputare solebat,
quodque Iudei forenses in deputatione huiusmodi non vocabantur, nec aliquis
eorum deputabatur, et propterea contingebat vos plus debito gravari, et
gravia et dissensiones inter vos et illos oriri inde scandala; nos, scandalis et
dissensionibus huiusmodi occurrere cupientes, statuimus et ordinamus quod
deinceps perpetuis futuris temporibus, unus ex dictis tribus Iudeis forensis
esset, ac [...] cum eis in huiusmodi negociis potestatem haberet, ac omnibus et
singulis privilegiis, exemptionibus, quibus alii duo utebantur, uti et gaudere
posset; itaque, si aliquid per alios duo Hebreos naturales, ipso tercio forensi
non vocato, fieri contingeret, irritum et inane, ac nullius esset roboris, vel
momenti, indeque forenses prefati illud observare non teneantur; si vero, ipso
Iudeo forensi vocato, discordes essent, tunc Iudei forenses predicti ad cameram
apostolicam, vel ad alios iudices, per viam querele, vel alias, liberum recursum
haberent, prout in aliis nostris sub bulla plumbea desuper editis litteris plenius
continetur. Cum autem, sicut nobis nuper exponi fecistis, Iudei ab ipsa Urbe
ortum habentes causam super premissis ac surreptione earundem litterarum
dilecto filio Philippo, [empty space] apostolice camere clerico, committi
obtinuerunt super dictarum litterarum surreptione, ad multos actus, citra
tamen conclusionem, processum fuit. Quare, vos dubitantes effectu gratie per
nos vobis concesse, pretextu eiusdem litis, frustrari, nobis humiliter supplicari
curastis ut vobis in premissis opportune providere, de benignitate apostolica
dignaremur. Nos igitur, statum et merita dicte cause, et aliorum, que forsan
hic exprimi debuissent, tenores presentibus pro expressis habentes, dictamque
causam ad nos advocantes, vestris in hac parte supplicationibus inclinati,
quod littere predicte perinde valeant, ac plenam roboris firmitatem obtineant,
in omnibus et per omnia, perinde ac si in eis de dicta lite plena, specifica,
individua et expressa mentio facta fuisset, apostolica auctoritate, tenore
presentium decernimus. Nichilominus venerabilibus fratribus Ariminensi et
Terracinensi et Civitatis Castelli episcopis, in Romana curia residentibus, per
presentes committimus et mandamus ut ipsi, vel duo, aut unus eorum, per se,

vel alium, seu alios, vobis in premissis efficacis defensionis presidio assistentes, non permittant vos contra presentium et aliarum litterarum tenorem quomodolibet molestari, contradictores opportunis iuris remediis, appellatione postposita, compescendo; non obstantibus premissis, ac constitutionibus et ordinationibus apostolicis, ceterisque contrariis quibuscunque. Datum Rome, prima Iunii millesimo quingentesimo quinto, anno secundo.

Source: ASV, Arm. XXXIX, vol. 23, fols. 619v–620v.

Note: On the election and authority of the *fattori* of the Jewish community in Rome, see Vogelstein-Rieger, *Rom* 2, p. 128. One of them was a "foreign" Jew (*ultramontano*).

1180   [Rome, 1 July 1505]

Commission and mandate to Carolus de Maschis, governor of Città di Castello, to take suitable steps to have five Jews in that locality settle their debt of some 700 ducats with Bartholomeus de Paulutiis of Cerreto.

Carolo de Maschis Civitatis Castelli gubernatori.
Exposuit nobis nuper dilectus filius Bartholomeus de Paulutiis, de Cerreto, quod licet ipse verus creditor sit Emanuelis, Israelis, Solemonis, Ioseph et Diane, Hebreorum, habitatorum istius nostre civitatis Castelli, in summa septingentorum ducatorum vel circa, occasione certe quantitatis argenti per ipsum eisdem Hebreis crediti, propter subterfugia tamen predictorum Hebreorum, debitum suum consequi nequit, quare nobis de oportuno remedio supplicavit. Nos igitur, qui omnibus sumus iustitie debitores, huiusmodi supplicationibus inclinati, per presentes tibi committimus et mandamus ut, vocatis dictis Hebreis et aliis qui fuerint evocandi, factaque tibi fide summarie et extra iudicialiter, alias tamen sufficienter, de huiusmodi debito, eosdem Hebreos ad debitam satisfactionem ipsi Bartholomeo impendendum, omnibus oportunis iuris remediis cogas atque compellas, et [iusti]tiam administres. Dat.

Source: ASV, Arm. XXXIX, vol. 29, fol. 139r.

Note: There is no date. The nearest date is given on fol. 130v.

1181 Rome, 30 July 1505

Indulgence to Augustinus Lomelino, a citizen of Genoa, to avail himself of the services of Jewish doctors, provided they are accompanied by Christian ones.

Dilecto filio Augustino Lomelino, civi Genuensi.
Dilecte fili, salutem et apostolicam benedictionem. Cum tu, sicut nobis exponi fecisti, utilem et fidelem operam medicorum Hebreorum in tuis et tuorum infirmitatibus sis expertus, desideresque illius arte et opera uti posse, nos tuis in hac parte supplicationibus inclinati, tibi, ut eorumdem medicorum Hebreorum opera in tua et familie tue tantum necessitatibus, medicis vero Christianis, quos cum eo duxeris advocandos, in una cum illis convenire et mederi, licite et absque ullo conscientie onere possint, tenore presentium indulgemus; constitutionibus et ordinationibus apostolicis, ceterisque in contrarium facientibus non obstantibus quibuscunque. Datum Rome, XXX Iulii, millesimo quingentesimo quinto, anno 2⁰.

Source: ASV, Arm. XXXIX, vol. 23, fol. 644r-v.

Note: See above, Doc. **1112**, and below, Doc. **1202**.

1182 Rome, 13 November 1505

Commission and mandate to Petrus de Valentibus, doctor-at-law, to inquire into crimes allegedly committed by Jews in Benevento, including counterfeiting, and to punish the culprits.

Dilecto filio Petro de Valentibus, legum doctori.
Dilecte fili, salutem etc. Cum ex fidedignorum testimoniis acceperimus quod nonnulli Hebrei in civitate nostra Beneventana ac eius territorio degentes, falsas et adulterinas monetas cudere, seu cudi facere, ac illis uti, et eas tondere non verentur, sive in preteritum veriti non fuerunt, et alia crimina et excessus perpetrare, nos, cupientes, prout ad nostrum pastorale officium pertinet, huiusmodi sceleribus, que in perniciem rei publice et totius humane societatis tendere palam est, obviare, auctoresque illorum debitis et legalibus penis cohercere, harum serie tibi committimus et mandamus ut ad dictam civitatem te personaliter conferens, super relatis ipsis contra eosdem Hebreos, ceterosque eiusdem reatus complices et ministros diligenter inquiras, et quos huiusmodi sceleris reos ac sontes esse repereris, coniunctim vel divisim, debita animadversione punias, prout iuris fuerit; mandantes gubernatori et aliis

ipsius civitatis officialibus ut in hoc negocio te nullo modo impedire presumant, quinymo, si opus fuerit, et illos duxeris requirendos, modis omnibus tibi faveant et assistant, pro nostra et huius sancte sedis reverentia, et pro quanto gratiam nostram caram habent; concessionibus et indultis apostolicis per nos sive predecessores nostros concessis archiepiscopo Beneventano, in quibus continentur quod Hebrei dicte civitatis subsi[n]t iurisdictioni dicti archiepiscopi, ceterisque in contrarium facientibus, non obstantibus. Dat. Rome, die XIII Novembris MᵒDV, pontificatus nostri anno secundo.

Source: ASV, Arm. XXXIX, vol. 22, fols. 382v–383r.

Bibliography: Pastor, *Päpste-Renaissance* 3, p. 534; Id., *History of the Popes* 6, p. 227.

1183   Rome, 14 November 1505

Approval, ratification and grant of authority to Felicianus Sixti of Foligno, papal commissioner, to collect the sums agreed on with the Jews in the territory of Alfonso I, duke of Ferrara, for the payment of the *vigesima*, and with the clergy there for the payment of the *decima* — in conjunction with Nicholas Maria d'Este, bishop of Adria.

Dilecto filio Feliciano Sixto Fulginati, commissario nostro.
Dilecte fili, salutem etc. Impellente assidua creditorum sancte cruciate repetitione, commisimus tibi per alias nostras exactionem vigesimarum Hebreis in universo Christianorum orbe consistentibus, et una cum venerabili fratre Nicholao Maria, episcopo Adriensi, exactionem decimarum ecclesiasticarum dominii dilecti filii nobilis viri Alfonsi Estensis, ducis Ferrarie, per felicis recordationis Alexandrum papam VI, predecessorem nostrum, pro defensione vere fidei impositarum. Intelleximusque te super huiusmodi vigesimis cum Hebreis status prefati ducis et adiacentium, ac etiam episcopum prefatum et te cum cleris dicti dominii super ipsis decimis compositiones et conventiones quasdam inivisse et firmasse; quamobrem, cupientes, pro iustitie debito, ut ex predictis et aliis ad id deputatis, repetentibus et assidue instantibus creditoribus prefatis quo fieri potest celerius satisfiat, compositiones et conventiones ipsas presentium serie approbamus et ratificamus, gratiose cleris et Hebreis predictis quicquid maius ab eis ex dictis causis peti et exigi potuisset condonantes et remittentes; et ut predicta exactius exequi possis, damus et concedimus tibi facultatem et potestatem cleros et Hebreos predictos ad

solvendum, et depositarios quoscunque ad restituendum in manibus tuis omnes et singulas pecuniarum summas conventas et depositatas cogendi et compellendi, sub penis quibus tibi videbitur, et de solutis et restitutis quietandi et absolvendi in forma iuris valida, cum clausulis oportunis, contrariis non obstantibus quibuscunque. Dat. Rome, apud Sanctum Petrum, die XIIII Novembris M°DV, pontificatus nostri anno secundo.

Source: ASV, Arm. XXXIX, vol. 22, fol. 387r-v.

Note: On Felicianus, see above, Docs. **1024, 1046, 1164, 1168, 1173**.

Bibliography: Stow, *Taxation*, p. 119.

1184   Rome, 28 December 1505

Exhortation to Francesco II Gonzaga, marquis of Mantua, to send to Rome Hippolitus of Mantua, a former Jew, to be punished for his crime of counterfeiting.

Dilecto filio nobili viro Francisco, marchioni Mantue.
Dilecte fili, salutem etc. Hippolitus de Mantua, olim Hebreus, qui in circumstantiis alme Urbis nostre adulterinam fabricavit monetam, et qui in curia capitanei iustitie civitatis tue Mantue, ut accepimus, detinetur, nostrum et apostolice sedis lesit honorem; quare nobilitatem tuam hortamur eundem ad ipsam Urbem bene custoditum mittere velis, ut in loco ubi deliquit puniri possit, quod erit nobis plurimum gratum. Dat. Rome, die XXVIII Decembris M°DVI, pontificatus nostri anno tertio.

Source: ASV, Arm. XXXIX, vol. 22, fols. 430v–431r.

Bibliography: Pastor, *Päpste-Renaissance* 3, p. 534; Id., *History of the Popes* 6, p. 227.

1185   Rome, 10 January 1506

Absolution to Alvarus Lopes and his wife Maria Diaz, of Seville, resident in Rome, convicted in the days of Alexander VI by the Inquisition of heresy and judaizing, and allowed to abjure, which, owing to the pope's death, they had not done, and commission and mandate to Francis Berthelay, bishop of Mylopotamos in Rome, to accept the abjuration, grant the couple absolution on papal authority and rehabilitate them.

Iulius etc. Venerabili fratri episcopo Milopotamensi, in Romana curia residenti, salutem etc. Sedes apostolica, pia Mater, recurrentibus ad eam cum humilitate personis post excessum, libenter se propitiam et benignam exhibet, illos quoque gratioso favore prosequi consuevit, quos ad id alias propria virtutum merita laudabiliter recommendant. Exhibita siquidem nobis nuper pro parte Alvari Lopes, laici Ispalensis, et Marie Diaz, eius uxoris, in Romana curia commorantium, petitio continebat quod, licet alias felicis recordationis Alexander papa VI, predecessor noster, certos inquisitores heretice pravitatis in dicta curia deputasset, ipsique inquisitores contra eiusdem[!] Alvari[!] et Marie[!] et nonnullos alios de crimine heresis suspectos processissent, ac eisdem[!] Alvaro[!] et Maria[!] Diaz, qui antea, humani generis inimico suggerente, nonnullos ritus Iudaicos observaverant, ac nonnulla verba heresim sapientia dixerant, capi et carceribus mancipari fecissent, ipsique Alvarus et Maria in dictis carceribus existentes crimina heresis huiusmodi commisisse confessi fuissent, et huiusmodi heresim abiuraverant, et parati existerent ac ad illam abiurandum admitti, et ad gremium et unitatem Sancte Romane Ecclesie per eosdem inquisitores restitui petiissent, quia tamen dictus predecessor interim, sicut Domino placuit, rebus fuit humanis exemptus, Alvarus et Maria prefati, abiuratione minime facta et absolutione ac restitutione huiusmodi per eos non obtenta, a dictis carceribus liberati fuerunt. Cum autem, sicut eadem petitio subiungebat, Alvarus et Maria predicti de premissis ab intimis doleant, cupiantque viam veritatis agnoscere, et heresim huiusmodi abiurare, ac de predictis et quibusvis aliis criminibus, excessibus et peccatis, opere vel dicto commissis, absolvi, ac penitentiam agere salutarem, pro parte eorundem Alvari et Marie nobis fuit humiliter supplicatum ut ipsos a criminibus et excessibus predictis absolvere, aliasque eis [et] eorum statui in premissis oportune providere, de benignitate apostolica dignaremur. Nos igitur, qui illius vices gerimus in terris, cuius proprium est misereri semper et parcere, et qui non vult mortem peccatorum, sed ut convertantur et vivant, eosdem Alvarum et Mariam, alias apud nos de laudabilis probitatis et virtutum meritis multipliciter commendatos, horum intuitu gratioso favore prosequi volentes, ipsosque Alvarum et Mariam a quibusvis excommunicationis etc. a iure vel ab homine, quavis alia quam premissorum occasione vel causa latis, si quibus quomodolibet innodati existunt, ad effectum presentium dumtaxat consequendum, harum serie absolventes, et absolutos fore censentes, huiusmodi supplicationibus inclinati, fraternitati tue per apostolica scripta committimus et mandamus, si et postquam per te ipsum de legitimitate abiurationis huiusmodi cognoveris, ac heresis abiuratione huiusmodi

solemniter in manibus tuis per eosdem Alvarum et Mariam factam[!], si id
humiliter petierint, a criminibus et aliis excessibus predictis, auctoritate nostra,
hac vice dumtaxat, absolvas in forma Ecclesie consueta, iniunctis inde eis pro
modo culpe penitentia salutari, et aliis que de iure fuerint iniungenda,
abolensque omnem inhabilitatis ac infamie maculam, sive notam, per eos
premissorum occasione contractam. Nos enim, eosdem Alvarum et Mariam,
si absolutione et abolitione predictis per te vigore presentium fieri contigerit,
ut prefertur, quod omnibus et singulis privilegiis, gratiis, prerogativis,
exemptionibus, libertatibus, favoribus et indultis, quibus Christifideles et
fidelium filii utuntur, potiuntur et gaudent, ac uti, potiri et gaudere poterunt
quomodolibet in futurum, uti, potiri et gaudere, ac ad quoscunque actus
legitimos recipi et assumi, ac quascunque vestes sericeas, etiam auro et argento
contexatas, necnon gemmas et anulos, alias eorum statui convenientes, deferre,
necnon equos ac mulas equitare, in omnibus et per omnia perinde ac si crimina
heresis huiusmodi nullatenus commisissent, constitutionibus et ordinationibus
apostolicis, ceterisque contrariis nequaquam obstantibus, auctoritate
apostolica, tenore presentium, de specialis dono gratie indulgemus. Dat.
Rome, apud Sanctum Petrum, anno Incarnationis Dominice millesimo
quingentesimo quinto, quarto Idus Ianuarii anno tertio.

Source: ASV, Reg. Lat. 1176, fols. 119v–120v.

1186   Rome, [23] May 1506

Commission and mandate to collect the *decima* from the clergy and the
vigesima from the Jews in the territories of Francesco II Gonzaga, marquis of
Mantua, in accordance with the Bull issued by Alexander VI, with the same
powers which he had granted Cesar Naccis, bishop of Amelia, for the collection
of the *decima* in Bologna, and to hand over the tax collected to Henry Bruni,
archbishop of Taranto.

Dilecte fili, salutem et apostolicam benedictionem. Felicis recordationis
Alexander papa VI, pro imminentibus tunc a perfidissimis Turcis rei publice
Christiane necessitatibus ... imposuit ... Tibi, de quo plurimum in Domino
confidimus, et quem probate experientia, fides, integritas ac diligentia etiam
in maioribus commendarunt, per presentes committimus et mandamus
quatinus decimas et vigesimas ipsas ex dicta impositione debitas in civitate
Mantue eiusque diocesi, ac locis quibuscumque dominio temporali dilecti filii
nobilis viri Francisci Gonzage, marchionis Mantue, subiectis, ac illis
adiacentibus, tam a Christianis ecclesiasticis decimas ipsas, quam ab Hebreis

triennales vigesimas, iuxta bullas impositionis predicte, exigas, capias et leves, illasque ad manus et capsam venerabilis fratris Henrici, archiepiscopi Tarentini, illarum collectoris et thesaurarii nostri generalis, secure perduci procures; dantes et concedentes tibi facultatem et potestatem de receptis quietandi et absolvendi, et ad solutionem ipsam omnes et singulos, tam Christianos, quam Hebreos, ex dicta impositione obligatos, cogendi et compellendi, sub censuris et penis in bulla impositionis predicte contentis, et, ad dictarum censurarum et penarum impositionem et executionem omnimodam, eligendi et deputandi unum vel plures sacerdotes ydoneos ad tuum nutum amovibiles, et quotiens duxeris oportunum amovendos, cum isdem potestate, facultate et auctoritate, quas alias prefatus predecessor noster, bone memorie Cesarem Nacium, episcopum Amerinum, ad exactionem decimarum Bononiensium deputaverit, ad tuam instantiam executorem, ad cuius predecessoris litteras, quas hic pro expressis haberi volumus, relatio habeatur, ac etiam omnia alia et singula gerendi et administrandi, que ad effectum premissorum duxeris necessaria et oportuna, contrariis non obstantibus quibuscunque. Dat. Rome, die [empty space] Maii M°DVI, pontificatus nostri anno tertio.

Source: ASV, Arm. XXXIX, vol. 22, fols. 507v–508v.

Note: The first portion of the brief is identical with Doc. **1174** above. The name of the collector in Mantua is not given.

Bibliography: Simonsohn, *Mantua*, p. 82. Marquis Francesco refused to allow the *vigesima* to be collected from the Jews.

1187   Rome, 24 May 1506

Exhortation to Alfonso I, duke of Ferrara, to assist Felicianus Sixti in collecting the *decima* and *vigesima* from the clergy and Jews respectively in his dominions.

Dilecto filio nobili viro Alfonso, duci Ferrarie.
Dilecte fili, salutem etc. Inevitabili necessitate persolvendi debita per sedem apostolicam contracta tempore felicis recordationis Alexandri pape VI, predecessoris nostri, compulsi, misimus istuc dilectum filium Felicianum Sixtum de Ruvere, commissarium nostrum, ad exigendum ab ecclesiasticis personis decimas, et ab Hebreis tui temporalis dominii vigesimas triennales, per prefatum predecessorem impositas, pro expeditione contra perfidissimos

Turcos, causa defendende Christiane religionis impellente, et tunc pio et prompto animo suscepta. Et quoniam a creditoribus sancte cruciate assidue inquietamur, equumque immo et necessum ducimus ut, ex assignatis decimarum et vigesimarum impositionibus, ipsis quo celerius fieri potest, et grato animo, maxime quia pie defensioni vere fidei nostre oportune subvenerunt, satisfiat, exortamur excellentiam tuam velit, ut Christianum principem decet, efficere ut, omni cunctatione sublata, tum decime a personis ecclesiasticis, tum vigesime predicte a Iudeis in tua iurisdictione exigantur, oportunis favoribus ipsi commissario nostro assistendo, quod Deo acceptissimum, quia huiusmodi pecunie in piam fidei tutelam iam fuerunt erogate, et nobis, qui huic exactioni deesse non possumus, gratissimum sentiet fuisse. Dat. Rome, die XXIIII Maii MᵒDVI, pontificatus nostri anno tertio.

Source: ASV, Arm. XXXIX, vol. 22, fol. 503r-v.

Note: See above, Doc. **1183**.

1188   Rome, 26 May 1506

Concession to Felicianus Sixti of Foligno of authority to cite Jews to courts in neighbouring localities and apply reprisals to compel the Jews to pay the *vigesima* and fines imposed on them, which they attempt to evade paying or which the rulers where the Jews live refuse to let him collect, and to hand over the sums collected to Henry Bruni, archbishop of Taranto.

Dilecto filio Feliciano Sixto, Fulginatensi, commissario nostro. Dilecte fili, salutem etc. Licet, per alias nostras, commissiones tibi per felicis recordationis Alexandrum papam VI, predecessorem nostrum, super exactione vigesimarum a Iudeis in universo Christianorum orbe consistentibus et eorundem quibuscunque excessibus factas, confirmaverimus, voluerimusque debite executioni mandare, tamen, sicut accepimus, illas hactenus exequi non potuisti, tum propter varia ipsorum Hebreorum subterfugia, mutationesque habitationum, tum quia nonnulli temporales domini, in locis eorum iurisdictioni subiectis, tibi non modo debitis favoribus, uti par erat, in tam pia et pernecessaria exactione pecuniarum iam pro defensione vere fidei erogatarum, non adsisterunt, sed, quod damnabilius est, non permittunt te in illis a nobis, ex causis in litteris prefati predecessoris super ipsa impositione vigesimarum et in nostris aliis expressis, demandatam facultatem exercere. Quamobrem, urgentibus causis predictis, prenominatas tibi, ut premittitur, factas et per nos confirmatas commissiones, quatinus opus sit, iterum presentibus confirmamus, et demandamus cum omnibus in illis expressis exequendas. Et ad obviandum impedimentis et subterfugiis omnibus, damus et concedimus tibi facultatem et potestatem Iudeos ipsos, quotiens ad loca in quibus degunt tutum non duxeris accedere, per edicta publica in locis proximioribus tutis affigenda citandi, ad quecunque opportuna, sub penis quibus tibi videbitur, ac etiam requirendi quascunque res publicas dominos, principes, officiales locorum predictorum, sub comminatione represaliarum, ut Iudeos ipsos ad tuam obedientam in locis vicinis securis, ad effectum dictarum commissionum mittant; quod si adimplere neglexerint, et Iudei ipsi comparere et obedire distulerint, possis et valeas comminatas represalias exercere, et exequenda, committere contra ipsos Hebreos et ipsorum bona dumtaxat, tam pro ipsis vigesimis, quam pro penis incursis ob non paritionem, ac etiam super ipsis vigesimis et penis quibuscunque comparere et conventa exigere, et de receptis quietare, et exacta ad capsam venerabilis fratris Henrici, archiepiscopi Tarentini, collectoris et thesaurarii nostri generalis, secure perducere. Hortamur insuper in Domino omnes et singulos officiales, res publicas, principes, dominos et alios quoquo nomine nuncupatos, ut requisiti a te ad effectum commissionum predictarum, tibi faveant et assistant, quod erit nobis pergratum, faciemusque quicquid per te actum fuerit, iuvante Altissimo, inviolabiliter observare; contrariis non obstantibus quibuscumque. Dat. Rome, die XXVI-Maii M°DVI, pontificatus nostri anno tertio.

Source: ASV, Arm. XXXIX, vol. 22, fols. 514v–515r.

1189   Rome, 12 June 1506

Declaration and information to Anthony de Ferreriis, cardinal priest of St. Vitalis and papal governor of Perugia, Umbria, etc., that a group of men from Norcia were not guilty of disturbing the peace and poisoning, the proof resting on the unsupported evidence of one Isdrael, a Jew. They had been found guilty by Nicholas de Capranica, bishop-elect of Nicastro and papal commissioner in Norcia, and had been absolved by Anthony Maria de Monte, archbishop of Siponto and auditor general of the papal chamber, and Michael Claudi, bishop of Polignano.

Dilecto filio nostro Antonio tituli Sancti Vitalis presbitero cardinali, Perusie, Umbrieque etc. nostro et apostolice sedis legato.
Dilecte fili noster, salutem etc. Iohannes Antonius Amici, alias Capoccio, Benedictus Alexandri, Iohannes Baptista Iacobi, Troylus, et Dionisius Francisci, et Iohannes Franciscus Blonder[!] de Nursia, contra quos dilectus

filius Nicholaus de Capranica, electus Neocastrensis, tunc terre nostre Nursie commissarius noster, tanquam fractores pacis et veneficos processerat, et sententiam in eorum contumaciam tulerat, innocentia freti Romam venerunt, et se in carcere constituerunt, ut obiecta purgarent, et se insontes esse ostenderent; nosque venerabilibus Antonio, archiepiscopo Sipontino, causarum camere apostolice generali auditori, et Michaeli, episcopo Polignatensi[!], alme Urbis gubernatori, vive vocis oraculo commisimus ut ad examen huiusmodi procederent, et nobis quicquid pro vero comperiissent referrent. Qui, dicto Capocio et sociis carceratis sepius examinatis atque interrogatis, eorumque adversariis auditis, et oratoribus dicte terre Nursie sepius monitis et intellectis ut indicia et probationes, quas contra premissos haberent, producerent, visisque productis, probatis et allegatis, retulerunt per producta contra eosdem Capocium et alios carceratos, non apparere de delicto veneficii et fracte pacis, nisi per assertionem cuiusdem Isdrael, Hebreo[!], cui contra Christianos deponenti standum non videbatur, et alia satis exilia indicia, que ad nutaram[?] et aliud strictius examen sufficientia non erant. Quibus rebus consideratis et mature pensatis, declaramus tenore presentium Iohannem Antonium Amici, alias Capoccio, Benedictum Alexandri, Iohannem Baptistam Iacobi, Troylum, et Dionisium Francisci, ac Iohannem Franciscum Bondette[!] supradictos non esse repertos aliter culpabiles, et proinde super premissis et eorum occasione vexari vel puniri non posse, sed perinde tractari debere ac si contra eos super prefatis criminibus inquisitum et iudicatum non foret, cum per spontaneum carceris ingressum satis purgasse indicia, que contra eos militabant, videantur, attento maxime quod de dicto Hebreo supplicium sumptum fuit celerius, ne ad almam Urbem mitteretur, prout ipse Nicholaus commissarius per litteras dicti auditoris de nostro mandato scriptas fuerat requisitus; que omnia circumspectioni tue significanda his litteris duximus, ut tua prudentia incommodis illius nostre dilectissime terre, tue cure commisse, mederi facilius possis, et tam hos quam alios omnes Nursinos ob civiles seditiones patria pulsos, in patriam ipsam, si et quando tibi videbitur, ac quies dicte terre et iustitia suadebit restituere valeas. Dat. Rome, die XII Iunii M°DVI, pontificatus nostri anno tertio.

Source: ASV, Arm. XXXIX, vol. 22, fols. 521v–522r.

1190   Rome, 27 June 1506

Concession to Servideus David, a Jewish physician in Toscanella (Tuscania), of permission to treat Christians, provided he ensures that they have the Sacraments administered to them first.

Servideo David, Hebreo, habitatori civitatis nostre Tuscanelle, viam veritatis agnoscere et agnitam custodire. Cum, sicut nobis nuper exponi fecisti, tu, qui in arte medicine plurimum expertus, et ob experientiam et mansuetudinem tuas Christifidelibus gratus existas, cupias etiam ipsis Christifidelibus, in eorum infirmitatibus ad te recurrentibus, impune posse mederi et eos pristine restituere sanitati, prout iuxta physice rationem et canones medicine cognoveris expedire, ut iam licentiam ubique, etiam Christifidelibus prefatis medendi a dilectis filiis prothomedico et collegio artis medicine alme Urbis nostre obtinueris, nos, Christiane pietatis mansuetudine, nostra presidia, in his presertim que Christianis profutura sperantur, tibi denegare non intendentes, tuis in hac parte supplicationibus inclinati, tibi ut universis utriusque sexus Christifidelibus infirmis, ubicumque in terris Romane Ecclesie mediate subiectis, ipsis prius per te ut sacramenta ecclesiastica recipiant, ac sibi et animarum suarum saluti de spirituali medico, secundum statuta generalis concilii, provideant, monitis et inductis, mederi, et salutaria antidota, secundum physice et medicine rationem, quotiens te ad eosdem Christifideles infirmos curandos vocari contigerit, exhibita[!] ac ipsis Christifidelibus, ut in eorum infirmitatibus te in eorum medicum evocare, et a te pro eorum curatione medicinas recipere libere et licite valeant, constitutionibus et ordinationibus apostolicis ceterisque contrariis nequaquam obstantibus, auctoritate apostolica, tenore presentium, de speciali gratia concedimus pariter et indulgemus. Dat. Rome, die XXVII Iunii 1506, anno tertio.

Source: ASV, Brevia Lat., vol. 4, fols. 382v–383r.

1191   Imola, 3 November 1506

Mandate to three Jews in Ferrara to retain the property of three other Jews until the latter pay their debt to Samuel de Murchia [!], papal physician.

Emanueli de Nurchia, Nisach de Fano, et David de Porta, Ebreis Ferrarie habitantibus, viam veritatis agnoscere et agnitam custodire. Cupientes indemnitati Samuelis de Murchia[!], phisici nostri, oportune consulere, tenore presentium, vobis, sub pena confiscationis omnium bonorum, mandamus ut pecunias et bona Hisach de Pisiis, Abraam de Petra Fita, et Nisach de Mutina, Ebrei[!], debitorum eiusdem Emanuelis[!], que apud vos sunt, retinere debeatis et nemini restituere, donec de summa pecuniarum ipsi Samueli debita, fuerit integre et debite satisfactum; mandantes propterea dilectis filiis officialibus eiusdem civitatis Ferrarie et aliis Christifidelibus quibuscumque, sub excommunicationis pena, ne vos contra mandatum huiusmodi nostrum super bonis et pecuniis antedictis quovismodo molestent. In contrarium facientibus non obstantibus quibuscumque. Datum Imole, III Novembris millesimo quingentesimo sexto, pontificatus nostri anno 3º.

Source: ASV, Arm. XXXIX, vol. 24, fol. 513r-v.

Note: The brief has Samuel de Murchia. However, Pope Julius's Jewish physician was Samuel Sarfati, and it is to him that the brief would appear to refer. See above, Doc. **1170**.

1192   Bologna [between 10 November 1506 and 22 February 1507]

Mandate to Didacus (Diego) Deza, archbishop of Seville and Inquisitor general of Spain, to punish the *conversos* in Cordoba, who had risen against the Inquisition and were holding prisoner some of its officials.

Julius II.
Venerabili fratri archiepiscopo Hispalensi. Venerabilis frater, salutem etc. Non sine summa animi molestia percepimus quosdam iniquitatis filios, Catholicae fidei rebelles, qui, cum Christiani sint, Iudaicae se perfidie participes praestant, officiales a te ad inquirenda hereticae pravitatis errata constitutos, Cordubae quorundam adiumento complicum, captivos fecisse, et quod auditu quoque nefarium est, mulctatos male et contumeliose habitos, diu in vinculis detinuisse. Quae res, cum pessimi prorsus ac perniciosissimi sit exempli, pro cura quae Catholici gregis ab haereticorum rabie defendendi, una cum apostolatus apice nobis est demandata, mature providendum duximus, ne lues tam pestifera serpat ulterius, neu sua contagione rectos commaculet. Quam ob rem fraternitati tuae, cui iam pridem talia perquirendi facinora, et reperta puniendi, potestatem arbitriumque contulimus, districte mandamus ut commissum sibi munus fervide et severe exerceat, ac subnascentem in agro Domini zizaniam abolere, et radicitus extirpare non cesset, fidelium defensioni, ut par est, dies[!] noctesque[!] excubando. Praefatos, vero, qui tam abominandum scelus ausi sunt cum suis complicibus, et quivcunque[!] eis auxilium, consilium, favoremve ullum praestiterunt, undique conquisitos, ac debitis subiectos poenis, exemplum caeteris statuas, ne aliquando ad peccati similitudinem ex impunitate accendantur. Volumus autem haec omni diligentia quamprimum a fraternitate tua curari et effici, nam exorientia tabiferae pestis capita, ne serpant, in ipsis statim principiis sunt opprimenda; ad quod per ecclesiasticas censuras et universa juris remedia,

ut magis expedire videbitur, appellatione remota, procedes; in contrarium facientibus non obstantibus quibuscunque. Dat. Bononiae.

Source: Madrid, Arch. Nac., Inq., Cod. 1, No. 65.

Publication: Lea, *Inquisition* 1, p. 582.

Bibliography: Lea, *op. cit.* 1, p. 203.

1193   Bologna, 20 February 1507

Approval and confirmation to the community of Bologna and the presidents of the *Monte di Pietà* there of the erection of the *Monte* and its statutes, to obviate the need to have recourse to Jewish moneylenders.

Iulius episcopus. Servus servorum Dei. Ad perpetuam rei memoriam. Ad sacram Petri sedem et plenitudine potestatis, divina dispositione vocati, ad ea, prout ex iniuncto nobis desuper pastorali officio incumbit, libenter intendimus, per que pauperum miserabiliumque personarum necessitatibus utiliter et salubriter valeat provideri, his, que propterea provide ordinata dicuntur, ut eo firmius persistant, quo sedis apostolice munimine fuerint roborata, apostolice confirmationis libenter adiicimus firmitatem, et, ut optatum sortiantur effectum, nostre sollicitudinis partes favorabiliter impartimur. Sane, pro parte dilectorum filiorum communitatis civitatis nostre Bononiensis, nobis nuper exhibita petitio continebat quod olim nonnulli bone mentis viri civitatis predicte, provide considerantes quod in dicta civitate continue erant quamplurimi pauperes, quorum aliqui adeo pecuniis carere noscebantur, ut in eorum oportunitatibus expediret eos ad Hebreos feneratores, in civitate predicta degentes, persepe habere recursum, et ab eis, pignoribus traditis, sub gravibus usuris pecunias mutuo recipere; erantque propterea[!] alii, qui, quamvis pro eorum decenti sustentatione facultates haberent, nihilominus vitam ducentes dissolutam, ut eorum noxios appetitus implerent, ad eosdem feneratores ultro sese offerentes recurrebant, et sub huiusmodi usuris peccunias mutuo recipiebant ab eisdem, quas postea in malos usus convertebant, ac statuto termino illas non restituentes, pignora perdebant; sicque paulatim ipsi feneratores tam tenues, quam alias facultates exhauriebant eorundem, per usurariam pravitatem eos ad extremam miseriam deducentes in dies; et excogitantes et discutientes quomodo fieri posset, quod honestatis[!] pauperum necessitatibus, adiuvante caritate fidelium facultates suas ad id misericorditer erogantium, omni penitus usura cessante, succurreretur, et

Hebrei fenerantes predicti non degent, ibidem, sicque incommodis huiusmodi, que ex illorum fenoris exercitio proveniebant, obviaretur, persuasione et impulsu nonnullorum Fratrum Ordinis Minorum, de Observantia nuncupatorum, et de illorum, ac de diversorum iurisperitorum consilio, ac etiam actendentes quod in pluribus civitatibus Italie, ad subveniendum pauperibus et obviandum usurarum huiusmodi voragini, similis provisio institutionis Montis Pietatis facta fuerat, in predicta civitate Bononiensi, non parvam pecunie summam, ex piis fidelium suffragiis colligere, et in unam massam, que Mons Pietatis nuncuparetur, redigere curarent, et pro illo, ac illius facultatibus conservandis, ac penes idoneos depositarios deponendis seu conservandis, ac pauperibus et egenis, per officiales desuper pro tempore ordinandos, examinata causa necessitatis eorum, et receptis pignoribus ab eisdem, oportune valeret proportionabiliter subveniri, inter alia provide ordinarunt quod dictarum peccuniarum depositarius, qui pro tempore foret, teneretur mutuare pauperibus et egenis incolis civitatis Bononiensis ad eum pro tempore recurrentibus, et non ludi, aut negotiationis causa id petentibus, primo anno post ordinationem illius usque ad sex libras monete Bononiensis, pro quolibet eorum, et illo decurso, tantum quantum facultates dictis Montis paterentur, receptis ab eis pignoribus valoris duplicis summe mutuate, quam intra annum restituere deberent eidem, alioquin, anno decurso, pignora venderentur, precedentibus subhastationibus, plus offerenti, nec deberet Mons ipse ab eis intra annum solventibus, aut de pretio pignoris[!], que venderentur, aliquam, preter mutuatam quantitatem, habere ullo modo ... Cum autem ... pro parte tam communitatis predictorum, quam dilectorum filiorum presidentium dicti Montis, nobis fuit humiliter supplicatum ut huiusmodi Montis Pietatis creationi, institutioni, plantationi et erectioni, atque pro illius directione, manutentione et conservatione, ac incremento emanarunt, ordinationibus et capitulis, ac in illis statutis et decretis quibuscumque, pro illorum subsistentia firmiori, robur apostolice confirmationis adiicere, ... aliasque in premissis oportune providere, de benignitate apostolica dignaremur. Nos igitur, qui civitatem predictam et illius incolas et habitatores, prout notissimum est, cum ad eam, pro illius liberatione a tirannorum oppressione personaliter accesserimus, gerimus affectum dilectionis, communitatem et presidentes prefatos, ac ipsorum singulos, a quibusvis excommunicationis, suspensionis et interdicti, allisque ecclesiasticis sententiis, censuris et penis, a iure, vel ab homine, quavis occasione, vel causa, latis, si quibus quomodolibet innodati existunt, ad effectum presentium dumtaxat consequendum, harum serie absolventes, et absolutos fore censentes, huiusmodi supplicationibus inclinati, huiusmodi Montis Pietatis creationem, institutionem, plantationem et erectionem, et que pro illius directione, manutentione et conservatione ac incremento emanarunt ordinationes et capitula, ac in illis statuta et decreta quecumque, auctoritate apostolica, tenore presentium, approbamus et confirmamus ... non obstantibus constitutionibus et ordinationibus apostolicis, ceterisque contrariis quibuscumque. Nulli ergo ... Dat. Bononie, anno Incarnationis Dominice millesimo quingentesimo sexto, decimo Kalendas Martii, pontificatus nostri anno quarto.

Source: ASV, Reg. Vat. 917, fols. 115r–118v.

Publication: *Statuti del Sacro Monte della Pietà di Roma* (1618), pp. 13f., (1767), pp. 22f.

Bibliography: Holzapfel, *Anfänge des Montes Pietatis*, pp. 10f.; Maragi, *Istituti di Credito* 1, p. 299.

1194   Rome, [1507–1508]

Levy of the *vigesima* on Jews in papal dominions for one year, threat of the *decima* and fine to be imposed on defaulters and those who commit frauds, and order for the collection of outstanding debts on account of the *vigesima* imposed by Alexander VI.

Iulius etc. Ad futuram rei memoriam. Si ecclesiasticos omnes in universis provinciis, civitatibus et terris nobis et Sancte Romane Ecclesie mediate vel immediate subiectis consistentes, et quoslibet Romane curie, et alme Urbis, ac omnium et singularum provinciarum, civitatum et terrarum predictarum officiales (quos tueri et ab oneribus pro paterna dilectione relevare tenemur), suadentibus necessitate sedis apostolice et gravissimis impensis, quas nos subire oportet, gravare compellimur, Iudei ab impositione immunes esse non debent, cum, inter provincias, civitates et terras predictas constituti, liberam vitam in ritibus suis ducere, divitias acquirere, multisque aliis privilegiis gaudere permittuntur, et se denique ex commodis Christianorum substentare, ac liberos et eorum familias alere dinoscuntur, propterea ad substinendum onera et impensas, que nos tolleramus et Sancta Mater Ecclesia, a qua tollerantur, ac ecclesiastici et officiales predicti subire coguntur, se cum suis facultatibus promptos convenit exhibere. Quapropter ab omnibus et singulis Iudeis in dictis provinciis, civitatibus et terris constitutis, vicesimam partem omnium bonorum suorum, fructum quoque, reddituum et proventuum, ac pecuniarum quarumcunque, undecunque et quomodocunque, etiam per usurariam pravitatem ad eorum manus provenientium[!], per ipsos Iudeos persolvendam, et ab eis colligendam, levandam, et exigendam infra terminum per nuncios, sive collectores et commissarios per nos desuper deputandos eisdem prefigendum, in necessitatibus apostolice sedis, et non in alios usus omnino convertendam, apostolica auctoritate, ex certa nostra scientia, tenore presentium, per annum a data presentium computandum, imponimus. Et, ut prefati Iudei impositam eis vicesimam predictam, sine aliqua fraude, termino statuendo, integre persolvant, si quando per eos fraudem committi contigerit, aut, lapso termino, vicesimam huiusmodi exhibere neglexerint, tunc et eo casu, decimam integram omnium bonorum suorum, sine aliqua remissione, persolvant, et etiam pro quolibet centenario florenorum quatuor florenos solvant inventori et eorum fraudem revelanti. Et ne qui pie subventioni vere fidei et solutioni vicesimarum per felicis recordationis Alexandrum papam VI, predecessorem nostrum, impositarum, differendo, negligendo, aut contumaciter resistendo, vel alias quomodolibet in toto vel in parte se subtraxerint, aut non integre, vel minus debito solverunt, possint in eorum malitia et contumacia gloriari, et illis qui tunc mandatis apostolicis paruerunt insultare, auctoritate et scientia predictis decernimus, et declaramus, ac volumus etiam ad illarum tunc impositarum solutionem integram et effectualiter teneri et cogi, perinde ac si una cum nostra imposite fuissent, et earundem exactio nullatenus fuisset intermissa, etsi de illis per predecessorem nostrum, vel nos, suspensio, vel remissio, in toto, vel in parte, facte apparerent, et penis, ac omnibus predictis, pariformiter subiacere noscantur et subiaceant. Non obstantibus privilegiis, graciis et indultis apostolicis eisdem Iudeis ... Verum, quia difficile foret presentes litteras ad singula queque loca, ad que expediens fuerit, defferre, volumus, et predicta auctoritate decernimus quod illarum transumptis ... ea prorsus fides indubia, in iudicio et extra, ac alias ubilibet, in omnibus et per omnia adhibeatur, que presentibus adhiberetur, si essent exhibite vel ostense. Nulli ergo etc. ... Si quis etc. Dat. Rome, apud Sanctum Petrum, anno etc. millesimo quingentesimo [empty space] pontificatus nostri anno [empty space].

Source: ASV, Reg. Vat. 933, fols. 21v–22v.

Note: The doc. is filed among others dated 1507 and 1508.

1195*   Rome, 15 June 1507

Appointment to Gabriel of Bevagna and the brothers Raphael, Bonaiutus and Ventura of Spoleto, for two and three years respectively, to collect 95 Roman florins a year, over the five-year period, from the Jews in the duchy of Spoleto, their share in the *Agonis* and *Testaccio* tax of the Jews in Rome, and mandate to the judges in the duchy to assist the collectors in carrying out their task.

Raphael etc. Prudentibus viris amicis nostris dilectis Gabrieli de Bivagnio, pro duobus primis annis, ac Raphaeli, Bonaiuto et Venture, fratribus, de Spoleto, Hebreis, incolis et habitatoribus in ducatu Spoletano, subsidii ludorum Agonis et Testacii pro tribus reliquis annis separatim exactoribus, salutem in Domino. Quoniam vos, compulsi pro parte universitatis Hebreorum dicti ducatus, vigore nostri mandati a camera apostolica emanati, ut universitati Hebreorum alme Urbis nonaginta quinque florenos monete Romane, in subsidium gallearum, universitati Hebreorum dominii Sancte Romane Ecclesie pro ludibus et iocis Agonis et Testatii impositarum, singulo anno, usque ad quinquennium, solvere obligati extitis[!], supplicastis propterea nobis ut exigendi a reliquis dicti ducatus Hebreis dictam summam nonaginta quinque florenorum facultatem vobis impartiri dignaremur. Nos de premissis plenam notitiam habentes, vestris iustis petitionibus annuentes, de mandato sanctissimi domini nostri pape etc., et auctoritate etc., vos commissarios, exactores, procuratores et sindicos universitatis Iudeorum dicti ducatus Spoletani ad exigendum singulis annis dictam summam nonaginta quinque florenorum predictorum, et omne residuum debitum pro anno preterito, ad effectum solutionis subsidii prefati, tenore presentium facimus, creamus et deputamus, cum potestate a singulis Hebreis habitantibus in dicto ducatu, iuxta eorum facultates exigendi, et ad solutionem huiusmodi coram quocunque iudice compellendi, et alios exactores pro huiusmodi exactione deputandi et substituendi; mandantes propterea quibuscunque iudicibus in dicta provincia existentibus, ut super predictis et circa ea vobis iustitiam summarie, sine strepitu et figura iudicii, subministrent et subministrari faciant, et ne in exactione huiusmodi debita vos, vel per vos deputatos exactores, retardent, sed cunctis consiliis, auxiliis et favoribus faveant et assistant, contrariis non obstantibus quibuscunque. In quorum fidem etc. Datum Rome, in camera apostolica, sub anno etc. millesimo quingentesimo septimo, indictione decima, die vero quintadecima mensis Iunii, pontificatus sanctissimi in Christo patris et domini nostri, domini Iulii, divina providencia pape secundi, anno quarto.

Source: ASV, Arm. XXIX, vol. 59, fols. 60v–61r.

Note: On the carnival tax, see above, Docs. **499, 670f**. On Gabriel of Bevagna, see below, Docs. **1230, 1239**.

1196*   Rome, 30 June 1507

Concession to Magister Aleutius, a Jewish physician, and his family, to dress in a manner befitting his social position, notwithstanding the restrictions enacted on dress by the Jews.

Raphael etc. Magistro Aleutio, Hebreo, chirugico et medico, spiritum melioris consilii. Nuper nobis exposuisti te ex quorundam Hebreorum procuratione non posse familiam tuam iuxta exercitii et dignitatis tue conditionem honeste induere et vestire; cum tamen per multos annos, ut nobis constat, honeste et cum aliqua honoris et dignitatis prerogativa inter Hebreos, tue gentis homines, semper vixisti, quin etiam inter Cristianos, non sine probitatis et fidei nomine, medicine artem exercens, nos igitur, licet cogitemus nihil magis cuivis hominum cetui conducere quam ut communes leges communiaque decreta serventur, quia tamen, ut doctrina et virtute te vulgo per bonas artes eximunt, sic convenit aliquo insigniori vestitu, veluti in virtutis premium, utaris. Quare, de mandato etc., et auctoritate etc., tibi pro uxore filiabusque tuis, omnibus ornamentis, quibus ante dictam prohibitionem uti poteras, licentiam et facultatem impune concedimus; mandantes, de eisdem mandato et auctoritate, quibusvis alme Urbis ac aliorum locorum officialibus ad quos spectat, quocunque nomine censeantur, ut nullam tibi et mulieribus tuis prefatis, aut quibusvis aliis pro te, realem vel personalem molestiam inferant, aut inferri faciant et permittant, quibusvis inhibitionibus, ceterisque contrariis, non obstantibus quibuscunque; presentibus ad nostrum beneplacitum duraturis. Dat. Rome, in camera apostolica, sub anno etc. 1507, indictione decima, die vero ultima Iunii, pontificatus sanctissimi in Christo patris et domini nostri, domini Iulii pape secundi anno quarto.

Source: ASV, Arm. XXIX, vol. 59, fols. 65v–66r.

Note: The prohibition is probably one of those published from time to time by the Jewish community concerning extravagance and luxury.

Bibliography: Capanna, *Archiatri Pontifici*, p. 129; Marini, *Archiatri Pontifici* 2, p. 296; Stern, *Urkundliche Beiträge* 1, p. 72.

1197   Rome, 16 July 1507

Mandate to all communes and officials in the March of Ancona, on pain of a fine of 3,000 ducats, to refrain from injuring the Jews or deprive them of food, or otherwise act contrary to their privileges, and prohibition, on pain of excommunication, to all preachers to incite the populace against the Jews, and mandate to ordinaries and their vicars to inform preachers of the pope's orders.

Iulius papa secundus. Universis et singulis verbi Dei predicatoribus, in eadem provincia aut aliqua eius civitate, terra, vel oppido, officio predicationis pro tempore fungentibus, ad quos presentes pervenerint, salutem et apostolicam benedictionem. Ex querelis Ebreorum provinciam nostram Marchie incolentium nuper accepimus quod, licet ipsi in civitatibus et terris dicte provincie capitula auctoritate apostolica confirmata vel tolerata diligenter observant, nec ulli alioquin iniuriam inferant, tamen plerumque populi dictarum civitatum atque locorum ab ipsis verbi Dei predicatoribus, parum considerantibus quod Sancta Mater Ecclesia Ebreos ipsos in testimonium passionis Redemptoris, Iesu Christi Domini nostri, tolerat, incitati, in ipsos Ebreos eorumque bona impetum faciunt, quandoque etiam prohibetur ne res victui necessarie eis vendantur et ministrentur, penas et censuras contra tales a felicis recordationis Sixto quarto et Alexandro sexto, predecessoribus nostris, inflictas incurrendo. Quo circa nos, scandalis, que inde exoriri possent, paterne occurrere, eisdemque Ebreis de efficacioris auxilii remedio providere volentes, universitatibus, [et] officialibus predictis, sub trium milium ducatorum, camere apostolice applicandorum, [pena], districte precipiendo mandamus, ne Iudeos ipsos in persona vel bonis ledere, aut eisdem res victui necessarias subtrahere, nec quin eis vendi possint prohibere debeant, nullumque in dictorum Ebreorum preiudicium, ac contra prefatorum predecessorum nostrorum et nostras huiusmodi concessiones statutum seu ordinationem, ullam facere, sub predicta pena, de facto, si contrafecerint, pro dicta camera exigenda, quoquomodo presumant, sed Ebreis ipsis opportune defensionis auxilio assistant; predicatoribus vero verbi Dei predicantes, sub excommunicationis late sententie pena districtius inhibemus, ne populos aut particulares personas in eosdem Ebreos deinceps quoquomodo, directe vel indirecte, incitent aut commoveant, cum ordinariorum officium sit eosdem Ebreos, si quid deliquerint, iuxta canonicas sanctiones punire, quinimmo eisdem locorum ordinariis eorundemque vicariis, in virtute sancte obedientie districte mandamus ut predicatores verbi Dei predictos, cum ad civitates et loca eorum ad predicandum accesserint, de huiusmodi concessione et voluntate nostra ac predictorum predecessorum nostrorum diligenter instruant atque informant, eosdemque sub predictis penis moneant, ne quid in eorum predicationibus dicere presumant, quod in dictorum Ebreorum preiudicium, ac contra huiusmodi et alia indulta eis a dictis predecessoribus nostris et sede apostolica concessa et confirmata, que omnia inviolabiliter observari volumus, tendere et facere possit quoquomodo; contrafacientes per censuras ecclesiasticas et penas predictas, et alia iuris remedia compescendo; statutis et privilegiis civitatum et locorum predictorum, ceterisque in contrarium facientibus non obstantibus quibuscunque. Datum Rome, apud Sanctum Petrum, sub annulo Piscatoris, die sextadecima Iulii 1507, pontificatus nostri anno quarto.

Source: AS, Modena, Archivi per materie, Ebrei, b. 19b.

1198   Rome, 21 October 1507

Mandate to Iacobus Theotino, a canon in the church of Nardò, to assign to
Camillus de la Barria, a cleric in Lecce, provided he finds him suitable, the
church of the Annunciation in Lecce, built on the ruins of a synagogue, and its
prebend and revenues, a sinecure, not exceeding 24 ducats. The remnants of
the synagogue had been converted by Jacob Piscicelli, bishop of Lecce.

Iulius etc. Dilecto filio Iacobo Theotino, canonico ecclesie Neritonensis,
salutem etc. Dignum etc. Exhibita siquidem nobis nuper pro parte dilecti filii
Camilli de la Barria, clerici Liciensis, petitio continebat quod proximis
temporibus, cum in regno Neapolitano, propter adventum diversarum
nationum, plura opida, et etiam civitates, depopulata, ac etiam ecclesie
destructe, et sinagoga Iudeorum, que erat in civitate Liciensi, taliter destructa
fuisset, ut, ablatis inde eorum tabernaculis, soli muri ipsius sinagoge
remansissent, tunc episcopus Liciensis, ad supplicationem dilectorum filiorum
populi civitatis predicte, eandem sinagogam in ecclesiam, sub invocatione
Annuntiationis Beate Marie Virginis, ordinaria auctoritate erexit, et bona que
alias pro dicta sinagoga deputata fuerant, eidem ecclesie, pro illius dote
perpetuo applicavit, ad dictam ecclesiam [...] erectione vacantes eidem
Camillo, eadem auctoritate contulit, et de illa etiam providit, ipseque Camillus
[...] predictarum vigore, possessionem predicte ecclesie extitit assecutus,
illamque abinde citra continuavit, ac in eadem ecclesia altaria constituta et
misse ac alia divina officia celebrata fuerint, prout in dies celebrantur. Cum
autem, sicut eadem petitio subiungebat, dictus Camillus dubitet allationem et
provisionem predictas [...] viribus non subsistere, et sicut [...] dicta ecclesia
adhuc, ut prefertur, vacare noscatur, et etiam ab aliquibus de viribus erectionis
huiusmodi hesitetur, nos volentes prefatum Camillum, ad nos de vite ac
morum honestate, aliis probitatis et virtutum meritis multipliciter
commendatum, horum intuitu, favore prosequi gratioso, ipsumque Camillum
a quibusvis excommunicationis etc. absolutum fore censentes necnon omnia
et singula beneficia ecclessastica cum cura et sine cura, que dictus Camillus
etiam ex quibusvis dispositionibus apostolicis obtinet et expectat, ac in quibus
et ad que ius sibi quomodolibet competit, quecunque, quotcunque et
qualiacunque sint, eorumque fructus, redditus et proventus veros annuos
valores, ac huiusmodi dispositionum tenores presentibus pro expressis
habentes, discretioni tue etc. mandamus quatenus dictam sinagogam, quatenus
in ecclesiam, seu ipsa ecclesia in titulum perpetui beneficii ecclesiastici canonice
nondum erecta existat, in ecclesiam, et ipsam ecclesiam in titulum perpetui
beneficii ecclesiastici, sine alicuius preiudicio, auctoritate nostra erigas, ac
bona dicte sinagoge eidem ecclesie pro eius dote perpetuo applices et
appropries; et si, super quo tuam conscientiam oneramus, per diligentem
examinationem eundem Camillum ad hoc ydoneum esse reppereris, ecclesiam

predictam, que sine cura est, et [...] fructus, redditus et preventus vigintiquatuor ducatorum auri de camera, secundum communem extimationem, valorem annuum, ut dictus Camillus asserit, non excedit, eidem Camillo [...] auctoritate nostra conferras et assignes, inducens per te, vel alium, seu alios, eundem Camillum, vel procuratorem suum eius nomine, in corporalem possessionem ecclesie Beate Marie, iuriumque et pertinentiarum predictarum, et defendens inductum, amoto exinde quolibet illicito detentore, ac faciens sibi de ipsius ecclesie Beate Marie fructibus, redditibus, proventibus, iuribus et obventionibus universis integre [responderi]. Contradictores etc. Non obstantibus ... Dat. Rome, apud Sanctum Petrum, anno Incarnationis Dominice millesimo quingentesimo septimo, duodecimo Kalendas Novembris, anno quarto.

Source: ASV, Reg. Lat. 1188, fols. 1r–3r.

Note: On the persecution of the Jews in Lecce in 1495 and the conversion of the synagogue there into a church, see Guerrieri, *Ebrei a Brindisi ed a Lecce*, pp. 237f.

1199   Rome, 29 October 1507

Concession to Leo, a Jewish physician of Toledo, in Benevento, of the privileges of the Jews there.

Leoni, Hebreo Toletano, in civitate Beneventana commoranti, viam veritatis agnoscere et agnitam custodire. Exponi nobis nuper fecisti quod, licet tu cum uxore, filiis et familia tua, in civitate Beneventana moram trahas, inibique quoad vixeris permanere intendas, tamen quia ex dicta civitate oriundus non existis, ab aliquibus, forte nimis scrupulosis, hesitari posset an tu privilegiis, indultis, gratiis, prerogativis et immunitatibus quibus alii dicte civitatis Hebrei gaudent, uti valeas. Nos igitur, tuis in hac parte supplicationibus inclinati, tibi, qui, ut asseris, a XIIII annis citra in dicta civitate permansisti, et inibi per aliquod tempus phisici artem cum publico salario exercuisti, ne deterioris conditionis aliis Hebreis dicte civitatis esse videaris, tuisque uxori, filiis et familie, ut omnibus et singulis privilegiis, gratiis, prerogativis, immunitatibus, exemptionibus, favoribus, concessionibus et indultis, tam a sede apostolica, quam in illis partibus deputatis legatis, gubernatoribus, locuntenetibus[!], nuntiis, commissariis et magistratibus dicte civitatis, Hebreis oriundis, aut alias quomodolibet, in genere concessis et concedendis, et quibus Hebrei dicte civitatis, etiam oriundi, utuntur, potiuntur, fruuntur et gaudent, seu uti, potiri, frui et gaudere poterunt quomodolibet in futurum, non ad eorum instar, sed pariformiter et absque ulla differentia, uti, potiri, frui et gaudere, libere et licite valeatis, in omnibus et per omnia, perinde ac si tibi, uxori, filiis et familie prefatis specialiter et expresse concessa fuissent, auctoritate apostolica, tenore presentium concedimus pariter et indulgemus. Non obstantibus constitutionibus et ordinationibus apostolicis, ac statutis et consuetudinibus dicte civitatis, etiam iuramento etc. roboratis, necnon omnibus illis que in ipsis privilegiis, gratiis, prerogativis, immunitatibus, exemptionibus, favoribus, concessionibus et indultis premissis aliis Hebreis predictis concessis, concessa sunt non obstare, ceterisque contrariis quibuscunque. Dat. Rome, XXVIIII Octobris 1507, anno quarto.

Source: ASV, Arm. XXXIX, vol. 11, fols. 61v–62v; Ibid., vol. 26, fols. 277r–278r.

1200   Rome, 4 February 1508

Commission and mandate to the governor of Ascoli to deal with the claim of Frescharosa, a Jewess of Norcia, for the recovery of her dowry. (Her petition was signed in the pope's presence by John Anthony Sangiorgi, cardinal bishop of Palestrina.)

Commissio cause super recuperatione dotis pro Frescharosa, Hebrea Nursina, per signaturam "Concessum, ut petitur, prout de iure, in presentia domini nostri pape. Io[hannes] Prenestinus", et per breve.
Dilecto filio gubernatori civitatis nostre Asculi.
Dilecte fili, salutem. Mittimus tibi supplicationem presentibus introclusam, manu venerabilis fratris nostri Iohannis, episcopi Prenestini, in presentia nostra signatam, volumusque et tibi committimus et mandamus ut, vocatis vocandis, ad illius executionem procedas, iuxta eius signaturam. Dat. Rome, etc., die IIII Februarii 1508, anno quinto.

Source: ASV, Arm. XXXIX, vol. 26, fols. 101v–102r.

1201   Rome, 7 April 1508

Commission and mandate to the lieutenant of the papal legate in the March of

Ancona to deal with the case of Rosa, a Jewess, in connection with some movable property.

Commissio super certis bonis mobilibus, pro Rosa Hebrea, per signaturam "Concessum, ut petitur, prout de iure, in presentia domini nostri pape. Io[hannes] Prenestinus", et per breve.
Venerabili fratri, locumtenenti legati provincie nostre Marchie Anconitane. Venerabilis frater, salutem. Mittimus fraternitati tue supplicationem presentibus introclusam, manu venerabilis fratris nostri Iohannis, episcopi Prenestini, in presentia nostra signatam, volumusque et tibi committimus ac mandamus ut, vocatis vocandis, ad illius executionem procedas, iuxta eius signaturam. Dat. Rome, VII Aprilis 1508, anno quinto.

Source: ASV, Arm. XXXIX, vol. 26, fol. 227v.

1202   Rome, 21 August 1508

Indulgence to Vincentius Sauli of Genoa, papal *depositarius*, and members of his household to avail themselves of the services of Jewish physicians.

Dilecto filio Vincentio Saulo, civi Ianuensi, depositario nostro. Dilecte fili, salutem. Sincere devotionis affectus, quem ad nos et Romanam geris Ecclesiam, non indigne meretur ut petitionibus tuis, quantum cum Deo licet, libenter annuamus; tuis itaque in hac parte supplicationibus inclinati, tibi ut quotienscunque contingat te, tuamque uxorem, ac dilectam in Christo filiam Mariolam, relictam quondam Pasquasii Sauli, vestrosque liberos et generos, necnon domesticos et familiares tuos, aliquibus infirmitatibus gravari, ad vestram curationem, etiam medicos Hebreos per vos eligendos, absque aliquo conscientie scropulo, sine tamen defectu et errore fidei, adhibere, libere et licite valeas, utque medici ipsi Hebrei absque alicuius pene incursu vobis mederi possint, auctoritate apostolica, tenore presentium, de speciali gratia, indulgemus. Non obstantibus constitutionibus et ordinationibus apostolicis, ac quibusvis municipalibus statutis et consuetudinibus, ceterisque contrariis quibuscunque. Dat. Rome, die XXI Augusti 1508, anno V°.

Source: ASV, Arm. XXXIX, vol. 26, fol. 530r.

Note: See above, Doc. **1181**.

1203 Rome, 10 October 1508

Mandate to Francis Alidosi, cardinal priest of St. Cecilia and papal legate in Bologna and Romandiola, to sell and realize the property of the Bentivoglio and use the proceeds for the fortification of Bologna, after repaying the loans made for that purpose by three Christians and the Jews of the town to Lawrence Fieschi, bishop of Brugnato and former governor of Bologna.

Dilecto filio nostro F., tituli Sancte Cecilie presbitero cardinali Papiensi, in Bononia et provincia Romandiole nostro et apostolice sedis legato.

Dilecte fili noster, salutem etc. Audivimus diligenter dilectum filium Petrum Grifum, notarium nostrum, ea que per eum nobis significanda duxisti accuratissime referentem de bonis Bentivolorum; itaque, re mature examinata, volumus et mandamus tibi ut, facta solucione iis, qui per eundem Petrum Grifum et deputatos creditores dictorum Bentivolorum declarati fuerint, quicquid supererit ex bonis predictis subastes et vendas plus offerentibus, vel saltem eam partem que emptores invenerit. Idem etiam facias de omnibus bonis nuper camere apostolice applicatis et confiscatis ob demerita et proditiones novorum rebellium, ac quicquid pretii et pecuniarum ex huiusmodi venditionibus consequi poteris, in fabricam arcis et cittadelle istius nostre civitatis, Bononie videlicet, exponi facias, ubi et postquam dilectis filiis Annibali de Saxono, Iulio de Paxiis, et Hieronimo de Ludovisiis, ac Hebreis Bononiensibus, qui pro defensione pacifici status nostri, venerabili fratri episcopo Brogniatensi, tunc civitatis istius gubernatori, sponte et libere pecunias mutuarunt, de ea summa in qua adhuc ratione dicti mutui sunt creditores; par est enim, quod indemnitati eorum, que[!] sub fide eiusdem gubernatoris tam prompti in pecunia mutuanda fuerunt, imprimis ratio habeatur. Volumus insuper, et eidem tue cirumspectioni mandamus ut omni studio et diligencia recuperare studeas bona, que per eosdem Bentivolos possidebantur, et post eorum recessum a nonnullis occupata fuerunt, absque sentencia sive declaratione ipsius Petri Grifi, commissarii ad id specialiter deputati, prout alias ad te scripsimus. Dat. Rome, die X Octobris 1508, anno quinto.

Source: ASV, Arm. XXXIX, vol. 28, fols. 562v–563r.

Note: On the deposition of the Bentivoglio, see Ady, *Bentivoglio*, pp. 131f.

1204   Rome, 4 May 1509

Enactment and order that a fund of 400 *maravedi* annually be employed for
the maintenance of the sacristy in the chapel of Reyes Nuevos in Toledo and
the repair of vessels and ornaments there, and not for the use of the chaplain
maior. The chapel had been built by King John I of Castile, and had been
endowed with 400 *maravedi* defrayed from the revenues of the Jewish
inhabitants of Toledo, and King Henry III augmented the fund, yet the
successive chaplains *maior* had appropriated the fund for other purposes
instead of using it for the original purpose of maintenance and repair.

Iulius etc. Ad perpetuam rei memoriam. In apostolice dignitatis culmine,
meritis quamquam insufficientibus, divina dispositione locati, ad ea nostre
provisionis ministerio libenter intendimus, per que beneficia eclesiastica in
suis edificiis reparari et manuteneri, ac ornamentis ecclesiasticis, ad divinum
cultum necessariis, fulciri valeant, ac alias desuper statuimus et ordinamus,
prout in Domino conspicimus salubriter expedire. Sane, pro parte dilecti filii
Francisci de Malpartida, capellani maioris capelle Regum Novorum
nuncupate, infra ambitum [...] Tolet[...] nobis nuper exhibita peticio
continebat quod olim clare memorie Iohannes primus, Castelle et Legionis
rex, tunc in humanis agens, de propria salute recogitans, cupiensque terrena in
celestia et transitoria in eterna felici commercio commutare, ex bonis suis, a
Deo sibi collatis, dictam capellam sumptuoso edificio edificari fecit, et in ea
unam maiorem et quamplures alias perpetuas capellanias, pro uno maiori, qui
aliis preesset, et certis aliis capellanis perpetuis, qui inibi missas et alia divina
officia celebrare, et dicte capelle in divinis deservire tenerentur, fundavit et
dotavit, ac eidem capelle, ex reditibus per Hebreos civitatem Toletanam
inhabitantes ipsi regi annuatim solvi solitos quadringentos morapetinos
monete tunc in partibus illis cursum habentis, per ipsum capellanum maiorem
pro tempore existentem, pro reparatione vasorum argenteorum et
ornamentorum dicte capelle, quotiens id expediret, distribuendos et
erogandos, donavit, concessit et assignavit; cumque dos ipsa, ex certis causis,
invalida dicte capelle extitisset, etiam clare memorie Henricus tertius, rex
Castelle et Legionis, prefati Iohannis regis natus et successor, etiam de sua
salute recogitans, et ne tam pium genitoris opus [...] cultui divino [...] curaverat,
cessare videretur, eisdem capellaniis, tam dotis deperdite predicte, quam
morapetinorum huiusmodi loco, alios fructus, las tertias [...] nuncupatus, in
archipresbiteratibus de Yllescas, Rodillas, et Canales, ac certas pecuniarum
summas in archipresbiteratu de O[...], locorum Toletane diocesis, dotem et
morapetinos predictos augmentando, inter dictum maiorem et alios
capellanos, loco quotidianarum distributionum, ac in dictorum vasorum et
ornamentorum reparationem, iuxta primam factam genitoris sui predicti
institutionem distribuendas et erogandas, tam dictis capellanis, quam dicte

capelle donavit et assignavit prout in diversis publicis instrumentis seu litteris autenticis, desuper forsan confectis et concessis, dicitur plenius contineri; cum autem, sicut eadem petitio subiungebat, maiores capellani dicte capelle, qui pro tempore fuerunt, quadringentos morapetinos huiusmodi, qui pro dictorum vasorum et ornamentorum dicte capelle fuerunt deputati, cum augmento quod ex dotatione dicti Henrici regis susceperunt hactenus perceperint et levaverint, et in suos proprios usus, contra Iohannis et Henrici, regum predictorum, voluntatem converterint, in dicte capelle preiudicium non modicum et iacturam; verum, si statueretur et ordinaretur quod, de cetero, perpetuis futuris temporibus quadringenti morapetini, cum omni augmento huiusmodi, non ad capellanum maiorem pro tempore existentem, sed ad fabricam sacristie dicte capelle per[?]rent, et in ipsam fabricam ac vasorum et aliorum ornamentorum eiusdem capelle reparationem et refectionem, et non in alios usus converti, et maior, vel eius locumtenens, et alii dicte capelle capellani pro tempore existentes, annis singulis unam personam, fide et facultatibus ydoneam, quam pro tempore duxerint eligendam, que quadringentos morapetinos cum augmento huiusmodi dicte fabrice nomine exigere, percipere et levare, et in predictos et non alios usus convertere, et in fine cuiuslibet anni de perceptis et levatis maiori et aliis capellanis predictis rationem reddere deberet, deputare tenerentur, profecto[?] eorundem Iohannis et Henrici voluntatibus satisfieret, et capelle huiusmodi decori et venustati oportune consuleretur, pro parte dicti Francisci asserentis pro sustentatione dicti maioris capellani fructus, reditus et proventus trecentorum et ultra superesse, et illud quod pro [...] fabrice rest[?] summam triginta quinque [...] excedere, nobis fuit humiliter supplicatum ut quod, de cetero, perpetuis futuris temporibus quadringenti morapetini cum augmento huiusmodi non ad capellanum maiorem pro tempore existentem, sed ad fabricam predictam pertineant, et in ipsam fabricam, ac vasorum et aliorum ornamentorum predictorum reparationem, instaurationem, refectionem, et in nullos alios usus converti, et maior, vel eius locumtenens, et alii capellani predicti, annis singulis unam personam, fide et facultatibus ydoneam, quam pro tempore duxerint eligendam, que quadringentos morapetinos huiusmodi, cum suo augmento huiusmodi, dicte fabrice nomine exigere, percipere et levare, et in predictos et non alios usus convertere, et in fine cuiuslibet anni de perceptis et levatis eidem maiori et aliis capellanis predictis rationem reddere debeat deputare teneantur, statuere et ordinare, ipsique persone pro tempore electe quadringentos morapetinos huiusmodi cum dicto augmento, exigendi, percipiendi et levandi, et in predictos usus convertendi, licentiam concedere, aliasque in premissis oportune providere, de benignitate apostolica dignaremur. Nos, itaque prefatum Franciscum [...] huiusmodi supplicationibus inclinati, auctoritate apostolica, tenore presentium statuimus et ordinamus quod, de cetero, perpetuis futuris temporibus quadringenti morapetini, cum augmento huiusmodi, non ad capellanum maiorem pro tempore existentem, sed ad fabricam predictam pertineant, et in ipsam fabricam et vasorum et aliorum ornamentorum reparationem, instaurationem, refectionem, et nullos alios usus converti, et maior, vel eius locumtenens, et alii capellani predicti, annis singulis, unam personam, fide et facultatibus ydoneam, quam pro tempore duxerint eligendam, que quadringentos morapetinos huiusmodi, cum suo augmento, dicte fabrice nomine exigere, percipere et levare, et in predictos, et non alios usus convertere, et in fine cuiuslibet anni de perceptis et levatis maiori et aliis capellanis predictis rationem reddere debeat, deputare teneantur, ipsique persone sic pro tempore electe quadringentos morapetinos huiusmodi, cum dicto augmento, exigendi, percipiendi et levandi, et in predictos usus convertendi [...] premissis licentiam concedimus et facultatem. Non obstantibus ceterisque contrariis. Nulli etc. ... Dat. Rome, apud Sanctum Petrum, anno Incarnationis Dominice millesimo quingentesimo nono, quarto Nonas Maii, anno sexto.

Source: ASV, Reg. Lat. 1237, fols. 182r–184r.

Bibliography: Léon Tello, *Toledo* 2, pp. 497, 520, 535.

1205   Rome, 23 February 1510

Commission to Lambertus Borello, doctor-at-law, knight in Cesena and papal commissioner, to inquire into the allegation that Moyse and other Jews had persuaded Rosa, a converted Jewess of Ferentino, to revert to Judaism, and to proceed against her, Moyse and the others, notwithstanding the findings of another commissioner that Rosa may remain a Jewess, because she had been baptized unwillingly.

Dilecto filio Lamberto Borello, legum doctori et equiti Cesenati, commissario nostro.
Dilecte fili, salutem et apostolicam benedictionem. Ad aures nostras pervenit quod Rosa, mulier ex Hebreis nata, civitatis nostre Ferentini habitatrix, que in etate legitima, abiurata perfidia Hebraica, ad orthodoxam fidem Christianam conversa, sacrum baptisma susceperat, postmodum, suasu, ut creditur, Moysi et quorundam aliorum Hebreorum, ad Hebraicum ritum rediit, in contemptum ac ludibrium fidei Christiane. Nos igitur, quia hec sine Dei offensa conniventibus oculis pertransiri non possunt, tibi presentium tenore committimus ut contra eandem Rosam ac Moysem, et alios Hebreos predictos, super premissis diligenter inquiras, ac iuridicum formes processum. Non obstante quacunque sententia declaratoria per quemvis alium

commissarium lata, quod Rosa predicta in Hebraico ritu remanere ac vivere posset, ut pote que ad fidem Christianam quasi invita et nolens traducta fuisset, ac quacumque alia commissione per alias nostras in forma brevis cum supplicatione introclusa cuivis alteri facta, quam nullius roboris et momenti esse decernimus, ceterisque contrariis quibuscunque. Datum Rome, die XXIIIª Februarii 1510, anno septimo.

Source: ASV, Arm. XXXIX, vol. 28, fol. 39r-v.

1206   Bologna, 4 October 1510

Absolution, dispensation and rehabilitation to Didacus de Cuellar in the diocese of Segovia, whose grandfather had been found guilty posthumously of heresy and apostasy and then had his bones or effigy burnt; no stain on his character or other disability is to ensue therefrom or from the involvement of his relatives in similar proceedings.

Iulius episcopus, servus servorum Dei. Dilecto filio Didaco de Cuellar, laico Segobiensis diocesis, salutem et apostolicam benedictionem. Sincere devotionis affectus, quem ad nos et Romanam geris Ecclesiam, necnon laudabilia probitatis et virtutum merita, super quibus apud nos fidedigno commendaris testimonio, nos inducunt ut te specialibus favoribus et gratiis prosequentes, illa tibi de benignitate sedis apostolice favorabiliter concedamus, que iuris rigor et equitas interdicit. Sane, pro parte tua nobis nuper exhibita petitio continebat quod, licet tu ut verum et catholicum decet Christianum semper vixeris, et a fide Catholica, quam professus es, nunquam deviaveris, neque in futurum, Deo dante, deviare intendas, quia tamen olim inquisitores heretice pravitatis in partibus illis tam ordinaria quam apostolica auctoritatibus deputati, seu ab eis subdeputati, contra avum tuum paternum, tunc defunctum, super heresis et a fide apostasia criminibus, instante fidei procuratore, procedentes, ipsum hereticum et a fide apostatam per suam sententiam declararunt, et propterea eius ossa, seu statuam, igni tradi mandarunt, prout tradita fuerunt, dubitas tam propterea, quam etiam si contingat alios parentes et progenitores tuos viventes, seu iam defunctos, super similibus criminibus accusari, inquiri, condemnari aut declarari, seu si forsan iam accusati, inquisiti, condemnati aut declarati fuerint, illorum culpa de inhabilitatis et infamie macula sive nota notari, teque desuper molestari posse tempore procedente; quare pro parte tua nobis fuit humiliter supplicatum ut tibi statuique tuo in premissis opportune providere, de benignitate apostolica dignaremur. Nos igitur, volentes te, alias apud nos de laudabilibus probitatis et virtutum meritis multipliciter commendatum, horum intuitu favore prosequi gratioso, ac a quibusvis excommunicationis, suspensionis et interdicti, aliisque ecclesiasticis sententiis, censuris et penis, a iure vel ab homine, quavis occasione vel causa latis, si quibus quomodolibet innodatus existis, ad effectum presentium dumtaxat consequendum, harum serie absolventes, et absolutum fore censentes, huiusmodi supplicationibus inclinati, tecum ut ad quecunque dignitates, honores et officia, publica et privata, secularia, ac pretorias, magistratus domos, [?]eros, rectorias, tabellionatus publicos, ac omnia alia cuiuscunque generis et speciei officia, in quibusvis civitatibus, diocesibus, domibus et curiis, etiam regum, reginarum, ducum, principum, comitum, marchionum, magnatum, prelatorum, et aliorum dominorum temporalium quorumcumque, eligi, recipi et assumi, illaque gerere et exercere, ac quascunque vestes sericeas et panni, cuiuscunque coloris, etiam rubei, aurum, argentum, gemmas, annulos et alia iocalia, alias statui tuo convenientia, deferre, super equos et mulas equitare, necnon omnibus et singulis privilegiis, immunitatibus, dignitatibus, exemptionibus, favoribus, indultis, prerogativis, preeminentiis et concessionibus, quibus alii fideles ac fidelium filii et nepotes, necnon ab eisdem fidelibus descendentes utuntur, potiuntur et gaudent, ac uti, potiri et gaudere potuerunt quomodolibet in futurum, tu quoque utaris, potiaris et gaudeas, ac uti, potiri et gaudere libere et licite valeas in omnibus et per omnia, perinde ac si avus et alii parentes seu progenitores tui predicti crimina ipsa nunquam commisissent, ac de illis accusati, inquisiti aut condemnati fuissent, neque in futurum forent, auctoritate apostolica, tenore presentium, de specialis dono gratie dispensamus, tibique pariter indulgemus, ac te in pristinum, et eum in quo ante omnia premissa quomodolibet existebas statum restituimus, reponimus et plenarie reintegramus, ac a te omnem inhabilitatis et infamie maculam sive notam per te premissorum occasione contractam, penitus abolemus. Non obstantibus premissis, ac constitutionibus et ordinationibus apostolicis, necnon officii inquisitionis huiusmodi statutis et consuetudinibus, etiam iuramento, confirmatione apostolica, vel quavis firmitate alia roboratis, privilegiis quoque et indultis, ac litteris apostolicis tam per felicis recordationis Sixtum IIII, Innocentium VIII, Alexandrum VI, et alios Romanos pontifices, predecessores nostros, quam etiam per nos et sedem predictam, sub quibusvis verborum formis et clausulis, etiam derogatoriarum derogatoriis, aliisque fortioribus, efficacioribus et insolitis, irritantibusque decretis, etiam motu proprio et ex certa scientia, ac de apostolice potestatis plenitudine, seu etiam ad supplicationem carissimi in Christo filii nostri Ferdinandi, Aragonie et Sicilie regis illustris, ac clare memorie Elisabeth, Castelle et Legionis regine, ac eorum consideratione et intuitu inquisitoribus aut officio inquisitionis huiusmodi concessis, confirmatis et innovatis, ac in posterum forsan concedendis, quibus, etiam si pro illarum sufficienti derogatione de illis, eorumque totis tenoribus, specialis, specifica, expressa, individua, ac de verbo ad verbum, non autem per clausulas generales id importantes, mentio, seu quevis alia expressio habenda, aut aliqua alia exquisita forma servanda esset, etiam si in eis caveatur expresse quod illis nullatenus, aut non nisi sub certis inibi expressis modis et formis, derogari possit, eorum tenores presentibus pro expressis habentes, illis alias in suo robore permansuris, hac vice duntaxat, harum serie specialiter et expresse derogamus, ceterisque contrariis quibuscunque. Nulli ergo ... Si quis ... Dat. Bononie, anno Incarnationis Dominice millesimo quingentesimo decimo, quarto Nonas Octobris, pontificatus nostri anno septimo.

Source: Madrid, Arch. Hist. Nac., Inq., Cod. 1, No. 82.

Publication: Llorca, *Bulario*, pp. 238f.

Note: Llorca, *loc. cit.*, has: *Rehabilitación de Diego Cuéllar condenado por la Inquisición.*

1207*   Rome, 23 November 1510

Appointment of Bernardinus de Abbatissis, of Serra de' Conti, doctor-at-law, as commissioner to compel debtors of the papal chamber, especially on account of the excise on salt, to pay their due, to prevent Jewish money-lenders from exceeding the terms of their charters and from not wearing the badge, to punish offenders, and to collect all outstanding debts, fines, etc.

Raphael etc.
Spectabili viro domino Bernardino de Abbatissis, de Serra Comitum, iuris utriusque doctori, commissario nostro, salutem. Ex iniuncto nobis camerariatus officio, ad ea propensius oculos nostre mentis intendimus, per que paci subditorum, et redditibus camere apostolice consulatur, neve Christiani publici feneratores pauperum bona licenter devorare presumant, ceterique delinquentes, de eorum excessibus et delictis hactenus per eos commissis et perpetratis, debitas et condignas penas persolvant, et denique ut omnes debitores camere apostolice prefate obnoxii exigantur et exigi compellantur, presertim occasione salis Fabritio de Alfanis de Perusia, Gentili de Rechis, directe et indirecte ad cameram ipsam pertinentes, ut in folio, nostra manu pernotato, latius continetur, necnon contra Hebreos fenerantes ultra tenorem capitulorum eis concessorum, aut signa convenientia, quibus a Cristianis dignoscantur, in contemptum sacrorum canonum publice non deferunt. Nos igitur, subditos in sua iustitia confoventes cum predicta non tantum in dammum camere prefate, verum etiam in divine maiestatis offensam, et scandalum plurimorum accedere considerantes, confisi de tua

virtute, probitate et diligentia, quibus personam tuam novimus insignitam, sperantes quod ea que tibi commiserimus, bene et laudabiliter exequeris, de mandato sanctissimi etc., auctoritate etc., tenore presentium te commissarium provincie Umbrie, ad beneplacitum nostrum, super premissis omnibus et singulis facimus, constituimus specialiter et deputamus; dantes et concedentes tibi plenam et omnimodam harum serie facultatem, potestatem et auctoritatem quoscunque publicos feneratores, delinquentes, debitores camere apostolice predicte, tam ecclesiasticos, quam seculares, qui hactenus cameram ipsam, seu dohanam salis, defraudarunt, vel in aliquo egregio viro Fabritio de Alfanis predicto, debitorem[!] vere[!] esse compereris, vigore eius libri et aliarum scripturarum mercantilium, seu publicorum instrumentorum inde factorum, quibus omnibus per presentes plenam et indubitatam volumus fidem adhiberi, prout cavetur in suis capitulis cum dohaneriis salarium Urbis initis, in aliqua pecuniarum summa obligati apparerent, et omnes alios predictos, qui culpabiles reperirentur, coram te, ubicunque degere in dicta provincia decreveris, citandi, conveniendi, cognoscendi, sententiandi, finiendi et terminandi, conducendi, exigendi, realiter et personaliter gravandi, ita tamen, quod realis executio personaliter[!] non impediat, nec econtra, uno [et] eodem tempore, puniendi et multandi, carcerandi, relaxandi et liberandi, prout iuris fuerit, sola dumtaxat facti veritate inspecta, et etiam, si opus fuerit, per represalias, apostolica auctoritate tibi in hac parte concessa, indicendas et relaxandas coercendi, et notarium, vel notarios, et baiulos, pro exequendis predictis, oportunos deputandi et eligendi, et generaliter omnia alia et singula gerendi, exercendi et faciendi, que in premissis et circa premissa necessaria fuerint et oportuna; mandantes propterea omnibus et singulis dominis gubernatoribus, locumtenentibus, potestatibus, marescallis et executoribus, ceterisque aliis Sancte Romane Ecclesie officialibus, et nominatim dominis gubernatoribus abbatie Farfensis et communitatibus et universitatibus civitatum, terrarum et locorum, et illorum particularibus personis, eidem S.R.E. mediate vel immediate subiectis, sub excommunicationis late sentente et mille ducatorum penis, camere apostolice prefate applicandorum, quatenus tibi in premissis et circa ea oportuni favoris auxilio, quotiens pro parte tua fuerint requisiti, fideliter assistant pariter et intendant. Pro expensis autem et mercede, pro tempore quo accesseris et permanseris, consuetum salarium a suprascriptis debitoribus, in dicto folio annotatis, exigas. Volumus autem, ut pro indemnitate dicte camere, ut totum illud quod per te nomine nostro et dicti Fabricii, aut alterius, exigere contigerit, apud aliquem idoneum deponas, camereque apostolice denuncies infra mensem, aliter de proprio reficere tenearis; in contrarium facientibus non obstantibus quibuscunque. Dat. Rome, in camera apostolica, die XXIII^a mensis Novembris millesimo quingentesimo decimo.

Source: ASV, Arm. XXIX, vol. 59, fols. 270v–271r.

1208   Bologna, 2 December 1510

Concession to the *conservatores* and community of Cesena of the taxes of the
Jews for five years.

Dilectis filiis conservatoribus et communitati civitatis nostre Cesene.
Iulius papa II^s.
Dilecti filii, salutem et apostolicam benedictionem. Cupientes vos et
communitatem vestram, pro egregia vestra ad nostrum et Sancte Romane
Ecclesie statum fidelitate, oportunis gratiis et favoribus prosequi, vestris in
hac parte supplicationibus inclinati, taxas per Hebreos camere apostolice
quotannis solitas solvi, vobis presentium tenore ad quinquennium, a data
presentium computandum, concedimus et liberaliter condonamus, ut onera
civitati vestre assidue incumbentia, commodius tolerare, et in eadem fidelitate
alacrius perseverare possitis; mandantes dilectis filiis gubernatoribus et
thesaurariis pro tempore existentibus, ut in exactione taxarum huiusmodi vos
nullo modo impediant, sed potius oportunis favoribus prosequantur. In
contrarium facientibus non obstantibus quibuscunque. Dat. Bononie, sub
annulo Piscatoris, die II^a Decembris MDX^mo, pontificatus nostri anno
octavo.

Source: AS, Cesena, B. 15, IV; Ibid., Liber Privilegiorum 9, c. 72.

Note: See above, Docs. **918, 921ff**.

Bibliography: Muzzarelli, *Cesena*, p. 205.

1209*   Bologna, 7 January 1511

Approval and confirmation for a period of ten years of the tolerance of a
condotta signed between Angelus Davit of Tossignano, a Jew in Castel San
Pietro and Medicina, and the people in these localities, formerly approved for
five years on papal authority and confirmed by Francis Alidosi, cardinal
priest of St. Cecilia and papal legate in Bologna.

Raphael etc. Angelo Davit de Toxignano, Hebreo, in castris Sancti Petri et
Medicine, comitatus et districtus Bononiensis, habitatori, tuisque heredibus,
successoribus et ministris quibuscunque, spiritum sanioris consilii. Cum alias
nonnulla capitula inter te et homines castrorum Sancti Petri et Medicine,
comitatus et districtus Bononie, inita, in camera apostolica, tuo nomine,

exhibita fuerint, eaque ad quinquennium auctoritate apostolica tolerari et observari mandatum fuerit, postmodumque reverendissimus in Christo pater, dominus Franciscus, dicte apostolice sedis gratia cardinalis Papiensis, Bononie legatus, per suas patentes litteras capitula ipsa tolerari et observari mandaverit, cupiasque dicta capitula denuo auctoritate apostolica tolerari et observari mandare. Nos, tuis in hac parte supplicationibus inclinati, capitula ipsa et omnia in eis contenta, secundum Sancte Romane Ecclesie tolerantiam, harum serie, de mandato etc., auctoritate etc., et ex matura deliberatione etc., ad decennium proxime futurum, tolerari et observari ab omnibus inviolabiliter precipimus et mandamus; in contrarium etc. In quorum etc. Dat. Bononie etc. die VII Ianuarii MDXI, pontificatus Iulii anno VIII°.

Source: ASV, Arm. XXIX, vol. 61, fol. 213r-v.

1210*   Ravenna, 30 March 1511

Commission and mandate to the vicars of the ordinaries in Bologna and Romagna to admonish and request all preachers, on pain of excommunication, to refrain from molesting the Jews in their sermons and from compelling Jews to attend them.

R[aphael], episcopus Ostiensis, cardinalis Sancti Georgii, ... camerarius. Quoniam ex fidedignorum hominum relatu in camera apostolica nuper intelleximus quod diversi predicatores, tam in civitate Bononie, quam in provincia Romandiole, sub velamine boni, eorum predicationes et actiones inter Iudeos in diversis locis eiusdem provincie commorantes dirigunt, et contra ipsos eorum persuasionibus populum incitant et commovent, persuadentes eos a terris Christifidelium et a propriis eorum habitationibus esse repellendos, ac volentes, ex quadam abusione et corruptela, potius quam approbata consuetudine, quod Hebrei ipsi, contra ipsorum voluntatem, ad audiendum eorum sermones personaliter accedant, ex quibus quidem incitationibus, commotionibus et abusionibus scandala et dissensiones in populo facillime oriri possent, et ideo talia committentes non predicatores, sed Christiane fidei dissipatores merito nuncupari possunt; unde, considerantes Iudeos in exemplum ortodoxe fidei esse tolerandos, et eis eo libentius contra eorum persecutores et molestatores esse opportunum prestandum presidium, quo ipsi specialius sunt in testimonium fidei nostre reservati, eorum testante propheta: "Tandem reliquie salve fient", et attendentes officium predicatorum in bonum, non in malum dirigi debere, et ad eos pertinere eorum persuasionibus et sermonibus nocentes et peccatores ad ipsorum veras penitentias reducere, non autem populos contra Hebreos ausu temerario incitare, necnon volentes eos humana Christianorum mansuetudine pertractari, cum Ecclesia illos a fidelium conversatione minime repellat, de mandato sanctissimi domini nostri pape, vive vocis oraculo super hoc nobis facto, ac auctoritate nostri camerariatus officii, universis et singulis vicariis in spiritualibus, quorumcunque locorum eiusdem provincie, per presentes committimus, imponimus et mandamus quatenus prefatos predicatores, cuiuscunque etiam Cluniacensis ordinis existant, ex nostra parte moneant et requirant ut, sub excommunicationis, et aliis censuris et penis ecclesiasticis, contra eos et eorum quemlibet infligendis, predictos Hebreos eorum predicationibus et sermonibus minime molestent, nec eos ad eorum sermones audiendum invitos compellant; volentes ut in eos contravenientes excommunicationis et alias censuras et penas predictas, auctoritate nostra inferant, et quatenus opus fuerit personaliter coherceant, in contrarium facientibus non obstantibus quibuscunque. In quorum fidem et testimonium has presentes fieri, nostrique soliti camerariatus sigilli iussimus et fecimus appensione communiri. Dat. Ravenne, in camera apostolica, anno a Nativitate Domini millesimo quingentesimo undecimo, die trigesimo mensis Martii, pontificatus domini Iulii pape II anno octavo.

Source: AS, Modena, Archivi per materie, Ebrei, b. 20.

1211*   Rome, 26 February 1512

Command and mandate, on pain of excommunication and a fine of one hundred ducats, to all officials in the papal dominions to compel the debtors of Magister Moyse to pay him the expenses, amounting to 600 ducats, he incurred when acting on behalf of the Jewish community, in connection with the edict of expulsion promulgated against the Jews in the kingdom of Naples.

R[aphael], episcopus etc.
Universis et singulis gubernatoribus, potestatibus, vicariis, locumtenentibus, ac aliis officialibus terrarum Sancte Romane Ecclesie mediate vel immediate subiectarum, ad quos spectat, salutem et nostrorum obedientiam mandatorum. Cum, sicut per expositionem magistri Moysis, Hebrei, nuper in camera apostolica factam, percepimus certum edictum a rege Neapolitano, seu eius locumtenente, emanasset ut omnes Hebrei existentes in regno infra certum terminum, et sub certis penis, a dicto regno recedere deberent, prefatus Moyses, in diversis expeditionibus pro dicta universitate Hebreorum, in Romana curia summam sex centorum ducatorum, vel circa, exposuit, quam

pecuniarum summam, cum extraiudicialiter recuperare non posset, per breve apostolicum domino gubernatori provincie Campanie contra dictam universitatem, seu particulares personas, causam commicti obtinuit, coram quo, citatis citandis ac servatis servandis, prefatus Moyses sententiam in eius favorem reportavit, que in rem transivit iudicatam, et successive mandatum executivum obtinuit; et quia parum fuisset huiusmodi rem iudicatam ac mandatum executivum obtinuisse, nisi debitam executionem consequeretur, nobis propterea humiliter supplicavit quatenus sibi in premissis de aliquo oportuno iuris favore assistere dignaremur. Nos, suis supplicationibus annuentes, et unumquemque, quantum cum iustitia possumus, adiuvare cupientes, vobis et vestrum cuilibet, de mandato sanctissimi domini nostri pape, vive vocis oraculo super hoc nobis facto, et auctoritate nostri camerariatus officii, tenore presentium, sub excomunicationis late sententie ac centum ducatorum camere apostolice applicandorum penis, precipimus et mandamus quatenus contra quoscunque Hebreos sub iurisdictione vestra existentes, ad executionem, iuxta formam dicti mandati, debito modo procedatis, seu procedi faciatis; mandantes vobis et vestrum cuilibet, sub eisdem penis, quatenus altero gubernatore, potestate, vicario, seu alio officiali, ad executionem, infra quindecim dies post harum presentationem immediate sequentes, ad instantiam dicti magistri Moysis, seu eius procuratoris, procedere recusante seu differente, vos contra prefatos debitores dicti magistri Moysis, ac alios Hebreos sub iurisdictione iudicis recusantis seu differentis, ad executionem realem seu personalem per viam represaliarum procedatis, seu procedi faciatis et mandatis, in contrarium facientibus non obstantibus quibuscunque. Dat. Rome, in camera apostolica, die XXVI Februarii MDXII.

Source: ASV, Arm. XXIX, vol. 58, fol. 203r-v.

Publication: Stern, *Urkundliche Beiträge* 1, pp. 72f.

Note: The Jews were expelled from Naples on 23 November 1510. See Ferorelli, *Ebrei nell'Italia meridionale*, p. 219.

Bibliography: Vogelstein-Rieger, *Rom* 2, p. 31.

1212*   Rome, 2 July 1512

Confirmation to Moyse de Blanes, a Jewish doctor of medicine, and his partners, of an agreement they signed with the community of Orvieto, and exemption from jurisdiction of all officials other than the papal chamberlain, unless Moyse and his associates consent or it is expressly so ordained by the pope.

R[aphael] etc.

Moysi de Blanes artium [et] medicine doctori, Hebreo, et sociis, spiritus[!] melioris consilii et viam veritatis agnoscere. Nuper, in camera apostolica, quedam capitula et conventiones inter vos et magnificam communitatem civitatis Urbeveteris, illius generali et publico consilio, inita, prout ex publico instrumento, sub data in dicta civitate, sub anno Domini millesimo quingentesimo duodecimo, indictione XV^a, die vero XX^a mensis Iunii, manu ser Angeli, publici notarii et cancellarii dicte civitatis, subscripto, constat, in camera apostolica exhiberi et presentari feceritis, supplicastisque ut illa corobore nostre auctoritatis munire et roborare dignaremur. Nos tibi, qui in arte medicandi plurimum valeas, et dicte communitatis opportunitatibus adesse volentes, de mandato et auctoritate etc., ac ex deliberatione in camera apostolica facta, dicta capitula, ut in dicto instrumento continentur et iacent de mandato, et eadem auctoritate nostra, ac ex deliberatione predicta, in omnibus et per omnia confirmamus et tenore presentium roboramus; volentes insuper quod vos coram nullo officiali, nisi coram nobis in camera apostolica, quavis occasione vel causa, civili seu criminali, nisi tu consentias, et aliter a sanctissimo domino nostro et sede apostolica expresse mandatum fuerit, conveniri possitis; decernentes ex tunc irritum et inane, si secus super hiis a quoquam attemptari contingerit, contrariis non obstantibus quibuscunque. In quorum etc. Dat. Rome, in camera apostolica, sub anno millesimo quingentesimo duodecimo, die vero II^a mensis Iulii, pontificatus etc. domini Iulii pape secundi anno nono.

Source: ASV, Arm. XXIX, vol. 61, fols. 109v–110r.

Note: See also below, Docs. **1309, 1372**. On the family, see Toaff, *Perugia*, pp. 162f.

Bibliography: Margolin, *Bonet de Lattes*, p. 108.

Leo X (Medici)
11 Mar. 1513 – 1 Dec. 1521

1213   Rome, 6 September 1513

Concession to Andrea de Corsio, a cleric of Genoa, of authority to make unlimited use of the brief granted him to employ reprisals against Jews, Turkish subjects in the Papal States, including Recanati, notwithstanding the recent confirmation of the privileges of Recanati, especially with reference to the fairs held there. Andrea had obtained the orders for reprisals to satisfy his claim for fraud against some Jews in Constantinople.

Dilecto filio Andree de Corsio, clerico Ianuensi.
Leo papa decimus.
Dilecte fili, salutem et apostolicam benedictionem. Decet Romanum pontificem omni conatu operam dare, ut suum unicuique iusticia plenum consequatur effectum. Accepimus siquidem nuper quod, cum tu alias felicis recordationis Iulio pape secundo, predecessori nostro, exposuisses quod tu, qui olim a quibusdam Hebreis in civitate Constantinopolitana commorantibus multis milibus ducatorum defraudatus fueras, in dicta civitate a ius in ea reddentibus iusticiam consequi non potueras, et propterea eidem Iulio predecessori humiliter supplicasses ut super hoc pro iusticie debito providere paterna diligentia procuraret, dictus Iulius predecessor dilectis filiis presidentibus et clericis camere apostolice ut huiusmodi causam audirent, illamque, alias iuxta quendam tunc per eum signatam commissionem, fine debito terminarent, commisit; et deinde, cum presidentes clericique predicti, servatis servandis, represalias contra Hebreos in terris ditionis Turcorum degentes et ad loca Romane Sancte Ecclesie venientes, tibi in omnibus terris dicte Romane Ecclesie mediate vel immediate subiectis concessissent, prout in eorum patentibus litteris executorialibus plenius continetur, prefatus Iulius predecessor represalias antedictas, litterasque presidentium et clericorum predictorum super illis confectas, ex certa scientia confirmavit, omnesque et singulos defectus, si qui forsan intervenissent in eisdem, supplevit, mandavitque expresse universis et singulis officialibus, tam spiritualem quam temporalem iurisdictionem in terris predictis exercentibus, in virtute sancte obedientie, ut in executione represaliarum huiusmodi cum oportuno favore,

1519

cum primum a te, vel ab alio tuo nomine, fuissent requisiti, tibi faverent et assisterent, omni mora, excusatione, tergiversatione cessantibus, prout plenius in eiusdem Iulii predecessoris litteris in forma brevis desuper confectis continetur; et deinde, cum tu, pro dictarum represaliarum executione, quosdam Hebreos, Turcorum subditos, et illorum bona, in districtu civitatis nostre Racanatensium capi et detineri fecisses, dictus Iulius predecessor, ad nonnullorum importunam instantiam, eosdem sic captos, et illorum bona, relaxari voluit et mandavit, prout sub clipeo libertatis et privillegiorum nundinarum Racanatensium, quibus tamen non obstantibus, vigore represaliarum et brevis huiusmodi executio fieri poterat, relaxati fuere; et quoniam, huiusmodi de causa, a nonnullis nimium curiosis, et de premissis veram noticiam non habentibus, dubitari poterat an dicte represalie penitus revocate censerentur, et executioni demandari possent, et propterea tu, qui, ut accepimus, iam triennio integro pro huiusmodi negocio in camera apostolica, et alibi, magna cum impensa, gravique damno, multos pertuleras labores, dictosque Hebreos in Turcorum ditione cum magno vite discrimine citari feceras, nobis humiliter supplicasti ut, ad omne dubium tollendum represalias huiusmodi in quibuscumque locis et terris nobis [et] Romane Ecclesie predicte mediate vel immediate subiectis, et in quibuscumque nundinis, etiam Racanentensium[!], executioni denuo demandari iubere, aliasque tibi super premissis oportune providere, de benignitate apostolica dignaremur. Nos tunc tuis in ea parte supplicationibus inclinati, universis et singulis legatis, vicelegatis, gubernatoribus, baronibus, domicellis, thesaurariis, castellanis, potestatibus, universitatibusque et communitatibus, ac ceteris oficialibus civitatum, terrarum et locorum omnium nobis et dicte Romane Ecclesie mediate et immediate subiectorum, et eorum cuilibet, per quasdam nostras in simili forma brevis dedimus litteras in mandatis, quatenus, quotiescumque per te, seu legitimam aliam personam, tuo nomine, fuissent, dictarum nostrarum litterarum in forma brevis vigore, requisiti, seu illorum aliquis requisitus fuisset, dictas represalias contra quoscumque Hebreos sub dominiis Turcorum habitantes, et illorum bona, in quibuscumque locis et terris nobis et Romane Ecclesie predicte mediate vel immediate subiectis, et in quibuscumque nundinis, etiam Racanentensium[!], quotiens oportunitas daretur, pro sorte principali omnibusque damnis, expensis et interesse, plenarie et libere exequerentur et exequi facerent ac permitterent, prout in dictis nostris litteris in forma brevis continetur. Verum, cum post datam dicti brevis emanaverit a nobis aliud breve apostolicum, per quod, inter alia, omnia et singula indulta, privillegia, immunitates, libertates, concessiones et gracias communitatis civitatis Racanatensium, sive in forma brevis, vel bulle, per Romanos pontifices, predecessores nostros, aut cameram apostolicam apostolicosve legatos etc. ab eis facultatem habentes, concessa, et maxime super nundinis Recanatensium[!] predictis, auctoritate apostolica confirmavimus ac approbavimus, et alias, prout in illo plenius continetur, licet in eo nulla de dicto tibi concesso brevi mentio fiat, dubitatur tamen, ut accepimus, a nonnullis, quia dictum breve communitatis datam post tuum breve habuit, in premissis tibi illud preiudicare posset; nos igitur, omnem ambiguitatem de medio tollere, atque indemnitati tue, ut par est, consulere ac providere volentes, tuisque in hac parte supplicationibus inclinati, ut littere nostre predicte suum sortiantur effectum, et totali executioni omnimo demandentur, presentium tibi auctoritate concedimus ut breve predictum tibi concessum, etiam in prenominatis nundinis Recanatensium totali demandari executioni facere possis, contra Hebreos dumtaxat habitantes in dominio Turcorum et eorum bona, in omnibus et per omnia perinde ac si illud post dictum breve communitatis Recanatensium tibi a nobis concessum fuisset, et in illo de dicto brevi communitatis Recanatensium specialis et individua, ac de verbo ad verbum, derogatio fact fuisset. Non obstantibus constitutionibus ac ordinationibus apostolicis, statutis, consuetudinibus, privillegiis ac aliis, que in preinserto tuo brevi voluimus non obstare, quibus omnibus denuo derogamus, ceterisque contrariis quibuscumque. Dat. Rome, VI Septembris 1513, anno primo.

Source: ASV, Arm. XL, vol. 2, fols. 37r–38r.

Note: See below, Docs. **1224, 1228, 1252, 1276**.

Bibliography: Hergenröther, *Leonis X Regesta* 1, p. 267.

1214   Rome, 5 November 1513

Commission and mandate, if the facts are established, to Andrea Grisono, papal commissioner in Bologna, to annul the concession granted Iohannes Aloisii Marescotti of Bologna, official in charge of the *bancha* of the Jews in Bologna, since the position belongs to the Bentivoglio, who had had all their offices and property restored to them.

Dilecto filio Andree Grisono, in civitate nostra Bononie commissario nostro.
Dilecte fili, salutem etc. Postquam de mense Septembris proxime preterito, ad supplicationem dilecti filii Iohannis Aloisii Marescotti, civis Bononiensis, eidem Iohanni Aloisio officium bancharum Hebreorum civitatis nostre Bononie, cuius redditus summam trecentorum ducatorum annuatim non excedere asserebat, cum salariis, emolumentis, honoribus et oneribus consuetis, ad triennium, a die sue admissionis computandum, et deinde ad

beneplacitum nostrum, concessimus, pro parte dilectorum filiorum Annibalis et aliorum eius fratrum de Bentivolis, quondam Iohannis de Bentivolis heredum, nobis expositum fuit quod officium bancharum Hebreorum eiusdem civitatis predictum, et illius redditus, et emolumenta, ab antiquo, etiam ex dispositione apostolica, pertinuerunt ad ipsum quondam Iohannem et illius antecessores, et successive ad ipsos heredes pertinent, ipsumque officium inter alia eorum bona, que vigore litterarum nostrarum in forma brevis, eis de anno presenti per nos concessarum, sibi restituenda sunt, comprehendi; quocirca nos, qui nemini volumus iniusticiam fieri, sed unicuique quod suum est restitui et conservari, Annibalis ac fratrum suorum predictorum in hac parte supplicationibus inclinati, tibi per presentes committimus et mandamus ut, si est ita, concessionem predictam prefato Iohanni Aloisio de huiusmodi officio per nos factam, ut prefertur, et quascumque litteras nostras forsan super ea expeditas, quarum tenores presentibus pro expressis haberi volumus, auctoritate nostra revoces et annules, ac, illis non obstantibus, ad executionem litterarum nostrarum dictis Bentivolis concessarum predictarum, quo ad dicti officii bancharum et taxarum Hebreorum, et illius fructuum, reddituum et proventuum, plenam et liberam restitutionem procedas, prout in premissis de iure fuerit faciendum; non obstantibus predictis, ac constitutionibus et ordinationibus apostolicis, ac dicte civitatis, iuramento, confirmatione apostolica, vel quavis firmitate alia roboratis statutis et consuetudinibus, ac privilegiis illi concessis, ceterisque contrariis quibuscumque. Dat. Rome, die V Novembris 1513, anno primo.

Source: ASV, Arm. XL, vol. 2, fol. 47r.

Note: On the vicissitudes of the Bentivoglio after the battle of Ravenna, see all the standard works on the history of Bologna and of the family, e.g., Ady, *Bentivoglio*, p. 205. The *bancha* of the Jews are either the banks, or the shops and businesses.

Bibliography: Hergenröther, *Leonis X Regesta* 1, p. 328.

1215 Rome, 7 January 1514

Approval and confirmation to the Jews in the legation of Perugia, the duchy of Spoleto, Umbria, Rieti, Narni, Terni and their counties, of the privileges granted them and the Jews in the March of Ancona; if they commit an offence or are being proceeded against, the case is to be remitted to the papal chamber; officials must observe the privileges on pain of punishment. Commission and mandate to Francis Eruli, bishop of Spoleto, and Ludovico d'Apra, bishop of Terni, to assist the Jews and protect them.

Raphael etc. Universis et singulis delegatis, subdelegatis, gubernatoribus, eorumque locatenentibus, auditoribus, iudicibus, potestatibus, capitaneis, ceterisque officialibus iura reddentibus, sub legatione Perusiae, ac in ducatu Spoletano Umbriaeque necnon Rheatina, Narniensi et Interamnensi civitatibus, earumque comitatibus nunc et pro tempore existentibus, salutem etc. Noveritis nuper fuisse in camera apostolica exhibitum et presentatum quoddam breve sub anulo Piscatoris, sanctissimi in Christo patris et domini nostri, domini Leonis pape X^{mi}, infrascripti tenoris, videlicet:

Leo papa X^s. Universis et singulis Hebreis sub legatione Perusiae ac in ducatu Spoletano, Umbriaeque, necnon Rheatina, Narniensi et Interamnensi civitatibus earumque comitatibus existentibus, viam veritatis agnoscere et agnitam custodire. Exponi nobis nuper fecistis quod felicis recordationis Innocentius papa VIII, Alexander VI, Iulius II, Romani pontifices predecessores nostri, ac etiam camerarius et camera apostolica, ad obviandum, ut creditur, extorsionibus et aliis molestiis, quas officiales provinciae nostrae Marchiae Anconitanae Iudeis eiusdem provinciae inferebant, nonnulla capitula et privilegia eisdem Iudeis, respective, concesserunt, tolerarunt seu confirmarunt, ac observari mandarunt, et forsan etiam per nos illa tolerata [et] confirmata fuerunt. Quare, cum vos ab officialibus vestrorum locorum, et etiam a quibusdam commissariis apostolicis, varias molestias et extorsiones contra ius et tenorem dictorum privilegiorum et aequum patiamini, pro parte vestra fuit humiliter nobis suplicatum capitula, privilegia et confirmationes dictorum Hebreorum Marchiae Anconitanae ad vos quoque extendere, ac vobis super premissis oportune providere, de benignitate apostolica dignaremur. Nos igitur, attendentes quod Sancta Mater Ecclesia vos tolerat, ac quod uni provide concessum est, alteri, impari causa, denegari non debet, huiusmodi supplicationibus inclinati, omnia et singula capitula et privilegia per predecessores nostros, cameram et camerarium, ac etiam per nos, eisdem Hebreis Marchiae Anconitanae, respective, concessa et tolerata confirmataque et in eis contenta quecumque, eorum tenores presentibus pro sufficienter expressis habentes, dummodo illa iusta et rationabilia, et in usu in dicta provincia Marchiae sint, et contra Catholicam fidem non tendant, et inter Christifideles scandalum non generent, et quibus vos usi fuistis, etiam de cetero uti posse volumus, ad vos extendimus et ampliamus; decernentes quod, si vos in aliquo delinquere, seu contra vos cognosci oporteret, illum ad cameram apostolicam immediate, iuxta dictorum privilegiorum et capitulorum formam remitti, capitulaque et privilegia et in eis contenta huiusmodi per dictos officiales, iudices et exequtores ac commissarios prefatos, tam deputatos quam deputandos, ac quoscumque alios, quacumque dignitate fulgentes, sub penis et censuris ecclesiasticis, inviolabiliter observari debere precipimus. Et similiter omnia et singula privilegia et indulta per Romanos pontifices, cameram et camerarium, seu quoscumque alios ad id potestatem habentes, vobis concessa et tolerata et confirmata, quatenus iusta et rationabilia et in usu sint, et scandalum inter Christifideles non generent, tenore presentium toleramus et toleranda approbamus, eaque per quoscumque vobis observari mandamus, prout hactenus laudabiliter observata fuerunt. Et nihilominus venerabilibus fratribus Spoletano et Interamnensi episcopis per presentes commictimus et mandamus ut ipsi, vel eorum alter, per se, vel alium, seu alios, in premissis efficacis defensionis presidio assistentes, non permictant vos per predictos, seu quoscumque alios, contra formam capitulorum et privilegiorum predictorum, quomodolibet indebite molestari; contradictores per censuram ecclesiasticam et alia iuris oportuna remedia, appellatione postposita, compescendo; invocando ad id, si opus fuerit, auxilio brachii secularis. Volumus autem quod transumptis capitulorum et privilegiorum predictorum, manu notarii camerae apostolicae et sigillo eiusdem munitis, ea prorsus fides indubia, in iudicio et extra, adhibeatur, ac si litterae originales capitulorum et privilegiorum predictorum essent exhibitae vel ostensae; non obstantibus premissis, constitutionibus et ordinationibus apostolicis, ceterisque contrariis quibuscumque. Dat. Rome, apud Sanctum Petrum, sub anulo Piscatoris, die VII Ianuarii MDXIIII, pontificatus nostri anno primo. Et quia iuxta formam et tenorem preinsertarum litterarum in forma brevis mandatur per prefatum sanctissimum dominum nostrum omnia et singula capitula, privilegia et confirmationes Hebreorum provinciae Marchiae Anconitanae tam per summos Romanos pontifices, quam per camerarium et cameram apostolicam, respective, concessa et tolerata confirmataque et in eis contenta quecumque ad Hebreos dictae legationis, Ducatus, et aliorum predictorum locorum se extendi, ideo, volentes preinsertas litteras et mandata sanctissimi domini nostri, ut decet, inviolabiliter observari, de suae sanctitatis mandato etc., vobis omnibus et singulis prenominatis et vestrum cuilibet in solidum, tenore presentium notificamus, atque precipiendo mandamus quatenus, sub excommunicationis et alia nostri arbitrii pena, omnibus et singulis capitulis, privilegiis et indultis, sive per litteras apostolicas in forma brevis, sive sub plumbo, seu per patentes camerales prefatis Hebreis provinciae Marchiae Anconitanae concessis, toleratis et confirmatis, ac in usu existentibus, seu earum fidedignis transumptis, in favorem Hebreorum predicti Ducatus et aliarum civitatum, terrarum et locorum predictorum, coram vobis, tam in iudicio, quam extra, exhibendis et producendis, indubitatem fidem adhibeatis, illaque in favorem predictorum Hebreorum extendatis, iuxta formam et tenorem preinsertarum litterarum, prout nos illis indubitatam fidem adhiberi, illaque ad prefatos Hebreos extendi volumus et mandamus per presentes. In contrarium etc. In quorum etc. Dat. Rome, in camera apostolica, die XVIII Ianuarii MDXIIII, pontificatus domini Leonis, pape X^{mi}, anno primo.

Source: ASV, Arm. XXIX, vol. 63, fols. 176r–177r.

Note: The brief is contained in a letter by the papal chamberlain to the officials of these territories to carry out the papal instructions.

1216*   Rome, 15 January 1514

Mandate to Jews in the duchy of Spoleto, Umbria, Rieti, Amelia, Narni, Terni and their counties, on pain of a fine of fifty ducats, to obey the summons of Bonaiutus Emanuelis of Montefiascone and Isahac of Narni, syndics and collectors of the Jewish community, to meet in Foligno in order to discuss certain business.

Raphael etc. Universis et singulis Hebreis in ducatu Spoletano, Umbrieque, necnon Rheatina, Amerina, Narniensi et Interamnensi civitatibus earumque comitatibus existentibus, rectam fidem agnoscere et agnitam custodire. Quia Bonaiutus Emanuelis de Montefalcone et Isahac de Narnia per vestram universitatem sindicatores et exactores, ut asseritur, deputati, nonnulla negotia universitatem vestram concernentia gerere, vobisque referre coguntur, et propterea decet vos in uno eodemque loco congregare et insimul convenire, ideo, de mandato etc. vobis omnibus et singulis Hebreis predictis et vestrum cuilibet in solidum, tenore presentium precipiendo mandamus quatenus, sub pena quinquaginta ducatorum, camere apostolice pro quolibet contrafaciente ipso facto applicandorum, personaliter, vel per idoneum procuratorem, in civitate Fulginatensi, infra terminum per dictos sindicatores et deputatos vobis prefigendum et notificandum, in congregationem Hebreorum ad premissum effectum faciendam compareatis et quilibet vestrum compareat, ipsorum sindicatorum et deputatorum intentionem, voluntatem ac relationem, pro beneficio vestre universitatis audituri, facturique et exequuturi quicquid in premissis et circa ea fuerit necessarium et oportunum, alioquin etc.; volumusque has presentes per quemcumque fidedignum nuntium, etiam Hebreum, vobis et cuilibet vestrum presentari, cuius relationi plenam fidem adhibebimus. Dat. Rome, in camera apostolica, die XV Ianuarii MDXIIII, pontificatus domini Leonis pape X^{mi} anno primo.

Source: ASV, Arm. XXIX, vol. 63, fol. 174v.

Note: See below, Doc. **1222**.

1217*   Rome, 15 January 1514

Mandate to the officials in the duchy of Spoleto, Umbria, Amelia, Rieti,
Narni, Terni and their counties, on pain of excommunication and other
punishment, to assist on request Bonaiutus Emanuelis of Montefiascone and
Abraham de Bonaiuto of Spoleto in collecting from the Jews under their
jurisdiction the money the two spent on behalf of the Jewish community in
obtaining papal provisions and privileges to prevent immoderate extortions
by Alexander Raparii, papal commissioner, appointed to act against usurers.

Raphael etc. Universis et singulis gubernatoribus, ipsorumque locatenentibus, potestatibus, capitaneis, iudicibus, auditoribus, ceterisque officialibus,
quovis nomine nuncupatis et quacumque auctoritate fulgentibus, in ducatu
Spoletano, Umbriaeque, necnon Amerina, Rheatina, Narniensi et Interamnensi civitatibus earumque comitatibus, nunc et pro tempore existentibus,
salutem etc. Cum Bonaiutus Emanuelis de Montefalcone, Hebreus, ut
accepimus, per universitatem Hebreorum predicti ducatus et aliorum
predictorum locorum, super occurrentiis predictae universitatis prepositus et
deputatus fuerit, ipseque in hac alma Urbe inquisitiones et immoderatas
extorsiones domini Alexandri Raparii, commissarii per sanctissimum
dominum nostrum contra usurarios deputati, intellexerit, et propterea ad
obviandum premissis, ne ipsi Hebrei diversimode vexarentur et defatigarentur,
et ne in eorum personis et bonis damnum et iacturam premissa occasione, seu
aliter, paterentur, varias apostolicas provisiones, indulta, privilegia et
confirmationes in ipsorum favorem a prefato sanctissimo domino nostro
obtinuit, pro quorum expeditione, ac etiam aliis expensis desuper incursis,
diversas pecuniarum summas exposuit, ad quod etiam auxilium Abrahae de
Bonaiuto, de Spoleto, Hebrei, convocavit, qui eiusmodi pecunias expositas in
alma Urbe restituendas, eius proprio nomine, mutuo accepit. Et quia premissae
pecuniae ab Hebreis dictorum locorum, iuxta ipsorum facultatem et
qualitatem, per dictos Bonaiutum et Abraham veniunt exigendae, ideo, de
mandato etc. vobis omnibus et singulis prenominatis, et vestrum cuilibet in
solidum, tenore presentium precipimus et mandamus quatenus, sub
excommunicationis et alia nostri arbitrii pena, constito vobis de deputatione
dicti Bonaiuti per prefatam universitatem facta, ab eodem requisiti,
quoscumque Hebreos predictorum locorum ad debitam solutionem et
satisfactionem predictarum pecuniarum, ad manus prefati Abrahae
profuturarum, iuxta ratam illos tangentem et taxam factam per deputatos
vobis ostensam, cogatis et compellatis, eisdemque Bonaiuto et Abrahae et
ipsorum cuilibet, in dictis exactionibus omnibus oportunis favoribus assistatis;
contrariis non ostantibus quibuscumque. In quorum etc. Dat. Rome, in
camera apostolica, die XV Ianuarii MDXIIII, pontificatus domini Leonis
pape X^{mi} anno primo.

Source: ASV, Arm. XXIX, vol. 63, fol. 175v.

Note: See below, Doc. **1219**.

1218*   Rome, 16 January 1514

Command and mandate to all papal officials to refrain from molesting
Emanuel, son of Magister Bonomus, a Jewish physician, for having had
dealings with a Christian prostitute, since he paid the papal chamber the fine
imposed on him by Lorenzo Fiesco, bishop of Mondovì, at that time governor
of Rome.

R[aphael] etc. Universis et singulis dominis gubernatoribus, locatenentibus,
potestatibus, barisellis, marescallis, executoribus, ceterisque Sancte Romane
Ecclesie officialibus, quovis nomine aut dignitate perfulgeant[!], salutem in
Domino. Cum alias Emanuel, filius magistri Bonomi, fisici Hebrei, rem cum
meretrice Cristiana habuisset, et propterea per reverendum patrem dominum
L[aurentium], episcopum Montis Regalis, tunc alme Urbis gubernatorem,
condemnatus, penam camere apostolice solverit, dubitetque ne ulterius a
quoquam eadem occasione molestetur, nobis supplicavit ut de oportuna
securitate sibi providere dignaremur. Nos, attendentes equum non fore
quempiam pro eodem crimine, ulteriori, pena soluta, plecti, de mandato etc.,
auctoritate etc., harum tenore vobis et vestrum cuilibet precipimus et
mandamus quatenus eundem Emanuelem occasione predicta de cetero
molestare non presumatis; contrariis non obstantibus etc. Datum Rome, in
camera apostolica, die XVI Ianuarii MᵒDXIIIIᵒ, pontificatus sanctissimi in
Christo patris et domini nostri, domini Leonis, divina providentia papa X,
anno primo.

Source: ASV, Arm. XXIX, vol. 72, fol. 59v.

Note: See below, Doc. **1253**.

1219*   Rome, 17 January 1514

Mandate to all officials in the March of Ancona and elsewhere that they must
not proceed against Jews in the March of Ancona following verdicts given or

prosecution initiated against them by Alexander Reparius, papal commissioner appointed to combat usury, since this is contrary to the privileges of the Jews there, whose sole criminal judges are the clerics and presidents of the papal chamber.

Raphael etc. Universis et singulis gubernatoribus, locatenentibus, auditoribus, baricellis, exequutoribus, ceterisque iudicibus et officialibus, tam in provincia Marchie Anconitane quam alibi constitutis, quavis auctoritate et dignitate fulgentibus, salutem etc. Noveritis quod, licet per felicis recordationis Sixtum IIII, Innocentium VIII, Alexandrum VI, et Iulium II, ac alios summos Romanos pontifices, et per nos nonnulla privilegia, indulta et capitula universitati Hebreorum predicte provincie Marchie Anconitane concessa, in quibus inter alia cavetur et indulgetur quod dicti Hebrei in causis criminalibus camere apostolice sint immediate subiecti, et coram clericis et presidentibus tantum eiusdem camere illarum occasione conveniri et compelli possint, et per sanctissimum dominum nostrum confirmata et approbata fuerint, nihilominus, quia, ut accepimus, dominus Alexander Reparius, per prefatum sanctissimum dominum nostrum commissarius contra inlicite contrahentes et in dicta provincia usurariam pravitatem comictentes, commissarius specialiter deputatus, nullo habitu respectu ad premissa privilegia et indulta, nec advertens eiusmodi suam commissionem, vigore predictorum privilegiorum et indultorum, quoad dictos Hebreos locum non habere, et ad illos se minime extendere, nonnullos ex dictis Hebreis, animo ab eis pecunias extorquendi, tam realiter quam personaliter vexare et inquietare non erubuit, et contra illos varios processus formavit, et diffinitivas sententias forte promulgavit; ideo, volentes, ut decet, premissa indulta, privilegia et capitula, ut premictitur confirmata, inviolabiliter observari, de mandato etc. quoscunque processus per prefatum dominum Alexandrum commissarium contra dictos Hebreos et eorum aliquem, contra privilegia huiusmodi in observantia existentia, factos et formatos, ac sententias desuper latas, et inde sequuta quecunque, nullos, irritos et invalidos, nullasque, irritas et invalidas fore et esse, et pro nullis et invalidis haberi et reputari decernimus per presentes; mandantes vobis omnibus et singulis prenominatis, et vestrum cuilibet, in solidum quatenus, si ita est, vigore eiusmodi processus et sententie contra dicta privilegia facte et late, sub excommunicationis et alia nostri arbitrii pena, ad aliquam executionem devenire, seu aliquid aliud attemptare et innovare minime presumatis, seu vestrum aliquis presumat. In quorum etc. Dat. Rome, in camera apostolica, die XVII Ianuarii MDXIIII, pontificatus domini Leonis pape X^{mi} anno eius primo.

Source: ASV, Arm. XXIX, vol. 63, fol. 175r.

Note: See above, Doc. **1217**.

1220   Rome, 23 January 1514

Concession and approval of petition and privileges of the community and people of Avignon, including prohibition to Jews to buy crops before they are gathered and grain during the harvest.

Leo episcopus, servus servorum Dei. Dilectis filiis universitati et hominibus civitatis nostrae Avenionensis, salutem et apostolicam benedictionem. Sincerae devotionis affectus, quem ad nos et Romanam Ecclesiam gerere comprobamini, non indigne meretur ut petitionibus vestris, quantum cum Deo possumus, favorabiliter annuamus. Hinc est, quod nos, volentes vos et universitatem vestram favoribus prosequi gratiosis, vestris in hac parte supplicationibus inclinati, omnes et singulas petitiones et capitula nobis per oratores vestros Ludovicum Britonis, Oliverium Rollandi, iuris utriusque doctorem, et Franciscum Baruncelli, cives Avenionense dilectos filios porrectas, et per nos benigne admissas, quas praesentibus de verbo ad verbum fecimus annotari, authoritate apostolica, tenore praesentium, iuxta modificationes nostras in nonnullis ex eisdem capitulis appositas, concedimus, notificamus, approbamus, et confirmamus, et praesentis scripti patrocinio communimus; mandantes ea omnia et singula a vobis inviolabiliter observari, non obstantibus quibuscumque. Tenor vero petitionis sequitur et est talis: Summarium instructiõnum civitatis Avenionensis de his que a sanctissimo nostro oratores ipsius civitatis petunt ... Item, prohibere Iudaeis ne aliquos fructus ante recollectionem illorum emant, et quod tempore messium in areis ad blada et alia grana emenda non se comperiant, sub poena confiscationis debiti et viginti quinque marcharum argenti, et per breve. Placet sanctissimo domino nostro pape. Nulli ergo etc. Si quis autem etc. Datum Romae, apud Sanctum Petrum, anno Incarnationis Dominicae 1513, 10 Kalendas Februarii, pontificatus nostri anno I.

Publication: *Bullarium Civitatis Avenionensis*, pp. 124–127.

Note: See below, Doc. **1223**.

1221*   Rome, 27 January 1514

Mandate to the clergy and officials to assist and protect the Jewish community in the March of Ancona from excessive persecution and extortion by students, especially in Macerata on the occasion of the festival of St. Nicholas; the Jews are to pay the students up to one grosso each; students must not further molest Jews, on pain of a fine.

R[aphael], episcopus etc. Solet Romana Ecclesia Hebreorum genus, ob memoriam passionis gloriosissimi Domini nostri Iesu Christi, Redemptoris nostri, tolerare, et illius universitatem, ne deficiant, privilegiis et indultis prosequi graciosis; et ideo, si ipsi Iudei in eorum necessitatibus camere apostolice presidia et favores interpellant, non debet reprehensibile reputari, si prefata camera se illis propitiam exhibet et benignam, ut ipsi, eiusmodi mansuetudine et benignitate allecti, suos recognoscant errores, et tandem, superna gratia illustrati, ad verum lumen, quod Christus est, festinent pervenire. Sane, pro parte universitatis Hebreorum provincie Marchie Anconitane incolentium fuit in camera apostolica querulanter expositum quod, cum studentes seu scolares diversarum terrarum et locorum predicte provincie, et maxime civitatis Maceratensis, festivitatem sancti Nicolai anno quolibet colere et venerari, et in eius veneratione quandam inter se recreationem efficere consueverint, in tali festivitate, ex quodam abusu, soliti sunt Hebreos dictarum terrarum et locorum personaliter capere et in carceribus emancipare[!] ac aliis diversis iniuriis afficere, et demum ipsos, ad predictorum scolarium libitum et voluntatem, ad persolvendum certam pecuniarum quantitatem, in premissa festivitate et recreatione exponendam, compellent. Et, cum ipsi Hebrei sint favoribus et auxiliis destituti, nec habeant qui eos adversus tales molestationes tueantur atque defendant, coguntur propterea in personis et bonis iniurias et damna non modica subire. Et ideo, pro parte predicte universitatis Hebreorum nobis fuit humiliter supplicatum ut eis in premissis oportune et benigniter providere dignaremur. Nos igitur, attendentes quod per molestationes et turbationes predictis Hebreis illatas, nullus propterea ipsorum ad orthodoxe fidei lumen inducitur, huiusmodi supplicationibus inclinati, de mandato etc. ac matura deliberatione etc., universitatem Hebreorum predictam, et ipsorum quemlibet, ultra solitum et consuetum molestari et inquietari a predictis scolaribus seu studentibus minime volumus et mandamus; decernentes premissam solutionem predictis Hebreis iuxta ipsorum facultatem et qualitatem imponi, dummodo talis impositio unum grossum pro quolibet non excedat; contrafacientes vero in penam viginti quinque ducatorum auri, prefate camere pro quolibet contrafaciente et vice qualibet applicandorum, ipso facto incurrere volumus; mandantes universis locorum ordinariis eorumque vicariis in spiritualibus generalibus, gubernatoribus, baricellis, executoribus, ceterisque iudicibus et officialibus quibuscumque, quatenus ipsi, et quilibet eorum, predictis Hebreis in premissis efficacis defensionis presidio assistentes, ac presentes nostras patentes litteras inviolabiliter observantes, Hebreos predictos, et illorum quemlibet, sub excommunicationis et alia nostri arbitrii pena, contra harum formam et tenorem a quoquam molestari minime permictant. In contrarium etc. In quorum etc. Dat. Rome, in camera apostolica, die XXVII Ianuarii MDXIIII, pontificatus domini Leonis pape X, anno primo.

Source: ASV, Arm. XXIX, vol. 63, fols. 210v–211r.

Note: Similar payments to students by the Jews in other university towns in Italy were customary at this time. See for example in Pavia, Simonsohn, *Milan* 2, pp. 1053f. See also below, Doc. **1745**.

1222*   Rome, 20 February 1514

Mandate to Bonaiutus of Montefiascone and Isac of Narni, on pain of a fine of one hundred ducats, to refrain from acting as tax assessors of the Jewish community in the duchy of Spoleto as long as the controversy between them and the Jews of Spoleto, Trevi and Cerreto remains undecided, and permission for the assembly of Jews shortly to convene in Foligno to elect other assessors in their stead.

R[aphael] etc. Cum alias exorta esset controversia et materia questionis in camera apostolica inter Hebreos incolas civitatis Spoleti, necnon terrarum Trevii et Cerreti ex una, ac Bonaiutum de Montefalcone et Isac de Narnia, Hebreos, allibratores, extimatores et persolvendarum communium pecunia-rum divisores, per universitatem Hebreorum ducatus Spoletani electos et deputatos de et super allibratione bonorum dictorum Hebreorum Spoleti, Trevii et Cerreti, et eius occasione, parte ex altera, cumque predicti allibratores per predictos Hebreos essent coram nobis suspecti allegati, fuit inter ipsos deventum ad compromissum in certos alios Hebreos communiter electos et deputatos. Nunc autem, quia, ut expositum fuit, in congregatione premissorum Hebreorum in civitate Fulginei de proximo fienda, prefati allibratores pro quibusdam extraordinariis pagamentis pretendunt ad certam allibrationem et divisionem devenire, ideo prenominati Hebrei in premissa eorum suspitione perseverantes, et dubitantes a premissis allibratoribus enormiter ledi et gravari, nobis supplicari fecerunt quatenus premissa controversia compromissi pendente, prenominati allibratores ad allibrandum et extimandum eorum facultates et bona, et ipsorum allibrationis officium exercendum minime admittantur, neque aliquod solutionis genus imponere possint et valeant, eisque desuper oportune provideri. Nos itaque, ad omnem suspitionem removendam, et ut eiusmodi allibratio iuste et condecenter effici possit, de mandato etc., predictis Bonaiuto et Isahac allibratoribus tenore presentium precipiendo mandamus quatenus predicti compromissi controversia sic indecisa pendente, sub pena centum ducatorum camere apostolice ipso facto applicandorum, prefatorum et aliorum quorumcumque Hebreorum facultates et bona allibrare et appretiare, et genus aliquod solutionis imponere, non debeant, sed in eiusmodi allibratione premissa congregatio Hebreorum fienda alios allibratores eligere, constituere et deputare possint, debeant et valeant, quorum allibratio ad exequendum predictum extraordinarium pagamentum, firmitatis robur et efficaciam obtinere volumus et mandamus; irritum quoque et inane decernentes quicquid in contrarium desuper contigerit attemptari, quibusvis litteris seu patentibus in contrarium emanatis, ceterisque in contrarium etc. Dat. Rome, in camera apostolica, die XX Februarii MDXIIII, pontificatus domini Leonis pape X anno primo.

Source: ASV, Arm. XXIX, vol. 63, fol. 212r.

Note: See above, Doc. **1216**.

1223   Rome, 11 March 1514

Concession to the people of Avignon of various privileges, including the prohibition imposed on Jews to buy fruit and grain before the harvest.

Leo papa X[s].
Dilecti filii, salutem et apostolicam benedictionem. Promeretur fidei et devotionis sinceritas, quam ad nos et Sancte Romane Ecclesie gerere comprobamini, ut ea vobis paterno concedamus affectu, que universitatem vestram vestrorumque civium et incolarum concernere videntur. Quocirca, vestris in hac parte supplicationibus inclinati, omnibus et singulis Hebreis in ista nostra civitate et comitatu eius degentibus, qui, sicut nobis exponi fecistis, ante recollectionem fructuum et bladorum illa, cum maximo incommodo et iactura civium et incolarum predictorum, emere solent, ut illa postea carius vendant, tenore presentium, sub pena confiscationis debiti et vigintiquinque marcharum argenti, expresse inhibemus, ne tempore messium ad areas, ad frumentum et blada huiusmodi emenda, accedere presumant, nec in illis quidem compareant; ac ante recollectionem illorum nullo modo emant. Preterea, volentes vos uberiori gratia prosequi, similiter procuratoribus fiscalibus inhibemus ne aliquid ab intitulatis exigere debeant, quando de aliquo crimine absolvuntur, vel quando delictum confitentur absque aliqua inquisitione facta per ipsos procuratores fiscales, nisi aliquid eis per litteras apostolicas sit concessum. Postremo, statuimus vobisque concedimus et indulgemus quod nullus civis istius civitatis ad torturam poni possit, nisi

vocatis et presentibus consulibus dicte civitatis, qui etiam in mulctarum et inquestarum collectione, prout consuetum est, interesse debeant; non obstantibus premissis, ac constitutionibus et ordinationibus apostolicis, necnon privilegiis et indultis quibusvis concessis, statutis quoque municipalibus et consuetudinibus, apostolica, vel alia quavis firmitate roboratis, ceterisque contrariis quibuscunque. Dat. Rome, apud Sanctum Petrum, sub annulo Piscatoris, die XI Martii M°DXIIII, pontificatus nostri anno primo.

Source: Avignon, Archives de Vaucluse, boîte 91, 2893.

Publication: Maulde, *Juifs dans les états français du Saint-Siège*, p. 80.

Note: See above, Doc. **1220**.

1224   Rome, 15 March 1514

Concession to Francesco Maria della Rovere, duke of Urbino, that Andrea Corsio, a merchant of Genoa, may not impose on the Turkish Jews frequenting the fair at Pesaro the reprisals allowed him. Corsio may, however, collect the sums agreed on with visitors to the fair before their arrival.

Francisco Mariae Urbini [Ep.: Urbinatium] duci. Lectis litteris tuis, quibus magnopere postulas [Ep.: quibus nos certiores facis] conventum et nundinas, quas quidem te Pisauri posse facere de mense Martii concesseramus, ab Andrea Corio[!], mercatore Genuensi, mercibus Hebreorum [Ep.: Iudeorum] intercipiendis pro eo quod ipsi debetur, perturbari atque impediri, fidemque tuam, omnibus eas ad nundinas adeuntibus publice datam, labi et fluere, [Ep.: magnopereque postulas] teque eo nomine accusari et redargui ne permittamus, praesertim cum eae nundinae hoc anni tempore nunc primum instituantur, ea tua postulata nobis aequa et digna visa sunt, quibus annuamus; itaque volo ne ea de causa, quod Andreae Corio concesserim ut exigere centesimam cum dimidia posset ex Hebreorum [Ep.: Iudeorum] bonis sub imperio Turcarum regis degentium, ulla molestia tuas ad nundinas Hebreis accedentibus inferatur, fidemve tuam fallere tibi necesse sit, aut ullos homines ad eiusmodi centesimae solutionem compellere, praeter eos, si qui erunt, qui iam antea cum Andrea pacti sint, quos quidem volo ut stipulationibus inter ipsos confectis stare, promissaque dissolvere teneantur. Iis autem rebus eo libentius adducimur ut tibi morem geramus, quo dignitas tua mihi magnae curae est, tuamque apud me plurimum valere auctoritatem facile patior. Dat. quarto

Nonas [Ep.: Idibus] Martii MDXIIII, anno primo [Ep.: secundo]. Roma.

Source: BAV, Vat. Lat. 3364, fols. 148v–149r.

Publication: Bembo, *Epistolae*, pp. 176f.

Note: Corio (Corsio) had a claim of 4,200 ducats against a Turkish Jew. The pope allowed him reprisals against other Turkish Jews. See above, Doc. **1213**, and below, Docs. **1228, 1251, 1252, 1276**.

Bibliography: Hergenröther, *Leonis X Regesta* 1, p. 449.

1225 [Rome], 22 March 1514

Concession to Latinus Iuvenali, collector of the *vigesima* from the Jews in Ferrara and its surroundings, of authority to inquire into their alleged crimes, including frauds and sexual promiscuity with Christians, and to punish the culprits.

Dilecto filio Latino Iuvenali.
Dilecte fili, salutem etc. Commisimus tibi per alias nostras in forma brevis litteras, exactionem unius vere et integre vigesime a Iudeis Ferrariensis et eius districtu, omnium et singulorum bonorum eorundem Iudeorum, ut in dictis litteris, quas pro sufficienter expressis haberi volumus, plenius continetur. Verum, cum postmodum intellexerimus Iudeos prefatos multa in Christianorum fraudem et detrimentum in libris eorum committere, variaque facinora enormia, etiam carnaliter se Christianis mulieribus, et Iudeas mulieres viris Christianis se immiscendo, aliaque, contra sacrorum canonum instituta, delicta perpetrare, volentes indemnitati Christianorum providere, et huiusmodi sceleribus debita animadversione occurrere, tibi Iudeos ipsos omnes et singulos utriusque sexus, totiens quotiens opus duxeris, ad ostendendos tibi omnes et singulos eorum libros banchorum et quarumcunque rationum et negotiorum cogendi et compellendi, et contra Iudeos ipsos, tam super realibus fraudibus, quam super aliis sceleribus et delictis, ac vetitis ritibus inquirendi, convictos testibus aut confessione condemnandi, et prout iuris fuerit puniendi, ab eisque debitas penas exigendi, et inculpabiles repertos absolvendi, et ad premissorum effectualem executionem brachium seculare invocandi, aliaque omnia et singula faciendi, gerendi, exequendi et administrandi, que in premissis necessaria fuerint, vel opportuna, super quibus plenam tibi harum serie facultatem et potestatem concedimus, quibusvis

apostolicis privilegiis et indultis dicte civitatis et locis districtus ipsius, aut eorum temporali vicario, seu domino, vel rectoribus, aut officialibus, vel ipsis Iudeis, in genere, vel in specie concessis, confirmatis et innovatis, quorum tenores pro sufficienter expressis presentibus pro illorum sufficienti derogatione haberi volumus, quibus, illis alias in suo robore permansuris, hac vice duntaxat specialiter derogamus, locorum ordinariorum iurisdictione ac etiam commissione super cognitione huiusmodi delictorum et fraudum dilecto filio Vincentio Damiani per nos facta, ceterisque contrariis non obstantibus quibuscumque. Volumus autem, quod pecunias ex premissis per te exigendas in manibus illorum quos dilecti filii Vincentius Damiani predictus, et Zenobius Masius, Ordinis Minorum observancie, ad huiusmodi executionem per alias nostras deputati, et, in eorum absentia, Rufinus de Padua, Ordinis Minorum Observancie professor, assistens tuus, fide et facultatibus idoneos iudicaverit, ad nos transmittendas deponi cures, earumque rationem manu publici notarii ad nos reportes, et requisitus transmittas. Dat. [XXII Martii 1514].

Source: ASV, Arm. XXXIX, vol. 30, fols. 149v–150v.; Ibid., Arm. XL, vol. 2, fol. 71r-v.

Bibliography: Gottlob, *Camera apostolica*, p. 158; Hergenröther, *Leonis X Regesta* 1, p. 477; Vogelstein-Rieger, *Rom* 2, pp. 126, 134.

1226   Rome, 29 April 1514

Mandate to the governor of Cesena to compel the Jews to sell their real estate, unless they possess a privilege from the pope or the community, and to expel from Cesena all Jews not born there, unless they have permission from the Apostolic See or the papal chamber.

Gubernatori Cesene.
Leo papa X[s].
Dilecte fili, salutem et apostolicam benedictionem. Expositum nobis fuit pro parte communitatis istius civitatis nostre, quod, cum ex ipsius civitatis statutis cautum sit, ut Hebrei pro tempore istic habitantes, nullum genus bonorum stabilium, neque in urbe, neque in eius comitatu emere, et tanquam rem propriam retinere possint, nihilominus ipsi Hebrei multa et diversa bona stabilia, ut prefertur, tam in civitate, quam in eius comitatu empta, possident, retinentque, contra formam statutorum, et in maximum damnum et preiudicium civitatis antedictae; periculum propterea est, ne, si ei rei opportune non provideatur, et debitis remediis occurratur, iidem Hebrei tanquam

civitatem ipsam vi usurarum, pecuniarumque et aliis malis artibus oppugnantes, brevi maioris partis bonorum stabilium illius domini fiant, quod quidem in illius civitatis detrimentum, et maximam Christiani nominis lesionem redundaret; quam ob rem huic et quidem non parvo neque negligendo periculo obviam ire volentes, ipsorumque Cesenatum supplicationibus inclinati, mandamus tibi ut predictos Iudeos, omnes quoscunque bona huiusmodi emisse, eaque [ms. Cesena: atque] empta possidere compereris, ad ea vendenda, penitusque a se alienanda compellas, nisi ea ex privilegio apostolico, aut communitatis eiusdem, retinere posse docuerint. Praeterea, quoniam audimus maiorem in dies exterorum Hebreorum numerum istuc confluere, urbemque ipsam inhabitare, quo fit ut civitas ipsa et ipsius facultates quotidie tanto magis exhauriantur atque extenuentur, multaque praeterea sentiat detrimenta, praeter contemptum fidei, et alia mala exempla, quae propterea quotidie magis atque magis excrescunt, quare ad hoc etiam oculos pastoralis curae nostrae convertentes, volumus, tibique expresse mandamus ut omnes Iudeos huiusmodi, qui istuc confluunt, praeter eos duntaxat, qui istic nati sint, veteremque ortus sui originem istinc habeant, una cum interventu civitatis, nulla habita exceptione, nullaque ulteriori super hoc commissione a nobis expectata, penitus ex ipsa civitate et ipsius finibus et comitatu expellas, et istinc emigrare omnino facias, nisi a camera seu a sede apostolica aliud eis concessum fuisse docuerint. In contrarium facientibus non obstantibus quibuscunque. Dat. Romae, apud Sanctum Petrum, sub anulo Piscatoris, die XXIX Aprilis MDXIIII, pontificatus nostri anno secundo.

Source: ASV, Arm. XXXIX, vol. 36, fol. 31r-v.; Ibid., Arm. XL, vol. 4, fol. 18r.; AS, Cesena, B.15, XXVI.

Bibliography: Hergenröther, *Leonis X Regesta* 1, p. 520, No. 8238; Muzzarelli, *Cesena*, pp. 206, 218; Vogelstein-Rieger, *Rom* 2, p. 117.

1227   Rome, 2 May 1514

Grant valid for three years of indulgences to all those who support the Jewish converts Petrus Paulus, his wife Magdalena, and their children, of Aversa, baptized in Florence, and mandate to all clergy to publicize the grant and to favour the converts.

Leo etc. Universis presentes litteras inspecturis, salutem etc. Pium et meritorium apud Deum, ac sue maiestati non modicum acceptabile credimus, dum in ipsius memoriam pauperibus et egenis, presertim hiis, qui, cecitate Hebrea propulsa, ad Christi fidem conversi sunt, in suis necessitatibus subvenitur. Sane, cum dilectus filius Petrus Paulus et dilecta in Christo filia Magdalena, eius uxor, olim Petrus Paulus videlicet Salones[!] Dauro de Aversa, de regno Neapolitano, Magdalena vero Raphael[!], nominibus Ebreis, hiis superioribus diebus se cum eorum liberis, eorum bonis temporalibus prius per eos dimissis, in civitate nostra Florentina, in nomine Iesu baptizari et Christiani effecti fuerint, nec habeant unde commode vitam ducere et sustentare[!] valeant, nisi eis Christifidelium suffragiis succurratur, nos igitur, illius vices gerentes in terris, qui centuplum pias eorundem fidelium largitiones sua pietate remunerat, ac fidelibus ipsis multo magis retribuit quam valeant promereri, eorundem Petri Pauli ac Magdalene ac liberorum inopie compatientes, attendentesque quod pietatis huiusmodi opere vitam eternam et divine claritatis splendorem Altissimus suis fidelibus pollicetur, de omnipotentis Dei misericordia ac beatorum Petri et Pauli, apostolorum eius, auctoritate confisi, omnibus et singulis utriusque sexus Christifidelibus, qui eisdem Paulo et Magdalene, eorumque liberis, pro eorum sustentatione, de bonis sibi a Deo collatis, pias elemosinas erogaverint, et manus adiutrices porrexerint, quotiens id fecerint, quinque annos et totidem quadragenas de iniunctis eis penitentiis misericorditer in Domino relaxamus. Et nichilominus universis et singulis archiepiscopis, episcopis, vicariis, et plebanis, viceplebanis, fratribus Minoribus, et Predicatoribus, ecclesiarum rectoribus, cappellanis et aliis personis ecclesiasticis ad quos presentes littere pervenerint, mandamus quatenus litteras ipsas, quotiens pro parte P. et M. ac liberorum predictorum fuerint requisiti, in ecclesiis et aliis locis publicis publicent et publicari [faciant], ac eosdem P. et M. et liberos recommendent et recommendari faciant, ac illis, quantum opus fuerit, faveant, eosque per[!] personas idoneas ad huiusmodi elemosinas colligendum, per eos eligendas, deputare permittant, seu deputent, et auxilium prebeant, ac quibuscumque commissariis per nos, seu de mandato nostro, pro colligendis elemosinis pro fabrica [basilice] Principis Apostolorum de Urbe ubilibet deputatis et in posterum deputandis, ne eosdem P. et M. ac eorum liberos, super postulatione et collectione elemosinarum huiusmodi, seu ab eis pro tempore deputatos, quomodolibet molestent aut perturbent, sub virtute sancte obedientie inhibemus; presentibus, quas sub quibusvis revocationibus, seu suspensionibus similium vel dissimilium indulgentiarum, etiam in favorem dicte basilice concessarum, volumus[!] comprehendi, ad triennium a data presentium computandum dumtaxat valituris; volumus autem quod, si alias pro sustentatione huiusmodi manus adiutrices porrigentibus, aut alias pias elemosinas erogantibus, alia aliqua indulgentia, in perpetuum vel ad certum tempus nondum elapsum duratura, per nos concessa fuerit, presentes littere nullius sint roboris vel momenti. Dat. Rome, apud Sanctum Petrum, anno etc. millesimo quingentesimo quarto decimo, sexto Nonas Maii, anno secundo.

Source: ASV, Reg. Lat. 1331, fol. 87r-v.

Bibliography: Hergenröther, *Leonis X Regesta* 1, p. 528, No. 8431; Vogelstein-Rieger, *Rom* 2, p. 127.

1228 Rome, 14 May 1514

Mandate to the priors and community of Recanati to appear within ten days before Leonard Grosso, cardinal priest of St. Susanna, and Peter de Accoltis, cardinal priest of St. Eusebius, to answer charges of having impeded on the occasion of the fair held at Recanati the orders for reprisals against (Turkish) Jews given in favour of Andrea Corsio, a Genoese merchant, otherwise the cardinals will reach a verdict in their absence.

Dilectis filiis prioribus et communitati civitatis nostre Racanatensis.
Dilecti filii, salutem etc. Moti, cum honore sedis apostolice, cum iustis et assiduis querelis dilecti filii Andree de Corsio, mercatoris Ianuensis, mandavimus vive vocis oraculo dilectis filiis nostris Leonardo, tituli Sancte Susanne, et Petro, tituli Sancti Eusebii, presbiteris cardinalibus, ut omnem causam, tam represaliarum per dictum Andream contra Hebreos terris[!] subiectos olim obtentarum, quam impedimentorum per vos anno preterito in exequutione dictarum represaliarum in vestris Recanatensibus nundinis prestitorum, ac penarum propterea incursarum, audiant, terminent, decidant, illique extremam manum imponant, de iis omnibus, ne in posterum aliquam ignorantiam pretendere possitis, vos per presentes certiores facimus, et nihilominus earundem tenore presentium vobis expresse mandamus quatenus infra terminum decem dierum, a die presentationis presentium computandum, debeatis realiter et cum effectu coram dominis Leonardo et Petro, cardinalibus, legitime comparuisse, ad effectum quod illi, vobis auditis, rem omnem facilius, ut premittitur, terminare possint; alioquin, ex nunc per presentes notificamus et insinuamus qualiter, lapso dicto termino, illud quod per Leonardum et Petrum, cardinales antedictos, circa premissa ordinatum fuerit, nos ratum et gratum habebimus, et sub gravissimis censuris et poenis, omnique prorsus appellatione cessante, observari mandabimus et faciemus, prout [...] latius in nostris litteris sub plumbo desuper conficiendis continebitur; volentes etiam, et ita mandantes quod presentes nostre littere postquam ille vobis, filii priores, nomine [...] communitatis presentate fuerint, illarum copia, si vobis videbitur, retenta, per vos earum latori, cui plenam fidem adhibebimus, integre et illese restituantur. Dat. Rome, die 14 Maii 1514 anno 2.

Source: ASV, Arm. XXXIX, vol. 30, fol. 279r-v.

Note: See above, Docs. **1213, 1224,** and below, Docs. **1251, 1252, 1276.**

1229   Rome, 17 May 1514

Commission and mandate to the governor of Cesena to compel the Jews who are not natives of Cesena to leave and to sell their real estate, to constrain those remaining to wear the badge and not to charge more than 20% interest, nor to compute parts of months as whole months.

Leo Papa.
Dilecto filio gubernatori civitatis nostre Cesene. Dilecte fili, salutem et apostolicam benedictionem. Cum nuper accepissemus numerum Hebreorum in civitate nostra Cesene habitantium usque adeo excrevisse, ut etiam in eadem domo cum Christianis habitarent, et viridaria extra dictam civitatem, et amena loca, domos et apothecas in ornatioribus dicte civitatis locis habere et tenere auderent, et ob usurariam voraginem, quam in dicta civitate crudeliter exercent, multos quottidie exinanire, nos, volentes indemnitati dicte civitatis et civium, ut par est, oportune providere, quod a dicta civitate recedere deberent, per alias nostras litteras ordinavimus. Ne autem ex hiis litteris aliqua scandala oriantur, confidentes de prudentia tua, tibi committimus et mandamus ut Hebreos quoscumque dicte civitatis, originariis dumtaxat exceptis ad discedendum de dicta civitate et illius comitatu, infra certum competentem terminum eis arbitrio tuo statuendum, penis, etiam pecuniariis, prout tibi videbitur moderandis et applicandis, cogas atque compellas; eisque quod viridaria, loca amena, domos et apothecas predictas quibuscumque emere volentibus iusto precio, etiam infra competentem terminum, vendere debeant; ac quod remanentibus originariis predictis, ut a Christianis discerni possint, birettum zallum deferre teneantur, sub eisdem penis iniungas; provideasque quod Hebrei feneratores, qui in dicta civitate fenus exercebunt, quousque Mons Pietatis in eadem erectus ad mutuandum pauperibus sufficientes habeat vires, et non ultra, tollerentur; et interim quod ultra viginti pro centenario annuatim non capiant, nec menses mutilatos pro integris computent, nisi super feneratione alias a sede, seu camera apostolica, eis fuisse concessum docerent, inhibeas; contrafacientes ac tuis mandatis non parentes, penis predictis punire non differas. Constitutionibus et ordinationibus apostolicis, privilegiisque et indultis dictis Hebreis et eorum universitati in genere vel in specie concessis, etiam si de illis specialis mentio habenda foret, et aliis in contrarium facientibus, non obstantibus quibuscumque. Dat. in villa

nostra Maliane [Arm. XL : Rome], sub annulo Piscatoris, die XVII^a Maii M^{o}DXIIII^o, pontificatus nostri anno secundo.

Source: ASV, Arm. XL, vol. 4, fol. 32r.; AS, Cesena, B. 15, XXVII.

Bibliography: Hergenröther, *Leonis X Regesta* 1, p. 555, No. 8853; Muzzarelli, *Cesena*, p. 206; Vogelstein-Rieger, *Rom* 2, pp. 117, 125.

1230*   Rome, 4 August 1514

Mandate to the Jews in the duchy of Spoleto and the territory *specialis commissionis*, on pain of a fine, to appear in person or by proxy in Spoleto, not later than the 8th of September, to pay their share in the sum which their representatives, Gabriel Abrahe of Bevagna and Abraham Bonaiuti of Spoleto, had undertaken to disburse on their behalf in settlement of the *vigesima*, and for a general pardon.

R[aphael] etc.
Universis et singulis Hebreis ducatus Spoleti et terrarum specialis commissionis, vere fidei cognitionem. Exposuerunt nobis Gabriel Abrahe de Bevania et Abraham Bonaiuti de Spoleto, Hebrei, quod cum retroactis temporibus per sanctissimum dominum nostrum super solutione vicesime ac perpetratis et obmissis[!] criminibus et delictis et eis perquirendis, commissarii et nuntii contra Hebreos in omnibus terris et locis Sancte Romane Ecclesie deputati fuissent, idque ad universitatis vestre notitiam devenisset, vos, pro evitandis predictorum commissariorum viaticis et expensis, prenominatos Gabrielem et Abraham pro componendis et concordandis predictis vicesimis et criminibus, cum ampla auctoritate, facultate et potestate eis in premissis, ut asseritur, attributa, ad Urbem destinastis; et quia, ut expositum fuit, prenominati Gabriel et Abraham per universitatem vestram, ut premittitur, deputati, hic in Urbe ad premissam compositionem et concordiam devenerunt, et pro ea ad quasdam pecuniarum quantitates per totum mensem Septembris proxime futurum, hic in Urbe persolvendas se sollemniter obligarunt. Ideo, pro exigendis premissis pecuniis, ne ipsi ex eorum bono opere dilapidentur, ac iacturam indebite patiantur, nobis humiliter supplicarunt de oportuno eis desuper remedio provideri. Nos, attendentes ipsorum petitionem esse iustam et consonam rationi, de mandato etc. universitati vestre tenore presentium precipiendo mandamus, quatenus quilibet vestrum, qui in predicta compositione et concordia et eius solutione contribuere tenetur, per totum octavum diem dicti mensis Septembris proxime futurum[!], in civitate

Spoletana compareat seu comparere debeat per se, vel procuratorem suum, ampla auctoritate et potestate suffultum, ad solvendum portionem suam predictis deputatis, iuxta eius taxam et facultatem; volentes quod quilibet contrafaciens, et in premisso termino in dicta civitate Spoleti non comparens, et qui portionem suam non satisfecerit, in pena ducentorum ducatorum auri, camere apostolice ipso facto applicandorum, incurrat, ad cuius pene executionem absque aliqua temporis intermissione procedetur. In quorum etc. Dat. Rome, in camera apostolica, sub anno Domini millesimo quingentesimo quarto decimo, die quarta Augusti, indictione secunda, pontificatus domini Leonis pape X, anno secundo.

Source: ASV, Arm. XXIX, vol. 64, fols. 34r–35r.

Note: On Gabriel of Bevagna, see above, Doc. **1195**, and below, Doc. **1239**.

Bibliography: Stow, *Taxation*, p. 119.

1231*   Rome, 19 August 1514

Mandate to officials in Rome to refrain from molesting Abraam Sabbati, a Jew of Sicily, accused by Masellus, another Sicilian Jew, of having hired an individual to cause him bodily harm, since Abraam is prepared to stand trial by the papal chamber.

    R[aphael] etc.
Universis et singulis, barisello, mariscallis, executoribus, ceterisque alme Urbis officialibus, quovis nomine censeantur, aut dignitate prefulgeant, salutem etc. Cum proximis diebus Masellus, Hebreus de Sicilia, apud Ripam seu Ripettam alme Urbis, a quodam Corso, quibusdam rixis et altercationibus inter eos ortis, vulneratus fuerit, dictusque Masellus propter quandam litem seu controversiam, quam habet adversus quendam Abraam Sabbati, Hebreum, etiam ex Sicilia, ad presens coram camerario Ripe predicte seu quocumque alio iudice vertentem, diss[?]it [=diffamavit] et incusaverit prefatum Abraam instigasse et incitasse dictum Corsum ad vulnerandum eum et vim huiusmodi inferendum; id[!] propterea prefatus Abraham dubitans ne propter huiusmodi damnationem, per dictum Masellum contra eum falso directam, personaliter aut realiter per vos molestetur, ad nos in camera apostolica recursum habuit, et supplicavit ut super hoc secure sibi providere dignaremur. Nos, eius in hac parte supplicationibus inclinati, volentes neminem iniuste opprimi, aut damnari, de mandato etc., auctoritate etc.,

harum tenore vobis precipimus et districte mandamus quatenus prefatum
Abraham Hebreum, attento quod ipse in camera prefata pro dicta causa de
stando iuri et iudicatum solvi [!], nullatenus realiter vel personaliter molestare
presumatis, contrariis etc.; in quorum fidem presentes fieri, nostrique parvi
anuli sigilli iussimus impressione muniri. Dat. Rome, in camera apostolica,
die XVIIII Augusti 1514, pontificatus etc. Leonis pape X^{mi} anno secundo.

Source: ASV, Arm. XXIX, vol. 72, fol. 119r-v.

Note: Attached is an undertaking by Servedio son of Isach, a Jewish old
clothes merchant of Rome, that Abraham will present himself in court.

1232   Rome, 29 August 1514

Mandate to Magisters Franciscus Gregorii and Petrus Ebrardi, inquisitors,
John, bishop of (?) and royal councellor in Aix, and Balthesarus Iarente,
doctor-of-law, papal protonotary and canon in the cathedral of Aix, to
inquire into the misdeeds of neophytes in France, especially in Provence,
alleged to be judaizing and to be committing other crimes, such as usury,
fraud, and the like, and to punish the culprits. Admonition, on threat of
punishment, to all princes, prelates and justices to assist them.

Leo episcopus, servus servorum Dei. Venerandis nobis in Christo dilectis et
fidelibus magistris Francisco Gregorii et Petro Ebrardi, alias de Labonis,
sacre theologie professoribus, necnon et Catholice fidei inquisitoribus, ac
reverendo in Christo patri et domino Iohanni, episcopo Grassensi[?] et
consiliario regio Aquensi, ac venerabili et egregio viro domino Balthesari
Iarente, iurium doctori ac sancte sedis apostolice prothonotario et canonico
ecclesie cathedralis civitatis Aquensis, salutem et apostolicam benedictionem,
et in commissis diligentiam adhibere solertem. Nobis pridem, dilecti nobis,
per nonullos Christifideles ac sanctam Catholicam fidem illesam et
incorruptam servari cupientes, et salutem animarum cupidos, lamentabili
cum querela exponi curatum fuit qualiter in aliquibus locis seu provinciis
regni Francie, et maxime in provincia Provincie, nostro comitatui Venayssino
adherenti, multos et quamplurimos esse neophitos, a Iudayca lege ad sanctam
fidem Catholicam dissimulative conversos, aliosque multos usurarios
pheneratores, hereticos, sortilegos, et ab eadem sancta fide Catholica
plurimum deviantes; qui quidem neophite[!] Iudey intrinsecus deteriores, et
adhuc Mosaycam legem secrete magis quam Catholicam fidem collentes, licet
ut Catholicos se obstendent[!] dissimulative, tamen palam et publice per

retro[!] cultum divinum venerentur et se venerari fingant, quod tamen invicti[!] faciunt, ne a ceteris Christianis expellantur; quorum quidem neophitorum malicia adeo [...] in tantum excrevit hodiernis temporibus suis rapinis, usuris publicis, fraudibus, mercantiis sofisticatis ac falsis ponderibus, quibus in dies ab eorum conversatione[!] citra, quia se liberos facti viderunt, uti publice non formidant, nec formidarunt, sic alios cum illis videntes predictis suis usurariis, mercantiis sofisticis[!], falsis ponderibus, aliisque fraudibus innumerabilibus suis bonis expoliantes[!], et ad paupertatem reddigentes, divitiores tocius patrie ex nichilo, quod mirandum est, suis caliditatibus pervenerunt, quod cedit in grande detrimentum pauperum cum eis degentium et conversantium, eorundemque pauperrime[!] ac Catholice fidey, quam se illesam observare dissimulant extrinsecus, quod tamen intrinsecus non faciunt, contentum[!] et illusionem, propter quarum ac aliorum pheneratorum, hereticorum, sortilegorum enormissima cellera[!] usurasque patentes et publicas, singulis diebus amplius excrescentia et excrescentes, ac totam predictam patriam infectantes et infectantia, eiusdem patrie habitantes diversis a summo Deo tribullationibus, corporum langoribus, aquarum inundationibus et pestilentiis afflicti fuerunt et reddacte[!] sunt, et singulis diebus reddiguntur; nec mirum, quia iustum quandoque onus et peccatum iniqui portare contingeret, propter ipsius iniqui inpugnitionem[!] et celleris[!] detestationem, quoniam si iniqui et cellerati[!] homines de suis maleficiis statim multarentur, et a bonis et iustis separarentur, non tante et diverse inopie et iniquitates hoc in seculo versarentur. Quocirca nos Leo episcopus, servus servorum Dei prefatus, predicta lamentatione percepta de predictis predictorum neophitorum, usurariorum, publicorum hereticorum, sortillegorum et aliorum a Catholica [fide] deviantium enormibus ac enormissimis publicisque et patentibus celleribus[!], quibus nedum ipsa patria provincia Provincie, ymo a longe errantium [!] infectantur et opprimantur, debite informati, sacro flamine inspirati, et quia nobis incumbit super sancta fide Catholica ac illius conservatione invigillare, vellut pastorem bonum super grege suo, ne pereat et a lupis rapacibus aliisque animalibus voracibus devoretur, concipendum apud nos duximus prout et concipivimus et cogitavimus prius habito maturo consilio ac deliberatione consulta, huiusmodi nequissimos lapidibus iustorum bonorum se rerum avidiores leonibus, voraciores et serpentibus intrinsecus fetidiores et magis versutos neophitos, userarios[!], hereticos, sortilegos, ac alios a sancta fide Catholica errantes et distractos a suis predictis enormissimis publicis et patentibus celleribus[!], usuris, sortilegiis, iniquitatibus, artibus, quibuscumque erroribus comprimere et corripere, comprimendos et corripiendos fore, et malos a bonis seperare[!] ac ad sacre fidey observantia[m] redducere; igitur vobis et cuilibet vestrum harum serie mandamus, et in virtute sancte obedientie, ac sub excommunicationis pena ac indignatione omnipotentis Dei, beatorumque Petri et Pauli, apostolorum, quam in hiis [...] scriptis nisi feceritis quod mandamus, districte precipimus quatenus huiusmodi talles neophitos, usurarios, hereticos, et alios quoscumque a sacra fide distractos, de eorum nequissimis ac henormissimis celleribus[!], erroribus, sortilegiis et usuris, publices et ocultis, examinetis, inquiratis, ac toto vestro conamine eorum conscientias ruinetis, vosque cum aliis Christicolis et illesam fidem servantibus, cothidie cum huiusmodi celleratis[!] hominibus conversantibus, de eorum predictis celleribus[!] debite informetis, ac informationes in scriptis recipiatis, seu recipi mandetis et faciatis per dominos iusticiarios, seu dicte patrie, seu per vos eligendos; testes vero, quos contra id genus hominum duxeritis examinandos et in testes assumendos esse, et super predictis celleribus[!], usuris et rapinis, ac aliis contra fidem Catholicam venientibus delictis, auctoritate apostolica, quam vobis in hac parte concedimus, per excommunicationis penam a nobis et sancta sede apostolica latam, testificandum et deponendum cogatis et compellatis; quibus receptis, ut decet, ac per vos visis et habitis, quos de premissis celleribus[!] culpabiles inveneritis et a culto divino disgregatos terantes[!] debite pugnatis[!], iuxta delictorum et criminum excessus et enormitatem, neminemque parcatis, ymo iuxta rigorem iuris, prout crimina illorum exhigunt, affligatis, et eorum bona omnia confisquetis, seu confiscari mandetis, et faciatis sic et taliter, quod a predictis suis erroribus, celleribus[!], usuris et sortilegiis reprimantur, et nec amplius eisdem intendant seu indulgeant et in futurum successores exemplum capiant, et huiusmodi celleribus[!] non infectantur, vestrasque conscientias onerantes et nostram penitus eximentes, vosque in huiusmodi execqutione taliter geratis, quod Dei graciam, nostram delectionem[!], ac populi Christiani benivollentiam mereri consequi valeatis; et ut premissa eo celerius et facilius debite execqutioni demandari[!] valeatis, nominando in procuratorem nostrum fiscallem, ad prosecutionem et solertem execqutionem sepedictorum cellerum[!] faciendum, dilectum nobis in Christo filium Laurentium de Cortiis[?], quem, de eius sagacitate, scientia et probitate certificati, instituendum duxerimus et instituimus per presentes [...] universos et singulos principes, archiepiscopos, episcopos, abbates, diaconos, et alios quoscumque dominos presides, iustitiarios, et iusticie ministros, quos super premissis requirendos duxeritis, seu requiri contingerit[!], sub predicta excommunicationis pena ac indignatione Dei omnipotentis, beatorumque Petri et Pauli, apostolorum, quam trina canonica monitione premissa, in eosdem et quemlibet ipsorum, nisi vestris et cuiuslibet vestrum, a vobisque deputandorum mandatis acquiever[int], et requisitionibus vestris totis eorum viribus intenderint, monemus, eisdemque et cuilibet ipsorum precipimus et mandamus quatenus in hiis omnibus et singulis supra per nos vobis concessis, et que circa correctionem, refformationem, pugnitionem[!] predictorum celleratorum[!] et acquissimorum[!] hominum agenda faciendave et execquenda duxeritis, seu alter vestrum duxerit, aut a vobis commictenda duxerit, pareant, obediant et faveant, opemque, consilium, omni excusatione et oppositione postposita, dent, prebeant et opitulentur. In contrafacientes predictam excommunicationis sententiam et apostolicam maledictionem, a qua nullathenus absolvi possint, nisi a nobis, se incurrere formidant, quam nisi vestris paruerint preceptis et requisitionibus intenderint, se incurrisse noverint, et nostram. Datum Rome, apud Sanctum Petrum, sub anno Dominice Incarnationis milesimo quingentesimo decimo quarto, quarto Calendas Septembris, pontificatus nostri anno secundo.

Source: Carpentras, Bibliothèque Inguimbertine, No. 1883, fols. 218r–220r.

Note: The style of the letter is rather unusual in places. On Petrus Ebrardi, see Barjavel, *Dictionnaire* 1, p. 451 (s.v. Ebérard). Petrus, a Franciscan, was appointed by Leo X as inquisitor at Apt in 1514. For Balthesar Iarente, see *Catalogue des Actes de François I*, Index, s.v. Jarente, Balthazar de. He was later bishop of Saint-Flour and subsequently bishop of Vence.

1233   Rome, 8 September 1514

Revocation and annulment of brief imposing on Jews of Avignon, Carpentras and the Comtat Venaissin the wearing of a badge larger than hitherto, because this is contrary to their privileges, and mandate to Peter de Valetarii, bishop of Carpentras, to stay and annul proceedings against Jews who had not observed the new orders, and to abstain from demanding of the Jews the wearing of a badge different from the one they had been wearing hitherto. Mention of earlier orders by Alexander VI and Clement de la Rovere, bishop of Mende and papal vice-legate in Avignon.

Venerabili fr[atri] episcopo Carpentoratensi.
Venerabilis f[rater, salutem] etc. Licet alias, usque ad tempora felicis recordationis Alexan[dri] VI, predecessoris nostri, Iudei civitatis Avinionensis, Carpe[entora]tensis et comitatus Venaysini, ut a Christ[iani]s discerni possent, signum in latere sinistro factum, [...] admodum unius parve rote, et ex tunc, [o]rdinatione bone memorie episcopi Mimatensis, tunc in partibus [...] vicelegati, signum evidentius, ex panno rubeo, ad insta[r Iud]eorum alme Urbis nostre portaverint, et longe latius [...] quam ipsi Iudei dicte Urbis ad presens portent, ita quod propt[er] illius evidenciam et apparenciam, cum sit longitud[inis] duorum terciorum unius palmi, et latitudinis duorum, [digitorum] ab omnibus cognoscantur, et quandoque propterea offenda[... p]rivilegia huiusmodi eis concessa, nuper per nos confirm[... erint]; [...] quia tamen postmodum per quandam supplicationem [...] signatam, in aliis nostris in forma brevis litteris in[...] mandavimus ut Iudeos prefatos in civitate et

comit[atu pr]edictis pro tempore habitantibus ad deferendum et port[andum, e]undo ambulando, mercando et conversando cum Ch[ristianis ...] alias, in civitate, comitatu et locis nobis subiect[is, ...tum], vispertitum[!], oblongum saltem longitudinis duorum [p...] vel circa, duorum colorum, videlicet crocei et rubei, in eorum [...] cuiuscumque etatis, a septimo anno supra, sub pena [... du]catorum auri de camera pro quolibet Iudeo et vice [qualib]et, qua contrafactum foret, incurrenda, et ca[mere A]vinionensi pro reparatione palatii apostolici [applican]da, et alia accusatori etiam pena reservata, quibuscu[mque pr]ivilegiis apostolicis eis concessis et concedendis non ob[stantibus], ut in illa plenius continetur, cum autem menti[o...] omnibus etiam ipsis Iudeis privilegia per [...] illesa servari litteras brevis et supplicationem in ill[...] revocamus, cassamus et annullamus, illasq[ue evacuamus], ac processus habitos per easdem et inde [secuta] quecumque, nullius roboris vel momenti fuisse et [esse d]ecernimus, ac fraternitati tue mandamus quatenus, ad [illarum ex]ecutionem nullatenus procedas, et si qua [...] contra eosdem Iudeos per te actemptata fuerint, [...] revoces, nec ad aliud signum, quam illud quod deferre [...] deferendum cogas, aut compellas, litteris tibi directis [...] eis introclusa, ac aliis in contrarium facien[tibus ...] quibuscumque. Dat. Rome, 8 Septembris 1514, anno secundo.

Source: ASV, Arm. XL, vol. 2, fol. 264r-v.

Note: See above, Doc. **1156**, and below, Docs. **1335, 1343**.

Bibliography: Hergenröther, *Leonis X Regesta* 1, p. 709; Imbart de La Tour, *Reforme* 2, p. 452; Vogelstein-Rieger, *Rom* 2, pp. 36, 125.

1234   [Rome, ca. 22 September 1514]

Grant, *motu proprio*, to Vitus Modestus, a Jewish convert, of a monthly allowance of four ducats, for six years, and mandate to the chamberlain and his subordinates to disburse it.

Motu proprio etc. Intendentes eos qui virtutibus et presertim litterali studio incumbere cupiunt, gratiis, favoribus et auxiliis prosequi, cumque Vitus Modestus, alias Hebreus, iam certo tempore Christianus effectus, summopere affectet, ut accepimus, litteris operam dare velle, ut eo clarius et dilucidius Christiana fides ei in lucem deveniat, quod tamen, propter eiusdem, qui omnia bona sua Iudaica dereliquit, paupertatem, facere nequit, ideo tenore presentium dicto Vito Modesto, tam pro eius alimentis et substentatione, quam satisfactione magistrorum, qui eum docebunt, constituimus et deputamus quantitatem ducatorum quatuor auri de camera singulo mense per annos sex proxime futuros; mandantes camerario nostro, nunc et pro tempore existenti, ac eiusdem camere presidentibus, et ad quos id spectat, ut dicto Vito Modesto de dictis quatuor ducatis, singulo uno quoque mense, per annos sex, proxime et immediate futuros, integre, sub excommunicationis late sententie pena, responderi faciant et debeant, quibuscumque in contrarium facientibus non obstantibus. Placet, et ita motu proprio mandamus. I[ohannes Medici].

Source: ASV, Arm. XXIX, vol. 64, fol. 41r.

Publication: Amati, *Notizia di alcuni manoscritti*, p. 216.

Note: There is no date. The nearest date in vol. 64 is 22 September 1514.

Bibliography: Vogelstein-Rieger, *Rom* 2, p. 127.

1235*   Rome, 20 November 1514

Decree and declaration that Jews travelling in the papal dominions must not be made to pay higher duty and customs than Christians, on pain of punishment to the collectors who dare act contrary to same, following complaints of the Jews in Rome, the Patrimony, the duchy of Spoleto and territory *specialis commissionis*.

R[aphael] etc.

Dum Iudei in eorum necessitatibus camere apostolice presidia et favores interpellant, non debet reprehensibile reputari si prefata camera se propitiam exhibet et benignam, ut ipsi, eiusmodi mansuetudine et benignitate allecti, suos recognoscant errores, et tandem, superna gratia illustrati, ad verum lumen, quod Christus est, festinent pervenire. Dudum siquidem, ex querela universorum Hebreorum alme Urbis, necnon provinciarum Patrimonii, ducatus Spoletani et terrarum specialis commissionis in camera apostolica exposita, intelleximus passagerium seu pedagii exactorem civitatis Civite Castellane nunc existentem, et qui pro tempore fuit, ex quodam damnabili usu consuevisse longe maiora et insolita pedagia, vectigalia et gabellas a Iudeis, quam a Christianis illac transeuntibus, tam ratione suarum personarum, quam rerum et bonorum, exigere, et illis ultra debitum solvere renuentibus, violentiam realem et personalem inferre consuevisse, et pro eiusmodi indebitis exactionibus cum communitate predicte civitatis conventiones, pacta et capitula desuper iniisse, quod non solum detestabile, sed etiam ab omni parte improbandum videtur; et ideo talem abusionem et corruptelam duximus omnino removendam, cum novorum vectigalium exactio non sit permittenda; pro qua tollenda et extinguenda, de mandato etc., ac matura delliberatione etc., hoc presenti perpetuo valituro decreto sancimus, decernimus et declaramus, quod nullus passagerius, publicanus vel alius exactor, tam in dicta civitate seu eius pedagio, quam in aliis civitatibus, pedagiis, terris et locis Sancte Romane Ecclesie mediate vel immediate subiectis, nunc et pro tempore existens, possit et debeat a quibuscumque Hebreis in predictis civitatibus, terris et locis commorantibus, tam ratione rerum, quam personarum suarum, tam occasione passagii et vectigalis, quam cuiuscumque alterius gabelle, plus capere et exigere quam a Christianis, sed pariformiter in exactionibus et solutionibus predictorum vectigalium, pedagiorum et gabellarum, ipsi Hebrei tractari debeant prout ipsi Christiani, et non aliter; volentes etiam ut pacta, conventiones et capitula aliter per ipsos publicanos, passagerios, gabellarios et quoscumque alios exactores, cum quibuscumque communitatibus seu privatis personis aliter hactenus facta, et que forsitan imposterum fieri continget, sint nulla, irrita et inania, nulliusque roboris vel momenti; que omnia et singula quibuscumque passageriis, publicanis, gabellariis et exactoribus, ne de predictis ignorantiam pretendant, significari, et per dictorum locorum notarios in publicis libris describi et annotari, et per quemcumque ad quem spectaverit, sub excommunicationis late sententie et mille ducatorum camere apostolice applicandorum pro quolibet contrafaciente et qualibet vice fuerit contraventum penis, perpetuo et inviolabiliter observari, districte precipiendo mandamus; quas penas, tam solvendas, quam recipiendas, ipso facto incurrere volumus et declaramus; quibusvis consuetudinibus et stabilimentis, ac locorum predictorum statutis, quibus ad hunc effectum expresse derogamus, ceterisque contrariis non obstantibus quibuscumque; in quorum etc. Dat. Rome, in camera apostolica, die XX Novembris MDXIIII, pontificatus domini Leonis pape decimi anno secundo. R[aphael], episcopus Ostiensis, cardinalis Sancti Georgii, camerarius.

Source: ASV, Arm. XXIX, vol. 64, fols. 90v–91r.

Bibliography: Stow, *Taxation*, p. 171.

1236*   Rome, 24 November 1514

Concession to Christus Hieronymo de Sanctillo, a merchant of Gaeta, of a moratorium of six months on the payment of a debt, amounting to 50 ducats plus interest, to Angelus Isach, a Jew of Terracina, following his capture at sea by the Turks, provided he gives sureties to repay the capital, and exemption from paying the interest. Also permission to trade in silk cloth, wine and fruit to redeem his associates still in captivity.

R[aphael] etc.

Dilecto nobis in Christo Hieronymo de Sanctillo, mercatori Gaietano, salutem etc. Exponi fecistis[!] nobis in camera apostolica quod, cum alias mutuo accepisses a quodam Angelo Isach, Hebreo Terracinensi, ducatos quinquaginta auri larghos, sub fenore quattuor ducatorum similium, singulis tribus mensibus persolvendorum, et ibidem quendam Vincentium de Sgatiis et notarium Luche[!] Terracinensem, fideiussores prestiteris; deinde tu, per Tirrhenum navigans, a Turchis apud Sardiniam captus, et omnibus tuis mercimoniis derobbatus fueris, pro te redimendo certas pecuniarum summas eisdem Turchis solvisti, adeo quod in tempore restituendi huiusmodi pecuniarum summas dicto Angelo impotens redditus es, ac in presentiarum quicquid mercimonii habes, ac paratus es istis in redemptione nonnullorum aliorum captivorum Christianorum, sociorum tuorum, apud eosdem Turchos existentium, dare, et solvere intendis; qua propter nobis supplicasti ut de aliqua dilatione tibi providere, necnon mercimonia licita, videlicet, pannos sericeos, vina et fructus ad usum hominum, pro redemptione dictorum captivorum Christianorum, ad partes Turchas deferendi licentiam et facultatem concedere dignaremur. Nos, tuo infortunio huiusmodi compatientes, de mandato etc., et auctoritate etc., harum tenore tibi moratoriam dilationem ad sex menses proxime futuros damus, concedimus et indulgemus; ita quod, huiusmodi dilatione durante, nec tu, aut dicti fideiussores, quovismodo valeatis molestari, prestita tamen idonea cautione in forma depositi, et summa remanente priori[!] de solvendo sortem principalem in termino tibi prefixo, quodque de cetero ad huiusmodi fenus solvendum minime tenearis. Volumus quoque, et tibi licentiam concedimus, quod pro redimendis dictis captivis Christianis, et non aliter, pannos sericeos, fructus et vina tantum, ad easdem partes Turchas, semel tantum, deferre licite valeas; mandantes propterea dominis gubernatoribus etc. quatenus premissa omnia et singula tibi inviolabiliter observent, et ab aliis observari mandent et faciant, nihil omnino contra attemptare presumentes. Nos enim, ex nunc irritum decernimus et inane, si secus a quoquam fieri contingat; non obstantibus constitutionibus et ordinationibus apostolicis, obligationibus quoque sub quavis forma, etiam camere, vel quavis alia celebratis, iuramento, confirmatione, vel quavis firmitate alia roboratis, renunciationibus, mandatis, censurarum susceptionibus, ceterisque contrariis nequaquam obstantibus quibuscunque. In quorum etc. Dat. Rome, in camera apostolica, die XXIIII Novembris MDXIIII, pontificatus sanctissimi et domini nostri domini Leonis, divina providentia pape X^{mi}, anno secundo.

Source: ASV, Arm. XXIX, vol. 72, fol. 125r-v.

Note: See below, Doc. **1241**.

1237   Rome, 11 January 1515

Concession to Sabbatinus Salomonis, a Roman Jew, of an annual income of 60 ducats, to be defrayed from the taxes of the Jews in the March of Ancona, in recognition of business transacted for the Apostolic See, and mandate to the treasurer of the March to pay him the sum stipulated.

Leo papa X.
Sabbatino Salomonis, Hebreo Romano, viam salutis agnoscere, et agnitam custodire. Cupientes tibi, propter nonnulla, que in beneficium sedis apostolice gessistis negocia, de aliquo subventionis auxilio providere, unde aliquam retributionem sentias, tibi sexaginta ducatos auri de camera, ex pecuniis taxe per Hebreos provincie nostre Marchie Anconitane camere apostolice debite, et quotannis persolvi solite, ad nostrum et sedis apostolice beneplacitum, annis singulis persolvendos, auctoritate apostolica, de specialis dono gratie concedimus; mandantes ac precipientes dilecto filio thesaurario dicte provincie pro tempore existenti, ut dictos sexaginta ducatos, iuxta concessionem (ut premittitur) tibi per nos factam, tibi sine ulla exceptione, aut alia difficultate, congruis temporibus cum effectu respondeat et responderi faciat, absque aliqua alia mandati expeditione, eamque, postquam debitam quietantiam a te receperit, in nostris et dicte camere computis et rationibus admittat, quem ad modum et nos per presentes admittimus; constitutionibus et ordinationibus apostolicis, stilo dicte camere, ac aliis in contrarium facientibus, non obstantibus quibuscumque. Dat. Rome, apud Sanctum Petrum, sub annulo Piscatoris, die XI Ianuarii MDXV, ponitificatus nostri anno secundo.

Source: ASV, Arm. XXIX, vol. 64, fol. 114r.

Note: See also Amati, *Notizia di alcuni manoscritti*, p. 220, who reports instructions to pay Sabbatinus 100 ducats for the supply of furniture (3 May 1515). See Hergenröther, *op. cit.*, No. 15284.

Bibliography: Hergenröther, *Leonis X Regesta* 2, p. 8, No. 13652; Rodocanachi, *Communauté juive à Rome*, p. 72; Vogelstein-Rieger, *Rom* 2, p. 83.

1238   Rome, 11 January 1515

Concession to Emanuel, son of the late Magister Bonettus, a Roman Jew, of an annual income of 60 ducats, to be defrayed from the taxes of the Jews in the March of Ancona, in recognition of business transacted for the Apostolic See, especially for his contribution to the translation of certain Hebrew works into Latin, and mandate to the treasurer of the March to pay him the sum stipulated.

Leo papa X.

Emanueli quondam magistri Bonetti, physico, Romano Hebreo, viam salutis agnoscere, et agnitam custodire. Cupientes tibi, propter nonnulla, que in beneficium sedis apostolice gessisti, maxime ob operam tuam, qua pro certorum Hebreorum voluminum in Latinum sermonem fideli traductione, ad totius Christiane reipublice utilitatem et commodum, in presentia utimur, ac in futuram uti intendimus, de aliquo subventionis auxilio providere, unde aliquam retributionem sentias, tibi sexaginta ducatos auri de camera, ex pecuniis taxe per Hebreos provincie nostre Marchie Anconitane camere apostolice debite, et quotannis persolvi solite, ad nostrum et sedis apostolice beneplacitum, annis singulis persolvendos, auctoritate apostolica, de specialis dono gratie concedimus; mandantes ac stricte precipientes dilecto filio thesaurario dicte provincie pro tempore existenti, ut dictos sexaginta ducatos, iuxta concessionem, ut premittitur, tibi per nos factam, tibi sine ulla exceptione, aut alia difficultate, congruis temporibus cum effectu respondeat et responderi faciat, absque aliqua alia mandati expeditione, eamque, postquam debitam quietantiam abs te acceperit, in nostris et dicte camere computis et rationibus admittat, quem ad modum et nos per presentes admittimus; constitutionibus et ordinationibus apostolicis, stilo dicte camere, ac aliis in contrarium facientibus non obstantibus quibuscumque. Dat. Rome, apud Sanctum Petrum, sub annulo Piscatoris, die XI Ianuarii MDXV, pontificatus nostri anno secundo.

Source: ASV, Arm. XXIX, vol. 64, fol. 114v.

Bibliography: Guttmann, *Renaissance*, p. 263; Hergenröther, *Leonis X Regesta* 2, p. 9, No. 13651; Margolin, *Bonet de Lattes*, pp. 107f.; Rodocanachi, *Communauté juive à Rome*, p. 72; Vogelstein-Rieger, *Rom* 2, p. 83.

1239*   Rome, 22 February 1515

Commission and mandate to the officials in the duchy of Spoleto and the territory *specialis commissionis*, to compel the Jews in eleven localities in the duchy and territory to pay their share of the carnival tax of the Jews in Rome when requested by Gabriel Habrahe of Bevagna, their chamberlain.

R[aphael] etc.
Universis et singulis gubernatoribus, locatenentibus, potestatibus, capitaneis, barisellis, exequtoribus, ceterisque officialibus ducatus Spoleti et terrarum specialis commissionis, salutem in Domino. Cum, ex antiquata et hactenus observata consuetudine, universitas Hebreorum alme Urbis, pro ludo Agonis et Testacii, certam pecuniarum quantitatem camere apostolice seu alme Urbis annuatim persolvere, et in eiusmodi solutione universi Hebrei predictarum terrarum et ducatus pro ipsorum rata contribuere consueverint, cumque (ut accepimus) Hebrei infrascriptarum civitatum et terrarum ratam ipsos tangentem de presenti anno persolvere retardaverint, et ex eiusmodi retardata solutione ceteri Hebrei solventes diversas expensas incurrerint, cuperent propterea dicti universi Hebrei alios malesolventes ad solvendum ipsorum ratas, una cum expensis desuper incursis, compelli, et de oportuno desuper remedio provideri. Nos, attendentes talem petitionem esse iustam et consonam rationi, ne unus pro alio pregravetur, de mandato etc., vobis prenominatis et vestrum cuilibet in solidum, tenore presentium commictimus et mandamus quatenus ad requisitionem et instantiam Gabrielis Habrahe de Bovania, camerarii universitatis Hebreorum predictarum terrarum et ducatus, Hebreos infrascriptarum civitatum et locorum malesolventes, ad solvendum ipsorum ratas, iuxta taxam et cedulam per dictum camerarium vobis porrigendam, usque ad eius condignam satisfactionem, iuris remediis oportunis cogatis et compellatis; et siqui fuerint ad solvendum penitus renitentes, eos ad comparendum in camera apostolica, infra terminum octo dierum tunc immediate sequentium, sub pena quingentorum ducatorum prefate camere ipso facto applicandorum, ex nostri parte moneatis, contra quos forsitan non comparentes et inobedientes procedemus iustitia mediante; de quo mandato relationi vestre plenam fidem adhibebimus; in quorum etc. Dat. etc. die XXII Februarii MDXV, pontificatus domini Leonis pape X anno secundo.

Source: ASV, Arm. XXIX, vol. 64, fol. 186v.

Note: See above, Docs. **1195**, **1230**. The list of localities attached to the letter includes: Perugia, Todi, Amelia, Narni, Terni, Rieti, Norcia, Arquata (del Tronto), Gualdo Todino, Nocera, and Visso.

Bibliography: Rodocanachi, *Communauté juive à Rome*, p. 79; Toaff, *Perugia*, p. 130 (who have: *Gabriele de Bavaria*).

1240   Rome, 30 March 1515

Grant, valid for three years, of indulgences to all those who support the Jewish converts Faustinus of Brescia, his wife Madalena, and their children, baptized in Padua, and mandate to all clergy to publicize the grant and to favour the converts.

Leo etc. Universis presentes litteras inspecturis, salutem etc. Pium et meritorium apud Deum, ac sue maiestati non modicum aceptabile credimus, dum in ipsius memoriam pauperibus et egenis, presertim hiis qui, cecitate Hebrea propulsa, ad Christi fidem conversi sunt, in suis necessitatibus subvenitur. Sane, cum dilectus filius Faustinus de Brexia, et dilecta in Christo filia Madalena, eius uxor, et eorum liberi, hiis superioribus diebus se cum eorum liberis, eorum bonis temporalibus prius per eos dimissis, in civitate Paduana, in nomine Ihesu baptizati et Christiani effecti sunt, nec habeant unde commode vitam ducere et substentari valeant, nisi eius[!] Christifidelium suffragiis succurratur, nos igitur, illius vices gerentes in terris, qui centumplum[!] pias eorundem fidelium largitiones sue[!] pietate remunerat, ac fidelibus ipsis multo magis retribuit quam valeant promoveri[!], eorundem Faustini ac Madalene ac liberorum inopie compatientes, attendentesque quod pietatis huiusmodi opere vitam eternam et divine claritatis splendorem Altissimus suis fidelibus pollicetur, de omnipotentis Dei misericordia, ac beatorum Petri et Pauli, apostolorum eius auctoritate confisi, omnibus et singulis utriusque sexus Christifidelibus, qui eisdem Faustino, Madalene, eorumque liberis, pro eorum sustentatione, de bonis sibi a Deo collatis, pias elemosinas erogaverint, et manus adiutrices porrexerint, quotiens id fecerint, septem annos et totidem quadragenas de iniunctis eis penitentiis misericorditer in Domino relaxamus. Et nihilominus universis et singulis venerabilibus nostris patriarchis, archiepiscopis, episcopis, sub ingressus ecclesie interdictu, ac dilectis filiis abbatibus, prioribus et parrochialium ecclesiarum rectoribus, ac verbi Dei predicatoribus, sub excommunicationis sententia, ut presentes nostras litteras in eorum ecclesiis, dum populus inibi ab divina convenerit, mandamus, quotiens pro parte Faustini et Madalene, ac liberorum predictorum, fuerint requisiti, in ecclesiis [et] aliis locis publicis predicent et predicare faciant, ac eosdem Faustinum et Madalenam, ac liberos, recommendent, et recommandari[!] faciant, ac illis, quantum opus fuerit, faveant, eosque personas ydoneas ad huiusmodi elemosinas colligendum, per eos eligendas, deputare permittant, seu deputent, et auxilium prebea[n]t, ac quibuscumque commissariis per nos, seu de mandato nostro, pro colligendis elemosinis pro fabrica basilice Principis Apostolorum de Urbe ubilibet deputatis et imposterum deputandis, ne eorundem[!] Faustinum et Madalenam, ac eorum liberis[!] super postulatione et collatione[!] elemosinarum huiusmodi, seu ab eis pro tempore deputatos, quomodolibet molestent aut perturbent, sub excommunicationis pena inhibemus; presentibus, si[!] quas sub quibusvis revocationibus seu suspensionibus similium vel dissimilium indulgentiarum, et in favorem dicte basilice concessarum nolumus comprehendi, ac ad triennium a data presentium computandum dumtaxat valituris; volumus autem quod, si alias pro substentatione huiusmodi manus adiutrices porrigentibus, aut alias pias elemosinas erogantibus, aliqua alia indulgentia, imperpetuum vel ad certum tempus nondum elapsum duratura, per nos concessa fuerit, presentes littere nullius sint roboris vel momenti. Datum Rome, apud Sanctum Petrum, anno etc. millesimo quingentesimo quinto decimo, tertio Kalendas Aprilis anno tertio.

Source: ASV, Reg. Lat. 1321, fols. 187r–188r.

Bibliography: Hergenröther, *Leonis X Regesta* 2, p. 61, No. 14802.

1241*   Rome, 31 March 1515

Concession to Antonius Colelle de Monticellis of a moratorium of six months on the repayment of 131 ducats, the remainder of a larger debt he owes Angelus Isac, a Jew of Terracina, provided he gives suitable sureties.

Raphael etc.
Dilecto nobis in Christo Antonio Colelle de Monticellis, salutem etc. Exponi fecisti nobis in camera apostolica quod, cum ab Angelo Isac, Hebreo, Terracine habitatore, diversis vicibus ducatos ducentos nonaginta unum de carlenis feneraticios acceperis, cum usura fenerationis ducatorum triginta pro quolibet centenario, de quibus, pervento tempore tibi dato de restituendos, solveris predicto Angelo Hebreo ducatos ducentos quinquaginta ad bonum computum; postmodum, facto calculo inter vos, debitor remanseris ducatorum centum triginta unius de carlenis, illos in presentiarum minime exolvere potes, quia nonnulla tua credita a tuis debitoribus exigere non vales, et alias pauper existis valetudinarius, necnon familia aggravatus, et nullum modum habes unde dicto Angelo dictam pecuniarum summam satisfacere possis, nisi aliqua tibi misericorditer dilatio concedatur, infra quam predictam summam invenire possis et dicto Angelo, ut debes, solvere; idcirco nobis in eadem camera humiliter supplicari fecisti ut dictam dilationem tibi pie concedere dignaremur. Nos pro te in hac parte supplicationibus inclinati, de mandato etc., harum tenore tibi moratoriam dilationem ad sex futuros menses, et deinde ad nostrum beneplacitum, non tamen ultra, damus, concedimus et

pie indulgemus; ita quod tu, aut fideiussores tui, vel qui pro te forsan alias se obligarunt, dicto termino durante, nullatenus molestari possitis, prestita tamen ydonea cautione in forma depositi, de satisfaciendo in termino tibi prefixo; mandantes etc.; non obstantibus etc.; contrariis etc. In quorum fidem etc. Dat. Rome etc., die XXXI Martii 1515, pontificatus sanctissimi et domini nostri, domini Leonis, divina providentia, pape X^{mi} anno III°.

Source: ASV, Arm. XXIX, vol. 72, fol. 131r-v.

Note: See above, Doc. **1236**.

1242   [Before 23 April] 1515

Concession to Felix of Prato of a ten-year copyright for his edition of the Hebrew Bible.

Ne quis hosce libros cum Targum, vel absque Targum, Bibliaeque expositores hebreos ad decennium a. MDXV imprimat vel imprimendos curet, Leo X pontifex maximus sub excommunicationis et in terris Sanctae Romanae Ecclesiae librorum quoque amissionis poena cavit.

Publication: Hebrew Bible, Venice 1517, End.

Note: Only the summary as given above was printed in some copies of the Hebrew Bible, published in Venice on 11 December 1517. Felix mentions it in his petition to the Venetian authorities, dated 23 April 1515, to permit him to publish various books, and particularly the Hebrew Bible. See Fulin, *Documenti*, pp. 181f.

Bibliography: Benayahu, *Copyright*, p. 18; Kahle, *Felix Pratensis*, p. 34; Penkower, *Bomberg's Bible Edition*, p. 596; Simonsohn, *Some Well-known Jewish Converts*.

1243   Rome, 30 April 1515

Confirmation to the Varano, rulers of Camerino, of their privileges, and elevation to the rank of dukes. They may collect taxes, including those of the Jews.

Leo etc. Ad perpetuam rei memoriam. Summus et eternus celi atque terrarum Dominator... Dudum siquidem, postquam inter plurima privilegia, gratie, immunitates et indulta nobili et antique domui de Varano Camerinensi, et pluribus ab ea originem trahentibus personis, per diversos Romanos pontifices, predecessores nostros, et apostolice sedis legatos, respective, concessa, quondam Rodulfus et Iulius Cesar, etiam de Varano, ad regimen et gubernationem civitatis nostre Camerinensis eiusque comitatus, territorii et districtus habitatorum et incolarum eorundem ad eorum vitam per felicis recordationis Nicolaum papam V, etiam predecessorem nostrum, deputati, pie memorie Paulo pape II, etiam predecessori nostro, pro parte eiusdem Iulii Cesaris exposito quod ipse et quamdiu in humanis egit Rodulfus prefatus civitatem, territorium et destrictum predictos... ipsius Pauli predecessoris et Romane Ecclesie nomine laudabiliter rexerant et gubernaverant. Et demum...considerantes quoque qua ipse Iohannes Maria prudentia, iusticia, modestia et animi magnitudine subditos sibi populos hactenus rexerit... ac etiam sperantes ipsum Io. Mariam in dies maiora prestiturum, habita etiam super hiis cum venerabilibus fratribus nostris eiusdem sancte Romane Ecclesie cardinalibus deliberatione matura, et de illorum unanimi consilio et assensu, et de apostolice potestatis plenitudine, ex certa nostra scientia, apostolica auctoritate, inherendo, quo ad erectionem dicte civitatis Camerinensis in ducatum, litteris dicti Alexandri predecessoris, pro potiori cautela, civitatem Camerinensem prefatam in ducatum, ad instar aliarum civitatum et terrarum ducali dignitate fulgentium, tenore presentium perpetuo de novo erigimus... Volumus insuper, et mandamus quod Io[hannes] et eius heredes et successores prefati, ratione vicariatus, ducatus et civitatis Camerinensis, ac aliorum, etiam commendatorum, oppidorum, terrarum, castrorum, fortiliciorum, locorum, villarum, comitatuum, districtuum et territoriorum predictorum, eorumque talearum, subsidiorum, et Hebreorum, aliorum iuriumque et pertinentiarum, omnium et singulorum censuum hactenus per eum persolvi consuetum, et in locis et temporibus hactenus consuetis, annis singulis predicte camere dare et solvere teneantur, quodque antequam Iohannes Maria officium vicariatus huiusmodi incipiat exercere, in manibus nostris, vel alterius per nos specialiter deputandi, fidelitatis debite prestet in forma solita iuramentum. Ceterum ... Nulli ergo etc. ... Si quis etc. Datum Rome, apud Sanctum Petrum, anno etc. millesimo quingentesimo quintodecimo, pridie Kalendas Maii, pontificatus nostri anno tertio.

Source: ASV, Reg. Vat. 1695, fols. 95r–102r.

Note: Confirmed by Pope Paul III on 14 March 1541 to Duke Ottavio Farnese and quoted by him. See below, Doc. **2029**. See also below, Docs. **1503, 1514**.

1244   Rome, 4 May 1515

Declaration and definition that the sums exacted by the *Monte di Pietà* from borrowers over and above the principal are to be considered lawful and not usurious, and that those who oppose these financial institutions incur excommunication.

Leo episcopus, servus servorum Dei, ad perpetuam rei memoriam, sacro approbante concilio.
Inter multiplices nostre solicitudinis curas, illam in primis suscipere pro nostro pastorali officio debemus, ut que salubria et laudabilia ac Catholice fidei consona, et bonis moribus conformia, nostro tempore non solum enucleentur, verum etiam ad posteros propagentur; et que materiam scandali prebere possent, penitus succidantur et radicitus extirpentur, nec pullulare usquam sinantur, ea in agro Dominico et vinea Domini Sabaoth dumtaxat conseri permittendo, quibus fidelium mentes pasci spiritualiter possint, eradicatis zizaniis, et oleastri sterilitate succisa. Sane, cum olim inter nonnullos dilectos filios sacre theologie magistros ac iuris utriusque doctores controversiam quamdam, non sine populorum scandalo et murmuratione, exortam et nuper his diebus innovatam esse comperimus, circa pauperum relevationem in mutuis eis publica auctoritate faciendis, qui Montes Pietatis vulgo appellantur, quique in multis Italie civitatibus, ad subveniendum per huiusmodi mutuum pauperum inopie, ne usurarum voragine deglutiantur, a civitatum magistratibus ac aliis Christifidelibus sunt instituti, atque a sanctis viris, divini verbi preconibus, et laudati et persuasi, ac a nonnullis etiam summis pontificibus predecessoribus nostris probati et confirmati, sintne prefati Montes a Christiano dogmate dissonantes vel non, utraque parte diversimode sentiente atque predicante. Nonnullis enim magistris et doctoribus dicentibus eos Montes non esse licitos, in quibus aliquid ultra sortem pro libera, decurso certo tempore, per ministros huius Montis, ab ipsius[!] pauperibus, quibus mutuum datur, exigitur, et propterea ab usurarum crimine iniustitiave, seu ab aliqua certi specie mali mundos non evadere, cum Dominus noster, Luca evangelista attestante, aperto nos precepto obstrinxerit ne ex dato mutuo quidquam ultra sortem sperare debeamus. Ea enim propria est usurarum interpretatio, quando videlicet ex usu rei, que non germinat, nullo labore, nullo sumptu, nullove periculo, lucrum fenusque conquiri studetur; addebant etiam iidem magistri et doctores, in iis Montibus neque commutative, neque distributive iustitie fieri satis, cum tamen iustitie terminos contractus huiusmodi excedere non debeant, si debeant approbari. Idque preterea probare nitebantur, quia impense pro huiusmodi Montium conservatione, a pluribus, ut aiunt, debite, a solis pauperibus, quibus mutuum datur, extorqueantur; pluraque interdum ultra necessarias et moderatas impensas, non absque specie mali ac incentivo delinquendi, quibusdam aliis

personis, inferre videntur, exhibeantur. Aliis vero pluribus magistris et doctoribus contra asserentibus, et in multis Italie gymnasiis verbo et scripto conclamantibus, pro tanto bono, tamquam reipublice pernecessario, modo ratione mutui nihil petatur neque speretur, pro indemnitate tamen eorumdem, Montium, impensarum videlicet ministrorum eorumdem, ac rerum omnium ad illorum necessariam conservationem pertinentium, absque Montium huiusmodi lucro, idque moderatum et necessarium, ab iis qui ex huiusmodi mutuo commodum suscipiunt, licite ultra sortem exigi et capi possit, non nihil licere, cum regula iuris habeat: Quod qui commodum sentit, onus quoque sentire debeat, presertim si apostolica accedat auctoritas. Quam quidem sententiam, a felicis recordationis Paulo secundo, Sixto quarto, Innocentio octavo, Alexandro sexto et Iulio secundo, Romanis pontificibus predecessoribus nostris, probatam, a sanctis quoque ac Deo devotis, et in magna, ob sanctitatis opinionem, existimatione habitis, evangelice veritatis predicatoribus, predicatam esse ostendunt. Nos super hoc (prout nobis est ex alto concessum) opportune providere volentes, alterius quidem partis iustitie zelum, ne vorago aperiretur usurarum, alterius pietatis et veritatis amorem, ut pauperibus subveniretur, utriusque vero partis studium commendantes, cum hec ad pacem et tranquillitatem totius reipublice Christiane spectare videatur, sacro approbante concilio, declaramus et definimus Montes Pietatis antedictos per respublicas institutos, et auctoritate sedis apostolice hactenus probatos et confirmatos, in quibus, pro eorum impensis et indemnitate, aliquid moderatum ad solas ministrorum impensas et aliarum rerum ad illorum conservationem, ut prefertur, pertinentium, pro eorum indemnitate dumtaxat, ultra sortem, absque lucro eorumdem Montium, recipitur, neque speciem mali preferre, nec peccandi incentivum prestare, neque ullo pacto improbari, quinimmo meritorium esse, ac laudari et probari debere tale mutuum, et minime usurarium putari, licereque illorum pietatem et misericordiam populis predicare, etiam cum indulgentiis a sancta sede apostolica eam ob causam concessis. Ac deinceps, alios etiam similes Montes cum apostolice sedis approbatione erigi posse. Multo tamen perfectius multoque sanctius fore, si omnino tales Montes gratuiti constituerentur, hoc est, si illos erigentes aliquos census assignarent, quibus, si non omni, saltem vel media ex parte, huiusmodi Montium ministrorum solvantur impense, ut ad leviorem eris solvendi portionem medio hoc pauperes gravari contingat, ad quos, cum huiusmodi census assignatione, pro impensarum supportatione erigendos, Christifideles maioribus indulgentiis invitandos esse decernimus. Omnes autem religiosos et ecclesiasticas ac seculares personas, qui contra presentis declarationis et sanctionis formam de cetero predicare seu disputare, verbo vel scriptis, ausi fuerint, excommunicationis late sententie penam, privilegio quocumque non obstante, incurrere volumus. Non obstantibus premissis ac constitutionibus et ordinationibus apostolicis ceterisque contrariis quibuscumque. Nulli ergo omnino hominum etc. Si quis autem etc. Dat. Rome, in publica sessione, in

Lateranen. sacrosancta basilica solemniter celebrata, anno Incarnationis Dominice MDXV, quarto Nonas Maii, pontificatus nostri anno tertio.

Publication: *Bullarium Romanum* 5, pp. 621f.

Note: The above was read at the Fifth Lateran Council.

Bibliography: Erler, *Historisch-kritische Übersicht* 8, p. 18; Pastor, *History of the Popes* 5, p. 112; 8, p. 397; Weber, *Monts-de-Piété*, p. 61.

1245   Rome, 4 May 1515

Statute and order that henceforth no one may print or cause to be printed anything unless it is first approved: in Rome by the papal vicar and (master) of the papal palace, and elsewhere by the local bishop or an expert on his behalf and by the local inquisitor. Transgressors are to be punished severely.

Leo episcopus, servus servorum Dei, ad perpetuam rei memoriam, sacro approbante concilio. Inter solicitudines nostris humeris incumbentes, perpeti cura revolvimus, ut errantes in viam veritatis reducere, ipsosque lucrifacere Deo (sua nobis cooperante gratia) valeamus. Hoc est quod profecto desideranter exquirimus, ad id nostre mentis sedulo destinamus affectum, ac circa illud studiosa diligentia vigilamus. Sane, licet litterarum peritia per librorum lectionem possit faciliter obtineri, ac ars imprimendi libros temporibus potissimum nostris, divino favente numine, inventa, seu aucta et perpolita, plurima mortalibus attulerit commoda, cum parva impensa copia librorum maxima habeatur, quibus ingenia ad litterarum studia percommode exerceri, et viri eruditi in omni linguarum genere, presertim autem Catholici, quibus Sanctam Romanam Ecclesiam abundare affectamus, facile evadere possunt, qui etiam infideles sciant et valeant sacris institutis instruere, fideliumque collegio per doctrinam Christiane fidei salubriter aggregare; quia tamen multorum querela nostrum et sedis apostolice pulsavit auditum, quod nonnulli huius artis imprimendi magistri, in diversis mundi partibus libros, tam Grece, Hebraice, Arabice et Chaldee linguarum in Latinum translatos, quam alios Latino ac vulgari sermone editos, errores etiam in fide, ac perniciosa dogmata, etiam religioni Christiane contraria, ac contra famam personarum, etiam dignitate fulgentium, continentes, imprimere ac publice vendere presumunt, ex quorum lectura non solum legentes non edificantur, sed in maximos potius, tam in fide, quam in vita et moribus prolabuntur errores, unde varia sepe scandala (prout experientia rerum magistra docuit) exorta fuerunt, et maiora in dies exoriri formidantur. Nos itaque, ne id quod ad Dei gloriam et fidei augmentum, ac bonarum artium propagationem salubriter est inventum, in contrarium convertatur, ac Christifidelium saluti detrimentum pariat, super librorum impressione curam nostram habendam fore duximus, ne de cetero cum bonis seminibus spine coalescant, vel medicinis venena intermisceantur. Volentes igitur de opportuno super his remedio providere, hoc sacro approbante concilio, ut negotium impressionis librorum huiusmodi eo prosperetur felicius, quo deinceps indago solertior, diligentius et cautius adhibeatur, statuimus et ordinamus quod de cetero perpetuis futuris temporibus nullus librum aliquem, seu aliam quamcunque scripturam, tam in Urbe nostra, quam aliis quibusvis civitatibus et diocesibus imprimere, seu imprimi facere presumat, nisi prius in Urbe per vicarium nostrum, et sacri palatii magistrum, in aliis vero civitatibus et diocesibus per episcopum, vel alium, habentem peritiam scientie, libri, seu scripture huiusmodi imprimende, ab eodem episcopo ad id deputandum, ac inquisitorem heretice pravitatis civitatis, sive diocesis, in quibus librorum impressio huiusmodi fieret, diligenter examinentur, et per eorum manu propria subscriptionem, sub excommunicationis sententia, gratis et sine dilatione imponendam, approbentur. Qui autem secus presumpserit, ultra librorum impressorum amissionem, et illorum publicam combustionem, ac centum ducatorum fabrice Principis Apostolorum de Urbe sine spe remissionis solutionem, ac anni continui exercitii impressionis suspensionem, excommunicationis sententia innodatus existat, ac demum, ingravescente contumacia, taliter per episcopum suum, vel vicarium nostrum, respective, per omnia iuris remedia castigetur, quod alii, eius exemplo, similia minime attentare presumant. Nulli ergo ... Si quis... Dat. Rome, in publica sessione, in Lateranensi sacrosancta basilica solemniter celebrata, anno Incarnationis Dominice millesimo quingentesimo decimoquinto, quarto Nonas Maii, pontificatus nostri anno tertio.

Publication: *Bullarium Romanum* 5, pp. 625f.; *Corpus Iuris Canonici*, Lib. VII Decret., V, IV, c. 3; *Litterae Apostolicae*, pp. 110f.; Mansi, *Conciliorum Collectio* 32, cols. 912f.

Note: The above was read at the Fifth Lateran Council.

Bibliography: Hefele, *Conciles* VIII/1, p. 473; Pastor, *History of the Popes* 8, p. 397; Reusch, *Index* 1, pp. 55f.

1246   Rome, 8 August 1515

Appointment of Giulio Medici (the future Clement VII), cardinal deacon of St. Maria in Domnica and papal legate in Bologna, as legate *ad latere* also in Piacenza, the exarchate of Ravenna, Romandiola, Tuscia, the rest of Italy and elsewhere, during the illness of Giuliano Medici, the pope's brother, duke of Florence and captain of the papal forces. Authority over the Jews is included in his powers. Cancellation of the separation of Romandiola and the exarchate of Ravenna from the legation of Bologna.

Leo episcopus, servus servorum Dei. Dilecto filio Iulio, Sancte Marie in Domnica [dia]cono cardinali, de Medicis nuncupato, in civitatibus nostris Bononie et Placentie, ac exarchatus Ravenne, et tota provincia Romandiole, Tuscia et Italia, necnon ad quecumque ipsius Italie et [extra] eam, ad que forsan te declinare contigerit loca, nostro et apostolice sedis legato de latere, salutem et apostolicam benedictionem. Pacem Italicam supremis dudum atque intimis desiderantes affectibus, et ut reges et principes ad id induceremus, omnem nobis possibilem operam adhibere curavimus, non ignari quantum illorum concordia ad infidelium expugnationem et fidei Catholice exaltationem conferre possit, et cum id adhuc conficere non potuerimus, exercitusque potentissimi ac magni apparatus bellici in procinctu esse videantur, cupientesque ut gentes armorum ad nostra et Sancte Romane Ecclesie stipendia, sub dilecto filio, nobili viro Iuliano Medices, secundum carnem fratre nostro germano, eiusdem Ecclesie capitaneo, militantes, pro defensione civitatum et terrarum ad nos et dictam Ecclesiam spectantium et pertinentium, provide, ordinate ac rite, durante presertim ipsius Iuliani valitudine, qua de presenti (non parva nostra molestia) detinetur implicitus, gubernentur, tibi, ut ad legationem Bononiensem, alias de venerabilium fratrum nostrorum consilio tibi commissam, personaliter te conferres mandavimus, possitque contingere gentes ipsas ad alia loca, etiam extra legationem tuam, conduci debere, ac sperantes quod tu, cuius opera quotidie in magnis usi, eamque in arduis experti sumus, et de cuius probitate, solertia et diligentia, ac consilii maturitate, et in rebus agendis experientia, aliisque grandium virtutum donis, quibus personam tuam illorum largitor, Dominus, insignivit, illa que tibi, pro tam salutifero conservande pacis et quietis bono, committenda duxerimus, probe, sollicite, fideliter et diligenter exequeris, te ad omnia, tam in legatione tua Bononiensi huiusmodi, ac Tuscia et Italia, quam etiam ad que forsan te declinare contigerit quecumque alia extra dictam Italiam loca, tanquam pacis angelum, nostro et ipsius Romane Ecclesie nominibus, de eorundem fratrum consilio, ad beneplacitum nostrum, legatum de latere, auctoritate apostolica, cum eisdem facultatibus et concessionibus in omnibus et per omnia, quas tam nos in litteris nostris et legatione Bononiensi tua predicta tibi concessimus, quam etiam felicis recordationis Iulius II et alii

Romani pontifices, predecessores nostri, aliis Bononie eiusque legationis pro tempore apostolice sedis legatis, etiam nobis, dum in minoribus constituti essemus, et istius legationis munere fungebamur, per eorundem predecessorum nostrorum litteras, tam in spiritualibus quam temporalibus, concesserunt, ita ut omnia et singula, tam in legatione tua, quam aliis locis predictis, erga familiares tuos et prelatos, etiam episcopali dignitate preditos, et quascunque alias utriusque sexus personas, tam in dictis tibi per nos concessis litteris expressas, quam etiam alias infra limites eiusdem legationis tue existentes et residentes, ac ad te seu legationem tuam predictam accedentes et venientes, per te, vel alium, seu alios, exercere, facere, mandare, statuere, ordinare, confirmare, conferre, providere, dispensare, indulgere, absolvere, derogare et exequi possis, que nos ipsi, dum in minoribus essemus et legacionis huiusmodi munere fungebamur, ut prefertur, et alii legati predicti, vigore specialium facultatum, tam nobis tunc, quam aliis legatis prefatis, concessarum, quarum tenores hic pro sufficienter expressis haberi volumus, de iure vel consuetudine, aut alias quomodocunque, facere ... potuimus et debuimus ... tenore presentium deputamus atque creamus... Et insuper... Preterea Iudeos quoscunque corrigendi, eorumque ac alia quecumque statuta, consuetudines, ordinationes et provisiones, ac instrumenta quatenus licita et honesta sint, ac sacris canonibus contraria non fuerint, necnon privilegia, etiam per sedem eandem vel illius legatos eisdem Iudeis, et quibusvis aliis personis, ac universitatibus, etiam studiorum generalium, ecclesiis, monasteriis, ordinibus et civitatibus concessa, atque per eos facta et ordinata, quatenus sint in usu, societates quoque, que bonum pacis et communitatis locorum tue legationis saperent, confirmandi, illaque et alia de novo dandi, faciendi, constituendi, ordinandi et concedendi, ac etiam interpretandi, necnon decreta interponendi, ac illa omnia, atque societates quascunque, etiam per sedem ipsam confirmatas, que contra bonum pacis et communitatis locorum huiusmodi essent, emendandi, corrigendi, cassandi, vel annullandi, sententias quoque et penas quascunque, etiam capitales et pecuniarias, remittendi et relaxandi, ac etiam desuper componendi, processusque desuper habitos et habendos cassandi et annullandi, seu cassari et deleri faciendi et mandandi... plenam, liberam et omnimodam licentiam concedimus atque facultatem. [...] alias dudum provinciam nostram Romandiole et exarchatum Ravenne huiusmodi ce[rtis] ex causis a legatione Bononiensi, cum deputatione inibi presidentis, ad triennium, ac nonnullis nostris decreto, etiam irritanti, et inhibitione per alias diversas nostras etiam in forma brevis litteras seperavimus, eximimus et disiunximus, a nonnullis nimium curiosis hesitari et revocari in dubium posset an alie littere nostre ac facultates, potestates et concessiones tibi in eisdem per nos concesse et attribute predicte (ex eo quod in illis de Romandiole et exarchatus separatione huiusmodi, illosumque eidem legationi Bononiensi reintegratione nulla facta fuerit mentio) tibi suffragari possint et poterint, et an per te, seu nomine tuo, hactenus vigore litterarum, concessionum, potestatum et facultatum huiusmodi acta et gesta rite et legitime propterea gesta fuerint, ne super hoc dubia et lites alique in cuiuspiam preiudicium oriri, vel etiam de tua potestate, tam tunc, quam deinceps in futurum hesitari contingat, omnia et singula per te, vel alios, nomine tuo huiusmodi, seu de tuo mandato, in eisdem provincia et exarchatu hactenus in spiritualibus et temporalibus acta, gesta, facta, concessa et administrata huiusmodi rata, grata atque firma habentes, provinciam et exarchatum predictos eidem legationi Bononiensi in omnibus et per omnia, prout ante illorum separatione erant, auctoritate et tenore predictis restituimus, unimus, incorporamus et reintegramus... Quocirca... Non obstantibus... Dat. Rome, apud Sanctum Petrum, anno Incarnationis Dominice millesimo quingentesimo quinto decimo, sexto Idus Augusti, pontificatus nostri anno tercio.

Source: ASV, Reg. Vat. 1195, fols. 173r–175r.

Note: Giuliano Medici was duke of Florence 1512–1516.

1247   Viterbo, 10 October 1515

Inhibition for a period of ten years, on pain of excommunication, to print the Latin translation of the Psalms, made by Felix of Prato, an Augustinian, and to be published by Daniel Bomberg.

Leo papa decimus.
Universis et singulis ad quos he nostre littere pervenerint, salutem et apostolicam benedictionem. Cum dilectus filius Felix Pratensis, ordinis Heremitarum Sancti Augustini professor, ad publicam, omnium eorum presertim, qui sacrarum litterarum studiosi sunt, utilitatem, quanto maximo potuit labore et diligentia, psalterium ex Hebreo in Latinum sermonem a se traductum, dilecto Danieli Bombergo, Flamingo nuncupato, sive eius opera et impensis, formis excudendum publicandumque tradiderit, idcirco nos, cupientes rationibus eiusdem Felicis ita consulere, ut non solum ipsius studium in traductionibus huiusmodi non refrigescat, sed in dies magis atque magis accendatur, et preterea aliquem tam honestorum laborum fructum percipiat, universis et singulis extra nostras et Sancte Romane Ecclesie terras et loca, sub excommunicationis, in ipsis vero terris et locis nostris degentibus, sub premissa atque amissionis librorum penis inhibemus, ne psalterium predictum, eo scilicet modo et forma, qua ab ipso Felice traductum et editum, sive edendum est per decennium a data presentium computandum, ullo pacto formis

excudere, aut excussum sive excudendum ab aliis venundare emereve presumant; contrariis non obstantibus quibuscumque. Datum Viterbii, sub annulo Piscatoris, die X Octobris MDXV, pontificatus nostri anno tercio.

Publication: Felix Pratensis, *Psalterium*, title page, verso; Kahle, *Zwei Ausgaben der hebräischen Bibel*, pp. 53f.

Bibliography: Penkower, *Bomberg's Bible Edition*; Simonsohn, *Some Well-known Jewish Converts*.

1248*   Rome, 19 November 1515

Inhibition, valid for one month, to officials in Rome from molesting Antonius Mathei of Terracina, debtor of some Jews, during his stay in Rome.

Raphael etc.
Strenuo viro barisello, ac marescallis, executoribus, ceterisque alme Urbis officialibus, salutem. Cum Antonius Mathei de Terracina sit debitor certis Iudeis pro quadam fideiussione per eum facta, quibus sua bona cedere intendit, ac in presentiarum in Romana curia pro nonnullis suis causis et negotiis per mensem morari velit, iccirco de mandato etc., et auctoritate etc., harum tenore vobis inhibemus, ne dictum Antonium per unum mensem proxime futurum, quavis occasione debiti, molestare presumatis. Contrariis etc. Dat. Rome, in camera apostolica, die XIX Novembris MDXV.

Source: ASV, Arm. XXIX, vol. 72, fols. 136v–137r.

1249   Bologna, 15 December 1515

Request to Vincentius Martine, a Portuguese sea captain, to conduct on his ships to Rome Alvarus Rodrigius and Garsia Reberus, Portuguese, recently converted from Judaism to Christianity.

Vincentio Martine, Lusitano, navium praefecto.
Cum propediem ad Italiam atque ad Urbem duas naves sis adducturus, volumus ut Alvarum Rodrigium et Garsiam Reberum, Lusitanos, qui nuper, ab Hebraica secta recedentes, Christianae reipublice baptismatisque

sacramento se addixerunt, cum iis, qui una cum ipsis volent conscendere, tuis navibus imponas, ad Italiamque perducas, omni cum eorum supellectili, qua cum transmissuri te adierint. Quibus omnibus, si mihi gratissimum facere vis, cura atque effice, ne qua molestia ullo ab hominum genere adhibeatur, ut, quod in te erit, incolumes se Romam conferant. Dat. XVIII Kalendas Ianuarii, anno tertio. Bononia.

Source: BAV, Vat. Lat. 3364, fol. 238r-v.

Publication: Bembo, *Epistolae*, p. 279.

1250*   Rome, 6 August 1516

Concession to the brothers Benedictus, Salomon and Abram Danielis Levi, Jews in Genzano, allowing them to collect the corn they had acquired for their own use.

R[aphael], camerarius.
Vobis Benedicto, Salomoni et Abrae Danielis Levi, Hebreis, fratribus, in terra Ienzani commorantibus, vere fidei cognitionem et sanioris consilii spiritum. Exponi nobis fecistis, vos ante frumentorum recollectionem de hoc presenti anno, tam in dicta terra Ienzani, quam in aliis locis circumvicinis, a pluribus et diversis personis granum et ordeum pro certo pretio tunc inter vos convento et specificato, pro vestra et familie sustentatione mercatos fuisse; verum, quia dubitatis ne propter temporum penuriam et egestatem, in exigendis predictis frumentis, maxime propter oppressiones Hebreis inferri solitas, aliqua contrarietas oriatur, et propterea talis frumentorum exactio difficilis reddatur, ideo nobis humiliter supplicari fecistis de oportuno vobis desuper remedio providere. Nos, ius suum cuilibet tribui cupientes, more Salvatoris nostri Iesu Christi, qui solem suum super bonos et malos oriri facit, considerantes etiam Hebreos per Ecclesiam tollerari, de mandato etc., ut frumentum predictum, iuxta conventionem per vos cum debitoribus factam, ab eis etiam iudicialiter exigere valeatis, vobis per presentes concedimus tolerantiam et facultatem; mandantes quibusvis officialibus ad quos spectat, tam im spiritualibus quam in temporalibus, ut vobis pro exactione premissorum frumentorum contra eosdem debitores vestros iusticiam summarie ministrent, oportunumque prestent auxilium et favorem, premissorum debitorum ac locorum nominum, cognominum et aliorum omnium hic forsan exprimendorum tenores pro sufficienter expressis et insertis habentes. In quorum etc. Dat. Rome, in

camera apostolica, die VI Augusti MDXVI, pontificatus domini Leonis pape X^{mi} anno quarto.

Source: ASV, Arm. XXIX, vol. 65, fol. 191r.

1251   Rome, 5 September 1516

Appointment of commissioner to collect the ducat per Jewish household and ten ducats per Jewish bank in the papal dominions, to be paid annually to Andrea Corsio, a Genoese cleric, in recompense for damage sustained at the hand of Turkish Jews, and mandate to all officials to assist the commissioner in carrying out his task.

[   ] Dilecto filio. Dilecte fili, salutem etc. Cum decreverimus quod omnes Hebrei in quibuscunque civitatibus, terris et locis nobis et Sancte Romane Ecclesie mediate vel immediate subiectis commorantes, ducatum unum auri de camera [pro quolibet focu]lari, qui vero ex Hebreis predictis bancum feneris exercent decem ducatos similes pro quolibet banco, singulis annis, dilecto filio Andree de Corsio, clerico Ianuensi, familiari nostro, in recompensam urgentis damni per Hebreos Turco subditos, eidem Andree alias illati, usque ad integram satisfactionem solvant et contribuant, prout in àliis nostris in forma brevis inde confectis litteris plenius continetur, nonnullos desuper commissarios et executores deputavimus, quos omnes, certis de causis animum nostrum moventibus, presentium tenore cassamus, et a commissione huiusmodi penitus amovemus. Inducti autem fide et integritate tua, motu proprio, et ex certa nostra scientia, non ad dicti Andree, seu alterius pro eo, nobis super hoc porrecte supplicationis instantiam, sed ex nostra mera voluntate et deliberatione, te in premissis et circa ea generalem nostrum nuncium et commissarium atque executorem, presentium tenore facimus, constituimus et deputamus; volentes, et tibi iniungentes, ut omnia et singula, que in premissis et circa ea duxeris necessaria et quomodolibet opportuna, tam per te ipsum, quam etiam per te ordinandos, deputandos, vel substituendos, etiam pro tuis et illorum viaticis et expensis omni quidem studio committas, mandes, exequaris et efficias, imponendo etiam penas et mulctas, que tibi secundum loca et tempora magis convenientia videbuntur, etiam excommunicationis late sentente et indignationis nostre, ac rebellionis et confiscationis omnium bonorum, ac pecuniariis[!], tuo arbitrio moderandas et applicandas, etiam per invocationem auxilii brachii secularis et represaliarum remedium, summarie et extra iudicialiter exigendas. Et ne super interpretatione dicti nostri brevis dubitari contingat, attento quod in illo

fit mentio de Hebreis banchum foeneris publice exercentibus, volumus, et ita declaramus, quod sub tali prolatione etiam illi Hebrei intelligantur, qui foenus sine banco quoquomodo exercent, et de hoc cum communitatibus aut castellanis, seu aliis officialibus locorum forsan composuerint, seu concordaverint; mandantes dilectis filiis officialibus, tam ecclesiasticis quam secularibus, cuiusqunque fuerint dignitatis, gradus, seu preeminentie, ac executoribus quibuscunque, ubilibet per loca predicta constitutis, necnon communitatibus et universitatibus, particularibusque personis, tam publicis quam privatis quibuscunque, sub mille ducatorum auri camere apostolice applicandorum poenis, quatenus tibi in premissis omnimodam fidem adhibentes, in omnibus que per te eis mandabuntur presto sint et obedientes, omni prorsus appellatione, tergiversatione, seu mora cessantibus, perinde ac si illa eis per nos coram mandarentur et preciperentur. Non obstantibus constitutionibus, et ordinationibus apostolicis et civilibus, ac dictorum locorum statutis et consuetudinibus, etiam iuramento, confirmatione apostolica, seu quavis firmitate alia roboratis, ceterisque contrariis quibuscunque. Dat. Rome, die V Septembris 1516, anno 4.

Source: ASV, Arm. XXXIX, vol. 31, fols. 232r–233v.

Note: See above, Doc. **1228**, where Andrea is described as a Genoese merchant. Similarly below, Doc. **1276**.

1252   Rome, 10 September 1516

Threat of measures against the community and men of Città di Castello if they continue refusing to carry out the order for the tax imposed on the Jews in the papal dominions to recompense Andrea Corsio, a Genoese cleric and papal familiar.

Dilectis filiis communitati et hominibus Civitatis Castelli. Dilecti filii, salutem etc. Cum nuper nobis relatum esset exactionem dudum per nos dilecto filio Andree de Corsio, clerico Ianuensi, familiari nostro, continuo commensali, contra Hebreos concessam, videlicet unius ducati auri pro quolibet foculari, et decem similium ducatorum pro quolibet feneratore, iam fere in omnibus nostris et Sancte Romane Ecclesie civitatibus, terris et locis fuisse debitum sortitam effectum, vobis dumtaxat et aliis admodum paucis exceptis, qui exactioni predicte aperte repugnare ausi fueritis, non potuimus non indignari, ut unde maior expectabatur obedientia, inde quidam quasi mandatorum nostrorum contemptus emanaret. Quapropter duximus vobis per presentes specialius intimandum, quod nisi illico, absque ulla excusatione, exceptione, vel mora, dictam exactionem in ista civitate, ac eius comitatu et districtu, executioni debite demandare curaveritis, cogemur contra vos ad duriora iuris remedia procedere et opportune providere; in contrarium facientibus non obstantibus quibuscunque. Dat. Rome, die X Septembris 1516, anno 4º.

Source: ASV, Arm. XXXIX, vol. 31, fol. 253r-v.

Note: See above, preceding doc.

1253*   Rome, 30 December 1516

Concession to Magister Emanuel magistri Bonihominis of safe conduct following his having had intercourse with Christian prostitutes in his youth, and mandate to all officials to see to its observance.

R[aphael] etc.
Magistro Emanueli magistri Bonihominis, Hebreo, incole Urbis, viam veritatis agnoscere et agnitam custodire. Exposuisti nobis in camera apostolica quod, licet alias, iuvenili calore ductus, cum nonnullis Christianis meretricibus rem habueris, et propterea, inquisitus de tali excessu, penam vigintiquinque ducatorum auri camere apostolice persolveris, nihilominus dubites, propter oppressiones Hebreis imponi solitas, ex hoc quottidie diffamari, et per diversas curias trahi, et forte carcerari, et pro eadem causa iteratis vicibus puniri, rei incertitudine et temporis, licet ab hiis te continue abstinueris, et abstinere proposueris in futurum. Quare nobis humiliter supplicasti ut de aliqua securitate temporis tibi providere dignaremur. Nos, attendentes quod humana fragilitas ad illicita proclivem hominem impellit, et peccandi fomitem tribuit, tui fragilitati compatientes, de mandato etc., et auctoritate etc., harum serie tibi in alma Urbe ceterisque Sancte Romane Ecclesie civitatibus, terris, castris et locis, mediate vel immediate subiectis, standi, commorandi, praticandi, pernoctandi, discedendi, revertendi, ceteraque omnia et singula faciendi, que tibi pertinebunt, ita quod premisse tue conversationis et excessus occasione, sive inquisitus, sive alias processatus fueris, sive non, usque in presentem diem, realiter seu personaliter molestari non possis, tibi tutum, liberum, plenum, validum salvum conductum, omnimodamque securitatem damus, concedimus et impartimur; mandantes propterea reverendo patri, domino dicte Urbis gubernatori, curie causarum dicte camere auditori, magistro senatori, eorumque auditoribus, locatenentibus, iudicibus, barrisello,

marescallis, exequtoribus, ceterisque Sancte Romane Ecclesie officialibus, quovis nomine aut dignitate fulgentibus, quatenus premissa omnia et singula tibi inviolabiliter observent, et ab aliis observari mandent et faciant, nihil omnino contra attentare presumentes; presentibus ad annum, et deinde ad nostrum beneplacitum firmiter valituris. Nos enim, ex nunc irritum decernimus et innane si secus fiat; non obstantibus constitutionibus et ordinationibus apostolicis, ceterisque contrariis quibuscunque. In quorum etc. Dat. Rome, etc. die XXXᵃ Decembris MDXVIº, pontificatus sanctissimi domini nostri, domini Leonis pape Xᵐⁱ, anno quarto.

Source: ASV, Arm. XXIX, vol. 72, fol. 156v.

Note: See above, Doc. **1218**.

1254   Rome, 7 June 1517

Confirmation and approval to John III, bishop-elect of Ratisbon, of statute, whereby all judges in his diocese are forbidden, on pain of excommunication, to award interest to Jewish money-lenders who cited their debtors to court, and are enjoined to apply the provisions of common law in those cases in which usury had already been exacted. Mandate to Gabriel of Eyb, bishop of Eichstädt, John Boncianni, bishop of Caserta, and the abbot of St. Emmeram in Ratisbon to publish the statute and assist the bishop of Ratisbon in its application.

Leo etc. Ad perpetuam rei memoriam. Debitum pastoralis officii, cui, disponente Domino, presidemus, exposcit ut supra gregem Dominicum attente vigilemus, et oves gregis eiusdem in semitis veritatis et iusticie dirigere et ab errorum precipitiis erigere[!] curemus, ac hiis, que propterea provide statuta dicuntur, ut illibata presistant[!], cum a nobis petitur, apostolici muniminis presidium propensius impartiamur. Sane, pro parte dilecti filii Iohannis, electi Ratisponensis, nobis nuper exhibita petitio continebat quod alias, cum usuraria pravitas in civitate et diocesi Ratisponensi, in quibus Iudei in copia degunt, ita invaluisset, ut ipsi Iudei se publice super recipiendis usuris conductos et privilegiatos, etiam per nonnullos Romanos pontifices, mendaciter iactitarent, ut[!] illo colore freti, in dies Christianorum facultates adeo exaurirent, ut eisdem vix vitam miseram reliquerant, ac in fraudem usurarum, quominus Christiani predicti super usuris in iudicio experiri valerent, copias probationum eisdem dolose auferrent, usurasque summis capitalibus, tanquam usura minime inesset, connumerarent, necnon

Christianos ipsos ad obligandum se pro illis, tanquam summa capitali,
inducerent, et, quod deterius est, nonnunquam etiam eos iuramento
astringerent adeo publice et notorie, quod nec ipsi Iudei extraiudicialiter
requisiti quovis modo diffiterentur, prefatus Iohannes, qui ecclesie
Ratisponensi administrator in spiritualibus et temporalibus, ad certum tempus
nondum elapsum deputatus, et deinde illi in episcopum prefectus per sedem
apostolicam extitit, attendens quod canonica auctoritas Iudeos ad
remittendum usuras Christianis compelli precipiat, et tam Veteris quam Novi
Testamenti scriptura usurariam pravitatem destitur[!], ex predictis et aliis
rationabilibus causis, certum generale statutum, per diocesim et forsan etiam
civitatem predictas perpetuis futuris temporibus pro lege diocesana
observandum, de consilio et assensu dilectorum filiorum capituli ecclesie
Ratisponensis predicte, inter alia condidit, et statuto suo diocesano universis
et singulis iudicibus et officialibus, tam ecclesiasticis, quam secularibus, sue
iurisdictioni subiectis, per diocesim Ratisponensem ubilibet constitutis, sub
excommunicationis late sentente pena, districte precipiendo inibuit, videlicet,
ne aliquis querimoniam seu petitionem in iudicio super quacunque usura a
quovis Iudeo admitteret, vel reciperet, nec sententiam aliquam super hoc
diceret, aut executionem faceret, verum huiusmodi petitiones et causas reiiceret
et annullaret, ac ubi contingeret aliquem ex Iudeis, propter mutuum, vel aliud
debitum, pro summa qualitercunque obligata, querimoniam offere, postquam
constaret eandem usuram esse, iudex illius iudicii debeat terminum legitimum
Christiano reo statuere, in quo reus iuramento affirmare debeat quantum ab
initio perceperit, et Iudeo de vera capitali [summa], absque fenore et usura,
debuerit, in quo iudex, iuxta consuetudinem et observationem illius iudicii,
contra reum executionem facere, et ad satisfaciendum eundem compellere
debeat; et si usure Iudeis solute fuerint, omnimodo iuxta communis iuris
dispositionem, repetenti easdem contra usurarium, non obstantibus
quibuscunque, iusticiam ministret. Si vero quispiam repertus fuerit, qui hoc
presens mandatum transgressus sit, et ob id in excommunicationis penam, ut
prefertur, inciderit, illius absolutionem sibi dumtaxat reservavit, ita, ut non
nisi ab eo, aut de speciali mandato suo, absolvi possit. Quare pro parte dicti
Io[hannis] electi nobis fuit humiliter supplicatum, ut statuto et inhibitioni
huiusmodi, pro illorum subsistentia firmiori, robur apostolice confirmationis
adiicere, ac alias in premissis oportune providere, de benignitate apostolica
dignaremur. Nos igitur, quorum est huiusmodi conatibus, evidenter ad
prenicii[!] cedentibus, congruis remediis obviare, eundem Io[hannem] electum,
qui etiam comes Palatinus et dux Bavarie existit, a quibusvis
excommunicationis etc. censentes, huiusmodi supplicationibus inclinati,
statutum et inhibitionem predicta, ac, prout illa concernunt, omnia et singula
in eis contenta et inde secuta quecunque, quatinus sint licita et honesta,
auctoritate apostolica, tenore presentium confirmamus et approbamus ac illis
plenum firmitatis robur adiicimus, ipsaque inviolabiliter observari debere

decernimus, supplentes omnes et singulos defectus, si qui forsan intervenerint in eisdem; non obstantibus premissis, ac constitutionibus et ordinationibus apostolicis, necnon privilegiis et indultis apostolicis, eisdem Iudeis per felicis recordationis Martinum IIII[!] et Nicolaum V, Romanos pontifices, predecessores nostros, ut dicitur, concessis, confirmatis et innovatis, quibus, tenores illorum, ac si de verbo ad verbum inserti forent presentibus, pro expressis habentes, quo ad premissa specialiter et expresse derogamus, ceterisque contrariis quibuscunque. Nulli ergo ... si quis etc. Dat. Rome, apud Sanctum Petrum, anno etc. millesimo quingentesimo decimo septimo, septimo Idus Iunii, anno quinto.

Venerabilibus fratribus Eystetensi et Casertano episcopis, ac dilecto filio abbati monasterii Sancti Emmerami Ratisponensi, salutem etc. Hodie a nobis emanarunt littere tenoris subsequentis: Leo etc. Ad perpetuam rei memoriam. Debitum etc. Quocirca mandamus quatinus vos ... litteras predictas et in eis contenta quecunque, ubi et quando opus fuerit, ac quotiens pro parte ipsius Io[hannis] electi et pro tempore existentis episcopi Ratisponensis desuper fueritis requisiti, solemniter publicantes, eisque in premissis efficacis defensionis presidio assistentes, faciatis auctoritate nostra statutum et inhibitionem predicta firmiter observari; contradictores quoslibet et rebelles compescendo invocato etiam ad hoc, si opus fuerit, auxilio bracchii secularis. Non obstantibus ... Datum ut supra.

Source: ASV, Reg. Lat. 1359, fols. 30r–32v.

Publication: Hund, *Metropolis Salisburgensis* 1, pp. 182f.; Straus, *Urkunden und Aktenstücke*, pp. 324f.

Note: There are some unsubstantial variations in the printed versions.

Bibliography: Erler, *Historisch-kritische Übersicht* 8, p. 18; Ried, *Codex chronologico* 2, pp. 1117f.; Straus, *Regensburg and Augsburg*, p. 160.

1255   Rome, 9 December 1517

Quittance, *motu proprio*, to Jews in Umbria, the duchy of Spoleto and the territories *specialis commissionis* and release from the *vigesima* amounting to 1,400 ducats, paid on their behalf by Daniel Consilii of Norcia, Consulus Venture of Spoleto, magister Leutius magistri Leonis, in Collescipoli, and Habram Bonaiuti of Spoleto; confirmation of privileges and grant of general pardon.

Vobis omnibus et singulis Hebreis in provincia Umbrie, ducatus Spoletani et terris specialis commissionis commorantibus, vere fidei cognitionem et sanioris consilii spiritum. Cum decreverimus quod omnes et singuli Hebrei in terris et locis Sancte Romane Ecclesie mediate vel immediate subiectis moram trahentes, vel habitantes, vigesimam omnium bonorum suorum nobis sedique apostolice persolvere teneantur, propterea volentes vos commissariorum ad id deputatorum sumptus evitare, per manus Daniellis Consulis[!] de Nurcia, et consulis[!] Venture de Spoleto, ac magistri Leutii magistri Leonis, in terra Collis Scipionis commorantis, et Habrae Bonaiuti de Spoleto, Hebreorum, nobis et camere apostolice, hac ex causa, summam ducatorum mille et quadringentorum auri in auro de camera effectualiter persolvistis, unde, ne in posterum pro hac vigesima, a nobis imposita, ab aliquo vos molestari contingat, per apostolica mandata et rescripta vobis caveri petiistis, supplicantes ut a dictis commissariis et molestiis vos liberare, aliasque in premissis opportune providere dignaremur. Et insuper, cum universitati vestre plura a nobis et diversis aliis Romanis pontificibus, predecessoribus nostris, nostroque et eorum camerariis, atque apostolice sedis legatis, vicelegatis, et aliis personis auctoritate eiusdem fungentibus, privilegia, exemptiones et indulta, etiam in forma capitulorum et conventionum inter eos et vos initorum, concessa existant, multique ex vobis, lapsu carnis et alia varia et gravia et enormia exscessus, crimina et delicta, que adhuc impunita remanent, commiserunt, nobis humiliter supplicari fecistis, ut privilegiis, exemptionibus et indultis predictis, nostre innovationis, aprobationis et confirmationis robur adiicere, et delinquentium culpas, hac vice dumtaxat, remictere, aliasque vobis et statui vestro misericorditer providere, de benignitate apostolica dignaremur. Nos, sperantes quod tante mansuetudinis usus, quo[!] vos sedes prefata tam abunde prosequitur, emolliet aliquando corda vestra, et caliginem executiet ex oculis, ut Creatorem vestrum in salutifero regenerationis lavacro videatis et agnoscatis, huiusmodi supplicationibus inclinati, motu proprio, et ex certa sciencia nostra, vos et vestrum quemlibet in dictis provincia, ducato et terris specialis commissionis commorantes, ab omni solutione vigesime, quam nobis et camere apostolice per manus prefatorum Hebreorum in dicta summa mille et quadringentorum ducatorum auri de camera persolvistis, pro omni et toto eo quod pro dicta vigesima a vobis nobis, sedi, camereque apostolice persolvi deberet, quietamus, absolvimus et liberamus, ac pro quietatis, absolutis et liberatis haberi volumus et mandamus, cassantes, irritantes et annullantes omnes et singulas obligationes et promissiones hac ex causa quibuscunque personis, nostro vel camere apostolice nomine, et specialiter a prefatis Danielle et Consulo[!], pro dicta summa per manus dilecti filii Iohannis Baptiste de Ecclesia, causarum camere apostolice generalis auditoris notarii, dilecto filio Dominico de Boninsigni[!] in forma camere obligatis forsitan factas, necnon omnia et singula privilegia, exemptiones et indulta vobis, ut prefetur, concessa, et per nos alias confirmata, eorum omnium tenores, ac si de verbo ad verbum insererentur presentibus, pro sufficienter expressis habentes, harum serie innovamus et confirmamus, supplentes omnes et singulos defectus, si qui forsan in his, que a nobis, aut aliquo ex dictis predecessoribus nostris emanarunt, eaque omnia, prout vobis concessa fuerunt, de novo concedimus; decernentes ea de cetero debere ab omnibus et singulis, etiam modernis et pro tempore existentibus in dictis locis prefate sedis legatis, vicelegatis, gubernatoribus, thesaurariis, ac aliis officialibus, eorumque locatenentibus, et aliis officialibus inviolabiliter observari, et contrafacientes excommunicationis late sententie, et mille ducatorum auri prefate camere applicandorum penas incurrere ipso facto necnon vestrum singulos ab omnibus et singulis exscessibus, criminibus et delictis, quantumcumque gravibus et enormibus, capitalibus et lese maiestatis dumtaxat exsceptis, per vos hactenus perpetratis, etiam si iam de illis condamnati sitis, et nondum pene a vobis exacte fuerint, absolvimus, et penas, quas propterea incurristis, gratiose vobis remictimus, et vos ab illis liberamus; revocamusque ex nunc, et revocatos esse volumus et declaramus, omnes et singulos commissarios super vos, tam ad colligendum dictam vigesimam, quam super dictis criminibus et delictis, usque in hodiernum diem per nos deputatos; inibentes illis, sub penis predictis, ne premissis occasionibus vos molestent, seu molestari faciant, vel permittant, sed pro absolutis et liberatis vos teneant, et ab aliis teneri mandent et faciant cum effectu; constitutionibus et ordinationibus apostolicis et provincialibus, etiam iuramento roboratis, privilegiis quoque et indultis, etiam sub quibuscunque verborum formulis et conceptione initis et expressis, ceterisque contrariis non obstantibus quibuscunque. Dat. Rome, die 9 Decembris MDXVII, anno quinto.

Source: ASV, Arm. XXXIX, vol. 32, fols. 15r–16r.

Publication: Stow, *Taxation*, pp. 82f.

Bibliography: Stow, *op. cit.*, p. 53.

1256   Rome, 17 December 1517

Commission and mandate, if the facts are established, to Ludovicus Tasso, bishop of Recanati, and his vicar to ensure that various sums and a house in Osimo owed by Oziel to his son Dactalus and to Rabbi Samoel, physician to the papal court and father-in-law of Dactalus, are repaid out of the property of Oziel, who had been taken prisoner during the siege of the March of Ancona by Francesco Maria della Rovere, duke of Urbino, and whose present whereabouts are unknown.

Venerabili fratri, episcopo Racanaiensi[!] et dilecto filio eius vicario, vel eorum alteri. Venerabilis frater et dilecte fili, salutem etc. Exponi nuper nobis fecerunt rabi Samoel, phisicus in Romana curia, et Dactalus Ozielis, eius gener, de Recaneto, Hebrei, quod cum alias summa sexcentorum ducatorum pro dote Chare, mulieris, uxoris dicti Dactali et rabii prefate[!] filie, et quadringentorum ducatorum similium pro quibusdem[!] exercitiis communiter faciendis, et eiusdem magne pecuniarum quantitatis pro emenda quadam domo in civitate nostra Auximi, et ducentorum ducatorum similium pro dote matris dicti Dactali, et sexcentorum ducatorum in creditum diversis personis, Ozieli, dicti Dactali patri, soluta esset, prout in contractibus et aliis scripturis publicis latius constare dicitur, dictasque sic supra respective pecuniarum quantitates habitas restituere ipse Oziel promiserit, tamen tempore obsidionis in provincia nostra Marchie per Franciscum Mariam de Ruvere facte, ipse Oziel a quibusdam militibus captus, in hac usque diem, Mediolanum, vel alibi, ductus, detinetur, et dubitatur, quia est senex et infirmus, ne ibidem moriatur, verentes propterea prefati rabi et Dactilus ne, dum sic ipse Oziel detinetur, bona eius et occupentur et conterantur, et sic non solum in sorte prefata, verum etiam in fructibus et emolumentis, dannis et interesse passis et sustulendis, etiam ad summam trecentorum ducatorum, vel circa, transcendentibus, damnificentur, humiliter nobis supplicari fecerunt ut super hoc eisdem pro iustitia de opportuno remedio providere dignaremur. Nos, attentis premissis, volentes unicuique iustitiam ministrari, vobis harum serie committimus et mandamus quatenus vos, vel alter vestrum, de premissis diligenter informationem capiatis, et constito vobis summarie prefata esse vera, dictis rabi et Dactilo de prefatis pecuniarum quantitatibus et emolumentis, eisdem dicti Oziellis bona, tam iusta eorum credita, una cum dicta domo in civitate Auximii assignando, prout iustum fuerit, satisfieri mandetis, et alias in premissis et circa ea necessariis et opportunis, cum potestate citandi et inhibendi, iustitiam expeditam ministretis et ministrare debeatis, seu alter vestrum debeat; constitutionibus, ordinationibus apostolicis, privilegiis, indultis provincialibus angellina[!] observatione terminorum paptan[!] de feriis, et aliis de duabus dictis[!], dummodo non ultra tres, confirmatione apostolica, iuramento, vel quavis alia firmitate roboratis, ceterisque contrariis quibuscunque. Dat. Rome, die XVII Decembris 1517, anno quinto.

Source: ASV, Arm. XXXIX, vol. 32, fol. 20r-v.

Note: On Rabbi Samuel Sarfati the physician, see above, Doc. **1170**, and below, Docs. **1313**, **1513**; Marini, *Archiatri Pontifici* 1, pp. 290f., and Vogelstein-Rieger, *Rom* 2, pp. 83f. Another daughter, Donina, is mentioned by Mortara, *Notizie*, pp. 191, 193.

1257*   Rome, 8 March 1518

Decree and order forbidding officials of the excise and customs on merchandise in Rome to carry out investigations in the houses and shops of Jews and Jewish craftsmen unless they first specify the motive and purpose of their inquiry and obtain permission from one of the presidents of the apostolic chamber to that effect, and mandate to the officials to observe the decree on pain of a fine of two ducats for each contravention.

R[aphael] episcopus etc.

Vobis, universitati Hebreorum in alma Urbe commorantibus, rectam fidem agnoscere et agnitam custodire. Nuper pro parte vestra fuit in camera apostolica querelanter expositum vos, seu vestros artifices, quotidie molestari et inquietari per extraordinarios, seu inquisitores et executores dohane mercium alme Urbis et maioris gabbellarii, volentes querere vestras domos et apotecas, sub pretextu defraudate gabbelle, seu quod vos diversas res et merces emitis absque alicuius gabbelle solutione, nulla adhibita ipsius rei specificatione, et ex tali causa et fictione querunt a vobis in dies pecunias extorquere; proinde, ad obviandum talibus absurditatibus, et ut in premissis ordo servetur, in prefata camera supplicatum fuit de oportuno desuper remedio provideri. Quare, de mandato etc. et matura deliberatione etc., per presentes decernimus, statuimus et ordinamus, quod in posterum nullus extraordinarius, seu inquisitor prefate dohane, possit et debeat vestras domos et apotecas querere sub pretextu defraudate dohane, nisi prius specificaverit rem illam cuius occasione premissa dohana fuerit defraudata, et ubi velint querere; qua specificatione facta, ab uno ex presidentibus camere apostolice querendi licentiam obtinere debeat, et aliter querere non possit. Si quis autem, absque premissa specificatione et licentia, ex sua importunitate querere tentaverit, vice qualibet incidat in penam duorum ducatorum auri prefate camere ipso facto applicandorum; mandantes premissa per prefatos dohanerios ipsorumque extraordinarios et inquisitores, sub excommunicationis pena, ultra premissam penam vice qualibet incurrendos, inviolabiliter observari. In quorum etc. Dat. Rome etc. die VIII Martii M°D°XVIII°, pontificatus domini Leonis pape X^{mi} anno sexto.

Source: ASV, Arm. XXIX, vol. 67, fol. 95v.

Bibliography: Stow, *Taxation*, p. 171.

1258*   Rome, 19 April 1518

Order and decree exempting Jewish craftsmen in Rome from demands by customs and excise officials to pay duty on cloth and other merchandise produced from yarn on which duty had already been paid, and mandate to officials to observe the order on pain of excommunication and other punishment.

R[aphael] episcopus, etc.
Vobis, universitati Hebreorum in Romana urbe comorantibus, vere fidei cognitionem et sanioris consilii spiritum. Expositum fuit pro parte vestra in camera apostolica, non sine querela, nonnullos vestros artifices consuevisse fila, tam linea quam sericea, et alias merces emere, et de eis debitam dohanam persolvere, illisque postmodum diversimodos colores, prout artificio convenit, adhibere, quibus mercibus transformatis et coloribus adhibitis, multotiens evenit eosdem artifices per extraordinarios dohane et gabellarii maioris molestari, asserentes easdem merces transformatas esse penitus diversas ab illis, pro quibus dohana concordata fuit, et ex inde lites et controversias quotidie oriri; quapropter, pro eisdem differentiis sedandis, et ut ordo super premissis adhibeatur et observetur, in prefata camera supplicatum fuit de oportuno desuper remedio provideri. Nos, volentes ex nostri camerariatus officio super premissis oportune providere, de mandato etc. ac matura deliberatione etc. per presentes constituimus, decernimus et ordinamus quatenus, si per eosdem Hebreos artifices per cedulam dohaneriorum per tempora existentium, ut moris est, doctum et demonstratum fuerit pro filis, seu aliis mercibus, per eos emptis, debitam dohanam fuisse solutam et concordatam, eos ex secuta transformatione, seu aliqua tintura, non fore per ipsos extraordinarios seu inventores dohane molestandos, nec propterea inquietari debere sub pretextu dohane defraudate, nec ipsos ad aliquam penam volumus teneri, nisi per eosdem extraordinarios et inventores legitime probata fuerit earundem rerum et mercium diversitas, pro quibus diversis mercibus ipsa gabella soluta et concordata non fuerit, et ita inviolabiliter observari decernimus et declaramus; mandantes tam predictis dohaneriis, quam eorum extraordinariis et executoribus ad quos spectat, quatenus ipsi premissa sub excommunicationis et alia nostri arbitrii pena inviolabiliter observent et observari mandent et faciant cum effectu, non permittentes aliquid in contrarium attemptari. In quorum etc. Dat. Rome etc., die 19 Aprilis M°D°XVIII°, pontificatus domini Leonis pape X^{mi} anno sexto.

Source: ASV, Arm. XXIX, vol. 67, fol. 96r-v.

Bibliography: Stow, *Taxation*, p. 171.

1259   Rome, 19 May 1518

Mandate, if the facts are established, to the legate in Avignon to forbid the Jews in the Comtat Venaissin, on pain of a fine of 100 ducats for each contravention, to engage in economic activities detrimental to Christians and contrary to canon law, such as the collection of debts plus compound interest after the lapse of ten years, the farming of tolls, duties and ecclesiastical benefices, and matchmaking. Christian violators of the prohibitions to farm out Church property to Jews or to allow them to engage in matchmaking will incur a fine of 25 ducats.

Legato Avinionensi.

Dilecte fili noster, salutem etc. Cum ad aures nostras pervenerit quod Iudei, qui in comitatu nostro Venaysino habitant et conversantur, presumentes ultra quam sibi de iure per sacros canones et Sanctam Matrem Ecclesiam toleretur, Christianos, contra quos actionem habent, per censuras ecclesiasticas cogi, excommunicari, carcerari, ac eorum bona immobilia obligari et adiudicari obtinent, et si quos tenent per instrumenta obligatos, plerumque sub pretextu alicuius inter se ultimo facti computi ac solidati [...] contractus renovant, priora instrumenta, que primam illam maiorem summam continent, non rescindentes, unde illorum vigore totam dictam summam post viginti et triginta annos ab heredibus defunctorum debitorum [ms.: creditorum] bis, terve usuram multiplicando, fraudulenter repetunt; gabellas quoque publicas, passus, pontes, aquarum transitus, et ponderandi farinam datium conducunt et redimunt, ut a Christianis postea privatim vectigalia et portorium exigentes, illis preesse ac predominari possint; bona item et possessiones beneficiorum ecclesiasticorum in arrendamentum accipiunt, in matrimoniaque inter Christianos copulanda contrahendaque se intromittunt, contra laudabiles Christiane religionis institutiones ac leges municipales, et indulta a summis pontificibus ac sede apostolica civitatibus et locis dicti comitatus concessa et comprobata, non sine scandalo et detrimento plurimorum, cum talia Iudeis convenire et communiter concedi non soleant; itaque, volentes, prout nostrum decet officium, inconvenientibus huiusmodi opportune providere, ac malas consuetudines et innascentes corruptelas de medio agri Dominici, Deo concedente, resecare et extirpare, ex certa scientia nostra, circumspectioni tue, de cuius prudentia atque iustitia plurimum in Domino confidimus, harum tenore mandamus quatenus, si ita est, per decretum publicum et constitutionem irrevocabilem edicere velis et expresse precipiendo prohibere, ut Iudei predicti, sub pena centum ducatorum auri camere apostolice Avenionensi pro tertia parte, ad fabricam palatii apostolici ibidem, et pro duabus tertiis inventori et executori equaliter applicandorum, statim ac de facto, quotiens per quemlibet contrafactum fuerit, incurrenda non audeant in posterum nec presumant talia facere, nec ad premissa a te in dicto decreto specificanda se amplius implicare, in contemptum dignitatis Christiane, sacrorum canonum, iuris communis, statutorum et indultorum apostolicorum huiusmodi quoquomodo, sub aliquo pretextu vel quesito colore intromittere. Et nihilominus iidem Iudei obligationes huiusmodi cum Christianis hactenus contractas, a data presentium, contrahendas vero a die celebrandi contractus inchoando, infra decem annos immediate sequentes debeant redemisse, et ne debita inveterescant, penitus annullasse; iure autem suo in quoscumque, coram iudice competenti, sine tamen dictis censuris, excommunicationibus, carcerationibus utendo, et que bona immobilia sibi exinde venerint adiudicanda, subhastari faciendo; aliter, elapso dicto tempore, ipse obligationes nulle et irrite, ac contractus desuper habiti et habendi sint invalidi, nulliusque roboris vel momenti; cavendo item ut Christiani, tam clerici quam laici, cuiuscumque gradus, status, conditionis et preeminentie fuerint, in eisdem bonorum ecclesiasticorum arrendationibus et contractibus matrimoniorum se cum Iudeis non immisceant ulterius, nec intricent, sub pena 25 ducatorum similiter ut supra applicandorum; premissis, et constitutionibus ac ordinationibus apostolicis, consuetudinibus quoque, et capitulis eisdem Iudeis preter quam a sede apostolica immediate concessis, et in contrarium facientibus, non obstantibus quibuscumque. Dat. Rome, die 19 Maii 1518, anno VI°.

Source: ASV, Arm. XXXIX, vol. 31, fols. 419r–420v; Ibid., Arm. XL, vol. 3, fol. 226r.

Bibliography: Pastor, *History of the Popes* 8, p. 445.

1260   Rome, 25 May 1518

Exhortation to Leonardo Loredan, doge of Venice, to assist in his task Iacobus da Perinis of Padua, appointed to inquire into activities of certain Jews, reported to have written books in contempt of God and the Christian faith, and to punish them.

Leo papa X.
Dilecto filio, nobili viro Leonardo Lauredano, duci Venetiarum. Dilecte fili, salutem etc. Deputavimus superioribus diebus ad inquirendum maleficam vitam puniendumque sceleratam pravitatem nonnullorum perfidorum Iudeorum, quos quosdam libros in divini nominis contemptum, obprobriumque fidei Catholice composuisse intellexeramus, dilectum filium Iacobum de Perinis, civem Paduanum, virum expertum, prudentem, et huic cure valde

ydoneum. Quocirca, ut ipse Iacobus facilius hanc rem obire et explere possit, nobilitatem tuam hortamur in Domino et attente requirimus ut illi prompto favore, auxilio et ope, sicuti optamus et speramus, assistere velit, ita ut ipse Iacobus commissionem nostram debite possit executioni demandare, ac omnis prava contagio horum Iudeorum, presertim in tua dicione commorantium, prorsus excidatur, et huiusmodi sceleris auctores debitas luant penas, quod perinde laudabile et commendabile erit, ac si grande beneficium religioni Christiane collatum per nobilitatem tuam fuisset. Dat. Rome, die XXV Maii 1518, anno sexto.

Source: ASV, Arm. XXXIX, vol. 31, fol. 428r-v.; Ibid., Arm. XL, vol. 3, fol. 232r.

Note: See following doc.

Bibliography: Pastor, *History of the Popes* 8, p. 445.

1261　　　　　　　　　　　　　　　　　　　Rome, 25 May 1518

Request to Altobello de Averoldi, bishop of Pola and papal nuncio in Venice, to assist Iacobus de Perinis of Padua, appointed to inquire into the activities of certain Jews, reported to have written books in contempt of God and the Christian faith.

Venerabili fratri L[!] episcopo [empty space], nostro et apostolice sedis apud ducem Venetiarum nuncio.
Venerabilis frater, salutem etc. Scribimus ad dilectum filium L. ducem Venetiarum, quod, cum deputaverimus superioribus diebus ad inquirendum et puniendum intolerabilis pravitatis Iudeos nonnullos, quos quosdam libros in divini nominis contemptum, Catholiceque fidei dedecus composuisse intellexeramus, dilectum filium Iacobum de Perinis, civem Patavinum, virum expertum et huic cure valde idoneum, ipsum ducem maxime hortati simus, ut huic omni auxilio ac oportunis favoribus adsistere velit. Quare ad tuam quoque fraternitatem scribendum esse ducimus, iniungentes eidem ut prefato Iacobo omnem operam ac diligentiam prestes, quo tua ope ac prefati ducis adiutus, omnem hanc pravam ac perfidam Iudeorum contagionem in dicione Venetorum commorantium excidere penitus et delere possit, et commissionem hanc nostram adimpleat, quod prout divino zelo et orthodoxe fidei beneficium collatum erit, ita et nobis acceptissimum, si in perfidie sue laqueos inciderint. Datum Rome, die XXV Maii MDXVIII, anno sexto.

Source: ASV, Arm. XXXIX, vol. 31, fol. 429v; Ibid., Arm. XL, vol. 3, fol. 233r.

Publication: Stern, *Urkundliche Beiträge* 1, pp. 73f.

Note: On the papal nuncio in Venice, see Sanuto, *Diarii* 25, *passim*.

Bibliography: Grayzel, *Talmud*, p. 239.

1262*   Rome, 7 June 1518

Confirmation and approval to the Jewish community in Rome of the decree issued by the conservators of Rome, whereby Jewish delinquents are to be listed and accused individually instead of having the Jewish community assume collective responsibility for their offence.

R[aphael] etc.
Vobis, universitati Hebreorum in hac alma Urbe commorantium, vere fidei cognitionem et sanioris consilii spiritum. Cum pro evitandis calumniis et fraudibus extraordinariorum aliorumque officialium dominorum conservatorum alme Urbis, fuerit per eosdem dominos conservatores institutum et decretum quod ipsi extraordinarii et officiales in libris inventionum camere Hebreos delinquentes tantum nominatim denunciare et annotari facere debeant cum fidedignis testibus, eorum delictum legitime probantibus, ne pro unius deliquentis demerito, tota Hebreorum universitas damnum et detrimentum patiatur, prout in patentibus litteris vobis desuper concessis et in camera apostolica exhibitis, apparere dignoscitur, et deinde in prefata camera pro parte vestra supplicatum fuerit easdem litteras per nos confirmari et approbari, ideo, volentes vos aliqua benignitate pertractare, ut, eiusmodi benignitate allecti, ad verum lumen orthodoxe fidei pervenire valeatis, de mandato etc. auctoritate etc. necnon matura deliberatione etc., predictas dominorum conservatorum patentes litteras, sic ut premittitur vobis concessas, confirmamus et approbamus, et ab omnibus inviolabiliter observari volumus et mandamus, sub pena nostri arbitrii; contrariis non obstantibus quibuscumque. In quorum etc. Dat. Rome, in camera apostolica, die VII Iunii M°D°XVIII°, pontificatus domini Leonis, divina providentia pape X^{mi}, anno sexto.

Source: ASV, Arm. XXIX, vol. 67, fol. 125v.

Bibliography: Stow, *Taxation*, p. 171.

1263*   Rome, 23 June 1518

Grant to Angelus Mordeghai, a shoemaker in Viterbo, of a moratorium on the payment of his debts.

R[aphael], episcopus Ostiensis, cardinalis Sancti Georgii, domini pape camerarius.
Tibi, Angelo Mordeghai, sutori, in civitate Viterbiensi commoranti, vere fidei cognitionem. Licet Iudeorum omnium, quos Sacrosancta Romana Ecclesia tolerat, sit reprobanda perfidia, tamen ex divine voluntatis indulgentia et benignitate processit, quod ipsis inter Christiani nominis professores vitam servilem ducere est permissum, ut illorum exemplis Redemptoris nostri discant notitiam obtinere et viam cognoscere veritatis. Exposita siquidem pro parte tua in camera apostolica petitio continebat quod, propter diversa incommoda ac bonorum amissionem variasque infirmitates et damna, que tibi acciderunt, non posse[!] sine dilatione aliqua quibusdam tuis creditoribus satisfacere, et propterea supplicari nobis fecisti ut tibi vellemus desuper oportune providere. Nos vero, attentis premissis, harum serie, de mandato etc. auctoritate etc. tuisque fideiussoribus, si quos habes, specialem gratiam facere volentes, moratoriam dilationem duraturam donec et quousque tuis creditoribus satisfeceris solvendo quolibet mense unicuique tuorum creditorum, etiam Ripe et Ripette, de consensu tamen ipsorum, carlenos duos veteres, ita et taliter quod modo premisso unicuique tuorum creditorum satisfacto, presens dilatio seu moratoria illico revocata esse censeatur, mandantes propterea, de eisdem mandato et auctoritate, omnibus et singulis officialibus, tam Romane curie quam extra eam, quocumque nomine nuncupatis, et aliis ad quos spectat, quatinus durante huiusmodi moratorie termino, ob aliqua tua debita nullam tibi ac dictis tuis fideiussoribus, si quos habes, molestiam realem seu personalem inferant, seu inferri faciant, sub nostri arbitrii pena. Volumus autem quod si dictus Angelus trina vice in solutione predicta defecerit, quod presens moratoria seu dilatio revocata esse censeatur quo ad illos tantum, quibus dictus Angelus defecerit, et non alias, aliter, nec alio modo, quibusvis renuntiis et obligationibus, sub quavis forma, etiam camere expressis, ceterisque contrariis etc. In quorum etc. Dat. etc. die XXIII Iunii 1518.

Source: ASV, Arm. XXIX, vol. 67, fol. 123v.

1264   Rome, 9 August 1518

Confirmation, *motu proprio*, to Vitale, Daniel, Salamon and Habraham, sons of the late Isaach of Pisa, in Bologna, of all the privileges granted them in the past, including exemption from taxes and the wearing of the badge, in recognition of services rendered the pope and the House of Medici, and mandate to all officials to observe the terms of the charter and see to their observation by others, and to Lorenzo Pucci, cardinal priest of SS. Quattuor Coronatorum, to have them enjoy their privileges.

Vitali, Danieli, Salamoni et Habrahe, Hebreis, quondam Isaach de Pisis, presentialiter Bononie commorantibus, viam veritatis agnoscere et agnitam custodire. Cum nos alias, memorie tenentes perplurima servitia per dictum quondam Isaach nobis, in minoribus dum essemus, ac familie nostre de Medicis studiosissime impensa, vobis motu proprio et ex certa nostra scientia concesseramus ut a quibusvis decimis, vigessimis, angariis et perangariis, collectis, talliis et exactionibus, etiam si alique tallie, vel collecte, a quibuscunque personis in futurum imponerentur, etiam si concernerent publicam utilitatem et honorem quarumcunque civitatum et locorum Sancte Romane Ecclesie immediate et mediate subiectorum, vel populorum suorum, ac a quibuscunque oneribus contra et inter Hebreos, tam pro capite, quam pro censu, aut quacunque alia causa, per Romanos pontifices predecessores nostros, seu per nos, vel cameram nostram apostolicam, aut per quoscunque principes, tam ecclesiasticos quam temporales, necnon per quasvis alias personas, cuiuscunque status, gradus, ordinis et conditionis sint, vel fuerint, quovis modo tunc impositis et in posterum imponendis, immunes, exempti et penitus liberi sint, [sine] tamen aliquo preiudicio camere apostolice ac camere nostre Bononiensis quo ad gravamina ordinaria Hebreis imposita; decernentes vos ad deferendum signum per Hebreos portari solitum nullatenus teneri, prout desuper in litteris nostris apostolicis editis plenius continetur, nos, attendentes quod vos in servitiis nostris et familie nostre de Medicis promptos et diligentes iugiter exhibetis, ad[!] que adeo volentes personas et familias vestras favore prosequi gratioso, motu proprio, non ad vestram vel alterius pro vobis nobis super hoc late petitionis instantiam, sed de nostra mera liberalitate, et ex certa nostra scientia, immunitatem, exemptionem, concessionem predictas, atque litteras desuper confectas, et quicquid in illis continetur, perinde ac si de verbo ad verbum presentibus insereretur, pro sufficienter expressis habentes, illas harum serie et auctoritate apostolica confirmamus, et novo munimine roboramus; volentes, et presentium tenore decernentes et mandantes omnes familias vestras a quibuscunque datiis, gabellis, passagiis et angariis, per alios Hebreos in quibuscunque locis et quibusvis personis persolvendis, immunes et exemptos fore et esse; concedentes vobis omnibus et singulis vestrum synagogam in locis consuetis et officia vestra licentiam celebrandi; mandantes legato, vicelegato, ceterisque officialibus, tam civitatis nostre Bononie, presidentibus camere apostolice, aliarumque quarumcunque terrarum et locorum mediate vel immediate Sancte

Romane Ecclesie subiectarum et subiectorum, quatenus, sub pena indignationis nostre et privationis officiorum, premissa omnia et singula in presentibus litteris contenta, vobis et vestrum cuilibet familiarumque vestrarum singulis observent, et ab aliis observari inviolabiliter faciant; contradictores et inobedientes per censuras ecclesiasticas et penas pecuniarias compescendo; decernentes immunitatem et exemptionem, concessionem et litteras nostras huiusmodi et in his contenta, per quascunque revocationes similium concessionum et gratiarum Hebreis et quibusvis aliis personis a nobis hactenus emanatas, et in posterum forsan emanandas, nullatenus censeri revocatas, nisi ad id cuiuslibet vestrum expressus accesserit assensus, et in litteris revocationis huiusmodi de hiis omnibus totoque tenore presentium litterarum specialis specificatio, individua et expressa, ac de verbo ad verbum, non autem per generales clausulas id importantes, aut sub aliqua verborum qualitate mentio fiat, etiam si littere revocationis huiusmodi a nobis motu et scientia similibus emanassent vel emanarent, et quotiens immunitatem, exemptionem, confirmationem, concessionem, ac litteras premissas presentes revocari et annullari ac irritari, aut suspendi contigerit, totiens illas, ex nunc, prout ex tunc, et e converso, motu et scientia predictis, in pristinum statum restituimus et reintegramus plenarie; irritum et inane, nulliusque roboris sive momenti fore decernentes quicquid secus attemptabitur; mandantes dilecto filio nostro L., tituli Sanctorum IIII Coronatorum presbitero cardinali, de Pucciis nuncupato, quatenus auctoritate nostra in hiis vobis et vestrum cuilibet vos pacata et quieta possessione exemptionum, immunitatum et concessionum nostrarum huiusmodi uti et gaudere; dantes ei potestatem inhibendi ac contradictores per censuras ecclesiasticas et penas pecuniarias arbitrio suo et alia iuris opportuna remedia compescendo[!]; premissis, ac constitutionibus et ordinationibus apostolicis, et hiis que in aliis nostris litteris ut supra vobis concessis volumus non obstare, ceterisque in contrarium facientibus non obstantibus quibuscunque. Dat. Rome, die IX Augusti 1518, pontificatus nostri anno VI^{to}.

Source: ASV, Arm. XXXIX, vol. 32, fols. 194v–195v.

Note: On the sons of Isaac da Pisa in Florence and Bologna, see Sonne, *Bologna, passim*; Cassuto, *Firenze, passim*. See also below, Doc. **1315**.

1265   Rome, between 16 and 29 August 1518

Mandate to Aldericus Billioti, bishop of Todi, and his vicar that on the presentation of his privileges, Ventura Benedicte in Todi and members of his household are to be subject only to the jurisdiction of the bishop and his vicar.

Venerabili fratri episcopo Tudertino et dilecto filio eius in spiritualibus vicario generali.

Venerabilis frater et dilecte fili, salutem etc. Exponi nobis fecit Ventura Benedicte, Hebreus, in civitate Tudertina residens, quod, licet ipse, prout alii Hebrei, tam in Urbe quam in Marchia Anconitana consistentes, in eorum causis, querelis et negociis, tam spiritualibus, civilibus, quam criminalibus, non nisi in Urbe coram nostro, et Marchia huiusmodi coram locorum ordinariorum vicariis in spiritualibus generalibus tractantur et conveniuntur, ac tractari et conveniri soliti sunt, non nisi coram vobis in suis negociis tractari et conveniri debuisset, tamen nonnulli in huiusmodi civitate eundem Venturam et eius filios, consanguineos, institores et negociorum gestores, Hebreos, inibi residentes, non coram vobis, sed aliis conveniunt et tractant, seu conveniri et tractari faciunt et presumant, in Venture et consanguineorum et institorum preiudicium non modicum et gravamen. Quare prefatus Ventura nobis humiliter supplicari fecit ut sibi in premissis opportune providere, benigne dignaremur. Nos igitur, vobis tenore presentium committimus et mandamus quatenus exhibitis vobis privilegiis eis super hiis concessis, non permittatis de cetero Venturam et eius filios, consanguineos, institores et domesticos in eorum rebus et negociis, tam spiritualibus quam civilibus, mixtis seu criminalibus, per ecclesiasticos quoscunque iudices indebite molestari. Contradictores ... Dat.

Source: ASV, Arm. XXXIX, vol. 32, fols. 243v–244r.

Note: The nearest date is 29 August on fol. 201v.

1266   Rome, 26 August 1518

Invitation to the faithful to support the Jewish converts Iohannes Maria, his wife and three children, of Ferrara, and promise of indulgences to those who do so. Commission and mandate, valid for three years, to all prelates and preachers to publish the papal letter and to induce the public to act accordingly.

Leo etc. Universis et singulis Christifidelibus presentes litteras inspecturis, salutem etc. Salvatoris nostri Iesu Christi, qui cunctis fidelibus, tam exemplo quam salutaribus disciplinis pauperum miserabiliumque personarum curam precipuam commendavit, doctrinam imitari desiderantes, ad pauperum sustentationem studia nostra libenter convertimus, et, ut maiora subsidia pauperibus ipsis proveniant, fideles quoslibet, quos in celesti patria collocare cupimus, frequenter invitamus. Cum itaque, sicut accepimus, dilecti filii

Iohannes Maria, et eius uxor, eorumque tres liberi, neophiti, Ferrarienses, divino [...] afflati, relictis propriis bonis que possidebant, ex errore Iudaico ad fidem Christi Catholicam noviter conversi fuerint, sacrumque baptisma susceperunt, ac zelo devotionis accensi, limina beatorum Petri et Pauli apostolorum de Urbe peregre personaliter visitaverint, et ex simili devotione ecclesiam Beate Marie de Loreto, et nonnulla alia pia loca visitare intendant, sintque illis Christifidelium suffragia plurimum oportuna, ut eorum inopem vitam sustentare valeant. Nos vero, illius vices, licet immeriti, gerentes in terris, qui in centuplum pias elargitiones sua pietate remunerat, ac fidelibus suis multo maiora retribuit quam valeant promereri, cupientes ut Iohanni Marie, uxori et liberis Christus pro humanitatis studio consulatur libenter, fideles ipsos ad pietatis opera, ut Domino acceptiores reddantur, indulgentes, videlicet, in remissionem peccatorum invitamus, et ut fideles Christi eo libentius pro illorum sustentatione manus promptius porrigant adiutrices quo ex hoc dono celestis gratie uberius conspexerint se refectos, de omnipotentis Dei misericordia, ac beatorum Petri et Pauli apostolorum eius auctoritate confisi, omnibus et singulis utriusque sexus Christifidelibus, qui de bonis sibi a Deo collatis neophitis huiusmodi et [...] erogaverint et manus porrexerint adiutrices, quotiens id fecerint, septem annos et totidem quadragenas de iniunctis eis penitentiis, misericorditer in Domino relaxamus; non obstantibus constitutionibus et ordinationibus apostolicis provincialibusque et sinodalibus statutis et consuetudinibus privilegiisque gratiis et indultis, ac litteris apostolicis, etiam in favorem fabrice basilice Principis Apostolorum ac domus hospitalis Sancti Spiritus in Saxia de Urbe concessis et confirmatis, ceterisque [...] non obstantibus quibuscunque; et nichilominus universis patriarchis, archiepiscopis, episcopis, rectoribus, presbiteris et predicatoribus, quibus presentes littere presentate fuerint pro parte dictorum Iohannis Marie et uxoris ac liberorum neophitorum, per apostolica scripta committimus, et in virtute sancte obedientie mandamus quatenus illas in suis ecclesiis publicent, seu publicari faciant, et populum sibi commissum ad [...] inducant; presentibus, quas alias per questuarios defferi prohibemus, post triennium minime valituris. Dat. Rome, apud Sanctum Petrum, anno etc. millesimo quingentesimo decimo octavo, septimo Kalendas Septembris, anno sexto.

Source: ASV, Reg. Lat. 1368, fol. 231r-v.

1267   Viterbo, 26 September 1518

Concession to Jews in Avignon and the Comtat Venaissin of the ability to compel their Christian debtors to repay loans with the help of the ecclesiastical and secular authorities, provided the interest rate does not exceed 20 percent against pawns and 30 percent without pawns; protection against Christians who bear false witness against Jews; limitation of punishment for sexual promiscuity between Jews and Christians to that meted out to Jews in Rome; and confirmation of privileges.

Leo papa X.
Universis et singulis Iudeis in civitate Avinionensi et comitatu Venayssini nunc et in futurum commorantibus, viam veritatis agnoscere et agnitam sectari. Quoniam Christiana pietas Iudeorum commertium in certis casibus non aspernatur et Sancta Romana Ecclesia vos, prout estis fidei Christiane testes, tollerat, ac ad succurrendum indigentibus Christianis fenerari permittit, cupientes ut vos amplioribus gratiis et favoribus prosequamur, nobis humiliter supplicari fecistis vobis a Christifidelibus, qui se vestros efficient debitores, fenus sive usuram quam vobis promittent, dummodo summam viginti ducatorum auri de camera pro singulo centenario, habitis pignoribus, [vol. 5: et triginta pro simili centenario cum obligatione in forma camere apostolice absque pignore] non excedat, petendi exigendique et in vestros usus convertendi, licentiam, et adversus debitores vestros pro tempore, ut premittitur, obligatos, in exactione ac recuperatione tam sortis principalis quam fenoris huiusmodi in eventum non satisfactionis litteras excommunicatorias ac alias censuras, agravanationesque et brachii secularis invocationem ab episcopis eorumque vicariis et officialibus, aliisque locorum ordinariis postulandi, ipsisque episcopis et ordinariis ac vicariis et officialibus illas vobis concedendi facultatem indulgeremus; et, ex facili absolutione plerisque Christicolis, falsum contra vos deponentibus, ansa prebeatur, confessoribus quibuscumque, tam secularibus quam cuiusvis ordinis regularibus ac aliis presbiteris ne huiusmodi Christianos confitentes se quandoque falsum contra vos deposuisse, preterquam in mortis articulo et satisfactione previa, absolvant, prohiberemus, et vos et vestrum aliquem pretextu testimonii Christianorum contra vos deponentium condempnari, aut in vos inquisitionem formari non posse, nisi tres testes, cives scilicet cogniti et fidedigni, et qui tot bonorum divites sint quo ad summam saltem centum ducatorum ascendant conforme in vos deponant testimonium, ac quod in omnibus penis et condempnationibus in quas propter abusum commixtionis utriusque sexus Christiani et Iudaici ad invicem, et aliis in futurum committendis sceleribus incurreritis, aliter puniri non possitis, nisi prout Iudei in alma Urbe nostra degentes puniri solent, tam per dilectum filium nostrum legatum et gubernatorem ac locumtenentem et rectores aliosque officiales ipsius nostre

civitatis Avinionensis et comitatus Venayssini, qui nunc sunt et in futurum esse contigerit, inconcusse observari debere, irritumque et innane si secus super eos et quosvis alios cuiuscumque status, gradus, ordinis, conditionis et nobilitatis existant et quacumque, tam ecclesiastica, quam temporali dignitate prefulgeant fieri seu attemptari contigerit, nulliusque roboris vel momenti esse decerneremus; et ultra predicta omnia et singula privilegia, indulta, gratias et litteras vobis et universitati vestre, tam per predecessores nostros Romanos pontifices, quam legatos et gubernatores atque locatenentes civitatis nostre predicte, qui hactenus fuerunt, concessa, illorum tenores presentibus pro sufficienter expressis habentes, confirmare et approbare, ac presentis scripti patrocinio communire, et vos illis pacifice gaudere posse decernere, ex benignitate apostolica dignaremur. Quam ob rem nos, predecessorum nostrorum Romanorum pontificum, qui vos tollerarunt, vestigia in iis sectantes, vobis et universitati vestre et vestrum singulis utriusque sexus, auctoritate apostolica, tenore presentium ad beneplacitum nostrum dumtaxat concedimus quod circa premissa omnia et singula ab omnibus et quibuscumque iudicibus, tam secularibus quam ecclesiasticis, et aliis ad quos spectat, tolleremini, et quilibet vestrum tolleretur, ut hactenus factum fuit; non obstantibus constitutionibus et ordinationibus apostolicis, ac omnibus illis que in singulis litteris predictis concessa fuerant non obstare, decretisque et ordinationibus per legatos et gubernatores ac locatenentes et rectores huiusmodi forsan in eontrarium factis et faciendis, quibus omnibus, illis alias in suo robore permansuris, hac vice dumtaxat, specialiter et expresse derogamus, ceterisque contrariis quibuscumque. Datum Viterbii etc. sub annulo Piscatoris, die XXVI Septembris 1518, pontificatus anno sexto.

Source: ASV, Brevia Lat., vol. 5, fols. 531r–532r; Ibid., vol. 6, fols. 826v–827r.

Note: There are two versions, differing in wording but not in substance.

1268*   Rome, 13 October 1518

Grant and concession to Emanuel, son of the late Noe Norsa, in Ferrara, to have a rabbi place a ban on certain Jews in Ferrara who commit crimes to his detriment and that of other Jews there, and mandate to the prelates of the Church and to whom it may concern not to interfere.

R[aphael], episcopus Ostiensis, cardinalis Sancti Georgii, domini pape camerarius.

Tibi, Emanueli quondam Noe de Nursia, Hebreo, Ferrarie commoranti, vere fidei cognitionem et agnitam custodire. Nuper nobis in camera apostolica exposuisti quod nonnulli Hebrei Ferrarie et alibi commorantes, laycalibus favoribus suffulti, Deumque et publicam honestatem contempnentes, nonnulla interdum crimina et gravissimos excessus perpetrare non erubescunt, in grave tui et aliorum bene vivere cupientium Hebreorum scandalum et iacturam ac preiudicium, a quibus Hebraycarum censurarum sive excommunicationum Hebreorum more inferendarum metu putas eos abstinere, modo contra eos Hebreorum periti, ad quos Hebreorum more id curare spectat, procederent. Sed quia dicti periti sine expressa nostra vel sedis apostolice licentia ad dictas censuras procedere non audent, nobis humiliter supplicasti ut tibi in premissis salubriter providere dignaremur. Nos igitur, cupientes subditos nostros, etiam sub feudalibus terris Sancte Romane Ecclesie degentes, honeste ac laudabiliter vivere, et neminem indebite et de facto, ledi permittentes, de mandato domini nostri pape vive vocis oraculo super hoc nobis facto, et auctoritate nostri camerariatus officii, tuis in hac parte supplicationibus inclinati, tenore presentium cuilibet Hebreorum perito seu rabi, in illis partibus et ubilibet degenti, quotiens per te requisitus fuerit, contra dictos delinquentes, delictis ipsius prius coram eo verificatis, ad censuras sive excommunicationes iuxta ritum Hebreorum procedendi, excommunicandi et detestandi, licentiam, facultatem et potestatem omnimodam damus, concedimus et elargimur; mandantes propterea reverendis patribus dominis locorum quorumcumque episcopis, eorumque in spiritualibus et temporalibus vicariis, ceterisque personis cuiusvis gradus et conditionis existant, ad quos id spectat, vel spectare poterit in futurum, quatenus premissis nullo modo, directe vel indirecte, contraveniant, legibus, statutis et constitutionibus, etiam apostolicis, ceterisque contrariis non obstantibus quibuscumque. In quorum fidem presentes nostras patentes litteras fieri, ac nostri soliti camerariatus sigilli iussimus appensione muniri, et per infrascriptum camere apostolice notarium subscribi. Datum Rome, in camera apostolica, die XIII Octobris millesimo quingentesimo decimo octavo, pontificatus sanctissimi domini nostri domini Leonis, divina providentia pape X^{mi}, anno sexto.

Source: AS Modena, Archivi per materie, Ebrei, b. 20.

Note: On Emanuel Norsa, see Norsa, *Famiglia di Banchieri* 2, pp. 5f.; his father is given here as Noe. Emanuel may, however, be identical with Emanuel Norsa, son of Rafael, known from the notorious dispute of 1519.

1269   Rome, 26 November 1518

Confirmation to Jews in Rimini of permission granted them by Francis
Alidosi, cardinal priest of St. Cecilia, and papal legate *de latere* in Romandiola,
to repair the wall of their synagogue, and indulgence to possess the synagogue
and wall.

Universis et singulis Hebreis in civitate nostra Ariminensi, viam veritatis
agnoscere agnitamque sectari. Cum, sicut nobis exponi fecistis, alias vos
parietem cuiusdam domus, quam usui vestre sinagoge habetis, et que in dicta
civitate nostra Ariminensi, iuxta res et bona heredum quondam Emanuelini
ab uno, ab aliis vero lateribus iuxta domos heredum Guillielmi de Gaio de
Arimino, et Habrae de Valli et viam publicam consistit, cum paries ipsa
refectione indigeret, accedente tam bone memorie Francisci, cardinalis
Papiensis, provincie nostre Romandiole apostolice sedis legati de latere,
quam venerabilis fratris Ariminensis qui tunc erat in spiritualibus vicarii
generalis licentia, refeceritis, idemque vicarius, qui refectionem ipsius parietis
necessariam, antequam demoliretur reficeretur, inspecto loco, cognovit,
licentie predicte formam servatam fuisse, et tanquam necessariam et bene
factam refectionem ipsam pronuntiavit; idemque per presidentem, qui tunc
erat eiusdem provincie Romandiole, declaratum, ac declaratio ipsa apostolica
auctoritate confirmata fuerit; nullis iuribus vestris intellectis, non obstantibus
predictis, coram potestate ipsius civitatis in ius vocati, et tandem per dilectum
filium modernum dicte civitatis gubernatorem eiusque sententiam, quadam
pena tunc expressa condempnati fuistis; et demum, sententiam ipsam dilectus
filius Zacharias Rodigius, canonicus Potentinus, venerabilis fratris B[ernardi],
episcopi Tarvisini, eiusdemque provincie presidentis adiutor, tanquam
iniquam irritavit; nichilominus, sicut eadem expositio subiungebat, desideratis
in premissis vobis oportune per nos et sedem apostolicam provideri. Nos,
vestris humilibus super hoc nobis porrectis supplicationibus inclinati, licentiam
cardinalis Papiensis et vicarii predictorum, necnon per tunc existentem
presidentem Romandiole, ac per sedem apostolicam factas confirmationes,
auctoritate apostolica, presentium tenore de novo confirmamus et
approbamus, ac vobis quod sinagogam necnon parietem illius, prout nunc est,
perpetuo habere et possidere possitis et valeatis, liberam, eisdem auctoritate et
tenore, facultatem concedimus et indulgemus, in premissis quibuscunque sub
excommunicationis late sententie et nostre indignationis illo per contrafacientes incurrendis penis, perpetuum silentium imponentes; non obstantibus
constitutionibus et ordinationibus apostolicis, necnon premissis omnibus, ac
dicte civitatis, etiam iuramento, [et] confirmatione apostolica roboratis,
statutis et consuetudinibus, privilegiis quoque et indultis, ceterisque contrariis
quibuscunque. Dat. Rome, die 26 Novembris 1518, anno VI°.

Source: ASV, Brevia Lat., vol. 6, fols. 1025v–1026v.

1270*   Rome, 18 December 1518

Concession to Leo de Iacob Teutonico of a safe conduct, not to exceed one year, and mandate to all officials to observe it, and similarly to Moyse Iacob Teutonico.

R[aphael] episcopus, etc.
Tibi, Leoni de Iacob Teutonico, Hebreo, vere fidei cognitionem et sanioris consilii spiritum. Exposuisti nobis te ex civitate Neapolitana ad hanc almam Urbem noviter devenisse, teque in dicta civitate cum diversis personis varia debita contraxisse. Verum, quia dubitas pro premissis debitis per te contractis molestari et inquietari, ideo nobis humiliter suplicasti ut, ad tollendum omnem suspitionem, tibi de salvo conductu et aliqua temporis securitate providere dignaremur. Nos, considerantes consentaneum fore pro debitis extra temporale dominium Ecclesie contractis in terris Ecclesie ipsis debitoribus de aliqua temporis securitate provideri, de mandato etc., ut in hac alma Urbe et aliis terris et locis Sancte Romane Ecclesie subiectis tute et secure stare, praticare, conversari et per ea ire, redire et pertransire possis et valeas, ita quod premissorum debitorum pretextu tu in famulis, bestiis et rebus quibuscunque tuis nullatenus molestari possis, tibi tutum atque validum salvum conductum omnimodamque securitatem damus et concedimus per presentes, mandantes quibuscunque marescallis, executoribus et officialibus ad quos spectat, quatenus premissa inviolabiliter observent ac observari mandent et faciant cum effectu, sub pena nostri arbitrii, irritum quoque et inane decernentes, si secus fiat; presentibus ad nostrum beneplacitum, non tamen ultra annum, duraturis. In quorum etc. Dat. Rome, in camera apostolica, die decima octava mensis Decembris 1518, pontificatus domini Leonis pape X^{mi} anno sexto. Similis salvus conductus concessus fuit Moysi Iacob Teutonico, Hebreo, sub eadem data.

Source: ASV, Arm. XXIX, vol. 67, fol. 167r.

1271   Rome, 18 February 1519

Grant of indulgences to all those who aid Petrus Iacobus, formerly Simon, of Ferrara, a Jewish convert, and his wife Magdalena de Pelegrinis, and mandate, valid for two years, to all prelates and clergy to publish the papal writ and assist Petrus in collecting alms.

Leo etc. Universis Christifidelibus presentes litteras inspecturis, salutem etc. Pium et meritorium apud Deum, ac sue maiestati non modicum acceptabile credimus, dum in ipsius memoriam pauperibus et egenis, presertim hiis, qui, cecitate Hebrea propulsa, ad Christi fidem conversi sunt, in suis necessitatibus subvenitur. Sane, cum hiis superioribus diebus dilectus filius Petrus Iacobus, alias Simon, Ferrariensis, tunc Hebreus, bonis suis temporalibus prius per eum dimissis, in civitate nostra Ravennatensi in nomine Iesu baptizatus et Christianus effectus fuerit, deinde ipse, gravi infirmitate detentus, limina Sancti Iacobi in Compostella, una cum dilecta in Christo filia Magdalena de Pelegrinis visitare vovit, nec habeat unde commode vitam ducere et sustentare valeat, nisi Christifidelium suffragiis sibi succurratur. Nos igitur, illius vices gerentes in terris, qui centuplum pias eorundem largitiones fidelium sua pietate remunerat, ac fidelibus ipsis multo magis retribuit quam valeant promereri, ipsius Petri Iacobi inopie compatientes, attendentesque quod pietatis huiusmodi opere vitam eternam et divine claritatis splendorem Altissimus suis fidelibus pollicetur, de omnipotentis Dei misericordia, ac beatorum Petri et Pauli, apostolorum eius, auctoritate confisi, omnibus et singulis utriusque sexus Christifidelibus, qui eidem Petro Iacobo pro eius sustentatione de bonis sibi a Deo collatis pias elemosinas erogaverint et manus adiutrices porrexerint, quotiens id fecerint, septem annos et totidem quadragenas de iniunctis eis penitentiis, misericorditer in Domino relaxamus. Et nichilominus universis et singulis archiepiscopis, episcopis, vicariis, plebanis, viceplebanis, fratribus Minoribus et Predicatoribus, ecclesiarum rectoribus, capellanis, et aliis personis ecclesiasticis, ad quos presentes littere pervenerint, mandamus quatenus litteras ipsas, quotiens pro parte dicti Petri Iacobi fuerint requisiti, in ecclesiis et in ecclesiasticis missis et aliis locis publicis publicent et publicari faciant, ac eundem Petrum Iacobum recommendent et recommendari [faciant], ac sibi quantum opus fuerit faveant, ac personas idoneas ad huiusmodi elemosinas colligendum, per eum eligendas, deputare permittant seu deputent, et auxilium prebeant; presentibus, quas sub quibusvis suspensionibus et revocationibus similium et dissimilium indulgentiarum hactenus per nos et sedem apostolicam concessarum et in posterum concedendarum, etiam in favorem fabrice basilice Principis Apostolorum de Urbe, ac expeditionis cruciate etiam de novo facte et concesse contra Turchos, necnon Sancti Spiritus in Saxia de Urbe, ac Sancti Antonii Viennensis, ac aliorum hospitalium comprehendi volumus[!], et quas per questuarios deferri prohibemus, post biennium minime valituris; inhibentes nichilominus dilectis filiis questoribus et commissariis elemosinarum fabrice et cruciate ac hospitalium huiusmodi pro tempore deputatis, et aliis locorum ordinariis ne dictum Petrum Iacobum in querendis dictis elemosinis impediant, seu molestent, aut impediri seu molestare quoquomodo presumant, aut aliquid ab eo extorqueant. Dat. Rome, apud Sanctum Petrum, anno Incarnationis Dominice millesimo quingentesimo decimo octavo, duodecimo Kalendas Martii, anno sexto.

Source: ASV, Reg. Lat. 1372, fol. 379r-v.

1271a   Rome, 18 February 1519

Confirmation and approval to the Catalan Jews in Rome to transfer their
synagogue to a new location in accordance with the concessions granted them
by Dominic de Jacobatiis, cardinal priest of St. Bartholomew in Insula and
papal vicar general, and Peter de Accoltis, cardinal priest of St. Eusebius.

Leo papa decimus. Universis Iudeis nationis Cathalanorum in alma Urbe
degentibus, viam veritatis agnoscere et agnitam sectari. Quoniam Christiana
pietas Iudeorum commercium quandoque non aspernari, et Sancta Romana
Ecclesia vos tamquam fidei Christiane testes tollerare, nonnullisque favoribus
prosequi consuevit, nos, vestro nomine super hoc porrectis supplicationibus
inclinati, facultatem et licentiam scholam sive synagogam vestram ex domo
que, sicut exponi nobis fecistis, dilecti filii Marci Fabritii, civis Romani est, et
sub schola sive synagoga Hebreorum Romanorum consistit, in regione Sancti
Angeli eiusdem Urbis, in domum dilectarum in Christo filiarum Iacobelle,
relicte condam Fabritii de Buttais, et Christofare, ipsius Iacobelle filie, in
eadem regione Sancti Angeli, et in loco qui vulgo dicitur mercatello, iuxta
suos fines sita est, transferendi, illamque ibidem secundum ritum Iudaicum et
legem Moisis instituendi, erigendique, et in ea postquam erecta fuerit,
orationes, et sacrificia, et officia vestre legis celebrandi, et recitandi, per
dilectum filium nostrum Dominicum de Iacobatiis, tituli Sancti Bartholomei
in Insula presbyterum cardinalem, in alma Urbe nostra illius districtu in
spiritualibus nostrum vicarium generalem, omnesque alias et singulas licentias
et facultates huiusmodi scholam erigendi, et de loco ad locum transferendi,
per quoscumque alios, tam nostros quam aliorum Romanorum pontificum
predecessorum nostrorum vicarios, et presertim per dilectum filium nostrum
Petrum, nunc tituli Sancti Eusebii presbyterum cardinalem, dum vicariatus
huiusmodi fungebatur officio vobis concessas, auctoritate apostolica, tenore
presentium, sine tamen tertii preiudicio, confirmamus, approbamus et
tolleramus, ac illis apostolici muniminis robur adiicimus; supplentes omnes et
singulos tam iuris quam facti defectus, si qui forsan intervenerint in eisdem;
non obstantibus constitutionibus et ordinationibus apostolicis, necnon legibus,
etiam municipalibus, statutisque, et consuetudinibus quibuscumque,
iuramento, confirmatione apostolica, vel quavis firmitate alia roboratis,
ceterisque contrariis quibuscumque. Dat. Rome, apud Sanctum Petrum, sub
annulo Piscatoris, die 18 Februarii 1519, pontificatus nostri anno sexto.

Source: Rome, Arch. Com. Isralitica, Scola Catalana, fol. 246r.

Publication: Toaff, *Communities of Catalonia, Aragon and Castile*, pp.
260f.

1272*   Rome, 10 August 1519

Concession to Abraam Cohen, son of the late Moyse, a Spanish Jew, priest and doctor of Hebrew law, in Bologna, valid for ten years, to travel in the papal dominions without paying duty on his books, especially Hebrew ones; exemption to him and members of his household from the wearing of the Jewish badge; enjoyment of privileges granted Jewish bankers in Bologna and elsewhere; permission to lend money at interest; immunity from Jewish ban or excommunication; and mandate to all officials to ensure that all this is done.

Raphael, miseratione divina episcopus Ostiensis, cardinalis Sancti Georgii, sanctissimi domini nostri pape et Sancte Romane Ecclesie camerarius. Magistro Abraam quondam Moysis, Hebreo Hispano, sacerdoti et Hebraice legis doctori, habitatori civitatis Bononie, viam veritatis agnoscere et agnitam custodire. Cupientes te ad cultum Catholice fidei reducere, quam rem a te tanto libentius fieri confidimus quanto nos benigniores pro tua et familie tue substantatione[!] adinveneris, pro parte tua exposito quod, cum tu habeas magnam familiaritatem et conversationem cum magnis viris Christianis, ecclesiasticis concionationibus, ac fidei Christiane et evangelice legis studiosissimis, qui ex tuis litteris in eorumdem studiis non par[v]um habent adiuvamen, et propterea contingat te ad diversa loca Sancte Romane Ecclesie mediate vel immediate subiecta accedere, ac tuos libros Hebraicos ac etiam Latinos devehi et transportari facere, non sine magna impensa, presertim gabellarum, unde nobis humiliter supplicari curasti ut tibi circa hec opportune providere dignaremur. Nos, tuis in hac parte supplicationibus inclinati, de mandato sanctissimi domini nostri pape vive vocis oraculo super hoc nobis facto, et auctoritate nostri camerariatus oficii, tibi, ut ad quecumque loca S.R.E. mediate vel immediate subiecta, cum tuis libris omnibus, et presertim Hebraicis, scriptis sive impressis, pro usu, studio et exercitio tuo, sine aliqua solutione datii, vel gabelle, necnon quod liceat uxori tue ac filiis natis et nacituris[!], huiusmodi nostra concessione durante, con[!] tota familia et famulis, sine nota et signo littere O et absque birreto seu velis, respective, uxoris et familiarum tuarum, crocei vel alterius coloris, et similiter etiam aliquo alio signo per Hebreos masculos, vel feminas, aliquibus in locis, decretis apostolicis, seu legibus ac statutis et reformationibus eorumdem locorum ita disponentibus deferri solito, ire, stare, demorari, praticare et conversari, discedere et redire, totiens quotiens vobis placuerit et visum fuerit licitum sit, tenore presentium concedimus et gratiose impartimur; ita et taliter, quod a magistratibus, tam ecclesiasticis quam secularibus quarumcumque civitatum, terrarum et locorum predictorum, ad delationem huiusmodi signorum, seu etiam alterius cuiuscumque signi, nullo unquam tempore cogi vel compelli possitis et valeatis, sed ad[!] deferenda nota et signo huiusmodi, seu altero predictorum, vel alio quocumque, absoluti et liberi sitis, et penitus et omnino censeamini; volumus etiam quod tu ac tui filii prefati, ac tota familia, et institores, ac famuli, omnibus et singulis gratiis, privilegiis, exemptionibus, immunitatibus et indultis in capitulis Hebreorum bancheriorum contentis, tam in civitate Bononie quam in aliis quibuscunque civitatibus feneratores, tam ex concessione apostolica quam alias quomodolibet utuntur, potiuntur et gaudent, sive uti, potiri et gaudere possunt et valent, et etiam consueverunt; ac etiam quod tu et filii tui et socii, pecunias mutuo sub fenore dare Christianis quibusvis illas poscentibus, tam in civitate Bononie quam eius comittatu et districtu, ac aliis quibuscunque locis predictis, tam cum pignore quam sine pignore, usurasque et interesse pecuniarum mutuarum[!], cum sorte ipsa, ad qua[m]cumque ascenderint quantitatem, in omnibus [et] per omnia prout licet fenerari ac sortem cum fenore exigere Hebreis bancheriis civitatis Bononie et aliarum civitatum, terrarum, locorum predictorum, ubi te vel tuos filios morari et fenus exercere contigeret[!], iuxta formam capitulorum, decretorum et indultorum Hebreorum predictorum, ita quod ad solvendum aliquam taxam camere apostolice pro exercendis[!] fenus predictum, nullo modo teneamini, nec obligati sitis, etiam concedimus. Volumus etiam quod non liceat alicui rabi, sive aliquibus sacerdotibus vel magistris legis Hebraice, te, sive tuos filios, socios, ministro[s] ac famulos et institores, occasione artis feneraticie, quam tu per te ipsum, vel per aliquem predictorum, exercebis, excommunicare et extra sinagogam facere, vigore cuiuscumque facultatis eiusdem rabi et sacerdotum et magistrorum legis prefate, tam ex concessione apostolica, quam ex ritu et consuetudine secte Hebreorum date et attribute; quibus rabi, sacerdotibus et magistris, te ac tuos filios, institores et ministros excommunicandi omnis penitus et omnino censeatur et sit sublata facultas, sub pena, si contrafecerint, centum ducatorum auri per contrafacientem illo solvendorum et camere apostolice applicandorum; et insuper, volumus et ita mandamus quod libris, vacchetis et scripturis tuis ac filiorum et aliorum tuorum ministrorum predictorum, alias bene tentis et regulatis secundum morem Hebreorum bancheriorum, plena et indubitata fides adhibeatur, et ab omnibus, tam Christianis quam Hebreis, adhiberi debeat quomodo quo libris, campionis[!] et scripture legalium mercatorum Christianorum, ac etiam Hebreorum bancheriorum, adhiberi solet et potest in iudicio et extra; mandantes propterea omnibus et singulis S.R.E. officialibus, tam ecclesiasticis quam secularibus, tam in civitate Bononie quam alias ubilibet constitutis, quovis nomine nuncupatis aut dignitate fungentibus, et illis ad quos spectat, ut omnia et singula predicta per decem annos, a data presentium computandos, inviolabiliter observent, faciantque ab aliis observari; non permittentes vos ab aliquo quomodolibet indebite molestari, sub excommunicationis et aliis nostro arbitrio penis; non obstantibus constitutionibus et ordinationibus apostolicis, iuribus communibus, municipalibus, presertim civitatis Bononie et aliarum civitatum, castrorum et locorum quorumcumque, necnon capitulis, concessionibus et indultis, ac privilegiis specialibus

Hebreorum bancheriorum dicte civitatis Bononie et aliorum locorum, ceterisque contrariis non obstantibus quibuscunque. In quorum fidem et testimonium presentes sub sigilli nostri camerariatus officii appensione fieri fecimus. Datum Rome, in camera apostolica, die decima mensis Augusti MDXVIIII, pontificatus prefati sanctissimi domini nostri, domini Leonis pape decimi, anno septimo.

Source: ASV, Arm. XXIX, vol. 84, fols. 162v–163v.

Note: The charter was confirmed on 21 January and 24 March 1530; see below, Docs. **1448**, **1471**. Cohen was rabbi of the Jewish community in Bologna; see Sonne, *Bologna, passim*; Diena, *Responsa* 1, Introduction, pp. 25f.; *Responsa Mattanot Ba-adam*, pp. 17f.

1273   Rome, 11 October 1519

Confirmation and reappointment, *motu proprio*, to Ieronimus Bascherio de Carpo, a Franciscan, of nomination as papal preacher by Julius II, and as commissioner for the sale of indulgences in aid of the building of St. Peter in Rome by Franciscus Lechetus, minister general of the Franciscan Order, with authority to compel the Jews to listen to his sermons and have them observe canonical sanctions. Grant of authority to reach an agreement with Jewish converts who had been money-lenders over the division of their profits from usury, part of which was to accrue to St. Peter.

Dilecto filio Ieronimo Bascherio de Carpo, Ordinis Fratrum Minorum de Observantia professori.
Dilecte fili, salutem. Volentes te, quem felicis recordationis Iulius papa II, predecessor noster, ob singularem doctrinam ac vite exemplaritatem, predicatorem apostolicum cum honoribus et oneribus consuetis constituit, ac nuper dilectus filius Franciscus Lechetus, Ordinis Minorum de Observantia professor, totiusque Ordinis ipsius minister generalis, cui curam generalem indulgentiarum pro fabrica basilice Principis Apostolorum de Urbe concessarum commisimus, ut accepimus, commissarium dictarum indulgentiarum, cum potestate illas publicandi et verbum Dei populo predicandi, etiam deputavit, spiritualibus[!] favoribus et gratiis prosequi, deputationes, tam per Iulium, predecessorem, quam Franciscum, ministrum generalem, de persona tua factas, ut prefertur, motu proprio, auctoritate apostolica, tenore presentium approbamus et confirmamus, ac etiam potiori pro cautela de novo deputamus, tibique Iudeos in civitatibus, terris et locis in quibus verbum Dei

populo te predicare contigerit commorantes monendi, sub penis quibus tibi videbitur, veniendi ad audiendum verbum Dei, eosque ad servandas canonicas sanctiones sub eosdem[!] penis cogendi et compellandi[!]; et quia, inter alia, in facultatibus commissariis indulgentiarum fabrice huiusmodi concessis caveri dicitur quod commissarii prefati cum Iudeis, qui artem feneraticiam exercuerint, ad fidem Christi et veritatis lumen venire volentibus, super acquisitis per usurariam pravitatem componere possint, et quando filios Iudeorum fenerantium ad fidem Christi converti et Christianorum matrimonio locari contingit, quibus dos competens assignari debet [washed out] cum Iudeis et filiabus eorundem, qui tua vel cuiusvis alterius opera et diligentia ad fidem convertentur, super bonis, etiam per usurariam pravitatem ante conversionem eorum acquisitis, componere, assignata certa portione, de qua tibi videbitur, eidem fabrice, ac dotem, etiam filiarum ad fidem conversarum, que postmodum nupserint, taxandi, pactum aponendi quod si Iudea ad fidem conversa et Christiano nupta sine filiis decesserit, dos ipsa eidem fabrice restitui debeat, componendi, et expresse paciscendi; contradictores et rebelles per censuras ecclesiasticas et alia iuris oportuna remedia, appellatione postposita, compescendi, et alia in premissis et circa ea quomodolibet necessaria et opportuna faciendi et exequendi, plenam et liberam, earundem tenore presentium licentiam et facultatem concedimus; mandantes in virtute sancte obedientie, ac sub interdicti ingressus ecclesie et suspensionis a divinis episcopis et archiepiscopis ac locorum aliorum ordinariis inferioribus vero sub excommunicationis late sententie pena, quatenus de premissis omnibus, dum pro parte tua fuerint requisiti, tibi assistant, ac auxilium, consilium et favorem prestent, et ab omnibus aliis per censuras ecclesiasticas et alia iuris oportuna remedia prestari faciant, et ita in premissis se exhibeant, ut merito a nobis commendari possint. Dat. Rome, XI Octobris 1519, anno 7º.

Source: ASV, Arm. XXXIX, vol. 37, fols. 166r–167r.

1274*   Rome, November 1519

Concession to Venantius Thome de Pocia of Camerino of a safe conduct valid for six months, to visit Rome and the papal dominions, protecting him from harm on account of having mortally wounded Vitale Angeli, a Jew of Camerino.

R[aphael] etc.
Dilecto nobis in Christo Venantio Thome de Pocia, de Camerino, salutem in Domino. Nobis nuper in camera apostolica exponi curasti quod cum tu

superioribus annis proxime elapsis a quodam Vitale Angeli, Hebreo, istius civitatis habitatore, graviter iniuriatus et lacessitus fueris, illumque iusto quodam et iuvenili calore motus, communi animarum hoste procurante, vulnerasti, ex quibus vulneribus diem vite sue clausit extremum, de quibus ab intimo corde condolueris et condoleas de presenti. Verum, quia tu limina beatorum Petri et Pauli visitare, ac etiam cum camera super premissis concordare desideres, et, ut rebus tuis commodius consulere possis, ad hanc almam Urbem et alia loca Sancte Romane Ecclesie [...] personaliter te conferre cupis, vereris tamen ne occasione dicti homicidii tibi aliqua realis vel personalis molestia inferatur, propterea nobis humiliter supplicari fecisti, ut de alicuius temporis dilatione providere dignaremur. Nos, tue fragilitati compatientes, attendentes quod tu a dicta civitate et aliis locis S.R.E. subiectis non sine maximo incommodo tuo per quattuor annos, vel circa, miserabiliter exulaveris, ac etiam quod tu in terris extra dominium immediate subiectum, delictum huiusmodi perpetrasti, de mandato etc., auctoritate etc., tenore presentium tibi ad hanc almam Urbem et alia loca S.R.E. mediate vel immediate subiecta veniendi, in illisque standi, pernoctandi, demorandi, indeque abeundi et discedendi, omniaque alia licita et honesta peragendi, que ad te pertinere videbuntur, tutum, liberum, plenum validumque salvum conductum omnimodamque securitatem damus, concedimus et gratiose impartimur, ad sex menses proxime futuros; mandantes propterea universis et singulis gubernatoribus, locumtenentibus, barisellis, potestatibus, capitaneis, executoribus, tam alme Urbis quam aliorum quorumcumque locorum S.R.E. mediate vel immediate subiectorum officialibus, ne tibi aliquam realem vel personalem molestiam inferant, seu inferri faciant, vel permittant occasione dicti homicidii, sub excommunicationis et mille ducatorum camere apostolice applicandorum penis; decernentes nichilominus irritum et inane si secus super hiis a quoquam, scienter vel ignoranter, contigerit attemptari; constitutionibus et ordinationibus apostolicis, statutis, consuetudinibus, bannimentis, necnon condemnatione forsan super hoc facta, ceterisque contrariis non obstantibus quibuscunque. In quorum fidem presentes nostras fieri, ac nostri soliti camerariatus sigilli iussimus et fecimus impressione muniri. Dat. Rome, in camera apostolica, die [empty space] Novembris MDXIX, pontificatus sanctissimi in Christo patris et domini nostri, domini Leonis, divina providentia pape X^{mi}, anno septimo.

Source: ASV, Arm. XXIX, vol. 68, fol. 99r-v.

1275   Rome, [1 November 1519]

Annulment, *motu proprio*, to Jews in Rome and the Papal States of the tax imposed to compensate Andrea Corsio, a Genoese cleric, and then continued, and of the appointment of commissioners to inquire into their crimes; grant of general pardon and confirmation of privileges; and mandate to Dominic, cardinal priest of St. Bartholomew in Insula, and Francis Armellinus Medici, cardinal priest of St. Calixtus, to assist the Jews and to see to the application of the above.

Leo etc. Universis et singulis Hebreis, tam in alma Urbe Romana quam alias ubilibet terrarum Romane Ecclesie mediate vel immediate subiectarum constitutis, viam veritatis agnoscere et agnitam custodire. Religioni convenit Christiane Iudeis eo libentius debitum prestare subsidium, quo specialius sunt in testimonium orthodoxe fidei reservati. Cum alias vobis, certis suadentibus causis, quoddam tributum, videlicet unius pro quolibet foculari et decem ducatorum pro quolibet bancho vestris, quolibet anno usque ad complementum certe tunc expresse pecunie quantitatis dilecto filio Andree Corsio, clerico Ianuensi, persolvende, et a vobis per [eum] exigende, imposuerimus, et deinde tributum ipsum, usque ad nostrum beneplacitum, modo premisso continuandum et persolvendum, ac per eundem Andream, aut alium seu alios, commissarium seu commissarios, ad id per nos deputatum seu deputandos, exigendum statuerimus, certumque seu certos, alium vel alios, ad de vestris criminibus et delictis inquirendum, ac ea puniendum et corrigendum deputaverimus, nos, calamitatibus vestris Christiana pietate compatientes, motu proprio, non ad vestrum alicuius, aut alterius pro vobis, nobis super hoc oblate petitionis instantiam, sed de nostra mera liberalitate, et ex certa scientia ac de apostolice potestatis plenitudine, impositionem tributi ac commissariorum deputationem huiusmodi cum litteris nostris desuper confectis, auctoritate apostolica, tenore presentium cassamus, irritamus et annullamus, nulliusque de cetero fore roboris vel momenti, ac illorum pretextu aliquam pecunie quantitatem, seu bona alia a vobis, aut aliquo vestrum, per dictum Andream, aut quemvis alium, etiam commissarium nostrum, aut propterea vos, vel aliquem vestrum, per quoscumque molestari, seu contra vos per dictos commissarios ad dictorum vestrorum delictorum inquisitionem, correctionem, vel punitionem, aut alicuius mulcte propterea impositionem, ulterius procedi non posse nec debere decernimus, vosque et vestrum singulos a quibusvis excessibus, criminibus et delictis, etiam propter sinagogarum vestrarum in Urbe factarum, numerum undecim non excedentium, et illarum reparationem, aut alias quovis modo, preterquam homicidii et delictorum maiorum homicidii reatum excedentium, et etiam machinationis in personam nostram, seu alicuius Sancte Romane Ecclesie cardinalis, vel prelati, usque nunc perpetratis, etiam si illorum occasione processus, quorum status et merita presentibus haberi volumus pro expressis, contra vos et vestrum quemlibet formati forent, eisdem auctoritate et tenore absolvimus, ac penas propterea contingentes vobis penitus remittimus, statuentes quod de cetero contra vos aut vestrum aliquem occasione alicuius criminis vel delicti inquiri, aut alias quam per viam accusationis sub testimonio fidedigno, aut prout de iure, et coram vestris dumtaxat ordinariis iudicibus, procedi non possit; et insuper, omnia et singula gratias, litteras, concessiones, privilegia et indulta vobis et vestrum cuilibet, tam per nos quam alios quoscumque Romanos pontifices, predecessores nostros, sub quibusvis verborum formis et expressionibus concessa, approbamus et confirmamus, ac presentis scripti patrocinio communimus, illaque perpetue firmitatis robur obtinere et inviolabiliter observari debere etiam decernimus. Quocirca dilectis filiis nostris Dominico Sancti Bartholomei in Insula, et Francisco Armellino Medices, Sancti Calixti tituli, presbiteris cardinalibus [per apostolica scripta] motu simili mandamus quatenus ipsi, vel duo[!], aut unus eorum, per se, vel alium, seu alios, vobis omnibus et singulis in premissis efficacis defensionis presidio assistentes, faciant auctoritate nostra presentes litteras, ac in eis contenta omnia et singula firmiter observari, non permittentes vos, aut aliquem vestrum, per quoscumque desuper quomodolibet indebite molestari; contradictores et rebelles per censuras ecclesiasticas et alia iuris remedia opportuna, appellatione postposita, compescendo; invocato etiam ad hoc, si opus fuerit, auxilio bracchii secularis. Non obstantibus ... Nulli etc. Si quis etc. Dat. Rome, apud Sanctum Petrum, anno etc. millesimo quingentesimo decimo nono, [empty space] pontificatus nostri anno septimo.

Source: ASV, Reg. Vat. 1200, fols. 241v–243r.; AS Modena, Cancelleria Ducale, Documenti di Stati e Città, Roma, busta 90.

Publication: Kaufmann, *Léon X*, pp. 287f.

Note: The day and month are not given. The preceding document on fol. 241v is dated September. On the affair of Corsio, see above, Docs. **1228, 1251**, and below, following doc.

Bibliography: Vogelstein-Rieger, *Rom* 2, pp. 36, 126; Rodocanachi, *Communauté juive à Rome*, pp. 77f.

1276 Rome, 2 November 1519

Annulment to Jews in the March of Ancona of the tax imposed to compensate

Andrea Corsio, a Genoese merchant, for his claim against a Turkish Jew, and then continued; concession that in future no collective reprisals would be employed against them; grant of general pardon; removal of all commissioners appointed against them, including Hercules of Ferrara, formerly the Jew Salomon; protection from preachers who incite the populace against them; confirmation of privileges; and mandate to Francis Armellinus Medici, cardinal priest of St. Calixtus, to ensure that all this is carried out.

Universitati Hebreorum provincie nostre Marchie Anconitane, viam veritatis agnoscere et agnitam custodire.
Leo papa X^s.
Qui regnat in altissimis eius vices in terris gerentes, non solum sub ovili comprehensas oves custodire, sed aberrantes non aspernari, pro pastorali nostro officio tenemur, easque quandoque ad Dominicum gregem redituras ab offensa protegere et iuris presidio tueri. Cum itaque, alias, dilectus filius Andreas Corsius, Ianuensis mercator, ad Turcas regiones cum quodam Hebreo ibidem degente, certo mercimonii genere contraxisset, et in ducatis quatuor milibus et ducentis, fallaci dolo deceptus foret, inde ad nos recursum habuisset, nos tunc volentes indemnitati ipsius Andree providere, videlicet, singulis, qui feneratitium banchum haberent, decem, aliis vero unum ducatum auri de camera, singulis annis dicto Andree usque ad ipsius integram satisfactionem exolvere imposuimus, prout in nostris tunc confectis litteris plenius continebatur, certis commissariis et exactoribus super hoc deputatis; cum autem, sicut accepimus, tot annis solutio huiusmodi continuata sit, ut verisimiliter credatur multo plus debito eidem Andree, sive prefatis commissariis, fuisse solutum, nos propterea vobis super hoc prospicere volentes, cum etiam ipsius Andree ad id expressus accesserit assensus, harum serie vestram universitatem, ac vestrum quemlibet, ex banchariis, et aliis, quibus impositio huiusmodi facta fuerat, ab ulteriori solutione eidem Andree vel commissariis huiusmodi facienda liberamus et absolvimus, omnes quoque obligationes et monumenta desuper edita et stipulata, ac pacta conventa cassamus, irritamus et annullamus, eosdemque commissarios, et precipue dilectum filium Iohannem Iacobum Gregorianum, sub die prima Aprilis preteriti ad idem deputatum, revocamus, omnemque potestatem et auctoritatem eis super hoc attributam, tollimus; vosque uberiori gratia prosequi volentes, vobis concedimus pariterque statuimus et decernimus quod deinceps vestra universitas pro particulari debito cuiusque Hebrei, provincialis vel externi, sive cuiusque communitatis Christianorum, aut singularis persone, vigore represaliarum, aut alterius mandati, nullatenus molestari queat, vosque ac vestrum singulos ab omnibus et singulis pecuniariis, aut corporis afflictivis, etiam ultimi sup[p]licii, vel aliis penis occasione delicti, vel quasi, incursis, etiam si de illis adhuc inquisitio, denuntiatio, accusatio, vel condemnatio facta non sit, auctoritate apostolica absolvimus, et de aliis in posterum

committendis, dilecti filii nostri legati, seu eius in dicta provincia vicelegati, pro tempore existentis, ditioni et cognitioni tantum subicimus, omnem quoque cognitionem puniendorum malorum contra Hebreos, olim Salomoni Hebreo, inde dilecto filio Herculi Ferrariensi, ad fidem converso, et quibusvis aliis commissariis, etiam per nos traditam, auferimus. Neve, quod ante hac pluries contigit, a populis, sermonibus verbum Dei predicantibus[!] et contra Hebreos excondescentium[!], concitatis, rebus et bonis vestris spoliemini, aut in personis vestris offendamini, universis, tam regularibus quam secularibus predicatoribus, etiam apostolicis, sub maioris excommunicationis late sententie pena, districte inhibemus, ne populos verbo aut opere adversus vos commovere, concitare, aut sublevare presumant, sed tantum rectitudinis vere viam edocere; quod, si secus fecerint, communitatibus locorum ubi predicant, sub pena mille ducatorum camere nostre apostolice aplicandorum, mandamus ut dictos predicatores contrafacientes remaneant[!], ab[s]que eo quod a vobis super hoc ulterius interpellentur. Et insuper, omnia et singula privilegia, indulta, immunitates, concessiones et exemptiones, per nos, et sedem, aut cameram apostolicas, aut quoscumque alios, vestre universitati ac vestris singularibus personis, in genere vel in specie factas, eadem auctoritate confirmamus et approbamus. Quocirca dilecto filio nostro Francisco, tituli Sancti Calisti presbitero cardinali, earundem tenore presentium committimus et mandamus ut premissa omnia et singula faciat auctoritate nostra vobis inviolabiliter observari. Contradictores et rebelles pecuniariis penis executive[!] qualibet appellatione cessante, compellendo, invocato ad hoc auxilio bracchii secularis. Non obstantibus constitutionibus et ordinationibus apostolicis, ac civitatum, terrarum et locorum dicte provincie statutis et consuetudinibus, iuramento etc. roboratis, ceterisque contrariis quibuscunque. Dat. Rome, secunda Novembris 1519, anno septimo.

Source: ASV, Arm. XXXIX, vol. 33, fols. 205r–206r.

Note: On the tax and the claim of the Genoese merchant, see above, Docs. **1228, 1251, 1252** and preceding doc.

Bibliography: Vogelstein-Rieger, *Rom* 2, pp. 36f.

1277   1520

Grant to Daniel Bomberg of Antwerp, in Venice, of permission to print the Talmud.

Note: The text has not survived. See below, Doc. **1559**, where the contents of the brief are reported in detail. Bomberg, in a letter to Johannes Reuchlin, dated 23 September 1521, states: *Talmud, opus certe magni et laboris et impense, mihique a Summo Pontifice demandatum*.... See Wolf, *Bibliotheca Hebrea* 4, pp. 142f.; Amram, *Makers of Hebrew Books*, p. 166. An anonymous letter written in 1521 from Rome includes the following passage: ... *quamvis paullo ante pontifex quosdam exhortatus fuisset, ut Talmut impremerent, ac ideo privilegiis exornasset* .... See Riederer, *Nachrichten* 1, p. 180. Some copies of Prato's Bible edition, Venice 1517, published by Bomberg, mention a "copyright" granted by Pope Leo X. See also Benayahu, *Copyright*, p. 18; Penkower, *Bomberg*, p. 598. Leo X also granted Bomberg a copyright brief to print Felix Pratensis' Latin edition of Psalms, Venice 1515 (see above, Doc. **1247**). The brief is reported in full in that edition, and is dated 10 October 1515. See also Fulin, *Tipografia Veneziana*, pp. 181f. On Felix and his relations with Leo X and Bomberg, see Kahle, *Felix Pratensis, passim*. The same pope also gave permission for the publication of *Sepher Haharcava* by Elia Levita, Rome 1518 (*gratia e privilegio*).

Bibliography: Browe, *Religiöse Duldung*, p. 68; Eckert, *Hoch- und Spätmittelalter*, p. 285; Erler, *Historisch-kritische Übersicht* 8, p. 19; Graetz, *Geschichte* 9, p. 176; Popper, *Censorship*, p. 26; Reusch, *Index* 1, p. 47; Simonsohn, *Some Well-known Jewish Converts*, pp. 26f.; Vogelstein-Rieger, *Rom* 2, p. 37.

1278   Rome, 1 March 1520

Mandate to the vice-legate in the Patrimony to summon Moyse, a Jewish physician in Vetralla, to render accounts of his guardianship of Salomon and the estate of the physician Samuel, the latter's late father, and to compel Moyse to make good any damage Salomon may have incurred.

Dilecto filio vicelegato nostre provincie Patrimonii.
Dilecte fili, salutem etc. Exponi nobis nuper fecit Salomon, Ebreus, filius quondam Samuelis, Ebrei, phisici, quod alias dictus Samuel tunc in humanis agens et condens de bonis suis in ultima sua voluntate testamentum, eundem Salomonem, tunc etiam in pupillari etate constitutum, sibi heredem universalem instituit, ac ei Moysen, etiam Ebreum ac phisicum, et ipsius Salomonis sororem, et quosdam alios, tunc expressos, tutores deputavit, prout in eodem testamento aut publico instrumento desuper confecto, plenius dicitur contineri. Et ipse Moyses tutelam huiusmodi et bonorum

hereditariorum, que ad summam quatuor milium ducatorum, vel circa, forsan ascendebant, curam, pro maiori eorundem bonorum parte suscepit, ipsaque bona, nullo confecto inventario, nullaque prestita cautione rem pupilli salvam fore, pro libito administravit. Cum autem, sicut eadem expositio subiungebat, ipse Salomon, proximus pubertati affectus, et rem suam agnoscere cupiens, viderit et cognoverit hereditatem predictam per dictum Moysen fuisse admodum expilatam, cupiatque propterea quod suum est a dicto Moyse repetere, sibique per eundem Moysen rationem administrationis tutele huiusmodi reddi; et quia, propter etatis sue defectum huiusmodi, in iudicio sine tutore stare non potest, pro parte ipsius Salomonis, asserentis quod ipse in civitate Viterbiensi, dictus vero Moyses in Terra Vetralle, et sic in provincia Patrimonii ad presens resideat, nobis fuit humiliter supplicatum ut in premissis oportune providere, de benignitate apostolica dignaremur. Nos igitur, huiusmodi supplicationibus inclinati, tibi mandamus quatenus, vocato dicto Moyse, de tutore novo, cum quo ipse Salomon quod suum est petere et in iudicio agere possit, provideas, et deinde de premissis, previa diligenti inquisitione, te informes, ipsumque Moysen ad reddendum rationem administrationis huiusmodi, prout iuris fuerit, cogas; et si ipsum eandem hereditatem expilasse repereris, eum ad refectionem damnorum et expensarum eidem Salomoni faciendum cogas atque compellas, etiam prout iuris fuerit, necnon citandos citari facias, et quidlibet inhibendum fuerit inhibeas quotiens opus fuerit, et quicquid de iure exequendum fuerit, etiam bracchio seculari, exequaris, aliaque in premissis et circa ea necessaria, seu quomodolibet oportuna, facias et exequaris, prout de iure fuerit faciendum et exequendum; non obstantibus constitutionibus et ordinationibus apostolicis, ceterisque contrariis quibuscumque. Dat. Rome etc., die prima Martii MDXX, anno septimo.

Source: ASV, Brevia Lat., vol. 7, fols. 113v–114r.

Note: Moyse is probably the physician Moyse de Blanes. See above, Doc. **1212**, and below, Doc. **1372**.

1279   Rome, 10 March 1520

Commission and mandate, *motu proprio*, to John III, bishop-elect of Ratisbon, to reassert his authority over the chapel set up in place of the synagogue in Ratisbon after the Jews had been expelled from the town, and prohibition to the chamberlain and consuls of Ratisbon to trespass on the prerogatives of the Church.

Dilecto filio Io[hanni], electo et administratori Ratisponensi. Dilecte, etc. Cum, sicut nobis innotuit, nuper Hebrei utriusque sexus, qui in magno numero in civitate Ratisponensi, non sine gravi Christianorum dispendio, multis retroactis temporibus habitaverant, ab ipsa civitate expulsi et eiecti, ac sinagoga et domus ipsorum Hebreorum demolite fuerint, et in eodem loco una capella sub denominatione Speciose Marie, ad quam magnus Christifidelium concursus succrevit, erecta extiterit, et licet divini cultus cerimoniarum et aliarum capellam huiusmodi concernentium dispositio et ordinatio ad te, loci ordinarium, Deo [...] de iure spectare dinoscatur, nichilominus dilecti filii camerarius et consules dicte civitatis, tanquam patroni illius, ac etiam ad officium pastorale et iurisdictionem ordinarii pertinencium [...] se gerentes, furtim contributiones in ipsa capella erogatas propria eorum auctoritate et de facto, te aut quocumque alio tui loco desuper minime requisito, percipiant, et pro eorum libito de illis disponant, seu illas dispensent; et quamvis tu eosdem camerarium et consules desuper monueris et requisieris, monitionibus huiusmodi parere non curant, sed potius illas negligent, in ecclesiastice libertatis et tue ordinarie iurisdictionis ac potestatis contemtum, ac in tui, necnon parrochialium ecclesiarum eiusdem civitatis preiudicium, ac scandalum et perniciosum exemplum. Nos igitur, ad quos ex commissi nobis pastoralis officii debito pertinet, auctoritatem et libertatem ac iura ecclesiastica, quantum cum Deo possumus, conservare, et temerariorum ausus debite compescere, non intendentes tue iurisdictioni ordinarie in aliquo detrahi vel derogari debere, ac volentes futuris scandalis et incommodis, que exinde verisimiliter oriri possent, obviare, motu proprio, non ad tuam vel alterius pro te nobis super hoc oblate petitionis instantiam, sed de nostra mera liberatione, discretioni tue in virtute sancte obedientie per presentes committimus et mandamus quatenus tam circa dictam capellam, quam omnia et singula alia auctoritatem et iurisdictionem ac libertatem ecclesiasticam concernentia, in tuis civitate et diocesi, commissum tibi pastorale officium solemniter exerceas, nec auctoritatem, iurisdictionem et libertatem huiusmodi per quoscumque deprimi permittas, sed illam occupantes, aut te super hiis impedientes, molestantes, vel perturbantes, tam tua ordinaria, quam etiam apostolica auctoritatibus, debitis censuris et penis ecclesiasticis coerceas; districtius inhibentes eisdem camerario et consulibus, ac quibuscumque aliis, sub excommunicationis late sententie pena, a qua preterquam a Romano pontifice absolvi non possint, ne de dicta capella, absque tui voluntate, se intromittere quoquo[modo] presumant, ac decernentes id totum, et quicquid secus super hiis per quoscumque, quavis auctoritate fungentes, scienter vel ignoranter contigerit attemptari, irritum et inane, nulliusque fore roboris vel momenti; non obstantibus premissis ac constitutionibus et ordinationibus apostolicis, ceterisque contrariis quibuscumque. Dat. Rome, die X Martii 1520, anno 7mo.

Source: ASV, Brevia Lat., vol. 7, fols. 321v–322v.

Note: Cf., however, below, Doc. **1283**. The Jews were expelled from Ratisbon in 1519. The chapel was named after the Virgin Mary and called Zur schönen Maria. See Freimann, *Regensburg*, pp. 85f.

Bibliography: Browe, *Religiöse Duldung*, p. 19; Straus, *Urkunden und Aktenstücke*, pp. 398f.

1280   Rome, 17 March 1520

Concession and indulgence to Iohannes Gonzaga, marquis of Vescovato, to tolerate the Jews in his territory.

Dilecto filio nobili viro Iohanni de Gonzaga, marchioni, terre sive opidi Episcopatus, Cremonensis diocesis, comiti.
Dilecte etc. Exponi nobis nuper fecisti quod, cum a multis annis citra in ista tua terra seu opido Episcopatus quamplurimi Iudei, ex permissione dominorum temporalium ipsius terre seu opidi pro tempore existentium, residere et, dictis dominis obedientes, inibi ex laboribus manuum suarum et aliis exercitiis vivere, ac ritus consuetudinesque et solemnitates Hebreorum, tam in eorum festivitatibus, quam in aliis quibuscunque rebus legem Mosaicam concernentibus, nihil tamen in Christiane religionis obrobrium[!] facientes, observare soliti sint, prout alii Iudei in Cremonensi et Mantuana civitatibus degentes facere consueverunt, et tu, qui, ut asseris, diebus proxime elapsis dominium dicte terre seu opidi in temporalibus adeptus es, cupias Iudeos huiusmodi in dicta terra seu oppido liberius et absque conscientie tue scrupulo tolerare posse, supplicare nobis humiliter fecisti ut tibi in premissis de benignitate apostolica oportune consulere dignaremur. Quocirca nos, attendentes quod Christiana religio Hebreorum comertium, prout sunt testes Christiane fidei, non despicit, cupientesque votis tuis, quantum cum Deo possumus, paterna benignitate annuere, huiusmodi supplicationibus inclinati, tibi heredibusque et successoribus tuis, predictam terram seu opidum Episcopatus pro tempore tenentibus et possidentibus, ut quoscunque Iudeos in eadem terra seu opido pro tempore commorantes, ad residentiam inibi faciendum, iuxta morem et consuetudinem hactenus observatos, tolerare et permittere, ac consueta servitia et iura ab eisdem recipere et exigere, ita tamen quod Hebrei predicti nihil in obrobrium[!] Christiane religionis, ut prefertur, faciant, libere et licite possis et valeas, ac possint et valeant, concedimus et

indulgemus per presentes; non obstantibus ... Dat. Rome, die 17 Martii 1520, anno 7mo.

Source: ASV, Brevia Lat., vol. 7, fols. 323v–324r.

Note: On the Jews in the territory of Iohannes (Giovanni) Gonzaga, see Simonsohn, *Milan* 1, pp. 501f., 2, 1109f.

1281*   Rome, 30 March 1520

Concession and toleration valid for fifteen years, to magister Symon de Isac, Musettus Dattoli de la Mirandola and Leo Samorano of Portugal, all in Ravenna, of permit to lend money at interest there and elsewhere in the papal domains, on the basis of the usual charter of privileges.

Raphael, miseratione divina episcopus Ostiensis, cardinalis Sancti Georgii, Sancte Romane Ecclesie camerarius, magistro Symoni de Isac, et Musetto Dattoli de la Mirandola, ac Leoni Samorano Portugalensi, Hebreis, in civitate Ravenne commorantibus, vere fidei cognitionem et sanioris consilii spiritum. Exponi nobis fecisti[s], cum proprium domicilium non habeatis, vosque propterea per orbem terrarum, Hebreorum more, vacari[!] contingat, summopere exoptare, pro vestra et familie vestre substentatione, ac pauperum commodo, vobis concedi indultum et facultatem banchum faciendi et ad utile prestandi, cum capitulis desuper aliis Hebreis concedi et tolerari, solitis, nobisque propterea humiliter supplicari fecistis de oportuno vobis desuper remedio provideri. Nos, considerantes Hebreos in exemplum orthodoxe fidei per Ecclesiam tolerari, proinde volentes vos aliqua benignitate et mansuetudine pertractare, ut scilicet, Christiana pietate al[l]ecti, vestrum recognoscatis errorem, et ad verum lumen fidei nostre festinetis pervenire, de mandato sanctissimi domini nostri pape, vive vocis oraculo super hoc nobis facto, et auctoritate nostri camerariatus officii, ut tam in dicta civitate Ravenne, in qua de presenti moram trahitis, quam in omnibus aliis terris et locis Sancte Romane Ecclesie mediate vel immediate subiectis, ubi vos morari contigerit, banchum mutui exercere et ad utile prestare possitis, iuxta capitula eorundem locorum Hebreis tollerata, sive, illis deficientibus, Hebreorum convicinorum, non obstante quod in dictis capitulis seu indultis specialiter et expresse nominati non sitis, et in eis caveatur, quod nullus Hebreorum illis gaudere possit, nisi qui in eis expressi et specificati fuerint, sub certis penis in illis contentis, quibus, quo ad vos prenominatos, specialiter et expresse derogamus; et, deficientibus omnibus eisdem capitulis, si banchum predictum efficere nolitis[!], sub pignoribus, sub publicis et privatis scripturis, prout vos cum partibus ipsis concordare poteritis, similiter ad utile prestare valeatis, de qua concordia, et aliis dictum banchum et mutuum concernentibus, vestris libris, Hebreorum more celebratis, indubitata fides adhibeatur; non obstante quod vos, seu alter vestrum, dictum prestitum ad utile non efficere, seu banchum ipsum non exercere aliquo modo, tam in iudicio quam extra illud, sub quacumque pena, vos obligaveritis, quam obligationem, quo ad hoc, nullam et invalidam esse decernimus et declaramus; et insuper, ut pignora ipsa vobis tradita et pignorata, elapso anno et[!] die pignorationis computando, tamquam propria, ad vestrum libitum vendere seu in alium vestrum usum conducere[!] valeatis; item, si contigerit aliquod pignus vobis tradi, pignorari seu vendi, quod deinde reperiatur alicui fuisse furto subtractum, de quo furto veram ignorantiam pretendere possitis, ad eius restitutionem vero domino compelli non possitis, nisi restitutis prius vobis pecuniis per vos super eodem pignore mutuatis, quodque in locis predictis, ubi vos commorari contigerit, in domibus vestrarum habitationum, sine aliarum sinagogarum preiudicio, vestra officia, Hebreorum more, celebrare, et sinagogam efficere possitis, ita quod alii Hebrei similem sinagogam non habentes, vos in ea quomodolibet impedire et perturbare non possint; item, quod birretum crocei seu giali coloris, vel aliud signum, Hebreorum more, gestare non teneamini, et quod propter eius non delationem ad alicuius pene solutionem compelli non possitis; quodque alii Hebrei exteri ad vestras domos, visitationis causa, seu aliquo negocio ad vos declinantes et devenientes, per quindecim dies, a dicti signi delatione exempti existant; quodque ad predicationes inviti accedere non teneamini; item, quod macellarii dictorum locorum pro vestro victu carnes vobis conficere et pro currenti precio tradere teneantur; et quod sitis liberi et exempti ab omnibus oneribus, angariis, impositionibus, collectis et gravaminibus, tam realibus quam personalibus, exceptis illis ad quos Christiani ipsi tenentur et obligati existunt, et illorum causa a quocumque gubernatore, vicario, locumtenente, seu alio officiale, molestari non possitis; et si forte contigerit vos de preterito absque aliqua tolerantia et licentia pecunias sub usuris mutuasse, et propterea aliquam penam incurrisse, ex premissa causa similiter molestari et inquietari non valeatis, eo modo quo sine peccato possumus, et Sancta Mater Ecclesia consuevit, vobis vestrisque filiis, institoribus, factoribus, sociis et ministris, per quindecim annos proxime futuros, concedimus et toleramus; mandantes omnibus et singulis officialibus, tam ecclesiasticis quam secularibus, quovis nomine nuncupatis et quacumque auctoritate fungentibus, quatenus ipsi inviolabiliter observent et observari mandent et faciant cum effectu, sub pena nostri arbitrii. In quorum omnium et singulorum fidem presentes fieri, nostrique soliti sigilli iussimus et fecimus appensione communiri. Datum Rome, in edibus nostris, apud Sanctum Laurentium in Damaso, die XXXᵃ Martii MDXX, pontificatus domini Leonis, divina providentia pape X, anno octavo.

Source: ASV, Arm. XXIX, vol. 84, fols. 144r–145r.

Note: See below, Doc. **1467**.

1282   Rome, 1 April 1520

Permission to the Marquises Cristoforus and Pallavicinus to allow Jews to live in their territory under the usual conditions.

Dilectis filiis Cristoforo et Pallavicino, marchionibus Parmensis diocesis. Dilecti etc. Exponi nobis nuper fecistis quod, si vobis ut Iudei utriusque sexus in quibuscumque terris, castris et locis vestro dominio temporali subiectis conversari, residere et commorari, ac mercimonia et alia lucra per eos exerceri consueta exercere, ac alias ex laboribus manuum suarum vivere possent, concederetur, prefecto[r] tam vestre quam subditorum vestrorum commoditati et utilitati plurimum consuleretur. Quare nobis humiliter supplicari fecistis, ut vobis et dictis subditis in premissis opportune providere, ex benignitate apostolica dignaremur. Nos igitur, qui singulorum commoditatibus, quantum cum Deo possumus, libenter consulimus, attendentes pariter, quod Sancta Romana Ecclesia Iudeos in testimonium Domini nostri Ihesu Christi tollerat, huiusmodi supplicationibus inclinati, vobis et pro tempore existentibus terrarum, castrorum et locorum predictorum dominis temporalibus, ut quoscumque Iudeos in terris, castris, opidis et locis predictis conversari, residere et commorari volentes, ita quod ipsi, vobis et aliis dominis in temporalibus predictis obedientes, mercimonia ac lucra predicta exercere, et alias ex laboribus manuum suarum vivere, necnon ritus et consuetudines per eos in suis festivitatibus fieri solitas observare, Christifideles vero, incole terrarum, opidorum et locorum predictorum, domos et alia loca pro eorundem Iudeorum habitatione [...] locare possint, permittere et tollerare libere et licite valeatis, quibusvis apostolicis ac in provincialibus et sinodalibus conciliis editis generalibus vel specialibus constitutionibus et ordinationibus, ceterisque contrariis quibuscunque. Dat. Rome, die prima Aprilis 1520, anno 8°.

Source: ASV, Brevia Lat., vol. 7, fol. 347r-v.

Note: The territory of the Pallavicini was situated between the duchies of Milan and Parma. Busseto had a Jewish community, and so had Cortemaggiore, Monticello, etc. On the Jews there at the end of the fifteenth and beginning of the sixteenth century, see Simonsohn, *Milan* 1, pp. 529f., 2, 1138f.

1283   Rome, 13 June 1520

Absolution to the consuls, community and individuals in Ratisbon from excommunication and other ecclesiastical censures, and concession to complete the building in stone, in place of the wooden one, of the chapel which had been erected in the former Jewish quarter, and to celebrate divine cult there; inhibition to John, bishop-elect of Ratisbon, or his successors to interfere, and annulment of preceding letters relating to this matter.

Leo episcopus, servus servorum Dei. Ad perpetuam rei memoriam. Inter cetera, quibus ex suscepti regiminis cura invigilare nos convenit, hos summopere cupimus ut in locis quibuslibet devote sollicitudinis studio veneretur Altissimus, et ea, per que etiam animarum propagata salute divini speratur cultus augmentum, vota fidelium libenter exaudimus. Exhibita siquidem nobis nuper pro parte dilectorum filiorum consulum, consulatus, communitatis et hominum civitatis Ratisponensis petitio continebat quod alias, postquam copia perfidorum Iudeorum, que tunc in dicta civitate existebat, ab eadem civitate depulsa, et in ea parte dicte civitatis in qua dicti Iudei ante tempus et tempore eorum depulsionis huiusmodi communius[!] habitare solebant, in honorem beate Marie Virginis, Pulchre Domine nuncupate, quedam capella lignea, in qua continue largitionibus et elemosinis Christifidelium divina officia seu servitia celebrantur, sumptibus et expensis camere dicti consulatus, ad divini cultus augmentum, constructa fuerat; et successive quedam legata seu donationes et oblationes, quorum administrationi duo de consulatu et unus de communitate huiusmodi, laici, viri probi, qui eas et ea, necnon oblationes communitatis et camere predictarum in usum fabrice dicte capelle, et in ea divini cultus augmentum seu manutentionem converterent, a dicto consulatu prefici et ad hoc deputari consueverant eidem capelle facta et largita extiterant, prefati consulatus et communitas, pro eorum spirituali consolatione et devotione, in eodem loco capellam lapideam magis sumptuosi edificii, de expresso consensu venerabilis fratris nostri Iohannis, moderni administratoris ecclesie Ratisponensis, qui in illius fundamentis primum lapidem iecit, construi et fabricari facere ceperunt. Verum, sicut eadem peticio subiungebat, ipsi consulatus et communitas formidant super huiusmodi fabrice continuatione et quominus de cetero in dicta capella divina officia libere celebrari facere possint, per predictum, qui prefatis consulatui et communitati super premissis et exactione computi sibi per personas receptioni et administrationi oblationum huiusmodi prefectas, de receptione et administratione predictis reddendi, ac aliarum personarum in receptione et administratione predictis facienda institutione, molestias inferre comminatus fuit, et pro tempore existentem administratorem seu episcopum Ratisponensem, aut alias personas impediri, et eorum pium propositum in hac parte adimplere, ac dictam inceptam lapideam capellam ad perfectum opus commode deducere non posse, pro parte consulum et communitatis predictorum, asserentium se a comminationibus moderni administratoris huiusmodi ad sedem apostolicam, vel alium eorum superiorem appellasse, nobis fuit humiliter supplicatum ut sibi super hiis oportune providere, de benignitate apostolica dignaremur. Nos igitur, qui divini cultus augmentum et animarum salutem intensis desideriis affectamus, eosdem consules et communitatem, ac illorum singulares personas, a quibusvis excommunicationis, suspensionis et interdicti, aliisque ecclesiasticis sententiis, censuris et penis, a iure vel ab homine, quavis occasione vel causa latis, si quibus quomodolibet innodati existunt, ad effectum presentium dumtaxat consequendum, harum serie absolventes et absolutos fore censentes, huiusmodi supplicationibus inclinati, consulatui et communitati predictis, capellam sic fabricari ceptam huiusmodi, ad perfectum opus deducendi, ac de cetero perpetuis futuris temporibus in illa, postquam constructa fuerit, etiam ex nunc, prout alias hactenus fieri consuevit, divina officia celebrari faciendi, ac oblationes et legata huiusmodi, per se, vel alium, seu alios ab eis pro tempore deputatos, ut consuetum est, administrandi, ac in fabrice et capelle ac divini cultus huiusmodi usum et manutentionem convertendi, moderni et pro tempore existentis administratoris seu episcopi Ratisponensis huiusmodi, aut cuiusvis alterius licentia super hoc minime requisita, auctoritate apostolica, tenore presentium licentiam et facultatem concedimus; ac moderno et pro tempore existenti administratori, seu episcopo Ratisponensi huiusmodi, sub interdicti ingressus ecclesie, et quibusvis aliis personis cuiuscumque dignitatis et conditionis fuerint, sub excommunicationis late sentencie penis, ne dictos communitatem et consulatum super premissis, directe vel indirecte, quovis quesito colore, per se, vel alios, impediant, aut in aliquo perturbent, districtius inhibemus. Non obstantibus premissis et quibusvis apostolicis ac in provincialibus et sinodalibus conciliis editis generalibus vel specialibus constitutionibus et ordinationibus, necnon quibuscumque inhibitionibus per modernum administratorem, vel ad eius, aut cuiusvis alterius instantiam hactenus forsan emanatis et imposterum emanandis, quas omnino revocamus, necnon privilegiis, indultis et litteris apostolicis ac imperialibus, quibus, illorum formas, tenores et effectus, ac si de verbo ad verbum insererentur presentibus, haberi volumus pro expressis, harum serie specialiter et expresse derogamus, ceterisque contrariis quibuscumque. Nulli ergo ... Si quis autem ... Dat. Rome, apud Sanctum Petrum, anno Incarnationis Dominice millesimo quingentesimo vicesimo, Idibus Iunii, pontificatus nostri anno octavo.

Source: München, Staatsarchiv, Reichsstadt Regensburg, Urk. Fasz. 786.

Note: See above, Doc. **1279**.

Bibliography: Straus, *Urkunden und Aktenstücke*, p. 416.

1284*   Rome, 25 September 1520

Mandate to all officials, on pain of excommunication and a fine of 1,000 ducats, to refrain from citing or otherwise molesting Magister Isahac, a Jew of Toledo, employed by the papal chamber in matters of great weight, as long as he remains in the chamber's service. He is prepared to meet one Blasius Blateforte in court.

R[aphael] episcopus etc.
Cum in quibusdam rebus camere apostolice magni ponderis, industria et opera magistri Isahac, Hebrei [vol. 76: affinatoris] Toletani, frequenter et assidue utamur, ipseque coram reverendo patre vicario sanctissimi domini nostri, seu eius auditore, ad instantiam Blasii Blateforte molestetur, propter quod, seu aliud impedimentum ab ipso Blasio vel quocumque alio prestandum, posset a predicta industria atque opera distrahi, cum non mediocri tamen prefate camere iactura atque incommodo, ut, igitur, prefatus magister Isahac in servitiis eiusdem camere continuare et perseverare libere et quiete valeat, tenore presentium, de mandato etc. auctoritate etc., tam prefato auditori quam quibuscumque aliis iudicibus, ecclesiasticis seu secularibus, ordinariis, delegatis, seu subdelegatis, necnon gubernatoribus, barisellis, officialibus et exequtoribus quibuscumque, et eorum cuilibet, sub excommunicationis et mille ducatorum camere prefate applicandorum penis mandamus, quatenus ipsum Isahac, donec in servitiis ipsius camere permanserit, ex aliqua causa, civili seu criminali, aut mixta, directe vel indirecte, realiter seu personaliter, in iudicio vel extra, aut alias quovismodo nullatenus molestent seu inquietent, et in omnibus causis contra eundem motis, cuiuscumque qualitatis existant, supersedeant, attento maxime quod de stando iuri et iudicatum solvendo, super dictis causis idonee cavit; decernentes nihilominus irritum et inane quicquid contra ipsum Isahac contra tenorem presentium attemptatum et actum fuerit. In quorum etc. Dat. Rome, in camera apostolica, die XXV Septembris MDXX, pontificatus domini Leonis pape X^{mi} anno octavo.

Source: ASV, Arm. XXIX, vol. 68, fol. 181v.

Note: A copy, but dated 1 December 1523, is contained in vol. 76, fol. 49v.

1285*   Rome, 11 December 1520

Concession and indulgence to Monoch Abraam of Cologna, in Argenta, of the privileges granted the Jews in Ferrara, and mandate to all whom it may concern to ensure that this is carried out.

Raphael, miseratione divina episcopus Ostiensis, cardinalis Sancti Georgii, domini pape camerarius. Monoch Abraam, Coloniensi Hebreo, incole Argente, viam veritatis agnoscere et agnitam custodire. Cum, sicut pro parte tua fuit nobis in camera apostolica expositum, in terra Argente, ubi non multi Hebrei, neque Hebreorum sinagoga extant, inhabites, cupiasque ibidem scolam seu sinagogam habere, ac tuos infantes a Christianis mulieribus lactari facere, aliorumque Hebreorum Ferrariensium privilegiis et indultis gaudere, id tamen tibi licere non posse dubites, nisi a nobis desuper obtenta licentia, quam vobis impartiri dignaremur humiliter supplicari curastis. Nos vero, attendentes quod sancta ac pia Mater Ecclesia vos eo tolerat, ut testes ad fidem nostram appareatis, quodque ex profetarum oraculis, quorum cantica in dictis sinagogis recitatis, quandoque moneri poteritis, ut veram fidem cognoscatis, idcirco etc., auctoritate etc., harum tenore tibi tuisque filiis, heredibus et successoribus, ut sinagogam in dicta terra Argente, in domo vestra, more Hebreorum, prout hactenus consuevistis habere, ibique orationes vestras recitare, necnon infantes vestros a Christianis mulieribus, extra tamen domos vestras, lactari facere, omnibusque privilegiis, indultis, immunitatibus et exemptionibus Hebreis Ferrariensibus per apostolicam sedem concessis uti, potiri et gaudere possitis, concedimus et indulgemus; [mandantes] propterea omnibus et singulis ad quos spectat, quatenus premissa omnia et singula vobis inviolabiliter observent, nihil omnino contra attemptare presumentes; contrariis non obstantibus quibuscumque. Dat. Rome, in camera apostolica, die undecima Decembris millesimo quingentesimo vicessimo, pontificatus sanctissimi in Christo patris et domini nostri, domini Leonis, divina providentia pape decimi, anno octavo.

Source: ASV, Arm. XXIX, vol. 72, fol. 212r-v.

Bibliography: Stow, *Taxation*, p. 58 (who has Agrigento!).

1286*   Rome, 11 December 1520

Concession and indulgence to Lazarus Beniamin of Reggio, in Bagnacavallo, to maintain a synagogue in his home, to have his children nursed by Christian wet-nurses outside his home, and to enjoy the privileges granted the Jews in Ferrara by the Apostolic See, and mandate to all whom it may concern that the above be observed.

Raphael, miseratione divina episcopus Hostiensis, cardinalis Sancti Georgii, domini pape camerarius. Lazaro Beniamin de Regio, Hebreo, habitatori

Bagnacavalli, viam veritatis agnoscere et agnitam custodire. Cum, sicut pro parte tua fuit nobis in camera apostolica expositum, in terra Bagnacavalli, ubi non multi Hebrei, neque Hebreorum sinagoga extant, inhabites, cupiasque ibidem scolam seu sinagogam habere, ac tuos infantes a Christianis mulieribus lactari facere, aliorumque Hebreorum Ferrariensium privilegiis et indultis gaudere, id tamen tibi licere non posse dubites, nisi desuper a nobis obtenta licentia, quam vobis impartiri dignaremur, nobis impartiri[!] curastis. Nos vero, attendentes quod sancta ac pia Mater Ecclesia vos eo tolerat, ut testes ad fidem nostram appareatis, quodque ex profetarum oraculis, quorum cantica in dictis sinagogis recitatis, quandoque moneri poteritis, ut veram fidem cognoscatis, idcirco, de mandato etc., auctoritate [etc.], harum tenore tibi, tuisque filiis, heredibus et successoribus ut sinagogam in dicta terra Bagnacavalli, in domo vestra, more Hebreorum, prout hactenus consuevistis, habere, ibique orationes vestras recitare, necnon infantes vestros a Christianis mulieribus, extra domos vestras, lactari facere, omnibusque privilegiis, indultis, immunitatibus et exemptionibus Hebreis Ferrariensibus per apostolicam sedem concessis, uti, potiri et gaudere possitis, concedimus et indulgemus; mandantes propterea omnibus et singulis ad quos spectat, quatenus premissa omnia et singula vobis inviolabiliter observent, nihil omnino contra attemptare presumentes; contrariis non obstantibus quibuscumque. Dat. Rome, in camera apostolica, die undecima Decembris millesimo quingentesimo vicessimo, pontificatus sanctissimi in Christo patris et domini nostri, domini Leonis, divina providentia pape decimi, anno octavo.

Source: ASV, Arm. XXIX, vol. 72, fols. 212v–213r.

1287*   Rome, 11 December 1520

Concession and indulgence to German Jews in Ferrara to observe the German Jewish rite in their synagogues, repair, extend and make alterations in their synagogues, make use of the services of Christian wet-nurses outside their homes, and enjoy the privileges granted the Jews in Ferrara; and mandate to all whom it may concern that all this be observed.

Raphael, miseratione divina episcopus Ostiensis, cardinalis Sancti Georgii, domini pape camerarius. Universis et singulis Hebreis Teutonice nationis Ferrarie habitantibus, viam veritatis agnoscere et agnitam custodire. Exponi fecistis nobis in camera apostolica quod, cum in scolis et sinagogis et orationibus vestris alii ritus in Germania quam Ferrarie, ubi habitatis, observentur, cuperetis, pro vestra animi satisfactione, tales in hiis mores observare, quales alii dicte nationis Hebrei in Germania observant, dictasque sinagogas veteres restaurare, immutare et ampliare, ipsasque diruere, aut permutare, ac novas in vestris domibus constituere, ubi vestra commoditas id postulet atque requirat, vestrosque infantes a Christianis mulieribus lactari facere posse, privilegiis quoque, immunitatibus et exemptionibus per sedem apostolicam Hebreis incolis Ferrariensibus concessis, uti, potiri et gaudere, quod vobis indulgere dignaremur, humiliter supplicari curastis. Nos, attendentes quod Sancta Mater Ecclesia vos in testimonium vere fidei tolerat, quodque ex psalmorum lectura, quos in dictis sinagogis recitatis, ad veritatis agnitionem, sub figuris Veteris Testamenti volutam, exortari quandoque poteritis, et ex hiis nullum Christiane rei infertur detrimentum, idcirco, de mandato etc., auctoritate etc., harum tenore vobis, ut in scolis et sinagogis ac orationibus vestris, ritum et morem Hebreorum Germanorum, qui in Germania observantur, observare, dictasque sinagogas aut veteres restaurare, reparare, immutare et ampliare, ibique vos et alii cuiusvis nationis adventantes Hebrei, suas orationes effundere, vestrosque infantes a Christianis mulieribus, extra tamen domos vestras, lactari facere, privilegiis quoque, indultis, immunitatibus et exemptionibus incolis Hebreis Ferrariensibus per apostolicam sedem concessis, uti, potiri et gaudere possitis, concedimus et indulgemus; mandantes propterea omnibus et singulis ad quos spectat quatenus premissa omnia et singula vobis inviolabiliter observent, et ab aliis observari mandent et faciant, nihil omnino contra attemptare presumentes; contrariis non obstantibus quibuscumque. Dat. Rome, in camera apostolica, die undecima Decembris millesimo quingentesimo vicessimo, pontificatus sanctissimi in Christo patris et domini nostri, domini Leonis, divina providentia pape decimi, anno octavo.

Source: ASV, Arm. XXIX, vol. 72, fol. 213r-v.

Note: On the synagogues in Ferrara, including the one allowed the German-Jewish rite, see Balletti, *Gli ebrei e gli estensi*, pp. 95f.

1288*   Rome, 11 December 1520

Concession and indulgence to Leo and Iacobus, sons of Ventura Caravita, of Bologna, to maintain in their homes in Bologna and Cento a synagogue according to the Roman rite, in accordance with the privilege to this effect granted them by the late Julian Rovere, cardinal priest of St. Peter ad Vincula and bishop of Bologna (later Julius II), and to make use of the services of Christian wet-nurses outside their homes, and prohibition to molest them on account of all this.

Raphael, miseratione divina episcopus Ostiensis, cardinalis Sancti Georgii, domini nostri pape camerarius. Leoni ac Iacobo, fratribus, Hebreis, filiis Venture Caravite, incolis civitatis Bononiensis, viam veritatis agnoscere et agnitam custodire. Exponi fecistis nobis quod, cum olim per bone memorie cardinalem Sancti Petri ad Vincula, episcopum Bononiensem, Venture, vestro genitori, ac vobis, cum in terra Centi, Bononiensis diocesis, habitaretis, concessum foret ut sinagogam in domo vestra, iuxta ritum et morem Hebreorum habere valeretis, tamen, propter bella que diu in partibus illis viguerunt, littere concessionis huiusmodi deperdite fuerunt, cumque in futurum eandem sinagogam, prout Hebrei in alma Urbe, et Bononie, et Centi, habere et celebrare cupiatis, veremini tamen a quoquam super hoc molestari et perturbari, unde nobis supplicastis ut id vobis faciendi licentiam concedere dignaremur. Nos, attendentes quod Sancta Mater Ecclesia ad speculum vere fidei vos tolerat, ut tamquam aurum ex fornace ignis elucescat, ac confidentes quod aliquando ex ore prophetarum, quorum cantica et psalmos in dictis sinagogis recitatis, spiritus sanioris consilii in cor vestrum penetrabit, idcirco, de mandato etc., auctoritate etc., harum tenore vobis, vestrisque heredibus et successoribus Bononie ac Centi, in domo vestra predicta pro tempore habitantibus Hebreis utriusque sexus, huiusmodi sinagogam, prout per dictum episcopum vobis olim fuerat concessum, iuxta tamen ritum et morem Hebreorum tam in Urbe quam Bononie habitantium, in vestra domo habere, ac divina officia celebrare, ac vestros infantes per Christianas mulieres lactari facere posse, extra tamen domos et habitationes vestras, valeatis, concedimus et indulgemus; districtius inhibendo quibusvis officialibus, quovis nomine aut dignitate fulgentibus, ne vos vestrosque heredes et successores ac habitatores dicte domus, Hebreos, super premissis realiter vel personaliter audeant molestare, sed premissa vobis ac vestris filiis, heredibus et successoribus, et habitatoribus Hebreis inviolabiliter [observent], ac ab aliis observari mandent et faciant, nihil omnino contra attemptare presumentes. Nos enim irritum decernimus et inane, si secus fiat; contrariis non obstantibus quibuscumque. Dat. Rome, in camera apostolica, die undecima Decembris millesimo quingentesimo vicessimo, pontificatus sanctissimi in Christo patris et domini nostri, domini Leonis, divina providentia pape decimi, anno octavo.

Source: ASV, Arm. XXIX, vol. 72, fol. 214r-v.

Note: On Ventura, son of Abraham Caravita, in Bologna, see Simonsohn, *Mantua*, p. 208.

1289*   Rome, 21 December 1520

Order and mandate to all officials in Rome, Montefiascone and elsewhere in the papal states, on pain of excommunication and a fine of 100 ducats, to refrain for three months from molesting Eliseus and Prosperus Angeli of Montefiascone on account of their debts, provided the two take care to satisfy their creditors at the end of the moratorium.

R[aphael].
De mandato etc., auctoritate etc., vobis barisello, potestatibus, capitaneis, marescallis, executoribus, ceterisque tam alme Urbis quam etiam civitatis Montisflasconensis, et aliorum quorumcunque locorum Sancte Romane Ecclesie mediate vel inmediate subiectorum officialibus, quovis nomine aut dignitate fulgentibus, sub excommunicationis et centum ducatorum auri camere apostolice applicandorum penis, tenore presentium precipimus et mandamus quatenus quosdam Eliseum et Prosperum Angeli, Hebreos de Monteflascone, neque eorum fideiussores aut depositarios, pretextu quorundam suorum debitorum, per tres menses proxime sequentes, si vobis constiterit dictos Eliseum et Prosperum idonee cavisse de satisfaciendo suis creditoribus in fine dictorum trium mensium, in re seu in persona, aut alias quovismodo non molestetis, neque molestari faciatis; irritum et inane decernentes si secus fiat; quibuscunque obligationibus sub quavis forma, etiam camere, initis, ac iuramento, vel quavis firmitate alia roboratis, ceterisque contrariis non obstantibus quibuscunque. In quorum fidem presentes nostras fieri ac nostri parvi sigilli iussimus et fecimus impressione muniri. Dat. Rome, in camera apostolica, die XXI Decembris MDXX.

Source: ASV, Arm. XXIX, vol. 70, fol. 68r.

1290   Rome, 6 February 1521

Tolerance to Ioseph, Salamon and Lazarus in Rivarolo to have Christian butchers sell them meat from animals slaughtered in accordance with Jewish rites, to have Christian wet-nurses feed their babies, and to have Christians light fires in their homes on Saturday. Licence and faculty to the clergy to grant absolution to Christians who render them these services.

Leo papa X[s].
Vobis, Ioseph, Salamoni et Lazaro, Hebreis, alcide maioris Riparoli Foris nuncupate, Cremonensis diocesis, commorantibus, viam veritatis agnoscere

et agnitam custodire. Exponi nobis fecistis quod macellarii seu becharii Christiani inibi commorantes recusant vobis carnes facere iuxta ritum vestrum, ac insuper nutrices Christiane illarum partium renuunt nutrire infantes vestros eisque lac prebere in vestris domibus, necnon alie pauperes persone vobis in vestris domibus, diebus Sabbati, ignem excitare non audeant, etiam recepta a vobis condigna et debita satisfatione, ex eo quod presbiteri parrochiani eiusdem loci, ac alii ad quos cura animarum spectat, propterea in eorum confessionibus eosdem absolvere recusant; quare humiliter super premissis nobis supplicari fecistis, ut desiderio et commodis vestris in premissis oportune providere, de benignitate apostolica dignaremur. Nos igitur, qui neminem contemnimus, etiam qui sitis de genere Ebreorum, immo in quantum possumus absque contemptu religionis Christiane, etiam vobis, quos Ecclesia Catholica tollerat, ut vobis agnitionem vere fidei et spiritum sanioris consilii prestet Altissimus, commodis vestris providere non dedignamur, dummodo sitis bonorum morum, et vivatis sine scandalo inter Christianos, huiusmodi supplicationibus inclinati, quod ipsi macellarii vobis carnes pro usu vestro necessarias, iuxta prefatum ritum, ac nutrices, et alii Christiani vobis in premissis satisfaciant, si eis placuerit, libere et licite, tenore presentium tolleramus, ac ipsis presbiteris parrochianis, quibuscumque nominibus censeantur, ipsos macellarios et nutrices, et alias prefatas personas, in premissis absolvendi licentiam et facultatem, eodem tenore presentium concedimus et impartimus, dummodo aliud canonicum non obsistat; premissis, ac constitutionibus apostolicis, ceterisque in contrarium facientibus, non obstantibus quibuscumque. Dat. Rome, apud Sanctum Petrum, sub annulo Piscatoris, die VI Februarii MDXXI, pontificatus octavo.

Source: ASV, Arm. XXIX, vol. 110, fols. 180v–181r.

Note: On Joseph, Salamone and Lazaro, sons of Moses Levi and bankers in Rivarolo, see Simonsohn, *Mantua*, p. 227.

1291*   Rome, 3 May 1521

Commission and mandate to all officials in the Papal States, on pain of excommunication and other punishment, to arrest, if so requested, Menachem Moscato of Bari, accused by two Christian merchants of having absconded with some cloth belonging to them.

R[aphael] etc.
Universis et singulis vicelegatis, gubernatoribus, locatenentibus, barisellis,

marescallis, executoribus, ceterisque officialibus quovis nomine nuncupatis et
quacumque auctoritate et dignitate fungentibus, in quibuscunque provinciis,
civitatibus, terris et locis Sancte Romane Ecclesie mediate seu immediate
subiectis, salutem in Domino. Noveritis qualiter pro parte spectabilium
virorum domini Ludovici Maraviglia, Mediolanensis, et Iosie Gentilini, in
civitate Barensi commorantium et eorum mercantias exercentium, fuit nobis
expositum quod, cum ipsi ad credentiam, seu vendendum, certam pannorum
laneorum quantitatem tradiderint et consignaverint cuidam Menachem
Moscato, Hebreo, tunc in dicta civitate commoranti, valoris centum et
sexaginta sex ducatorum monete regni Neapolitani, prefatus Hebreus exinde
fugam arripuit, dictos pannos in diversis terris et locis vendendo et illorum
pretium in suos proprios usus et utilitatem convertendo, in prefatorum domini
Ludovici et Iosie grave damnum et preiudicium; a quibus de oportuno desuper
remedio requisiti, volentes eorum indemnitati providere, de mandato etc.,
vobis omnibus et singulis prenominatis, et vestrum cuilibet in solidum, sub
excommunicationis et alia nostri arbitrii pena, tenore presentium committimus
ac precipiendo mandamus quatenus ad instantiam prefatorum domini
Ludovici et Iosie, seu procuratorum et pro eis agentium, requisiti, vel alter
vestrum requisitus, predictum Hebreum tanquam fugitivum personaliter
capere et retinere debeatis, nec ipsum relaxetis, donec ipse prefatis
mercatoribus integre satisfecerit, seu de stando iuri et iudicatum solvendo
cum ipsis idonee caverit, vel aliter se cum eis concordaverit; quocumque salvo
conductu per eum a nobis seu quocumque alio magistratu, preterquam in
prefata camera habito et obtento, quem ad premissum effectum revocamus,
ac nullius roboris vel momenti esse decernimus, ac aliis in contrarium etc. Dat.
Rome, in camera apostolica, die III Maii MDXXI, pontificatus domini
Leonis X^i anno nono.

Source: ASV, Arm. XXIX, vol. 69, fol. 33r.

1292   Rome, 14 September 1521

Commission and mandate, *motu proprio*, to Francis Armellinus Medici,
cardinal priest of St. Calixtus and papal chamberlain, to revise and confirm the
charter of the Jewish bankers in Rome, provided their banks do not exceed
twenty in number and the charter contains the following clauses: the bankers
need not return stolen pawns, consigned to them in good faith, unless they are
paid capital and interest; the interest rate is not to exceed 20 percent annually;
unredeemed pawns revert to bankers after one year; exemption from taxes
other than that of the feast of *Testaccio*; ownership of banks may be transferred

to other Jews, as long as the total of twenty banks remains unchanged; lawsuits involving bankers are to be subject to the sole jurisdiction of the chamberlain; the charter is to be issued by the chamberlain; prohibition to rabbis to impose the Jewish ban on bankers. Inability of the chamberlain or his refusal to carry out the commission is to result in the transfer of powers to another cardinal, to be chosen by the bankers.

Leo episcopus, servus servorum Dei. Dilecto filio Francisco, tituli Sancti Calisti presbitero cardinali, camerario nostro, salutem. Dum exquisitam tue circumspectionis industriam diligenter attendimus, firma spe fiduciaque concipimus quod illa que tibi, presertim pro compescendo turpi fenerandi exercitio, quo dispersi vagabundi Iudei, a Romana Ecclesia ad maius ortodosse fidei testimonium in suis terris tolerati, passim se exercent et Christifidelium substantias sine pietat absorbent, committemus, non minus recte quam solerter exercere curabis. Sane, multorum querela ad nostrum deduxit auditum quod nonnulli Christiani, conscientie sue prodigi, salutisque proprie immemores, improbum fenus in alma Urbe nostra exercent, quodque plures Hebrei pro libito voluntatis passim in eadem Urbe fenus huiusmodi exercentes, ac ultra honestum et id quod Sancta Mater Ecclesia tolerare consuevit pro usuris percipientes, videlicet unum Iulium seu Leonem pro quolibet ducato, quolibet mense, facultatem pauperum curialium et personarum exhaurire atque sorbere non verentur, sese per patentes litteras camerales eisdem super tolerantia exercendi fenoris concessa contemnentes; nos, sicuti pastorali officio nostro incumbit, volentes saluti animarum Christifidelium opportune consulere, ac in premissis debita remedia adhibere, motu proprio, non ad alicuius nobis super hoc oblate petitionis instantiam, sed ex certa nostra scientia, circumspectioni tue tenore presentium committimus et mandamus ut, vocatis Hebreis in dicta Urbe fenus exercentibus, litterasque predictas patentes habentibus, easdem litteras, prout tibi videbitur, mutes, innoves et confirmes, numerumque feneratorum competentem, iuxta antiquam tolerantiam pro illis, suisque successoribus, prout tibi conveniens videbitur, toleres, tolerarique mandes, dummodo ultra XX computatis banchis sociorum suorum a te tolerandis in dicta Urbe, non teneantur; easdem patentes litteras, sicut prefertur, per te mutandas, innovandas et confirmandas, aut alias quomodolibet pro tuo arbitrio, cum clausula etiam, quod res furto subtractas, dummodo furti conscii non sint, accipiendas in pignus restituere non teneantur, nisi eis sorte cum interesse damnis solutis, sub penis de quibus tibi videbitur, tolerari et observari facias et mandes, fenus ad debitam honestamque summam reducendi, dummodo ultra viginti quatrenos pro quolibet ducato auri de camera, quolibet mense, nihil exigatur; quodque pignora post annum ab eius suppignoratione, et non ante, eisdem Hebreis vendere, vel in suum proprium usum, tanquam rem suam propriam, convertere liceat; deque tempore, pignore, pecuniarumque summis, eorundem

Hebreorum scripturis fides adhibeatur. Insuper mandes et observari facias, quod dicti Hebrei feneratores ad solvendum quicquam ultra solutionem pecuniarum per eos pro festo Testatii fieri solitam et consuetam, minime cogantur; quodque nullus alius Hebreus, preter illos qui licentiam habuerint cum sociis pro quolibet feneratore, ulterius in dicta Urbe a die presentis commissionis et mandati nostri fenerari possit, nisi prius ille et eius socii per alios Hebreos feneratores, predictam tolerantiam seu officium huiusmodi fenerandi alienare, atque in alium Hebreum transferre ad omne suum beneplacitum, etiam cum licentia tua, possint et valeant, dummodo per huiusmodi alienationem et translationem fenerantium numerus in dicta Urbe non augeatur ultra numerum viginti, computatis reliquis conventus fenoris huiusmodi. Ceterum, quia super fenore huiusmodi et pignoribus[!] alienatione inter Christianos et Hebreos multe differentie exoriri possent, providere volentes ne pauperes persone longis litigiis involvantur atque in expensis fatigentur, omnes et singulas causas inter Christianos et Hebreos super fenore, pignoribus, promissionibus, contractibus ac feneraticiis pecuniis huiusmodi, pignorisque[!], venditionibus et aliis annexis et connexis ab eisdemque dependentibus, coram quibuscunque iudicibus tam motas quam movendas, in quibuscunque terris reperiantur, etiam si in eis conclusum sit, motu et scientia similibus, ac de apostolice potestatis plenitudine, ad nos harum serie advocantes et advocatas esse et fore decernentes et declarantes, causas ipsas tibi, per te summarie, simpliciter et de plano, sine strepitu et figura iudicii, etiam nullis terminis servatis, si tibi videbitur, sola facti veritate inspecta, cognoscendas, decidendas et fine debito terminandas committimus, cum facultate inhibendi quibuscunque, etiam clericis camere nostre apostolice, vicario Urbis, auditori camere, gubernatori, senatori, ceterisque alme Urbis officialibus, citandi, etiam per edictum ac sub censuris et penis ecclesiasticis, necnon pecuniariis penis tuo arbitrio infligendis et moderandis, precipiendi, mandandi et compellendi, ac bracchium seculare concedendi, ac etiam in premissis unum locumtenentem cum facultate, arbitrio et potestate similibus, ac cum debito et convenienti salario per dictos Hebreos persolvendo, necnon unum notarium super omnium actorum in premissis receptione eligendi, proponendi et deputandi; necnon in tolerantia feneratorum predictorum, prout Sancta Mater Ecclesia hactenus tolerare consuevit, potestatem litteras sigillo camere apostolice, iuxta consuetudinem, muniendi, concedendi et expediendi, et demum eisdem Hebreis assistendi providendique et efficiendi ut omnia et singula privilegia eis concessa inviolabiliter observentur; necnon omnibus et singulis raby, magistris Hebreorum, sub penis arbitrio tuo in contrafacientem infligendis, et irremisibiliter exequendis et exigendis, ut omnes et singulas excommunicationes contra Hebreos feneratores huiusmodi, seu eorum aliquem, dicta de causa impositas, et forsitan imponendas, removeant, irritent, aboleant et penitus deleant, precipiendi et mandandi; necnon providendi etiam et efficiendi ut predicti XX Hebrei etiam banchum fenoris,